Hilarion Petzold, Gabriele Ramin (Hrsg.)
Schulen der Kinderpsychotherapie

Reihe
Vergleichende Psychotherapie
Band 8
Herausgegeben von
Prof. Dr. Dr. Hilarion Petzold, Düsseldorf
(Verfahren humanistischer Therapie)
in Verbindung mit
Prof. Dr. phil. Klaus Grawe, Bern
(Verhaltenstherapie)
Prof. Dr. med. Eckard Wiesenhütter, Salzburg
(Psychoanalyse)

Hilarion Petzold, Gabriele Ramin (Hrsg.)

Schulen der Kinderpsychotherapie

Junfermann-Verlag · Paderborn
1995

3. Auflage 1995
Lektorat: Christoph Schmidt
Einband-Gestaltung: Christof Gassner

Gesamtherstellung: PDC — Paderborner Druck Centrum

CIP-Kurztitelaufnahme der Deutschen Bibliothek
Schulen der Kinderpsychotherapie / Hilarion Petzold;
Gabriele Ramin (Hrsg.). - Paderborn: Junfermann, 1987.
(Reihe vergleichende Psychotherapie; Bd. 8)
ISBN 3-87387-268-4
NE: Petzold, Hilarion [Hrsg.]; GT

ISBN 3-87387-268-4
ISSN 0720-0560

Für

Judith Tatjana
(10 Jahre)

Daniel
(16 Jahre)

Susanne
(23 Jahre)

meine Kinder, Freunde,
Wahlverwandten

Hilarion G. Petzold

Inhaltsverzeichnis

Vorwort

Als der erste Band der Reihe „Vergleichende Psychotherapie" über die psychotherapeutische Behandlung alter Menschen (*Petzold/Bubolz* 1979) erschien, war es für uns klar, daß auch ein Band über die Behandlung von Kindern in den großen therapeutischen Schulen herausgegeben werden müsse; denn die unterschiedlichen Konzepte der einzelnen Schulen der Kindertherapie können als eine „Fundgrube" betrachtet werden, als Zugangswege zum Kind, Wege zum Verständnis seiner seelischen Regungen, seiner ganzen Person — und eindimensionale und einseitige Behandlungsweisen sind in der Kinderpsychotherapie unangebracht. Wir sind im Verlauf unserer Arbeit und in unseren privaten Bezügen so vielen unterschiedlichen gesunden und kranken Kindern begegnet und haben als Therapeuten immer wieder erfahren, wie verschieden Kinder auf belastende Situationen reagieren, in welch mannigfaltiger Weise sie ihre Lösungen suchen und finden — und sei es die Lösung des Symptoms —, daß uns die Berechtigung, ja die Notwendigkeit unterschiedlicher Therapieansätze immer evidenter wurde.

Im Austausch mit zahlreichen Kollegen im Praxisfeld und in z. T. sehr genauer Kenntnis ihrer Arbeit mit Kindern, sind wir zu der Auffassung gekommen: Es gibt kein „richtig" oder „falsch" in der Kinderpsychotherapie, was die therapeutischen Schulen anbelangt. Konsistente Behandlungsansätze zeitigen Erfolge, wenn sie von sensiblen, liebesfähigen und klinisch erfahrenen Therapeuten ausgeübt werden, die sich ihr eigenes „inneres Kind" bewahrt haben. Eine derartige Aussage darf aber keineswegs als eine *Nivellierung* der therapeutischen Ansätze angesehen werden, denn es hat jeder seine Stärken, aber auch Schwächen, seine Reichtümer, aber auch seine Begrenztheiten. Der aufmerksame Leser dieses Buches wird schnell herausfinden, was kindgemäß ist, was Kinder mit seelischen Belastungen, psychosomatischen Störungen, familiären Konflikten wirklich brauchen können. Er wird diesen Sammelband mit besonderem Gewinn verwenden können, wenn er sich die Mühe macht, die Sichtweise der einzelnen Richtungen nicht nur kritisch zu reflektieren, sondern sie sich zur Betrachtung seiner eigenen kleinen Patienten zueigen zu machen. Unternimmt man es nämlich, ein Kind mit Dunkelängsten in seiner Problematik einmal unter der verhaltenstherapeutischen, kleinianischen, jungianischen oder integrativ-therapeutischen Optik anzusehen, kann es aufgrund dieser „Mehrperspektivität" in seiner Situation umfassender wahrgenommen und verstanden werden, und es ergeben sich Anstöße für differentielle Interventionen. Selbst Divergenzen in den eigenen Auffassungen oder Vorgehensweisen, Konzepte oder Praktiken, die inkompatibel erscheinen, erweisen sich dabei als fruchtbar, weil sie dazu beitragen, den eigenen Standort klarer zu sehen.

Wir haben acht Jahre in der Therapie von Kindern und Jugendlichen und insbesondere in der Weiterbildung von Kinder- und Jugendlichenpsychotherapeuten zusammengearbeitet und dabei das Prinzip der Mehrperspektivität kontinuierlich praktiziert, indem wir unsere Interventionen und Behandlungsstrategien in einem methodenübergreifenden Rahmen diskutiert haben. Eine psychoanalytische und phänomenologisch-hermeneutische Grundposition, die durch Konzepte der kognitiven Entwicklungspsychologie und der Sozialisationstheorie ergänzt wurde, bot uns dabei ein verläßliches Fundament: Heilung geschieht in der *therapeutischen Beziehung*, durch die sich in ihr entfaltende Psychodynamik und ihre kindgemäße Handhabung, so daß die Sprache des Leibes, die Regungen des Unbewußten, die Impulse der Kreativität Ausdruck und Form finden können. Hier liegt auch ein integrierendes Moment für die hier versammelten Ansätze.

Bei der Zusammenstellung dieses Bandes ging es uns nicht um Vollständigkeit, sondern darum, wichtige Schulen und Formen der Kinderpsychotherapie in exemplarischen Übersichtsartikeln so zu repräsentieren, daß theoretische und methodische Konzepte prägnant und vergleichbar werden. Wir hoffen, damit einen Beitrag zur weiteren Entwicklung einer differentiellen und flexiblen Behandlung von Kindern zu leisten, die sich nicht an dogmatischen Lehrmeinungen, sondern an dem orientiert, was Kinder und ihre Familien wirklich brauchen.

Hilarion Petzold, Gabriele Ramin
Fritz Perls Institut, Düsseldorf

Psychoanalytische Kindertherapie

Alex Holder, Hamburg

Der vorliegende Sammelband enthält neben diesem Artikel unter anderem auch einen über die *Klein*sche Kindertherapie. Letztlich sind beide dieser Verfahren als psychoanalytisch zu verstehen, insofern sie sich aus den Theorien *Sigmund Freuds* ableiten, selbst wenn es unverkennbar ist, daß von allem Anfang an und auch noch heutzutage zwischen den beiden Verfahren wesentliche Unterschiede sowohl in der Entwicklungstheorie als auch in der Technik der Therapie bestehen, Unterschiede, die sich im Verlauf der vergangenen fünfzig Jahre teils vertieft, teils verflacht haben.

Genauso wie die *Klein*sche Kindertherapie aufs engste mit dem Namen und Schaffen *Melanie Kleins* verknüpft ist, fußt die hier beschriebene Therapieform auf den umfangreichen theoretischen, klinischen und technischen Werken von *Freuds* jüngster Tocher *Anna.*

Die im Jahre 1982 im hohen Alter von fast 87 Jahren verstorbene *Anna Freud* hatte sich seit Beginn der zwanziger Jahre dieses Jahrhunderts mit der Anwendung der Theorien ihres Vaters auf die Behandlung von Kindern und Jugendlichen beschäftigt, ein Lebenswerk, das in den beim Kindler-Verlag 1980 erschienenen zehn Bänden ihrer gesammelten Schriften seinen Niederschlag gefunden hat.

Anna Freud hat also über 60 Jahre ihres langen und fruchtbaren Lebens dem Studium des Kindes und seiner Entwicklung gewidmet, zuerst als Lehrerin, dann als Analytikerin, sowohl in der Rolle der Therapeutin — und damit der Erforschung des kindlichen Unbewußten — als auch in der Rolle der Beobachterin, die es versteht, Verbindungen zwischen manifesten Ausdrucksformen und verborgenen dynamischen Prozessen herzustellen.

Die Intensität und die Kontinuität, mit der sie sich dem Studium der kindlichen Seele und seiner Entwicklung widmete, beruhte nicht nur auf ihren eigenen Erfahrungen, sondern in zunehmendem Maße auch auf denjenigen ihrer kinderanalytischen Kolleginnen und Kollegen in Wien und später über 30 Jahre hinweg an der Hampstead-Klinik in London. An dieser Klinik, wo Forschung, Behandlung, Ausbildung und Theoriebildung intensiv und gleichzeitig betrieben werden, hat sich denn auch im Laufe der Zeit eine sich ständig vertiefende Theorie der normalen kindlichen Entwicklung und ihrer pathologischen Abweichungen herauskristallisiert wie auch eine Technik der psychoanalytischen Behandlung neurotischer Kinder, wobei das klinische Studium sich allmählich auf Grenzfälle und sogenannte „atypische" Fälle ausweitete.

Die an der Hampstead-Klinik gesammelten Erfahrungen und die ihnen entspringenden Theorien über Entwicklung und Technik der Behandlung sind für die psychoanalytische Therapie von Kindern wegweisend geworden.

Entwicklungspsychologische Gesichtspunkte

Die mit dem Namen und Schaffen *Anna Freud*s eng verknüpfte Kindertherapie — im strengen Sinn eigentlich Kinderanalyse, da die meisten an der Hampstead-Klinik durchgeführten Behandlungen sich auf je fünf Wochenstunden erstrecken — fußt auf einer psychoanalytischen Entwicklungstheorie, die *Sigmund Freud*s weitgehend aus Rekonstruktionen gewonnenen Einsichten vertiefen, verifizieren und erweitern.

Dieser entwicklungspsychologische Ansatz ist bereits in einem der frühesten und klassischsten Werke *Anna Freud*s zu erkennen, nämlich dem 1936 erschienenen *„Das Ich und die Abwehrmechanismen"*.

Es ist bemerkenswert, daß die Mehrzahl der in diesem Buch zitierten spezifischen klinischen Beispiele den Analysen von Kindern und Jugendlichen entnommen sind. Etwa die Hälfte der Kapitel befaßt sich mit Abwehrformen, die für Kindheit und Adoleszenz typisch und für bestimmte Altersstufen normal sind. Zu ihnen gehören die Verleugnung in der Phantasie, die Verleugnung in Wort und Handlung, die Ich-Einschränkung und die Identifizierung mit dem Angreifer bei Kindern, während die Abwehrmechanismen der Askese und der Intellektualisierung für Jugendliche charakteristisch sind.

Der entwicklungspsychologische Ansatz ist ebenso im Versuch zu erkennen, eine Chronologie der Abwehrmechanismen auszuarbeiten, auch wenn die Autorin zu dem Schluß gelangt, daß diese „Chronologie eines der ungeklärtesten Gebiete innerhalb der analytischen Theorie ist" und auch heute noch umstritten bleibt. In diesem Zusammenhang befaßt sie sich mit einem fundamentalen entwicklungstheoretischen Gegensatz zwischen ihren eigenen Ansichten und denjenigen *Melanie Klein*s. *Anna Freud* meint, daß Projektion und Introjektion Prozesse seien,

„die auf der Sonderung von Ich und Außenwelt beruhen. Die Ausstoßung aus dem Ich und die Zuordnung zur Außenwelt kann erst dann für das Ich erleichternd wirken, wenn es gelernt hat, sich selbst nicht mehr mit der Außenwelt zu verwechseln. Die Introjektion aus der Außenwelt ins Ich andererseits bekommt erst dann die Bedeutung einer Bereicherung des Ichs, wenn vorher die Trennung des Besitzstands zwischen Ich und Außenwelt geklärt ist." (*A. Freud* 1936, S. 241)

Im Gegensatz dazu werden Introjektion und Projektion in der Theorie *Melanie Kleins* für den Ich-Aufbau und die Abscheidung des Ichs von der Außenwelt überhaupt erst verantwortlich gemacht, d. h., sie werden als strukturbildende Prozesse konzipiert. Diese Formulierungen enthalten eine gewisse Unklarheit, weil *Anna Freud* denselben Terminus („Ich") sowohl für die psychische Struktur als auch im Sinne der Selbstrepräsentanz im Gegensatz zum „Nicht-Selbst" („Außenwelt") verwendet. Zu den frühesten Aufgaben des Ichs zählt die allmähliche Differenzierung zwischen Selbst und Nicht-Selbst. Erst danach ist es sinnvoll, von projektiven und introjektiven Mechanismen zu sprechen.

Trotz dieses theoretischen Gegensatzes sind Identifizierung (Introjektion) und Projektion für *Anna Freud* normale Formen der Ich-Tätigkeit im Kindesalter. Sie erläutert dies ausführlich am Mechanismus der Identifizierung mit dem Angreifer, den sie als „spezielle Kombination von Introjektion und Projektion" bezeichnet (1936, S. 302). Am eindrücklichsten ist wohl ihr Beispiel des Knaben auf der Höhe seines Ödipuskomplexes, dessen Bindung an seine Mutter konfliktgeladen geworden ist.

„Seine gute Beziehung zur Mutter wird durch Ausbrüche von Unwillen gegen sie gestört. Er macht ihr heftige Vorwürfe aller Art, in denen unverständlicherweise ein stereotyper Vorwurf immer wiederkehrt: Er beklagt sich ständig über ihre Neugier. Der erste Schritt in seiner Verarbeitung der verbotenen Gefühle ist deutlich. In seiner Phantasie weiß sie von seiner Werbung und weist sie böse ab. Ihr Bösesein wird in seinen bösen Stimmungen gegen sie in aktiver Weise dargestellt ... sein spezieller Vorwurf ist ihre Neugier. Seine Analyse zeigt dann, daß diese Neugier nicht ihrem sondern seinem eigenen Triebleben angehört. In seiner Beziehung zur Mutter macht ihm unter allen Partialtrieben die Bewältigung seiner auf sie gerichteten Schaulust die größte Schwierigkeit. Der Austausch ist hier ein vollkommener. Er übernimmt das Bösesein der Mutter [Introjektion und Identifizierung] und schreibt ihr dafür seine Neugierde zu [Projektion]. (*A. Freud* 1936, S. 299 f.)

Anna Freud erachtet die Identifizierung mit dem Angreifer als eine „nicht seltene Zwischenstufe in der normalen Über-Ich-Entwicklung des Individuums", eine Zwischenstufe, weil es noch an Selbstkritik fehlt und die Schuldgefühle über verbotene Regungen in die Außenwelt projiziert und auf diese Weise das Projektionsobjekt anstelle des eigenen Selbst verpönt und angegriffen wird.

Auch wenn das Ich in diesem frühen Werk im Mittelpunkt von *Anna Freuds* Betrachtungen steht, so wird doch deutlich, welch große Rolle sie der Umwelt und damit den Objekten in der Entwicklung des Kindes und seiner frühesten Methoden der Abwehr beimißt. Sie betont einen wesentlichen Unterschied in der Funktionsweise von Erwachsenen und Kindern, der darin besteht, daß die Triebabwehr bei Erwachsenen vorwiegend eine Folge von Gewissensangst ist, d. h. also eine Funktion des Überichs. Im Gegensatz dazu erfolgt diese Abwehr bei Kindern aus „Realangst", also aus Angst vor Bestrafung oder Liebesentzug durch die Eltern.

„Wenn der erwachsene Neurotiker sich gegen seine sexuellen und aggressiven Wünsche wehrt, um nicht in Konflikt mit seinem Über-Ich zu geraten, so tut das kleine Kind mit seinen Triebregungen dasselbe, um nicht in Widerspruch mit den Verboten der Eltern zu kommen. Auch das Ich des kleinen Kindes kämpft nicht selbständig gegen den Trieb; das Motiv, dem es bei der Abwehr folgt, liegt auch nicht in ihm selber; ... der Triebdurchbruch hat Einschränkungen, Strafen und Bedrohungen zur Folge ... das Ich des Kindes fürchtet den Trieb, weil es die Außenwelt fürchtet. Seine Triebabwehr erfolgt also unter dem Druck der Angst vor der Außenwelt oder der Realangst." (*A. Freud* 1936, S. 247)

Es handelt sich hier also um Abwehr zur Vermeidung von Unlust, die von außen droht. „Real" sind diese drohenden Gefahren jedoch nur im Erleben des Kindes, dessen Realitätsprüfung beschränkt ist und durch Phantasien beeinträchtigt wird, die im frühen Alter oft als real erlebt werden. Die Wünsche und Phantasien des kleinen Kindes in bezug auf seine Objekte und die Vergleiche mit diesen sind für das Auftreten der drei beschrieben „Vorstufen der Abwehr" verantwortlich, nämlich die der Verleugnung in der Phantasie, der Verleugnung in Wort und Handlung und der Ich-Einschränkung. In diesem Zusammenhang wiederholt sie mehrfach, daß diese relativ frühen Mechanismen im Kindesalter vollkommen normal sind.

Von der Erziehung her kommend hat sich *Anna Freud* von Anfang ihrer analytischen Laufbahn an ständig mit den Möglichkeiten und Grenzen, Vorteilen und Nachteilen gewisser Erziehungsmethoden auf die Entwicklung des Kindes auseinandergesetzt. Es ist geradezu beispielhaft, wie sie sich immer bemüht hat, das Gesamtbild aller dynamisch wirksamen Faktoren im Blickfeld ihrer Überlegungen zu behalten. Genauso, wie sie es für den praktizierenden Analytiker als wesentlich erachtet, daß er „seine Aufmerksamkeit gleichmäßig und objektiv auf alle drei Instanzen" richtet und „seine Aufklärungsarbeit . . . von einem Standpunkt aus" verrichtet, „der von Es, Ich und Über-Ich gleichmäßig distanziert ist" (1936, S. 221), hält sie es bei entwicklungstheoretischen Überlegungen für ebenso wichtig, sowohl die innerpsychischen Umstände als auch die Auswirkungen der Umwelt als Faktoren in Betracht zu ziehen und ihre Verquickung zu studieren. Allen entwicklungspsychologischen Arbeiten und Ansichten *Anna Freuds* liegt eine hypothetische Entwicklungsnorm zugrunde. Der Titel der ursprünglich englischen Fassung von *„Wege und Irrwege in der Kinderentwicklung"* (1965) lautet *„Normality und Pathology in Childhood: Assessments of Development"*. Dieses Buch war das Ergebnis einer mehr als 15jährigen Zusammenarbeit mit Kollegen und Kolleginnen an der Hampstead-Klinik und damit die Frucht analytischer Behandlung und direkter Beobachtung von Kindern und Jugendlichen von Geburt an und der Forschungsarbeiten auf verschiedensten Gebieten. Hier zeigt sich die für *Anna Freud* charakteristische und ständige Verflochtenheit von Theorie und Praxis. So stellt sie zum Beispiel fest:

> „Die Wendung von der Therapie zur Anwendung der Theorie auf Erziehungsfragen enthält gleichzeitig eine Wendung des Interesses von der Pathologie zur Normalität. Das psychoanalytische Studium der normalen Vorgänge hat in den letzten Jahrzehnten große Fortschritte gemacht ... In der Erwachsenenanalyse spielt der Begriff der Normalität eine untergeordnete Rolle ... Im Gegensatz dazu ist der Kinderanalytiker, von seinem ersten Zusammentreffen mit dem Kind angefangen, mit der Frage nach seiner Normalität, d. h., seinem normalen oder von der Norm abweichenden Entwicklungsstand beschäftigt" (1965, S. 2175 f).

Dieses für die Kinderanalyse und Kindertherapie grundlegende Werk enthält unter anderem auch das heutzutage wohlbekannte Konzept des *Diagnostischen Profils* oder, wie es in der deutschen Fassung heißt, das *„metapsychologische Entwicklungsbild"*. Bei der Ausarbeitung eines solchen Entwicklungsbildes geht es in erster Linie darum, das zur Zeit einer Überweisung vorliegende Material über das Kind „in einen organischen Zusammenhang einzuordnen, d.h. unter die metapsychologischen Gesichtspunkte zu bringen (dynamisch, genetisch, öknomisch, strukturell). Das so entstehende Bild des Kindes entspricht der Synthese, oder umgekehrt gesehen, der Aufspaltung einer Diagnose in ihre analytischen Bestandteile" (*A. Freud* 1965, S. 2255). Aus diesem Schema oder Entwurf eines metapsychologischen Entwicklungsbildes möchte ich den Abschnitt herausgreifen, der sich mit den Konflikten befaßt, d. h. also mit den dynamischen und strukturellen Daten.

Anna Freuds Unterteilung dieser Konflikte in „äußere", „verinnerlichte" und „innerliche" deutet nicht nur auf ihre Bemühungen einer qualitativen Unterscheidung hin, sondern spiegelt auch zeitliche Sequenzen wider. Die sogenannten *„äußeren"* Konflikte entstehen, wenn

> „die Umwelt störend in das Lustleben des Kindes eingreift und seine Befriedigung aufschiebt, einschränkt oder ihnen Versagungen auferlegt ... Die Ängste, die dieser Form

von Konflikten zugeordnet sind und sein Vorhandensein verraten, sind je nach Alter und sonstigem Entwicklungsstand des Kindes von verschiedener Art; ihnen gemeinsam ist, daß sie die Außenwelt als Quelle haben" (1965, S. 2247).

Die Sequenz der in dieser Konfliktkategorie erwähnten Ängste führt von der Angst vor Vernichtung über die Trennungsangst, die Angst vor Objektverlust, die Angst vor Liebesverlust, vor Kritik und Strafe zur Kastrationsangst.

„Die zweite Art von Konflikt, die *verinnerlichte*, kommt zustande, nachdem das Kind durch Identifizierung mit den Eltern ihre Forderungen zu seinen eigenen gemacht hat und nachdem die elterliche Autorität zum Großteil vom Über-Ich übernommen worden ist. Nicht viel anders als vorher drehen sich die Konflikte um die Frage von Wunscherfüllung oder Versagen. Die Zusammenstöße und Unstimmigkeiten spielen sich aber nicht mehr äußerlich zwischen dem Kind und seinen Objekten ab, sondern in seinem Innenleben, zwischen den psychischen Instanzen, wo dem Ich die Entscheidung zwischen Triebwunsch und Über-Ich-Forderung zufällt" (1965, S. 2248).

Die dieser Konfliktkategorie entsprechende Angst hat im Gegensatz zur ersten eine intrapsychische Quelle, nämlich die Angst vor dem Über-Ich, die sich in Schuldgefühlen manifestiert.

„Das Hauptmerkmal der dritten Konfliktform, der *innerlichen*, besteht darin, daß die Außenwelt für ihn keine Rolle spielt ... Innere Konflikte dieser Art entstehen infolge der entwicklungsbedingten Beziehungen zwischen Es und Ich und der Verschiedenheit ihrer Organisation. Triebabkömmlinge und Affekte gegensätzlicher Art wie Liebe und Haß, Aktivität und Passivität, Männlichkeit und Weiblichkeit bestehen nebeneinander, ohne aneinander Anstoß zu nehmen, solange das Es und der Pirmärvorgang den seelischen Apparat beherrschen. Sie werden unverträglich miteinander und führen zum Konflikt, sobald das Ich reift und versucht, mit Hilfe der synthetischen Funktion solche sich widersprechenden Inhalte in seine Organisation mit einzubeziehen" (1965, S. 2248/9).

Die Ängste, die von solchen Konflikten hervorgerufen werden, gehen „in der Tiefe vor sich", „sind für das seelische Gleichgewicht besonders bedrohlich" und verraten ihr Vorhandensein gewöhnlich erst im Laufe einer analytischen Behandlung" (1965, S. 2249).

„*Wege und Irrwege in der Kinderentwicklung*" enthält eine Fülle von entwicklungspsychologischen Beiträgen. Zu den wichtigsten unter ihnen gehört das Konzept der sogenannten Entwicklungslinien und deren Übereinstimmen oder Divergieren in bezug auf die jeweils erreichten Entwicklungsstufen, woraus wichtige Indizien über pathologische Abweichungen und deren Quellen gewonnen werden können. Die von *A. Freud* ausführlich beschriebenen Entwicklungslinien sind seither durch einige weitere ergänzt worden, z. B. in bezug auf Angstentwicklung, Entwicklung verschiedener Denkformen, Entwicklung von Einsicht usw.

Ein anderes zentrales Entwicklungskonzept ist dasjenige der Regression als Prinzip in der normalen psychischen Entwicklung, ein Gedanke, der mit *Balint*s Konzept der „progressiven Regression" verwandt ist. Beiden gemeinsam ist jedenfalls, daß es sich bei dieser Form der Regression um ein temporäres Phänomen handelt, das letzten Endes eine progressionsfördernde Funktion erfüllt. *Balint* erörtert es in bezug auf erwachsene Patienten, *A. Freud* beschreibt es als einen psychischen Entwicklungsfaktor in Kindern. „Normale Kinderentwicklungen ... gehen nicht sprunghaft vor sich, sondern Schritt für Schritt, vorwärts und wieder rückwärts, mit progressiven und regressiven Vorgängen in ständiger Abwechslung" (1965, S. 2219).

In diesem Zusammenhang weist sie auf den von *Ernst Kris* eingeführten Begriff des „Regressionstempos" hin, der sich darauf bezieht, „daß Kinder je nach ihrem Alter und Entwicklungsstand ihre Leistungen nur für bestimmte Zeiten auf der entwicklungsgemäß erreichten Höhe halten können; je jünger das Kind, desto kürzer ist die Dauer vor dem Absinken" (1965, S. 2221). Dieses Regressionstempo ist natürlich auch abhängig vom jeweiligen Druck, unter dem ein Kind zu einem bestimmten Zeitpunkt steht, sowohl von innen als auch von außen her.

Von großer Wichtigkeit scheint mir *A. Freud*s theoretische Unterscheidung von Triebregressionen einerseits und Ich-Regressionen andererseits zu sein. Sie nimmt Bezug auf die drei von ihrem Vater erwähnten Formen der Regression (d. h. die topische, die zeitliche und die formale) und fügt dann hinzu, daß es zum Zwecke der Differenzierung der verschiedenen Formen bei Kindern von Vorteil sei,

„die topographischen Ausführungen in der *Traumdeutung* ... in die spätere metapsychologische Sprache zu übersetzen. Die zitierten Annahmen lauten dann wie folgt: daß Regressionen in allen psychischen Instanzen vorfallen können, im Es sowohl als im Ich und im Über-Ich; daß sie sich einerseits auf psychische Inhalte, andererseits auf psychische Mechanismen erstrecken; daß zeitliche Regressionen sich auf Impulse, Triebziele, Objektvorstellungen und Phantasieinhalte beziehen; topographische und formale Regressionen auf Ich-Funktionen, Sekundärvorgänge, das Realitätsprinzip" (1965, S. 2214).

Der wesentliche Unterschied zwischen Trieb- und Ich-Regressionen besteht jedoch darin, daß bei ersteren ein kausaler Zusammenhang zwischen Fixierungspunkten und Regressionen besteht, während bei letzteren solche Fixierungspunkte keine Rolle spielen. Für Ich-Regressionen ist typisch,

„daß die rückläufige Bewegung nicht zu Fixierungspunkten zurückgeht (die als solche im Ich nicht vorhanden sind), sondern in ordentlicher Folge die Stufenleiter wieder hinuntersteigt, die während der vorwärtsgehenden Entwicklung aufgebaut worden ist. Die klinische Beobachtung bestätigt, daß bei der Ich-Regression die zuletzt gemachten Erwerbungen als erste verlorengehen" (1965, S. 2222 f).

Temporäre und permanente Regressionen können sich sowohl im Es als auch im Ich einstellen. „Wo Regressionen permanent werden, anstatt temporär zu bleiben, fallen sie aus ihrer Rolle als Elemente der Normalentwicklung und verwandeln sich in pathogene Faktoren" (1965, S. 2225). Wenn auch die theoretische Unterscheidung zwischen permanenten und temporären Regressionen keinerlei Schwierigkeiten bereitet, so verhält sich dies auf der praktischen Ebene vollkommen anders. Dazu bemerkt *A. Freud*, daß wir noch keine verläßlichen Kriterien besitzen, um diese beiden Formen von Regression zu unterscheiden und aufgrund unserer bisherigen Kenntnisse nicht imstande sind, „am Beginn einer rückläufigen Bewegung zu beurteilen, wie weit sie gehen, wie lange sie dauern wird und ob gute Aussicht besteht, daß sie nicht *mehr* ist als ein vorübergehender Zustand, der keine Folgen zurückläßt" (1965, S. 2225).

Wenn *Anna Freud* auch auf die Möglichkeit einer Über-Ich-Regression hinweist, so beschränkt sie sich in ihren Erörterungen auf Es- und Ich-Regressionen. Der Grund dafür ist darin zu suchen, daß sie das Über-Ich als „Stufe im Ich" betrachtet, d. h. als eine Funktion des Ichs. Ich-Regressionen beinhalten deshalb auch regressive Prozesse im Über-Ich, sofern die Entwicklung weit genug fortgeschritten ist und ein mehr oder weniger strukturiertes Über-Ich existiert. Theoretisch fällt dieser Entwicklungsschritt mit der Bewältigung der ödipalen Konflikte zusammen, eine Ansicht, die in scharfem Gegensatz zu den Theorien der Kleinschen Schule steht, wo das Vorhandensein des Über-Ichs bereits für das erste Lebensjahr postuliert wird.

In einer ihrer letzten Arbeiten („Kinderanalyse als Untersuchung der psychischen Entwicklung: normal und abnorm", 1979 a) vertritt *Anna Freud* die Auffassung, daß Normalität oder Pathologie der Entwicklung im wesentlichen von vier Faktoren abhängen:

„1. daß das konstitutionelle erfahrungsmäßige Element im Leben eines Individuums nicht zu weit von dem abweicht, was durchschnittlich und erwartbar ist;

2. daß die inneren Wirkungskräfte der Persönlichkeit des Individuums ungefähr mit der gleichen Geschwindigkeit reifen und keine etwa zurückgeblieben oder frühreif ist;

3. daß das äußere Eingreifen zum richtigen Zeitpunkt erfolgt, weder zu früh, noch zu spät;

4. daß die Ich-Mechanismen, die zum Erreichen der notwendigen Kompromisse benutzt werden, altersangemessen sind, d. h. weder zu primitiv, noch zu hoch entwickelt" (1979 a, S. 2756 f.).

Was den ersten Fall anbelangt, so scheint mir ihr Hinweis auf das „konstitutionelle Element" von besonderer Bedeutung zu sein, also die Ansicht, daß anlagemäßig viele subjektive Eigenschaften latent bereits vorhanden sind und sich im Verlauf der Entwicklung aktualisieren. An anderem Ort präzisiert sie das folgendermaßen:

„Wir dürfen annehmen, daß normalerweise ... die verschiedenen Entwicklungslinien in der Konstitution des Kindes als latente Möglichkeiten vorgezeichnet sind. Was das Es mitbringt, ist offenbar die Reifungsbereitschaft im Hinblick auf die Phasenentwicklung des Sexualtriebes und der Aggression; was auf der Ich-Seite konstitutionell vorhanden ist, sind wahrscheinlich gewisse Tendenzen, welche die Organisation der psychischen Struktur, die chronologische Folge in Ausbildung der Ich-Funktionen und Abwehrmechanismen und möglicherweise auch einige quantitative Unterschiede zwischen den Entwicklungsrichtungen bestimmen" (*A. Freud* 1965, S. 2205 f.).

Die drei weiteren von *Anna Freud* genannten Faktoren, von denen Normalität oder Pathologie abhängen, führen zu Überlegungen, mit denen sie sich in ihren letzten Lebensjahren vermehrt auseinandergesetzt hat und die für unser Verständnis von Störungen im Kindesalter von großer Bedeutung sind. Vor allem ist es ihre theoretische Differenzierung von sogenannten Entwicklungsstörungen im Gegensatz zu neurotischen Störungen, die mir als sehr wesentlich und fruchtbar erscheint. Auch wenn beide Formen von Störung in ihren manifesten Äußerungen „kaum voneinander zu unterscheiden und in jedem Falle miteinander vermischt sind", so sind

„die Ursachen beider Störungen verschiedener Art. Neurotische Symptombildung ... beginnt mit Versagen auf einer höheren Entwicklungsebene, die das Streben nach Triebbefriedigung dazu zwingt, auf einen früheren oder gar den frühesten Fixierungspunkt zurückzukehren. Da die Ich-Instanzen standhaft sind und ihren Widerspruch gegen diese primitive Triebbefriedigung aufrechterhalten, wird die Situation bedrohlich, Angst entsteht, Abwehr wird benutzt, und die Bildung von Symptomen ist die Folge. Bei der Entwicklungspathologie geschieht nichts dergleichen. Hier handelt es sich vielmehr um eine primäre Störung, die ganz einfach auf ein fehlendes Gleichgewicht in der Entfaltung der Entwicklung selbst zurückzuführen ist" (1978, S. 2730).

An anderem Ort erwähnt *Anna Freud* ein eindrückliches Beispiel, das den Unterschied zwischen einer entwicklungsbedingten Störung und einer neurotischen Störung verdeutlicht, gleichzeitig aber auch auf den Zusammenhang zwischen beiden hinweist. Es handelt sich um die vorübergehende Zwangsphase, die „bei fast allen Kindern auf der Höhe oder vor dem Absinken der analen Prägenitalität" zu beobachten ist. „Die scheinbare Pathologie dieser Altersstufe verschwindet wieder, sobald Trieb- und Ich-Entwicklung die nächsten Fortschritte zur phallisch-ödipalen Phase gemacht haben." *Anna Freud* fährt fort:

„Der Zusammenhang dieser entwicklungsbedingten Zwangsphase mit der späteren Zwangsneurose ist andererseits nicht zu übersehen. Die in ihr vorfallenden Erlebnisse schaffen den Fixierungspunkt, zu dem spätere Regressionen (rückläufig von der phallischen Phase) zurückführen. Wenn auch die frühere Zwangsphase selbst noch nicht neurotisch genannt werden kann, die Rückkehr zu ihr, die Abwehr gegen ihre Wiederbelebung, die daraus entstehenden Konflikte und Kompromißbildungen sind letzten Endes die Ursache der Zwangsneurose" (1965, S. 2278).

Anna Freuds Hypothese einer normalen, idealen und harmonischen Interaktion innerer und äußerer Faktoren stellt eine logische Erweiterung ihres Konzeptes der Entwicklungslinien dar.

„Normalerweise erwarten wir, daß innere und äußere Ereignisse einer Art vorherbestimmtem Zeitplan entsprechend eintreten ... es gibt eine gewisse Balance und Harmonie zwischen dem Wachstum der Triebe und dem des Ich sowie zwischen diesen und ihren Beziehungen zur Außenwelt. Solange dieses Gleichgewicht besteht, werden auf den verschiedenen Entwicklungslinien Fortschritte gemacht" (1978, S. 2729).

Diese „Synchronisierung" versagt jedoch, wenn sich die drei psychischen Instanzen verschieden schnell entwickeln oder Umwelteinflüsse unzeitig erfolgen. Als Beispiele erwähnt *Anna Freud* die kannibalistischen Phantasien, die auftreten sollten, bevor sie mit einer organisierten Ich-Aktivität in Konflikt geraten können, oder die archaischen Ängste (vor Dunkelheit, Einsamkeit, lauten Geräuschen), die nur dann zu „einer ernsten Bedrohung für die ungestörte Entwicklung werden ... wenn entweder die Fürsorge der Umgebung zu früh zurückgezogen wird, wie es bei vernachlässigten Kindern geschieht, oder wenn die Ich-Funktionen zu spät reifen, wie es bei geistig Behinderten die Regel ist", oder die Phase der Trennung und Individuation, die gestört wird, wenn drei Faktoren nicht vollkommen aufeinander abgestimmt sind, nämlich die „motorische Entwicklung", „der erwachende Wunsch des Ich nach Erforschung und Abenteuer" und „die Bereitschaft der Mutter, dem Kind ein gewisses Maß an Unabhängigkeit zu gewähren", oder die anal-sadistischen Impulse, die in ganz besonderem Maße störenden Einflüssen ausgesetzt werden können; und schließlich die Probleme des ödipalen Stadiums, dessen normale Bewältigung weitgehend von der Abwehrorganisation des Ichs abhängig ist. Kinder, die „erst über die primitivsten Abwehrmechanismen verfügen, entwickeln eine Pathologie, die über den Bereich der gewöhnlichen infantilen Neurosen hinausgeht" (1979b, S. 2737 ff.).

Dieses letzte Zitat impliziert natürlich mehr als eine Entwicklungsstörung und verdeutlicht gleichzeitig eine weitere wichtige These *Anna Freuds*, die dahin geht, daß viele der Entwicklungsmängel „den infantilen Neurosen zugrunde liegen" und „Entwicklungsdisharmonien ... ein fruchtbarer Nährboden für fast jede Art von infantiler Neurose" sind (1978, S. 2731). Je früher und je häufiger diese Disharmonien, Entwicklungsschäden oder -defizite, desto größer die Wahrscheinlichkeit einer infantilen Neurose oder einer schwerwiegenden Störung. In Abwandlung von *Masud Khans* Konzept des „kumulativen Traumas" könnte man hier an die Auswirkungen „kumulativer Entwicklungsdisharmonien" denken.

In einer anderen Arbeit beschreibt *Anna Freud* die Pubertät als Ganzes im Sinne einer Entwicklungsstörung. „Während wir bei den entsprechenden Störungen der Kindheit gewöhnlich Veränderungen in dem einen oder anderen Teil der Persönlichkeit vorfinden, haben wir es in der Pubertät mit Wandlungen auf der ganzen Linie zu tun" (1969, S. 2402). Dies erläutert sie anhand der Änderungen, die sich im Triebbereich, in der Ich-Organisation, den Objektbeziehungen, den Idealen und im sozialen Umgang einstellen. Unsere klinischen Schwierigkeiten in der Differenzierung zwischen normal, neurotisch und entwicklungsgestört während dieser Entwicklungsphase beruhren auf diesen Wandlungen, denen die ganze jugendliche Persönlickeit über viele Jahre hin ausgesetzt ist.

Bezüglich vorhandener Entwicklungsstörungen und Entwicklungsdefizite war *Anna Freud* der Ansicht, daß die uns als Kinderanalytiker zur Verfügung stehenden Mittel uns im Stich lassen,

> „wenn wir vor der Aufgabe stehen, über neurotische und konfliktbedingte Pathologie hinauszugehen und zu den primitiveren pathologischen Manifestationen zu gelangen, die auf Entwicklungsmängel zurückzuführen sind ... Soweit Entwicklungsschäden später behoben werden können, kann die Kinderanalyse es als ihre nächste Pflicht akzeptieren, Methoden für diese Aufgabe zu entwickeln. In der Zwischenzeit kann man nichts weiter tun, als Entwicklungsdefekte zu identifizieren, wo immer sie zu finden sind, und die Unterschiede zwischen ihnen und neurotischer Symptomatologie aufzuzeigen. Wenn wir den kindlichen Patienten wenigstens helfen, seine Konsequenzen zu bewältigen, ist das vielleicht der erste Schritt in Richtung auf eine grundlegendere Therapie" (1978, S. 2731 f.).

Der in dieser Formulierung spürbare Pessimismus spiegelt *Anna Freuds* oft vertretene Auffassung wider, daß besonders früh aufgetretene Entwicklungsschäden nie vollkommen behoben werden können. Sie sind einem konstitutionellen Defekt vergleichbar. Hierzu äußert sie sich andernorts wie folgt:

> „Wir möchten gerne glauben, daß Ich-Defekte behoben werden können. Ich bin jedoch ziemlich überzeugt, daß dies nicht möglich ist. Wenn wir jemanden analysieren, dann richtet sich dieser ganze Prozeß auf das Ich dieser Person, auf die Erweiterung der Einflußsphäre des Ichs, darauf, dieser Person zu helfen, die inneren Konflikte und die Überreste der frühesten Erlebnisse zu bewältigen. Können wir jedoch diese Formel auf den Aufbau gerade derjenigen Struktur anwenden, von der wir später die Bewältigung dieser Aufgabe erwarten? Es ist wohl möglich, daß wir sie auf bestimmte Ich-Defekte anwenden können, nicht aber auf andere ... dies ist im Gegensatz zur analytischen Theorie, die behauptet, daß die Folgen früher Erlebnisse abgeändert werden können, sofern diese in der Übertragung wiederbelebt werden können" (1983, S. 125).

Theorie, Methodik und Technik der Therapie[1]

In den 20er Jahren, als die Kinderanalyse in ihren experimentellen Anfangsstadien war, glaubte *Anna Freud*, daß sich die Abhängigkeit des Kindes von seinen Eltern und seine altersentsprechende Scheu vor Fremden in einem Mißtrauen dem Analytiker gegenüber äußern würde, das nur durch eine einleitende Phase überwunden werden könnte, in der der Analytiker sich mit dem Kind anfreundet, sein Vertrauen und seine Zutraulichkeit gewinnt und so eine positive Übertragung fördert. Später gab sie diese Ansicht auf, als deutlich wurde, daß die Analyse der Abwehr die anfänglichen Ängste des Kindes verringern konnte. Aber noch im Jahre 1965 blieb sie bei der Überzeugung, daß die Übertragungsneurose des Kindes nicht dieselbe ist wie die des Erwachsenen. Sie sagt:

„Die Beziehungen zwischen den beiden Erscheinungen sind ... auch jetzt noch eine offene Frage. Was ihre Beantwortung erschwert, sind im besonderen zwei der obengenannten speziellen Umstände der Kinderanalyse: der Wegfall der freien Assoziation, ohne die der Analytiker kein volles Bild von den Übertragungsphänomenen bekommen kann; und das Agieren der Kinder, das die aggressive Übertragung zuungunsten der libidinösen Übertragungsreaktionen in den Vordergrund schiebt" (1965, S. 2157).

Der Hauptgrund für den Zweifel an der Fähigkeit von Kindern, eine volle Übertragung zu entwickeln, ist die reale altersentsprechende Abhängigkeit des Kindes von seinen *wirklichen* Eltern. Dieser entscheidende Unterschied zur inneren Abhängigkeit des Erwachsenen von seinen *phantasierten* Eltern macht es dem Kind unmöglich, sich so stark auf den Analytiker einzulassen, daß die Neurose in der Übertragung enthalten wäre.

Im Gegensatz zu Erwachsenen sind Kinder in der Regel zu einer Therapie oder Analyse nicht oder doch nur in sehr geringem Maße motiviert. Oft sind es die Eltern, die über das Symptom oder Verhalten eines ihrer Kinder besorgt sind, während das Kind keinerlei Wunsch nach Veränderung hat.

Aus diesen Gründen ist es von großer Wichtigkeit, zu Beginn einer Behandlung auf ein sogenanntes „Behandlungsbündnis" mit dem Kind hinzuarbeiten, das in vielen Fällen durch positive Übertragungsaspekte erleichtert und gefördert wird. So wird der Therapeut z. B. als ein hilfreicher und verläßlicher Erwachsener erlebt, wie eine gute Elternfigur, die stets bemüht ist, das Kind zu verstehen. Andererseits kann der Therapeut auch als ein „neues" Objekt erlebt werden, mit einem Einfüh-

---

[1]) Dieser Abschnitt stützt sich auf die Ausführungen, die einem unveröffentlichten Vortrag von *Rose Edgcumbe* entnommen sind.

lungsvermögen, wie es das Kind bis dahin nicht erlebt hat, was wiederum Gefühle von Zutrauen und Vertrauen erweckt und das Behandlungsbündnis festigt.

Bei Kindertherapien ist es jedoch ebenso wichtig, ein ähnliches Bündnis mit den Eltern herauszuarbeiten, auf deren Unterstützung der Therapeut in Phasen des Widerstandes angewiesen ist, ganz abgesehen von rein praktischen Belangen, wie etwa das Bringen zu den Sitzungen und das Abholen. Dies bedeutet, daß die Arbeit mit den Eltern ein unumgänglicher Bestandteil einer Kindertherapie sein muß, so daß bewußte und unbewußte Widerstände, wie sie z. B. aus einer Eifersuchtsproblematik erwachsen können, bearbeitet werden können und nicht zu einem vorzeitigen Abbruch der Therapie führen. Erst bei ältern Jugendlichen ist es hin und wieder möglich oder sogar angezeigt, auf die gleichzeitige Arbeit mit den Eltern zu verzichten oder sie vorzugsweise an einen Kollegen zu delegieren.

Je nach Alter des Kindes wird sich das in den Sitzungen eingebrachte Material zwischen den Polen des Verbalisierens und des Handelns bewegen. Je jünger das Kind ist, desto eher wird es das, womit es innerlich beschäftigt ist, handelnd zum Ausdruck bringen oder im Spiel darstellen. Selbst Kinder, die sich vorwiegend verbal auszudrücken vermögen, assoziieren nicht frei; andererseits stellen Spiel und Handlung keinen völlig ausreichenden Ersatz für die freie Assoziation dar, allein schon deshalb nicht, weil es oft ungewiß ist, ob das Kind nun ein Stück äußerer, erlebter Realität oder eine Phantasie aus seiner eigenen, inneren Welt mitteilt. Spielsachen sind lediglich ein Beiwerk und Mittel zum Zweck in der Therapie und oft nur von begrenztem Wert.

Wie in der Erwachsenenanalyse, so ist es auch das Ziel in der Kindertherapie, dem Ich vermehrte Mittel zur Verfügung zu stellen, um Impulse und Gefühle in Schach zu halten.

„Die Übereinstimmung zwischen den beiden Methoden [Erwachsenenanalyse und Kinderanalyse] betrifft hier vor allem das beabsichtigte Ziel, nämlich die Erweiterung der Bewußtseinsgrenzen, ohne die eine bessere Ich-Herrschaft über die Es-Strebungen nicht zustandekommen kann. Auch der Kinderanalytiker arbeitet auf dieses Ziel hin, so sehr der Wegfall der freien Assoziation, die Intensität des Agierens und andere technische Hindernisse seine Bemühungen erschweren. Die Unterschiede zwischen den Methoden sind dort zu finden, wo es sich um das zu deutende Material handelt. In der Erwachsenenanalyse arbeiten wir lange Zeit hindurch an Material unter sekundärer Verdrängung, d. h. an dem Bewußtmachen von Es-Abkömmlingen, die irgendwann als bewußtseinsunfähig erklärt worden und der Abwehr verfallen sind. Erst hinter diesen, also in späteren Perioden der Behandlung, kommen wir zu Resultaten der primären Verdrängung, d. h. zu Elementen, die aus der Zeit vor der Sprachentwicklung stammen, die nie der Ich-Organisation angehört haben und die nicht erinnert, nur in der Übertragung wiederbelebt werden können. Je jünger der Patient, desto verschiedener die analytischen

Vorgänge. Kinder in der Latenzperiode zeigen in dieser Beziehung viel Ähnlichkeit mit den Erwachsenen. Vor der Latenz, d. h. in der ödipalen und präödipalen Periode, sind das Mischungsverhältnis zwischen primär und sekundär verdrängten Elementen sowie die Reihenfolge ihres Auftauchens in der Analyse die umgekehrten." (*A. Freud* 1965, S. 2152 f.)

Direkte Deutungen von abgewehrten Triebinhalten rufen bei vielen Kindern besonders in den Anfangsstadien einer Behandlung erhebliche Ängste und Widerstände hervor, so daß es sich oft als notwendig erweist, solche Deutungen zuerst in indirekter Form einzubringen, z. B. in der Form von Geschichten über andere Kinder, als Dramatisierung mit Familienpuppen usw. Diese Form der indirekten Deutung erlaubt es einem Kind, die Parallelen mit der eigenen Person zu erkennen und zuzulassen, wenn es selbst dazu bereit ist. Hier zwei kurze klinische Vignetten, um dieses technische Vorgehen zu verdeutlichen. Das erste Kind ist bei Beginn der Behandlung acht Jahre alt, das zweite siebenjährig.

„Lydia inszenierte ihr intensives Wunsch-Phantasieleben zuhause und in der Behandlung beinahe von Anfang an. Da ihr Ich von ihrer Erregung so überwältigt war, wurde die direkte Deutung ihrer Wünsche ersetzt durch Versuche einer Eindämmung, indem der Therapeut „distanziertere" Methoden anwandte, wie beispielsweise Zeichnungen oder deutende Geschichten über andere Menschen. Obwohl Lydia wußte, daß die Personen in diesen Geschichten sie selbst und ihre Familie darstellten, konnte sie keine Deutung in irgendeiner anderen Form akzeptieren. ...

Bei Beginn der Behandlung erwies es sich als nötig, Geschichten zu erzählen, die andere Kinder betrafen, weil direkte Deutungen beträchtliche Angst und Aggressionen auslösten. Innerhalb einiger Monate erkannte Katrina allmählich die „Verkleidung" und versuchte, den Therapeuten zum Schweigen zu bringen, so oft er eine Geschichte von einem anderen Kind zu erzählen begann. Nach etwa einem Jahr brachte Katrina ihre Anziehpuppen als Ersatzobjekte mit, mit denen sie ihre eigenen Wünsche und Gefühle ausdrücken konnte und die auch als hilfreiches Mittel bei den Deutungen des Therapeuten verwendet wurden." (*Sandler* et al. 1982, S. 205)

Es geht hier also im wesentlichen darum, daß man sich einer spezifischen Problematik langsam und behutsam annähert. So fällt es einem Kind leichter, bestimmte konfliktgeladene eigene Wünsche und Impulse anzuerkennen, wenn es die Überzeugung gewonnen hat, daß es damit nicht allein ist und andere Kinder dieselben Wünsche hegen oder sogar befriedigen.

Der Therapeut ist für ein Kind nicht nur ein Objekt der Übertragung, sondern — was den gesunden Anteil des Kindes betrifft — auch ein neues reales Objekt, das neue Beziehungsformen anregt.

„Für die Technik bedeutet diese doppelte Einstellung des Kindes eine offenbare Schwierigkeit. Wo der Analytiker die erstere Rolle akzepiert und sich demgemäß benimmt, stört er die Übertragung; wo er das Umgekehrte tut, enttäuscht er den Patienten in Erwartungen, die, vom kindlichen Standpunkt aus gesehen, berechtigt sind. Es ist auch nicht immer leicht für den Therapeuten zu unterscheiden, welche Anteile des kindlichen Benehmens der einen Einstellung, welche der anderen zuzuschreiben sind. Takt, Geschick, Einsicht und freie Beweglichkeit von einer Rolle zur anderen gehören hier zum technischen Rüstzeug des Kinderanalytikers." (*A. Freud* 1965, S. 2159/60)

Die von *Anna Freud* abgeleitete Kindertherapie unterscheidet auch zwischen der eigentlichen Übertragung vergangener (und gegenwärtiger) Objektbeziehungen einerseits und der Externalisierung psychischer Strukturen (Es, Ich, Überich) und Konflikten andererseits.

„Insoweit der Analytiker den Triebabkömmlingen (Vorstellungen, Phantasien, Handlungen) freien Zugang zum Ausleben eröffnet, wird er für das Kind ein Vertreter seines Es, d.h. ein „Verführer" mit allen negativen und positiven Folgen, die diese Rolle mit sich bringt. Soweit seine Verbalisierungen und Deutungen die kindlichen Ängste herabsetzen, spielt er die Rolle eines Hilfs-Ichs, an das sich der schutzbedürftige Patient klammert. Als Erwachsener ist der Analytiker gleichzeitig ein in die Außenwelt verlegtes Über-Ich und Ich-Ideal. Hier entsteht die paradoxe Situation, daß das Kind die Kritik dieser von der Übertragung geschaffenen Autoritätsfigur fürchtet und die in der Analyse manifest gewordenen Es-Abkömmlinge wieder vor ihr zu verbergen sucht. Externalisierungen dieser Art sind wertvolles Material und ermöglichen die Deutungen der Konflikte, die zwischen den psychischen Instanzen vor sich gehen. Sie sind umso fruchtbarer für die Analyse, je strenger wir die Unterscheidung zwischen ihnen und der Übertragung von Objektbeziehungen einhalten." (1965, S. 2162 f.)

Zudem wird Übertragung als ein Prozeß verstanden, der sich im Verlauf einer Behandlung entwickelt und nicht von Anfang an gegeben ist. Erst wenn sich Übertragungsphänomene deutlich und unmißverständlich abgezeichnet haben und dem Verständnis des Therapeuten zugänglich sind, ist der Zeitpunkt ihrer Deutung gekommen. Insofern also Übertragung im engsten Sinn als Wiederholung *vergangener* Objektbeziehungen verstanden wird, kann das Auftauchen einer aktuell andauernden pathologischen Beziehung zum Therapeuten nicht als Übertragungsphänomen verstanden werden. Ein Beispiel aus der Behandlung eines 12 ½jährigen Mädchen und *Anna Freud*s Kommentar dazu soll dies verdeutlichen:

„Karen verwandelte die Sitzungen in eine Wiederholung ihrer analsadistischen Beziehung zu ihrer Mutter, wodurch es möglich war, ihre Sehnsucht nach Wiederherstellung von Intimität zu erkennen. Sie bestach die Therapeutin mit Lebensmittelgeschenken, wie sie von ihrer Mutter bestochen worden war. Sie agierte in der Sitzung Kranksein und die Therapeutin pflegte sie, und sie stellte sich vor, die Therapeutin sei krank und werde von ihr gepflegt. Karen versuchte, die Therapeutin zu analen Spielen zu verführen und legte sich sogar auf den Boden, ‚wie ich es machte, wenn Mami mir Zäpfchen einführte'. Anales Material erschien zusammen mit Geschichten von Krankheiten und dem Lob der Mutter, die sie nie im Stich ließ, wenn sie krank war: ‚Sie tat immer alles für mich, wischte mir den Po ab und blieb den ganzen Abend bei mir in der Toilette ...' Man kann nicht sagen, daß Karen bei der Entwicklung der Übertragung auf ein analsadistisches Verhalten regredierte. Sie hatte sehr lange mit der Mutter auf dieser Stufe gelebt und tat es noch zur Zeit der Analyse. Sie störte die Mutter nachts, weckte sie auf, um etwas zu essen zu verlangen oder sie zu bitten, sie auf die Toilette zu begleiten, damit sie ihr den Po abwischte und so fort. Sie störte jeden besonderen Anlaß in der Familie, indem sie sich erbrach oder eine plötzliche Magenverstimmung bekam. Das waren ihre Symptome. Es handelte sich nicht lediglich um etwas, was verdrängt und unbewußt gewesen und dann in der Übertragung wiedererweckt worden war. Es war in Wirklichkeit so, daß mit der Entwicklung der analytischen Arbeit die Symptome mehr in die Übertragung hineingezogen wurden. Dieser Prozeß wurde dadurch sehr unterstützt, daß es der Mutter durch ihre eigene Behandlung ermöglicht wurde, diese Interaktion zu beenden, denn die Mutter hatte die Situation am Leben erhalten, indem sie ihre Rolle darin spielte. Karens Analytikerin spielte nicht dieselbe Rolle und so wurde das Ganze der Behandlung zugänglich." (*Sandler* et al. 1982, S. 112 ff.)

In einer Kindertherapie ist es oft schwierig, zwischen einer Reaktion auf ein gegenwärtiges Ereignis und der Wiederbelebung vergangener Ereignisse und Reaktionen zu unterscheiden. In einer Diskussion über ein Kind, dessen Störung mit der Geburt eines Geschwisterkindes angefangen hatte und dessen Wut über die dritte Schwangerschaft der Mutter während der Behandlung dazu führte, daß das Kind den Leib seines (männlichen) Therpeuten mit Schlägen traktierte, fragte *Anna Freud*:

„Was bringt Material über den Wunsch, das Baby zu vernichten, in die Analyse? Wenn die Mutter jetzt nicht schwanger geworden wäre, würde sich dann das Material, das nun in der Analyse war, dem Zorn über die frühere Schwangerschaft der Mutter zugewandt haben? Oder ist es das gegenwärtige Ereignis zuhause, die derzeitige Schwangerschaft der Mutter, die das Ganze in die Analyse bringt? Bei Kindern wird das Material sehr oft durch ein gegenwärtiges Ereignis aktiviert, so daß es wirklich wie eine Störung in die Behandlung eindringt. Das ist einer der Gründe dafür, daß das ganze Verfahren der Kinderanalyse oft weniger ordentlich zu sein scheint als das der Erwachsenenanalyse. Es ist nicht nur von innen heraus bestimmt, sondern auch weit mehr als bei Erwachsenen von äußeren Ereignissen." (*Sandler* et al. 1982, S. 108)

Demzufolge muß bei einer Kindertherapie dem Ineinanderwirken von inneren und äußeren pathogenen Faktoren ein ganz besonderes Augenmerk geschenkt werden. Was die äußeren Faktoren anbelangt, so kann der Anteil der Eltern an der Störung ihres Kindes vielfältig sein; sie können ihre Beziehung zu dem Kind auf der Grundlage ihrer eigenen Pathologie und Bedürfnisse gestalten oder die kindliche Störung aufrechterhalten, indem sie mit den Symptomen im geheimen Einverständnis stehen. Der technische Umgang mit den Eltern richtet sich danach, in welchem Ausmaß und auf welche Weise sie in die Störung des Kindes verwickelt sind und kann bedeuten, daß man sie von der Behandlung ganz und gar ausschließt oder sie nur auf dem laufenden hält oder sie an den Sitzungen teilnehmen läßt (bei den Jüngsten) oder sie getrennt, aber gleichzeitig behandelt bis hin zum äußeren Extrem, daß die Eltern wegen der Störung ihres Kindes und an seiner statt behandelt werden.

Wie in der Behandlung neurotischer Erwachsener, so nimmt auch in der Kindertherapie die Deutung von Übertragung und Widerstand eine zentrale Stellung ein, mit dem Ziel, die Herrschaft des Ichs über das Unbewußte zu erweitern und zu verstärken. Dabei ist es gerade bei Kindern ein wichtiges technisches Prinzip, sich einer eigentlichen Deutung schrittweise anzunähern, d. h. das Kind auf sie vorzubereiten, z. B. durch Verbalisierung und Klarifikation vorbewußter Inhalte oder durch die Bearbeitung der Abwehrmechanismen vor der Deutung der abgewehrten Inhalte. Dadurch kann dem Auftreten übermäßiger Angst und einer Verstärkung der Widerstände vorgebeugt werden.

Je gestörter ein Kind ist, desto mehr ist es die Aufgabe des Therapeuten, die für die Behandlung neurotischer Kinder effektive Technik entsprechend abzuändern. Bei Kindern mit Borderline-Störungen z. B. ist die Phantasieproduktion besonders ausgeprägt, mit einer minimalen Entstellung der unbewußten Inhalte. In solchen Fällen führen Deutungen nicht zu einer verbesserten Ich-Kontrolle über die Phantasiewelt — wie dies bei neurotischen Kindern in der Regel der Fall ist —, sondern sie werden Teil dieser kontinuierlichen und zunehmend angsterregenden Phantasiewelt. Das Kind mit einer Borderline-Störung verkehrt die Beziehung mit dem Analytiker in eine Art „folie à deux", die zwar für das Kind entsprechend seinen pathologischen Bedürfnissen vergnüglich, vom Standpunkt der Therapie aus gesehen jedoch ohne Wert ist. Was einem solchen Kind hilft, ist Verbalisierung und Klärung innerer und äußerer Gefahren und angsterregender Affekte, die vorbewußt wahrgenommen werden, die das schwache Ich aber nicht integrieren kann. Kinder mit schweren Libidodefekten und einem Stillstand in der Entwicklung von Objektbeziehungen übertragen auf den Analytiker Aspekte einer unreifen Beziehung: symbiotische und bedürfnisbefriedigende Einstellungen, das Fehlen von Objektkonstanz etc. Wo der Defekt auf schwere frühe Deprivation zurückzuführen ist, hat die Deutung der übertragenen Wiederholung keine therapeutische Wirkung. Das Kind reagiert vielleicht auf die Intimität und die Ausschließlichkeit der Beziehung zwischen Analytiker und ihm selbst, gebraucht sie als eine korrektive emotionale Erfahrung und mag auf dieser Grundlage einer angemessenen Stufe seiner Libidoentwicklung zusteuern. Kindern mit verzögerter individueller Entwicklung und unreifen Ich-Funktionen kann es an einer Orientierung und einer Beherrschung ihrer inneren wie äußeren Welt gleichermaßen mangeln. Die Angst, die daraus erwächst, kann wiederum weiteres Ich-Wachstum verhindern. Dieser Teufelskreis kann mit Hilfe der ich-stützenden, bestätigenden Rolle des Analytikers durchbrochen werden, um so einen gewissen Fortschritt in der Entwicklung zu ermöglichen. In Fällen mit organischen Schäden kann die Hilfs-Ich-Funktion des Analytikers dazu verhelfen, die Ich-Herrschaft des Patienten zu stärken und ihm unterschiedliche Möglichkeiten einer Triebabfuhr zu eröffnen.

Schlußbemerkungen

Abschließend und zusammenfassend möchte ich bemerken, daß es sich bei der analytischen Kindertherapie um eine Form angewandter Psychoanalyse handelt, d. h. daß sie das von *Sigmund Freud* für neurotische Erwachsene entwickelte Modell als Grundlage hat und dieses den im Kindesalter bestehenden Umständen anpaßt. In der Praxis bedeutet dies, daß die für Erwachsene geltenden und üblichen Grundregeln auf Kinder nicht angewandt werden können. Bei einem Kind kann man weder die Fähigkeit zum freien Assoziieren voraussetzen noch eine Bereitschaft, sich auf ein Verbalisieren seiner Phantasien, Wünsche, Gedanken und Gefühle zu beschränken. Außerdem kann man von einem Kind kaum erwarten, daß es seine Motilität auch nur annähernd so stark einschränkt wie dies beim auf der Couch liegenden Erwachsenen der Fall ist. Je jünger das Kind, desto mehr wird es sein Innenleben im Spiel, im Handeln und Dramatisieren darstellen. Je älter ein Kind, desto größer in der Regel die Beiträge aus dem verbalen Bereich, mit einer Annäherung an das Erwachsenenmodell bei älteren Jugendlichen.

Auch für den Kindertherapeuten bzw. -analytiker ergeben sich im Zusammenhang mit dem veränderten Setting wesentliche Unterschiede in seinem Verhalten im Vergleich zum Erwachsenenanalytiker. So nimmt der Kindertherapeut meist eine viel aktivere Rolle ein, beteiligt sich am Spiel eines Kindes, übernimmt ihm zugeteilte Rollen oder funktioniert hin und wieder als Hilfs-Ich für das Kind. Dies bedeutet jedoch, daß der Kindertherapeut niemals die Neutralität bewahren kann, die ein Erwachsenenanalytiker anstrebt. Das hängt wohl auch mit dem sehr wichtigen Umstand zusammen, daß die Frustrationstoleranz eines Kindes normalerweise sehr viel geringer ist als die eines Erwachsenen, und diesem Umstand muß in der technischen Handhabung einer Kindertherapie gebührend Rechnung getragen werden. Die für die Erwachsenenanalyse geltende Abstinenzregel ist also ebenso wenig auf die Kindertherapie übertragbar wie etwa die freie Assoziation oder die Einschränkung der Motilität. Dies führt natürlich in Kindertherapien oft zu erheblichen technischen Problemen, wo es um die Grenzen zwischen Gratifikation und Versagung geht.

Zum Schluß noch ein Wort zur Unterscheidung zwischen Kinderanalyse und Kindertherapie. Meiner Ansicht nach stehen sich diese zwei Formen näher als die entsprechenden analytischen Therapieformen bei Erwachsenen, wo die eine (Analyse) sehr häufig (4-5 Wochenstunden) *und* im Liegen durchgeführt wird, die andere (analytische Psychotherapie) im Sitzen stattfindet und auf ein bis zwei Wochenstunden beschränkt ist. Im Gegensatz dazu ist das Setting bei einer Kinderanalyse und einer Kindertherapie genau dasselbe. Der einzige äußere Unterschied liegt in der Frequenz der Sitzungen. Aber dieser Unterschied zieht in der Regel doch wesentliche Folgen nach sich. Bei einer häufiger statttfindenden Therapie (4-5 Wochenstunden), also einer Analyse, entwickelt sich allmählich ein analytischer Prozeß, der im allgemeinen sehr viel intensiver ist und mehr in die Tiefe dringt, als man dies bei einer niederfrequenten Therapie sieht oder erwarten kann. Dadurch ergeben sich auch Unterschiede in der Entwicklung und Intensität der Übertragungsphänomene und der effektiven Bearbeitung von Konflikten und Widerständen. Es darf letzten Endes auch nicht außer acht gelassen werden, daß das Engagement des Therapeuten bei einer analytischen Behandlung doch ein ganz anderes ist oder wird, als dies bei einer seltener stattfindenden Therapie im allgemeinen der Fall ist. Eine Analyse wird also sowohl für das Kind als auch dessen Therapeuten zu einem weitaus zentraleren und besetzten Erlebnis als eine Therapie, selbst wenn sie beide analytisch orientiert und in dieser Beziehung vergleichbar und identisch sind.

Literatur

Wo nichts anderes vermerkt ist, beziehen sich sämtliche Literaturhinweise auf *Die Schriften der Anna Freud*, verlegt bei Kindler in 10 Bänden, München 1980.

Freud, A., Das Ich und die Abwehrmechanismen, Band 1, 1936.
—, Wege und Irrwege in der Kinderentwicklung, Band 8, 1965.
—, Pubertät als Entwicklungsstörung, Band 9, 1966.
—, Die Hauptaufgabe der Kinderanalyse, Band 10, 1978.
—, Kinderanalyse als Untersuchung der psychischen Entwicklung: normal und abnorm, Band 10, 1979a.
—, Psychische Gesundheit und Krankheit als Folge innerer Harmonie und Disharmonie, Band 10, 1979b.
—, Excerpts from seminars and meetings, Bulletin of the Hampstead Clinic, Band 6, 1983.
Sendler, J., Kennedy, H., Tyson, R., L., Kinderanalyse, Gespräche mit Anna Freud, S. Fischer, Frankfurt 1982.

Kleinsche Kinderpsychoanalyse

Annelise von Siebenthal

„Das Reale wird immer ‚unerkennbar' bleiben." *S. Freud,* 1938

„Ich bin auf der Suche nach einem Mann, den ich nicht kenne und der niemals zuvor so sehr ich selbst war, als seit ich ihn suche." *E. Jabès,* Chanson de l'étranger

Nach den „großen Kontroversen" (*Segal* 1982), die innerhalb der Britischen Vereinigung für Psychoanalyse und insbesondere zwischen den beiden großen Damen der Kinderanalyse, *Melanie Klein* und *Anna Freud,* stattfanden, kann man seit 1944 von einer Kleinschen Schule in der Psychoanalyse sprechen. Das Leben und Werk *Melanie Kleins* wurde in umfassenden Artikeln und Büchern (*Bion, Rosenfeld, Segal* 1961; *Petot* 1979; *Segal* 1964, 1979) eingehend behandelt. Ich will daher hier ihren persönlichen Lebensweg und im Zusammenhang damit ihre Forschungen und ihre Entdeckungen — die wichtigsten und originellsten betreffen vor allem die Entwicklung der Psychoanalyse mit Kindern — nur kurz umreißen. Ich möchte kurz auf einige ihrer Gedankengänge eingehen und dann, ausgehend von einer ersten Sitzung mit einem sechsjährigen Jungen, bestimmte Fragen der Technik näher ausführen und dabei einige Begriffe und Ansichten von Autoren, die der Kleinschen Bewegung angehören, erläutern.

Melanie Klein, ein Lebensweg

Melanie Klein, wurde 1882 in Wien als jüngste von vier Kindern in einer Familie jüdischer Abstammung geboren; wir wissen, daß für sie die Beziehung zu ihrer Schwester Sidonie (vier Jahre vor Melanie geboren) und zu ihrem Bruder Emmanuel (fünf Jahre älter als Melanie), die beide sehr jung starben, von außerordentlicher Bedeutung war. Sidonie bringt ihrer kleinen Schwester während der letzten Monate ihres Lebens das Lesen und Schreiben bei, Emmanuel führt das junge Mädchen in seinen Freundeskreis ein und regt die intellektuellen Interessen seiner Schwester wesentlich an.

Melanie Reizes möchte zunächst ein Medizinstudium beginnen, gibt diesen Gedanken aber auf, als sie sich sehr jung verlobt, und studiert schließlich Kunst und Geschichte. Nach ihrer Heirat mit Arthur Klein begleitet sie diesen in die verschiedenen Länder, in denen er arbeitet; sie haben drei Kinder. In Budapest kommt sie 1910 mit dem Werk von

S. Freud in Berührung, was eine Reihe von grundlegenden Veränderungen in ihrem Leben nach sich zieht. Sie unterzieht sich zunächst einer Psychoanalyse bei *S. Ferenczi* und beginnt danach selbst als Analytikerin zu arbeiten; 1919 präsentiert sie als Siebenunddreißigjährige ihren ersten Text vor der Ungarischen Vereinigung für Psychoanalyse: „Eine Kinderentwicklung" (*Klein* 1921, S. 251—309). „... Fritz, Sohn einer verwandten Familie, die in meiner unmittelbaren Nachbarschaft wohnt", ist in Wirklichkeit Erich, der damals fünfjährige, jüngere Sohn *Melanie Kleins*, dessen psychische Entwicklung sie als langsam erlebt. Als er sich für alles, was mit der Geburt zusammenhängt, zu interessieren beginnt, nimmt sie zunächst seine „Erziehung mit analytischem Einschlag" in Angriff; *Anton von Freund* macht die Mutter darauf aufmerksam, daß sie lediglich die bewußten Fragen in Betracht ziehe. Da die neurotischen Schwierigkeiten und die intellektuelle Hemmung des Kindes nicht schwinden, beschließt sie daher nun, ihn zu analysieren. Die Sitzungen finden zuhause, täglich und zu festen Zeiten statt. Auf die Bemerkungen, die ihr gemacht werden, eingehend, wird sie Fritz-Erich nun gelegentlich dessen unbewußte Wünsche und Ängste deuten.

„Hierbei wich ich von gewissen Regeln ab, die man damals allgemein befolgte, in dem ich deutete, was mir in dem von dem Kinde gebotenen Material am dringensten erschien; dabei erlebte ich, wie sich mein Interesse auf die Ängste des Patienten und auf die gegen sie errichteten Abwehrmechanismen konzentrierte" (*Klein* 1955, S. 13).

Melanie Klein muß einen gewissen Mut dafür aufbringen, da das Kind beträchtliche Angstzustände durchlebt; sie zweifelt an diesem Vorhaben, doch *K. Abraham* ermutigt sie, auf diesem Wege fortzufahren. In diesem ersten Text ist bereits von der „Teilung der Mutter-Imago" in die „geliebte Mutter" und die „Frau mit dem Penis" die Rede; schon zu Beginn tauchen alle, bei Fritz-Erich sehr ergiebigen, kindlichen Sexualtheorien auf. Bevor sie den zweiten Teil ihres Textes verfaßt, den sie „Zur Frühanalyse" (*Klein* 1921, S. 278—309) betitelt, lernt *M. Klein* den Text von *Hermine Hug-Hellmuth* kennen, die sich in ihrer Technik der heilpädagogischen Analyse als erste des Spiels als Ausdrucksmittel des Kindes bedient. Die Autorin betont darin zwar die Existenz der positiven und negativen Übertragung, glaubt aber nicht, daß eine Analyse vor dem siebenten Lebensjahr durchgeführt werden könne; in ihrem Text kommt der Begriff „Deutung" nicht vor; in ihren Augen ist der Analytiker Pädagoge und Therapeut. *Anna Freud* schlägt eher den Weg von *H. Hug-Hellmuth* ein, wenn sie den erzieherischen Aspekt hervorhebt, den der Kinderanalytiker verfolgt.

Von Anbeginn also sieht man, daß sich schließlich gegensätzliche Positionen abzeichnen, die sich auf unterschiedliche Theoriebildungen stützen. *M. Klein* sah sich immer in der Linie *Freud*s, dessen Arbeiten sie sehr eingehend studiert, doch was gerade diesen Punkt der Übertragung anbelangt, schlägt sie einen eigenen Weg ein, der sie dazu führt, den Behandlungsablauf und eine Theorie der kindlichen Entwicklung auf ihre Weise zu betrachten. Schon in diesem ersten Text unterscheidet sie also einerseits „die psychoanalytisch orientierte Erziehung", die sie weiterhin für ratsam hält, und zeigt andererseits die Möglichkeit, die Analyse selbst bei ganz kleinen Kindern anzuwenden, zur „Verhütung von schweren Erschütterungen und zur Beseitigung von Hemmungen" (*Klein* 1921, S. 304). Sie wird den Hemmungen immer einen symptomatischen Wert beimessen, wie sie es bei ihrem Sohn getan hatte: intellektuelle Hemmung oder Hemmung der Neugier, Spielhemmung oder Hemmung der phantasmatischen Ausdrucksmöglichkeiten, da sie darin die Manifestation einer Angst und ein Problem der psychischen Entwicklung sieht. Sie unterstreicht außerdem den Nutzen, den die Kinder aus einer Behandlung ziehen können, insofern sich ihre neurotischen Züge, sobald sie sich zu bilden beginnen, auch bereits wieder auflösen ließen, sie sieht, daß das Kind ein bewußt werdendes Gefühl besser beherrschen kann als ein unbewußtes; sie betont das Interesse und die Freude, die es manchen Kindern bereitet, ihr eigenes mentales Funktionieren zu beobachten, was bei ihrem Sohn ganz offenkundig der Fall ist. Zudem versucht sie in ihrem großen Optimismus, alle ihre Kollegen, die sich mit Kindern befassen, zu widerlegen, wenn sie zur Vorsicht mahnen. Für sie ist das Kind ein vollwertiger Partner; sie glaubt an die Möglichkeit, mit ihm ein therapeutisches Bündnis einzugehen. So gesehen könnte sie auf all die Auskünfte, die sie über den Ursprung und die Geschichte des Kindes und seiner Störungen bei den Eltern einholt, verzichten, was sie im übrigen selbst hervorhebt (*Klein* 1927). Fügen wir hinzu, daß *M. Klein* zufolge die Analyse „schon geglückte Verdrängungen, Reaktionsbildungen und Sublimierungen nicht beeinträchtigt, dagegen die Möglichkeit zu anderen Sublimierungen frei machen wird" (*Klein* 1921, S. 305).

M. Klein ist nicht die erste, die ihr eigenes Kind analysiert; der Vater des „Kleinen Hans", von *S. Freud* 1909 veröffentlicht, hatte es ebenfalls getan. Doch sie läßt sich mit Leib und Seele in diese Situation ein: Sie hatte sich vorher selbst analysiert und ist sich ihres eigenen Unbewußten bewußt geworden; das ermöglicht ihr, wenngleich sie für ihren Sohn gern eine „geliebte Mutter" wäre, auch die „Frau mit dem Penis" oder die Hexe aus dem Märchen, die er nicht mehr zu lesen oder hören wagt, zu sein... Und gerade dieser Umstand veranlaßt *M. Klein*, über die Modalitäten des analytischen Rahmens, des Setting, nachzudenken und sich so leidenschaftlich um die Entwicklung einer Theorie dessen, was sich zwischen ihr und dem Kind abspielt, zu bemühen und mit solcher Entschiedenheit zu fordern, daß die Ziele der Kinderpsychoanalyse nur psychoanalytisch definiert werden können. Sie faßt übrigens keinen anderen Weg ins Auge, in ihrem Werk ist beispielsweise nie von Psychotherapie die Rede. Ihre Lebenserfahrung, die sie ganz und gar zu ihrer eigenen machen zu wollen scheint, die vielfältigen Situationen, in die sie sich begibt, und ihr Mut werden sie zu einer angesehenen Persönlichkeit in der Geschichte der Psychoanalyse und zur ersten Analytikerin machen, die das Spiel als die eigentliche Technik in der Kinderanalyse einsetzt. Viel später sagt sie über die Analyse von Fritz-Erich:

> „Diese Analyse war der Beginn der psychoanalytischen Spieltechnik: Das Kind drückte von Anfang an seine Phantasien und Ängste hauptsächlich im Spiel aus, während ich beständig deutete, mit dem Erfolg, daß neues Material im Spiele auftauchte. Das heißt, ich wandte schon bei diesem Patienten im wesentlichen die Deutungsmethode an, die charakteristisch für meine Technik wurde. Diese Methode entspricht dem fundamentalen Prinzip des freien Assoziierens. Bei der Deutung der Worte sowie auch der Spieltätigkeit des Kindes wandte ich dieses Prinzip auf das Gemüt des Kindes an, da dessen Spiel und Aktivität, d. h. sein ganzes Gebaren, die Ausdrucksmittel für das sind, was der Erwachsene vorwiegend mit Worten ausdrückt. Außerdem ließ ich mich von zwei weiteren Konzepten der Psychoanalyse, die von *Freud* aufgestellt und von mir von Anfang an als grundlegend betrachtet wurden, leiten: der Ergründung des Unbewußten als der Hauptaufgabe des psychoanalytischen Vorgehens und der Analyse der Übertragung als dem Mittel, mit dem man dieses Ziel erreicht" (*Klein* 1955,, S. 14).

Die psychoanalytische Spieltechnik erscheint ihr immer als wesentliche Unterstützung ihrer Praxis: „... meine Arbeit mit Kindern wie mit Erwachsenen und meine Beiträge zur psychoanalytischen Theorie bauen sich letzten Endes auf der Spieltechnik auf" (*Klein* 1955, S. 12). Dieser Standpunkt, der darin besteht, Kinder- und Erwachsenenanalyse gleichzusetzen, ist für *M. Klein* charakteristisch; *Anna Freud* dagegen bleibt dabei, daß sie sich in ihrer Technik und in ihren Zielsetzungen grundlegend unterscheiden.

1924 ist *Melanie Klein* von ihrem Ehemann geschieden und lebt seit drei Jahren in Berlin. Auf persönlichen Wunsch hat sie ihr Leben erneut auf den analytischen Webstuhl gelegt, diesmal bei *Karl Abraham*. Die Analyse wird ein Jahr später beendet, da *Abraham* stirbt. Seit ihrer Ankunft in Berlin hat sie mehrere Kinderanalysen durchgeführt, die in ihrem ganzen Werk zitiert werden, wie beispielsweise die Analyse von Rita (*Klein* 1926), die beginnt, als das Mädchen, das an pavor nocturnus, an einer Zwangsneurose und an Depressionen leidet, 9 Jahre alt ist, und die die eigentliche Entwicklung der Grundlagen des Kleinschen Systems, seiner Prinzipien und seiner Technik kennzeichnet. Rita ist für *M. Klein* auch das letzte Kind, das in seinem eigenen Kinderzimmer behandelt wird, was zu dieser Zeit durchaus üblich ist.

„Ich entdeckte, daß die Übertragungssituation — das Rückgrat des gesamten psychoanalytischen Prozesses — nur hergestellt und erhalten werden kann, wenn der Patient den Behandlungsraum oder das Spielzimmer, in Wirklichkeit die ganze Analyse, als etwas vom gewöhnlichen Leben zuhause getrenntes erleben kann. Nur unter solchen Bedingungen kann der Patient seine Widerstände gegen das Erleben und das Ausdrücken von Gefühlen und Wünschen überwinden, die unvereinbar mit den Konventionen sind und vom Kind als vielen Erziehungsprinzipien widersprechend empfunden werden" (*Klein* 1955, S. 15—16).

1925 lädt *E. Jones*, der an ihrer Arbeit interessiert ist, sie ein, in London eine Vortragsreihe zu halten, die den ersten Teil von „Die Psychoanalyse des Kindes" darstellt (*Klein* 1932); sie läßt sich ein Jahr darauf in dieser Stadt nieder, eine Entscheidung, die sie nie zu bereuen schien. Schon vor ihrer Ankunft in England war nämlich ihr Werk leidenschaftlich diskutiert worden: *M. Klein* erzählte *H. Segal*, „daß die Berliner Vereinigung, als sie das Material, das sie über Kinder gesammelt hatte, vortrug, nicht nur wegen ihrer Vorstellungen über die kindliche Aggressivität empört war, sondern auch darüber, daß sie mit Kindern offen über Sexualität sprach" (*Segal* 1972).

Im analytischen Behandlungszimmer findet *M. Klein* kein musterhaftes Kind vor, sondern ein kleines Wesen, das saugt, beißt, uriniert, ... und von dem sie in einer Sprache spricht, in welcher der Körper sehr gegenwärtig ist; zudem vertieft sie mit zahlreichen Beispielen *Freuds* Ansicht über das Kind mit „polymorph perverser Anlage" (*S. Freud* 1905, S. 91).

Zwischen 1926 und 1932 hat *M. Klein* also ihre Grundvorstellungen herausgearbeitet:
— Existenz einer Übertragung schon zu Beginn der Analyse, die so früh wie möglich gedeutet werden muß, vor allem wenn sie negativ ist (sie unterscheidet sich hierin von *Freud*, der die Übertragung erst deutet, wenn sie sich in Widerstand verwandelt); in *M. Kleins* Augen ist es notwendig, tiefergehende Deutungen zu geben, um zu jener Schicht der Psyche vorzudringen, in welcher die Angst lokalisiert ist. Diese Angst hängt mit der oralen oder analen Phase und mit den ersten Beziehungen zum Körper der Mutter zusammen: Existenz eines Ödipuskomplexes prägenitaler Prägung und eines frühen Über-Ichs, das sich schon vor Ende des ersten Lebensjahres konstituiert.

Die Objektbeziehungen

Diese Konzeption *M. Kleins* ist mit einer sehr persönlichen Theorie in bezug auf die Entwicklung der Objektbeziehungen verbunden:

„Die früheste Realität des Kindes ist demnach eine ganz phantastische; es ist von Angstobjekten umgeben, wobei Exkremente, Organe, Objekte, leblose und belebte Dinge zunächst einander äquivalent sind. Von dieser irrealen Realität geht schrittweise im Einklang mit der Ich-Entwicklung die Herstellung einer wirklichen Realitätsbeziehung aus. Ich-Entwicklung und Realitätsbeziehung sind somit abhängig von der stärkeren oder geringeren Fähigkeit des ganz frühen Ichs, den Druck der frühesten Angstsituationen zu ertragen, wobei es sich wieder um ein gewisses Optimum der zusammenwirkenden Faktoren handelt. Ein genügendes Ausmaß an Angst ist die Grundlage für eine reiche Symbolbildung und Phantasietätigkeit — eine genügende Fähigkeit des Ichs, Angst zu ertragen, ist die Vorbedingung für eine gelungene Verarbeitung dieser Angst, den günstigen Verlauf dieser grundlegenden Phase und das Gelingen der Ich-Entwicklung. — Dies Aufstellung, die das Resultat meiner allgemeinen analytischen Erfahrungen sind, erhalten eine besonders beweiskräftige Bestätigung durch einen Fall, bei dem eine ungewöhnliche Hemmung der Ich-Entwicklung vorlag" (*Klein* 1930, S. 38—39).

Sie spricht nun von Dick, worauf ich aber später zurückkommen will. Oder etwa:

„Die Frühanalyse hat mich gelehrt, daß es kein instinktives Bedürfnis, keine Angstsituation und keinen geistigen Vorgang gibt, der nicht äußere oder innere Objekte voraussetzt; mit anderen Worten, die Objektbeziehungen stehen im *Mittelpunkt* des Gefühlslebens. Ja, die Liebe und der Haß, die Phantasien, die Ängste und die Abwehrmechanismen sind von Beginn an wirksam und initio untrennbar mit den Objektbeziehungen verbunden"; in ihrem ganzen Werk bringt sie die Objektbeziehungen mit der Übertragung in Zusammenhang:

„Ich behaupte, daß die Übertragung ihre Wurzeln in denselben Vorgängen hat, die die Objektbeziehungen in den frühesten Stadien bestimmen" (*Klein* 1952).

Die Übertragungssituation

In ihrem Werk verwendet *M. Klein* nicht den Begriff „Übertragungsneurose" — nur ein einziges Mal als Entgegnung auf *A. Freud* (Zitat nach *Petot* 1979) —, sondern den Begriff „Übertragungssituation".

„Wir pflegen von *Übertragungssituation* zu sprechen. Ist uns aber die grundlegende Deutung dieses Konzeptes auch immer gegenwärtig? Nach meiner Erfahrung ist es bei der Entwirrung der Übertragungsmomente wesentlich, sich diese als ganze *Situationen* vorzustellen, die ebenso wie Gefühle, Abwehrmechanismen und Objektbeziehungen von der Vergangenheit auf die Gegenwart übertragen werden" (*Klein* 1952a).

M. Klein stellt sich sofort als Gegenstand dieser Übertragung, deren Manifestation sie immer im Auge behält, zur Verfügung. Mit ihrer Theorie der Objektbeziehung nimmt sie alle Verschiebungen (Übertragungen) auf sich: elterliche Imagines, innere Figuren, die das Kind phantasiert; sie hält es für ratsam, sofort zu deuten und nicht darauf zu warten, daß sich die Übertragung in Widerstand verwandelt, um dem Kind zu helfen, seine Projektionen wahrzunehmen und allmählich äußeres Objekt und phantasiertes Objekt zu unterscheiden. Dies ermöglicht den Beginn und die Aufrechterhaltung des analytischen Prozesses.

Anna Freud spricht zu dieser Zeit von Übertragungsneurose, weist aber deren Existenz beim Kind zurück (später wird sich ihre Haltung ändern).

Wenn sich die Psychoanalytiker zur Zeit auch einig sind, daß in der Kinderanalyse in einem gewissen Sinn eine Übertragung existiert, so gibt es zwischen Kleinianern und Nicht-Kleinianern doch weiterhin divergierende Auffassungen hinsichtlich der Frage, ob, wie und wann darauf eingegangen werden sollte. Ebenso gibt es sehr wesentliche Unterschiede zwischen den einzelnen Schulen hinsichtlich der Technik der Deutung, ihres Timing, der jeweiligen Rolle der Interventionen, hinsichtlich der „verbindenen Bemerkungen" (*Diatkine* 1983), der eigentlichen Deutungen, ebenso wie hinsichtlich der Frage, ob man mit dem Kind spielen oder sich nicht einmischen sollte. Diese Probleme bleiben nach meiner Meinung jedem Psychoanalytiker in jeder Situation mit einem Kind gestellt.

Zwei Autoren, *F.* und *J. Begoin*, haben zu den Kontroversen des Kolloquiums von 1927 über die Kinderanalyse eine Hypothese formuliert, die um so interessanter erscheint, als sie zeigt, wie sehr die Kinderanalyse die Erwachsenenanalyse auf die Probe stellen kann und muß; sie fragen sich,

„ob die Bedingungen, die *M. Klein* 1927 für die Begründung der analytischen Situation stellte, damals für den Erwachsenen ebenso rigoros waren wie sie es für das Kind forderte. Es scheint vielmehr, daß *M. Klein* zu diesem Zeitpunkt die Theorie der Technik weiter entwickelt hatte, als sie es für den Erwachsenen war, und daß hierin die eigentliche Wurzel für die Widerstände liege, denen ihr Werk begegnen wird, wie die ersten Stellungnahmen *A. Freuds* zeigen" (*Begoin-Begoin* 1982, S. 256).

In dieser Theorie, die darauf ausgerichtet ist, daß der Analytiker akzeptiert, daß er ganz zum Objekt der Übertragung wird, stellt sich das Problem des Aufbaus der Objektbeziehung (das Objekt kann partiell [Brust, Penis...] oder ganz [Mutter, Vater...] wahrgenommen werden); andererseits sei hier klargestellt, daß dort, wo *Freud* das Objekt als Ziel des Triebes im Auge hat, *M. Klein* die Objektbeziehung, die ebenfalls triebhaft ist, sieht, die Beziehung zur Brust (Teilobjekt)...

zum Vater (ganzes Objekt), aber auch die Abhängigkeits-, Liebes- und Haßbeziehung...

Projektion — Introjektion

„Die ersten Prozesse der Projektion und Introjektion, die aufs engste mit den Gefühlen und Ängsten des Kindes verknüpft sind, setzen Objektbeziehungen in Gang; durch die Projektion, das heißt die Ablenkung der Libido und der Aggression auf die mütterliche Brust, ist die Grundlage für Objektbeziehung hergestellt; durch die Introjektion des Objektes, vor allem der Brust, entstehen die Beziehungen zu den Objekten. Meine Verwendung des Begriffes ‚Objektbeziehungen' beruht auf der folgenden These: daß das Kind von Anbeginn des postnatalen Lebens eine Beziehung zu seiner Mutter hat (wenngleich primitiv auf die Brust konzentriert), eine Beziehung, die die grundlegenden Merkmale einer Objektbeziehung aufweist, nämlich die Liebe, den Haß, die Phantasien, die Ängste und die Abwehrmechanismen.

... Die Introjektion der Brust stellt den Beginn der Überich-Bildung dar, die sich über mehrere Jahre erstreckt. Wir haben Grund anzunehmen, daß das Kind von der ersten Nahrungsaufnahme an der Brust in ihren mannigfaltigen Aspekten introjiziert. Der Kern des Überichs ist somit die gute und zugleich böse mütterliche Brust. Aufgrund der gleichzeitigen Wirksamkeit der Introjektion und der Projektion wechseln die Beziehungen zu den äußeren und den inneren Objekten einander ab (auch der Vater, der bald eine Rolle im Leben des Kindes spielt, wird früh zu einem Teil der Innenwelt des Kindes). Im Gefühlsleben des Kindes gibt es rasche Fluktuationen zwischen der Liebe und dem Haß, zwischen den äußeren und den inneren Situationen, zwischen der Wahrnehmung der Realität und der damit im Zusammenhang stehenden Phantasien; in Übereinstimmung mit diesen Fluktuationen gibt es eine Wechselwirkung zwischen der Verfolgungsangst und der Idealisierung, die sich beide auf innere und äußere Objekte beziehen; das idealisierte Objekt ist dabei eine Nebenerscheinung des verfolgenden und äußerst bösen Objektes" (*Klein* 1952a).

Melanie Klein spricht von der ersten Form der Angst, die persekutorischer Natur ist. Sie verwendet zwar offensichtlich die zweite *Freud*sche Topik (Ich-Es-Überich), führt aber dennoch ein neues Zweiphasensystem ein: die Ängste und die paranoid-schizoide Position (die im folgenden kurz beschrieben werden), die Ängste und die depressive Position. Anstelle von „Mechanismus" oder „Phase" verwendet sie den Begriff Position (*Klein* 1934, S. 74, Anmerkung), da wir ja diese Oszillationen zwischen Zerreißung und Vereinigung unser ganzes Leben lang wieder finden.

Paranoid-schizoide Position

Die Position ist durch eine intensive Spaltung der Objekte und des Ichs (das ist die schizoide Seite) charakterisiert; die Triebe sind sehr stark, das Ich ist schwach, aber dennoch fähig, Ängste zu ertragen. In der paranoid-schizoiden Position findet man Beziehungen zu Teilobjekten, für welche die befriedigende und versagende Brust den Prototyp darstellt; diese Brust befriedigt oder versagt, je nachdem, ob das Kind seine Liebe oder seinen Haß auf sie projiziert. Die „guten" Gefühle und Objekte werden introjiziert; sie werden so zu beruhigenden Objekten, mit denen sich das Ich identifizieren kann, oder aber zu sehr idealisierten Objekten. Die „bösen" Gefühle und Objekte werden nach außen projiziert und als Verfolger (paranoide Seite) erlebt, die gefährlich für die Innenwelt sind.

Außerdem gehen die aggressiven Triebe, die *M. Klein* zufolge aus dem in den Zerstörungstrieb verwandelten Todestrieb hervorgehen und ihrer Meinung nach seit Anbeginn des Lebens wirksam sind, Hand in Hand mit den libidinösen Trieben (Ambivalenzkonflikt). Man könnt sich übrigens fragen, ob man anstelle zweier Triebe nicht eher von einem Trieb mit zwei Vektoren sprechen könnte.

In der paranoid-schizoiden Position beobachtet *M. Klein* mannigfaltige typische Abwehrmechanismen des primären Ichs gegen die Vernichtung und Zerstörung, wie zum Beispiel die Spaltung des Objektes oder des Ichs, die Idealisierung, die Verleugnung der inneren oder äußeren Realität, die Unterdrückung von Gefühlen und die projektive Identifikation. Sie beschreibt mehrere Angstinhalte, insbesondere die Furcht, vergiftet oder verschlungen zu werden.

„Von Anfang an wird der Zerstörungstrieb gegen das Objekt gerichtet; zuerst wird er in Phantasien von oralsadistischen Angriffen auf die Mutterbrust ausgedrückt, die bald in Angriffe auf ihren Körper mit allen sadistischen Mitteln übergehen. Die Verfolgungsängste, die aus den oralsadistischen Regungen des Kindes stammen, den mütterlichen Körper seiner guten Inhalte zu berauben, und aus den analsadistischen Trieben, seine Exkremente in sie hinein zu tun (was den Wunsch einschließt, in ihren Körper einzudringen, um sie von innen her zu beherrschen), sind für die Entwicklung der Paranoia und Schizophrenie von großer Bedeutung" (*Klein* 1946, S. 132)

M. Klein macht auf die für Psychosen charakteristischen Ängste, die ihrer Meinung nach in der frühesten Kindheit entstehen, aufmerksam. Sie sieht auch, das „übertriebene Verfolgungsängste und schizoide Mechanismen in früher Kindheit einen schädlichen Einfluß auf die Anfangsstadien der intellektuellen Entwicklung haben können" (*Klein* 1946, S. 144), und betont, daß hier der Ursprung für bestimmte Formen der intellektuellen Debilität, die sie als zur Gruppe der Schizophrenien zugehörig betrachtet, liege.

Die depressive Position

In der depressiven Position, die man als den Ausdruck des Lebenstriebs sehen kann,

„führt die wachsende Fähigkeit des Ichs zur Integration und Synthese selbst während dieser ersten Monate immer mehr zu Zuständen, die die Liebe und den Haß und die guten und bösen Aspekte der Objekte synthetisieren. Dies führt zur Entstehung der zweiten Form der Angst, der depressiven Angst, da die gegen die böse Brust, das heißt die böse Mutter, gerichteten aggressiven Triebe und Wünsche als eine Gefahr für die gute Brust, das heißt die gute Mutter, erlebt werden. Zwischen dem dritten und sechsten Lebensmonat verstärken sich diese Gefühle, da das Kind die Mutter immer mehr als Person wahrnimmt und introjiziert. Die depressive Angst nimmt zu, weil das Kind spürt, daß es durch seine unkontrollierbare Gier und Aggressivität ein ganzes Objekt zerstört. Darüberhinaus spürt es nun aufgrund der wachsenden Synthese seiner Gefühlsregungen, daß sich seine zerstörerischen Triebe gegen eine *geliebte Person* richten. Ähnliche Vorgänge finden in der Beziehung zum Vater und zu den übrigen Familienmitgliedern statt. Solche Ängste und die ihnen entsprechenden Abwehrmechanismen stellen die ‚depressive Position' dar; sie erreicht um die Mitte des ersten Lebensjahres ihren Höhepunkt; ihr Wesen besteht in der Angst und im Schuldgefühl im Zusammenhang mit der Zerstörung und dem Verlust der sowohl inneren als auch äußeren geliebten Objekte. In diesem Stadium entsteht in Verbindung mit der depressiven Position der Ödipuskomplex. Die Angst und das Schuldgefühl sind an der Ingangsetzung des Ödipuskomplexes wesentlich beteiligt. Angst und Schuldgefühl verstärken nämlich das Bedürfnis, die bösen Figuren auszuscheiden (Projektion) und die guten zu verinnerlichen (Introjektion), die Wünsche, die Liebe, die Schuld, die Wiedergutmachung mit anderen Objekten als den Haß und die Angst zu verbinden und in der Außenwelt Repräsentanten für die inneren Figuren zu finden. Die Bedürfnisse des Kindes werden jedoch nicht nur von der Suche nach neuen Objekten beherrscht, sondern auch vom Streben nach neuen Zielen: es entfernt sich von der Brust und geht zum Penis, das heißt von oralen Wünschen zu genitalen Wünschen. Viele Faktoren tragen zu dieser Entwicklung bei: das Vorwärtsdrängen der Libido, die wachsende Integration des Ichs, die körperlichen und geistigen Fähigkeiten und die allmähliche Anpassung an die Außenwelt. Diese Tendenzen sind mit der Symbolbildung verknüpft, die das Kind in die Lage versetzt, nicht nur das Interesse, sondern auch das Gefühl und die Phantasie, die Angst und das Schuldgefühl von einem Objekt auf ein anderes zu übertragen" (*Klein* 1951).

M. Klein considere donc la position dépressive comme la position centrale du développement de l'enfant. Le développement normal de celui-ci, ses capacités d'aimer, de sublimer et de créer en dépendent. Elle insiste souvent dans son oeuvre sur le fait que les expériences extérieures avec les objets réels comme les parents jouent un rôle important pour l'enfant, précisant que pour qu'une évolution favorable se fasse de la position paranoíde-schizoíde à la position dépressive, les bonnes expériences doivent prédominer sur les mauvaises. Cette bonne évolution dépend aussi de la prévalence de la force des pulsions libidinales sur les pulsions destructives et d'un bon équilibre entre introjection et projection.

M. Klein zufolge können die Schwierigkeiten bei der Verarbeitung der depressiven Position, die depressiven Ängste (die auf die phantasierte Gefahr, die Mutter durch seinen Sadismus zu zerstören und zu verlieren, zurückgehen), die von den Abwehrmechanismen, wie beispielsweise der Wiedergutmachung und der Unterdrückung der Aggressivität, bekämpft werden, zu neurotischen intellektuellen Hemmungen führen, denen man bei Kindern so häufig begegnet. Wenn sich das Ich mit dem Leiden der (verlorenen, angegriffenen ...) guten Objekte identifiziert, hat man es mit depressiven Symptomen (der Angst, tote oder sterbende Objekte oder Objektteile zu beinhalten) oder sogar mit melancholischen Zuständen (der Identifikation mit den toten inneren Objekten) zu tun. Da die vorherrschenden Abwehrmechanismen manischer Natur sind, findet man Momente, in denen eine Art Kontrolle verbunden mit Verachtung über das Objekt die Oberhand gewinnt ..., so daß jeder mögliche Verlust des Objekts verleugnet wird oder ein solcher weder Leid noch Schuld mit sich bringt, oder das Kind bei einem idealisierten inneren Objekt Zuflucht zu nehmen versucht.

Man sieht also, daß die depressive Position deshalb einen so großen Stellenwert einnimmt, weil in ihr der Unterschied zwischen Neurose und Psychose zu suchen ist.

1945 zeigt *M. Klein* in „The Oedipus Complex in the Light of Early Anxieties", daß der Ödipuskomplex ein integrativer Bestandteil der depressiven Position ist; und wenngleich sie immer betont hatte, daß die Kastrationsangst die Furcht des Kindes darstelle, ein Elternteil könnte ihm zufügen, was es (das Kind) in bezug auf ihn phantasiert hatte (Angst vor Wiedervergeltung), schreibt sie 1945, daß das Kind aus Liebe zu seinen Eltern auf seine ödipalen Wünsche verzichtet, um ihnen keinen Schaden zuzufügen. Wenn die kindliche Neurose normal verläuft, wenn sich der Übergang von der paranoid-schizoiden Position zur depressiven Position vollzogen hat, wenn das Gleichgewicht zwischen Libido und Aggressivität stabiler geworden ist, kann das Kind in die Latenzperiode eintreten und die Verdrängung der ödipalen Wünsche stattfinden.

Ich habe das *Klein*sche Zweiphasensystem erläutert, so wie es *M. Klein* 1946 sah; sie hatte ja 1935 zuerst ihre Theorie über die depressive Position und erst 1946 jene über die paranoid-schizoide Position erarbeitet. Dazwischen finden die „controversial discussions" statt, eine weitere Periode der Konflikte, die sich schließlich als fruchtbar erwiesen und die von 1943 bis 1944 die Diskussion zwischen *A. Freud, M. Klein* und ihren Anhängern zur Kernfrage der Britischen Vereinigung für Psychoanalyse machten.

Der Ausgangspunkt dieser Diskussion ist in „Developments in Psycho-Analysis" (*Klein; Heimann; Isaacs; Rivière* 1952b) veröffentlicht. Lassen wir *H. Segal* sprechen:

„Die Autorinnen dieser Artikel wollten die Anschuldigung widerlegen, der zufolge *M. Klein* von den grundlegenden psychoanalytischen Theorien über das Wesen der psychischen Konflikte, der Ängste und der Abwehrmechanismen abwich; sie wollten aber auch zeigen, wie *Klein*, obwohl sie sich auf die *Freud*sche Theorie stützte, zu mitunter anderen Schlußfolgerungen gelangte ... Die Diskussionen mündeten in der Entstehung dreier verschiedener Schulen: die Schüler *Anna Freuds*, jene *Melanie Kleins* und die Mehrheit, eine bedeutende Gruppe britischer Analytiker, die bereit waren, einige, aber nicht alle Entdeckungen *Melanie Kleins* zu akzeptieren. Diese Trennung führte auch zu strukturellen Veränderungen innerhalb der Britischen Vereinigung für Psychoanalyse" (*Segal* 1979).

In den fünfziger Jahren schrieb *M. Klein* eine Reihe von zusammenfassenden Artikeln, in denen sie die Weiterentwicklung ihrer Vorstellungen über Themen, die für sie entscheidend waren, darlegt: „On the Origins of Transference" (*Klein* 1952a), „Die psychoanalytische Spieltechnik" (*Klein* 1955) und „The Development of Mental Functioning" (*Klein* 1958). Gegen Lebensende zeigt sie in ihrem vorletzten Buch, das Themen wie die „Identifikation" und das „Sichverlassenfühlen" wieder aufgreift (*Klein* 1957), wie wesentlich Neid und Wiedergutmachung sind; das eine als Behinderung, das andere als Quelle der Objektbeziehungen und der Identitätssuche. Der Neid wird von *M. Klein* als Gefühl beschrieben, das sich von der Eifersucht unterscheidet; in ihren Augen wirkt Neid auf die frühesten Beziehungen ein und gehört zur menschlichen Beschaffenheit. „Er ist möglicherweie die allererste äußere Manifestation des Todestriebs, insofern, als er das, was als Lebensquelle erlebt wird, angreift" (*Segal* 1979). Der Neid liegt häufig negativen therapeutischen Reaktionen zugrunde.

Ihr allerletztes Werk, „Bericht einer Kinderanalyse" (*Klein* 1961), gibt eine eingehende Beschreibung von vier Analysemonaten mit Richard, und kurz nachdem *M. Klein* die Korrekturfahnen dieses Buches sorgfältig durchgesehen hat, stirbt sie 1960 im Alter von 78 Jahren.

Ich habe mich auf die Theoriebildung *M. Kleins* in bezug auf den Beginn der Konstitution der kindlichen Innenwelt konzentriert und dabei die Punkte, die einen wesentlichen Beitrag zur psychoanalytischen Theorie liefern, zur Sprache gebracht: die Existenz von Objektbeziehungen von Anbeginn des Lebens an; die von Anfang an gegebene Präsenz eines — wenn auch schwachen — Ichs, hervorgegangen aus der Dynamik der Projektionen, Introjektionen und Reintrojektionen; den Todestrieb, der sich in einer primären Angst äußert und sich mit den libidinösen Trieben die Waage hält; die Mechanismen des destruktiven Neids, der Anlaß zu Schuldgefühlen gibt; die Konstitution eines frühen Überichs und eines ebenso frühen Ödipuskomplexes.

Man sieht, daß sich alle diese Konflikte auf der Ebene von Teilobjekten abspielen und im Zusammenhang mit dem Körper stehen, der aufgrund der Rolle, die er bei den Phantasien und bei der Ingangsetzung der Prozesse spielt, die zur Symbolisierung führen werden, von entscheidender Bedeutung zu sein scheint.

Dieser Linie folgend habe ich jedoch andere originelle Beiträge *M. Kleins* ausgeklammert: die Auswirkungen der frühen Ängste des Mädchens und des Knaben auf deren sexuelle Entwicklung; das sich bei beiden Geschlechtern sehr früh im Leben äußernde Bewußtsein der Existenz der Vagina; die weibliche Sexualität mit eigener Existenzberechtigung und nicht als kastrierte Version der männlichen Sexualität, ebenso wie die Bedeutung, die sie der weiblichen Position des Knaben beimißt, den Stellenwert der Phantasie u. v. a.

Postkleinianische Arbeiten

In einem notgedrungen schematischen Überblick möchte ich zuerst einen Autor erwähnen, der zur Weiterentwicklung der *Klein*schen Theorie wesentlich beigetragen hat: *W. R. Bion* sowie Autoren, die die Arbeit *M. Kleins* mit psychotischen Kindern noch vertieft haben: *E. Bick* (1968), *F. Tustin* (1972), *D. Meltzer* und seine Mitarbeiter (1975); diese letzteren haben die Welt der Psychose erforscht, in der es gewissen Kindern nicht gelingt, eine mögliche körperliche und psychische Kontinuität zu schaffen. Sie haben verschiedene Arten des Autismus (Mechanismus, mit dem das Kind zwar überleben kann, der jedoch verhindert, daß sich seine psychische Welt konstitutiert) beschrieben, sie haben die Vorstellung von der Mutter als erster psychischer Behälter des Kindes weitergeführt und Überlegungen angestellt, wie die Behandlung autistischer oder psychotischer Kinder durchgeführt werden könnte, wobei sie ganz klar umrissen haben, was man beim Kontakt mit ihrer Welt von ihren Phantasien erleben kann.

Andere Autoren haben auf der Grundlage der Beobachtungen von Babies und Mutter-Kind-Beziehungen Forschungen durchgeführt, in denen sie das gesamte emotionale Leben berücksichtigten, um eine angemessene Theorie der psychischen Entwicklung des Kindes zu entwickeln; darin folgten sie *M. Klein*, die sagt:

„Ich messe der Untersuchung des Verhaltens sehr kleiner Kinder natürlich große Bedeutung bei, vor allem vom Standpunkt meiner Entdeckungen über die psychischen Prozesse der frühesten Kindheit; diese analytische Feststellung unterscheidet sich jedoch grundlegend von einer psychoanalytischen Behandlung" (*Klein* 1927).

Ich folge eher diesem letzten Weg und gebe mit *M. Klein* zu, daß „eine echte *analytische* Situation auf jeden Fall nur mit *analytischen* Mitteln in Gang gesetzt werden kann" (*Klein* 1927). Die Ideen in diese Richtung haben sich ausgehend von einer kurzen Nebenbemerkung *M. Kleins* weiterentwickelt: „In seinen Phantasien spaltet das Kleinkind das Objekt und sich selbst; die Auswirkung dieser Phantasie ist jedoch ganz und gar real, weil sie zu Gefühlen und zu Objektbeziehungen (und später zu *Denkprozessen*) führt ..." (Klein 1952; Hervorhebungen von mir). Sie bezeichnet hier die Produktionen der Patienten als Denkprozesse, als Darstellungen (unter diesem Blickwinkel wird das Objekt von der Psyche immer deformiert, umgeformt und verinnerlicht und erscheint überhaupt nicht als das äußere Objekt oder die Situation des Realen). Nimmt man das Bild, die Phantasie der Beziehung des Kindes zur Brust als Beispiel, so muß das Kind herausfinden, ob diese saugen, trinken, ausreißen, zerreißen, spucken ... möchte; es geschieht aber auch etwas auf seiten der Brust: großzügige Brust, träumende Brust, leere Brust ...; in der Analyse gibt es nicht nur den Patienten, man ist (mindestens) zu zweit. Wir haben *M. Kleins* Ansicht über das Problem der Übertragung gesehen, ein einziges Mal (in der Analyse Richards: *Klein* 1961) scheint die Rede davon zu sein, was bei ihr vor sich geht, nicht daß sie sich nicht mit der Gegenübertragung beschäftigt hätte, wie hätte sie sonst auch Psychoanalytikerin sein können? Engagiert, anspruchsvoll, unnachgiebig, wie sie in ihrer Arbeit war, konnte sie nicht daran vorübergehen. Für sie war das jedoch eine Angelegenheit ihrer Selbstanalyse, der sie sich ihr Leben lang widmete. Seit dem ersten Kolloquium, an dem sie 1919 teilnahm, war eines ihrer Mittel, die Weiterentwicklung ihrer Ideen mit jener anderer Psychoanalytiker zu konfrontieren (wenngleich sie wußte, welcher Kritik und welchen Angriffen sie sich dadurch aussetzen würde), bei jedem Kongreß einen kurzen Bericht abzugeben.

Der von *M. Klein* 1946 in ihrem Artikel entwickelte Standpunkt, ihre Überlegungen zur Übertragung als ganzheitlicher Situation im Hier und Jetzt ziehen in den fünfziger Jahren Artikel von *P. Heimann*, *R. Money-Kyrie* und *D. Winnicott* nach sich, welche die Übertragung und die Gegenübertragung oder vielmehr die Wechselwirkung zwischen den beiden (auch von *Meltzer* 1984 behandelt) zum Gegenstand haben. *W. Bion* versuchte, die Auswirkungen des Mechanismus der projektiven Identifikation auf das Objekt, auf welches sie gerichtet ist, zu ergründen; er sieht darin nicht bloß einen Versuch, in den Körper oder die Psyche des Analytikers einzudringen, sondern auch ein Kommunikationsmittel. *Bion* zufolge hat der Analytiker eine aktive Rolle zu spielen, um dem Patienten zu helfen, einen Denkprozeß in Gang zu setzen und „aus Erfahrung zu lernen", wie auch der Titel eines seiner Bücher lautet (*Bion* 1962).

Kann man sagen, daß *W. Bion*, der sich nicht mit Kindern beschäftigte, etwas zur Kinderpsychoanalyse beigetragen hat? Mir scheint, daß ich diese Frage bejahen kann. Sein Beitrag, der durch die Überlegungen einer *F. Tustin* oder eines *D. Meltzer* noch bereichert wurde, besteht darin, eine bessere Durchführung der Behandlung schwer gestörter autistischer und psychotischer Kinder ermöglicht zu haben. Seiner Theorie zufolge wird das „*acting*" als Agieren des Kindes betrachtet, das bei seiner Beschäftigung mit der Rolle des Analytikers auf der Suche nach einer Bindung, nach einem möglichen Behälter ist. Er sieht die Körpersprache, die manche vorzugsweise als vollwertige Kommunikationsform verwenden, als phantasmatischer Körper (unabhängig von jedwedem „anatomischen" Bild); in diesem Sinn ist er bei der Erforschung der körperlichen Wahrnehmungen noch weiter gegangen als *M. Klein*.

All diese Bemerkungen gelten natürlich auch für die Erwachsenenanalyse. Den Kinderanalytiker stellen die *Bion*schen Konzeptionen vor Fragen, die beispielsweise die Bedingungen betreffen, unter denen er mit dem Kind spielen kann, ohne diesem „in die Hände zu arbeiten" und ohne etwas von seiner Denkfähigkeit zu verlieren. So gesehen bieten sie verschiedene Möglichkeiten, die Sitzung mit einem Patienten zu verstehen, und ziehen das ganze Geflecht ihrer wechselseitigen Beziehungen wirklich in Betracht.

Jeder Psychoanalytiker arbeitet und denkt, unabhängig von seiner Zugehörigkeit zu der einen oder anderen Schule, auf seine Weise, in einem ihm eigenen Stil. Er versucht, die einzigartige Reise, welche die analytische Erfahrung mit einem Patienten darstellt, in Worte zu fassen. Bei mir werden Sie daher jenen Stil nicht finden, der so typisch für *M. Klein* ist, die alle Reaktionen ihrer kleinen Patienten mit großer Sorgfalt Schritt für Schritt verfolgt und uns manchmal auf einen Weg mitnimmt, wo wir uns abwechselnd verführt, vor den Kopf gestoßen, verloren, aufmerksam oder unfähig fühlen, die Lektüre zu überleben; so sehr führt sie uns weit in ihrer Fähigkeit, sich mit allen Personen einer Situation zu identifizieren, so sehr scheint sie manchmal auf alles eine Antwort zu wissen.

Eine erste Sitzung: Peter

„Der Psychoanalytiker ist bestrebt, dem Patienten zu helfen, jenen Teil der emotionalen Erfahrung, dessen er sich nicht bewußt ist, in eine emotionale Erfahrung zu verwandeln, dessen er sich bewußt ist. Damit ermöglicht er dem Patienten den Zugang zu einem privaten Wissen. Da aber die wissenschaftliche Arbeit verlangt, daß man die Ergebnisse anderen Forschern mitteilt, muß der Psychoanalytiker seine private Erfahrung in eine öffentliche Erfahrung verwandeln."

W. Bion (1965)

Fragen wir nun im Hinblick auf die Technik, die aufs engste mit den theoretischen Gesichtspunkten, die wir aufgezeigt haben, verknüpft ist, wie der Beginn einer Behandlung aussehen könnte. Eine analytische Situation herzustellen ist notwendig, um einen analytischen Prozeß einleiten zu können. Wenn ich an die Voranalyse denke, so geht es mir in dem Augenblick, da mir ein Kind gebracht wird, für das ein Behandlungswunsch vorliegt, darum, herauszufinden ob meine eigenen Fähigkeiten, mit ihm zu arbeiten, in Gang kommen werden, ob ich mit ihm meine Vorstellungen, welcher Art sie auch sein mögen, werde diskutieren können.

Bei Peter fällt mir sofort das vertraute Thema der Züge ein; beliebtes Thema vieler Kinder, die Psychoanalytiker aufgesucht haben. Ich sehe ihn von meinem Standpunkt des Mädchens aus, seine Unbeholfenheit rührt mich. Ist es mein Wunsch, noch einmal das „Großwerden" zu erleben, immer noch zu wachsen? Mädchen, Junge, Neugier auf beiden Seiten. Was mir an ihm auffällt, ist gerade diese Neugier, ob ich ihn dazu bringen kann, meine Vorstellungen durchzudenken; hinter seinen Interessen spüre ich jedoch auch eine große Lust zu fliehen.

Peter ist nicht ganz sechs Jahre alt. Er ist ein Kind, das seine Wünsche nicht äußern kann. Frustrierungen scheinen ihn ganz aus der Fassung zu bringen. Bis zu seinem dritten Lebensjahr hat er sehr wenig gesprochen. Er hat eine große Schwester, die drei Jahre älter ist als er. Das Kind kommt viermal in der Woche zu mir.

Im folgenden gebe ich seine erste Sitzung wieder. Ich sehe darin vier Reaktionen, die ich anschließend unter Berücksichtigung der technischen Ratschläge *Melanie Kleins* und späterer Arbeiten ausführlich besprechen werde. Ich werde die Achse der Beziehung zu den Objekten und jene der Wandlungen der Angst verfolgen.

Erste Sitzung

Peter ist groß, schlank, lang für sein Alter. Ich spüre, wie seine Neugier auf der Lauer liegt. Er scheint zufrieden, mich zu sehen, sogar ein wenig ungeduldig. Ich gebe ihm die Regel der Analyse und zeige ihm seine Schublade. Er blickt aufmerksam um sich, scheint sich zu orientieren, untersucht den Inhalt der Schublade. Er scheint sich wohl zu fühlen. Er nimmt einen Zug: eine Lokomotive und zwei Waggons. Es ist etwas schwierig, die Waggons zusammenzuhängen, er bittet mich um Hilfe und kommt dazu ganz nah zu mir. Gemeinsam schaffen wir es, sie aneinanderzufügen. Ich kommentiere: „Zusammen gelingt es uns, die Waggons zusammenzuhängen". Das Kind spielt, es bewegt sich auf allen vieren auf dem Boden fort, es fährt mit seinem Zug, hält ihn in imaginären Bahnhöfen an, fährt wieder ab — und gleichzeitig spricht es zu mir und schildert mir die Reise, die es mit seinem Vater unternommen hat, während seine Mutter und seine Schwester im Ausland waren. Peter sah einen Gletscher, fuhr mit einer Kleinbahn ... In seinem Spiel will er, wie er mir sagt, mit seinem Spielzeugzug durch einen (fiktiven) Tunnel fahren. Als er aber das Wort „Tunnel" ausspricht, verändert sich sein Ton, und er verstummt plötzlich.

Mit fragender Stimme sage ich „Tunnel?", und fordere ihn damit auf zu assoziieren. Aber Peter hat sich schon wieder gefangen, er denkt laut und wendet sich in einem vorwurfsvollen Ton an mich: „Oh, wenn du mich gesehen hättest, als ich klein war, als ich fünf war, was für eine Angst ich hatte ..." (der Satz bleibt unvollendet, das Wort Tunnel bleibt unaussprechbar). — „Ich war eine abwesende Mutter, als du Angst hattest, weit weg, und jetzt brauchst du bloß an all das zu denken und du wirst böse auf mich; allein wenn du an ‚Tunnel' denkst, ist die Angst wieder da! Aber werde ich auch die Lokomotive sein, die dir hilft, diesen Tunnel zu durchqueren?"

Er fährt fort, hat er mir zugehört? „Ich bin in den Tunnel der Welt gefahren, und auf der anderen Seite war es ganz finster" sagt er mit einer Stimme, die die Angst durchblicken läßt. Er spielt zerstreut weiter, er schiebt seinen Spielzeugzug und legt ihn schließlich wieder in seine Lade.

Peter trödelt ein wenig, er kramt in den Spielsachen und nimmt zwei kleine Betten heraus, die er auf den Tisch stellt und umkippt. „Wir werden ein Kaufhaus machen", kündigt er an. Er nimmt die handvoll Puppen, die sich in seiner Lade befinden, er mimt, daß er sie mit dem Aufzug hinauffahren läßt. „Schau, schau", sagt er zu mir und zeigt auf die Stelle, wo sich der Aufzug befindet. Er drückt auf verschiedene imaginäre Knöpfe, macht leichte Geräusche und Bewegungen, die das Öffnen und Schließen der Türen, den hinauffahrenden Aufzug anzeigen. Präzises, flinkes Spiel, das jedoch etwas Verstohlenes an sich hat. Er zeigt, daß die Puppen oben, im Kaufhaus, angekommen sind. Erst jetzt beginnt er, die kleinen Puppen zu mustern, er läßt sich Zeit, er vergewissert sich, daß sie nicht umfallen, er untersucht ihre Kleidung und sortiert sie. Er behält „die Kinder", wie er sagt, „man sieht sie nicht"; Peter prüft selbst nach: rechts, links, „die Kinder schauen genau zu, niemand darf sie sehen" „tschik ... tschik ...", leise Geräusche, weitere Gesten, die zeigen sollen, daß die Kinder wieder „einen Aufzug" nehmen. Am Ziel angekommen, raffen sie alles an sich, was sich in den verschiedenen Abteilungen des Kaufhauses (die umgekippten

Betten) befindet, und sie nehmen alles mit: „die Lebensmittel, die Kleider, die Pullover, Mäntel, Hosen, Schuhe, oh, und auch die Möbel"! Er vergißt vor allem nicht, die Kinder wieder mit dem Aufzug hinunterfahren zu lassen, weit entfernt von den großen Puppen, denen er aber dennoch einen Blick zuwirft. Auch mir wirft er einen flüchtigen Blick zu.

— „Hier hoffst du wohl, daß es eine Menge Sachen für dich, das Kind, gibt. Was aber wirst du finden?" Auf meine deutende Frage hin schaut mich Peter an, er hört mir zu und unterbricht sein Spiel.

Ich fahre fort: „Und ich, wer bin ich, auf welcher Seite? Eine Erwachsene, groß wie ein Kaufhaus, die aber alles für sich behält und dich mit all deinen Neiden alleine läßt?" Peter nimmt wieder die kleinen Kinderpuppen und untersucht sie, während ich weiterspreche: „Oder aber bin ich auf der Seite des Kindes; auf der Seite deines Bedürfnisses, alles zu nehmen, um alles zu haben, was die Eltern besitzen. Was wird aber aus diesen Eltern werden, wie werden sie reagieren?" Die Worte kommen mir langsam über die Lippen. Peter schielt nach den großen Puppen, er nimmt eine, es ist ein Mann, und beginnt, die kleinen Puppen, die die Kinder darstellen, wahllos zu schlagen, er ist gespannt und beißt die Zähne zusammen.

— „Die Zeit ist um" verkünde ich. Er versteht nicht, kann es nicht fassen. Er möchte nicht hier aufhören, ist aber nicht in der Lage, ein Wort hervorzubringen oder sich zu rühren. Ich begleite ihn zur Tür und habe buchstäblich den Eindruck, ihn ganz hilflos hinauszuwerfen.

Erster Satz

Das Kind ist sehr froh zu kommen, sogar ein wenig ungeduldig. Positive Übertragung? Das scheint nicht so klar. Erwartet er sich etwas von dieser Behandlung? Hat er einen Wunsch? Kann ich, wie M. *Klein* über Richard schreibt, sagen, daß er sich seiner Schwierigkeiten bewußt ist und sich sehnlich wünscht, man möge ihm helfen? Peter hat wie die meisten Kinder in der Latenzphase nicht wirklich das Gefühl, daß es ihm schlecht geht, er bittet nicht darum, behandelt oder geheilt zu werden, und sein Phantasieleben ist meist — vor allem dem Erwachsenen gegenüber — der Verdrängung unterworfen.

„Diese Einstellung erklärt sich unter anderem aus der Tatsache, daß das Kind im Latenzalter intensiv mit dem Kampfe gegen die Masturbation beschäftigt ist und aus diesem Grunde alles, was an Ausforschen erinnert und an die mühsam niedergehaltene Sexualität rührt, innerlich stark ablehnt." (*Klein* 1932, S. 81)

Ich meine eher, daß das Kind, das zwar bereit ist, mit einer für es neuen Person neue Erfahrungen zu machen, gewissermaßen Verhaltensweisen und Beziehungsformen ausprobiert und immer wieder wiederholt, die es an der Person des Psychoanalytikers festmachen wird. *M. Klein* stellt fest, daß dem Kind eine solche spontane Übertragung sehr leicht fällt.

„Eine der größten psychischen Leistungen des Kindes — wenn nicht seine *größte* —, die einen Hauptteil seiner psychischen Energien in Anspruch nimmt, ist die Bewältigung seiner Angst. Es wertet deshalb unbewußt die Objekte vor allem danach, ob sie seine Angst beruhigen oder erregen, und wendet ihnen, je nachdem, seine positive oder negative Übertragung zu." (*Klein* 1932, S. 41)

Ich gebe ihm die *Regel*, meist „Grundregel" genannt. Selbst dem Kind gegenüber ist es wichtig, sie zu formulieren: „Hier bei mir kann alles zur Sprache kommen, was dir durch den Kopf geht, du kannst spielen, sprechen, zeichnen ... und wir werden versuchen, gemeinsam zu schauen, was in dir vorgeht". Mir scheint interessant, daß *„schauen"* der Ausdruck war, der mir bei Peter einfiel, da er sehr oft versuchen wird, auf diese Weise die Welt zu begreifen. Er ruft mir häufig mit seinem *„schau, schau"* zu. Wenn ich diesen Aspekt des Rahmens betone, beziehe ich mich auf *J. Bleger*, der dazu sagt:

„Der Rahmen ist der primitivste Teil der Persönlichkeit, das symbiotische Ich-Körper-Welt Element der Unwandelbarkeit, von welcher die Bildung, die Existenz und die Differenzierung des Ich, des Objektes, des Körperbildes, des Körpers, des Geistes, etc. abhängig sind. ... Der Rahmen des Psychoanalytikers muß die Wiederherstellung der ursprünglichen Symbiose ermöglichen, um sie verändern zu können. Die Sprengung des Rahmens ebenso wie seine ideale oder normale Aufrechterhaltung sind technische oder theoretische Probleme; was aber jede Möglichkeit einer tiefergehenden Behandlung grundlegend blockieren kann, ist die Sprengung des Rahmens, die vom Analytiker selbst herbeigeführt oder zugelassen wird; mit anderen Worten heißt das, daß die ursprünglichste Abhängigkeit und psychologische Organisation des Patienten nur innerhalb des Rahmens des Analytikers, welcher weder zweideutig oder unbeständig sein noch verändert werden darf, analysiert werden können." (*Bleger* 1966).

Diese vorgegebene Regel (wenngleich man weiß, daß sie paradoxerweise unanwendbar ist, und daß sich der Patient dagegen wehren wird) wird so zum Bezugspunkt, umso mehr als die Kinder häufig Widerstand leisten, indem sie eine ganze Sitzung lang spielen und beiseite lassen, was sie in ihrem alltäglichen Leben erleben. Diese Regel begründet auch meine Verschiedenheit: die Verschiedenheit der Geschlechter, der Generationen, die, wie *M. Klein* es bei Dick tat, einem Kind, das man heute als autistisch bezeichnen würde, eingeflochten werden kann:

„Dick hatte, als ich ihn zur ersten Stunde von dem Kindermädchen übernahm, diese — wie schon erwähnt — ohne jede Affektäußerung verlassen. Als ich ihm die vorbereiteten Spielsachen zeigte, betrachtete er sie völlig interesselos. Ich stellte dann einen größeren neben einen kleineren Zug und benannte sie ‚Papa-Zug' und ‚Dick-Zug'. Er nimmt hierauf den kleineren, von mir Dick benannten Zug, läßt ihn zum Fester fahren und sagt

‚Station'. Ich erkläre: ‚Station ist Mutti — Dick fährt in die Mutti'. — Er läßt hierauf den Zug sein, läuft zu dem durch die Doppeltüren des Zimmers gebildeten Zwischenraum, schließt sich dort ein, sagt dabei ‚dunkel', läuft gleich wieder von dort heraus und wiederholt dieses Vorgehen einige Male. Ich erkläre: ‚Dunkel in Mutti, Dick ist in dunkler Mutti' ..." (*Klein* 1930, S. 44).

Mit *J. Lacan* habe ich Lust auszurufen:

„Sie schmeißt ihm die Symbolik mit der letzten Brutalität an den Kopf, Melanie Klein, dem kleinen Dick! Sie fängt sofort an, ihm die klotzigsten Deutungen zuzuschieben. Sie schiebt sie ihm in einer brutalen Verbalisierung des Ödipusmythos zu, beinah genauso empörend für uns wie für irgendeinen anderen Leser — *Du bist der kleine Zug, Du willst Deine Mutter ficken.*" (*Lacan* 1975, S. 90).

M. Klein geht oft so vor, sie bringt die ödipale Situation, die ödipale Regel ein, von der ausgehend sie alle Verschiebungen, alle prägenitalen Fixierungen, alle möglichen Abwehrmechanismen beobachtet.

Der Inhalt der Schublade: M. Klein drückt sich über die Spielsachen, die für die Technik der Spielanalyse geeignet sind, sehr klar aus, sie müssen einfach, klein und nicht mechanisch sein. Sie empfiehlt:

„... kleine hölzerne Frauen und Männer, gewöhnlich in zwei verschiedenen Größen; Autos, Schubkarren, Schaukeln, Eisenbahnzüge, Tiere, Bäume, Bausteine, Papier und Schere, ein kleines Messer, Bleistifte, Buntstifte oder Farben, Leim, Kugeln oder Bälle, Plastilin und Bindfaden (*Klein* 1955, S. 17, Anmerkung).

Solche Spielsachen ermöglichen dem Kind, die mannigfaltigsten Phantasien zum Ausdruck zu bringen. Die Ausstattung des Spielzimmers muß einfach sein. In der *Klein*schen Technik „werden die Spielsachen jedes Kindes getrennt in einer Schublade verschlossen gehalten, und es weiß daher, daß seine Spielsachen und sein Spiel, das den Assoziationen eines Erwachsenen entspricht, nur ihm selber und dem Analytiker bekannt sind" (*Klein* 1955, S. 18); weiterhin empfiehlt *M. Klein* ein Spielzimmer mit einem waschbaren Boden und mit Fließwasser, damit das Kind damit spielen kann. Außerdem können Kissen, Stoffe, formlosere Materialien verwendet werden. Manche kleine Patienten benützen solche Materialien jedoch sehr wenig und spielen eher Rollenspiele.

Peter nimmt den Zug ... „zusammen gelingt es uns, die Waggons zusammenzuhängen": der Zug stellt sicherlich das irrealste, das überdeterminierteste Objekt dar. Das Kind bittet mich um Hilfe, um die Waggons aneinanderzuhängen — Annäherungsbewegung, ausgedrückter Wunsch —, er ist nicht wie Dick, der *M. Klein* als Möbelstück behandelt. *Wir setzen zwei Waggons und eine Lokomotive zusammen.* Zwei Ebenen überschneiden sich: Das Kind nähert sich mir, und wir schieben die Waggons zusammen. Aufgrund seiner Intervention unterstreiche ich die Nähe, zeichne ich einen Weg vor. Dieses „*wir*": Vereinigung eines Teils meines Ichs mit seinem Ich. Eine solche Formulierung kann sich in Phasen, in denen beim Patienten lediglich ein auf einige Bruchstücke reduziertes Ich existiert, als wichtig erweisen. Hier geht es um eine Inbeziehungsetzung, eine Bindung; ich bemühe mich, Worte zu gebrauchen und nicht nur zu handeln. In Anbetracht des weiteren Verlaufs der Sitzung frage ich mich allerdings, ob diese Annäherung vom Kind nicht als zu belastend erlebt wurde, ob die Situation nicht zu „verführerisch" war oder zu sehr sexualisiert wurde. Doch einen Augenblick lang führen die zusammengehängten Waggons Verbindungen zwischen den Darstellungen herbei; er beschreibt seine Erinnerungen, kann einerseits das „Männliche" und andererseits das „Weibliche" ansprechen, die Annäherung, die Ganzheit, die er mit dem Vater gebildet hat.

Die Beziehung scheint schwer faßlich, mit allen möglichen Ausdrucksmodalitäten: körperlich, sprachlich, psychisch. Er spielt vor mir, nicht mit mir.

Wenn wir sehen könnten, daß auch solche für die Latenzperiode typischen Mechanismen wirksam sind, wären wir auf dem Gebiet der Rationalität, auf der die Verdrängung mit ihrem ganzen Gewicht lastet. Das Spiel wird fortgesetzt, ein scheinbar sehr banales Erinnerungsspiel bis zu dem Augenblick, da Peter buchstäblich in den Tunnel fällt.

Zweiter Satz

„Tunnel". ... „Oh, wenn du mich gesehen hättest, als ich klein war, als ich fünf war, was für eine Angst ich hatte ...". Auf die Angst gestoßen, gelingt es ihm trotz allem, sie auszusprechen, er versucht sie in die Vergangenheit zu verlegen, sie sich vom Leibe zu halten; die Angst signalisiert die Gefahr; bereitet sie eine Abwehr vor? Er bleibt mit seiner Angst nicht allein, ist aber aggressiv und macht mir einen Vorwurf: „Wenn du doch dagewesen wärst, du!" So bin ich also auf der Seite der abwesenden Mutter, weit fort im Ausland, und lasse ihn allen Verführungen in der Beziehung zum Vater ausgesetzt (passive Homosexualität). Wir sind an einem Punkt der Angst angelangt, der die Deutung erforderlich macht; das Kind spricht sein psychisches *Leid* aus, und meine Rolle besteht darin, „dieses Leid mit Hilfe der Einfühlung und der Deutung zu lindern, um *die analytische Situation selbst aufrechtzuerhalten"* ... „Daraus ergibt sich die Verantwortlichkeit des Analytikers: er *akzeptiert,* als Übertragungsobjekt zu fungieren, und damit akzeptiert er, für das Kind eine elterliche Rolle darzustellen. Was

jedoch seine Rolle von jener der Eltern unterscheidet, ist, daß er die ihm zugedachte Rolle nicht handelt, sondern sie *als Darstellung* denkt und deutet, das heißt, daß er in der psychischen Aktivität des Kindes, das sie ihm vorschlägt, eine bestimmte Funktion erfüllt" (*Begoin, Begoin* 1982).

„Ich war eine abwesende Mutter, als du Angst hattest, weit weg, und jetzt brauchst du bloß an all das zu denken und du wirst böse auf mich; allein wenn du an ‚Tunnel' denkst, ist die Angst wieder da! Aber werde ich auch die Lokomotive sein, die dir hilft, diesen Tunnel zu durchqueren?" Mit meiner deutenden Konstruktion versetze ich mich zunächst in die Position der Mutter, ich lese den Vater im Tunnel auf, und da ich schließlich weder der eine noch der andere bin, schlage ich vor, die Szene des Zugs, der durch den Tunnel fährt, in Angriff zu nehmen. Peter möchte im Verhältnis zu dieser Urszene eine andere Stellung einnehmen; als ob ich ihm — nachdem er seine Angst, mit dem Vater alleingelassen zu werden, herausgeschrien hatte — mit einem „Komm zur Mama" geantwortet hätte, in der Zweierbeziehung, aus welcher der dritte ausgeschlossen ist. Und er tut alles, um nicht dieser dritte zu sein, eine Position, die ihn außerhalb des elterlichen Paares stellen würde. Er will, so scheint mir, vom längsten Tunnel der Welt sprechen, der zum *„... Tunnel der Welt, und auf der anderen Seite war es ganz finster"* wird. Auf der väterlichen Seite war es die Falle des Tunnels; auf der anderen Seite fällt Peter, wie der kleine Dick, in die mütterliche Finsternis. Die Situation, auf die er zugeht, erweist sich als schrecklich beängstigend, Das Wort „Tunnel" und vielleicht auch das Wort „finster" werden nicht mehr wirklich als Wörter begriffen, sie werden zu Wort-Dingen, zu einem konkreten Wort, einer symbolischen Gleichung nach dem bereits von *S. Freud* verwendeten, von *H. Segal* übernommenen und weiterentwickelten Begriff. Die symbolische Gleichung setzt das Ersatzobjekt (den Tunnel) mit dem ursprünglichen Objekt (dem verführerischen Vater) gleich. Die für das Ersatzobjekt charakteristischen Eigenschaften werden nicht mehr akzeptiert und anerkannt, es findet keine Symbolisierung mehr statt, das Wort Tunnel wird in einem persönlichen Sinn und mit der ganzen, vom Kind projizierten phantasierten Überladung begriffen. Hier deutet dieses Wort-Ding das unvermittelte Aufbrechen einer paranoiden Angst. Ein Augenblick, der im psychischen Funktionsmechanismus die Existenz einer Einbruchstelle anzeigt, an der es keine Symbolisierung mehr gibt, ein psychotischer Moment. Peter kann aber die Kontinuität seiner Person wiederherstellen. Es handelt sich um ein Kind, das einen Wunsch nicht ausdrücken kann: Stellt dieser für ihn eine Verbindung dar, die ihn zur

Zweierbeziehung zurückführt, nach der er sich sehnt und die ihn gleichzeitig so sehr ängstigt? *Er legt, den Spielzeugzug wieder in seine Lade:* das Spiel kann nicht fortgesetzt werden; Abziehung der Besetzung, Spaltung dieser Thematik. Wohin wurde diese Szene ausgestoßen?

Dritter Satz

Neues Spiel, mögliche Verarbeitung der Angst, neue Verschiebungen und Symbolisierungsmöglichkeiten. *„Wir werden ein Kaufhaus machen"*, die Geschichte spielt sich nicht in der ersten Person ab, es ist keine Erzählung, die ihn berührt wie die Reise mit seinem Vater. Außerdem nimmt er nicht eine der einzelnen Figuren oder kleinen Personen, die sich seiner Schublade befinden, sondern alle unterschiedslos.

Er gebraucht das Wort Aufzug mit dem weiblichen Geschlecht; handelt es sich wiederum um ein Wort, das die unterschiedlichsten Phantasien an sich zieht? Ich betrachte ihn und verfolge aufmerksam sein Spiel, ich stelle fest, daß er mich nicht aufgefordert hat, mit ihm zu spielen, das „schau, schau" weist darauf hin, was er von mir will: daß ich durch Zusehen teilnehme. Er hat offensichtlich die Gewohnheit, seine Spiele mit Geräuschen zu untermalen, das scheint in seinem Spiel wichtig zu sein. Er betrachtet die Puppen, die Welt ist nicht mehr ganz finster, er kann sie je nach Generation aussortieren, die Eltern werden nicht genannt, „die Kinder, man sieht sie nicht", „niemand sieht sie"; er prüft nach: rechts, links, er wird zu einem der Kinder. Ich fühle mich auf der Erwachsenenseite, er sagt nicht mehr „schau, schau" zu mir, die Szene spielt sich aber vor meinen Augen ab. Zögern, er zieht mich auf die Kinderseite, auf die Seite seiner Schwester? Welchen Hunger diese Kinder haben, welche Lust; habe ich sie geschaffen, indem ich ihm seine Schublade, seine Spielsachen zur Verfügung stellte? Das Kind ist sehr hungrig.

„Er wirft den großen Puppen einen Blick zu, auch mir wirft er einen flüchtigen Blick zu", keine Rede mehr davon, daß ich auf der Seite der Schwester bin, ich bin jetzt Erwachsene. Schuldgefühle sind deutlich spürbar, sie signalisieren die Angst. Ich bediene mich dessen, was ich eben auf meiner Bühne erlebt habe. Ich habe Peter in mir gehört und versucht, im Hier und Jetzt zu identifizieren, welche Person ich für ihn darstelle. Ich biete mich als Objekt in der Übertragungsbeziehung dar, meine Deutung ist eine für das Kind verständliche Verarbeitung der gesamten Konfliktzirkulation, so wie ich sie in seinen Phantasien, seinem Spiel, seinen Haltungen wahrgenommen habe ... ich bin aufmerksam

(freischwebend aufmerksam), fähig, über den Inhalt der Assoziationen, ihren Äußerungsmodus (Lokalisierung im Körper), ihre Tonalität (weist auf den Affekt hin) nachzusinnen; ich versuche wahrzunehmen, welchen Teil in mir das Spiel des Kindes anspricht (mein Blick reagiert auf sein „schau", er läßt mich nicht am Spiel teilhaben, ich aber wechsle von einer Seite auf die andere). Wenn danach die Introjektion nach und nach zur Identifikation führt, wird Peter diese Interaktion in seinem Inneren übernehmen und sich mit meiner Behälterfunktion (*Bion*) identifizieren.

So wird immer mehr zwischen Phantasieobjekten und -welt und Objekten und Außenwelt unterschieden. Der Analytiker kann vom Objekt, das er war, zum Subjekt werden. Diese Zirkulation in der Innenwelt des kleinen Patienten führt zum Gefühl einer Kontinuität seiner psychischen Welt; er kann daher ausgehend von der Gegenwart die Vergangenheit, gewisse Erinnerungen wiederfinden, sie konstruieren oder rekonstruieren.

Mein „*Wer bin ich, auf welcher Seite?*" wird gewiß als Bedrohung erlebt, Peter zeigt ein äußerst grausames elterliches Überich, das das Gegenstück zu der so neidischen Äußerung seiner kindlichen Seite bildet. Diesmal ruft alles, was die Eltern gemeinsam besitzen, den Neid und den Angriff der Kinder hervor.

Vierter Satz

Er will gerade sein Spiel fortsetzen, als ich sage: „Die Zeit ist um"; sprachlos und äußerst gehemmt, „*ist er nicht in der Lage, ein Wort hervorzubringen oder sich zu rühren*". Eine wahrhafte Umkehrung, die Szene, in der er die Puppe schlug, wendet sich plötzlich gegen ihn. Ich bin das elterliche Überich, das ihn (mit Kastration, Trennung) bedroht; ich schleudere das Kind, das es gewagt hat, seine Triebe mit ihrer ganzen Gewalt zum Ausdruck zu bringen, weit weg.

Mit dieser ersten Sitzung versuchte ich meine Arbeit als Analytikerin zu zeigen, die darin besteht, „die Elemente der Übertragung zusammenzutragen" (*Meltzer* 1967), um die Ingangsetzung einer Situation, die zu einem analytischen Prozeß führen soll, zu ermöglichen. Man kann anschaulich sehen, wie Peter in seiner Therapie den elterlichen Bildern trotzt. Alles spielt sich letzten Endes sehr rasch und dramatisch ab. In der Analyse werden die Ungewißheit einer für Peter, der bisweilen den Platz seines Vaters neben seiner Mutter, bisweilen den Platz seiner Mutter neben seinem Vater einnehmen möchte und sich gleichzeitig davor fürchtet, unmöglichen Abstammung in allen ihren Formen wieder durchgearbeitet werden müssen. Er nimmt sozusagen nicht die Stelle des Kindes, des Sohnes eines Elternpaares ein. Der Preis, der zu bezahlen ist, ist hoch: beträchtliche Störung seiner psychischen Funktionsweise (beträchtliche Spaltung zwischen Außenwelt und imaginierter Welt), Störungen, die sich in seinem Körper manifestieren (sehr rasche Ermüdbarkeit, Ticks ...); mitunter lebt er sehr abseits von den Kindern seiner Umgebung. Was die Beziehung mit den Eltern anbelangt, scheint es mir schwierig, sie anders zu sehen als *M. Klein*. In der Analyse behandle ich die Interventionen der Eltern, als wären sie vom Kind in seinen Konflikten mit mir inspiriert: Dieser Standpunkt setzt natürlich voraus, daß die Eltern das Kind wirklich für eine gleichwertige Person halten und anerkennen, daß jeder von uns ein Unbewußtes hat.

Lassen wir zum Abschluß *M. Klein* über die langwierige Arbeit der Analyse, die ich in meinem Aufsatz nur in den allerwichtigsten Richtlinien skizzierte, zu Wort kommen.

„Zu den Gefühlen und zu den frühesten Objektbeziehungen kann man in der Tat nur Zugang finden, wenn man ihre wechselvollen Erscheinungsbilder im Lichte späterer Entwicklungen untersucht. Nur wenn die späteren Erlebnisse immer wieder im Zusammenhang mit den früheren Erlebnissen *und vice versa* gesehen werden (was eine mühselige und geduldige Arbeit erfordert), ist es möglich, daß ihre Interaktion konsequent erforscht wird und daß sich Gegenwart und Vergangenheit im Geist des Patienten begegnen können. Das ist ein Aspekt des Integrationsprozesses, der mit dem Fortschreiten der Analyse das gesamte geistige Leben des Patienten zu umfassen beginnt. Wenn die Angst und die Schuld vermindert und die Liebe und der Haß besser synthetisiert werden können, vermindern sich auch die Spaltungsprozesse (splitting), die zu den wesentlichsten Abwehrmechanismen gegen die Angst gehören; entsprechend dazu gewinnt das Ich an Stärke und Kohärenz; die Spaltung zwischen den idealisierten und den verfolgenden Objekten verringert sich; die phantasierten Aspekte der Objekte verlieren an Bedeutung; all das bedeutet, daß das unbewußte Phantasieleben, welches vom unbewußten Teil des Geistes weniger deutlich geschieden ist, für die Ich-Tätigkeiten besser verwendet werden kann, was eine allgemeine Bereicherung der Persönlichkeit zur Folge hat. Ich spreche hier die *Unterschiede* — und nicht die Ähnlichkeiten — zwischen der Übertragung und den ersten Objektbeziehungen an. Diese Unterschiede stellen ein Maß für die Heilwirkung des analytischen Verfahrens dar." (*Klein* 1952a).

Literatur

Begoin, J., Begoin, F., Le travail du psychanalyste, *Revue Française de Psychanalyse*, 46, (1982).

Bick, E., The experience of skin in early object relation, *International Journal of Psycho-Analysis*, 42, (1968), S. 484-486.

Bion, W. R., Rosenfeld, H., Segal, H., Melanie Klein, *International Journal of Psycho-Analysis*, 42 (1961), S. 4-8.

Bion, W. R., Transformation, William Heinemann, London 1965.

Bleger, J., Psycho-analysis of the psycho-analytical setting, *International Journal of psycho-Analysis*, 48 (1966), S. 511-519.

Diatkine, R., Introduction à une discussion sur l'interprétation, *Revue Française de Psychanalyse*, 47, (1983).

Freud, A., The Psycho-Analytical Treatment of Children, Imago Publishing Co., London 1946.

Freud, S., Drei Abhandlungen zur Sexualtheorie (1905), G. W., Bd. 5, S. 27 ff.

—, Analyse der Phobie eines fünfjährigen Knaben (1909), G. W., Bd. 7, S. 241 ff.

—, Abriß der Psychoanalyse (1938), G. W., Bd. 17, S. 63 ff.

Hug-Hellmuth, H., Zur Technik der Kinderanalyse, *Internationale Zeitschrift für Psychoanalyse*, 7 (1920), S. 179-197.

Jabes, E., Je bâtis ma demeure, Gallimard, Paris 1959.

Klein, M., Eine Kinderentwicklung, *Imago*, 7, (1921).

—, Die psychologischen Grundlagen der Frühanalyse, *Imago*, 12, (1926).

—, Contribution to „Symposion on Child Analysis", *International Journal of Psycho-Analysis*, 8, (1927).

—, The Importance of Symbol-Formation in the Development of the Ego, *International Journal of Psycho-Analysis*, (1930), 10; dt. in: Das Seelenleben des Kleinkindes und andere Beiträge zur Psychoanalyse des Kindes, Int. Psycho-Anal. Verlag, Wien 1934.

—, A Contribution to the Psychogensis of Manic-Depressive States, *International Journal of Psycho-Analysis*, 16 (1934); dt. in: Das Seelenleben des Kleinkindes und andere Beiträge zur Psychoanalyse, Stuttgart 1962.

—, The Oedipus Complex in the Light of Early Anxieties, *International Journal of Psycho-Analysis*, 26 (1945).

—, Notes on Some Schizoid Mechanisms, *International Journal of Psycho-Analysis*, 27 (1946); dt. in: Das Seelenleben des Kleinkindes und andere Beiträge zur Psychoanalyse, Stuttgart 1962.

—, On the Origins of Transference, *International Journal of Psycho-Analysis*, 33 (1952a).

—, Some Theoretical Conclusions regarding the Emotional Life of the Infant, in: *Rivière, J.*, Developments in Psycho-Analysis, Hogarth, London 1952b.

—, The psycho-Analytic Play Technique: its History and Significance, in: New Directions in Psycho-Analysis, Tavistock, London 1955; dt.: Die psychoanalytische Spieltechnik: ihre Geschichte und Bedeutung, in: Das Seelenleben des Kleinkindes und andere Beiträge zur Psychoanalyse, Stuttgart 1962.

—, Envy and Gratitude, Tavistock, London 1957.

—, The Development of Mental Functioning, *International Journal of Psycho-Analysis*, 39 (1958).

—, Narrative of a Child Analysis, Hogarth, London 1961; dt.: Bericht einer Kinderanalyse, Kindler, München 1975.

Lacan, J., Das Seminar I. Freuds technische Schriften, Walter-Verlag, Olten 1978.

Meltzer, D., The Psycho-Analytical Process, William Heinemann Medical Books, London 1967.

Meltzer, D., Bremner, J., Hoyter, S., Weddell, D., Wittenberg, I., Explorations in Autism, The Roland Harris Educational Trust, 1975.

Meltzer, D., Les concepts d'„identification projective" (Klein) et de „contenant-contenu" (Bion) en relation avec la situation analytique, *Revue Française de Psychanalyse*, 34, (1970).

Petot, J. M., Melanie Klein. Premières découvertes et premier système 1919-1932, Dunod, Paris 1979.
Segal, H., Notes on the Symbol Formation, *International Journal of Psycho-Analysis*, 37, (1957).
—, Introduction to the work of Melanie Klein, Hogarth, London 1964; dt.: *Melanie Klein:* Eine Einführung in ihr Werk, Kindler, München 1974.
—, Klein, Fontana, Williams, Sollins Sons and Co., Galgow 1979.
Tustin, F., Autism and Childhood Psychosis, 1972.

Übersetzung aus dem Französischen von Brigitte Jeschek-Schellander.

Kindertherapie aus der Sicht der Jungschen Tiefenpsychologie

Gisela Broche, Zürich

Einleitung

Es erscheint zunächst notwendig, darauf hinzuweisen, daß *C. G. Jung* selbst nicht mit Kindern therapeutisch gearbeitet und deshalb auch kein zusammenhängendes Konzept der kindlichen Entwicklung aus der Sicht seiner Erkenntnisse heraus entworfen hat. Untersucht man jedoch die Werke *Jung*s daraufhin, was er insgesamt über Themen wie Kind, Kindheit, Jugendlicher, Jugendzeit, Vater, Mutter und Eltern ausgesagt hat — und zwar sowohl in persönlichem als auch in archetypischem Sinne —, so entdeckt man, daß er auch auf diesem Gebiet eine Basis geschaffen hat, auf der vieles aufgebaut werden kann. Ich darf einige Autoren nennen, die dies getan haben. Es sind: *F. Wickes, E. Neumann, D. Kalf* und *M. Fordham.*

So vielschichtig und weitgespannt die Gedanken und Arbeitsgebiete *Jungs* waren, so verschieden sind auch die Wege, die diese Autoren in ihrer Verarbeitung der *Jung*schen Erkenntnisse gegangen sind. Eine Strukturierung der *Jung*schen Kinder- und Jugendlichenpsychologie ist demgemäß eine schwierige, aber auch interessante Aufgabe.

C. G. Jungs Bild vom Menschen

Ich möchte ausgehen von dem Bild des Menschen, wie *Jung* es gesehen und dargestellt hat. *Jung* sieht, wie *Freud*, zwei verschiedene Bereiche innerhalb der menschlichen Psyche, nämlich den des Bewußtseins und den des Unbewußten. Das Bewußtsein sieht *Jung* zentriert um das Ich, bzw. den *Ich-Komplex.* Das Unbewußte sieht er, im Gegensatz zu Freud, unterteilt in zwei Bereiche, die von unterschiedlicher Ausdehnung und Wirkung sind. Er nennt sie das *Persönliche* und das *Kollektive Unbewußte.*

Im *Persönlichen Unbewußten* sind alle jene Erlebnisse und Erfahrungen gespeichert, die im Verlauf des persönlichen Lebens gemacht und wieder verdrängt wurden. Dazu gehören Erlebnisse und Erfahrungen aus der Kindheit, aber auch Gedanken, Gefühle und Erlebnisse des gegenwärtigen Lebens, die für den Betreffenden aus irgendeinem Grunde unerträglich und inkompatibel für das Ich waren und deshalb verdrängt wurden.

Im Kollektiven Unbewußten sind dagegen Erfahrungen gespeichert, die die Menschheit seit ihrem Bestehen gemacht hat. Diese Erfahrungen haben im Laufe der Zeiten im einzelnen Dispositionen zu bestimmten Reaktionen zur Folge gehabt, die vererbt werden. *Jung* spricht von „vererbten Dispositionen, wieder so zu reagieren, wie immer reagiert wurde" (*Jung* 1971, S. 127-128). Der Begriff des Kollektiven Unbewußten ist allerdings mit dieser Definition längst nicht erschöpfend erklärt. Ich hoffe, daß es mir durch meine weiteren Ausführungen gelingen wird, ihn noch plastischer und verständlicher werden zu lassen.

Ein Begriff, der hiermit in engem Zusammenhang steht, und der in der *Jung*schen Psychologie eine sehr große Rolle spielt, ist der des *Archetyps.*

Die Archetypen

Unter einem *Archetypus* versteht *Jung* eine Bereitschaft der Seele, in einer bestimmten Art und Weise zu reagieren. Er ist einem Urinstinkt vergleichbar oder einem Verhaltensmuster, das tief im Kollektiven Unbewußten seine Wurzeln hat.

Nun ist eine solche seelische Bereitschaft an sich unanschaulich. Sie ist selbst nicht direkt wahrnehmbar oder erkennbar, dagegen hat sie die Fähigkeit, innere Bilder hervorzubringen. Wir nennen sie *archetypische Bilder* oder auch Urbilder, die eben jenem Erfahrungsgut entstammen, das die Menschheit seit ihrem Bestehen gemacht hat. Das zweite Charakteristikum des Archetyps besteht also in der Fähigkeit, innere Bilder, Urbilder zu gestalten.

Zu solchen Urbildern gehören z. B. der König und die Königin, die gute und die böse Mutter, der gute und der böse Vater, der alte Weise und viele andere mehr, wie etwa bestimmte Tiere, Pflanzen, Steine und Kristalle, und nicht zuletzt ist auch das Kind in seinen verschiedenen Erscheinungsformen ein Archetyp, ein Urbild der Seele.

Zum dritten enthält der Archetypus eine bestimmte Quantität von Energie, er ist energiegeladen. Diese Energie ist im allgemeinen erheblich und beeinflußt uns in einem außerordentlich hohen Maße, auch wenn uns dies nicht bewußt ist.

Viertens besitzt der Archetypus Eigenständigkeit, d. h. eine Autonomie. Mit seiner Energie wirkt er aus sich selbst heraus, und er kann, selbst wenn er in einer Analyse bewußt oder teilbewußt gemacht wird, nur bis zu einem gewissen Grad vom Ich gelenkt werden.

Ein Archetypus hat viele Facetten, so daß von ihm sowohl positive als auch negative Kräfte ausgehen können. Uns sind vor allem die guten und bösen Aspekte des Mutter- und des Vaterarchetyps geläufig; aber auch alle anderen Archetypen sind mit Negativem und Positivem geladen und haben ihre entsprechenden Auswirkungen.

Weitere archetypische Inhalte des Kollektiven Unbewußten sind die *Anima*, der *Animus* und der *Schatten*. Bei *Anima* und *Animus* handelt es sich um die jeweils gegengeschlechtliche Seite im Menschen, die unbewußt vorhanden ist. Das bedeutet, daß die männliche Seite der Frau mit dem Begriff des Animus bezeichnet wird, die weibliche Seite des mannes mit dem der Anima. Der *Schatten* enthält überwiegend dunkle und auch beängstigende Anteile des Menschen, aber auch ungelebte Möglichkeiten, die sich durch Verdrängung negativiert haben.

Zwischen dem Ich, dem Persönlichen Unbewußten und dem Kollektiven Unbewußten bestehen nun natürlich Verbindungen. Beide Bereiche wirken aufeinander ein, d. h., daß z. B. persönlich gemachte Erfahrungen aus der Kindheit sich mit entsprechenden Urbildern und Urerfahrungen in der Seele verbinden und sich gegenseitig beeinflussen. So können Erlebnisse mit der persönlichen Mutter, die für das Kind in irgendeiner Weise furchterregend oder schädlich sind, außerordentlich verstärkt werden durch negative Aspekte des Mutterarchetyps, die eben durch die Erfahrungen mit der persönlichen Mutter aktiviert werden. Das persönliche Erlebnis weckt sozusagen bestimmte Reaktionsbereitschaften im Kind, reichert das gegenwärtige Erleben an und erfüllt es zusätzlich mit Dynamik.

Nun scheint es so zu sein, daß im einzelnen Kind anlagemäßig bestimmte Aspekte von Archetypen — z. B. des Mutterarchetyps — besonders leicht aktivierbar sind. Vielleicht kann man sich das so vorstellen, daß bei dem einen Kind Aspekte der „furchtbaren Mutter" auch bei relativ geringen Anlässen belebt werden, und das bedeutet dann, daß sich ein problematisches Verhalten der Mutter ganz besonders schwerwiegend auf dieses Kind auswirkt, während bei einem anderen Kind die Toleranzgrenze größer ist, so daß tiefergreifende Erlebnisse nötig sind, um solch negative archetypische Mutterbilder zum Leben zu erwecken.

Auf diese Weise kann es geschehen, daß eine Mutter von ihren Kindern unterschiedlich erlebt wird. Natürlich muß man auch sehen, daß eine Mutter tatsächlich unterschiedlich auf jedes einzelne ihrer Kinder reagieren kann, ebenso wie auch der Vater und die übrige Umwelt. Das hängt von vielen Faktoren ab, z. B. ob es sich um einen Buben oder ein Mädchen handelt, in welche aktuelle Situation das Kind hineingeboren wurde, welchem Typus es angehört usw. Aber dazu kommt eben die oben beschriebene Aktivierung und Einwirkung des archetypischen Grundes. Diese Stärke der Wirkung besteht nicht zuletzt darin, daß es sich hier um ein gänzlich unbewußtes Geschehen handelt, das für den Außenstehenden, aber auch für den Erleidenden selbst oft nicht verstehbar ist, eben weil es unbewußt ist.

Typologie

Das Bild des Menschen wird für *Jung* weiterhin geprägt von dem Typus, dem der Einzelne angehört. In *Jungs* Typenlehre gibt es zwei verschiedene Arten von Typen, nämlich einmal den *Einstellungstypus* und zum anderen den *Funktionstypus.*

Unter *„Einstellung"* versteht *Jung* die *Extraversion* und die *Introversion.* Bei der Extraversion handelt es sich um eine Einstellung, die sich in allem überwiegend an der Umwelt orientiert. Einem Extravertierten ist es zunächst einmal wichtig, was andere sagen, wie andere gedacht und gehandelt haben, wie andere fühlen und phantasieren. Danach richtet er dann seine eigenen Gedanken, Handlungen und Phantasien.

Bei der *Introversion* handelt es sich dagegen um eine Einstellung, bei der sich der Mensch überwiegend und zuerst einmal nach seinen eigenen inneren Erfahrungen richtet, seien diese nun denkerischer oder gefühlshafter Art. Auch er möchte natürlich im Einklang mit seiner Umwelt leben, aber seine eigenen Erkenntnisse und Gefühle sind ihm doch wesentlich wichtiger, und er nimmt für sie auch Unstimmigkeiten mit der Umwelt in Kauf. Hierzu muß man sagen, daß jeder Mensch beide Einstellungsmöglichkeiten in sich trägt. Nur ist jeweils eine dieser Einstellungen vorherrschend.

Bei dem *Funktionstypus* handelt es sich darum, mit welcher seiner Ich-Funktionen jemand überwiegend sein Leben gestaltet. *Jung* sieht folgende *vier Ich-Funktionen:* das *Fühlen,* das *Denken,* die *Intuition* und die *Empfindung.*

Das *Fühlen* und das *Denken* zählt *Jung* zu den rationalen Funktionen, weil beide das Leben nach bestimmten Kriterien bewerten. Die Fühlfunktion beispielsweise bewertet das Leben danach, ob das, was geschieht, für das Ich angenehm oder unangenehm ist. Vielleicht könnte man hier einen Vergleich mit dem *Freud*schen Lustprinzip ziehen. Die Denkfunktion bewertet das Leben und was darin geschieht dagegen danach, ob etwas richtig oder falsch ist.

Die *Intuition* und das *Empfinden* zählt *Jung* zu den irrationalen Funktionen, weil beide nicht werten. Die Intuition hält quasi immer nach Einfällen und Eingebungen Ausschau. Ein Mensch, dessen Intuition besonders stark ausgeprägt ist, wird immer sehr rasch Zusammenhänge von Gegebenheiten erfassen, ohne diese eigentlich erklären zu können. Er „weiß" einfach. Ein Mensch, dessen Empfindungsfunktion besonders differenziert ist, wird die Realität, so wie sie ist, sehr gut erfassen können. Er wird wissen, „wie man es macht", er wird ein gutes Gespür für Materialien haben und mit seinen Händen geschickt sein.

Nun gilt auch hier dasselbe, was ich vorhin von den Einstellungen sagte: Jeder Mensch hat alle vier Funktionen, nur sind sie jeweils unterschiedlich stark ausgeprägt. Niemand kann alle seine vier Ich-Funktionen gleichermaßen differenzieren, es wird immer ein oder zwei Funktionen geben, die weniger differenziert sind. Diese hat *Jung* als minderwertige Funktionen bezeichnet.

Ich habe die Erfahrung gemacht, daß die Typenlehre von großer Bedeutung für das Erkennen familiendynamischer Zusammenhänge ist.

Ich erinnere mich an einen 17jährigen Enuretiker, der vom Typ her ausgepsrochen introvertiert und eher vom Denken und von der Intuition her geprägt war. Seine Mutter war dagegen sehr extravertiert und besaß eine gute Empfindungsfunktion. Sie begriff rasch, „was zu tun war", war also praktisch begabt, und das Bedürfnis, sich anderen mitzuteilen, stand bei ihr im Vordergrund. Der Sohn liebte es aber, häufig für sich allein zu sein und sich mit seinen eigenen Gedanken zu beschäftigen. Er las viel und hatte, was das Praktische anbelangt, zwei linke Hände.

Abgesehen von den persönlichen Problemen, die es in dieser Familie gab, brachten die so verschiedenen Eigenarten von Mutter und Sohn viele Spannungen in das tägliche Leben. Ich habe damals mit der Mutter daran gearbeitet, ihr ein Verstehen des Andersseins ihres Sohnes zu vermitteln. Im Verlauf vieler Gespräche konnte die Mutter eine bessere Beziehung zu ihrer eigenen Introversion finden. Sie entdeckte Seiten in sich, die sie bisher noch nicht wahrgenommen hatte, und die sie nun versuchte, auch zu leben. Sie konnte immer wieder versuchen, mehr auf ihr Inneres zu horchen, auf ihre eigenen Gedanken. Vor allem reizte sie nun das Verhalten ihres Sohnes nicht mehr so sehr wie früher, was diesem wiederum das Gefühl gab, besser angenommen zu sein. Er konnte sich innerhalb der Familie mehr öffnen, ohne gleich Angst haben zu müssen, nicht verstanden oder überfahren zu werden. So konnte auch er etwas von seiner anderen Seite, nämlich von seiner Extraversion, entwickeln.

Beim jüngeren Kind ist es allerdings schwieriger, genauer zu erkennen, zu welchem Typ es gehören könnte, da sich die Ausprägung der Persönlichkeit ja noch in einem Entwicklungsprozeß befindet und man überdies den Einfluß der Eltern und der Schule auch hierbei nicht unterschätzen sollte. Am ehesten meine ich, jeweils extra- und introvertiertes Verhalten unterscheiden zu können, was mir dann sehr hilft in der Begegnung mit dem Kind, dieses zu verstehen und ihm gerecht zu werden. An einem späteren Fallbeispiel wird dies deutlich werden.

Entwicklung des Kindes unter Berücksichtigung der Erkenntnisse E. Neumanns

Die verschiedenen psychologischen Schulen sehen vieles in der Entwicklung des Kindes ähnlich, nur haben Sie unterschiedliche Begriffe dafür oder ordnen das Geschehen etwas anders ein. Auch die analytische Psychologie sieht die eminente Wichtigkeit der Anfangsbeziehung zwischen Mutter und Kind bzw. die ausschlaggebende Wirkung der Umwelt, in die das Kind hineingeboren wird, auf dessen Entwicklung. *E. Neumann* umschreibt die Anfangssituation des kindlichen Lebens mit dem Begriff der *Urbeziehung*. Er spricht auch von einem *uroborischen Zustand des Enthaltenseins im Runden*, in dem das Kleinkind zunächst lebt. An anderer Stelle spricht er von der *Einheitswirklichkeit*.

In seinem Buch „*Das Kind*" (1980, S. 12) sagt *Neumann:* „Diese Kind und Mutter umfassende Wirklichkeit ... ist eine Einheitswirklichkeit, in der das, was unser unterscheidendes Bewußtsein ‚Innen' und ‚Außen' nennt, für das kindliche Ich zur Identität wird." An einer anderen Stelle sagt er (1980, S. 13): „... in der Anfangsphase der Urbeziehung herrscht die Ausgebreitetheit der Einheitswirklichkeit, die noch nicht in Innen und Außen, in Subjekt und Objekt auseinandergetreten ist. Auch die Mutter lebt, soweit sie in der Urbeziehung existiert, wie das Kind in der archetypisch bestimmten Einheitswirklichkeit, aber sie ragt in diese nur hinein, weil die Beziehung zum Kinde ja nur einen Teil ihres gesamten Daseins bestimmt."

Neumann beschreibt die frühe Säuglingszeit als eine *postuterine Embryonalzeit*, nach der das Kind erst endgültig geboren wird „mit einem deutlich reagierenden Ich in einer von ihm getrennten, ihm gegenüberstehenden Welt." (1980, S. 19)

Man kann diese erste Kindheitsphase auch mit dem Begriff der „participation mystique" bezeichnen, den *Levy-Brühl* im Zusammenhang mit der Erforschung der Psychologie von Naturvölkern für den Erlebniszustand eines noch mystischen Eingebettetseins in die Natur geprägt hat (*Doucet* 1972, S. 120), und den *Jung* und *Neumann* von ihm übernommen haben.

Neumann beschreibt weiter, wie die nach dem Abschluß der postuterinen Embryonalzeit allmählich beginnende Selbständigkeit des Kindes mit dem Austreten aus dem engsten Bezogenheitsfeld der Urbeziehung identisch ist.

Wesentlich ist für *Neumann* das sogenannte „Hinüberwandern des Selbst" aus der Mutter in das Kind. Er meint damit, daß zunächst das Selbst des Kindes als in der Mutter inkarniert erscheint, und daß dieses

Selbst erst mit wachsender Bewußtheit in das Kind gewissermaßen hinüberwandert. Die dadurch möglich gewordene Beziehung zwischen dem Ich und dem Selbst bezeichnet *Neumann* als *Ich-Selbst-Achse,* die den tragenden Grund des Menschen darstellt (1980, S. 22).

Das Selbst

An dieser Stelle möchte ich einige Worte zu dem Begriff des *Selbst* sagen. Ich beziehe mich dabei auf die Definition, die *Jung* in seinem Buch „Psychologische Typen" (1976, S. 512 f.) gegeben hat.

Jung bezeichnet das Selbst als den Gesamtumfang aller psychischen Phänomene im Menschen. „Das Selbst drückt die Einheit und Ganzheit der Gesamtpersönlichkeit aus." „Da es praktisch Phänomene des Bewußtseins und des Unbewußten gibt, so hat das Selbst als psychische Ganzheit sowohl einen bewußten als auch einen unbewußten Aspekt. Empirisch erscheint das Selbst in Träumen, Mythen und Märchen in der Figur der übergeordneten Persönlichkeit wie König, Held, Prophet, Heiland etc. oder in der Gestalt eines Ganzheitssymbols wie Kreis, Viereck, Quadrat, Kreuz etc." Als Ganzheit stellt das Selbst eine Vereinigung von Gegensätzen dar; es vereinigt Gutes und Böses in sich, Symbole des Selbst besitzen sehr oft eine bedeutende Numinosität.

Neumann bringt das Selbst mit der Funktion der *Zentroversion* in Verbindung. Er versteht darunter eine „Tendenz der Psyche, das Individuum zu seiner Einmaligkeit kommen zu lassen" (1980, S. 154), also eine Funktion, die vom Selbst ausgeht, die die gesamte Entwicklung der Psyche in Bewegung setzt und den Zusammenhang zwischen den verschiedenen Persönlichkeitszentren herstellt.

In der *„Ursprungsgeschichte des Bewußtseins"* (*Neumann* 1974, S. 307) spricht *Neumann* von der Zentroversion als der „Tendenz der Ganzheit, die Einheit ihrer Teile herzustellen und ihre Differenzierung in einheitsgebundenen Systemen zusammenzufassen". Ich sehe die kreisähnlichen, geschlossenen Formen in frühen Kinderzeichnungen bereits als einen Ausdruck dieser Zentroversion an. Ich sehe in ihnen einen Versuch, sich zu ordnen, sich innerlich um eine Mitte zu zentrieren.

Die Ich-Stufen (nach E. Neumann)

Ich möchte jetzt versuchen, die Entwicklung des Kindes darzustellen, wie *Neumann* sie in seinem Buch „Das Kind" (1980) beschrieben hat. *Neumann* vergleicht die Entwicklung des Kindes mit der phylogenetischen Entwicklung des Menschen und seines Bewußtseins. Er zieht Parallelen zu Bewußtseinszuständen und Riten verschiedener Naturvölker und vor allem auch zu verschiedenen Mythen. Seine Darstellung der Entwicklung des Kindes ist so von zwei Bereichen her geprägt, vom persönlichen und vom archetypischen. Er sieht den Weg, den das Kind bis in die Erwachsenheit zu gehen hat, bestimmt durch die persönlichen Eltern und durch die typologischen und begabungsmäßigen Anlagen des Kindes. Zugleich aber sieht er diesen Entwicklungsweg auch bestimmt durch allgemeingültige, archetypische Gegebenheiten, auf deren Basis sich das Schicksal des Einzelnen entfaltet.

So wie das Kind bestimmte Entwicklungsschritte zu vollziehen hat, so hatte in der Vergangenheit die Menschheit bestimmte Entwicklungsschritte oder Bewußtseinszustände zu durchlaufen, die nun als Erfahrungsgut im Kollektiven Unbewußten ruhen und die Entwicklung des heutigen Menschen beinflussen.

Im folgenden beziehe ich mich auf *Neumann* (1980).

Neumann teilt die kindliche Entwicklung in verschiedene Ich-Stufen ein, die er leider nicht mit genauen Altersangaben versehen hat. Ich habe versucht, diese Ich-Stufen altersmäßig einzuordnen.

1. Die phallisch-chthonische Ich-Stufe	
a) vegetativ	etwa bis 3/4 Jahr
b) animal	etwa bis zum 3. Jahr
2. Die magisch-phallische Ich-Stufe	aufeinanderfolgend
3. Die magisch-kriegerische Ich-Stufe	etwa bis zum 5. Jahr
4. Die solar-kriegerische Ich-Stufe	etwa bis zum 6. Jahr
5. Die solar-rationale Ich-Stufe	anschließend an die 4. Stufe; deutlichere Ausprägung erst in der Adoleszenz.

Insgesamt handelt es sich hier um den Weg des Kindes aus dem psychischen Matriarchat ins psychische Patriarchat. Es ist der Weg aus der Einheitswirklichkeit, aus der Welt der persönlichen und der „Großen" Mutter zur männlich bezeichneten Bewußtheit, zum Bereich des Väterlichen und des Vaterarchetpys. Dieser Weg ist nach der Ansicht *Neumanns* zunächst für beide Geschlechter gleich. Er bedeutet aber meines Erachtens für den Jungen doch zum Teil etwas anderes als für das Mädchen.

Kann der Junge sich vom Gebundensein an die mütterliche Welt zu seinem eigenen Geschlecht hin entwickeln, muß das Mädchen im Grunde genommen eine zweigleisige Entwicklung durchlaufen. Auch das Mädchen muß, von der mütterlichen Welt weg, zu einer Bewußtheit kommen, die zum Teil männlich geprägt ist und zur Bildung des Animus führt. Gleichzeitig muß es sich aber allmählich zu einer erwachsenen Frau entwickeln, also einem gleichgeschlechtlichen Wesen wie die Mutter, was die Loslösung von ihr erschweren kann. *Neumann* hat sich mit diesem Aspekt der speziell weiblichen Entwicklung in seinem Buch *„Zur Psychologie des Weiblichen"* (1953) auseinandergesetzt, wobei er sich hier vor allem mit der Adoleszenz und dem frühen Erwachsenenalter befaßt.

Nun einiges zu den einzelnen Ich-Stufen, wie *Neumann* sie beschrieben hat. Da ist zunächst die *phallisch-chthonische* Ich-Stufe, die wiederum in zwei Phasen unterteilt ist, nämlich in die vegetative und in die animale.

Mit dem Terminus *„phallisch"* meint *Neumann* „Ich-Aktivitäten, die weitgehend von der Körperganzheit abhängen" (1980, S. 152). Er beschreibt, daß der Phallus in der Frühphase der Menschheit für beide Geschlechter ein „fascinum" war, ebenso wie auf noch früherer Stufe die Fruchtbarkeit des Weiblichen und die Menstruation. Der Phallus war das Symbol für die Autonomie des Unbewußten und des Körpers. Das Fascinum des Phallus wurde als etwas Überwältigendes und Transpersonales erfahren, dem das Ich unterworfen war. *Neumann* spricht in diesem Zusammenhang von dem *„Körperselbst"*, das sich in dieser frühen Entwicklungsphase beim Kind konstelliert. Die phallisch-chthonische Ich-Stufe ist vor allem geprägt vom eroshaften Bezogensein der Mutter auf das Kind, das noch weitgehend in der Einheitswirklichkeit lebt.

Hier stellt sich mir die Frage nach der Bedeutung des Vaters, der sich heute zunehmend dem Kleinkind zuwendet, es pflegt und füttert. Es ist die Frage, wieweit der Vater in dieser frühen Zeit schon irgendwie anders erlebt wird als die Mutter.

Der Übergang von der passiv-vegetativen zu einer aktiveren animalen Stufe zeichnet sich dadurch aus, daß sich das Kind mit einer immer ausgreifenderen Aktivität der Welt zu bemächtigen beginnt (1980, S. 158). Das Kleinkind haftet nun nicht mehr gänzlich an der Mutter (oder an einer entsprechenden Bezugsperson), quasi wie die Pflanze an der Erde, sondern es erweitert seinen Erfahrungskreis, „indem es schließlich freibeweglich wird und wie das Tier zu gehen beginnt" (1980, S. 158).

Neumann zieht hier mythologische Vergleiche, in welchen die Große Mutter als Herrin der Pflanzen und später als Herrin der Tiere erscheint. Übrigens können wir Entsprechungen dieser Pflanzen- und

Tiersymbolik in den Kinderbehandlungen erleben, wo ja das Kind zeitweise stark in frühere Entwicklungsphasen regrediert.

Die nächsten beiden Ich-Stufen bezeichnet *Neumann* als *magisch-phallisch* und *magisch-kriegerisch.* Hier ist das Ich schon in einem Bewußtsein zentriert, das sich allmählich zu systematisieren beginnt.

Es ist *Neumann* wichtig, immer wieder darauf hinzuweisen, daß die psychische Entwicklung des Kindes vom Selbst, von der Zentroversion, autonom gesteuert wird. So wie sich die körperliche Entwicklung nach bestimmten organischen Gesetzen artmäßig vollzieht, so die psychische Entwicklung nach ihr innewohnenden Gesetzen, die transpersonal sind. Auch die beiden *magischen Ich-Stufen* gehören noch in das Matriarchat. Der Archetyp der Großen Mutter beherrscht phylo- und ontogenetisch das Leben dieser Zeit. Das heißt also, daß die Mutter in ihrem So-Sein entscheidend für das Kind ist, und daß durch sie bestimmte Aspekte des Mutterarchetyps aktiviert werden, die im Kollektiven Unbewußten des Kindes bereit liegen. Wieder ist es mir eine Frage, wieweit der Vater in den beiden magischen Phasen auch schon Entscheidendes bewirkt, und wieweit auch hier schon Aspekte des Vaterarchetyps konstelliert werden. Wenn letzteres der Fall ist, wird das Matriarchale aber vielleicht doch eine übergreifende Bedeutung haben, zumal das Auftauchen von männlich-väterlichen Archetypen in dieser Zeit auch im Zusammenhang mit dem Animus der Mutter gesehen werden kann.

Die Welt wird in dieser Zeit vom Kind mehr oder weniger magisch erlebt. Das, was in der Umwelt geschieht, hat magische Aspekte, und auch das Kind selbst glaubt seinerseits, durch magisches Tun die Dinge um es herum beeinflussen zu können. Dies entspricht — so *Neumann* — einer Stufe, in welcher die Persönlichkeit sich noch nicht wirklich als ein Gegenüber der objektiven Außenwelt erlebt. Das Kind hat das Gefühl der Einheitswirklichkeit noch nicht ganz verloren. *Neumann* meint, daß die *Phase des magischen Ich* darauf beruht, daß das Selbst in seiner umfassenden Totalität als zum Ich gehörig erfahren wird, und daß dieses Selbst eine *„magische Vollmacht"* ausübt (1980, S. 163 f.).

Die Rituale des Kleinkindes zeigen sein Bedürfnis, die Welt um sich herum zu ordnen und auch zu beherrschen. Sie bilden die notwendige Basis für ein stabiles Ichgefühl und helfen dem Kind, sich in der Konfrontation mit der Umwelt zu behaupten.

Die *magisch-kriegerische Phase* ist geprägt von der Auseinandersetzung mit der Mutter und bedeutet gleichzeitig den Beginn der Überwindung des Matriarchats. Jetzt vollzieht sich allmählich der Schritt zum Patriarchat hin, zum männlichen Bewußtsein. Das Kind kommt in eine

Phase, in der der Archetyp des Vaters an Macht gewinnt. Auch in der realen Umwelt wird das männliche Bewußtsein wichtiger, wird der Vater bedeutsamer.

Kommen wir nun zu den *solaren Ich-Stufen*, der *solar-kriegerischen* und der *solar-rationalen. Neumann* sieht es so, daß sich das hier vorherrschende Männliche bzw. Väterliche von einem *„unteren"* zu einem *„oberen"* Aspekt wandelt. Zur Symbolik des *„unteren Männlichen"* können u. a. das Feuer, das Eruptive des Vulkanischen und bestimmte Aspekte der Tierwelt gehören wie z. B. der Löwe und der Tiger. Das „obere Männliche" in seiner Verbindung mit dem Himmel, dem geistigen Prinzip, manifestiert sich am deutlichsten im Vaterarchetyp (1980, S. 208). Hierher gehören Symbole wie Wind und Sonne; aus dem Tierbereich sind es überwiegend Vögel, also Lebewesen aus dem Luftraum. Vater, König und andere männliche Bilder sind weitere hierher gehörende archetypische Gestalten. Der konkrete Vater gewinnt an Wichtigkeit als Leitbild und Identifikationsfigur für den Jungen und als jemand, der die eben beschriebenen archetypischen Tendenzen des Unbewußten aktivieren hilft.

Entwicklungsstörungen aus der Sicht E. Neumanns

Eine der frühesten Störungen, die durch eine negative Urbeziehung entstehen kann, wirkt sich als *„primäres Schuldgefühl"* aus (*Neumann* 1980). Durch persönliche Probleme der Mutter, durch deren Krankheit oder Abwesenheit oder durch den Ausfall der wichtigsten sonstigen Beziehungsperson des Kindes während der Zeit der Urbeziehung kann eine tiefe Störung beim Kind entstehen, die sich in einem massiven Schuldgefühl äußert.

Es scheint so zu sein, daß durch eine solche Störung in der frühen Säuglingszeit im Kind das Gefühl entsteht, selber so schlecht und unwert zu sein, daß es keine Liebe und Geborgenheit verdient. So wird von Anfang an der negative Aspekt des Mutterarchetyps, das furchtbare und zerstörerische Bild der Großen Mutter konstelliert, das ein ganzes Leben lang für einen Menschen bestimmend werden kann. Das Problematischste daran ist die Irrealität des tiefen Schuldgefühls, von dem das heranwachsende Kind nicht weiß, woher es kommt, und das auch später der Erwachsene nur fühlen, aber nicht einordnen kann. Es ist zwar möglich, dieses *primäre Schuldgefühl* in einer Kinderbehandlung oder in einer späteren Analyse anzugehen und zu bearbeiten, aber es ist eines der schwierigsten und hartnäckigsten Probleme.

Eine andere Auswirkung der gestörten Urbeziehung ist die Bildung eines *Not-Ich*, wie *Neumann* es genannt hat (1980, S. 81). Die Welt-, Du- und Eigenerfahrung des Kindes steht hier im Zeichen der Not, wenn nicht sogar des Unterganges: „Wie sich in der mythologischen Apperzeption des Kindes die positive Urbeziehung im archetypischen Bild des Paradieses spiegelt, so die des Not-Ich der gestörten Urbeziehung im archetypischen Bild der Hölle" (*Neumann* 1980, S. 81).

Die so konstellierte Situation steht im Zeichen des Hungers, des Schmerzes, der Ohnmacht und des völligen Ausgeliefertseins. „Das Zentralsymbol dieses Zustandes ist der Hunger." (1980, S. 81) Wenn diese Konstellation allzufrüh einsetzt, führt sie zur ichlosen Apathie; setzt sie ein, wenn das Ich bereits eine gewisse Festigkeit erlangt hat, so kommt es zur Bildung eines *„negativierten Ich"*, eben eines Not-Ich.

Kinder, bei denen sich ein Not-Ich gebildet hat, sind häufig aggressiv und gewalttätig. Aber hinter dieser Art der Selbst- bzw. Ich-Behauptung stehen immer Angst, Verlassenheit und Vertrauenslosigkeit dem anderen und der Welt gegenüber. Das Kind befindet sich sozusagen ständig in einer Verteidigungsposition.

Besondere Konfliktmöglichkeiten liegen auch in den verschiedenen Schwellensituationen auf dem Weg durch die beschriebenen Ich-Stufen. Wir wissen, welche ambivalenten Gefühle das Selbständiger-Werden des Kindes bei den Eltern auslösen kann, weil dieses durch seine Entwicklung die Eltern fortwährend dazu zwingt, sich zu ändern und sich ihrerseits weiterzuentwickeln.

Auch im Kollektiven Unbewußten des Kindes selbst entstehen Reaktionen auf Schwellensituationen innerhalb der Entwicklung. Der eine Lebensphase bestimmende Archetyp hat offenbar die Tendenz, das Ich in seiner Entwicklung zu hemmen. Das bedeutet, daß der Archetyp sich in seinem negativen Aspekt zeigen kann, sobald das Ich in die nächste Lebensphase eintreten möchte. Ist also z. B. in einer bestimmten Phase der Mutter-Archetyp zunächst freundlich und hilfreich, so erscheint er u. U. in seinem hexenhaften Aspekt, sobald das Kind sich weiterentwickelt. Ich denke da an viele Rollen- und Kasperspiele, in denen es um einen Kampf mit der Hexe ging. Solche Übergangszeiten machen Angst, und wenn dann die Umgebung des Kindes diese Problematik noch verstärkt, so können mannigfache Störungen entstehen, wie z. B. Schlafstörungen, Konzentrationsstörungen, Kontaktprobleme, spezielle oder auch diffuse Ängste und anderes mehr.

Andererseits kann sich die so entstehende Angst auch ausgesprochen positiv auswirken, weil sie das Ich dazu zwingen kann, in die Progression zu gehen. Diese positive Wirkung wird sich aber wohl nur dann einstellen, wenn das Kind einigermaßen stabil ist und auch von den Eltern in seiner Entwicklung unterstützt werden kann.

Neumann bringt die Ängste des Kindes neben den oben beschriebenen Ursachen vor allem auch mit dem Archetyp des Männlichen in Verbindung. Er beschreibt, daß hier häufig Bilder und Phantasien des Männlich-Einbrechenden auftauchen, wie z. B. der Einbrecher, der Räuber oder angsterregende Tiere. Dieses Männlich-Einbrechende stört das Gleichgewicht des Kindes, bedrängt es und zwingt es — im besten Falle — durch die Konfrontation in die Progression.

Die Individuation

Jetzt möchte ich mich einem Begriff zuwenden, der in der Psychologie *Jung*s eine sehr große Rolle spielt und der in besonders starkem Maße mit der Entwicklung des Menschen zu tun hat. Es ist der Begriff der *Individuation.*

Jung selbst hat ihn vor allem auf die zweite Lebenshälfte bezogen. In seinen Aussagen über die Individuation und den Individuationsprozeß finden wir jedoch vieles, was man durchaus auch auf die erste Lebenshälfte und auf die Entwicklung des Kindes anwenden kann.

Innerhalb der Schule der Analytischen Psychologie bestehen allerdings unterschiedliche Meinungen zu diesem Thema. Ich schließe mich der Meinung derjenigen an, die den Individuationsprozeß als eine Entwicklung ansehen, die in der Kindheit beginnt und sich über das ganze Leben erstreckt. Dazu möchte ich auch auf diesbezügliche Aussagen bei *M. Fordham* (1974) und solche von *Diekmann* (1976, S. 259-274) hinweisen.

In seinem Buch über die Psychologischen Typen (1976, S. 477) sagt *Jung,* daß die Individuation ganz allgemein einen Vorgang der Bildung und Besonderung von Einzelwesen darstelle. Er sagt hier, daß der „Individuationsprozeß die Entwicklung des Individuums als eines von der Kollektivpsychologie unterschiedenen Wesens zum Ziel hat. Der Individuationsprozeß führt jedoch nicht in die Vereinzelung, sondern in einen intensiveren und allgemeinen Kollektivzusammenhang."

Nun taucht hier die Schwierigkeit auf, daß *Jung* sich in einigen Aussagen zu diesem Thema widerspricht. Im gleichen Buch (ebenfalls in den Definitionen) schreibt er z. B. (1976, S. 478): „Bevor die Individuation zum Ziele genommen werden kann, muß das Erziehungsziel der Anpassung an das zur Existenz notwendige Minimum von Kollektivnormen erreicht sein." Andererseits sagt er etwas weiter unten (1976, S. 478): „Die Individuation fällt zusammen mit der Entwicklung des Bewußtseins aus dem ursprünglichen Identitätszustand. Die Individuation bedeutet daher eine Erweiterung der Sphäre des Bewußtseins und des bewußten psychologischen Lebens."

Ich meine, daß *Jungs* zweite Aussage im Grunde genommen auch die Ich-Entwicklung des Kindes mit einbezieht, denn Bewußtwerdung beginnt ja mit der Entstehung des Ich.

In seinem Buch *„Symbole der Wandlung"* (1973, S. 510) sagt er: „Die Abtrennung und Unterscheidung von der Mutter, die Individuation, schafft ein Gegenübertreten von Subjekt und Objekt, die Grundlage des Bewußtseins." Hier setzt *Jung* also die Abtrennung von der Mutter direkt mit der Individuation gleich.

Zu *Jungs* Aussage, daß Individuation erst nach einer gewissen Anpassung an das Leben möglich sei, möchte ich folgendes sagen: Meines Erachtens geschieht Individuation von Anfang an. Gewiß muß das Kind lernen, sich an die Regeln und Gesetze der Umwelt anzupassen, aber daneben, oder besser gesagt gleichzeitig, entwickelt es von Anfang an eine nur ihm eigentümliche Persönlichkeit. Man könnte es vielleicht so ausdrücken, daß bereits die Ich-Entwicklung im Zeichen der Individuation steht. *Diekmann* (1976, S. 261) schreibt über diesen Punkt in gleichem Sinne.

Die Individuation ist eng verknüpft mit einer spezifischen Funktion die *Jung* die *„transzendente Funktion"* genannt hat. Diese Funktion hängt mit einem weiteren Ziel des Individuationsprozesses zusammen, nämlich mit der Auseinandersetzung zwischen dem Ich und dem Unbewußten.

Jung beschreibt die transzendente Funktion als eine solche, die die Gegensatzspannung zwischen dem Bewußtsein und dem Unbewußten überbrückt und ausgleicht, und zwar über die Aktivierung oder Hervorbringung von Symbolen. Das Kind, sagt er (1971, S. 56), werde mit einer ungeheuren Inkongruenz geboren; einerseits als ein tierähnliches, unbewußtes Wesen, andererseits als die letzte Verkörperung einer uralten und unendlich komplizierten Erbsumme. Er sieht in der infantilen, polyvalenten Keimanlage den ganzen späteren Menschen enthalten, sowohl mit seinen Trieben als auch mit der Vorstufe zur geistigen Eigenart des Menschen. „Diese Inkongruenz macht die Spannung der Keimanlage aus und erklärt überdies noch viele Rätsel der an Rätseln wahrlich nicht armen kindlichen Psychologie." (1971, S. 56)

Die transzendente Funktion befähigt den Menschen — und wohl eben auch schon das Kind — mit Hilfe von Symbolen diese Spannungen auszugleichen und einen Weg zur Bewältigung des Lebens zu finden.

Zum besseren Verständnis möchte ich noch kurz etwas zum Begriff des *Symbols* aus der Sicht *Jungs* sagen. *Jung* versteht das *Symbol* als „den jeweils bestmöglichen Ausdruck, als die bestmögliche Bezeichnung für einen unbewußten Tatbestand." (1976, S. 515) Das Symbol ist mit einer mehr oder weniger starken Dynamik erfüllt und wirkt entsprechend ins Bewußtsein hinein.

Jung weist immer wieder darauf hin, daß die Bedeutung der Symbole viel mehr erlebt und erfahren als mit dem Intellekt verstanden wird. Wer mit Kindern und heranwachsenden Jugendlichen zu tun hat, weiß, welch bedeutende Rolle die Phantasien und inneren Bilder bei ihnen spielen. Sie leben sogar viel näher an der Welt der Symbole als der Erwachsene und haben so einen besseren Zugang zu ihnen. Auch hier können wir also sagen, daß die Voraussetzungen für das, was wir Individuation nennen, beim Kind erfüllt sind.

Es gehört weiterhin zum Wesen der Individuation, daß bestimmte Lebensabschnitte durch eine verstärkte Symboltätigkeit gekennzeichnet sind. Es sind Zeiten, in denen offenbar das Kollektive Unbewußte besonders aktiv ist, und in denen auch konkret wesentliche Entwicklungsschritte vollzogen werden. Im allgemeinen sind es Schwellensituationen, in denen ein Übergang von einer Befindlichkeit zu einer anderen vollzogen werden muß.

Nehmen wir z. B. die magische Phase zwischen dem 3. und dem 7. Jahr, in der entscheidende Entwicklungen ablaufen, oder die Pubertät, so sehen wir, daß hier eine reiche Symbolik auftaucht. Ebenso ist es in einigen Abschnitten der Adoleszenz, bei der Heirat, bei der Geburt des ersten Kindes, bei Todeserfahrungen, in der Lebensmitte, beim Aufgeben des Berufes und schließlich im Angesicht des Todes. Mir scheint, daß in solch bedeutsamen Zeiten die transzendente Funktion in besonderer Weise die Symbolbildung aktiviert und den Menschen in einer Selbstregulanz führt.

Wesentlich erscheint mir noch, daß *Jung* zwischen zwei Arten von Individuation unterscheidet, nämlich zwischen der natürlich ablaufenden und der durch eine Analyse bewußt gemachten Individuation. Offenbar geschieht eine gewisse Individuation immer und überall. Beim Kind und Jugendlichen geht es um eine „natürliche" Individuation, aber auch hier kann diese bis zu einem gewissen Grad und je nach Altersstufe ein Stück weit bewußt gemacht oder jedenfalls gefördert werden.

Der Neurosebegriff bei Jung

Bevor ich auf Fragen der Behandlung von Kindern eingehe, möchte ich noch kurz darauf zu sprechen kommen, wie *Jung* die Neurose versteht und definiert. *Jung* spricht davon, daß „typische Neurosen im eigentlichen Sinne Entwicklungsstörungen sind." (1976, S. 24) Er meint, daß eine Neurose immer aus einem Verhaftetsein an eine bestimmte Entwicklungsphase heraus entsteht. Die Gründe für ein solches Verhaftetsein können natürlich vielfältig sein, wesentlich ist jedoch immer die Nichtbewältigung eines Überganges, das Verharren in einem Zustand, der eigentlich überwunden werden müßte.

Diese Problematik und einige ihrer Hintergründe habe ich bereits im Abschnitt „Entwicklungsstörungen aus der Sicht E. Neumanns" beschrieben. Es entsteht immer Angst, wenn etwas Vertrautes aufgegeben werden und dafür etwas Neues, Unbekanntes akzeptiert und begonnen werden muß. Es sind aber wohl ganz besonders die noch ungelebten oder „falsch" gelebten Inhalte des bisherigen Lebens, die einen Übergang in die nächsthöhere Lebensstufe erschweren.

Bei den psychodiagnostischen Untersuchungen der Kinder, die zu uns kommen, sehen wir immer wieder Fixierungen an frühere Altersstufen und dadurch entstandene Blockierungen, Ängste, Depressionen und psychosomatische Störungen. Die Ursachen solcher Fixierungen hängen neben Wesenseigenarten, Begabungen oder auch Minderbegabungen und organischen Behinderungen in erheblichem Ausmaß mit der familiären Situation zusammen. Je nachdem, wieviel und in welcher Weise die Eltern eigene Wünsche, Ängst oder sonstige Probleme auf das Kind projizieren, wird dieses in seinem Leben beeinträchtigt.

Manchmal kann ein Kind allerdings auch dadurch gefördert und stimuliert werden, daß Eltern ein Wunschbild auf es projizieren. Es bekommt dann die „genügende Bewunderung", wie *J. Wunderli* (1936) schreibt, um ein stabiles Selbstwertgefühl entwickeln zu können. Es kommt hier aber entscheidend auf das Maß der Projektion an.

Zu *Jungs* Neuroseverständnis gehört wesentlich seine *Komplexlehre.* Auch hier kann ich nur schlagwortartig einige Bemerkungen machen. *Jung* stieß auf die *Komplexe* bei seiner Arbeit an dem von ihm entwickelten Assoziationsexperiment. Er versteht unter Komplex eine gefühlsbetonte Vorstellungsgruppe im Unbewußten, die sich um ein Kernelement gebildet hat, und die eine spezifische Energie besitzt. Er sagt (1971, S. 111): Ein gefühlsbetonter Komplex „ist das Bild einer bestimmten psychischen Situation, die lebhaft emotional betont ist und sich als inkompatibel mit der habituellen Bewußtseinslage in der Einstellung erweist." Der gefühlsbetonte Komplex ist ein in sich geschlossenes Gebilde im Unbewußten, dessen Energie einen hohen Grad erreichen kann. Seine Wirkungen können zur Entstehung einer Neurose führen.

Jung sieht die Ätiologie ihres Ursprungs in Traumata oder moralischen Konflikten. Allerdings versteht er die Komplexe nicht nur als Ursprung von neurotischen Störungen. So sagt er (1976, S. 85) z. B., daß der Besitz von Komplexen an sich noch keine Neurose bedeute. Er sieht Komplexe ganz allgemein als Brennpunkte des psychischen Geschehens an, die zu Neurosen führen können, aber nicht unbedingt führen müssen.

Bezogen auf die kindliche Entwicklung möchte ich meinen, daß alles, was das Kind an Gravierendem und Entscheidendem erlebt, zu gefühlsbetonten Komplexen führt, daß es aber darauf ankommt, wie sich diese Komplexe auf das Kind auswirken.

Ein anderer Gesichtspunkt ist *Jung*s finale Sicht der Neurose. Er sieht in der Neurose ein Signal des Unbewußten, das den Betreffenden darauf aufmerksam machen will, daß sein Leben irgendwie in verkehrter Richtung läuft. Es geht *Jung* vor allem um den Sinngehalt der Neurose, etwa um die Frage, warum eine Symptomatik in einem bestimmten Augenblick aufgetreten ist, und welche für die Zukunft sinnvolle Aussage in ihr enthalten sein könnte. Auf die psychischen Erkrankungen des Kindes bezogen denke ich, daß dessen Symptome wichtige Signale für die Umwelt des Kindes darstellen könnten.

Theoretische Gedanken zur Therapie

Es gibt bei den analytischen Kinderpsychotherapeuten erhebliche Unterschiede in der Art ihrer Arbeit. In der Einleitung habe ich bereits erwähnt, daß sich, ausgehend von *Jung*s weit gespannten Arbeitsgebieten und Gedankengängen, verschiedene Richtungen der Kinderpsychologie und Kinderpsychotherapie entwickelt haben. In mehr oder weniger ausgeprägtem Ausmaß ziehen sie jeweils Erkenntnisse anderer Schulen hinzu und versuchen, deren Inhalt zu integrieren. So fühlen sich einige besonders *Melanie Klein* verbunden, andere eher den Theorien von *A. Dührssen* oder denen von *Winnicott, Ericson, Spitz* und *Anna Freud,* um nur einige zu nennen. Wichtig für unsere Arbeit sind auch die verschiedenen familiendynamischen Konzepte und die neuen Narzißmustheorien.

Nach unserer Erfahrung stellt das Kind in den ersten 6-8 Therapiestunden erst einmal seine bewußten und unbewußten Konflikte dar und auch die Situation, in der es sich daheim befindet. Es kann dies im Sand- oder im Kasperspiel tun, beim Malen, Zeichnen und Modellieren oder im Rollenspiel. Außerdem geben uns diese ersten Stunden sehr oft Hinweise darauf, wie das Geschehen in der Behandlung verlaufen könnte. Es ist wirklich erstaunlich, wie deutlich man in diesen ersten Stunden zukünftige Entwicklungen sehen kann. Ich werde in meinem Fallbericht darauf zurückkommen.

Ein wesentlicher Bestandteil der Behandlung ist für uns die *Regression.* Wir verstehen diese Regression nicht nur als eine Hinwendung zu früheren Erlebnissen und Entwicklungsstufen, die hier verarbeitet und in gewisser Weise auch nachgeholt werden können, sondern wir verstehen sie auch ganz allgemein als eine Hinwendung zum eigenen Inneren, zum Unbewußten. Hier können Energien freigemacht und bisher dort ruhende archetypische Bilder geweckt werden, die dem Kind helfen, mit seinem Leben besser fertig zu werden.

Mir scheint, daß es gerade auch in der Regression darum geht, jene Kraft zu aktivieren, die *Neumann* die Zentroversion nennt. Es ist jene Funktion, die für die Selbstregulierung und die Selbstentfaltung der Psyche sorgt und auch, so meine ich, für deren Heilung.

Ein weiteres Element ist die *Aggression.* Das Kind muß die in ihm angesammelte Aggressivität herauslassen dürfen, und ihre Bearbeitung, zu der auch eine sinnvolle Grenzsetzung gehört, ist ebenso wichtig wie schwierig. Wie alle Affekte haben auch die Aggressionen mehrere Quellen. So können ihre Ursachen in der problematischen Beziehung zu Eltern und Geschwistern liegen, in Konflikten mit Kameraden und Lehrern, oder sie können als spezifisches Problem zur Altersstufe des Kindes gehören. Nicht zuletzt steigen Aggressionen auch aus einem inneren Bereich herauf, den wir den *Schatten* nennen, und der sowohl ein Teil des persönlichen Unbewußten als auch ein Teil des kollektiven Unbewußten ist.

Gerade in solchen aggressiven Auseinandersetzungen bedeutet mir die *Jung*sche Sichtweise sehr viel. Wir sehen immer zwei Ebenen, auf denen sich die Dinge abspielen, die persönliche und die archetypische Ebene. Ich will das kurz an einem Beispiel erläutern.

Nehmen wir einmal an, es kommt in einer Behandlung zu einer massiven Auseinandersetzung mit der Mutter. Diese Auseinandersetzung kann im symbolischen Spiel geschehen, oder sie kann direkt in der Übertragung zum Therapeuten ausgetragen werden. In jedem Falle sind wir der Überzeugung, daß es sich niemals nur um die persönliche Mutter allein und um deren Schwierigkeiten mit dem Kind handelt, sondern wir meinen, daß immer auch archetypische Aspekte des Mütterlichen mitbeteiligt sind. So wird es z. B. möglich, negative, zerstörerische Bilder der Mutter zu bekämpfen oder unschädlich zu machen in dem Wissen, daß nicht nur die persönliche Mutter gemeint ist, sondern daß diese negativen Bilder auch im Kind selbst vorhanden sind. Andererseits können wir aber auch hilfreiche und positive Aspekte des Mütterlichen im Kind selbst aktivieren.

Die *Progression* ist ein weiteres Element in der Behandlung. Das Kind kommt hier zu von ihm bisher nicht wahrgenommenen Möglichkeiten und Fähigkeiten. Es kann Fixierungen an alte Verhaltensweisen aufgeben und in seiner Entwicklung weiterschreiten. Die Auseinandersetzung mit aktuellen Problemen in der Schule und im Elternhaus nehmen ebenfalls einen wichtigen Platz in der Therapie ein, sowie Fragen nach der eigenen Identität und der Sexualität.

Die Übertragung des Kindes auf den Therapeuten und dessen Gegenübertragung auf das Kind spielen eine entscheidende Rolle während der ganzen Behandlung. In dieses Übertragungs- und Gegenübertragungsgeschehen sind die Eltern des Kindes immer stark mit einbezogen.

Im Grunde genommen steht der Kindertherapeut immer mitten im familiendynamischen Geschehen, und er muß lernen, mit diesen vielschichtigen Energien möglichst produktiv umzugehen. So ist die analytische Arbeit mit den Eltern ein wesentlicher Bestandteil jeder Kindertherapie.

Immer wieder erhebt sich die Frage, ob *und in welcher Weise* man dem Kind sein Tun *direkt deuten* soll. Im Unterschied zu anderen Schulen sind wir der Überzeugung, daß man nicht unbedingt das therapeutische Geschehen verbalisieren muß. Nach unserer Erfahrung können die auftauchenden *Symbole* eine so große Wirkung haben, daß sich eine Verbalisierung erübrigt. Auf der anderen Seite gibt es aber auch Situationen in der Behandlung, in denen eine Deutung notwendig wird. Ich halte es da bei den einzelnen Kindern unterschiedlich. Es kann in einem Falle notwendig sein, relativ viel direkt zu verbalisieren. Ein andermal scheint es sinnvoller, beim Verbalisieren auf der symbolischen Ebene zu bleiben und jeweils das Bild anzusprechen, das das Kind bringt, also etwa „Dein Haus scheint nicht sehr wetterfest zu sein" oder eine Frage bei einer Sandszene mit Indianern „Was meint denn jetzt der Indianer, was er machen soll" und dergleichen.

Wenn religiöse Themen dargestellt werden oder wenn ein Selbstsymbol erscheint, bin ich eher geneigt, nichts zu sagen, sondern nur intensiv mitzufühlen. Manchmal ist da jedes Wort zu viel.

Ein Fallbericht

Ich möchte jetzt von einem Fall aus meiner Praxis berichten. Andi - so will ich ihn nennen — ist 6 Jahre alt. Er leidet an Schlafstörungen und vielerlei Ängsten. Es vergeht kaum eine Nacht, in der er nicht zum Vater oder zur Mutter ins Bett kommt. Neben diffusen Ängsten sind es solche vor allem Neuen, vor anderen Kindern und vor Feuer. Andi sondert sich im Kindergarten von den anderen meist ab und spielt für sich allein. Er ist sehr verschlossen und macht es den Eltern sehr schwer, ihm nahe zu kommen, was vor allem die Mutter belastet. Andererseits kann er plötzlich Zornausbrüche bekommen, die so eruptiv und heftig sind, daß er damit seinerseits den anderen Angst einjagt.

Andi hat *zwei Schwestern*, die beide jünger sind als er. Von diesen ist die ältere ebenfalls sehr ängstlich, ist aber im ganzen nicht so problematisch wie Andi. Die Jüngste ist relativ problemlos. Der *Vater* hat ein eigenes Geschäft in der Elektrobranche, die *Mutter* macht Teilzeitarbeit in einem Kunsthandwerkgeschäft.

Die Problematik innerhalb der Familie ist recht vielschichtig. Der Vater leidet unter Depressionen. Seine Mutter war ebenfalls depressiv, und es sind auch sonst noch ähnlich gelagerte Fälle in seiner Familie. Er hat einen Hang zum Perfektionistischen, was ihm in seinem Beruf zugute kommt. *Die Mutter* ist übergewissenhaft und „sehr ordentlich", wie sie selbst sagt. Sie hat ein überaus strenges, teilweise destruktives Über-Ich, das ihr ständig Schuldgefühle macht. Bei ihr daheim muß es sehr streng zugegangen sein, sie erinnert sich an häufige Schläge, die sie vor allem von ihrem Vater bekam. Sie litt in ihrer Kindheit ebenfalls an vielen Ängsten, von denen bis heute eine Gewitterangst geblieben ist.

Beide Eltern bemühen sich sehr, „gute Eltern" zu sein. Vor allem die Mutter empfindet die Störungen Andis als massiven Vorwurf gegen sich und als einen Beweis, daß sie eine schlechte Mutter sei. Gleichzeitig macht ihr Andi aber auch Aggressionen, denn wer will sich schon gerne vorwerfen lassen, eine schlechte Mutter zu sein. Die Mutter fürchtet, daß Andi so werden könnte wie ihr eigener Vater, sie projiziert also die Erfahrungen mit ihrem Vater auf Andi. Ebenso groß ist aber auch die Furcht des Vaters, Andi könnte etwas von seiner eigenen Mutter (der Großmutter väterlicherseits) geerbt haben. Also werden auch vom Vater Projektionen auf Andi gemacht.

Schauen wir uns die innere Situation der Familie nochmals an: Es sind depressive Tendenzen von Vaters Seite da und Ängste von Mutters Seite. Beide haben perfektionistische Züge, die bei der Mutter stärker ausgeprägt scheinen als beim Vater. Von der *archetypischen Ebene* her betrachtet sind in dieser Familie negative Aspekte des Vaterarchetyps wirksam und ebenso auch negative Aspekte des Mutterarchetyps. Die Abgründigkeit der Ängste des Buben, sein Gefühl des Ausgeliefertseins und seine Verzweiflung darüber haben mir in den Stunden immer wieder deutlich die Stärke der von diesen archetypischen Bildern ausgehenden Energien gezeigt. Die Tatsache, daß die beiden Schwestern relativ problemlos sind, bedeutet wohl, daß Andi in besondes starkem Maße ein Projektionsträger in der Familie ist.

Von der *Typologie* her wäre zu sagen, daß beide Eltern eher extravertiert sind, wobei dies bei der Mutter stärker hervortritt als beim Vater. Auch die beiden Schwestern neigen eher zur Extraversion, während Andi ein außerordentlich introvertierter Bub ist, was ihn zusätzlich noch zum Außenseiter macht. Die Eltern gehen im Verlauf von Andis Behandlung in eine Ehepaartherapie, was beiden ein gutes Stück weiterhilft.

Nun zu *Andi* selbst. Er ist ein schmaler, zarter Bub, der zunächst sehr scheu ist. Bei unserer *ersten Begegnung* spricht er fast nichts, wendet sich aber aufmerksam den Sachen in meinem Zimmer zu. Er geht zuerst auf den Sandkasten mit dem trockenen Sand zu (wir haben je einen Tischsandkasten mit trockenem und mit feuchtem Sand im Therapieraum) und hantiert darin herum. Er befühlt ihn, läßt den Sand durch die Finger rieseln und vergräbt die Hände ganz hinein. Dann glättet er den Sand etwas und zeichnet Eisenbahnlinien hinein, die ganz verwirrt durcheinanderlaufen und nirgends hinführen. Sie gehen immer wieder irgendwie zum Ausgangspunkt zurück. Dann läßt er eine Eisenbahn im Sandkasten herumfahren, einmal so heftig, daß die Lokomotive regelrecht in den Sand hineinfährt und darin steckenbleibt. Zuletzt stellt er einen Eisenbahntunnel auf und läßt seinen Zug hindurchfahren, und zwar nach rechts. (Mit der rechten Seite verbinden wir die Vorstellung von Bewußtheit und äußerer Realität.)

Ich verstehe dieses Spiel so, daß Andi mir hier zeigen will, daß seine Lebensenergie, seine Libido, sich in ihm staut, ihn verwirrt und ängstigt, weil sie nicht heraus kann. (Die Eisenbahnschienen laufen ja zunächst immer wieder quasi in sich selbst zurück.) Das Spiel mit der Eisenbahn, die einige Mal direkt in den Sand hineinfährt, empfinde ich als einen starken Wunsch nach Regression, als den Wunsch, sich im Sand zu verkriechen. Mir scheint es auch auszusagen, daß er am liebsten den Kopf in den Sand stecken würde wie der Vogel Strauß, um nichts mehr zu sehen und zu hören. Diese Szene hat für mich auch etwas Erstickendes. Ich frage mich auch, wieweit ödipale Wünsche eine Rolle spielen (Eindringen in den Sand als etwas Mütterlichem). Die letzte Szene mit dem Tunnel finde ich nun aber ausgesprochen tröstlich. Final betrachtet scheint sie mir zu bedeuten, daß Andi durch einen dunklen Durchgang würde gehen müssen, dann aber doch den Weg nach draußen, in seine eigene Realität würde finden können.

Dies hat sich dann auch tatsächlich so bewahrheitet. Andi ist 2 Jahre lang bei mir in Behandlung gewesen, und diese Behandlung ist zeitweise sehr chaotisch und aggressiv-verwirrt verlaufen. Seine innere Desorientiertheit und seine Verzweiflung darüber hat uns viele Stunden lang beschäftigt, und ich verstand später auch ganz gut, warum Andi zunächst einmal seinen Kopf in den Sand stecken wollte, um nichts mehr zu sehen. Die Stunden, in denen er seine Ängste vor überwältigenden Gestalten wie Zauberer und Geister herauslassen konnte, waren wirklich für uns beide manchmal sehr bestürzend und bewegend, ebenso wie seine ungeheure Ambivalenz im Kontakt, bei der heftige Wünsche nach Nähe und Zärtlichkeit und zugleich heftige Aggressionen zum Ausbruch kamen.

Ich muß sagen, daß ich selbst oft derartig beeindruckt war von dem Jungen, daß auch ich, quasi mit ihm zusammen, Angst, Trauer und Zorn fühlte. Ich denke, daß Andi es in seiner Isolation brauchte, daß jemand mit ihm in seine Gefühlswelt eintreten konnte.

Einige *Stichworte zur Diagnostik:* Starke Eifersucht auf die Schwestern, verbunden mit „zornigen" Regressionswünschen, Kastrationsängsten, Aggressionen gegen die Mutter und Vorstellungen von Ausgeschlossensein und Alleingelassensein, auch Bedrohtsein durch beängstigende Figuren, die häufig männlich-väterliche Charakter haben. Eigenwilligkeit und gute Vitalität neben erheblicher Sensibilität und dem Bedürfnis nach Schutz. Angst vor den Aggressionen anderer, aber auch vor den eigenen, starker Ehrgeiz und Leistungsdruck. Ausgeprägte Introversion.

Nun möchte ich einige Geschehnisse aus dem Behandlungsverlauf berichten. In der *2. Stunde* macht Andi zunächst dasselbe Sandspiel wie in der 1. Stunde. Daran knüpft er ein 2. Sandspiel. Es finden hier überall Kämpfe statt. Indianer, Cowboys und Ritter, alle kämpfen gegeneinander. Aber in der Mitte des Sandkastens bleibt ein Platz frei. Dahin kommt ein Zelt, das eine Schatztruhe enthält. „Da kann niemand dran", meint Andi. Es gibt also offenbar in dem Buben doch einen zentralen Ort, der von den Kämpfen unberührt bleibt. Ich möchte hier vielleicht noch nicht von einem Selbst sprechen, aber eben doch von einem kostbaren Zentrum, auf das Andi sich offenbar verlassen kann.

Die ersten 7 Stunden der Behandlung möchte ich zur Initialphase rechnen, da hier seine Hauptprobleme erst einmal ins Spiel kommen. Er baut z. B. Straßen im Sand, unter denen Kabel verlaufen, die elektrisch geladen sind und alle, die auf der Straße gehen oder fahren, zu töten drohen. Es gibt Kriege und Überschwemmungen im Sandkasten, und schließlich kommen Szenen mit urtümlichen Tieren wie Dinosaurier und Echsen, wobei ich den Eindruck habe, daß Andi hier zu tiefen, noch ganz undifferenzierten Instinkten vordringt.

Eine Szene aus dieser ersten Zeit ist mir besonders eindrucksvoll : Andi geht zur Werkbank und spannt ein großes Brett derart in den Schraubstock, daß es eine Wand bildet zwischen ihm und mir. (Ich muß dazu sagen, daß Andi zwar intensiv spielt in den Stunden, mich jedoch kaum einbezieht.) Nun nimmt er einen kleinen Elektrobohrer und macht damit eine Art Gucklock in das Brett. Er blinzelt zu mir hindurch, sobald das Gucklock groß genug ist, und ich blinzle zurück. Das gibt eine fröhliche Stimmung, wir lachen viel miteinander.

Andi nimmt hier zum ersten Mal wirklichen Kontakt zu mir auf. Dieses Brett-Durchbohren bleibt eine Zeitlang als ein Ritus bestehen, meist in der Stundenmitte. Neben der Kontaktaufnahme scheint mir dieses Bohren auch einen sexuellen Charakter zu haben, was sich in späteren Spielen mit dem Bohrer (er wurde z. B. im Feuer erhitzt und mit den Fingern gerieben) bestätigt.

Andi ficht verschiedentlich Kämpfe mit Plastikschwertern und Plastikschilden direkt mit mir aus, wobei ich — in der Übertragung — eine untergründige Fixierung an die Mutter und gleichzeitig den Wunsch, sich von ihr zu trennen, spüre.

In einer Stunde, in der Andi wieder einmal besonders aggressiv ist und unbedingt etwas zerstören möchte, frage ich ihn, was er denn eigentlich kaputtmachen will. Er zeigt auf ein Holzhäuschen im Figurenregal, und ich erlaube ihm, es zu nehmen. Da wird er plötzlich ganz ruhig, spannt das Häuschen in den Schraubstock und zersägt es mühevoll in 2 Teile. Wir sprechen währenddessen darüber, daß es jetzt dann bald 2 Häuser gibt, und daß dann in jedem Haus einer selbständig für sich wohnen könne. Andi nickt heftig dazu. Die Mutter berichtet in dieser Zeit, daß Andi anfange, selbständiger zu werden und auch schon einmal von sich aus auf andere Kinder zugehe.

20 Stunden lang — etwa in der Mitte der Behandlung — wird *ein kleiner Bär*, den Andi jedesmal in die Stunden mitbringt, für ihn zu einer *wichtigen Identifikationsfigur*. In dieser Zeit spricht Andi viel mit mir über das Bärchen, das er Peterle nennt. Peterle hat alle Wünsche und Sorgen, die Andi hat. Peterle kann sagen, was er an sich selbst nicht gut findet, und was er besser machen möchte. Peterle möchte auch über Aufklärungsfragen Bescheid wissen, und wir schauen uns, sozusagen zu dritt, ein Aufklärungsbuch an. Die Mutter hat damals die Figur des Peterle in seiner Bedeutung für Andi gut verstanden. Sie hat ihm Kleider genäht und ihn ernst genommen. In den Stunden basteln wir Möbel für Peterle, wobei ein Bett und ein Stuhl besonders wichtig sind.

Dann kommen immer wieder Zeiten, in denen wir in partnerschaftlicher Weise Kontakt miteinander haben können. Wir machen Gesellschaftsspiele, die eher ein Miteinander sind als ein Gegeneinander. Die Kämpfe sind überwiegend ausgestanden. Andi wirkt offener und zugewandter.

In der *vorletzten Stunde* taucht dann — wohl aus Angst vor dem Ende unseres Kontaktes — in einer Art Zeitraffertempo noch einmal das Wichtigste von dem, was Andi in den Stunden durchgespielt hatte, auf. In der *letzten Stunde* feiern wir dann ein kleines Fest mit Kakao und Kuchen. Ab und zu bekomme ich eine Postkarte von ihm, wie es ihm geht. Daheim und in der Schule geht es jetzt recht gut.

Rückblickend möchte ich sagen, daß Andi in der Behandlung sowohl auf der persönlichen wie auch auf der archetypischen Ebene seine Probleme darstellen und durchleben konnte. Er hat sich vom mütterlichen Bereich — vom Matriarchat — soweit wie nötig getrennt und konnte auf einer neuen Stufe mit der Mutter eine besere Beziehung haben. Er hat sich auch mit dem Vater auseinandergesetzt und konnte — über sein Peterle — ein Stück weit zu sich selbst finden.

Literatur

Dieckmann, H., Zeitschrift für Analytische Psychologie und ihre Grenzgebiete, 4, (1976).

Doucet, F. W., Psychoanalytische Begriffe. Vergleichende Textdarstellung Freud — Adler — Jung, Heyne, München 1972[2].

Fordham, M., Das Kind als Individuum, Reinhardt, Basel 1974.

Jung, C. G., Die Dynamik des Unbewußten, Bd. 8 der Gesammelte Werke, Walter, Olten 1971.

—, Symbole der Wandlung, Bd. 5 der Gesammelten Werke, Walter, Olten 1973.

—, Praxis der Psychotherapie, Bd. 16 der Gesammelten Werke, Walter, Olten 1976[2].

—, Psychologische Typen, Bd. 6 der Gesammelten Werke, Walter, Olten 1976[12].

Neumann, E., Ursprungsgeschichte des Bewußtseins, Walter, Olten 1974[2].

—, Zur Psychologie des Weiblichen, Rascher, Zürich 1974.

—, Das Kind. Struktur und Dynamik der werdenden Persönlichkeit, Bonz, Fellbach 1980[2].

Wunderli, J., Sag ja zu dir, Walter, Olten 1983.

Analytische Kinder- und Jugendlichenpsychotherapie in der Individualpsychologie Alfred Adlers

Anne-Els Stadler und Karl Heinz Witte, München

1. Analytische oder kognitive Individualpsychologie?

Darstellungen der individualpsychologischen Kurztherapie und Beratung sind zahlreich erschienen (Literatur bei *Brunner* et al. 1985; *Schmidt* 1982; *Titze* 1984). Gelegentlich scheint es, als seien diese die kennzeichnenden Methoden der Individualpsychologie. Noch 1976 auf dem internationalen Kongreß in München fand eine Podiumsdiskussion statt: Ist die Individualpsychologie eine Tiefenpsychologie? (*Kausen* et al. 1978, S. 223-236) Diese Frage wird seither eindeutig mit Ja beantwortet. Das Problem der analytischen Methoden in der individualpsychologischen Psychotherapie beherrscht zur Zeit die Diskussionen und Studien in der Deutschen Gesellschaft für Individualpsychologie.

Das heißt nicht, daß eine Veränderung in den Grundlagen der Theorie eingetreten ist. Wir hoffen zeigen zu können, daß die Prinzipien des Menschenbilds, der Neurosenlehre und des Therapiekonzepts von *Alfred Adler* in der analytischen Kinder- und Jugendlichenpsychotherapie besonders wirksam sind. Daß sich bei der Ausgestaltung dieser Therapieform Annäherungen an andere Schulen der Kindertherapie ergeben, liegt vor allem in der Natur der Sache. Die Kinder — und die Dynamik der Neurose — sind ja dieselben, gleich von welchem Schulstandpunkt aus sie betrachtet werden. Konvergenzen mit der Individualpsychologie finden wir besonders in der modernen Psychoanalyse, und zwar in den Konzepten der frühkindlichen Entwicklung und der daraus abgeleiteten Ich- bzw. Selbstpsychologie sowie in den damit einhergehenden theoretischen und behandlungstechnischen Veränderungen (*Blanck* 1978, 1980; *Kohut* 1979; *Mentzos* 1984). Die Betonung des Ganzheitsaspekts und der Selbstheilungstendenzen sowie der transpersonalen Dimension in den neueren Psychotherapiebewegungen, die sich unter dem Namen „humanistische Psychologie" sammeln, sind individualpsychologischem Denken besonders verwandt, und viele Individualpsychologen integrieren gern die in diesen Schulen entwickelten Techniken in ihre Therapie (*Heisterkamp* 1985a; *Seidel* 1985). Es sei daran erinnert, daß die Psychosomatik und die damit einhergehenden körperbezogenen Psychotherapieformen auf dem Ursprungsfeld der Neurosenlehre *Alfred Adler*s arbeiten (*Adler* 1907, 1910, 1912a).

Es ist allerdings nicht zu verkennen, daß die anderen Schulen der Psychotherapie in manchen dieser alten Arbeitsfelder der Individualpsychologie lange Jahre mehr geforscht haben als die Individualpsychologie selbst. Das ist vor allem auf die Emigration *Adler*s und vieler seiner Schüler im Dritten Reich zurückzuführen. Diese konnten damals vorwiegend im expandierenden pädagogischen und sozialpsychologischen Beratungsfeld Fuß fassen. Besonders durch *Dreikurs* (1976) und seine Schule, durch *Ackerknecht* (1982), *P. Rom* (1981) und die systematischen Forschungen von *Ansbacher* (1982) wurden die Theorie und Methodik der pädagogischen und psychologischen Beratung sowie der mehr kognitiv und pragmatisch orientierten Kurztherapie auf einen hohen Stand gebracht. In Deutschland ist *Kurt Seelmann* (1968) der bedeutendste Anreger und Förderer individualpsychologischer Kinder- und Jugendlichenpsychotherapie. Auch die verdienstvollen Arbeiten von *Manés Sperber* (1972, 1978) betonen mehr den kognitiven Zugang als die unbewußte Dynamik der Neurose. In den frühen Jahren seiner Forschungen hatte *Adler* (1912b) den analytischen Aspekten seiner Praxis und Theorie sowie den verborgenen unbewußten Tendenzen der psychischen Dynamik mehr Beachtung geschenkt. Nach dem 1. Weltkrieg ging es ihm zunehmend darum, seinen Entdeckungen im Bereich der Neurosenprophylaxe breitere Wirksamkeit zu verschaffen, in Schulen und Volkshochschulen, in der Lehrerbildung und in Beratungsstellen.

Die Fragen „Analytische oder kognitive Psychotherapie in der Individualpsychologie?" bzw. „Spieltherapie oder Elternberatung in der Kindertherapie?" stellen sich für die individualpsychologische Therapie heute nicht mehr als Entweder-Oder. Eine solche Sicht verschiebt die Problematik. Individualpsychologie ist nicht das eine *oder* das andere. Die Alternative stellt sich dem Psychotherapeuten vielmehr in der Praxis bei der Wahl seines Vorgehens je nach der Problemlage der Ratsuchenden und dem institutionellen Rahmen seiner Arbeit.

Die Frage der Indikation zur Kurz- bzw. zur analytischen Psychotherapie soll hier nicht im einzelnen entfaltet werden. Grundlegend dazu sind *Spiel* (1967) und die Aufsätze von *Schmidt-Hollmann* (1982, 1985) und *Hackenberg* (1982). Wir widmen unseren Beitrag ausschließlich der *analytischen* Kinder- und Jugendlichenpsychotherapie. Allgemein gelten auch für die Arbeit der individualpsychologischen Kinder- und Jugendlichenpsychotherapeuten die Psychotherapierichtlinien des Bundesausschusses der Ärzte und Krankenkassen vom 27. 1. 1976, die folgende Indikationen umfassen: psychoreaktive Störungen, Angstneurosen, Phobien, neurotische Depressionen; psychosomatische Erkrankungen, Konversions- und Organneurosen; vegetativfunktionelle Störungen mit gesicherter psychischer Ätiologie; seelische Behinderungen und Entwicklungsstörungen im Zusammenhang mit frühkindlichen emotionalen Mangelzuständen, chronischen Erkrankungen, schicksalhaften psychischen Traumen usw.

2. Allgemeine individualpsychologische Entwicklungslehre

Der einzelne Mensch entwickelt sich wie die Menschheit in einem ständigen Dialog mit seiner natürlichen und sozialen Umwelt. Zwei angeborene Bereitschaften haben in diesem wechselwirkenden Prozeß der Gestaltung und Anpassung an die Umwelt eine leitende Aufgabe inne. *Adler* nannte sie anfangs „Zärtlichkeitsbedürfnis" und „Aggressionstrieb" (1908a, b). Später sah er darin zwei anthropologische Wirkkräfte: die kosmische und soziale Verbundenheit („Gemeinschaftsgefühl") und die „schöpferische Kraft", welche sowohl den individuell starren Lebensstil eines Menschen hervorbringt („Ichfindung") als auch die Evolution des Einzelnen wie der Menschheit zu einem humanen und wahrhaft vernünftigen Zustand hinführen *kann*, freilich nur in einer realitätsgerechten sozialen und kosmischen Verbundenheit (*Adler* 1933a, b).

Adler hat besonders auf die Bewegung der Psyche Wert gelegt. Er ist der Ansicht, daß die individuelle Lebenskraft ein Teil der allgemeinmenschlichen evolutiven Kraft ist. Der Säugling ist auf Gemeinschaft angelegt. Ihm ist von der ersten Stunde an eine Fähigkeit mitgegeben, die Antwort der Mutter hervorzurufen und sie dazu zu bringen, seinem Zärtlichkeitsbedürfnis zu entsprechen. Im Dialog zwischen Mutter und Kind entwickelt sich die allgemeine Lebensfähigkeit und die Gemeinschaftsfähigkeit eines Menschen. Die Beziehung zwischen Mutter und Kind ist die ursprüngliche Quelle des Lebensmuts. Das angeborene Gemeinschaftsgefühl jedes Menschen wird durch die Mutter geweckt. *Adler* sah in Übereinstimmung „mit allen Seelenforschern" die Prägung des Menschen durch seine frühkindliche Entwicklung für das Schicksal des Erwachsenen; aber er betonte besonders die Bedeutung der Mutter, und zwar für die Entfaltung und Pflege des „Gemeinschaftsgefühls". „Und dies deshalb, *weil sie* (die Mutter) *dem Kinde das Bewußtsein der unbedingten Verläßlichkeit eines Menschen vermittelt.* Fehlt die Mutter oder verfehlt sie ihre Rolle, so wird es in unseren Zeitläufen schwer sein, einen vollgültigen Ersatz zu schaffen." (1925, S. 77; Hervorhebung von *Adler*)

Trotz dieser programmatischen und zukunftsträchtigen Devise wurde die Entwicklung des Kindes im ersten Lebensabschnitt von der individualpsychologischen Forschung leider nur allgemein skizziert. Die neueren Erkenntnisse z.B. von *Bowlby* (1972), *Spitz* (1968, 1973), *Jacobson* (1973), *Winnicott* (1974), *Mahler* (1978, 1979) und besonders das Konzept vom Ich als Organisationsprozeß (*Blanck* 1978, 1980) fügen sich nahtlos in die individualpsychologische Entwicklungslehre ein, sofern die den Phänomenen beigemischten theoretischen Verfärbungen abgestrichen werden.

Adler wies mit besonderem Nachdruck auf die Entstehung des Ichs hin. Er nennt diesen Prozeß bzw. diese Situation die „Geburtsstätte der Persönlichkeit" oder die „Ichfindung" (1926b, S. 159 f.). Dieses Ereignis korrespondiert dem, was *Mahler* (1978) die „Geburt der Psyche" genannt hat. Das wesentlichste Kennzeichen dieser psychischen Geburt ist für *Adler* die Zentrierung der Psyche in einer Einheit. Die Metapher „Geburt" für die „Ichfindung" ist keineswegs zufällig; sie hat interpretierenden Sinn. Die vorangegangene Entwicklung des Individuums wird verstanden als ein Suchen, ein Ausprobieren der Möglichkeiten. Die angeborenen und gelernten Fähigkeiten der Psyche, z. B. Intelligenz, Gedächtnis, Partialtriebe, sensomotorische Fertigkeiten, primäre Persönlichkeitskonstanten usw., erscheinen noch in einem ungebundenen, keimhaften Zustand. Das Kind sucht nach einem Modell seines zukünftigen Verhaltens, das ihm größtmögliche Sicherheit, Anerkennung, Geltung, seinen Platz im Leben usw. garantiert. Dieses Modell entwickelt es aus den Identifikationsangeboten seiner Kindheit, vorab nach dem Vorbild von Mutter und Vater; aber auch nach anderen Leitfiguren, die Vorbildcharakter haben könnten, nicht zuletzt Märchenfiguren und religiösen Gestalten (1912b; besonders 1926a, S. 137).

Das Modell des Kindes von seiner werdenden Persönlichkeit nennt *Adler* den „Prototyp" (1930, S. 40). Das ist ein Begriff aus der Literaturwissenschaft, der Figuren bezeichnet, die durch eine bestimmte Handlung oder Lebenslinie überindividuellen, modellhaften Rang gewinnen (David und Goliath, Sokrates). Mit der Wahl dieses Begriffs deutet Adler an, daß es sich bei der Ausprägung des kindlichen Charakters und Lebensstils, der „Ichfindung", nicht um die Übernahme oder Einverleibung von Imagines der realen Elternfiguren handelt, sondern um ein schöpferisches, autonomes Verarbeiten der Eindrücke durch das Kind, um eine echte, aus der Vergangenheit in die Zukunft sich erstreckende Aneignung. Ähnliche Phänomene werden in anderen Schulen unter den Konstrukten der Introjektbildung, Identifizierung, der Delegation, der Rolle, des Auftrags, des Skripts mit jeweils anderen theoretischen Erklärungen beschrieben.

Mit dem Konzept der „Ichfindung" hängt das Prinzip zusammen, das der Individualpsychologie den Namen gibt (individuum = unteilbar): die Einheit der Persönlichkeit. Sie wird durch die Ichbildung gestiftet, und zwar durch die Ausrichtung aller Kräfte des Individuums auf ein Persönlichkeitsziel. Man könnte *Adler* interpretieren mit den Worten: Das Kind ist von dem Augenblick an eine psychische Einheit, da es sich *als* etwas versteht und *etwas werden* will. Dieses Persönlichkeitsideal wird natürlich geprägt von familiären und kulturellen Wertvorstellungen. Allgemein ist ihm die Richtung: höher hinaus. Die individuelle Konkretion dieses „Finale" scheint aber in einem Akt schöpferischer Wahl gefunden zu werden. In unseren Therapien erschließen wir diese Prozesse der Ichbildung rückblickend aus dem Vergleich der

Kindheitserinnerungen, der Lebenslinie und der Bewegungen im Traum, im Spiel und im ganzen Übertragungsverhalten in der Therapie.

In den Rahmen dieser allgemeinen Entwicklungslehre reiht sich auch die individualpsychologische Neurosenlehre ein. Für *Adler* ist die Neurose keine abnorme Geistes- oder Gemütsverfassung. „Es finden sich bei den Nervösen keine vollkommen neuen Charakterzüge, kein einziger Zug, der nicht auch beim Normalen nachzuweisen wäre." (1912b, S. 35 f.) Weder durch ihre Erscheinungen noch durch ihre Entstehung oder Wirkweise ist die Neurose von der „normal" funktionierenden Psyche verschieden. *Adler* betrachtet die in der Neurose wie im „gesunden" Charakter auftretenden und beharrenden Züge (Ängste, Gedanken, Zwänge, Stimmungen usw.) als „psychische Organe" (1912b, S. 195), d. h. in Analogie zur phylogenetischen Organbildung als psychophysische Hilfsmittel zu einer Leistung, die durch die Umwelt gefordert ist. Insofern haben die neurotischen Symptome strukturell den gleichen Charakter wie andere persistierende Gedanken, Gefühle und Einstellungen, z. B. religiöse und politische Dogmen, Kriegsbegeisterung, Kunstbesessenheit, Rituale usw. Das Maß der „Gesundheit" wird bestimmt durch die Flexibilität und Realitätsgerechtheit solcher Stereotype.

3. Die Initialphase der Kinderpsychotherapie

3.1 Das Arbeitsbündnis

Dem ersten Anruf der Ratsuchenden beim Psychotherapeuten oder in der Beratungsstelle ist ein längerer Prozeß vorausgegangen. Die Ratsuchenden haben sich Vorstellungen darüber gebildet, wie die in Aussicht genommene Psychotherapie verlaufen soll und worin sie den Erfolg sehen würden. Diese vorausliegenden Einstellungen beeinflussen die Psychotherapie. Wahrscheinlich sind die Voreinstellungen der Ratsuchenden zur Psychotherapie nicht dieselben, die der Psychotherapeut hat. So liegt schon im Keim der Zusammenarbeit ein Konfliktstoff bereit, der zu Spannungen führen kann, wenn sich der Psychotherapeut über seine Haltung nicht klar ist bzw. sich nicht in geeigneter Weise den Ratsuchenden gegenüber äußert. Die Errichtung eines Arbeitsbündnisses, in dem sich die Erwartungen der Ratsuchenden und die Einstellungen des Therapeuten begegnen, ist also die Aufgabe der ersten Gespräche.

Die Aufmerksamkeit der Klienten ist, wenn sie den Rat eines Psychotherapeuten suchen, gefesselt von der Störung bzw. dem Symptom des Kindes. Im Wort „Störung" liegt schon eine Wertung dieser Problematik. Bestimmte Verhaltensweisen, Gefühle oder Äußerungen des Kindes stören, sei es den Familienfrieden oder die Vorstellungen von der Gesundheit, dem Glück, dem Erfolg, dem Lebensweg des Kindes. Charakteristisch für die Einstellung der Eltern sind Sätze wie: „Wir wissen nicht mehr weiter. Wir haben es im guten und bösen probiert. Alle unsere Versuche sind bisher gescheitert." Aus solchen Äußerungen erkennt man die Intention: 1. ein Problem zu meistern und 2. die Hilfe darin zu suchen, daß man das Symptom beseitigt. Das ist eine durchaus verständliche Erwartung der Eltern. Wenn der Therapeut den Psychotherapieauftrag übernimmt, den ihm die Eltern geben, scheint darin irgendwie ein Heilungsversprechen zu liegen. Aber worin sieht er die „Heilung", und wie sieht er den Weg dorthin? Ausgesprochen oder nicht, der Satz „Sagen Sie uns, was wir tun sollen, oder tun Sie etwas" liegt im Erstgespräch in der Luft. Von der ersten Stunde an ist demnach der Psychotherapeut gehalten, sein grundsätzliches Verständnis von psychischer Erkrankung bzw. Gesundung vorzubringen.

Das Symptom ist ein unverstandener scheiternder Heilungsversuch. Es wird darum vom Therapeuten grundsätzlich „positiv bewertet". Eine erste Erleichterung ist für alle Betroffenen schon gewonnen, wenn sie im Kampf gegen das Symptom „vorläufig" innehalten können. Das ist oft ein ungewollter, aber willkommener Nebeneffekt, wenn die Ratsuchenden die Suche nach Hilfe an den Therapeuten „abtreten". Doch können sich die Ratsuchenden bei einer solchen Haltung nicht gründlich und dauerhaft umstellen. Psychotherapeutische „Wunderheilungen" sind meistens „Übertragungsheilungen", d. h. sie halten nur so lange vor, wie der „Zauber" des Beraters wirkt.

Die konkrete Gestaltung des Arbeitsbündnisses leitet sich aus den Grundsätzen *Adler*s über die Beziehung des Beraters bzw. Therapeuten zum Klienten (z. B. 1913, S. 58 ff., 1933a, S. 173 ff.) ab: Die Lösung der Probleme bzw. die „Heilung" ist ganz allein Aufgabe und Erfolg der Ratsuchenden. Der Therapeut stellt sich als Mitarbeiter zur Verfügung und läßt sich „niemals ohne gründlichen Widerspruch und Aufklärung eine übergeordnete Rolle zuweisen, etwa als Autorität, Lehrer, Vater, Erlöser usw.". Vielmehr „nimmt die *Aufdeckung des neurotischen Lebensplanes* ihren Fortgang in einem freundschaftlichen, ungezwungenen Gespräch, bei dem es durchwegs angezeigt ist, *sich der Führung des Patienten zu überlassen*" (1913, S. 60; Hervorhebung von *Adler*). Grundsätzlich gilt diese Haltung auch in der Kurztherapie, ja sogar in der Beratung, die ja keine Ratschläge erteilen will, sondern ein gemeinsames Sich-Beraten oder Rat-Halten ist, in dem unter der Mitarbeit des Beraters den Klienten Lösungswege sichtbar werden. Erst recht gilt diese Haltung in der analytischen Kinder- und Jugendlichenpsychotherapie, auch in der damit verbundenen Elternarbeit.

Um diese Grundhaltung den Ratsuchenden verständlich zu machen, brauchen wir aber keine weitschweifigen Erklärungen. Meistens genügt es am Anfang, die Ratsuchenden zu einer wohlwollenden, *forschenden* Haltung dem Symptom bzw. Problem gegenüber zu ermuntern. Aufgeschlossenheit und Bereitschaft zum Mitgehen übertragen sich meistens schnell auf die Klienten, und ihnen werden rasch Zusammenhänge verständlich, die sie bisher zwar gekannt, aber nicht beachtet hatten. Der Therapeut stellt sich vor als Begleiter auf der Suche nach den „Gründen", aus denen das Kind auffällig bzw. krank geworden ist. Darüber haben die Eltern immer ihre eigenen Ansichten, und sie fühlen sich ermutigt, sie auszusprechen. So enthüllen sich viele Erkenntnisse über die psychische und familiäre Bedeutsamkeit des Symptoms ohne Abfragen wie von selbst.

In den meisten Fällen erhalten wir durch einen Anruf oder die Überweisung eine erste Vorinformation über die Lebenssituation und Problemlage der Ratsuchenden. Bei der ersten Terminvereinbarung teilen wir den Grundsatz mit, es möchten alle zum Erstgespräch kommen, die von dem Problem betroffen sind; aber wir überlassen es der Familie zu entscheiden, wer tatsächlich in die Sprechstunde mitgeht. In dieser Regelung spiegelt sich unsere Grundeinstellung: Schon und gerade in dem Arrangement, das die Ratsuchenden für das Erstgespräch treffen, verbergen sich die familiendynamische Konstellation sowie die spezifische Sicht und Wertung des vorgestellten Problems. Die darin liegenden Fingerzeige sollen nicht durch ein technisches Konzept des Therapeuten verwischt werden.

Wir rechnen von Anfang an mit einem unbewußten Offenbarungswillen und einem gleichstarken Widerstand des Patienten und der Familie. Wir arbeiten nicht gegen den Widerstand, sondern mit Verständnis für dessen Sinn, damit sich der Offenbarungswunsch des Ratsuchenden entfalten kann. Die Ratsuchenden wollen die Situation bestimmen, damit sie sich nicht ausgeliefert fühlen, auch wenn sie sich passiv und erwartungsvoll geben. Daß sie die Oberhand behalten wollen und wie sie das arrangieren, ist für den Therapeuten nicht eine zu meisternde Widrigkeit, sondern Stoff für weiterführende diagnostische Fragen.

Nehmen wir als ein mögliches Beispiel für die Beobachtung in der ersten Stunde die Frage: Wer erscheint und wer bleibt fern? Wir versuchen aus der Stimmung und den offenen oder versteckten Mitteilungen herauszuhören, was mit dem Erscheinen oder Fortbleiben eines Familienmitgliedes ausgedrückt wird. Hier eine unvollständige Liste von möglichen Beobachtungsfragen, nur beispielsweise auf den Vater bezogen: Fühlt sich der Vater etwa über allem erhaben, so daß er nicht kommt? Fürchtet er, daß im Familiengespräch ein wunder Punkt der Beziehung zu seiner Frau angesprochen werden könnte? Muß die Anmeldung etwa vor ihm verheimlicht werden, weil er sonst polternd über Frau und Kind herzieht? Oder muß er dabei sein, weil er sich nichts entgehen lassen will oder weil er fürchtet, daß etwas über seinen Kopf hinweg entschieden wird? Ist er eine Stütze für ein anderes Familienmitglied oder dessen Sprachrohr? Und so weiter. Ausgewertet werden solche Fragen erst, wenn im Anschluß an die Anamnese und die ersten Spielstunden des Kindes die familien- und psychodynamischen Hypothesen gebildet werden.

Die Individualpsychologie sah von Anfang an die Analyse der Familienkonstellation als einen ihrer originären Beiträge zur Psychotherapie und Beratung an (*Ansbacher* 1982, S. 339 ff.). Die systemische Familientherapie hat weitere Aspekte der Familienkonstellation herausgearbeitet und gezeigt, wie man sie auflösen bzw. beleben kann (*Richter* 1967, 1968; *Selvini Palazzoli* 1977). Wir benützen gern solche Betrachtungsweisen und Techniken (dazu *Heisterkamp* 1985b); aber die analytische individualpsychologische Kindertherapie ist keine Familientherapie im eigentlichen Sinne. Unser Patient ist nicht das System, sondern das psychisch erkrankte oder belastete einzelne Kind. Dieses wird allerdings immer im familiären Zusammenhang gesehen, und die begleitende Therapie der anderen Familienmitglieder spielt eine wichtige Rolle, ja sie kann sogar über Strecken in der Therapie in den Vordergrund rücken. Überlegungen hierzu werden später im Abschnitt über die begleitende Therapie der Familienmitglieder mitgeteilt.

In der Initialphase der Therapie gilt es, ein Arbeitsbündnis mit dem an seinen Symptomen leidenden Kind und mit der Familie zu schließen. Dabei haben wir fast immer das Gefühl, daß der vorgestellte Patient nicht der einzige oder wirklich neurotisierende Herd in der Familie ist. Doch es gilt zu beachten, daß in dieser Verschiebung ein Widerstandsphänomen von seiten der Familie vorliegt, das respektiert werden muß. Wenn, wie wir meinen, sich die Eltern hinter dem Symptom eines Kindes verstecken, wird ihre Angst so groß sein, daß sie dies Vorschieben eines anderen nötig haben. Gegen die Widerstände der Patienten ist der Therapeut machtlos. Aber will er denn die Macht? Muß er sich denn etwas einfallen lassen, um die Widerstände „im Interesse des Patienten" zu unterlaufen? Auch unsere eigene Tendenz, lieber zunächst die Eltern, einen Bruder oder die Familie behandeln zu wollen, und nicht das vorgestellte Kind, beargwöhnen wir als Widerstand oder Machtwillen im Therapeuten.

3.2 Biographische Anamnese und ihre Auswertung

Der erste Kontakt mit dem Kind und seiner Familie dient dem allgemeinen Kennenlernen, der Übersicht über die Problematik und dem Sammeln erster Eindrücke. Danach treten wir in die diagnostische Arbeit ein. Sie soll uns helfen, die neurotische Entwicklung, die der Symptomatik zugrunde liegt, und die neurotische Bewegungslinie beim Kind aufzudecken. Diese Bewegungslinie erarbeiten wir aus dem, was wir in der Anamnese mit den Beziehungspersonen und in den ersten Sitzungen mit dem Kind bzw. dem Jugendlichen erfahren. Zur Vertiefung der Eindrücke im Erstgespräch, bei dem wir möglichst viele Familienangehörige sehen möchten, beschäftigen wir uns nun am besten mit den einzelnen Familienmitgliedern getrennt.

Die Anamnese, beim Kind stets eine Fremdanamnese, beim Jugendlichen eine Mischform aus Fremd- und Eigenanamnese, gibt uns eine Reihe von sachlichen Informationen. Diese Daten bilden für uns einen Rahmen, in dem sich nach und nach die Situation der Familie heute und früher zeigt. Wir versuchen, die Welt zu erfassen, in der das Kind lebt und gelebt hat, gesehen durch die Augen des Berichterstatters. Wir lernen dabei die Einstellungen der Eltern zum Kind kennen. Da diese Einstellungen, vor allem die unbewußten, bei Vater und Mutter oft sehr unterschiedlich sind, ist es gut, mit ihnen getrennte Gespräche zu führen, wenn sich das ohne Schwierigkeiten machen läßt.

Ich erfahre etwas über die Wünsche, Erwartungen, Befürchtungen und Ziele, die Vater und Mutter mit dem Kind verbinden. Das ist nötig zur Beantwortung der Frage: Was bedeutet das Kind für die Mutter, für den Vater? Welchen Platz räumen sie ihm in ihrem Leben ein? Welche Rolle gestehen sie ihm zu, welche unbewußten Aufträge geben sie ihm?

Ein Beispiel:

Eine Mutter erzählt uns, daß sie ihre Berufstätigkeit wieder aufgenommen hat, als das Kind drei Monate alt war. Sie begründet diesen Schritt: „Das Kind brauchte mich ja nicht. Es hat ohnehin viel geschlafen. Ich habe es kaum bemerkt." Diese Aussage gibt uns die Information: Das Kind wurde im dritten Monat bereits fremder Pflege überlassen. Wir erfahren gleichzeitig, daß die Mutter die Erwartung an das Kind hatte, gebraucht zu werden. Das Kind erfüllte diese Erwartungen zunächst nicht. Erst als es mit vier Jahren immer noch nicht sprach, hörte die Mutter zu arbeiten auf und kümmerte sich aufopferungsvoll um die Behandlung dieses Kindes, das sie nun brauchte.

Hier stoßen wir bereits in den wenigen Sätzen der Mutter am Anfang des Anamnesegesprächs auf eine wahrscheinlich neurotisierende Wechselwirkung zwischen Mutter und Kind, und bereits an dieser Stelle läßt sich eine erste Hypothese über die Entstehungsgeschichte der kindlichen Neurose aufstellen. Von der Mutter her gesehen, erscheint die Situation etwa so: Ein Kind, das mich nicht so braucht, wie ich es mir vorstelle, als eine sich aufopfernde Mutter, gibt mir nicht das Gefühl, etwas wert zu sein. Diese Beziehung nützt mir nichts. Ich hole mir meine Bestätigung woanders. Für das Kind sieht es möglicherweise so aus: Meine Mutter verläßt mich, weil ich nicht so bin, wie ich sein sollte. Ich muß ihre Erwartungen erfüllen. Ich muß hilfsbedürftig sein, um geliebt zu werden.

Charakteristisch für die Individualpsychologie ist die Beobachtung der Bewegung des Patienten in Schwellensituationen. Das sind Stationen des Übergangs, in denen das Kind als Folge körperlicher und seelischer Reifungsvorgänge bzw. im Gefolge neuer sozialer Anforderungen eine neue Beziehung zu sich und der Welt aufnimmt und damit vor neue Aufgaben gestellt wird, z. B. Laufen- und Sprechenlernen, Sauberkeitsentwicklung, Eintritt in den Kindergarten, in die Schule usw. Diese Schwellensituationen werden vom Kind in individueller Art angegangen („Ad-gression" in *Adler*s [1908a] ursprünglicher Definition): Wie stellt es sich dieser Herausforderung? Schreitet es mutig voran oder hastig? Oder tritt es von vornherein nur zögernd in die Situation ein? Oder eilt es im äußeren Verhalten zügig voran, während ihm innere Probleme, Zwänge oder Ängste den Weg zu versperren scheinen, als ob es stolperte? Aus dieser spezifischen Bewegungslinie des Kindes können wir besonders gut auf seinen Lebensstil schließen, d. h. auf seine Meinung von sich und der Welt und die Mittel und Wege, sich auf sein individuelles Ziel hin zu bewegen.

Das Ziel des Kindes ist aus den in der Anamnese mitgeteilten Bewegungen meistens nicht eindeutig abzulesen. Es muß erahnt werden. Dazu ist es nötig, daß wir durch die Anamnese Einblick in das Beziehungsgeflecht der Familie des zur Therapie angemeldeten Kindes bekommen. Wir erleben die familiäre Atmosphäre, wie sie von den Berichterstattern dargestellt wird. Das läßt Schlüsse zu auf die Art der Beziehung zum Kind. Es legt Fragen nahe, die die Primärfamilie der Berichterstatter, die Vorerfahrungen der Eltern, Großeltern usw. erhellen können. Wieweit wir unsere Augen und Ohren schweifen lassen, hängt von der jeweiligen Familie ab. Uns leitet die Frage: Wann und wie nahm in diesem familiären und gesellschaftlichen Umfeld die neurotische Entwicklung des Kindes ihren Anfang, was erhält sie bis heute am Leben, was machte möglicherweise eine Symptombildung nötig?

Weitere Fragen, für die wir eine Antwort suchen, sind: Welches Familienmitglied außer dem Symptomträger ist durch die Problematik besonders betroffen? Welche Entwicklungsmöglichkeiten werden nach Ansicht der verschiedenen Familienmitglieder durch das Symptom verhindert? Was wäre, nach Ansicht der Ratsuchenden, wenn das Symptom verschwände? Welche Ideale, Ziele und Vorbilder bildete das Kind aus? Was sagen uns die Lieblingsmärchen und -spiele, wiederholte Träume oder bevorzugte Phantasien über das innere Erleben des Kindes?

Besondere Aufmerksamkeit widmen wir der Situation, in der das Symptom zum ersten Mal auftrat. Sie wird daraufhin untersucht, ob hier eine Entwicklungslinie unterbrochen wurde oder ob eine Lebensaufgabe bevorstand, zu deren Bewältigung die Kräfte des Patienten nicht ausreichten. Oft finden wir auch schon in früheren Lebenssituationen auffällige Erscheinungen, die dem ähneln, was jetzt als neurotisches Hauptsymptom vorgestellt wird. Vielleicht sind sie in Schwellensituationen erstmals aufgetreten? Zum Beispiel stellt sich heraus, daß ein Mädchen, das jetzt mit zehn Jahren an Schlafwandeln und anderen Schlafstörungen leidet, erstmals im vierten Lebensjahr jede Nacht ins Bett der Eltern kroch. Damals fiel das Verhalten nicht als Störung auf, weil man eine plausible Erklärung dafür hatte: Die Familie war wenige Wochen zuvor in ein neues Haus umgezogen. Die Frage, ob die Situationen, die solch ein Verhalten ausgelöst haben, ähnlich sind, führt uns näher an die zugrunde liegende Herausforderung, der sich das Kind nicht gewachsen fühlte. Auch die Frage, was der Patient bei der Überschreitung dieser Schwelle gefürchtet hat, ist wesentlich. Die Antworten müssen wir großenteils erschließen.

Alle diese Beobachtungen und Überlegungen stehen unter der *übergeordneten Leitfrage:* Welche der menschlichen *Grundängste* könnte in der Situation, die das Symptom auslöste, wach werden: Angst vor Vernichtung, Verlassenheit, Trennung, Verlust, Versagen? Die Diagnose dieser inneren Ängste enthüllt uns den dynamischen Kern der spezifischen (Symptom-) Neurose. Sie gibt uns erst den Schlüssel zum Verständnis des Lebensstils des Kindes; denn dieser hat die Aufgabe, den Menschen gegen die Bedrohung durch diese Grundängste zu sichern. Das erste Auftreten des Symptoms und die belastenden Situationen der Kindheit zeigen uns die Eigenart der empfundenen Bedrohung. Das Symptom ist eine Notbremse (*Adler* 1933a).

Aus diesen Überlegungen dürfte deutlich werden, warum wir das Symptom nicht nur als etwas betrachten, das stört oder im Wege steht und darum beseitigt werden soll, sondern daß wir es als Antwort auf einen Mangel betrachten. Aus der Exploration ergibt sich die „Mangeldiagnose". Diese müssen wir selbst stellen. Patienten und Eltern können uns selten sagen, was dem Kind „wirklich fehlt". Wir fragen hier nicht: Was hat das Kind nicht bekommen, was hätte es gebraucht? Obgleich das zweifellos wichtige Fragen sind. Wir fragen: Welcher Mangel begründet nach Ansicht der Ratsuchenden die Störung? Und darüber hinaus: Was fehlt den Ratsuchenden „innerpsychisch", ja existentiell, an Kräften? Wahrscheinlich mangelt gerade das, *worum sich die Grundängste jeweils sorgen:* Urvertrauen, Gemeinschaftsgefühl, Liebe, Eigenständigkeit, schöpferische Leistung.

3.3 Die ersten Spielstunden

Wenn wir im Erstgespräch und in der Anamnese Hypothesen gebildet haben, wenden wir uns dem Kinde zu. Seine ersten Stunden dienen vorrangig der Beobachtung. Wir suchen wieder nach der Bewegungslinie im Leben des Kindes, nach seinem Lebensstil. Dieser stellt sich in der diagnostischen und in der therapeutischen Situation sichtbar dar. Wir versuchen, die bewußten und unbewußten Ziele zu erkennen, die das Kind sich gesetzt hat, denen es zustrebt. Wir versuchen auch, die Mittel zu verstehen, die es benutzt, um zu diesen Zielen zu kommen.

Das Kind muß sich frei bewegen können, wenn wir seine „Bewegungen" wahrnehmen wollen. Die Situation ist weitgehend offen. Der Therapeut bzw. die Therapeutin stellt sich auf die Sprache des Kindes, auf sein Ausdrucksmedium ein. Ein Angebot von Spielen ist da, die einen kindgemäßen Aufforderungscharakter haben und zu symbolischen Darstellungen anregen. Projektive Testverfahren werden seltener verwendet. Wenn wir sie benützen, versuchen wir sie möglichst weitgehend in das Spiel zu integrieren. Falls standardisierte diagnostische Testverfahren oder ärztliche Untersuchungen notwendig sind, überweisen wir diese Aufgabe einem Kollegen.

Das Kind kann das Medium, mit dem es sich darstellen und mit dem es zu uns in Beziehung treten will, frei wählen. Wir versuchen, das Beziehungsangebot des Kindes anzunehmen, ganz gleich auf welchem Niveau und in welcher Form es erscheint. Damit verlassen wir die Rolle eines neutralen Beobachters. Wir werden Mitspieler bei den Darstellungen des Kindes. Es verwendet uns, wie die Puppen, die Farben, den Therapieraum, um etwas über sich auszusagen. Wir müssen also, wenn wir etwas über das Kind erfahren wollen, nicht nur seine Bewegungen beobachten, sondern auch uns selbst, unsere Gedanken und Gefühle, unser spontanes Verhalten.

Hier ein Beispiel:

Der achtjährige Christian aus einer Akademikerfamilie wird uns wegen seines völligen Leistungsversagens seit Schuleintritt zur Therapie überwiesen. Er ist in der ersten Stunde unruhig, fast hektisch. Er probiert alle möglichen Spielsachen aus. Sobald sie sich ihm widersetzen, wirft er sie in die Ecke. Auffallend ist die Tendenz, nach Spielen zu greifen, die für sein Alter zu schwierig sind, und dann bei der geringsten Andeutung einer Niederlage auszuweichen. Die Therapeutin, die ihm eine Weile zugeschaut hat, ohne sich einzubringen, setzt sich plötzlich, ohne lange nachzudenken, auf den Boden. Der Junge zögert, setzt sich dann zu ihr. Sie nimmt einen Ball und rollt ihn zu ihm hin. Er rollt ihn zurück. So geht es eine Weile hin und her. Der Junge entspannt sich. Er beginnt zu sprechen, schaut die Therapeutin an und nimmt nun zum ersten Mal Kontakt mit ihr auf.

Die Therapeutin spürte beim Beobachten die Anstrengungen des Jungen, denen ihr eigener Impuls folgte, sich hinzusetzen. Der Junge nahm das Angebot auf, und indem er auf dieses kleinkindliche Spiel einging, zeigte er der Therapeutin, auf welchem Niveau und in welcher Form er ansprechbar ist, auf welcher emotionalen Entwicklungsstufe er sich befindet, wo er er selbst sein kann, sich nicht überfordern muß. Die Therapeutin hatte das zermürbende Leistenmüssen, das hoffnungslose Erfolgsstreben des Jungen als Ermüdung in sich selbst wahrgenommen. Sie hatte es richtig gedeutet, als eine vom Kind ausgehende Befindlichkeit, und durch ihr Vorbildverhalten dem Kind ermöglicht, dieses Gefühl zu erleben. Es konnte regredieren auf eine Entwicklungsstufe, in der, so unsere Hypothese, das Kind mit sich und der Welt noch in Frieden lebte.

Aus der Anamnese wissen wir, daß der erstgeborene Junge sich unter den kritischen Augen der Eltern und der gesamten Großfamilie sehr schnell entwickelte. Bei der Geburt der Schwester war Christian zweieinhalb Jahre alt. Während er zu immer mehr Leistung angestachelt wurde, bekam die Schwester, die ja jünger und schwächer war, freundliche Zuwendung. Er war ehrgeizig und erfüllte alle Erwartungen der Familie, bis er in die Schule kam. Die Familie und auch er selber waren davon ausgegangen, daß er unter allen Umständen der Erste sein werde. Es war schon bald klar, daß ihm das nicht gelingen konnte. Die Folge war, daß er nicht mehr in die Schule gehen wollte. Er brachte es trotz intensiver Unterstützung durch die Mutter nur zu geringen Leistungen, so daß ihm nach dem zweiten Schuljahr die Einweisung in die Sonderschule drohte. Damit erschütterte er die gesamte Familie, die sich ihm zunächst voller Zorn, dann auch voller Sorge zuwandte. Christian hatte erreicht, daß er die Aufmerksamkeit der Familie durch sein Versagen bekam in dem Moment, als er sie durch seine Leistungen nicht mehr bekommen zu können glaubte.

Die Leistung (Erfolg und Versagen) ist das Mittel, mit dem das Kind gelernt hatte, Ziele zu erreichen in einer stark auf Erfolg ausgerichteten familiären Umwelt. Sein Ziel ist aber, so schließen wir aus der Beobachtung, nur vordergründig das, Aufmerksamkeit zu erregen. Wir nehmen an, daß der Junge geliebt werden und sich in Ruhe seinen Möglichkeiten entsprechend entwickeln möchte. Er hat erlebt, daß er, um geliebt zu werden, Bedingungen erfüllen mußte. Er mußte den überhöhten Erwartungen der Familie auf eine schnelle Entwicklung hin zu einem Erfolgsmenschen entsprechen. Er entwickelte einen Lebensstil, in dem das Streben nach Erfolg und Bewundertwerden in den Vordergrund trat. Erfolg haben wurde zur Bedingung des Beifalls der Eltern. Deren Anerkennung mußte ihm die lebensnotwendige Erfahrung des liebenden Angenommenseins ersetzten. Sie wurde ihm zur Bedingung für das Gefühl des eigenen Wertes. Jede Niederlage stellt diesen Wert in Frage, löst Gefühle von Minderwertigkeit aus, die so quälend sind, daß sie mit erhöhtem Streben nach Erfolg beantwortet werden. Kann er nicht erfolgreich in seinen Leistungen und der Erste in der Schule sein, so richtet er, seiner privaten Logik entsprechend, seine Aufmerksamkeit auf „Glanzleistungen" im Versagen, die seine Familie in helle Aufregung versetzen. Er lernt nicht, er entwickelt sich nicht weiter.

Das Selbstzerstörerische in dieser Entwicklung ist der Preis, sind die „Kriegskosten", die er dafür zahlt, daß er der Konfrontation mit seinen Minderwertigkeitsgefühlen, seiner Unvollkommenheit ausweicht. Er glaubt, ausweichen zu müssen, weil er keine Hoffnung hat, so unvollkommen, wie er ist, geliebt zu werden. Das Ausweichen vor der von ihm geforderten Lebensaufgabe des Lernens gestattet ihm zunächst, an der Illusion der eigenen Größe festzuhalten. Er glaubt, jede Situation möglicher Bewährung meiden zu müssen, aus Furcht, den Beweis seiner „Großartigkeit" nicht erbringen zu können. Und doch begegnet er tagtäglich in der Schule und daheim (durch seine Schwester) seiner Unterlegenheit und dem Gefühl der eigenen Minderwertigkeit, Wertlosigkeit und der damit verbundenen existentiellen Angst, nicht geliebt, d. h. verstoßen zu werden.

Wir haben uns hier zunächst einmal um die Diagnose des Patienten selber, des sogenannten Symptomträgers, bemüht. Wir gehen aber von Anfang an davon aus, daß wir in unsere Diagnostik die ganze Familie mit einbeziehen; denn das Kind hat seine Entwicklung in einem bestimmten familiären Umfeld gemacht, das wir auf jeden Fall mit berücksichtigen müssen. So sind im oben beschriebenen Fall Leistung, Versagen, Erfolg, Überlegensein, Schwächenzeigen die Themen, die für alle Familienmitglieder mit Problemen behaftet sind. Wir fragen deshalb: Was bedeutet die kindliche Symptomatik für die einzelnen Familienmitglieder, wie reagieren sie darauf, wie gehen sie damit um, was tragen sie dazu bei, daß das Symptom sich verstärkt oder vermindert?

Erst wenn wir darüber etwas wissen, können wir über mögliche Therapieziele nachdenken. Die diagnostische Arbeit allerdings hört nicht nach der ersten Diagnose auf. Die Therapie hat ein sich immer weiter vertiefendes Verstehen zum Ziel und, so möchte man vielleicht etwas überspitzt sagen, sie ist letztlich nicht viel anderes als eine immer weiter fortschreitende Diagnose.

4. Der Sinn des Symptoms

Jeder Mensch entwirft Leitbilder, jeder entwickelt besondere Fertigkeiten, vorherrschende Grundstimmungen, affektive Absonderlichkeiten und gedankliche Präokkupationen. Die symptomatische Neurose ist in ihrem Ursprung nichts anderes. Allerdings ist sie die Antwort auf eine verschärfte Mangelsituation oder Belastung, meistens bei geringeren Kräften. In dieser Situation entwickelt das Kind eine besondere innere Wachsamkeit, Sicherungstendenzen („Abwehrmechanismen"), und darüber hinaus besondere Vermeidungs- und Ausgleichstechniken: Zögern, Distanz, Ausweichen, Streben nach Geliebt- oder Geschontwerden, nach Überlegenheit, Schuldlosigkeit, Fehlerlosigkeit, Vollkommenheit usw. All diese überhöhten Persönlichkeitsziele faßt *Adler* unter dem Namen „Gottähnlichkeitsstreben" (1912b, S. 26) zusammen. Solche Bestrebungen zur Kompensation des Mangels können diesen aber nur verdecken. Die Folge der Vermeidung ist eine Vertiefung des Mangels und eine Verminderung des Mutes, ein verschärftes Minderwertigkeitsgefühl: Das Kind ist mit seinem Streben in einem Teufelskreis gefangen. Parallel zu diesem inneren Mangel- und Enttäuschungszirkel verläuft ein sozialer; denn in den meisten Fällen wird die primäre Mangelerfahrung durch die Störung der Urgemeinschaft von Mutter und Kind eingeleitet und dann durch eine sich verstärkende Wechselwirkung vertieft. Das enttäuschte Kind enttäuscht die Mutter, die Vermeidungs- und die Ausgleichsbestrebungen verschärfen sich und finden keine Beruhigung. Die Neurose ermöglicht einen „kranken" Gleichgewichtszustand des inneren und des sozialen Gefüges. Sie ist, wie die Krankheit überhaupt, ein aus der Not geborener Regelkreis, dessen Stabilitätsspielraum von abweichenden Normen definiert wird (*C. F. v. Weizsäcker* 1974, S. 327 ff.).

Das Symptom hat in diesem Gefüge einen Sinn. Ihn gilt es in der Therapie zu verstehen. Die Symptomatik ist das Ergebnis eines notwendig scheiternden Versuchs, in einer Problemsituation eine „Lösung" zu finden. Die Therapie soll nicht das Symptom beseitigen, sondern überflüssig machen und im Kind Möglichkeiten wecken, auf geeigneteren Wegen voranzuschreiten.

Zentral für das Verständnis der Neurose und jedes Lebensstils ist für den Individualpsychologen die „Finalität" eines Verhaltens. Wenn die Außenwelt das Individuum vor Aufgaben stellt, zu deren Lösung das neurotisch disponierte Kind nicht vorbereitet ist, sucht es Entlastung. All sein Verhalten ist ein Versuch, auf die Außenwelt einzuwirken. Die Ziele des Menschen richten sich auf die Mitmenschen. Er will z. B. überlegen sein, gefallen, kontrollieren, einen Vorteil haben u. ä. (*Schottky, Schoenaker* 1976). *Rudolf Dreikurs* (1975, 1976) und seine Schule haben Wege gezeigt, die „Nahziele" des Kindes und die Finalitäten im Lebensstil zu analysieren. In diesen Verfahren wird die Aufmerksamkeit vor allem auf den sozialen Aspekt des Verhaltens gerichtet. Dem Kind geht es zum Beispiel um Aufmerksamkeit, Überlegenheit, Rache, In-Ruhe-Gelassen-Werden. Dabei ist auch den Individualpsychologen, die mit der kurztherapeutischen Technik arbeiten, klar, daß die sozialen Zielsetzungen aus Meinungen des Kindes von sich und der Welt entspringen.

Der Begriff „Meinungen" verführt dazu, den Prozeß rein kognitiv zu verstehen. Doch ist hier „keineswegs an eine begrifflich zu fassende Meinung" zu denken, sondern an eine präverbale Befindlichkeit und an einen unbewußten Lebensentwurf (*Adler* 1932, S. 269, vgl. 1933a, S. 24 f.). Darum wird man diese „Meinungen" wie die ihnen entspringenden Ziele, wenn eine analytische Therapie überhaupt angezeigt ist, auch nur in einer sozusagen „präverbalen Sprache ansprechen" können, wenn man sie in der Wurzel erreichen will. Die äußeren Zielsetzungen haben eine innere Dynamik, sie entspringen einer Angst. Wir verstehen die Fehlhaltungen nur, wenn wir fragen: Durch welche Angst werden sie aufrecht erhalten? Also ist die finale Frage im Hinblick auf die *inneren Prozesse* ebenso zu stellen wie auf die Beziehung zur Mitwelt: Was will der Patient vermeiden? Angst, eigene Zornausbrüche, unverzeihliche Schuldgefühle, Einsamkeit, Vernichtungsangst, Liebesverlust, Kastrationsangst, Eingeengtsein.

Wie gehen wir mit den Affekten der Kinder um? Sei es Aggression gegen Vater, Mutter, Kameraden oder Therapeut, sei es Anhänglichkeit, Wut, Depression: Immer stellt sich uns die Frage: Was ist der spezifische Motor dieser Affekte, und was sollen sie — *innerpsychisch* — bewirken? Vielleicht will das Kind damit gegen eine Aussichtslosigkeit ankämpfen, eine innerlich gespürte Verdammung vermeiden, eine unverträgliche Abhängigkeit vom Wohlwollen der Eltern überwinden,

Ohnmachtsgefühle angesichts einer untragbaren Verantwortung für das Glück der Eltern oder eines Geschwisters abwälzen? Die analytische individualpsychologische Therapie geht von den sozial wirksamen Verhaltenszielen zurück auf solche inneren Intentionen und Persönlichkeitsziele, die einen Ausweg aus sozialen und inneren Notsituationen öffnen sollten, und macht diese dem Erleben wieder zugänglich. Das ist wohl ein wesentliches Unterscheidungskriterium der analytischen Therapie gegenüber der Kurztherapie und Beratung.

Wie diese theoretischen Grundsätze im Verständnis des Symptoms und in der Therapie wirksam werden, erläutern wir im folgenden.

5. Fallbeispiel

Steffi ist 14 Jahre alt, als sie wegen ihrer Magersucht zur Therapie kommt. Die Symptomatik besteht seit etwa zwei Jahren. Sie ist jetzt zur Therapie motiviert, seit sie beim Leichtathletiktraining mitten auf der Aschenbahn umgefallen war. Ihr bewußtes Ziel ist es, „außergewöhnliche sportliche Leistungen zu erbringen, die sonst nur Männer schaffen". Daran hindert sie nun die Symptomatik. Sie hatte eingesetzt, als das Mädchen bemerkte, daß sich ihr Körper zu verändern begann und daß sie beim Schwimmtraining deutlich hinter den Leistungen der Jungen, auch ihres jüngeren Bruders, zurückzubleiben drohte. „Ein Busen stört beim Schwimmen. Ich wollte nicht zu den Mädchen, ich wollte mit den Buben weitertrainieren."

Es wird deutlich: Ihr Ziel ist es, nicht nur außergewöhnliche sportliche Leistungen zu erbringen, sondern darüber hinaus leistungsfähig zu sein wie ein Mann, vielleicht überhaupt ein Mann zu sein. Zur Klärung der Frage, wie es zu diesem völlig illusionären unerreichbaren Ziel kommen konnte, gibt uns die Kindheitsgeschichte Auskunft.

Die stark männlich identifizierte Mutter Steffis (Mathematikerin in einem sonst nur aus Männern bestehenden Forscherteam) hatte mit 36 Jahren über eine Anzeige einen Mann kennengelernt, den sie nach sechs Wochen bereits heiratete. „Bevor es mit dem Frausein vorbei war." Nach einem Jahr wurde Steffi geboren. Als der Mutter nach der Geburt das Kind gezeigt wurde, war sie „geschockt". Das Kind sah dem Vater ähnlich und hatte mit dem Bild, das sie sich von ihrem Kind gemacht hatte, nichts zu tun. Die Mutter bemühte sich trotzdem mit großer Zähigkeit, das Kind zu stillen und es entsprechend ihren Vorstellungen von einer guten Mutter zu versorgen. Sie war glücklich, als 15 Monate später ein Sohn geboren wurde, der ihren Vorstellungen voll und ganz entsprach. Durch ihn konnte sie auch Steffi besser annehmen. Sie stellte sich auf die Kinder ein wie auf ein Zwillingspaar, d. h., Steffi wurde behandelt wie ihr Bruder. Es ging nach Aussagen der Mutter beiden Kindern und ihr selber gut dabei. In der Therapie tauchten allerdings bei Steffi Erinnerungsbilder auf, die zeigten, daß dieser Gleichklang durch Steffi immer wieder gestört wurde. Der Vater spielte in der Familie, in der vor allem die herrschsüchtige Großmutter das Sagen hatte, eine untergeordnete Rolle. Er versuchte, sich in seinem Beruf als Physiker hervorzutun, konnte aber den hohen Ansprüchen seiner Frau nicht genügen. Sie nahm, als die Kinder gemeinsam eingeschult worden waren, ihre eigene Karriere wieder in die Hand, blieb aber weit hinter ihren Idealen zurück. „Weil ich halt nur eine Frau bin."

Steffi fiel dadurch auf, daß sie es in allem ihrem Bruder gleichtun wollte, sie war in einem ständigen Rivalitätskampf. Als er sie, die klein und zart war, im Alter von neun bis zehn Jahren an körperlicher Größe und Kraft zu überholen begann, verstärkte sie zunächst einmal ihre Anstrengungen in der Schule, um sich dort eine Überlegenheit zu sichern, begann dann aber bald mit heimlichem zusätzlichen Training in den von beiden Kindern ausgeübten Sportarten (Schwimmen, Leichtathletik, Reiten, Tennis). Als die körperliche Entwicklung sie immer mehr vom Bruder entfernte, begann sie zu hungern. Sie wollte einen knochigen, muskulösen Körper haben und das mit Hungern und Krafttraining erreichen. Sie wollte ein Mann sein, um so viel leisten zu können und so viel wert zu sein wie ein Mann.

Die frühe und sehr strikte Ablehnung der Weiblichkeit durch die Mutter hat die Beziehung zwischen Mutter und Kind erheblich gestört und zu einem schmerzenden Mangelerlebnis bei beiden geführt. Die Mutter versuchte, diesen Mangel auszugleichen durch überfürsorgliches Verhalten beim Füttern und Pflegen. Das Kind konnte das Erlebnis der ablehnenden, ja feindseligen Welt ausgleichen, indem es auf dieses Verhalten der Mutter einging, d. h., sich ohne Widerstand füttern, pflegen und verwöhnen ließ.

Schon sehr früh bietet sich für die kindliche Entwicklung das Modell der Unterwerfung unter die Bedürfnisse anderer, unter die Forderungen der Umwelt an. Es entsteht die Meinung: Die früh erlebte Feindseligkeit, die damit verbundene existentielle Bedrohung, kann in lebensnotwendige Liebe umgewandelt werden, wenn ich versuche, mich dem Wunschbild meiner Mutter anzugleichen. Der etwa ein Jahr später geborene Bruder stellt das lebendig gewordene Bild des Strebenzieles dar. Es dem Bruder gleichzutun bedeutet für Steffi, dem Gefühl des eigenen Unwertes und der damit verbundenen Vernichtungsangst zu entkommen. Wenn sie wie der Bruder ist, kann sie sich mit der Mutter in Liebe verbunden fühlen. Doch dann, so ist ihre Meinung, muß sie ganz und gar anders sein. Das kompensatorische Streben nach der Liebe der Mutter macht aber nicht Halt bei dem Punkt, an dem sie Leistungen bringt wie der Bruder. Sie will besser sein als der Bruder, um der liebenden Mutter noch sicherer sein zu können, um noch besser geschützt zu sein vor der Angst wegen ihres so schmerzlich empfundenen Gefühls des eigenen Ungenügens, des eigenen Unwerts, der eigenen Schlechtigkeit.

Sie spürt dieses Gefühl des eigenen Minderwertes nicht, solange sie die Illusion aufrecht erhalten kann, dies durch ihr Streben nach den fiktiven Zielen einer unangefochtenen Überlegenheit kompensieren zu können. So stellt sich am Anfang der Therapie ihr fiktiver Lebensplan folgendermaßen dar:

„Ich muß ein Mann sein. Ich muß besser als ein Mann sein. Ich muß mehr können als alle Männer, als alle Menschen überhaupt. Ich muß das Unmögliche möglich machen. Ich muß als Frau über mehr männliche Kraft verfügen als jeder Mann." Dahinter aber liegt ein ihr unbewußtes tieferes Ziel: einer Aussichtslosigkeit Herr zu werden.

Diese Aussichtslosigkeit wird ihr erst im Laufe der Therapie bewußt und führt dort zu belastenden depressiven Verstimmungen über einen langen Zeitraum. Die Hoffnungslosigkeit war ihr auch schon während ihrer kindlichen Entwicklung immer wieder begegnet, wurde jedoch mit verstärktem Streben nach Überlegenheit über den Bruder, später über alle Männer, über alle Menschen beantwortet. Das Ziel wurde immer höher gesteckt, immer unerreichbarer für sie, je häufiger sie mit ihrer Ohnmacht, dieses Ziel zu erreichen, konfrontiert wurde.

Das Erlebnis des Mangels am Anfang des Lebens legt den Samen des Zweifels am Lieben- und Geliebtwerden-Können. Aus diesem Zweifel wird die Meinung geboren, streben zu müssen, um den Mangel zu überwinden und das Leiden an der mit dem Mangel verbundenen seelischen Not zu vermeiden. Denn Nicht-Geliebtwerden bedeutet für die Patientin eine existentielle Bedrohung, Angst, vernichtet werden zu können von der „feindseligen" Welt, repräsentiert durch die Mutter. Das Streben gibt der Patientin die Illusion, etwas bewirken zu können, Macht zu haben, das Leben selber gestalten zu können. Sobald sie mit ihrem Streben an Grenzen und Widerstände stößt, mit ihrer eigenen Ohnmacht konfrontiert wird, verstärkt sie ihr strebendes Bemühen in der von Anfang an eingeschlagenen Richtung auf das vorgestellte Ziel hin. Auch das Symptom diente zunächst diesem Ziel: dem Gefühl der Ohnmacht die Macht über die eigene Person entgegenzusetzen.

Zu Beginn der therapeutischen Arbeit hoffte Steffi, die Therapeutin könne ihr helfen, das überhöhte fiktive Persönlichkeitsziel zu erreichen. Sie schrieb der Therapeutin ungeahnte Macht zu und kämpfte mit ihr darum, an dieser Macht teilhaben zu können. „Sie wissen, wie mir zu helfen ist, wollen es aber für sich behalten." Auch hier ist die im Lebensstil verfestigte unbewußte Meinung prägend für die Wahrnehmung der Wirklichkeit. Es wird außerdem deutlich, daß Steffi annimmt, die Therapeutin wiederhole das Verhalten, das sie der Mutter am Anfang ihres Lebens zuschreibt. Sie glaubt, die Mutter habe etwas zurückgehalten, habe sich ihr verweigert. Sie glaubt, die Mutter könne aus eigenem Willen und eigener Kraft Liebe geben, annehmen, verweigern. Das gleiche Verhalten schreibt sie der Therapeutin und sich selber zu.

Erst ganz allmählich konnte Steffi annehmen, daß das, was aussichtslos ist, auch aussichtslos sein darf, so daß Raum geschaffen wird für das, was möglich ist. Zuerst aber mußten all diese tief unbewußten Vorgänge mit Hilfe von symbolischen Spielen, Träumen und Gesprächen wahrgenommen und verstanden werden.

Im vorliegenden Beispiel bemerken wir zuerst, daß das Ziel der Therapie vom Mädchen ganz anders angesetzt wird, als es unserem Verständnis von einer Heilung entspricht. Es will weiterhin männliche Leistungen erbringen, was aus der Entwicklung und „Meinung" des Kindes über die Bedingungen des Geliebt- oder Anerkanntwerdens verständlich ist. Diesem Ziel diente anfangs auch die Symptomatik des Hungerns. Nun ist die Patientin bereit, ihr Hungern in Frage zu stellen, sofern ihr das Ziel männlicher Höchstleistung nicht zugleich geraubt wird.

6. Unbewußte Finalität

Im vorliegenden Beispiel bemerken wir zuerst, daß das Ziel der Therapie vom Mädchen ganz anders angesetzt wird, als es unserem Verständnis von einer Heilung entspricht. Es will weiterhin männliche Leistungen erbringen, was aus der Entwicklung der „Meinung" des Kindes über die Bedingungen des Geliebt- oder Anerkanntwerdens verständlich ist. Diesem Ziel diente anfangs auch die Symptomatik des Hungerns. Nun ist die Patientin bereit, ihr Hungern in Frage zu stellen, sofern ihr das Ziel männlicher Höchstleistung nicht zugleich geraubt wird.

Diese Einstellung müssen wir am Beginn jeder Therapie berücksichtigen. Der Hilfe suchende Patient leidet daran, daß der relativ sicher erscheinende Zustand eines „kranken Gleichgewichts" endgültig zusammenzubrechen droht oder daß alle Wege, die bisher beschritten wurden, zu einer Lösung der allgemeinen Lebensprobleme zu kommen, sich als ungangbar erweisen. Oft müssen wir uns wundern, wie lange ein lästiges Symptom in Kauf genommen wurde. Für welchen Gewinn?

Adlers Deutungen in seinen Beraterinterventionen scheinen manchmal die Fixierung auf einen „Krankheitsgewinn" zu stützen. Es sollte aber nicht vergessen werden, daß er diese Sichtweise als „unhaltbar" bezeichnet hat (1931, S. 154). Der neurotisch Erkrankte „möchte ganz gerne die neurotischen Symptome aufgeben"; aber: *„Er muß der Entscheidung ausweichen."* Er kann nicht tun, was Vernunft und Gemeinschaft raten, weil er ein noch viel größeres Übel fürchten muß: *„daß* *sich das düstere Geheimnis seiner Minderwertigkeit enthüllt*" (1912b, S. 279; Hervorhebungen von *Adler*). Selbst in der engsten Enge der Zwangsneurose geht es dem Patienten noch darum, sich den letzten ihm vorstellbaren und möglichen Rest von Freiheit zu sichern (*Adler* 1930, S. 36 f.). Die analytische individualpsychologische Therapie versucht, diese *innere* Dimension der „Finalität" eines Lebensstils anzusprechen: Warum greift die Patientin zu dem absurden und selbstzerstörerischen Mittel des Hungerns? Warum kann die Patientin ihren männlichen Ehrgeiz nicht aufgeben? Warum terrorisiert sie damit die ganze Familie und sich selbst? Weil sie ihrer „Weiblichkeit" entkommen will. Aber warum das? Weil sie Weiblichsein verwechselt mit hilflosem Ausgeliefertsein an ursprüngliche existentielle Bedürfnisse, die in der Säuglingszeit nicht gestillt wurden und die, weil sie ewig unstillbar erscheinen, die Patientin in eine unheilbare Hoffnungslosigkeit zu stürzen drohen, wenn der Mangel ins Bewußtsein drängt. Im Grunde der Neurose herrscht ein beinahe fanatischer Radikalismus des Alles oder Nichts. Diese Grundeinstellung erklärt die Stimmungen der Verdammnis und — kompensatorisch dazu — die Illusion möglicher Gottähnlichkeit. Für den analytisch denkenden Individualpsychologen sind diese Erscheinungen nicht bloß Ausdruck von (ödipalen) Schuldgefühlen oder übersteigerten Ich-Idealen, sondern von tiefer existentieller Verunsicherung, wie in den Zweifeln der Patientin Steffi ansichtig wird.

Wenn wir auf die in der Symptomatik und unter der sozialen Finalität verborgene Angst zurückgehen, haben wir immer zugleich im Auge, wie die Patienten dieser Angst „begegnen". Am Beispiel Steffis sehen wir eine Grundlinie, die wir in der Neurose und im Alltag sehr häufig wiederfinden. Dem ursprünglichen Mangel, z. B. an bedingungslosem Angenommensein und einfühlender Zuwendung, entspricht das Gefühl, ein mit Mängeln behaftetes Wesen zu sein. Dieser subjektiv empfundene Mangel, das „Minderwertigkeitsgefühl", treibt ein Streben nach Ausgleich hervor, das den Mangel nur künstlich verdeckt, ihn in Wahrheit aber vertieft. Die Begriffe Kompensation und Machtstreben haben in den gängigen Äußerungen über *Adler*s Psychologie Schlagwortcharakter, d. h. sie decken leicht die Vielschichtigkeit der Phänomene mit dem Schein der Plausibilität zu. Auch an dieser Stelle können diese individualpsychologischen Konzepte nur vereinfacht skizziert werden. *„Innerpsychisch"* (wie somatisch) besteht die Kompensation darin, daß an der Stelle der mangelnden Mitgift eine Ersatzkraft einspringt. Der ursprüngliche Mangel wird dadurch mehr oder weniger kompensiert, aber nicht wettgemacht. Der Mangel bleibt bestehen, auch wenn er nicht mehr auffällt. Das wird (auch bei Individualpsychologen) oft verleugnet. Im Psychischen geht aber die (Fehl-) Kompensation immer gegen die Gesundheit. An die Stelle des ursprünglichen *Bedürfnisses* tritt das *Streben*. Ein Bedürfnis wird *gestillt* oder *befriedigt*, das Streben führt zum *Erfolg* oder gelangt ans *Ziel*. In dieser Verschiebung selbst liegt eine *Macht*tendenz. Das in die Not des Mangels geratene Ich nimmt die Sache selbst in die Hand; das Ich ist per se machtförmig. Elementare Erfahrungen der Gemeinschaft und der schöpferischen Kraft wie Angenommen- und Geborgensein, Lieben und Geliebtwerden, Kreativität, Gesundheit, Freude und viele andere, entziehen sich aber der Verfügung des Ichs. In diesen Bereichen ist jedes Streben Machtstreben. Es soll der Heilung eines Mangels dienen, dient aber in der Tat der Sicherung gegen die Erfahrung des Mangels bzw. der Ohnmacht.

Zum Verständnis der Finalität des Lebensstils ist unter vielen anderen Erscheinungen besonders die Verkehrung des Strebens ins Gegenteil zu berücksichtigen, die ebenfalls der Sicherung gegen ursprüngliche Mangelerfahrungen dient und die innere Finalität leicht verdeckt. Charakteristisch sind die Erscheinungen des „männlichen Protestes" bei Mädchen, für die uns Steffi schon ein Beispiel gegeben hat. Ebenso kann hinter der unweiblichen Vernachlässigung des Äußeren beim „Gassenmädchen" über den Machtkampf (als dem sozial sichtbaren Nahziel) hinaus der Wunsch nach hingerissener Bewunderung verborgen sein. Dieser unerreichbar scheinende Beifall für die Schönheit und den Glanz der kleinen Prinzessin könnte z. B. eine Kompensation des unbewußten, präverbalen Gefühls sein, nicht wirklich wahrgenommen zu werden.

Ähnlich können sich Trotz, Negativismus und „Leistungsverweigerung" als Tarnung erweisen. Äußerlich nimmt man wahr, daß solche Kinder alle vernünftigen Zielsetzungen der Eltern boykottieren. Doch handelt es sich nur im sozialen Spannungsfeld um Rache oder den Wunsch, in Ruhe gelassen zu werden. Nicht selten steht dahinter die Überzeugung, dumm zu sein, einen schlechten Charakter zu haben, nie die Anerkennung gewinnen zu können, die die Vorbilder einem vor Augen führen. Diese Aussichtslosigkeitsstimmung wird dann hinter der Maske des „bösen Willens", der Lustlosigkeit oder Asozialität versteckt.

Bettnässen ist zum Beispiel als In-Dienst-Nehmen der Mutter zu verstehen. Aber in einer tieferen Schicht kann es sich um die Verschiebung einer allgemeinen Angst vor der Ohnmacht auf ein „erlaubtes" Gebiet handeln. Das Kind „sagt" mit diesem Symptom vielleicht: Ich kann nicht (meine Blase beherrschen). Es ist zu beobachten, daß bei den Eltern solcher Kinder oft die Überzeugung „Wo ein Wille ist, da ist ein Weg" wichtiger Bestandteil des Lebensstils ist. Kann ein Kind, das es besser „weiß", aber es weder glauben darf noch Glauben findet, diese familiäre Irrmeinung, die es selbst für ein Dogma hält, wirksamer außer Kraft setzen als durch Bettnässen? Es leidet an einem unbeherrschbaren körperlichen Symptom, und die Eltern dürfen weiter daran glauben, daß man im Psychischen alles steuern kann. Folgerichtig stellen sich solche Kinder auch manchmal so, als litten sie nicht an dem Symptom, oder sie nehmen die Schuld auf sich („zu ängstlich, um nachts aufzustehen" oder „zu bequem, um das Spiel zu unterbrechen"). So verleugnen sie auch noch die Ohnmacht ihrem Symptom gegenüber und sind dadurch wieder in einer Linie mit den Eltern.

Der Appell dieses Symptoms „Ohnmacht darf sein" heißt aber in Wirklichkeit: „Laßt mein Selbst wachsen und fordert nichts von mir und euch, was nur von selbst reifen kann". Diese Bitte ist es, die die individualpsychologische Kinder- und Jugendlichenpsychotherapie ernst nimmt und je nach Symptom und Lebensstil zu verstehen sucht. Erfolgreich sein, Freude haben, Gemeinschaftsgefühl entfalten, Mut, Kreativität, Liebe usw. können ebensowenig Therapie*ziel* sein wie Erziehungsziel. Therapeutische Interventionen wie erzieherische Ermahnungen mit einem solchen Ziel folgen einem paradoxen Auftrag in der Art von „Sei spontan!" (*Watzlawick* 1983, S. 87). Auf solche „Ziele" richtet sich in der Tat die im Symptom verborgene Heilungstendenz des Kindes (*Adler* 1926b, S. 161). Doch es liegt in der Art solcher Ziele, *daß sie unerreichbar bleiben, wenn man sie anstrebt.* Unsere Frage ist, wie die Bedingungen für das Wachsen dieser spontanen Kräfte geschaffen werden können, damit sie sich von selbst einstellen.

7. Der Therapeut im Umgang mit dem kindlichen Patienten

Das Vorgehen in der Therapie wird bestimmt von der psychodynamischen Deutung, die wir durch die Explorationen und durch die Beobachtung des Kindes gewonnen haben. Es wird bestimmt vom Lebensstil und vom Entwicklungsstand des Kindes. Das heißt mit anderen Worten: Das Kind gibt vor, wie wir miteinander in Kontakt treten, ob in irgendeiner Form des Spielens oder im Sprechen.

Hier ein Beispiel:

Ein achtjähriger Bub erzählt: „Gestern hatte meine kleine Schwester Geburtstag." Die Therapeutin spürt, er will damit etwas sagen. Sie versteht nicht was und beginnt, ihm

Fragen zu stellen. Er antwortet nicht, spielt im Sandkasten. Er nimmt eines der Häuser und vergräbt es im Sand. Sein Handeln ist stark spannungsgeladen. Das Thema „Schwester", verbal begonnen, wird in der Spielhandlung weitergeführt. Es wird sichtbar, daß die ihm überlegene Schwester begraben wird. Sie soll wohl, so die Deutung, verschwinden.

Im Spielen übernimmt der Therapeut die Rollen, die das Kind ihm zuschreibt. Seine Aufgabe ist es, zunächst zu verstehen, was die Rolle bedeutet. Ist sie zu verstehen als Aspekt der eigenen Person, z. B. als der Schatten des Kindes, als Ausdruck des kindlichen Leidens, seiner Größenphantasien, oder ist sie zu verstehen als ein Aspekt der äußeren Realität des Kindes, der bösen Mutter, des rivalisierenden Bruders? In der Rolle kann der Therapeut dem Kind seine Situation so spiegeln, daß sie für beide klar und deutlich wird.

Dazu ein Beispiel aus einer Kindertherapie mit einem neunjährigen Buben Roland:

Die Therapeutin kann tun, was sie will, sie wird als Kasperl immer wieder vom Krokodil aufgefressen und durch die Zauberkraft der bösen Hexe wieder lebendig gemacht, um sogleich aufgefressen werden zu können. Die Ohnmacht Kasperls (Roland) auf der einen und die phantasierte bzw. erlebte Omnipotenz der Hexe (Mutter) auf der anderen Seite werden deutlich. Die Therapeutin als Kasperl spiegelt dem Kind seine Not und spielt die begleitenden Gefühle, die Verzweiflung, die ohnmächtige Wut, die das Kind selber nicht mehr erlebt, sondern in seine Symptomatik eingebunden hat (Pavor nocturnus, Angstträume). Der Junge identifiziert sich im Spiel zur eigenen Entlastung mit dem Träger der Macht, der Stärke, der Oppression: mit der Mutter.

In der Therapie spielt das Kind den Grundkonflikt immer wieder. Besonders im symbolischen Spiel wird er dem Erleben wieder zugänglich. In der therapeutischen Situation wird, anders als im Alltag des Kindes, darauf geachtet, was das Kind im Spiel ausdrückt. Die Möglichkeit des Kindes, sich im Spiel mitzuteilen, seine seelische Not zu offenbaren, wird zum Ausgangspunkt des therapeutischen Vorgehens.

Diese therapeutische Aktivität läßt sich einteilen in:

1. spiegelndes Mitspielen
2. deutendes Mitspielen
3. Deuten, Verbalisieren und Verarbeiten.

1. Phase: Spiegelndes Mitspielen

Im oben beschriebenen Mitspielen wird dem Jungen seine Situation gespiegelt. Er kann an der Therapeutin, die die Rolle des geschundenen Kasperls spielt, wahrnehmen, was in ihm an Erleben vor sich geht, ohne sogleich die damit verbundenen Schmerzen erleiden zu müssen.

Im weiteren Verlauf des Spiels, das sich über mehrere Stunden hinzog, beginnt die Hexe, ihr Verhalten zu ändern. Sie gibt ihm Arbeiten, die er verrichten muß, um vielleicht der drohenden Vernichtung zu entgehen. Die Forderungen aber sind unerfüllbar.

Er steht allein da. Dann wird die Haltung der Hexe zwiespältig. Sie gibt ihm Hilfen, nimmt sie ihm aber sogleich wieder. Er muß z. B. einen Baum fällen. Die Hexe sagt ihm, wo die Axt ist. Sie versteckt sie ihm aber jedesmal wieder, wenn er nahe daran ist, sie zu benutzen. Später darf er die Axt haben und benutzen, aber nur für einige Sekunden. Und so weiter. Kasperl schwankt zwischen dem Gefühl der Aussichtslosigkeit und Hoffnung auf einen möglichen Sieg hin und her. Immer spielt Roland die Hexe, und die Therapeutin muß der Kasperl sein.

Das Spiel zeigt die Problematik des Jungen, der im Machtbereich dieser Mutterfigur nicht zum Manne werden kann, ständig von Entmachtung, von Kastration bedroht ist. Es erschien wichtig, den Jungen in diesem Konflikt und den damit verbundenen Affekten und Gefühlen zu begleiten und mit ihm zu verstehen: „Die Macht der Hexe ist nicht zu brechen!"

Als diese Einsicht für die Therapeutin klar im Raume stand, veränderte der Junge seine Haltung. Er kämpfte nicht mehr. Er wurde ruhiger, zog seine Aufmerksamkeit zunächst von der Außenwelt ab und wandte sie nach innen. Er begann, sich selbst wahrzunehmen. Zur gleichen Zeit nahm er ein neues Spiel auf, das eindeutig dazu diente, seine männliche Potenz zu verstärken. Das war in der Therapie, also außerhalb des mütterlichen Machtbereichs, möglich. Er bastelte in Ton Darstellungen phallischer Symbole. Er bastelte allein, brauchte die Therapeutin dabei nicht. Er fühlte sich stark und wurde durch Signale des Verstehens von der Therapeutin begleitet.

2. Phase: Deutendes Mitspielen

Doch dieses konzentrierte Arbeiten, das „Ganz-bei-sich-Sein" wurde bald gestört durch Frustrationen, die dem Kind aus dem Umgang mit dem Material entgegenkamen. Die nun folgende Phase des Spiels ist dadurch gekennzeichnet, daß die Therapeutin deutend in das Spiel des Jungen eingreift. Sie bringt dadurch von sich aus eine neue Idee hinein.

Nachdem Roland eine Zeitlang Schlangen und Krokodile hergestellt hat, will er einen Baum aus Ton machen. Der Baum sieht aus wie ein Pfahl, der oben spitz zuläuft. Da er sehr dünn ist, fällt er immer wieder in sich zusammen. Als ihm die Spitze abbricht, nimmt die Therapeutin das oben abgebrochene Teil und legt es unten um den Stamm, der dadurch dicker und fester wird. Roland sieht das und beginnt, aus dem Gebilde nun ein Männlein zu machen, dem er vorne einen großen Penis gibt. Dieses Männlein ist „der Herr über alle Tiere, die da kriechen"! Die Therapeutin ergänzt seine Phantasien: „Den wirft so schnell nichts um, der steht fest da." Roland läßt Schlange und Krokodil gegen das Männlein anrennen. Die Therapeutin sagt als Männlein: „Ihr glaubt wohl, weil ich klein bin, könnt ihr mich umschmeißen, hä, hä, hä!"

Die Therapeutin hatte beobachtet, daß Unruhe und Ungeduld die Stimmung zu beherrschen begannen. Sie sah, daß eine neue Dimension in das anfänglich konzentrierte Spiel hineingekommen war. Aus dem Selbsterleben der Stärke war ein Streben nach „Überlegenheit" geworden, nach „Größer-und-noch-größer-Sein-Wollen". Das führte zu der Erfahrung der „Zerbrechlichkeit": „Wenn ich (als der Baum) so groß sein will, zerbreche ich!" Hier wird auf der intrapsychischen Ebene wiederholt, was in der ersten Spielphase auf der zwischenmenschlichen Ebene bereits sichtbar wurde. Roland scheitert am Kampf gegen die Mutter, d. h. am Streben nach Überlegenheit überhaupt. Er scheitert daran, solange er selber „an der Basis" noch schwach ist.

Das Spiel zeigte klar, daß Roland mit seinen überhöhten Größenvorstellungen sein Ziel, groß zu werden, einmal ein Mann zu sein, nicht erreichen kann, daß er daran zu zerbrechen droht. Die Therapeutin erkennt das, greift interpretierend in das Spiel ein, indem sie neue Akzente setzt, die Aufmerksamkeit von der Spitze des Baums auf den Stamm, die Wurzel lenkt, ihn dort verstärkt. Sie gibt dadurch dem Spiel eine Wende. Roland war wie gefangen in dem Drang, einen möglichst hohen Baumstamm herzustellen aus dafür ungeeignetem Material (zu weichem Ton) mit unzureichender Technik. Er war gebunden an das aussichtslose Streben nach Überlegenheit. Durch das Eingreifen der Therapeutin konnte etwas anderes sichtbar werden: die Möglichkeit, die Basis zu stabilisieren, um zunächst einmal fester auf dem Boden in der Realität zu stehen und sich dort abzugrenzen und von da aus zu entwickeln.

Roland nahm diese Bewegung auf. Der kleine feste Mann mit dem Phallus war stark und mächtig gegenüber den Angriffen der Tiere. Er selbst war bisher diesen wilden Tieren in seinen Angstträumen hilflos ausgeliefert gewesen und hatte sich vor der dort erlebten Bedrohung, der er ohnmächtig gegenüberstand, in Allmachtsphantasien geflüchtet und begonnen, nach dem darin verborgenen fiktiven, überhöhten Persönlichkeitsideal mit allen ihm zur Verfügung stehenden Mitteln zu streben.

3. Phase: Deuten — Verbalisieren — Verarbeiten

Rolands Größenphantasien standen im krassen Gegensatz zu dem, was er tatsächlich in seinem sozialen Umfeld galt und bewirkte. Er war in der Schule immer noch der Versager und Störer und wurde dort immer wieder mit seiner Unterlegenheit konfrontiert. In seinen Phantasien kompensierte er diese Gefühle. Er gab sich mächtig und war doch ständig von dem Unterlegensein bedroht, einmal durch die machthungrige Mutter, die im Sohn den Mann an sich bekämpfen wollte, aber auch durch den Ansturm der ihn bedrängenden Triebe und Affekte, der Aggression gegen die Mutter, deren feindselige Antwort er fürchtete, wie in Gestalt der Tiere und in den Angstträumen sichtbar wurde. Diesem Ansturm hatte seine „aufgeblähte" Persönlichkeit nicht viel entgegenzusetzen.

Als dies nach geraumer Zeit im Spiel sichtbar wurde, ergab sich auch die Gelegenheit zu einem Gespräch über das Thema „Böses anstellen — Schlimmsein". Die Entwicklung in der Therapie hatte sich lange Zeit nur auf der Ebene der inneren Entwicklung, d. h. im symbolischen Spiel, dargestellt. Sie hatte sich nicht auf das soziale Umfeld ausgewirkt. Eine solche Situation ist eine u. U. gefährliche Klippe in der Therapie, die vom Therapeuten Geduld und Zuversicht verlangt und die Gewißtheit, das, was das Kind in der therapeutischen Situation erlebt, werde sich früher oder später auch in seinem Alltagsleben auswirken.

In der Therapie mit dem Jungen Roland war lange Zeit die äußere Realität ausgesperrt. Dann begann er von sich aus über seine Situation in der Schule zu sprechen. Er konnte aussprechen, daß er sich gleichzeitig großartig fühlte und bedroht, daß er sich großartig phantasieren mußte, um dieser Bedrohung, dieser Angst zu entgehen. Die Welt, von ihm als feindlich und mächtig erlebt, glaubte er bekämpfen zu müssen. Das ging nur, wenn er sich Kräfte zuschrieb, die ihm einen Sieg sicherten. Er wünschte sich einen Zaubertrank, dann hätte er so viel Kraft, daß niemand ihm etwas anhaben könnte. In einem Gespräch zählte er auf, wer ihm denn etwas tun könnte, und begann dann, auf Anregung der Therapeutin hin zu überlegen, wie „denen da", den Schulkameraden und Lehrern, vielleicht auch ohne Zaubertrank zu begegnen wäre.

Roland befand sich bei diesem Gespräch immer noch in starker Gegnerschaft zur Gruppe, zur Gemeinschaft überhaupt. Es wiederholte sich, was beim Kasperlspiel und beim Basteln schon sichtbar geworden war, noch einmal im Gespräch. Aus Angst, als der möglicherweise Unterlegene, der Schwache, der Minderwertige von den anderen, den Mächtigen, vernichtet werden zu können, baute er sich ein Persönlichkeitsideal auf, das so weit von seinen realen Möglichkeiten entfernt war, daß ein Scheitern nicht ausbleiben konnte. Er war entmutigt und traute sich eine reale Auseinandersetzung, Selbstbehauptung und Durchsetzung nicht zu. Bedroht von einer möglichen Niederlage flüchtete er sich wieder in Allmachtsphantasien und Größenvorstellungen, die jeder Grundlage entbehrten. Im Spiel hatte er die Erfahrung gemacht, daß es notwendig sei, sich um diese Grundlagen in ihm selber zu kümmern, sich der Entwicklung der in ihm liegenden Möglichkeiten (Kräfte, Fähigkeiten) anzunehmen.

Auch im Gespräch wird vesucht, ihn auf die „Basis" zurückzuführen. Er kann ausdrücken, daß er aus Angst, als Schwächling dazustehen und somit den Feindseligkeiten der anderen ausgeliefert zu sein, unbedingt und mit allen Mitteln das Gefühl von völliger Überlegenheit haben möchte. Kein Wunder: Sein störendes Verhalten in der Schule änderte sich nur wenig.

Dann aber geschah es, daß der Lehrer im Fach „Sachkunde" über Gewässer, über Seen, Teiche usw. sprach, und auf einmal zeigte Roland, der bisher eher entmutigt, fast resigniert dem Unterrichtsstoff gegenüber gestanden hatte, großes Interesse. Sein Vater war Angler und benutzte dieses Hobby als Rückzug von Frau und einzigem Sohn, hatte aber den Sohn ein paar Mal zum Angeln mitgenommen und sich den Fragen des Jungen gegenüber aufgeschlossen gezeigt. Roland verfügte also auf diesem Gebiet über ein Wissen, das seine Mitschüler nicht hatten. Er arbeitete in diesem Fach plötzlich gut mit und hatte den Mut, von sich aus so viel einzubringen, daß der Lehrer ihm vorschlug, eine Art Referat über „das Gleichgewicht im Leben eines Teiches" zu halten. Roland berichtete der Therapeutin: „Heute war es ganz toll in der Schule." Er erzählte dann stolz, wie er sich plötzlich getraut hatte, all das zu sagen, was er von seinem Vater wußte und „die anderen haben fei g'schaut!" Sein Vater half ihm bei der Vorbereitung. Roland hielt das Referat, und damit trat eine Wende in seinem gesamten Verhalten ein.

Roland hatte Mut gefunden und sich an tatsächliche Leistung herangewagt. Der Lehrer hatte das bemerkt und war darauf eingegangen. Roland bekam Anerkennung für eine gute reale Leistung. Die Möglichkeiten dazu hatte er vom Vater. Vater und Lehrer unterstützten den Jungen bei seinem Wunsch, stark zu sein, ein Mann zu werden, zu wachsen. Das hieß für Roland: aus der bedrohlichen Welt der Mutter in die sachlichere, emotional weniger beladene Welt des Vaters hineinwachsen, in der er ein Bewußtsein des eigenen Wertes entwickeln konnte.

An diesem in kurzen Auszügen wiedergegebenen Beispiel wird deutlich, daß die Therapie des Kindes in allen Phasen des spiegelnden und des deutenden Spielens, des Deutens und des Durchsprechens weitgehend spielerisch abläuft. Erst gegen Ende der Therapie wird verbal gedeutet und durchgesprochen,was der Junge selber verbal als Problem anspricht. Je nach Alter und Eigenart des Kindes, je nach Verlauf der Therapie wählen wir unsere Vorgehensweisen.

In diesem Fall wird auch deutlich, daß die Therapie nicht die Tendenz des Jungen verstärkt, der in früher Kindheit erlebten Bedrohung durch die allmächtige, alles beherrschende Mutter mit verstärktem Überlegenheitsstreben und Kampf um Sieg und Macht zu begegnen. Die Therapie unterstützt den Jungen, die Möglichkeiten zu entwickeln, die er zu seinem eigenen Leben, seiner individuellen Entwicklung braucht. Irrtümlicherweise glaubte er bisher, diese Möglichkeiten in Symptomen finden zu können. Durch sein nächtliches Aufschreien hatte er zunächst signalisiert, daß seine Kräfte zur Bewältigung seiner inneren und äußeren Erlebnisse nicht ausreichten. Dieser Hilferuf wurde nicht verstanden. Die Mutter forderte vielmehr die Bekämpfung und Unterdrückung der kindlichen Ängste. Er wehrte sich, indem er gegen die Mutter kämpfte und schließlich in der Schule zum Versager und Störer wurde. Er erlebte sich darin stark, weil er Lehrer und Mutter in Atem hielt. Er lebte in der Illusion, Herr der Situation zu sein. Dabei ist er Sklave seiner Fiktion. Das neurotische Ziel der Macht und Rache läßt den Schmerz darüber, nicht wachsen zu dürfen, gar nicht erst aufkommen. Das Streben nach Expansion durch Größenphantasien engt den Lebensraum des Kindes in Wahrheit ein. In der Therapie wird aber die Fiktion zerstört, das Ziel könnte erreicht und das ursprüngliche Leiden könnte vermieden werden.

Wir erleben, daß im Laufe der Therapie die Neurose oft erst richtig aufzublühen beginnt. Wenn z. B. das zwanghafte Sicherungsverhalten gelockert werden kann, wird Angst sich wieder frei äußern. Eine solche Entwicklung in der Therapie kann das Gleichgewicht im Verhältnis Therapeut-Patient-Eltern empfindlich stören. Wir müssen von Anfang an damit rechnen und versuchen, damit umzugehen.

Der Therapeut, der sich auf der Symbolebene, im Spiel, auf das Kind einläßt, ist damit sehr nahe an seinen eigenen unbewußten Empfindungen, seinen Ängsten, seinen Bedürfnissen. Er kann daraus großen Nutzen ziehen für das Verständnis der kindlichen — und seiner eigenen — Situation. Er kann sich dadurch aber auch gefährdet fühlen, wenn er sich selber, seine Gefühle, seine Befindlichkeit, seine Einfälle nicht versteht. Reflektieren der eigenen Gefühle und des eigenen Verhaltens in der Therapie und dem Patienten gegenüber ist ein sehr wichtiger Teil der therapeutischen Arbeit. In dem geschilderten Fall wäre ein Therapeut mit einer eigenen unverstandenen Gegnerschaft zu seiner Mutter in Gefahr gewesen, in dem aussichtslosen Kampf des Kindes mitzuagieren. Ein Therapeut mit starkem Helferbedürfnis und mit Machtansprüchen hätte vielleicht für den Patienten bei der Mutter und in der Schule Partei ergriffen, für Verständnis gekämpft und ihm damit die Möglichkeit genommen, selbst auszuprobieren, Erfahrungen zu sammeln, Fehler zu machen und sich dadurch weiterzuentwickeln. Ein Therapeut, dessen Lebensstil zum Ziele führen soll, mögliches Leiden zu vermeiden, ja vielleicht die Welt zu befreien, wird auch beim Patienten nur Möglichkeiten zur Flucht unterstützen.

Das Ergebnis dieser ständig zu leistenden Selbsterfahrungsarbeit hat nicht nur Einfluß auf die Haltung in der Therapie, sondern auch auf den Umgang mit Fragen der Grenzen in der Therapie. Fragen der räumlichen und zeitlichen Begrenzung, der Abstinenz, der Bedürfnisbefriedigung, des Körperkontakts mit Kindern sind nur zu beantworten aus dem Verstehen der Situation des Patienten und der des Therapeuten. Allgemeine Regeln stellen einen Rahmen dar, der im individuellen Fall ausgefüllt werden kann (vgl. dazu *Stadler* 1985).

8. Begleitende Therapie der Beziehungspersonen

Zu den die Therapie des Kindes begleitenden Gesprächen kommen die Eltern mit bestimmten Erwartungen. Sie wollen in der Regel in Abwesenheit des Kindes darüber sprechen, was sie tun können, damit es dem Kind wieder „gut" geht. „Gut" ist meist ganz im Sinne der Eltern, der Anpassung an die elterlichen Vorstellungen gemeint. Die Eltern wollen Hilfe bei der Verwirklichung ihrer Vorstellungen. Sie erwarten Ratschläge. Wir aber versuchen, sie dafür zu gewinnen, die im Erstgespräch begonnene Arbeit des Verstehens fortzusetzen. Wir sprechen möglichst nicht über das Kind. Wir versuchen, die Probleme, die die *Eltern* mit dem Kind haben, gemeinsam zu beraten.

Wir können nur mit dem arbeiten, was der Gesprächspartner ins Gespräch einbringt, was für alle Beteiligten spürbar und erlebbar ist. Da die Eltern die Partner sind, steht die Arbeit mit ihren Einfällen, die Arbeit mit ihrem Anteil an dem Konflikt mit dem Kind im Vordergrund.

Hier ein Beispiel: „Es macht mich ganz verrückt, daß der Ferdi nachmittags immer so rumhängt und wartet, bis etwas geschieht. Er tut niemals was von sich aus, wartet nur, bis einer kommt und ihn holt!"

Die Mutter schildert einen Sachverhalt, auf den wir eingehen können in Form von Ratschlägen, die ihr sagen, was sie alles tun könnte, um Ferdi zu mehr Eigenaktivität zu bewegen. Wir können aber auch auf die Aussage der Mutter eingehen: „Es macht mich ganz verrückt!" Hier zeigt die Mutter Gefühle, die ganz wichtig sind für die Beziehung zu ihrem Sohn. Wenn wir da weiterforschen, können wir uns den unbewußten mütterlichen Einstellungen, Ängsten, Wünschen nähern. Jeder noch so gute Ratschlag verpufft, wenn wir diese Einstellungen nicht verstehen und auflösen. Dann geschieht es, daß Mütter zu den Gesprächen kommen und sagen: „Ich fühle mich jedesmal wie in der Schule, wenn ich komme", daß sie gestehen müssen, daß sie die guten Ratschläge nicht befolgen konnten, versagt haben, wieder einmal! Oder sie gaukeln dem Berater und sich gutmeinend Einsicht, Besserung, ja Begeisterung vor, die nur so lange anhalten, wie der Berater väterliche oder mütterliche Ermutigungen bietet.

Verstehen und Analysieren der mütterlichen Gefühle, Projektionen usw. dem Kind gegenüber heißt noch nicht Therapie der Mutter, es heißt, der Mutter gegenüber eine therapeutische Haltung einnehmen, nicht Partei gegen sie ergreifen, sie ebenso annehmen und verstehen wie das Kind.

Die Mutter des erwähnten Ferdi, das ist ganz deutlich, wünscht, daß ihr Sohn (zehn Jahre) selbständiger wird. Sie merkt nicht, daß sie durch ihr Verhalten jeden Schritt Ferdis in diese Richtung verhindert. Sie kann die Ratschläge, die zu Ferdis Verselbständigung helfen sollen, nicht befolgen, weil ihr diese Selbständigkeit ihres Kindes Angst macht. Angst, von ihm verlassen zu werden wie von ihrem Mann, der sich in seinem Beruf wohler fühlt als daheim. Sie weiß auch, was es heißt, hilflos und unselbständig in der Welt zu stehen. Darunter hat sie als junges Mädchen vom Lande selber sehr gelitten. Sie hat diese Minderwertigkeitsgefühle bis heute nicht vergessen. Sie fürchtet, und das verstand sie ganz allmählich in mehreren Gesprächen, ein selbständiger Ferdi könnte ihr überlegen sein. Sie fürchtet zugleich, mit einem unselbständigen Ferdi als Mutter versagt zu haben in den Augen des Vaters und der anderen. Was sie auch tut, sie ist von einer entsetzlichen Niederlage bedroht, und schuld daran ist Ferdi. Ihre Wut auf ihn zeigt sich im ständigen Kontrollieren und Fehlerverbessern, im Entwerten des Kindes und aller Personen, die sich auf seine Seite schlagen, wie der Lehrerin und der Therapeutin.

In diesem Fall war nach den ersten Sitzungen mit dem Jungen (Bettnässer) klar, daß nur eine intensive Arbeit mit der Mutter die Situation Ferdis in der Familie entspannen konnte. Die Mutter hatte jedesmal, wenn Ferdi mehr als zwei Wochen trocken war, ohne es zu merken, etwas unternommen, um ihn klein zu halten: z. B. ihn gleichzeitig mit dem fünfjährigen Bruder ins Bett geschickt, ihm verboten, beim entscheidenden Fußballspiel des Vereins anzutreten, ihn vom Vater wegen eines kleinen Vergehens am Abend verprügeln lassen. Durch die vermehrte Zuwendung zur Mutter in Gesprächen konnte diese ganz allmählich den Jungen sich selber überlassen. Hatte sie im Vorjahr noch unter der Vorstellung gelitten, ihr Sohn könne den bevorstehenden Muttertag vergessen — sie hatte ihm schließlich Geld gegeben, damit er ihr nur ja etwas kaufe —, so konnte sie jetzt ohne große Ängste den Tag erwarten. Als die Mutter darüber sprach, wurden ihre Zweifel daran, geliebt werden zu können, deutlich. Diese Erkenntnis führte zu einer entscheidenden Wende in der Therapie. Die Mutter bemühte sich um therapeutische Hilfe auch für sich selber.

Wenn wir die Eltern verstehen, können wir einen Weg finden, mit ihnen gemeinsam auch das Kind zu verstehen, das seinen Weg in die Welt über die Eltern nimmt. In der begleitenden Therapie ist es wichtig, auch die anderen Familienmitglieder im Auge zu haben, den Vater und die Geschwister. Es besteht sonst die Gefahr, daß die ohnehin häufig anzutreffende Koalition Mutter und krankes Kind durch die Therapie verstärkt wird. Diese Koalition ist häufig die Ursache für die Zurückhaltung der Väter in der Kindertherapie. Direkt angesprochen und bestärkt in ihrem Wert für das Kind, erscheinen sie in den meisten Fällen und sind bereit mitzuarbeiten. Sie kämpfen nicht mehr gegen die Therapie, sondern stehen ihr wohlwollend, zumindest neutral gegenüber.

In der Therapie des oben beschriebenen Ferdi dauerte es lange, bis der Vater zu Gesprächen bereit war. Eine Weile erschien er regelmäßig. Das Dominanzstreben der Mutter zeigte sich auch in diesen Gesprächen. Trotz der Aufmerksamkeit der Therapeutin wurden daher die Gespräche dem Vater bald zuviel. Er blieb weg und versuchte nun auf seine Art, sich um die Belange seines Sohnes zu kümmern. Vater und Sohn fanden gemeinsame Hobbys. Eine Beziehung entwickelte sich, in der die Mutter keine Rolle mehr spielte. Ferdi fühlte sich aufgewertet. Der Vater hatte, ohne es zu wissen, das Ziel der Therapie durch seinen Rückzug von den Gesprächen besser unterstützt, als er es durch seine Teilnahme zunächst konnte. Er war allerdings der Konfrontation mit seinen ehelichen Schwierigkeiten ausgewichen, die im Rahmen der begleitenden Psychotherapie der Eltern ohnehin zu keiner Bearbeitung geführt hätte.

Die begleitende Therapie ist notwendig, weil die Kinder noch im Beziehungsgeflecht der Familie stecken und auf Grund ihres Alters in abhängiger Position stehen. Neurotische Verstrickungen innerhalb der Familie haben in den meisten Fällen zur Entstehung der kindlichen Neurose beigetragen und halten sie laufend am Leben, solange sie nicht wahrgenommen und verstanden werden. Projektionen der einzelnen Familienmitglieder aufeinander können durch die begleitende Therapie erkannt und vielleicht zurückgenommen werden. Der Inhalt der Projektionen kann dort bearbeitet werden, wo er ursprünglich entstand. Die größten Schwierigkeiten für das Kind entstehen dort, wo, wie im obigen Fall, die bewußten Wünsche und Erwartungen der Mutter an das Kind und die unbewußten Befürchtungen, ja Ängste der Mutter scheinbar gegeneinander wirken. Das Kind erlebt, wie die Mutter es zur vermehrten Selbständigkeit anstachelt, gleichzeitig aber durch ihr anklammerndes und kontrollierendes Verhalten zeigt, daß sie ihm diese Selbständigkeit nicht zutraut, ja sie ihm verwehren möchte, daß sie sich davor fürchtet und ihn deswegen gar ablehnt.

Solche doppelten Botschaften zu erkennen und gemeinsam mit den Eltern aufzudecken ist ein wichtiger Teil der begleitenden Therapie der Beziehungspersonen. Sie können wie im obigen Fall von einer Person ausgehen, häufiger jedoch sind es die unvereinbaren Erziehungsstile oder Ideale der beiden Eltern, die in diesem Sinne auf das Kind einwirken. Das Kind, bemüht, es beiden Eltern recht zu machen, ist verwirrt, verunsichert, fühlt sich alleingelassen.

In der Beratung über die Probleme der Eltern erscheinen natürlich auch viele Einstellungen und Verhaltensweisen, die der Entwicklung des Kindes nicht förderlich sind. Doch wir wollen nicht den weitverbreiteten Eindruck bestärken, das Kind leide vor allem an dem, was die Eltern falsch machen. Wir sehen immer die „schöpferische Kraft" des Kindes am Werke, die es erfinderisch macht, seine familiäre Situation zu bewältigen. Es ist kaum zu überschätzen, wieviel die Kinder insgeheim auch von den Nöten ihrer Eltern wissen. Nicht selten empfindet das Kind es als Entlastung, daß Mutter und Vater in den Gesprächen mit dem Therapeuten Unterstützung finden. Alle Kinder haben eine überaus feine Witterung für die Belastungen der Eltern, und meistens fühlen sie sich ihnen gegenüber verantwortlich oder schuldig, ohne es recht zu verstehen. Daß in solchen Fällen die „Heilung" des Kindes erst durch eine Hilfe für die Eltern möglich wird, leuchtet ein. Auch diesen Aspekt der begleitenden Therapie der Beziehungspersonen gilt es in der analytischen individualpsychologischen Kindertherapie zu beachten.

Literatur

Ackerknecht, L. K., Individualpsychologische Kinder- und Jugendtherapie, Reinhardt, München 1982.

Adler, A., Studie über Minderwertigkeit von Organen, 1907, Neudruck, Fischer, Frankfurt 1977.

—, Der Aggressionstrieb im Leben und in der Neurose, 1908a, in: *Adler, A.* 1973, S. 53-62.

—, Das Zärtlichkeitsbedürfnis des Kindes, 1908b, in: *Adler, A.* 1973, S. 63-66.

—, Die psychische Behandlung der Trigeminusneuralgie, 1910, in: *Adler, A.* 1974, S. 91-111.

—, Organdialekt, 1912a, in: *Adler, A.* 1973, S. 114-122.

—, Über den nervösen Charakter. Grundzüge einer vergleichenden Individual-Psychologie und Psychotherapie, 1912b, Neudruck der 4. Aufl., Fischer, Frankfurt 1972.

—, Individualpsychologische Behandlung der Neurosen, 1913, in: *Adler, A.* 1974, S. 48-66.

—, Neurose und Verbrechen, 1925, in: *Adler, A.* 1982a, S. 59-78.

—, Die Individualpsychologie als Weg zur Menschenkenntnis und Selbsterkenntnis, 1926a, in: *Adler, A.* 1982a, S. 135-157.

—, Individualpsychologie, 1926b, in: *Adler, A.* 1982a, S. 158-168.

—, Nochmals — Die Einheit der Neurose, 1930, in: *Adler, A.* 1982b, S. 35-55.

—, Trick und Neurose, 1931, in: *Adler, A.* 1982b, S. 149-158.

—, Der Aufbau der Neurose, 1932, in: *Adler, A.* 1982b, S. 263-272.

—, Der Sinn des Lebens, 1933a, Neudruck, Fischer, Frankfurt 1973.

—, Über den Ursprung des Strebens nach Überlegenheit und des Gemeinschaftsgefühls, 1933b, in: *Adler, A.* 1983, S. 21-32.

—, (Hrsg.), Heilen und Bilden, 1914, Neudruck der 3. Aufl., Fischer, Frankfurt 1973.

—, Praxis und Theorie der Individualpsychologie, 1920, Neudruck der 4. Aufl., Fischer, Frankfurt 1974.

—, Psychotherapie und Erziehung, Ausgewählte Aufsätze, hrsg. von *Ansbacher, H. L./Antoch, R. F.*, Fischer, Frankfurt, Bd. I 1982a, Bd. II 1982b, Bd. III 1983.

Ansbacher, H. L./Ansbacher, R. R., Alfred Adlers Individualpsychologie. Eine systematische Darstellung seiner Lehre in Auszügen aus seinen Schriften, 3. erg. Aufl., Reinhardt, München 1982.

Blanck, G./Blanck, R., Angewandte Ich-Psychologie, Klett-Cotta, Stuttgart 1978.

—, Ich-Psychologie II. Psychoanalytische Entwicklungspsychologie, Klett-Cotta, Stuttgart 1980.
Brunner, R./Kausen, R./Titze, M. (Hrsg.), Wörterbuch der Individualpsychologie, Reinhardt, München/Basel 1985.
Dreikurs, R., Kinderpsychotherapie durch Erziehungsberatung, in: *Biermann, G.* (Hrsg.), Handbuch der Kinderpsychotherapie, Bd. I, Reinhardt, München 1976.
—, Psychologie im Klassenzimmer, 7. Aufl., Klett-Cotta, Stuttgart 1975.
—, Kinder fordern uns heraus, 11. Aufl., Klett-Cotta, Stuttgart 1976.
Hackenberg, W., Beispiele individualpsychologischer Kindertherapie, in: *Schmidt* 1982, S. 164-179.
Heisterkamp, G., Progressive und regressive Methoden in der Therapie, in: *Mohr, F.* (Hrsg.), Individualpsychologie in der Bewältigung von Lebenskrisen. IV. Delmenhorster Fortbildungstage für Individualpsychologie, Reinhardt, München/Basel 1985a, S. 21-33.
—, Zur Psychodynamik und Psychotherapie der Familie, in: Zeitschrift für Individualpsychologie 10 (1985b) 154-169.
Jacobson, E., Das Selbst und die Welt der Objekte, Suhrkamp, Frankfurt 1973.
Kohut, H., Heilung des Selbst, Suhrkamp, Frankfurt 1979.
Mahler, M. S./Pine, F./Bergmann, A., Die psychische Geburt des Menschen, Fischer, Frankfurt 1978.
—, Symbiose und Individuation, 2. Aufl., Klett-Cotta, Stuttgart 1979.
Mentzos, St., Neurotische Konfliktverarbeitung. Einführung in die psychoanalytische Neurosenlehre unter Berücksichtigung neuer Perspektiven, (Geist und Psyche), Fischer, Frankfurt 1984.
Richter, H. E., Eltern — Kind — Neurose, 2. Aufl., Klett, Stuttgart 1967.
—, Patient Familie, Rowohlt, Reinbek 1970.
Rom, P., Traumdeutung und Selbsterziehung, Rex, Luzern/Stuttgart 1981.
Schmidt, R. (Hrsg.), Die Individualpsychologie Alfred Adlers. Ein Lehrbuch, Kohlhammer, Stuttgart 1982.
Schmidt-Hollmann, I., Kindertherapie, in: *Schmidt, R.* 1982, S. 151-163.
—, Kinder- und Jugendlichenpsychotherapie, in: *Brunner* et al. 1985, S. 221-225.
Seelmann, K., Kind, Sexualität und Erziehung, Reinhardt, München/Basel 1968.
Seidel, U.: Regression als therapeutisches Agens in der individualpsychologischen Therapie — oder: Die ermutigende Begegnung mit dem Defizit, in: *Mohr, F.* (Hrsg.), Individualpsychologie in der Bewältigung von Lebenskrisen. IV. Delmenhorster Fortbildungstage für Individualpsychologie, Reinhardt, München/Basel 1985, S. 90-98.
Selvini Palazzoli, M. et al., Paradoxon und Gegenparadoxon, Klett, Stuttgart 1977.
Schottky, A./Schoenaker, Th., Was bestimmt mein Leben? Rex, München/Luzern 1976.
Sperber, M., Alfred Adler oder das Elend der Psychologie, Fischer, Frankfurt 1971.
—, Individuum und Gemeinschaft. Versuch einer sozialen Charakterologie, Klett-Cotta, Stuttgart 1978.
Spiel, W., Therapie in der Kinder- und Jugendpsychotherapie, Thieme, Stuttgart 1967.
Spitz, R., Die Entstehung der ersten Objektbeziehungen, 2. Aufl., Klett, Stuttgart 1983.
—, Vom Säugling zum Kleinkind, Klett, Stuttgart 1968.
Stadler, A.-E., Die Begegnung des Therapeuten mit seinem kindlichen Patienten in der analytischen Spieltherapie, in: Zeitschrift für Individualpsychologie 10 (1985) 184-193.
Titze, M., Gemeinschaft ist der Sinn des Lebens: Individualpsychologie, Junfermann, Paderborn 1984.

Watzlawick, P., Anleitung zum Unglücklichsein, Piper, München 1983.
Weizsäcker, C. F. von, Modelle des Gesunden und Kranken, Guten und Bösen, Wahren und Falschen, in: *Weizsäcker, C. F. von*, Die Einheit der Natur, Hanser, München 1972, S. 320-341.
Winnicott, D., Reifungsprozesse und fördernde Umwelt, Kindler, München 1974.

Transaktions-analytische Kindertherapie

Elisabeth Kleinewiese, Berlin †

„Die Kinder spielen die Wahrheit!" Das ist die Aussage von Steve im Alter von sieben Jahren.

Die Kinder lehrten mich, daß Kindertherapie heißt, ihnen die Möglichkeit einzuräumen, sich wahr ausdrücken zu können. Sie lehrten mich auch, daß nur sie selbst um die Bedeutung ihrer symbolischen Aussage wissen. Ich hörte auf, ihr Spielen, Malen, Zeichnen und Modellieren zu deuten oder zu interpretieren. Es kann sein, daß ein Symbol von einer Mehrheit von Kindern mit dem gleichen Sinn belegt wird, dennoch besteht auch bei hohem Grad der Ähnlichkeit ein Unterschied von Kind zu Kind.

Ich arbeite mit einer Mischung verschiedener Methoden und setze jeweils aus der Vielzahl diejenige ein, die mir am erfolgreichsten zu sein scheint für ein bestimmtes Kind in einer bestimmten Situation.

Die von *Eric Berne* (geboren 1910 in Montreal, gestorben 1970 in San Francisco) entwickelte Transaktions-Analyse ist für mich ein Schlüssel. Die Sprache ist einfach, die Modelle sind verständlich. Psychische Abläufe kann ich optisch darstellen. Das Kind kann aktiv an seiner Therapie mitarbeiten.

Alle Denkmodelle *Berne*s basieren auf den Ich-Zuständen „Kind-Ich", „Eltern-Ich" und „Erwachsenen-Ich". In das Kind-Ich gehören Bedürfnisse, Intuitionen, Gefühle, Spontaneität, Phantasien, Kreativität, Hoffnungen, Denk- und Verhaltensweisen der Kindheit. Zum Inhalt des Eltern-Ich gehört Erlerntes wie Normen, Regeln, Prinzipien, Wertungen, Beurteilungen, Kulturwerte. Mit seinem Erwachsenen-Ich trifft der Mensch Entscheidungen aufgrund realitätsbezogener Wahrnehmung.

Zu dieser Ich-Zustandsstruktur gehört die Ich-Zustandsfunktion. *Berne* (1972) fand heraus, daß durch Verhaltensbeobachtung erkennbar sein kann, welcher der Ich-Zustände in Funktion ist. Das Funktionsmodell unterteilt das Kind-Ich in die Anteile „Freies Kind", „Angepaßtes Kind", „Rebellisches Kind" und das Eltern-Ich in die Anteile „Kritisches Eltern-Ich" und „Fürsorgliches Eltern-Ich". Für diese Begriffe entstanden in meiner Praxis in der Arbeit mit den Kindern Symbolgesichter. Abbildung 1 zeigt das Funktionsmodell, wie ich es in der Kinderarbeit verwende.

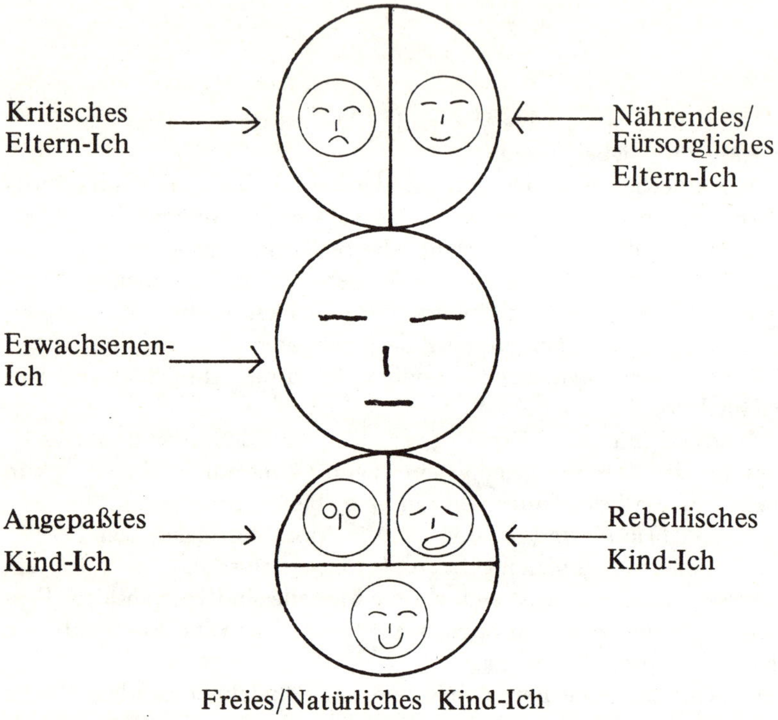

Abb. 1

Für die Gefühle und das zum Kind gehörende Erwachsenen-Ich, genannt „Kleiner Professor", entstanden die Kreisgesicht-Symbole, die Abb. 2 (S. 121) veranschaulicht.

Die Entwicklung der Ich-Zustände ist ungefähr mit dem 12. Lebensjahr abgeschlossen. Bei der Geburt verfügt das Kind über sein Kind-Ich. Eltern-Ich und Erwachsenen-Ich werden durch den Kontakt mit der Umwelt aktiviert. Sie vervollständigen sich zu den Ich-Zuständen der ersten Stufe (Kind-Ich$_1$ / Eltern-Ich$_1$ / Erwachsenen-Ich$_1$) und weiter zu den Ich-Zuständen der zweiten Stufe (Kind-Ich$_2$ / Eltern-Ich$_2$ / Erwachsenen-Ich$_2$; vgl. Abb. 3, S. 121).

Abb. 2

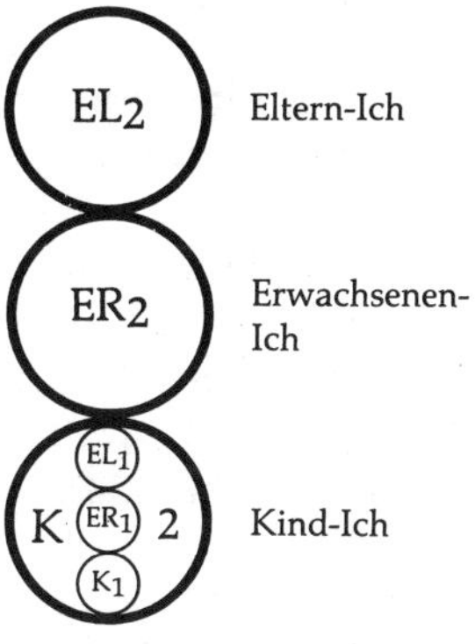

Abb. 3

Zum Erwachsenen-Ich$_1$ gehört das intuitive, unvoreingenommene und magische Denken, zum Erwachsenen-Ich$_2$ das logische und realitätsbezogene Denken. Fühlen, Denken und Handeln des Kindes entsprechen der jeweiligen Entwicklungsstufe der Ich-Zustände. Analog dazu stehen Aussagen und Entscheidungen des Kindes, die in seinen Handlungen und Verhaltensweisen sichtbar werden.

Das Kind wiederholt Geschehnisse im Spiel, wie es sie mit seinem Denken, seinen Gefühlen und seinem Erleben festgehalten hat. Es personifiziert Gegenstände, Eigenschaften, Gefühle und Empfindungen. Es zaubert und glaubt an Märchen. Worte werden wörtlich genommen. „Hals- und Beinbruch" bedeutet Hals- und Beinbruch und nicht Glück. Jeder Anteil des Spieles ist Teil der Person des Kindes, einschließlich des Teiles, den das Kind für sich nicht in Anspruch nimmt.

Das Kind empfängt über alle Sinne und lagert seiner Wahrnehmung gemäß die Botschaften seiner Umgebung in sich ein. Botschaften werden sowohl nonverbal wie verbal übermittelt. Nonverbal durch Verhalten, Körperhaltung, Gestik, Mimik, Tonfall, Stimmlage und Klang der Stimme. Verbal durch Einschärfungen, Anweisungen, Anordnungen, Befehle, Verbote, Gebote. Auch Sprichwörter können Botschaftsträger sein. Das Kind reagiert nicht nur darauf, sondern setzt seinerseits Reize und bestimmt somit sein Umfeld mit.

Die vielfältigen nonverbalen Botschaften haben die *Goulding*s (1979) zusammengefaßt. Sie heißen: Existiere nicht / sei nicht du / sei kein Kind / werde nicht erwachsen / tu nichts / sei nicht wichtig / sei nicht nah / gehöre nicht dazu / sei nicht gesund / schaffe es nicht / denke nicht / fühle nicht! Diese Art von Botschaften haben Bremswirkung gegenüber verbal gegebenen Botschaften, die *Taibi Kahler* (1974) als „Antreiber" bezeichnet. Er nennt fünf: Sei perfekt / arbeite hart / beeil Dich / sei stark / mach es allen recht! Im Alltag gibt es davon zahlreiche Variationen.

Die Mutter, die ihrem zweijährigen Kind verwehrt, sich selbst die Schuhe überzustreifen, obwohl sich das Kind dies zutraut, schimpft später: „Nun mach doch mal, es dauert ja eine Ewigkeit, bis du endlich die Schuhe richtig anhast!" Je mehr die Mutter antreibt, desto weniger gelingt dem Kind. Die nonverbale Botschaft „schaffe es nicht" bremst den verbal formulierten Antreiber „beeil dich". Bremser und Antreiber sind einengende Botschaften. Nicht alle Botschaften sind negativ. Erlaubnisse geben dem Kind Chancen, sein Potential zu nutzen.

Aufgrund der Botschaften, die das Kind für sich annimmt, entsteht sein Zuwendungsmuster. Es richtet sein Verhalten entsprechend seiner Wahrnehmung aus. In das Repertoire wird aufgenommen, was sich als lebenserhaltend erweist. Das ist ein nichtbewußter Vorgang.

Es kann sein, daß echte Gefühle durch erlernte ersetzt werden, zum Beispiel Traurigkeit durch Wut, weil die Mutter signalisiert, daß sie die Tränen ihres Kindes nicht erträgt. Die wütende Auseinandersetzung kann Nähe bedeuten, so daß das Kind lernt, sein Gefühl anzupassen. Es ersetzt das echte Gefühl Traurigkeit durch das erlernte Gefühl Wut. Dieses Kind mag in sein Zuwendungsmuster einzeichnen: Ich zeige Wut, wenn ich traurig bin, denn dieses Verhalten bringt mir Mutters Zuwendung ein!

Im Eltern-Ich unüberprüft gespeicherte Sichtweisen der Welt und die Leistungen des Angepaßten Kindes können die Entscheidungsfunktion des Erwachsenen-Ich trüben. Die realitätsbezogene Wahrnehmung kann dadurch eingeschränkt sein. Ein vom Eltern-Ich und Kind-Ich beeinflußtes Erwachsenen-Ich hat Schwierigkeiten, objektive Rückschlüsse zu ziehen. Eine Trübung ist eine Störung. Die Therapie wendet sich an den ungetrübten Anteil des Erwachsenen-Ich; das Kind erhält neue Informationen. Das Trübungs-Modell wird in der Art gezeichnet, wie es Abb. 4 zeigt.

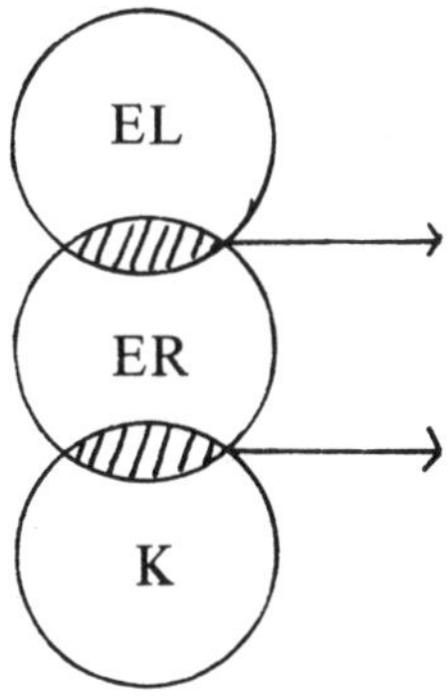

Abb. 4

Eine durch Trübung verzerrte Wahrnehmung ist Ursache für Glauben über sich selbst und die Welt. Ein Kind kann durch die bremsende Botschaft „denke nicht" den Glauben „ich bin dumm" in sich nähren, indem es nur wahrnimmt, was diesen Glauben verstärkt. Die Botschaft „denke nicht" wird vermittelt, indem das Kind zum Beispiel daran gehindert wird, „groß" zu werden. Später hindert es sich selbst und „spielt" hilflos. Bereits im 2. Lebensjahr können Verhaltensweisen beobachtet werden, die in der Transaktions-Analyse als „Spiel" bezeichnet werden. Transaktionsanalyse, Spielanalyse und Skriptanalyse werden anhand von Modellen erklärt, die auch für das Kind verständlich sind.

Transaktionsanalyse:

Transaktion bedeutet das Austauschen je einer Streicheleinheit. Die Art der Beachtung kann sowohl positiv wie negativ sein. Transaktionen verlaufen *parallel, gekreuzt* oder *verdeckt.*

Die üblichsten Ebenen für eine parallele Transaktion sind:

1) Kind A spricht aus seinem Eltern-Ich das Eltern-Ich des Kindes B an, und Kind B benutzt den gleichen Weg. Zum Beispiel sagt Kind A zu Kind B: „Meine Puppe soll jetzt schlafen!", und Kind B erwidert: „Du mußt sie hin und her wiegen!"

2) Kind A spricht aus seinem Erwachsenen-Ich das Erwachsenen-Ich des Kindes B an, und Kind B benutzt den gleichen Weg. Zum Beispiel sagt Kind A zu Kind B: „Wann schreiben wir die Mathe-Arbeit?", und Kind B erwidert: „Am Mittwoch!"

3) Kind A spricht aus seinem Kind-Ich das Kind-Ich des Kindes B an, und Kind B benutzt den gleichen Weg. Zum Beispiel sagt Kind A zu Kind B: „Los, wir rennen um die Wette!", und Kind B erwidert: „Au ja! Eins, zwei drei, los!"

4) Kind A spricht aus seinem Eltern-Ich das Kind-Ich des Kindes B an, und Kind B wendet sich mit seiner Antwort aus seinem Kind-Ich an das Eltern-Ich des Kindes A. Zum Beispiel sagt Kind A zu Kind B: „Leg das jetzt richtig hin!", und Kind B erwidert: „Ja, ich bin schon dabei!"

5) Kind A spricht aus seinem Kind-Ich das Eltern-Ich des Kindes B an, und Kind B wendet sich mit seiner Antwort aus seinem Eltern-Ich an das Kind-Ich des Kindes A. Zum Beispiel sagt Kind A zu Kind B: „Wo habe ich bloß die Knete hingebummelt?", und Kind B erwidert: „Na, da liegt sie doch, sie ist dir runtergefallen!" Das Diagramm in Abb. 5 zeigt die Möglichkeiten paralleler Transaktion.

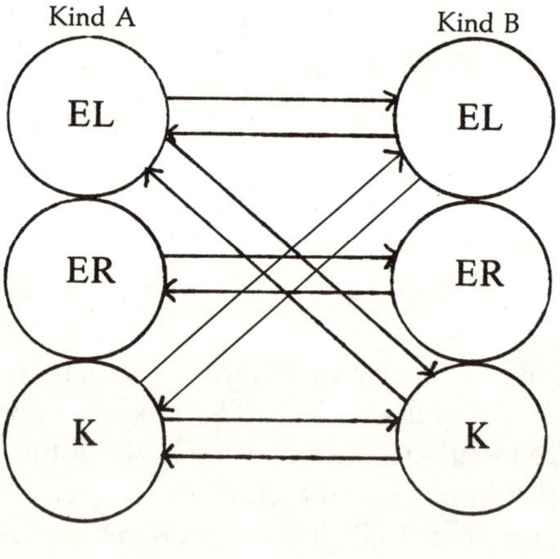

Abb. 5

Parallel verlaufende Transaktionen können beliebig lange fortgesetzt werden, während eine gekreuzte Transaktion Spannung erzeugt und die Kommunikation abbricht. Zum Beispiel, wenn das eine Kind aus seinem Eltern-Ich das Kind-Ich des anderen Kindes anspricht und dieses in der Reaktion dasselbe macht: „Räum ein, wir wollen gehen!", „Ich bestimme, wann wir gehen, du hast hier gar nichts zu sagen!" (Abb. 6).

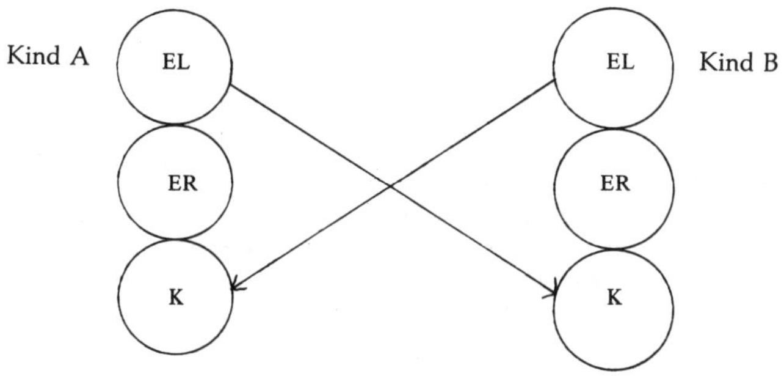

Abb. 6

Schwingt in einer verbalen Aussage ein nonverbales Signal mit, ist das eine verdeckte Transaktion, deren Ausgang auf der psychologischen Ebene entschieden wird. Zum Beispiel: offene Ebene von Erwachsenen-Ich zu Erwachsenen-Ich: „Gehst du heute mit an den Teich?", „Ja!". Verdeckte Ebene von Kind-Ich zu Kind-Ich: „Teich statt Schule?", „Klar, macht doch viel mehr Spaß!" Beide Kinder sind sich einig und schwänzen die Schule (Abb. 7).

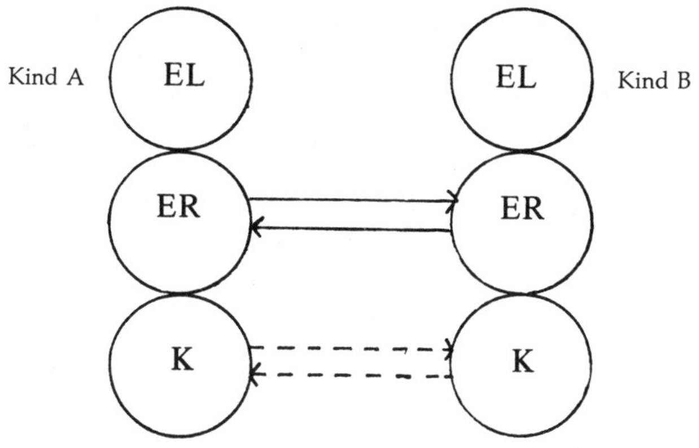

Abb. 7

Das Diagramm der verdeckten Transaktionen eignet sich für ältere Kinder, um ein transaktionales Spiel zu erklären.

Spielanalyse:

Ein transaktionales Spiel besteht aus einer Reihe von Transaktionen, die sich in ihrer Folge bei jedem „Spiel" wiederholen. Es beginnt mit einer Abwertung; ein Bedürfnis wird nicht anerkannt oder mißbraucht, und es endet mit psychischem Unwohlsein. Das transaktionale Spiel wird gespielt, um die Beachtung zu finden, die auf direktem Weg nicht zu bekommen ist.

Beispiel: „Mutti, nimmst du mich auf den Schoß?", „Ich habe jetzt keine Zeit!" Das Kind läuft davon, stößt sich an der Tischkante und beginnt zu weinen. Die Mutter eilt zu ihrem Kind: „Ach, mein armes Kleines!" und nimmt es auf ihren Schoß, um es zu trösten.

Das Kind erprobt mit seinem Kleinen Professor, dem Erwachsenen-Ich 1, welches Verhalten Anerkennung oder Aufmerksamkeit einbringt. Bei vielfacher Wiederholung adäquater Szenen kann das Kind den Situationsinhalt und dessen Verlauf wie einen Mosaikstein seinem Zuwendungsmuster hinzufügen. Das Gleiche kann auf ein einmaliges, sehr starkes Erleben zutreffen.
Für jüngere Kinder läßt sich der Ablauf eines transaktionalen Spieles gut am Modell des Drama-Dreiecks von *Stephen Karpman* (1968) verdeutlichen. Nach *Karpman* findet ein transaktionales Spiel mit der Rollenverteilung Verfolger, Retter, Opfer statt. Diese Rollen können von einer Person allein im Wechsel übernommen werden, oder es beteiligen sich zwei oder mehr Personen an der Verteilung. Der Verfolger kommt aus dem Ich-Zustand des Kritischen Eltern-Ich, der Retter aus dem Ich-Zustand des Fürsorglichen Eltern-Ich. Das Opfer benutzt den Ich-Zustand des Angepaßten Kindes. Die Abb. 8 zeigt das Drama-Dreieck mit eingezeichneten Kreisgesichtsymbolen.

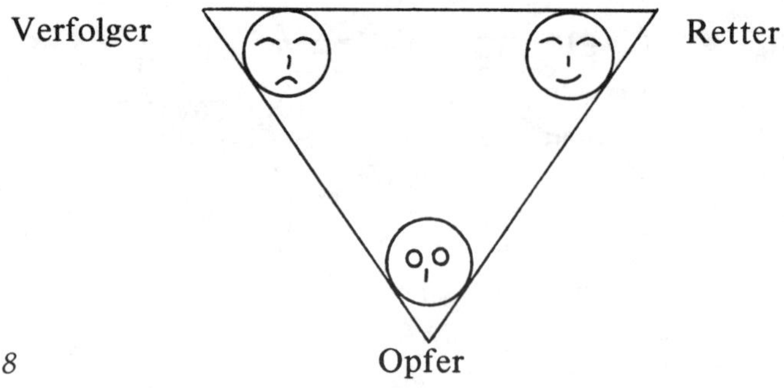

Abb. 8

Dazu das Beispiel eines fünfjährigen Jungen, der das transaktionale Spiel „Tritt mich" spielt. Er läuft auf eine Gruppe Kinder zu, die einen Turm baut. Er schubst den Turm um und provoziert damit Wut auf sich. Von der Verfolger- wechselt er nun in die Retter-Position und meint: „Ich helfe Euch den Turm wieder aufbauen!" Aber im Nu hat er schon eine Ohrfeige bekommen und rennt heulend in der Opfer-Position davon.

Eine andere Art, ein transaktionales Spiel zu erklären, ist das Symbiosemodell von *Schiff* (1977). Eine Möglichkeit symbiotischer Beziehung veranschaulicht Abb. 9. Die eingefügten Kreisgesichtsymbole lassen erkennen, daß in einer Abhängigkeitsbeziehung der Raum fehlt, den das Freie Kind braucht, um sich zu entfalten.

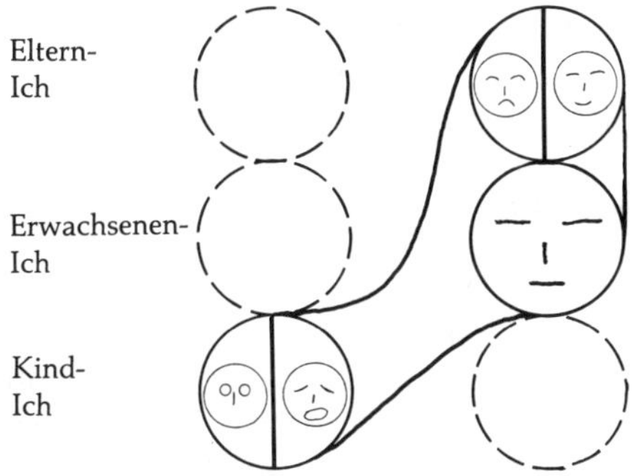

Abb. 9

Zwei Personen benutzen in gegenseitiger Abhängigkeit drei Ich-Zustände. Das transaktionale Spiel ist ein Versuch, die Symbiose zu erhalten. Ursache können einengende Botschaften sein wie „werde nicht erwachsen", „sei kein Kind". Welche Sicht der Welt erlernte das Kind? Zum Beispiel: „Wenn ich hilflos bin, hat mich Mutti lieb!" Die Zuwendung ist an Bedingungen geknüpft, denen sich das Kind anpaßt. Bei Fortbestand der Abhängigkeit wird vermieden, das eigene volle Potential der Ich-Zustände in Besitz zu nehmen. Der Entwicklung von Autonomie wird ausgewichen und statt dessen dafür gesorgt, daß stets ein neuer Symbiosepartner vorhanden ist. Durch die Spielanalyse kann das symbiotische Verhalten und dessen Ursache deutlich gemacht werden.

Es gibt verschiedene Interventionstechniken, mit einem transaktionalen Spiel umzugehen. *Dusay* (1977) spricht von vier Arten: ignorieren, mitspielen, konfrontieren, Alternative anbieten. Der Grund dafür, ein transaktionales Spiel zu ignorieren, kann sein, daß das Kind am Beginn seiner Therapie steht und erst für sich herausfinden will, ob es vertrauen kann. Beim Mitspiel begibt sich der Therapeut auf die Ebene des Kindes und signalisiert, daß er bereit ist, ihm Zuwendung zu geben, seine Pfiffigkeit anzuerkennen oder Verständnis hat für seine Rebellion. Es kann dieselbe Rolle gespielt werden, die das Kind spielt, die ergänzende Rolle, mit Übertreibung, in der Umkehrung, weniger hart usw. Im Mitspiel liegt die Chance zu erfahren, welche transaktionalen Spiele das Kind spielt, in welchem Härtegrad und mit welchem Gewinn. Der Fähigkeit des Erkennens von Zusammenhängen gibt das Kind in seinem Verhalten und Handeln Ausdruck. Das Interesse an Ursache-Wirkungs-Zusammenhängen ist bereits bei fünf bis acht Monate alten Babies beobachtet worden.

Durch Mitspiel ist der Therapeut in der Lage, dem transaktionalen Spiel einen Ausgang zu geben, der bisher für das Kind undenkbar war.

Beispiel: Auf der Fensterbank steht eine Vase mit Blumen. Das Kind bricht die Köpfe ab. Statt des gewohnten „Donnerwetters" erlebt es jetzt, daß sich die Therapeutin an der Handlung beteiligt. Nach anfänglichem Erstaunen des Kindes Wut: „Du bist ganz falsch, Du bist überhaupt nicht richtig, Du sollst nicht die Blumen kaputtmachen, Du sollst mir eine knallen!" Anstelle der Ohrfeige als „Spiel-Ende" steht eine flache Schale mit Blütenköpfen auf dem Tisch.

Sobald eine sichere Vertrauensbasis zwischen Kind und Therapeut besteht, kann konfrontiert werden. Zum Beispiel, wenn das Kind ausweicht, eine Abmachung unterwandert oder altes Verhalten zeigt, obgleich es sich für ein neues entschieden hat. Durch Konfrontation wird erreicht, daß in den trübungsfreien, den nicht von Eltern- oder Kind-Ich beeinflußten Teil des Erwachsenen-Ich Energie fließt. Die Folge ist, daß das Kind sein Erwachsenen-Ich einsetzt, um neu zu ordnen, was es für sich will und was nicht.

Beispiel: Der Grund, warum Hildegard immer ihre eben vollendeten Zeichnungen wieder zerreißt, sind frühere Bemerkungen der Mutter über das „Geschmiere, das nicht erkennen läßt, was es sein soll". Hildegard ist traurig über ihr eigenes Handeln und beschließt, dem inneren Zwang nicht mehr zu folgen und statt dessen ihre Bilder in einer Mappe zu sammeln. Als sie dennoch eine Zeichnung zerreißen will, wird sie an ihre Entscheidung erinnert. Sie hält in ihrem Tun inne: „Stimmt, ich sammle meine Bilder!"

Der innere Mechanismus der Abwertung ist zu überwinden, das neue Verhalten braucht Einübungszeit, um sich zu festigen. Die Alternative zu seinem transaktionalen Spiel findet das Kind selbst heraus durch die Frage: „Was willst Du stattdessen!"

Skriptanalyse:

Ein Skript, d. h. die nicht bewußte Lebensplanung, beruht auf Entscheidungen, die in früher Kindheit getroffen wurden. Werden sie in der Folge weiterhin verstärkt und bestätigt, verfestigen sich die dazugehörenden Empfindungen, Denk- und Handlungsweisen.

Die Miniskript-Matrix von *Taibi Kahler* (1974) ist in Abb. 10 in für Kinder abgewandelter Form gezeigt.

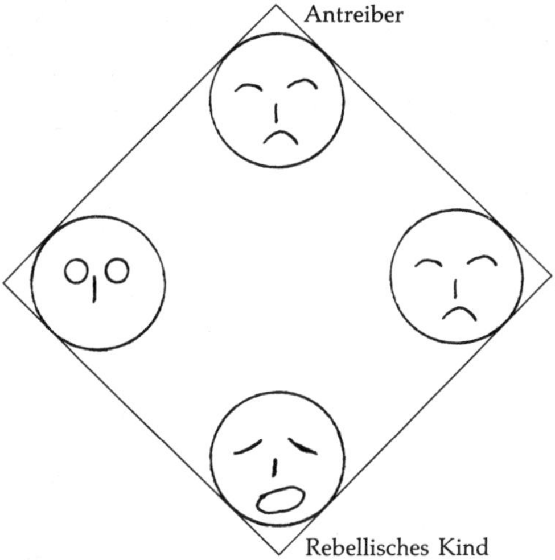

Abb. 10

Zum Beispiel will ein Kind seinen Schrank schnell und ordentlich einräumen und läßt dabei einen Stapel Wäsche fallen; die Stücke müssen neu zusammengelegt werden. „Muß" ist ein Wort, das zum Vokabular des Eltern-Ichs gehört. Das Rebellische Kind-Ich meldet sich. Die Eile, den Zeitverlust aufzuholen, geht auf Kosten der Ordentlichkeit. Mit dem Satz: „Wenn ich es besonders gut machen will, wird es gerade nichts!" bestätigt sich das Kind seinen Glauben von sich selbst. Es empfindet sich als nicht OK. Zu diesem Gewinn gehört das Kreisgesichtsymbol des Angepaßten Kindes, weil das ungute Gefühl das Resultat einer Anpassung ist, die in der Primärumgebung dem Kind in irgendeiner Form Beachtung einbrachte.

Das OK-Miniskript von *Hedges' Capers* (1975) ist für Kinder in Abb. 11, S. 130 dargestellt.

Dazu ein Beispiel eines zehn Jahre alten Jungen, der in eine Szene zurückgeht, wo er mit seinem Vater Fußball spielte. Er verzichtete auf seinen Sieg, damit der Vater gute Laune behielt. Damals entschied er, nicht mehr zu siegen, damit die anderen nett zu ihm sind. Mit dem Kleinen Professor (Erwachsenen-Ich$_1$) traf er damals die Entscheidung, mit ihm trifft er heute die Neuentscheidung.

Erlaubnisse gehen vom Fürsorglichen Eltern-Ich aus und das bejahende Kind vom Freien Kind-Ich-Zustand. Der Gewinn ist ein echtes, frohes Gefühl.

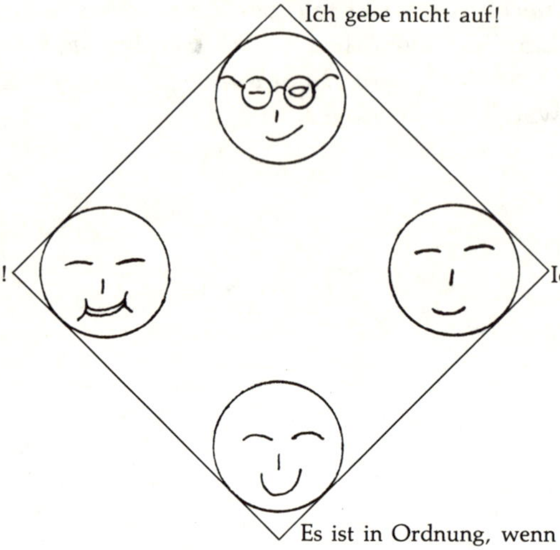

Abb. 11

Das Kritische Eltern-Ich hat sowohl eine positive wie eine negative Seite, je nachdem, ob es sich um angemessene, konstruktive oder um vernichtende Kritik handelt. Das Fürsorgliche Eltern-Ich hat ebenfalls eine positive und eine negative Seite, je nachdem, ob es angemessen fürsorglich handelt oder überfürsorglich, entwicklungshemmend. Für diese Unterscheidung benötigen die Kinder keine zusätzlichen Symbolgesichter, sonst wären sie längst entstanden.

Claude Steiner (1974) entwarf das Modell für die Skript-Matrix. Wie Kinder damit umgehen, zeigt Abb. 12, S. 131.

Neben den nonverbalen Botschaften, die vom Kind-Ich des Vaters und der Mutter an das Kind-Ich des Kindes gehen, und den verbalen Botschaften, die das Eltern-Ich von Vater und Mutter an das Eltern-Ich im Kind richten, gehen für das Kind ebenfalls lebensbestimmende Botschaften vom Erwachsenen-Ich der Eltern an das Erwachsenen-Ich des Kindes. Die Eltern leben dem Kind ihr Lebensmuster vor; das Lebensmuster, aus dem sich das Lebensprogramm ableitet. So kann es sein, daß Eltern nicht das Kind haben, das sie sich wünschen; sie haben das Kind, das spiegelt, was sie selber sind.

Kinder zeichnen Ich-Zustände in unterschiedlichen Größen. Ein Beispiel zeigt Abb. 13, S. 131.

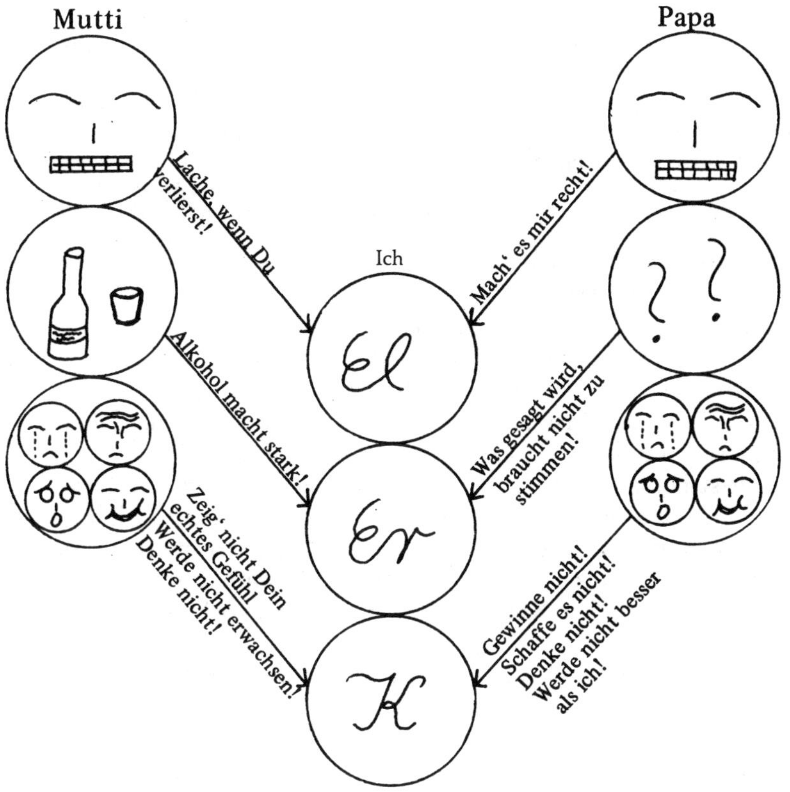

Abb. 12

Abb. 13

Eine solche Zeichnung läßt sich auf das Säulendiagramm von *Jack Dusay* (1977) übertragen. Er nennt sein Modell „Egogramm". *Dusay* nimmt eine bestimmte Menge von Energie an, die sich in den Ich-Zuständen bewegt. Lediglich der Anteil an Energie schwankt und ist von Ich-Zustand zu Ich-Zustand verschieden.

Zu der Zeichnung in Abb. 13 gehört folgender Dialog: „Mein Angepaßter-Kind-Ich-Zustand kleiner, mein Freier-Kind-Ich-Zustand und das Erwachsenen-Ich größer; das ist mein Vertrag!" Therapeutin: „Womit willst Du beginnen, diesen Vertrag zu erfüllen?" Kind: „Ich bin nicht mehr die Hilfsmutter für meine Schwester. Die hat genauso Erzieher wie ich, und die können auf sie aufpassen!" Therapeutin: „Was machst Du mit der Zeit, die du dadurch für Dich hast?" Kind: „Na, spielen, oder ich schreibe eine Geschichte!" Es ist wichtig, eine neu getroffene Entscheidung sofort zu festigen, damit das nicht mehr gewollte Verhalten gleich durch ein gewolltes ersetzt ist.

Der Begriff „Vertrag" meint in der Transaktions-Analyse die Absprache zwischen Klient und Therapeut in bezug auf das Therapieziel. Somit ist der Klient eigenverantwortlich und aktiv mitarbeitend an seiner Verhaltensänderung beteiligt. Entsprechend Alter und Entwicklungsstand können Verträge schon mit Kindern ab ca. dem 4. Lebensjahr geschlossen werden. Es geht um Festlegen und Einhalten einer Abmachung kurz- und langfristiger Art. Die Formulierung ist kurz, prägnant und der Realität entsprechend. Der Vertrag orientiert sich am Bedürfnis des Freien Kindes. Orientiert er sich am Kritischen Eltern-Ich oder am Angepaßten Kind-Ich wird das Vertragsziel nicht erreicht, da sich das Rebellische Kind dagegen auflehnt und die Energie verweigert, die als dynamischer Schub benötigt wird. Jedes durch den Vertrag erreichte Teilziel ist ein Erfolgserlebnis. Das Kind kann seine Fortschritte selbst feststellen, die zum Behandlungsziel, der Erfüllung des großen Vertrages, führen. Den Weg, der zum Ziel führt, findet das Kind allein heraus, sobald es die Erlaubnis annimmt, die es im Schutzraum des therapeutischen Umfeldes erprobt. Erlaubnis ermutigt das Kind, seine Bedürfnisse wahrzunehmen, zu zeigen und zu erfüllen; sich so zu verhalten, wie es der eigenen Persönlichkeit entspricht. Damit es dies gefahrlos tun kann, benötigt es Schutz. Die Erlaubnis hat nur Sinn, wenn sie in Schutz eingebettet ist (*Pat Crossman*, 1966). Es ist ein Risiko, Erlaubnis auszuprobieren, da dies die elterlichen Botschaften herausfordert. Der Schutz ist solange erforderlich, bis das Kind gelernt hat, mit der Erlaubnis umzugehen.

Die in der Kindertherapie angewandten Modelle der Transaktions-Analyse werden für das Kind durch die Kreisgesicht-Symbole faßbar. Die Begriffe haben Gesichter, und mit dieser visuellen Darstellung kann das Kind etwas anfangen. So benutzt es die Kreisgesichter auch im Spiel. Das freie Umgehen mit diesem Material gibt Hinweise in bezug auf die Diagnose. Welches Symbol wird zuerst, zuletzt, überhaupt nicht genommen? Welches Symbol wird verdeckt, untergeschoben oder umgedreht? Malt das Kind die Kreisgesichts-Symbole aus, entwickelt es neue? Mit welchem Symbol stellt es eine Verbindung zu anderem Material her? Wie verhält es sich gegenüber dem Begriffsbild? Was äußert oder erzählt es dazu? Ordnet es Farben zu, Formen, Hartes, Weiches, verbindet es das Gesagte mit dem Sceno-Kasten von *von Staabs* (1964)? Werden Puppen die Gesichter der Kreissymbole aufgeklebt? Stellt es mit dem Ausdruck der Kreisgesichter Masken her? Die Kinder haben dazu ständig neue Ideen.

Kinder verstehen über Begriffsbilder, und so gehören auch die Märchen dem Kind. Es findet darin seine Probleme wieder und die Lösungen dafür. *Berne* (1972) und *English* (1976) haben herausgefunden, daß sich mit Hilfe von Märchen, einer Geschichte, Erzählung oder Sage, die das Kind am liebsten mag, der unbewußte Lebensplan oder Skriptanteile erkennen lassen. Die Kinder identifizieren sich mit den Figuren des Märchens, der Sage oder Geschichte. Es gibt soviele Lebenspläne wie Menschen. *Berne* (1970) unterscheidet zwischen Gewinner-, Nichtgewinner- und Verlierer-Skript. *Steiner* (1974) unterscheidet zwischen banalen und tragischen Skripts. Einen Gewinner nennt *Berne* Prinz, einen Nichtgewinner oder Verlierer Frosch. Der Frosch ist ein verzauberter Prinz. Kinder sind Prinzen und Prinzessinnen, durch Negativbotschaften zu Fröschen geworden. Es kann sein, daß ein Kind über „sein" Märchen sein Skript darstellt und verändert.

Die achtjährige Sylvia zum Beispiel spielt in der ersten Therapiestunde Hänsel und und Gretel, indem sie eine Mädchenfigur aus dem Sceno-Kasten mitten in den Raum setzt. Damit gibt sie ihrer Situation Ausdruck. Ihre Mutter lebt in einer Nervenheilanstalt, sie selbst im Kinderheim. Sylvias Lebensprogramm ist: Wenn man verrückt ist, braucht man keine Verantwortung zu übernehmen und wird versorgt! Ihr Glaube ist: An mir ist was nicht richtig! Danach hat sie ihr Verhalten ausgerichtet. In ihrer letzten, der 26. Therapiestunde, gehen Hänsel und Gretel als zwei Personen mit den Eltern in den Wald, um gemeinsam Picknick zu machen. Sylvia benutzt jetzt keine Figuren oder Puppen, sondern übernimmt alle Rollen selbst mit Ausnahme weniger Passagen, wo sie die Therapeutin einsetzt. Im Wald scheint die Sonne, die Vögel singen, die Tiere laufen hin und her, die Eltern tragen einen großen Korb voller Eßwaren. An einer Lichtung wird haltgemacht, ein Tischtuch ausgebreitet, Kissen werden dazugelegt, und die ganze Familie genießt. Es wird gelacht, gesungen, die Familienmitglieder sind nett zueinander und zu sich selbst. Meinungsverschiedenheiten werden wahrgenommen und besprochen. In aller Eintracht geht es abends gemeinsam nach Hause zurück. „Die Geschichte ist wahr!" sagt Sylvia zum Abschied. Einen Tag später zieht sie zu Pflegeeltern um, mit denen ein Jahr lang vorbereitend gearbeitet wurde. Sylvia wechselt in eine vertraute Umgebung.

In der Transaktionsanalyse gibt es die Erzählung *Claude Steiners* (1974) von den „warmen Fuzziers" und den „kalten Pricklies". Damit werden für Kinder warme und kalte Gefühle, warme und kalte Zuwendung gegenständlich. Kinder, die kalte Zuwendung (harte Worte, strenge Miene, Schläge) gewöhnt sind, empfinden sich als nicht erwünscht, nicht geliebt und minderwertig. Um in ihrem Lebensbereich Beachtung zu finden, entscheiden sie sich für ein Verhalten, das provozierend ist und ihnen die „kalten Pricklies" sichert. Solche Kinder wenden sich oft schon in der ersten Therapiestunde den Kuscheltieren zu oder wählen aus dem Sack mit den „warmen Fuzzies". Als „warme Fuzzies" befinden sich in dem Sack aus Wolle hergestellte Pompons unterschiedlicher Größe und Webfellstücke. Damit haben die Kinder bereits den ersten Schritt zur Verhaltensänderung für sich getan, denn sie haben sich erlaubt zu erleben, was ein „warmer Fuzzy" ist. Fragen sie am Ende der Stunde, ob sie ein Kuscheltier, einen Pompon oder ein Fellstück mitnehmen dürfen, sind sie noch zwei Schritte weiter auf sich zugegangen; sie haben nach einer Zuwendung gefragt und sie auch angenommen. Haben sie dann gelernt, daß ein „warmer Fuzzy" eine positive Zuwendung ist, die in freundlichen, verständnisvollen Worten, einem Lächeln oder Streicheln der Haut oder über den Kopf enthalten ist, können sie sich neu entscheiden. Frage: „Was tust du, um Schelte oder Schläge zu erhalten, damit du dich schlecht fühlen kannst?" Das Kind weiß das genau! „Macht dich das glücklich?"

Gefühle sind Teil der Persönlichkeit des Kindes, auf die es ein Recht hat, und so braucht es als erstes die Erlaubnis, seine Gefühle wahrzunehmen. Fühlt sich das Kind nicht gut, hat es ein Recht, auch diese Gefühle wahrzunehmen und auszudrücken. Dem gegenüber steht: „Probier aus, wie es für dich ist, wenn du den anderen anlächelst, freundlich zu dir und ihm bist, etwas Nettes sagst; wie fühlst du dich dann?" Die Kinder erleben, daß warme Zuwendung etwas ganz Neues erzeugt, nämlich das Empfinden, bedeutsam, wertvoll und einmalig zu sein, sie fühlen sich geliebt. Auf die Frage: „Wie erreichst du, daß dir ein warmer Fuzzy, eine positive Zuwendung gegeben wird?" wissen die Kinder bald mehr Antworten als auf die Frage, wie sie es anstellen, sich einen kalten Prickly einzuhandeln. *Steiner* (1974) nennt fünf Lernschritte, die dazu führen, immer genug „Fuzzies" parat zu haben: geben, annehmen, erleben, darum bitten und sich selbst streicheln etwa durch Selbstlob, Selbstbelohnung. Sobald das Kind bereit ist, Lob anzunehmen, wird anfangs auch der kleinste Lernschritt in Richtung positiven Verhaltens verstärkt.

Bei der ersten Begegnung zwischen dem Kind und mir nehme ich seinen Ausdruck und sein Verhalten auf und stelle mich mit meinem Ich-Zustand auf den Ich-Zustand des Kindes ein. So empfindet sich das Kind sofort als angenommen.

Ich ziehe die Einzeltherapie der Gruppentherapie vor, da die Ursache der Störung zumeist in der Zeit begründet liegt, wo sich das Kind als Teil seiner Mutter erlebt. Bei Kindern ist der Lebensplan noch nicht gefestigt, die Ich-Zustände befinden sich im Stadium der Entwicklung. Das Kind stellt im Spiel dar oder es geht in die Regression. In der Therapie werden Zuwendung, Wärme, neue Botschaften und viel Zeit gegeben. Das Kind nimmt Sicherheit, Geborgenheit, Schutz und Erlaubnis auf. Was nonverbal entstand, kann auch nur über den nonverbalen, empfindungsmäßigen Weg verändert werden. Es gibt Kinder, die bis in vorgeburtliches Geschehen zurückgehen, denn sie wissen um die Erwartungshaltung ihrer Eltern, bevor sie geboren wurden. In der Regressionsarbeit *ist* das Kind das Ungeborene, Neugeborene, der Säugling oder das Kleinkind. Neues Umfeld und neue Botschaften schaffen neue Gegebenheiten, so daß das Kind zu einer Neuentscheidung in bezug auf seinen Lebensplan gelangt. Das Kind überwindet die fundamentale Angst, bestraft zu werden, wenn es aufhört, sich an die alten Botschaften zu halten. *Spielt* das Kind eine zurückliegende Begebenheit wie zum Beispiel die Geburt, bleibt es in seinem Alter und trifft aus diesem Entwicklungsabschnitt heraus mit seinen kindlichen Ausdrucksmitteln neue Entscheidungen, die zur Skriptveränderung führen. Die Veränderung wird im Spiel des Kindes und in seinem Verhalten sichtbar.

Es ist wichtig herauszufinden, welche Art von Schutz und Erlaubnis das Kind benötigt. Sein Erwachsenen-Ich kommt nicht ohne verläßliche Information aus, sonst traut sich der Kleine Professor keine neuen Entscheidungen zu und blockt, denn seine alten Entscheidungen waren lebenserhaltend.

Fallbeispiel:

Torben ist 4 ½ Jahre alt. Er wird von seiner Erzieherin zur ersten Therapiestunde gebracht. Er schaut mich neugierig an und sagt als erstes: „Papa hat sich einen Finger abgeschnitten, aber er war nicht besoffen!" Im Fall von Torben findet die erste Transaktion auf der Erwachsenenebene statt. Torben gibt mir Information über Grund der Heimeinweisung aus seiner Sicht. Torben erhält meinerseits Information über Sinn und Möglichkeiten der Therapiestunden sowie deren Tag und Zeit. Er quittiert das mit: „Aha, dann kann ich ja bei dir ein Tiger sein!", und geht sofort in diese Rolle. Er spielt einen Tiger, kraftvoll, stark und gewandt, mit wunderbar glänzendem Fell.

Abrupt bricht er diese Szene ab, setzt sich und beißt sich Blut aus der Haut. Ich streichele seinen Rücken: „Streicheln lassen ist besser, als sich zu kratzen und zu beißen!" Torben entspannt sich und schläft ein. Am Ende der Stunde frage ich ihn: „Wirst du daran denken, nächsten Montag um drei Uhr wiederzukommen?" „Ja, ich werde!" Torben erfüllt diesen Vertrag, denn er steht zur nächsten Stunde pünktlich vor der Tür.

In der zweiten Stunde tröstet er ein Häschen. Nach Torbens Meinung ist es traurig, daß es auf dem Poster und nicht auf seinem Arm ist. Er phantasiert es in seinen Arm und spielt mit dem gedachten Häschen.

Torben: „Du mußt sagen: Wo ist denn die Mutter?"
Therapeutin: „Wo ist denn die Mutter?"
Torben (ganz sanft): „Hier bin ich doch Kind! So bist du jetzt zu mir, ja? Ich bin dein Kind!"

Die Stunde geht mit Kinderspielen wie „Jetzt kommt die Maus ...", „Geht ein Mann die Trepp hinan..." und anderen zu Ende.

In der dritten Stunde beschäftigt sich Torben mit der Schreibmaschine. Bei zaghaftem Anschlag sind die Buchstaben schwach gebildet, bei starkem gut zu lesen. „Guck mal, ich bin gut zu sehen, wenn ich das so mach!", und er wiederholt einen kräftigen An-

schlag. „Die großen Buchstaben sind Mütter, die kleinen Buchstaben sind Kinder!" stellt er fest. Er zieht den Bogen aus der Maschine und tuscht ein Krokodil. Kaum fertig überdeckt er es mit Farbe: „Du darfst nicht verraten, daß darunter ein Krokodil ist!"
Therapeutin: „Du bist wütend, aber es darf keiner sehen?"
Torben: „Ja, steck das Bild weg!"

In der vierten Stunde spielt Torben mit den kleinen Autos auf dem Flachdach des Puppenhauses: „Die haben nicht mehr Platz, die sind in einem Käfig, bloß das Gitter siehst du nicht runterfallen!" „Gib mir mal die Figur da!" Ich reiche Torben eine Jungenfigur aus dem Puppenhaus. Er wiederholt, wie ich ihn an der Tür begrüßte: „Ah, da bist du ja! Schön, daß du da bist!" und fügt „Kind" hinzu. „Der muß den Autos sagen, wie sie aufpassen müssen, damit sie das lernen, nicht runterzufallen!"
Therapeutin: „Was kann das kleine Schwein tun, damit es nicht gefressen wird?"
Torben: „Lieb sein!"
Therapeutin: „Wie sieht das aus?"
Torben: „So!" Er ist ein Tigerkind. „Guck, ich habe noch meine Krallen!"
Torben reckt und streckt sich: „Jetzt bin ich ein großer Tiger. Guck, ich habe keine Krallen mehr!"
Therapeutin: „Liebsein heißt Krallen einziehen?"
Torben: „Nicht zeigen!"

Zu den Kreisgesichtssymbolen macht Torben folgende Aussagen:
Symbol für das Gefühl Angst: „Das Kind hat Angst, weil es keine Höhle hat!"
Symbol für das Rebellische Kind-Ich: „Dem werden die Zähne stumpf gemacht, damit es zahm ist!"
Symbol für das Erwachsenen-Ich$_2$: „Der ist gefährlich!"
Symbol für das Kritische Eltern-Ich: „Das Kind hat eingeschissen! Ich kann dich nicht leiden, wenn du das machst! Böses Kind, du sollst nicht in die Hosen scheißen!"
Symbol für das Gefühl Traurigkeit: „Keiner hat mich lieb!"
Symbol für das Erwachsenen-Ich$_1$, Kleiner Professor: „Hm! Schlau!"
Symbol für das Fürsorgliche Eltern-Ich: „Der gibt mir 'nen Anschwung!"
Symbol für das Freie Kind-Ich: „Dem geht's gut!"
Symbol für das Gefühl Wut: „Hast Du was angestellt?"
Symbol für das Gefühl Freude: „Der hat gut lachen!"
Symbol für das Angepaßte Kind-Ich: „Der hat's schwer, weil er nichts sagen kann!"

„Male meine Ichs an, bitte, und dann schreib daneben, daß mein Eltern-Ich überhaupt nichts sagt; es schämt sich, weil ich im Heim bin!"

Ich zeichne die Kreisgesichtssymbole in das Funktionsmodell ein. „Und nun mal mal das Teddy-Ich! Teddy hat Angst, manchmal weint er, sagt nichts, ist wütend oder lacht. Der Teddy hat auch ein Erwachsenen-Ich; male das jetzt ein! Wenn Teddy Hunger hat, esse ich für ihn, denn Teddy kann das ja nicht. Ich bin gute Teddy-Eltern, male ein gutes Teddy-Eltern-Ich!" Wie das Teddy-Ich aussieht, zeigt Abb. 14, S. 137.

In der nächsten Stunde beginnt Torben, Tafel, Stühle und Tische abzuwischen.
Therapeutin: „Du schuftest heute so, was ist los?"
Torben: „Du denkst wohl, ich bin wütend? Ich bin lieb!"
Therapeutin: „Macht dir das Liebsein Spaß?"
Torben: „Nee!"
Therapeutin: „Mach etwas, das dir Spaß macht!"
Torben holt sich Kreide und fährt mit der Längsseite des Stückes über die Tafel.
Torben: „Frag Torben, was er da macht!"
Therapeutin: „Torben, was macht Torben da?"
Torben: „Der macht Schnee! Frag Torben, warum er Schnee macht!"

Abb. 14

Therapeutin: „Torben, warum macht Torben Schnee?"
Torben: „Nee, frag erst den Torben, warum er hier saubergemacht hat!"
Therapeutin: „Torben, warum hat Torben hier saubergemacht?"
Torben: „Weil ich dann lieb bin! Und jetzt frag das mit dem Schnee!"
Therapeutin: „Torben, warum macht der Torben Schnee?"
Torben: „Weil es ihm Spaß macht!"

Diese Wechselrede zeigt, daß Torben weiß, daß es einen Dialog der Ich-Zustände gibt. Torben, das Angepaßte Kind, das lieb sein will, unterhält sich über seinen Kleinen Professor, das Erwachsenen-Ich₁, mit Torben, dem Freien Kind, das Spaß haben will. Mit seiner Entscheidungsinstanz, dem Kleinen Professor, hat Torben zugunsten seines Freien Kindes entschieden. Neue Information, Schutz und Erlaubnis lassen das Ausprobieren eines Verhaltens zu, das nicht vom Angepaßten Kind dem Kritischen Eltern-Ich zuliebe zur Schau gestellt wird, um Beachtung zu finden.

Es folgt eine Stunde, in der Torben auf Gleichklang mit mir besteht. Er und ich bauen ein Haus, was bedeutet, daß zweimal das gleiche Haus entsteht. Anschließend wird in derselben Weise gemalt. Motiv, Farben und jede einzelne Handbewegung müssen übereinstimmen. Torben: „Sag jetzt: das ist sehr schön mit dir, mein Kind!" Ich wiederhole den Satz, und Torben schmiegt sich in meine Arme, um an meinem Finger zu saugen. Damit geht er zurück in die Geborgenheit der Säuglingszeit.

Eine Woche später legt sich Torben gleich zu Beginn seiner Stunde in meinen Arm und baut sich mit Kissen zu: „Ich bin jetzt in Deinem Bauch, aber ich bewege mich schon! Ich gebe Botschaften: Gleich kommt mein Kind, auf das ich schon so lange warte. Ich freue mich auf diesen Augenblick. Ob es wohl ein Junge ist und blond? (Torben hat helles Haar!) Ich weiß, ich werde ein hübsches Kind haben, und es ist sehr klug. Wir werden viele schöne Dinge miteinander machen, schmusen, spielen. Manchmal wird mein Kind auch traurig sein. Weinen macht Wehtun kleiner. Mein Kind darf weinen, wenn es weinen will. Manchmal wird mein Kind auch wütend sein. Ich sehe seine Wut, es braucht sie nicht zu verstecken. Manchmal wird mein Kind auch Angst haben. Dann wird es sagen, ich habe jetzt Angst. Doch meistens wird mein Kind fröhlich sein. Mein Kind zeigt, wie ihm zumute ist, es braucht nicht zu schauspielern, weil es alles recht machen will. Ich hab mein Kind lieb, so wie es ist!" Torben liegt ganz still und hört zu. Ich wiege ihn ganz leicht, was er eine Weile genießt, dann hält er es nicht mehr aus und wirft mit dem Ruf: „Ich komme!" die Kissen zur Seite. Er schlingt seine Arme um meinen Hals: „Ich bin da, Mutti, und habe Hunger, gib mir die Flasche!"

In der darauffolgenden Stunde ist er ein Krabbelkind, das Brei gefüttert haben will.

In einer anderen Stunde setzt sich Torben auf die Schaukel. Er hat inzwischen gelernt, sich selbst in Bewegung zu bringen, so gebe ich ihm keinen Anschwung mehr. Er ruft: „Wer gibt mir Anschwung?" Ich rufe zurück: „Torben!" Im Nu ist er runter von der Schaukel und stellt sich wütend vor mich hin: „Soll ich dir eine hauen?"

Therapeutin: „Davon hast Du keinen Anschwung!"

Torben: „Dann schmeiße ich alles aus dem Puppenhaus raus!", und er wirft mit Wucht den Schrank aus dem Puppenhaus auf den Fußboden.

Therapeutin: „Davon hast Du keinen Anschwung!"

Torben geht zur Schaukel zurück und gibt sich Anschwung. Torben nimmt auf, daß sein Problem nicht durch Gewaltanwendung zu lösen ist, sondern durch eigene konstruktive Aktivität. Seine Einladung zum transaktionalen Spiel läßt deutlich das symbiotische Angebot erkennen. Auf die scheinbare Hilflosigkeit wird nicht eingegangen, stattdessen sein Erwachsenen-Ich angesprochen. Torben wechselt vom Angepaßten-Kind-Ich-Zustand in sein Erwachsenen-Ich. Er besetzt sein Erwachsenen-Ich mit Energie und gibt seine Passivität auf. Verhaltensweisen, die nicht zur Problemlösung beitragen, gehören nach *Schiff* (1975) zur Passivität, so auch die destruktive Handlung der Gewalt.

In seiner letzten Stunde verzaubert sich Torben zuerst in einen Regenwurm: „Ich bin ein Regenwurm und werde zertreten! Denkste, denkste, ich bin jetzt ein Walfisch!" Torben steigt in die Badewanne und rutscht darin umher. „Ich bin ein Walfisch, die Badewann ist viel zu klein für einen Walfisch!"

Therapeutin: „Ja, ich sehe es, ein Walfisch braucht das Meer!"

Torben: „Ja, deshalb gehe ich jetzt hier raus und werde wieder Torben. Ich gehe ganz hier weg. Die Erzieher brauchen gar nicht die Tür zuzumachen, wenn sie reden. Kinder wissen ja doch alles, und ich komme hier weg!"

Torben ist für 16 Stunden einmal wöchentlich in Therapie. Er drückt seine Empfindungen in Symbolsprache aus. Da er aktiv an einer Verhaltensänderung mitarbeitet, ist er innerhalb weniger Wochen pflegefamilienfähig. Er löst seinen Glauben „Keiner hat mich lieb!" auf. Er zeigt Wut offen und versteckt sie nicht mehr unter angepaßter Geschäftigkeit, die den Antreiber „mach es mir recht" verrät. Er hört auf, sich blutig zu kratzen. Statt dessen freut sich Torben an der in ihm wohnenden Energie, und er nimmt seine Kraft in Besitz. Nach einer Probezeit geht er voller Neugier und Schwung auf sein neues Leben in der Pflegefamilie zu.

Jedes Kind hat sein eigenes Tempo der Therapie, und je nach Lebens- und Entwicklungsalter in Relation zur Phase, in der die Störung entstand, auch seine eigene Art. Das Kind weiß, was für es richtig ist. Es findet den Weg, auf dem es sein Defizit auflöst. So wie Kinder in einer krankmachenden Umwelt genau das Richtige tun, um zu überleben, tun sie genau das Richtige an Veränderung für sich, wenn dies in angstfreier Atmosphäre zugelassen wird.

Literatur

Babcock, D. E., Miteinander wachsen, Chr. Kaiser, München 1980.

Barnes, G., Transaktionsanalyse seit Eric Berne, Institut für Kommunikationstherapie, Berlin 1979.

Berne, E., Spiele der Erwachsenen, Rowohlt, Hamburg 1970.

Berne, E., Was sagen Sie, nachdem Sie guten Tag gesagt haben?, Kindler, München 1972.

Capers, H., Winning and Losing, *TA-Journal*, (1975).

Crossman, P., Permission and Protection, *TA-Bulletin*, (1966).

Dusay, J. M., Egograms, Harper and Row, New York 1977.

English, F., Transaktionale Analyse und Skriptanalyse, Altmann, Hamburg 1976.

Freed, A. M., TA for Tots and other Princes, Jalmar Press, Sacramento 1973.

Goulding, M., *Goulding, B.*, The Power is in the Patient, TA Press, San Francisco 1978.

—, , —, Changing Lives through Redecision Therapy, Brunner & Mazel, New York 1979.

Harris, A., Ich bin OK — Du bist OK, Rowohlt, Hamburg 1975.

Kahler, T., The Miniscript, *TA-Journal*, (1974).

Karpman, St., Fairy Tales and Script Drama Analysis, *TA-Bulletin, (1968).*

Kleinewiese, E., TA with Children — Visual Representation Model of the Ego States, *TA-Journal*, (1980).

—, Kreisgesicht-Symbole, Eigenverlag, Berlin 1980.

—, All Deine Ich, Eigenverlag, Berlin 1981.

Schiff, J. L., Cathexis Reader, Harper and Row, New York 1975.

Schiff, S., Personality Development and Symbiosis, *TA-Journal, (1977).*

Staabs, G. v., Der Scenotest, Hans Huber, Bern 1964.

Steiner, C., Scripts People Live, Grove Press, New York 1974; dtsch.: Wie man Lebenspläne verändert, Junfermann, Paderborn 1982.

Varga, G. v., Ratschläge sind auch Schläge, Werner Flach KG, Frankfurt/M. 1979.

Katathymes Bilderleben mit Kindern

Günther Horn, Karlsruhe

1. Überblick

Die Behandlungsmethode des Katathymen Bilderlebens (KB) wurde in den 50er Jahren von *Hanscarl Leuner* entwickelt. Seither hat diese Therapieform eine zunehmende Verbreitung gefunden. Immer häufiger werden damit auch Kinder behandelt.

Die theoretische Basis des KB ist die Psychoanalyse. Ohne Kenntnis derselben bleiben wesentliche Phänomene dieser Methode unverständlich. Das hat zur Folge, daß eine überzeugende Vermittlung der theoretischen Grundlagen des KB nur in einer ausführlichen Dokumentation erfolgen kann. Nachfolgender Bericht muß sich deshalb notgedrungen auf die Darstellung der wichtigsten theoretischen Grundpositionen sowie einiger veranschaulichender Beispiele aus der Praxis beschränken. Er bezieht sich ferner nur auf die Beschreibung der klassischen Form der KB-Therapie, der *Einzeltherapie.* Andere Formen der KB-Therapie wie etwa Paar-KB zwischen einem Elternteil und einem Kind oder Kindergruppen-KB können bei dieser Darstellung nicht berücksichtigt werden. Die nachfolgenden Ausführungen befassen sich mit der KB-Therapie von Kindern im Alter von etwa 7 bis 13 Jahren. Auch KB-Therapie mit Jugendlichen hat sich sehr bewährt. Theoretische Grundlagen und praktisches Vorgehen lassen aber eine gesonderte Darstellung notwendig erscheinen und können hier ebenfalls keine Berücksichtigung finden.

Das therapeutische Vorgehen im Katathymen Bilderleben gliedert sich in *Grundstufe, Mittelstufe* und *Oberstufe.* Dabei kommt der Therapie auf der Ebene der *Grundstufe* eine besondere Bedeutung zu: Nicht nur der Einstieg in eine KB-Therapie erfolgt auf ihr. In vielen KB-Therapien kann sich das Vorgehen auch im weiteren Behandlungsverlauf mehr oder weniger auf sie beschränken. Dieser Bericht konzentriert sich deshalb besonders auf ihre Darstellung. Eine umfassende Darstellung dieser Therapiemethode ist im *„Lehrbuch des Katathymen Bilderlebens"* von *Leuner* (1985) zu finden.

2. Allgemeine theoretische Positionen

Das KB ist in seiner Anwendung zwischen Psychoanalyse einerseits und stützenden Verfahren andererseits einzuordnen. Nach *Leuner* geht es von zwei Prämissen aus:

„1. daß das Erleben des Menschen — und sei es auch nur in der Phantasie — und die damit verbundene Freisetzung emotional-affektiver Impulse gemäß der jeweiligen individuellen Bedürfnisse eine intensive, d. h. tiefgreifende Auseinandersetzung mit sich selbst zur Folge hat,
2. daß diese phantasiegetragene Auseinandersetzung unter den empirisch gewonnenen Einsichten der Tiefenpsychologie zu betrachten und am besten aufzuschlüsseln ist." (*Leuner* 1977, S. 9)

Wie alle Tagtraumtechniken basiert das KB auf einem Zustand der *vertieften psychophysiologischen Entspannung*, der an der Schwelle zum Einschlafen oder Aufwachen spontan auftritt oder auch durch einfache verbale Entspannungssuggestionen durch den Therapeuten herbeigeführt werden kann (*Leuner* 1980, S. 13). Der Patient gerät dabei auf eine Erlebnisebene, die sowohl hinsichtlich ihrer Phantasiebilder wie auch ihres emotionalen Gehalts einem früheren, oft sogar sehr frühen Lebensalter entspricht. Gleichzeitig lassen sich die dabei auftauchenden Imaginationen als *Symbolisationen unbewußter Probleme des Subjekts* auffassen. Bei der Anwendung des Katathymen Bilderlebens macht der Therapeut sich diesen Vorgang zunutze. Er fordert den Patienten auf, sich bequem hinzusetzen bzw. hinzulegen, sich zu entspannen und sich einem gewissen Vorstellungsinhalt (*Motiv*), etwa einer „Wiese", hinzugeben.

Die *Motive der Grundstufe* sind: *„Wiese", „Bachlauf", „Berg", „Haus"* und *„Waldrand"*. Die *therapeutische Technik* der Grundstufe beinhaltet im wesentlichen *übendes Vorgehen;* das primäre Ziel ist die Annäherung des Patienten in seiner Imagination an angsterweckende bzw. als fremd erlebte Objekte und seine Aussöhnung mit diesen. Er erlebt sich dabei zunehmend selbst in diesen Bildern. Nach *Leuner* bestätigen sich im KB folgende Hypothesen:

„1. Die Strukturierung des imaginativen Feldes durch innere Konflikte,
2. das Vorliegen einer mobilen Projektion mit Wandlungsphänomenen an fixierten (stereotypen) imaginierten Inhalten,
3. damit verbunden eine Kontrolle der Wirkung als Folge eines therapeutischen Eingriffs oder eines spontanen Erlebniseinbruches." (*Leuner* 1980, S. 17)

Die auf dem Wege des Katathymen Bilderlebens beim Patienten hervorgerufene Auseinandersetzung mit konfliktbesetzten inneren Bildern ist in der Regel von mehr oder weniger starken Emotionen begleitet. Wie kaum eine andere Methode ist diese dafür prädestiniert, den häufig anzutreffenden narzißtischen Hintergrund psychischer Störungen auf der Bild- und Erlebnisebene zugänglich und neurotische Störungen so von ihren häufig sehr frühen biographischen Wurzeln her bearbeitbar zu machen. Dies wird dadurch ermöglicht, daß im leicht hypnoiden Zustand die im Wachbewußtsein wirksamen Charakterabwehren und Zensurschranken gelockert und dadurch verdrängte Konflikte und nicht gelebte Bedürfnisse (bis hin zu solchen archaischer Natur) auf imaginativer Ebene freigesetzt werden; es kommt zu einer Projektion des bisher nicht verbalisierbaren inneren Erlebens in die visionierte Bildwelt. Dabei hat das Vorgehen im KB zwei besondere Vorzüge:

1. Anders als zum Beispiel projektive Tests, kommt das KB ohne materielle Vorgaben aus. *Behrens* (1983, S. 22) weist darauf hin, daß nach Ergebnissen der sozial-perception-Forschung umso mehr persönlichkeitsspezifische Faktoren in die Projektion eingehen, je geringer das Material strukturiert ist (*Klein* 1951). Der KB-Therapeut ist grundsätzlich gehalten, das Motiv *völlig unstrukturiert* vorzugeben: „.... und nun stellen Sie sich eine Wiese vor ...". So stammen alle Charakteristika und Details des Imaginationsbildes vom Patienten. Auch der feinste Wandel innerer Gegebenheiten des Patienten schlägt sich deshalb in einer Änderung des katathymen Bildes nieder (*Leuner* 1980, S. 17).
2. Im KB ist der Patient unmittelbar mit seinen eigenen Bildproduktionen konfrontiert. Das hat zur Folge, daß — im Gegensatz etwa zur Psychoanalyse — sogenannte *Übertragungsprozesse* sich meistens nicht mit der bekannten Schärfe auf den Therapeuten beziehen, sondern großenteils auf die visionierten Objekte gerichtet werden. Das heißt nicht, daß sich in der KB-Therapie keine Übertragungsprozesse in der Therapeut-Patient-Beziehung entwickeln. Sie relativieren sich aber dadurch, daß sich die projektive Energie des Patienten (*Projektionsdruck*) zu einem hohen Anteil auf der Ebene der katathymen Bilder verwirklicht. Zudem hat das KB den Vorzug, daß auch das *analytische Introjekt* (*Volkan* 1978, S. 74) als solches auf der Imaginationsebene deutlich wird.

Diese und andere Faktoren lassen es erklärbar erscheinen, daß durch die Methode des KB oft schon in kurzer Zeit wesentliche Veränderungen der Einstellung und des Verhaltens bei Patienten erreicht werden können. U. a. weisen *Wächter* und *Pudel* (1980) nach, daß sich derartige Veränderungen schon nach wenigen Sitzungen zeigen. Das KB wird deshalb häufig als eine *Kurztherapie* angewendet, bei der sich die Anzahl der Therapiestunden auf 15-50 beschränkt. Dabei umfaßt die Imaginationsdauer einer Sitzung beim erwachsenen Patienten im allgemeinen etwa 25-35 Minuten, beim Kind je nach Alter und Situation 5-20 Minuten.

3. Theoretische Positionen des KB mit Kindern

Die erste Veröffentlichung über die Anwendung des KB bei Kindern stammt ebenfalls von *Leuner* (1969). Die erste ausführliche Arbeit erschien 1977 (*Leuner* et al.). Diesen Arbeiten und eigenen Beobachtungen zufolge ist das KB in der Lage, bei neurotisch gestörten Kindern nach entsprechender diagnostischer und indikatorischer Abklärung oft schon in kurzer Zeit eine Besserung zu erzielen.

3.1 Vorzüge des KB im Kindesalter

1. Das KB schließt eine Lücke zwischen der Spieltherapie einerseits und dem therapeutischen Gespräch andererseits. Schon *Leuner* (1970) weist darauf hin, daß sowohl der Spieltherapie („hinsichtlich des Alters des Kindes sowie seiner seelischen Strukturen") als auch dem Gespräch (das sich „meist auf den Austausch sachlicher Informationen und orientierender Stellungnahmen beschränkt") Grenzen gesetzt sind. Ferner stellt er fest: „Auch die Traumarbeit oder das freie Assoziieren bleibt in dieser Zwischengruppe, etwa vom Achtjährigen bis zum Endpubertierenden, meist unergiebig ... An dieser Stelle nun, gewissermaßen in Fortführung der produktiven Spieltherapie mit anderen Mitteln, hat sich das katathyme Bilderleben bewährt. Der Patient gewinnt mit seiner Hilfe erneut den Zugang zu bewußtseinsferneren Erlebnisbereichen unter Umgehung der geschilderten generellen und unerwünschten Abwehrvorgänge." (*Leuner* 1970, S. 212)

2. Das KB hat den Vorzug, dem Kind eine Auseinandersetzung mit seinen Konflikten auf der *Symbolebene* zu ermöglichen. Damit kann eine zu frühe intellektuelle Auseinandersetzung mit den eigenen Problemen vermieden werden.

3. Wie kaum eine andere Therapiemethode bietet das KB Möglichkeiten, dem in der neueren Literatur wieder häufiger beschriebenen und für einen positiven Therapieverlauf so wichtigen *narzißtischen Erleben* Rechnung zu tragen (*Kohut* 1981; *Grunberger* 1982; *Kernberg* 1980). Für die Kindertherapie ist dies von besonderer Bedeutung. Seelisch gestörte Kinder erfahren häufig dadurch eine narzißtische Kränkung, daß sie sich beim ihnen so wichtigen Vergleich ihres Könnens und ihrer Gewandtheit mit Leistungen anderer Kinder und Erwachsener nicht als diesen überlegen oder wenigstens ebenbürtig erleben können. In der Spieltherapie, einer auch nach *Leuner* (1977, S. 13) für dieses Alter als sehr wichtig eingestuften Therapieform, stößt der Therapeut auf ein Dilemma, wenn das Problem des Nicht-Verlieren-Könnens auftritt. Er muß solche Kinder bei fast jeder Form von Wett-

kampfspielen entweder durch Niederlagen über Gebühr enttäuschen, oder er läßt sie gewinnen und begibt sich damit in den Konflikt eigenen unechten Verhaltens. Dieses Problem ist nur in einem imaginativen Verfahren wie dem KB zu lösen, in dem sich das Kind auf der Phantasieebene narzißtisch bedingte Vorstellungen eigener „Grandiosität" gestatten kann. Hier mag daran erinnert sein, daß sich die Grundvoraussetzung für das KB, die kindliche Phantasie, bereits vom Säuglingsalter an besonders immer dann entwickelt, wenn starke Wünsche an die Eltern z. B. nach Nahrung und Nähe andrängen und deren Erfüllung zunehmend als *Vorstellung*, als „Imagination" erlebbar wird, solange sie aus eigener Kraft und Entscheidung noch nicht erfüllbar sind.

4. Die Methode des KB ist in ihrer Anwendungsmöglichkeit bei Kindern und ihrem besonderen Bedürfnis nach kreativer Betätigung im Spiel, beim Malen und Tonen besonders variabel. Das KB kann sowohl als Haupttherapieform als auch kombiniert mit Spieltherapie eingesetzt werden. Auch nur gelegentlich eingestreute KB-Sitzungen können entscheidend zur „Dynamisierung" derselben beitragen. Sie geben darüber hinaus noch wichtige diagnostische Aufschlüsse über den Behandlungsprozeß. Über derartige Kombinationsmöglichkeiten wurde bereits berichtet (*Horn* 1982, S. 58 f).

5. Das KB kann als *Einzeltherapie*, als *Paartherapie* mit einem Elternteil und einem Kind gemeinsam (*Klessmann* 1982, S. 58) oder auch als Gruppentherapie (*Klessmann* 1977, S. 84) eingesetzt werden. Die Anwendungsmöglichkeiten für KB-Gruppentherapie bei Kindern sind allerdings noch wenig erforscht.

6. Im Einzelfall können die Imaginationen eines Kindes besser als andere Äußerungen dazu dienen, den Eltern seine innere Situation aufzuzeigen und damit Verständnis für seine speziellen Probleme zu wecken (*Leuner* 1977, S. 14).

3.2 Für welche Altersstufe ist KB anwendbar?

Ganz allgemein kann man feststellen, daß sich dem Kind im Verlauf der Entwicklung die Aufgabe stellt, sich in der realen Welt unter ständiger Korrektur seiner infantilen Wünsche und unter Einsatz aller seiner Sinne sowie in relativer Gebundenheit an seine elterlichen und / oder anderen Beziehungspersonen zu entwickeln. Das hat sowohl Konsequenzen für die Indikationsstellung des KB in dieser Altersstufe als auch für die Imaginationsinhalte:

Das Kind erlebt ganzheitlicher als ein Erwachsener. Eigene Vorstellungen und damit verbundene Emotionen erfassen noch stark die Gesamtpersönlichkeit. Emotionale „Bewegung" schafft sich beim Kind oft noch unmittelbar Ausdruck in körperlicher Bewegung. Im KB zeigt sich dies dann u. a. häufig und in beeindruckender Weise als ein *hoher Anteil eigener Handlungsvorstellungen*. Das Kind möchte damit lernen, sich unter Einsatz aller seiner Fähigkeiten mit den realen Gegebenheiten auseinanderzusetzen. Auch Konflikte, die es im KB auf der Symbolebene erlebt, werden häufig dieserart angegangen. So sehr es auch bereit sein mag, sich mit ihnen auseinanderzusetzen, ist es doch Ziel der Entwicklung des kindlichen Ichs, zunehmend zu lernen, sich gegen aufsteigende eigene Emotionen abzugrenzen.

Bis zu einem gewissen Alter von etwa 6-7 Jahren sind Kinder von den aus dem Inneren aufsteigenden Bildern und damit verbundenen Emotionen oft übermäßig beeindruckt. Man spricht vom *Phantasiealter* und vom *Märchenalter*. *Hetzer* spricht von einem *Denken in Bildern* (1961, S. 74 f). *Kroh* beschreibt das Kind dieses Alters als ein „leib-seelisches Totalwesen in fast ungebrochener Einheit" (1961, S. 47 f) und weist darauf hin, daß das Kind „auf dieser Stufe in einem ungeheuren Grade an Erlebnisfähigkeit" gewinnt. Tatsächlich ist die Beunruhigung für ein Kind in diesem Alter oft so groß, daß es mit starken Ängsten, Schlafstörungen und anderen Auffälligkeiten reagiert. Die Phantasie ist häufig derart stark ausgeprägt, daß sie sogar im Wachzustand dominiert und dem Kind z. B. objektiv unbedrohliche Dinge als gefährlich erscheinen läßt. Vor diesem Hintergrund wird verständlich, daß im allgemeinen mit Kindern bis zum 7. Lebensjahr nur selten KB-Sitzungen durchgeführt werden. Nach meiner Kenntnis sind diese nur dann möglich, wenn der Therapeut durch eine entsprechend starke suggestive Führung dem Kind die nötige Sicherheit und Geborgenheit vermittelt und gleichzeitig die noch geringe Strukturierungsfähigkeit des Kindes kompensiert. Man muß sich dann aber fragen, ob es sich bei diesem Vorgehen noch um ein Bild-„erleben" handeln kann oder ob es sich in Wirklichkeit nicht viel mehr um eine hypnosenahe Beeinflussung handelt.

Mit dem Eintritt des Kindes in die *Latenzzeit* (*S. Freud* 1905) wird es zunehmend fähiger, sich im KB mit den aus dem Unbewußten aufsteigenden Bildern und Handlungsvorstellungen zu konfrontieren. Der Hauptanteil der mit dem KB behandelten Kinder ist einer Umfrage zufolge (*Horn* 1981, S. 217) 8-12 Jahre alt. Diese Altersstufe ist in etwa deckungsgleich mit der Latenz. Es handelt sich hier um eine *sexuelle Schonzeit*, in der die Triebenergien zum Aufbau des Ichs und zu seiner konkreten Bezugnahme zur äußeren Realität verwendet werden (*Bornstein* 1951).

Alle Aktivitäten des Kindes in diesem Alter verlagern sich jetzt in Richtung eigenen Könnens und Durchsetzens. Vor allem dadurch verschafft es sich die für dieses Alter typische und für sein Selbstwertgefühl so wichtige narzißtische Befriedigung. Es will jetzt seine Umwelt kennen und *beherrschen* lernen. Psychologisch befindet es sich in der sogenannten *Realitätsprüfung* (*Dührssen* 1954, S. 28). An die Stelle von Märchenspielen treten jetzt zunehmend Wettkampfspiele. Auch die Rollenspiele selbst haben — wie z. B. beim Indianerspiel — Kampfcharakter. Die Phantasie des Kindes wird jetzt — stärker als zu jeder anderen Zeit des Lebens — von Handlungsvorstellungen mitgeprägt. Dieser Vorgang kann in eindrucksvoller Weise auch in den KB-Imaginationen beobachtet werden. Im Einzelfall kann er sowohl negativ (als *Abwehr* eigener verdrängter Inhalte) als auch positiv (als ein Umgehen- und sich Abgrenzen-Lernen des Ichs und als „Angriff" zur Bewältigung zu erwartender Anforderungen) gewertet werden. Wie wichtig gerade imaginative Handlungsvorstellungen für die nachfolgende Bewältigung realer Anforderungen sein können, hat *Klinger* (1984) aufgezeigt: Menschen, die sich eine bestimmte Tätigkeit imaginativ vorstellen, erzielen anschließend im Realverhalten bedeutend bessere Ergebnisse als solche, die z. B. sich nur auf das Betrachten derselben Tätigkeit bei einer anderen Person beschränken.

3.3 Überlegungen zur Indikation

Die Aufnahme einer KB-Therapie bei einem Kind setzt eine gründliche diagnostische Abklärung unter tiefenpsychologischen Gesichtspunkten voraus. Eine ausführliche Anamneseerhebung unter besonderer Berücksichtigung der Familiendynamik sowie eine spezielle Testuntersuchung, die auch eine KB-Sitzung mit einschließt, sind erforderlich. Den bisherigen Überlegungen zufolge ist die Indikation für eine KB-Therapie mit einem Kind dann gegeben, wenn die Bewertung unter möglichst allen der nachfolgend genannten Gesichtspunkte positiv ausfällt:

(a) unter dem Gesichtspunkt der seelischen Störung des Kindes,
(b) unter dem des augenblicklichen Entwicklungsstandes des Kindes,
(c) unter Berücksichtigung der speziellen Imaginationsfähigkeit des Kindes,
(d) unter familiendynamischen Gesichtspunkten.

Im einzelnen sind dabei folgende Überlegungen zu berücksichtigen:

Zu (a): Grundsätzlich sind im Kindesalter neurotische Störungen der unterschiedlichsten Struktur mit dem KB behandelbar. Da sich das

Kind noch in der Entwicklung befindet, sind die Strukturen noch nicht verfestigt. Bestimmte Gegenindikationen, wie z. B. bei der schweren Depression eines Erwachsenen, gibt es nicht. Wie auch beim Erwachsenen wird aber häufig eine etwas eingeschränkte Imaginationsfähigkeit des stark schizoiden oder zwanghaften Kindes beobachtet.

Eine indikatorische Überlegung im Einzelfall wird nötig bei einem verwahrlosten Kind. Ganz allgemein kann gesagt werden, daß KB-Therapie hier umso mehr angezeigt ist, je größer der neurotische Anteil an der Verwahrlosung ist. Einer speziellen Überprüfung bedarf es auch bei Störungen, die sich durch Stottern bemerkbar machen. Erfahrungsgemäß ist ein Teil derselben mit dem KB durchaus angehbar, während bei anderen wiederum keine Besserung erzielt werden kann. Einen wesentlichen Aufschluß wird der KB-Test selbst geben: Es zeigt sich dabei rasch, ob das Stottern verstärkt auftritt oder ganz verschwindet.

Im übrigen wird in der Literatur wie auch in den Fallbesprechungsseminaren, die von den KB-Organisationen durchgeführt werden, vom Verschwinden der verschiedensten Symptome während einer KB-Therapie berichtet, z. B. Leistungsversagen, Konzentrationsstörungen, Ängste, Einnässen, Eßstörungen, Kontaktstörungen, Magersucht u. a. m.

Zu (b): Bei der Indikationsstellung ist unabhängig von der jeweiligen Struktur auch der augenblickliche Entwicklungsstand mit zu berücksichtigen. Es gibt bestimmte Zeiten, zu denen eine KB-Therapie aufgrund ihrer Disposition zur *kontrollierten Regression* (*Leuner* 1981, S. 162) besonders angezeigt oder aber auch gegenindiziert ist. Hier kann im Einzelfall nur unter Abwägung vieler Faktoren entschieden werden.

Zu (c): Imaginationsfähigkeit und -bereitschaft müssen gegeben sein. Die Imaginationsfähigkeit ist erfahrungsgemäß umso größer, je mehr das Kind von klein auf die Möglichkeit hatte, mit Puppen zu spielen und Rollenspiele durchzuführen. Hatte es keine Gelegenheit und Anreiz zu *Projektionsspielen*, erlebt es die Aufforderung, sich imaginativ mehrere Minuten lang und in regelmäßiger Sitzungsfolge etwas vorzustellen, oft als Überforderung. Die Imaginationsbereitschaft wiederum darf als umso größer eingeschätzt werden, je vertrauter bzw. erstrebenswerter sich einem Kind aufgrund entsprechender Vorerfahrungen (z. B. durch selbst erlebte oder aber sehr vermißte gemeinsame Gespräche der Mutter mit dem Kind am Bettrand vor dem Einschlafen) die Möglichkeit darstellt, sich einem Erwachsenen im entspannten „schlafnahen" Zustand anzuvertrauen. *Leuner* weist auf die

Ähnlichkeit der Übertragungs- und Gegenübertragungssituation im KB mit der Mutter-Kind-Beziehung, aufgrund des Settings hin (*Leuner* 1981, S. 162). Man darf annehmen, daß dies für einen jungen Patienten in besonderer Weise zutrifft. Über Imaginationsfähigkeit und -bereitschaft kann der KB-Test selbst wesentlich Aufschluß geben.

Zu (d): Die Frage der Indikation stellt sich auch und besonders unter familiendynamischen Gesichtspunkten. Bei Aufnahme einer KB-Therapie müssen diesbezüglich verschiedene Voraussetzungen gewährleistet sein: Die Eltern sollten zu einer positiven Mitarbeit bereit sein. Im Einzelfall, besonders bei schon älteren Kindern, kann es auch genügen, wenn erwartet werden darf, daß die Eltern die Therapie wenigstens nicht negativ beeinflussen. Aktuelle problemverursachende Konflikte bei den häuslichen Beziehungspersonen sollten nicht so groß sein, daß sie die zu erwartenden Fortschritte beim Kind egalisieren. Schließlich sollte auch sichergestellt sein, daß durch die Behandlung des Kindes dieses nicht in seiner Rolle als „Symptomträger" (*Kos-Robes* 1981, S. 197) fixiert wird.

4. Das KB mit Kindern in der Praxis

Die KB-Sitzungen mit Kindern werden meistens im Sitzen durchgeführt. Näheres zum Setting wurde bereits veröffentlicht (*Leuner* 1977, S. 17; *Horn* 1977, S. 51 f). Der Therapeut sitzt neben dem Kind, und zwar parallel zu ihm, so, als würde er gemeinsam mit ihm einen Film betrachten. Umfangreichen Befragungen zufolge sitzt der Patient meistens rechts vom Therapeuten. Diese Anordnung scheint für einen Behandlungserfolg zwar nicht zwingend zu sein, es ist jedoch bemerkenswert, daß sie spontan von den meisten so gewählt wird.

Bevor der Therapeut eine KB-Sitzung mit dem Kind durchführt, sollte er eine gewisse Vertrauensbeziehung zu ihm aufgebaut haben. Je nach therapeutischem Geschick kann dies bereits in der Erstvorstellung der Fall sein. Das KB selbst wird dem Kind als „Phantasiespiel" (*Leuner* 1969, S. 393) vorgestellt. Es wird mit kindgemäßen Worten darauf vorbereitet, was es erwartet. Leicht verständlich ist für das Kind die Bezugnahme auf die Bilder, die plötzlich auftauchen, wenn man abends bereits im Bett liegt, die Augen geschlossen hat, aber noch nicht schläft. Auch die Dauer des „Phantasiespiels", im Erst-KB meistens 10 Minuten, wird dem Kind bereits vorher mitgeteilt. Es wird dann aufgefordert, sich bequem hinzusetzen, die Augen einfach zufallen zu lassen und sich „angenehm müde" und „angenehm schwer" zu fühlen.

Eine Untersuchung, die ich an 220 Kindern im Alter von 7-11 Jahren durchgeführt habe, ergab, daß mit etwa 95 % derselben auf Anhieb KB-Sitzungen von etwa 10 Minuten Dauer möglich sind (*Horn* 1982, S. 56). Es hat nicht nur überrascht, daß Kinder dieses Alters in so großem Umfang in der Lage sind zu imaginieren. Bemerkenswert war ebenso, daß 90 % der so getesteten Kinder nach dem KB angaben, die Sitzung als „schön" und/oder „nicht schwer" erlebt zu haben.

Während es unter Berücksichtigung bestimmter Regeln relativ leicht ist, mit Kindern einzelne diagnostische KB-Sitzungen durchzuführen, erfordert die Durchführung einer längeren Therapie mit dem KB gründliche Kenntnisse. Nach meiner Beobachtung gehen hierbei die Therapeutenvariablen (*Leuner* 1981, 25 ff., 113 ff.) besonders stark in das Ergebnis ein. Kinder dieses Alters reagieren sehr feinspürig auf die innere Einstellung des Therapeuten ihnen gegenüber. Ohne entsprechende Selbsterfahrung, auch selbst in der Rolle als „Kind", wird dieser schwerlich die Befähigkung erlangen, mit einem Kind eine KB-Therapie durchführen zu können. Es kommt besonders darauf an — und im Grunde gilt dies auch für andere Therapiemethoden — daß es für das Kind „verlockend" ist, sich mit dem Therapeuten zu identifizieren. Stärker noch als der Erwachsene ist das Kind darauf angewiesen, daß es einen positiven Bezug zum Behandelnden entwickeln kann, wenn es in seiner Entwicklung durch ihn gefördert werden soll.

4.1 Zur Haltung des Therapeuten

Die Haltung des Therapeuten sollte gekennzeichnet sein durch *Wärme*, bedingungslose (nicht grenzenlose) *Akzeptanz, Rhythmus und Kontinuität* der Zuwendung (*Bartl* 1984, S. 117) und *positives Leitbild eigener Stimmung und Aktivität.* Während die drei ersten Variablen allgemeinverständlich erscheinen, soll noch näher dargestellt werden, weshalb dem „positiven Leitbild eigener Stimmung und Aktivität" eine so wichtige Bedeutung zukommt.

Die Identifikationsmodelle, die unsere Kinder heute bei ihren Eltern, Lehrern und anderen Leitbildern vorfinden, sind weitgehend als negativ zu kennzeichnen. Sie lenken die Aufmerksamkeit nur selten auf das, was sie richtig machen und schreiben, sondern mehr oder weniger nur auf das, was ihnen mißlingt. Die Kinder erleben z. B. im allgemeinen bei ihrem Lehrer nicht, wie es Spaß machen kann, eine Geschichte zu schreiben. Sie erfahren aber aus seinem Munde täglich, wie man diese besser schreiben kann. Dieser Trend: *Nicht machen, sondern besser machen,* kann in unserer Gesellschaft vom höchsten politischen

Gremium bis hinein in jede Familie beobachtet werden. So ist es auch nicht verwunderlich, daß unsere Kinder ebenfalls gut lernen, zu kritisieren und zu nörgeln, daß ihnen heute aber oft die Freude fehlt, etwas zu leisten. Immer größer wird die Zahl der narzißtisch gestörten Kinder (und auch der Erwachsenen!), die keine Lust mehr zu einem Wettspiel haben, weil sie befürchten, dabei zu verlieren. Kinder in der Latenz, die sich aufgrund ihrer Entwicklung besonders gern mit anderen Kindern dieserart messen möchten, sind durch die negative Leitbildwirkung der heutigen Pädagogen besonders stark betroffen. Aus diesem Grunde erscheint es vordringlich, daß junge Patienten beim Therapeuten selbst erleben können, wie es Spaß machen kann, selbst etwas zu entwickeln und zu gestalten. *Volkan* (1978, S. 74) spricht von der Notwendigkeit, daß der (erwachsene) Patient ein *analytisches Introjekt* in sich aufnimmt. Bei Kindern ist dies noch notwendiger als bei Erwachsenen.

Eine größere Aktivität des Therapeuten zeigt sich auch in seiner Bereitschaft, das Kind gegebenenfalls zu führen, wenn es selbst nicht mehr weiter weiß. Dabei kommt es aber besonders darauf an, daß die Führung durch den Therapeuten nicht als ein Besserwissen, sondern als *inneres Mit-Dabei-Sein* erlebt wird. Dazu ein Beispiel:

Andreas, 10 Jahre alt, wird wegen schwankender Schulleistungen, extremer Bewegungsunruhe und mangelhafter Einordnungsbereitschaft vorgestellt. Die Beziehung zu seiner Mutter gestaltete sich problematisch. Das zeigt sich in symbolischer Weise im KB-Test. Er imaginiert u. a. eine Wiese, auf der sich Kühe befinden. Befragt, was er gerne tun möchte, sagt er: „Sie wild machen!" Dann erschreckt er die Kühe und diese verfolgen ihn: „Die rennen eben auf mich los, und ich kann mich grad' noch durch den Zaun retten." (Therapeut: „Aha. Möchtest du, daß die auf dich losrennen?") „Nee". („Vielleicht könntest mal etwas anderes machen als sie erschrecken, daß sie friedlich werden? Ob du sie mal fütterst?") „Ja". („Bring ihnen doch mal was zum Fressen, Rüben — oder so — ob sie's mögen.") „Ja". („Fressen sie?") „Ja". Die Kühe sind dann nicht mehr böse auf ihn. Er kann zu ihnen gehen und sie streicheln.

Einer aktiven Grundhaltung des Therapeuten entspricht auch die *Orientierung an realen Maßstäben.* Das heißt: Der Therapeut sollte sich so verhalten, wie er es gegebenenfalls auch in der Realität tun würde. Befände sich ein Kind z. B. in einer Gefahr, würde man auch nicht zu lange warten, bis es womöglich Schaden genommen hat, um ihm dann zu erklären, was es falsch gemacht hat. Man würde sehr wohl bald gemeinsam mit ihm überlegen, was es zur Verbesserung seiner Situation unternehmen könnte.

Orientierung an realen Maßstäben bedeutet aber mehr als nur eine allgemeine Hilfsbereitschaft dem Kind gegenüber. Sie bedeutet, das Kind teilhaben zu lassen am Erfahrungsvorsprung des Erwachsenen.

Zur Illustration auch dazu ein Beispiel: Fühlt ein Kind sich im KB von einem Hund bedroht, so könnte seine spontane Reaktion die des Davonlaufens sein. Wer aber weiß, wie sich ein Hund normalerweise in der Realität verhält, wird dem Kind davon abraten: Ein Hund beißt in aller Regel nicht, solange man ihm zugewandt bleibt und sich dabei gegebenenfalls rückwärts aus seinem Territorium entfernt.

4.2 Zu den Motiven der Imagination

Die Imaginationen der Kinder werden nicht dem Zufall überlassen. Es gibt eine Reihe von Motiven, die dem Kind nach der einleitenden Entspannung vorgegeben werden. Auch im weiteren Imaginationsverlauf greift der Therapeut immer wieder durch entsprechende Interventionen ein. Man spricht deshalb auch von einem *gelenkten Tagtraum* (*Leuner* 1970b, S. V). Bei den Motiven, die zur Imagination vorgegeben werden, handelt es sich um Bilder, die sich auch spontan am häufigsten darstellen und psychodynamisch relevant sind (*Leuner* 1977, S. 18). Das Kind bzw. der Patient gestaltet diese dann entsprechend seinem eigenen Erleben und seiner individuellen Konfliktlage aus, ergänzt oder entstellt sie.

Grundsätzlich können alle Motive, die vorgegeben werden, sowohl unter diagnostischen als auch unter therapeutischen Gesichtspunkten eingesetzt werden. Es hat sich aber bewährt, dem Kind zum Zwecke der diagnostischen Abklärung besonders solche Motive vorzugeben, die dazu disponiert sind, seine eigene, noch mehr oder weniger an die Eltern gebundene Persönlichkeit zu symbolisieren. Es sind dies insbesondere: *der Baum, drei Bäume, die Blume.* Auch das Motiv der *Wiese* kann zu diagnostischen Zwecken vorgegeben werden. Ergebnisse mit diesem Testmotiv wurden bereits veröffentlicht (*Horn* 1977, S. 52). Dieses Motiv soll uns deshalb hier nicht näher beschäftigen. Ebenfalls veröffentlicht wurden bereits Angaben zum *Drei-Baum-Test* (*Klessmann* 1977, S. 45, 1982, S. 66 f.; *Steiner* 1982, S. 194 und 198) und zum *Blumentest* (*Leuner* 1981, S. 90 ff.). Letzterer eignet sich mehr für Mädchen als für Jungen in der Latenz. Aus den genannten Gründen soll hier beispielhaft nur das Testmotiv des Baumes näher betrachtet werden.

4.2.1 Zum Testmotiv „Baum"

Das Bild des Baumes bietet sich besonders für Kinder in der Latenz als Testmotiv an. Seine symbolische Bedeutung ist vielschichtig (*Selb-*

mann 1984). *Koch* hat sich mit derselben im *Baum-Zeichentest* befaßt (*Koch* 1949).

Das Kind kann nach Vorgabe des Motivs „Baum" Bilder imaginieren, die ihrem Inhalt nach sowohl auf der *Subjekt-* wie auf der *Objektstufe* betrachtbar sind (*Leuner* 1981, S. 83f). Auf der Objektstufe werden oft elterliche und andere Beziehungspersonen auf den Baum projiziert. Er ist dazu durch sein Lebensalter, das oft dem eines Menschen nahekommt, sowie durch seine Größe disponiert: entweder übermächtig oder aber Schutz und Geborgenheit spendend. Unter seinen Zweigen kann sich das Kind verstecken, von seiner Spitze aus kann es die Landschaft überblicken, von seinen Früchten kann es sich nähren, an seinen Ästen kann es turnen, und in ihm kann es wohnen, wenn es sich ein Baumhaus baut.

Auf der *Subjektstufe* kann der Baum für das Kind Zielvorstellung eigener Entwicklung sein: groß, mächtig, stark. Von Bedeutung sind viele Einzelheiten: Handelt es sich um einen immergrünen oder um einen Laubbaum, steht er einsam oder ist er nur einer unter vielen, ist er gesund entwickelt, hat er seine Blätter verloren oder ist er teilweise oder ganz dürr; ist das Kind in der Lage, zu dem Baum eine wie auch immer geartete Beziehung aufzunehmen? Nachfolgend ein praktisches Beispiel der Imagination eines Baumes.

Rainer, 11 Jahre alt, einziges Kind seiner Eltern und dadurch und aus anderen Gründen stark an seine Mutter gebunden, imaginiert einen Baum, der auf der Symbolebene die Schwierigkeiten des Jungen eindrucksvoll deutlich werden läßt. Von seinen Eltern wurde beklagt, daß er überängstlich und übersensibel ist, nicht vom Rockzipfel der Mutter weicht und wegen seiner Empfindlichkeit kaum Kontakt zu anderen Kindern bekomme. Die Gestalt des Baumes, den Rainer imaginiert, symbolisiert offenkundig seinen Wunsch an die Mutter, bei ihr Schutz finden zu können: Die Zweige reichen so weit bis zum Boden herab, daß man sich unter ihnen verstecken kann. Inhalt und Tonfall seines Berichts lassen erkennen, daß sich in seine emotionale Einstellung diesem Symbol gegenüber ödipale und Geborgenheitswünsche mischen: Er berichtet von ihm in ehrfurchtsvoll-bewundernden Worten. Er stellt sich unter ihn und sagt, daß man nur von hier aus in die Krone sehen und erkennen kann, was alles in dem Baum lebe: Vögel bauen an Nestern, Schmetterlinge flattern zwischen den Zweigen und Bienen sammeln Honig ein. Kühe und Schafe kommen, die nicht nur Laub, sondern auch Rinde vom Stamm abfressen, so daß dieser große Wunden bekommt. „Das tut dem Baum weh." Ein Bauer kommt und vertreibt die Tiere. Möglicherweise symbolisieren die hungrigen Kühe und Schafe eigene infantile Wünsche an die Mutter. Der Bauer, offenbar ein positives *Vater-Introjekt* (*Kernberg* 1980, S. 316 f.), gibt Hilfestellung im Umgang mit eigenen oralen und ödipalen Bedürfnissen. Das neurotische Geschehen jedoch wird charakterisiert durch Rainers starke Identifikation mit diesem Muttersymbol: Rainer leidet mit dem Baum in einer Weise, als sei er dieser selbst: „Der Baum steht ganz allein". Und was er angesichts der Bedrohung desselben durch Kühe und Schafe tun möchte? „Also den Baum am liebsten an eine einsame Gegend stellen wo es doch schön ist, aber wo doch niemand hinkommt."

Im weiteren Imaginationsverlauf wird aber auch eine positive Entwicklungsmöglichkeit deutlich. Weil er den Baum ja nicht verpflanzen kann, legt er — wiederum mit Hilfe des Bauern — einen Zaun um ihn herum an, so daß er vor den Tieren geschützt ist. Rainers eigene Befindlichkeit spiegelt sich jetzt auf der Symbolebene wieder: „... also die Vögel, die sind wieder ganz ruhig geworden, und der Baum auch."

Die gute Fähigkeit des Jungen, auf der Symbolebene seine Probleme darzustellen und auch eine Lösung zu finden, ließ die Erwartung berechtigt erscheinen, daß ihm durch eine KB-Therapie geholfen werden konnte. Tatsächlich ist seine starke Ängstlichkeit bereits nach wenigen Sitzungen entscheidend zurückgegangen. Nach zwei Monaten der Behandlung hat er auch in der Schule Freunde gefunden. Klassenkameraden gegenüber konnte er sich immer besser durchsetzen. Er wurde aktives Mitglied einer Jugendgruppe. Die Therapie konnte nach insgesamt 25 (jeweils wöchentlich einmal stattfindenden) Einzelstunden mit Rainer und 6 Beratungsstunden mit den Eltern beendet werden.

Unabhängig vom individuellen Inhalt der Imagination Rainers wird aber auch deutlich, daß mit Hilfe des KB rasch Zugang zur unbewußten Problematik eines Kindes gefunden werden kann. Als charakteristisch ist dabei anzusehen, daß die Bildinhalte, die zur Darstellung der eigenen Problematik aufgegriffen werden, hier im Latenzalter der äußeren Realität entsprechen.

4.2.2 Zu den Motiven der KB-Therapie mit Kindern

Für den Einstieg in die einzelnen KB-Sitzungen mit Kindern haben sich besonders elf Motive bewährt. Die ersten acht nennt *Leuner* (1977, S. 20) in seinen grundlegenden Ausführungen zur KB-Therapie mit Kindern und Jugendlichen:

1. die Wiese als Ausgangspunkt jeder therapeutischen Sitzung,
2. den Aufstieg auf einen Berg, um von dessen Gipfel einen Überblick über die Landschaft zu gewinnen,
3. die Verfolgung des Bachlaufes stromauf oder -abwärts,
4. das Aufsuchen eines Hauses, das betreten wird, um es von oben bis unten zu durchforschen,
5. die Begegnung mit Beziehungspersonen als realen Gestalten oder symbolisch eingekleidet als Tiere, um Einblicke in das Verhältnis zu den Eltern und Geschwistern oder zu „Autoritäten" zu erhalten,
6. die Beobachtung des Waldrandes von der Wiese aus, um Gestalten aus dem Dunkel heraustreten zu lassen oder in den Wald zu gehen,
7. ein Boot, das am Ufer eines Teiches oder eines Sees auftaucht und bestiegen wird, in dem sich das Kind fahren läßt oder das Steuer selbst ergreift,
8. eine Höhle, die zunächst von außen betrachtet wird, ob Symbolgestalten heraustreten und die auf Wunsch des Kindes auch betreten wird, um sich darin aufzuhalten oder um deren Tiefe zu erforschen.

Seit einigen Jahren wurden außerdem noch mit drei weiteren Motiven gute Erfahrungen gemacht:

9. Beobachten und In-Beziehung-Treten zu einer Tierfamilie mit dem Ziel, eine symbolische *Auseinandersetzung mit der Primärfamilie* zu ermöglichen,

10. Inbesitznahme und Ausgestaltung eines eigenen Stück Landes, das von der übrigen Gegend abgegrenzt, bepflanzt und mit einer Übernachtungsmöglichkeit versehen weren kann, um Aufschluß über die *innere Verselbständigung* des Kindes zu erhalten und
11. die Vorstellung, erwachsen bzw. zehn Jahre älter zu sein, um Näheres über die *innere Einstellung des Kindes zu seiner Zukunft* zu erfahren.

Die drei letztgenannten Motive scheinen in ihrer Bedeutung für das Kinder-KB noch nicht sehr bekannt zu sein. Sie sollen deshalb näher betrachtet werden.

Das Motiv *Tierfamilie* (*Roth* 1980, S. 225) tritt in Kinder-KB-Sitzungen spontan recht häufig auf. Dies ist damit zu erklären, daß Kinder einerseits noch einen viel stärkeren Bezug zu ihrer Herkunftsfamilie haben als Erwachsene, daß sie aber andererseits anders als diese noch nicht über ein derart starkes Ich verfügen, daß sie dazu in der Lage wären, sich direkt mit ihren Eltern und Geschwistern auseinanderzusetzen. Zwar imaginieren Kinder sehr oft, daß sie von der Wiese aus nach Hause gehen und dort ihre Familie antreffen. Zu emotional tiefgehenden Auseinandersetzungen mit ihr kommt es aber in diesem Alter und in dieser Form der direkten imaginativen Konfrontation nicht oft. Eine derartige bewußtseinsnahe Auseinandersetzung würde das Kind vermutlich in zu starke innere Konflikte mit den Eltern bringen. Auch scheint die Imagination einer Tierfamilie einem in seiner Ich-Entwicklung beeinträchtigten Kind im allgemeinen leichter zu fallen als die Vorstellung eines einzigen Tieres. Meiner Erfahrung zufolge drängt sich ihm bei letzterem eine konfliktbelastete Ich-Du-Konfrontation stärker auf als bei der Imagination einer Tierfamilie. Diese wird vom Kind häufig zunächst mehr aus einer Sicherheit vermittelnden Distanz beobachtet. Sehr oft werden dadurch Wünsche nach Geborgenheit bewußt. So bietet sich für Kinder die symbolische Einkleidung eigenen familiären Erlebens (und daraus resultierender Wünsche) in das Geschehen innerhalb einer Tierfamilie geradezu an.

Die Themenvorgabe evoziert recht unterschiedliche Bilder. Während manche Kinder ihr Distanzbedürfnis zur eigenen Fammilie dadurch ausdrücken, daß sie auch eine Tierfamilie nur aus einer bestimmten Entfernung betrachten können, kommen andere wiederum sehr direkt mit dieser in Berührung. Nicht selten ist ein Kind von diesem Geschehen derart stark berührt, daß es dabei imaginativ selbst zu einem Mitglied der Tierfamilie wird.

Peter, 9 Jahre alt, verdrängt seine Aggressionen sehr. Er neigt zu gelegentlichem Stottern und kaut seine Fingernägel. Seine ödipale Rivalität um die Mutter wird am Bild einer Tierfamilie sehr deutlich: Er imaginiert ein Reh, zu dem er Kontakt aufnehmen und auf dem er reiten kann. „Und dann trägt mich das Reh zu der Herde und zum Chef vom Ganzen". Der Chef ist ein Hirsch. Der berät mit anderen Hirschen und verkündet: „Ja, den (Peter) nehmen wir auf in unsere Herde." Und kurze Zeit später imaginiert Peter: „Plötzlich hört der Hirsch so einen anderen Hirsch röhren da, so einen jungen — beginnt er also zu kämpfen um die ganze Brut, die sie da (von) der Mutter gemacht — gekriegt haben ... Dann greifen sie sich gegenseitig also an mit ihren Geweihen und dann kämpfen sie also 'ne Zeit" („Wie ist denn das für dich anzusehn?") „Also gut gefallen tut's mir ja nicht! Da kracht's ja! Da hab' ich richtig Angst, daß dem einen Hirsch das Geweih richtig abbricht oder so. — Und jetzt hat der kleine Hirsch da, der frisch gekommen ist, der hat jetzt gesiegt. Und der Alte zieht sich zurück. Und jetzt tut der, also der Gesiegte (der Sieger), der triumphiert jetzt da über die ganzen anderen ... Und der andere, der hat sich wahrscheinlich 'ne andere gesucht ... und dann reit ich wieder zurück auf dem Reh auf die Wiese ..."

Während das Motiv „Tierfamilie" schon zu einem frühen Zeitpunkt der Therapie vorgegeben werden kann, ist es ratsam, die Vorstellungen „eigenes Stück Land" und „zehn Jahre älter" erst in einem fortgeschrittenen Stadium der Therapie anzuwenden. Das Motiv *eigenes Stück Land* kann auch als „eigenes Reich" bezeichnet werden. Es tritt in Kinder-KB-Therapien spontan seltener auf als die „Tierfamilie". Als mögliches vorzugebendes Imaginationsmotiv kommt ihm aber eine besondere Bedeutung zu und zwar aus folgenden Gründen.

1. Ein Thema in der Latenzzeit ist das der Inbesitznahme und des Eroberns, weshalb Kampfspiele in dieser Zeit so beliebt sind. Es ist deshalb von Interesse, ob und auf welche Weise von einem Stück Land Besitz ergriffen wird, bzw. welche Schwierigkeiten sich dem Vorhaben entgegenstellen. Interessant ist auch, welcher Anspruch dabei deutlich wird.

2. Die eigene Ich-Abgrenzung, in diesem Alter noch wenig stabil, wird von Kindern in der Latenz gerne auf den sie umgebenden Raum projiziert. Es ist deshalb von Interesse, ob und wie die Abrenzung des eigenen Grundstücks vorgenommen wird.

3. Die meisten Kinder sind naturgemäß noch sehr von der Versorgung durch ihre Eltern abhängig. In der Phantasie jedoch werden Verselbständigungswünsche bereits zunehmend narzißtisch besetzt. Die Imagination eines eigenen Stück Landes ermöglicht die Überprüfung, inwieweit dies bei einem seelisch gestörten, häufig sehr an die Eltern gebundenen Kind der Fall ist. Von Interesse ist deshalb, ob der Boden genutzt werden kann, um sich mit Früchten selbst versorgen zu können.

4. Bei der Vorgabe des Grundstufenmotivs „Haus" imaginieren Kinder häufig das elterliche Wohnhaus oder das Haus, das einem Fremden gehört. Ein ihre Persönlichkeit besser symbolisierendes Gebäude erscheint im KB deutlicher, wenn im Zusammenhang mit dem Motiv des „eigenen Grundstücks" danach gefragt wird, ob auch eine Hütte da ist,

in der man gegebenenfalls wohnen kann. Es ist von Interesse, ob das Kind dann einen Bauernhof, ein Gartenhaus oder ein verstecktes Baumhaus imaginiert. Letzteres symbolisiert vielleicht die sich vorerst nur insgeheim entwickelnden Autonomiewünsche, während ersteres mehr auf eine große Anspruchshaltung schließen läßt.

5. Kinder diesen Alters haben meistens aus inneren und äußeren Gründen noch nicht die Möglichkeit zu entscheiden, ob und mit wem sie zusammensein bzw. zusammenleben wollen. Es ist deshalb von Interesse, wen ein Kind zu sich ins „eigene Reich" einlädt und ob es schon in der Lage ist, „imaginativ" in der eigenen Behausung, das heißt, fern von den Eltern zu übernachten. Es ist auch interessant, ob das Kind andere Menschen oder die eigenen Eltern zu sich aufnehmen möchte.

6. Diesem Motiv kommt auch deshalb eine wichtige Bedeutung zu, weil es den für die kindliche Entwicklung so wichtigen Aspekt der inneren und äußeren Verselbständigung beinhaltet. Tatsächlich stellen sich die Kinder bei diesen Imaginationen häufig vor, schon wesentlich älter zu sein und gegebenenfalls schon eine eigene Familie zu haben.

7. Das Motiv eignet sich bevorzugt zu einer fortgesetzten, sich über mehrere oder viele KB-Sitzungen hinweg erstreckenden Imagination, anhand derer bis zu einem gewissen Grade ein positiver Ich-Aufbau verfolgt werden kann.

Das Motiv *erwachsen* oder *10 Jahre älter sein* tritt gelegentlich, meistens in einem fortgeschrittenen Stadium der Therapie auf. Es kann aber auch gezielt vorgegeben werden, um mehr Aufschluß über die innere Einstellung des Kindes zu seiner Zukunft zu erhalten. Für den Fortgang einer KB-Therapie mit einem Kind ist die Bedeutung des Ausgerichtetseins auf das bevorstehende Leben nicht zu unterschätzen. Eine zu starke Festlegung der Therapie auf ausschließliche Verarbeitung von Konflikten der Vergangenheit und Gegenwart würde im Kind zu sehr das Gefühl, „krank" zu sein, fördern. Dies wäre seinem Selbstgefühl wenig zuträglich. Das Kind würde sich auch bald — und dies zu Recht — dagegen wehren.

Über die elf vorgenannten Motive hinaus können im Einzelfall auch ganz spezifische, aus der augenblicklichen Situation sich ergebende Bilder vorgegeben werden. Es handelt sich dabei z. B. um Bilder aus *Realsituationen* in der Schule oder im Elternhaus, um *Erinnerungen* aus der eigenen Vergangenheit oder um Resterinnerungen an einen *Nachttraum*. Bei entsprechender Struktur und Konfliktlage kann auch die Vorgabe des Motivs *Gang ins Körperinnere* (*Bartl* 1984, S. 127) angezeigt sein. Im Einzelfall können auch affektbesetzte Gegenstände wie

z. B. ein Spielzeug oder ein Kuscheltier (*Lang* 1979, S. 122) als Einstellungsmotive verwendet werden.

4.3 Über den Einstieg in die KB-Therapie

Für den Einstieg in eine KB-Therapie mit einem Kind sind folgende Regeln zu berücksichtigen:
1. Beschränkung der Motivvorgabe während einer gewissen Anfangszeit auf *Wiese, Bachlauf, Berg, Haus* und *Waldrand.*
2. *Als zentrale Methode wird übendes Vorgehen* (*Leuner* 1981, S. 131) bevorzugt.
3. Die beiden Regieprinzipien des *Nährens und Anreicherns* und des *Versöhnens und zärtlichen Umfangens* (*Leuner* 1981, S. 85) sind vorherrschend.
Ein Beispiel für dieses Vorgehen findet sich in dem oben berichteten KB-Ausschnitt des 10jährigen Andreas, der eine zunächst als bedrohlich erlebte Kuh nährt und versöhnt. Besonders wichtig wird das Regieprinzip des Nährens und Anreicherns, wenn stark narzißtische Inhalte auftreten.

Therapeuten, die sich mit dem Narzißmus und seiner Manifestation in der Latenz noch nicht auseinandergesetzt haben, erwarten oft irrtümlich, daß er sich im KB der Kinder ebenso wie bei Erwachsenen in emotionsträchtigen phantastisch-irrationalen Bildern äußert. Das ist jedoch nur selten der Fall. Statt dessen will ein Kind in der Latenz — wie schon dargestellt — durch die Imagination eigener Höchstleistungen narzißtische Befriedigung erlangen, und zwar unter *phantasierten Realbedingungen. Kohut* (1981, S. 167) spricht von einer „Wiederbesetzung des Größenselbst". Wird dieses Bedürfnis nicht berücksichtigt und stattdessen schon bei Beginn der KB-Therapie eine betont sachlich-zurückhaltende oder gar pädagogisch-konfrontierende Haltung eingenommen, wird damit die für den positiven Fortgang der Behandlung so wichtige *Idealisierung des Therapeuten* (*Kohut* S. 197) verhindert. Diese Neigung zur Idealisierung im therapeutischen Geschehen entspricht dem in der Latenz auch gesunderweise vorhandenen Bestreben, ein gleichgeschlechtliches Leitbild zum Objekt eigener Bewunderung zu machen (z. B. einen Pfadfinderleiter, einen „Bande"-Führer). Mit einer zu konfrontierenden Haltung geht auch gleichzeitig ein behandlungstechnischer Vorzug des KB verloren: Während andere Therapiemethoden ihrem Wesen nach das Kind bei mehr oder weniger starkem Wachbewußtsein direkt mit der Begrenztheit der eigenen Möglichkeiten konfrontieren, können im KB aufgrund des durch die

Entspannung herabgesetzten Bewußtseins auf der imaginativen Ebene narzißtische Bedürfnisse noch einmal voll ausgelebt werden. Dies ist besonders bei Therapiebeginn notwendig. Der mögliche Einwand, daß es damit um die für sein Alter so notwendige Auseinandersetzung mit der äußeren Realität betrogen werde, ist meines Erachtens unbegründet. Die Erfahrungen zeigen, daß sich das Kind nach entsprechender Befriedigung dieser narzißtischen Bedürfnisse von selbst wieder mehr der äußeren Realität zuwendet. Es handelt sich dabei oft um einen Zeitpunkt der Therapie, von dem ab es dann auch nicht mehr gerne imaginiert, sonden lieber ein Gespräch oder eine Betätigung sucht, bei der seine ganze Persönlichkeit, d. h. auch seine Motorik gefordert ist.

5. Fallbeispiele in Ausschnitten

Die KB-Therapie mit Kindern soll nachfolgend anhand dreier verschiedenartiger Beispiele veranschaulicht werden. Beispiel 1 zeigt die alterstypische Imagination eines 9jährigen Jungen. Beispiel 2 läßt deutlich werden, wie sich die imaginierte Landschaft entsprechend der inneren Situation des Kindes im Laufe einer sich über 10 Sitzungen erstreckenden KB-Serie wandelt. Beispiel 3 veranschaulicht in geraffter Form die lockere Abfolge unterschiedlicher Imaginationsinhalte während eines ganzen Behandlungsablaufs.

5.1 Eine alterstypische Imagination des Motivs „Wiese"

Nachfolgendes Beispiel wurde mir freundlicherweise von Herrn Dr. Günther Bartl, Hausbrunn / Österreich, zur Verfügung gestellt. Es zeigt auf, wie sich nach Vorgabe des Motivs wie so häufig bei Jungen in der Latenz ein sehr reales Bild einstellt bei gleichzeitigem Vorhandensein irrealer Überlegenheitswünsche. Es wird ferner deutlich, wie durch entsprechende Interventionen des Therapeuten das Kind zu einer vollen narzißtischen Befriedigung findet.

Es handelt sich um *Peter*, einen 9 Jahre alten Enuretiker. Er imaginiert: „Ich bin auf der Wiesn und tu Fußballspielen." (Therapeut: „Fußballspielen, ja?") „Einschießen ins Tor." („Bist du alleine dort?") „Nein, zu zweit." („Wer ist denn mit dir?") „Der Werner." („Der Werner ist noch mit dir, ja? Und du bist im Tor oder heraußen?") „Im Tor." („Im Tor bist du, aha. Schießt er scharf, der Werner?") „Ja." („Ganz scharf?") „Ja." („Jetzt werden wir sehn, ob du die Tore halten kannst.") Es entsteht eine längere Pause. („Kannst du sie halten, die Tore?") „Ja, alle!" („Alle Tore kannst halten?") „Mhm." („Gar keins läßt durch?") „Nein." („Na schau dir das an! Was sagt denn da der Werner?") „Kein Tor." („Da schaut er, ja?") „Mhm." („Und schießt er weiter?") „Nein, jetzt tun wir tauschen. Jetzt ist er im Tor und ich heraus." („Und du heraus? Und wie geht's denn da?") „ Da schieß ich lauter Tore und er hält gar keins!" („Du schießt die Tore und er hält gar keins?") „Ja." Wenige Minuten später imaginiert Peter, daß er an einem Radwettrennen teilnimmt und den ihn verfolgenden Freunden auf und davon fährt: „... da fahren wir eine Wette, weit runter bis zum Onkel K. und dann wieder heim." („Mhm. Wer gewinnt? Wo bist du denn da?") „Ich hab gewonnen. Die Großen haben alle zwei den zehnten (Gang) dringehabt, und ich hab den ersten (Gang) dringehabt und hab gewonnen." („Hast gewonnen?") „Mhm." („Und da schaun die aber! Was sagen denn die Burschen?") „Geschaut ham's. Die hab' ich einen Kilometer abgehängt ..."

Es ist dies nur ein kleiner Ausschnitt aus der erfolgreich verlaufenen KB-Therapie, die insgesamt 30 Sitzungen umfaßte. Es bestätigt sich in dieser, daß — wie *Grunberger* (1982, S. 57) darlegt — eine Therapie nur dann in Gang kommen kann, wenn am Anfang die narzißtischen Bedürfnisse eine angemessene Berücksichtigung erfahren.

5.2 Die Wandlung des Wiesenmotivs während einer längeren Imaginationsserie

In der KB-Therapie wird von der Annahme ausgegangen, daß positive Wandlungen, die sich auf der Bildebene abzeichnen, auch im Realerleben des Patienten positive Entwicklungen nach sich ziehen. Der Therapeut versucht deshalb, durch entsprechende Interventionen eine derartige Entwicklung anzuregen und zu fördern. Begünstigt wird dies auch dadurch, daß KB-Inhalte, die das Kind in besonderer Weise angesprochen haben, in weiteren Sitzungen zur wiederholten Imagination vorgegeben werden. Dieses Vorgehen entkräftet die Befürchtung, daß im KB zu viel aufgewühlt und zu wenig verarbeitet werde. Die erneute Vorgabe des eine bestimmte Thematik verkörpernden Motivs ermöglicht auch eine Weiterverarbeitung der zugrundeliegenden Problematik. Es kommt so in vielen Kinderbehandlungen zu mehreren Imaginationsserien, die jeweils bestimmte Themen zum Inhalt haben. Ihr Ablauf erinnert sehr an Erfahrungen aus der tiefenpsychologisch orientierten Spieltherapie, in denen es auch häufig zu in sich mehr oder weniger abgeschlossenen Spielserien kommt (*Leuner* 1969, S. 393).

Derartige Imaginationsserien können sich an den verschiedenen Motiven entwickeln. Nachfolgendes Beispiel stammt aus der Therapie des 11 Jahre alten *Markus.* Auch ihm wurde — wie allgemein üblich — zunächst das Motiv der Wiese vorgegeben. Sehr bald entwickelte er auf dieser sein „eigenes Reich". Die Vorstellungen, es sich dort häuslich einzurichten, setzte er über 10 Sitzungen hinweg fort. Daß ihm dies so wichtig war, lag an der starken und sehr ambivalenten Bindung des Jungen an seinen Vater. Von diesem wurden seine altersbedingten Wünsche nach Bestätigung und Angenommensein grob unterdrückt. Markus fürchtete die brutalen und unberechenbaren Erziehungsmethoden des Vaters. An der Mutter, die an einer starken Depression litt, konnte der Junge ebenfalls keinen Halt finden. Seine Aggressionen mußte er verdrängen. Nach außen hin wirkte er überangepaßt. Seine Symptome ließen erkennen, daß sie sich unterschwellig Luft verschafften: Gelddiebstähle, Lügen, Schulunlust. Er litt auch unter Kontaktarmut.

In seiner ersten Therapiesitzung imaginiert Markus eine Wiese, die seine Autoritätsangst und Ungeborgenheit deutlich widerspiegelt: „Der Himmel ist grau. Es ist stürmisch. Es regnet." („Ja? Ist es kalt?") „Ja, kalt — es ist ein Wolkenbruch." („Ja? Und was siehst du denn da?") „Daß die Hasen sich in den Nestern unter den Bäumen verkriechen ... die Vögel fliegen aufgeregt durch den Himmel. Der Regen wird stärker und stärker und stärker." („Wie bist du denn bekleidet?") „Ich war nicht so — habe mir schnell aus Holz eine kleine Hütte gebaut." („Ach so, du bist in einer kleinen Hütte da? Wie sieht die denn aus?") „Wie ein kleines Zelt." Als der Regen aufhört, geht Markus ins Freie und findet unter anderem ein verletztes Vögelchen: „Das ist gegen den Baum geflogen. Das ist nicht tot, das ist nur verletzt. Ich heb's auf und pfleg's ... es läßt sich gerne helfen."

In den folgenden Sitzungen wird das Wetter auf der imaginierten Wiese wieder unwirtlicher: Einmal schneit es und es ist klirrend kalt, ein andermal fegt ein Orkan über die Landschaft. Es wird aber immer wieder das Motiv der Wiese mit der Hütte vorgegeben. Damit wird das Ziel verfolgt, die *reifen Anteile des Ich* zu stärken (*Leuner* 1970, S. 222), welche durch diese Behausung symbolisiert werden. Nach einigen Sitzungen zeichnet sich an seiner Wandlung auch eine Besserung seiner Befindlichkeit ab: Markus macht jetzt Feuer in einem Herd. Er richtet den Raum mit Bett und anderen Möbeln gemütlich ein. Regelmäßig pflegt und füttert er das Vögelchen. Die Bedrohung von außen spürt er aber noch deutlich: Die Bäume biegen sich unter der Last des Schnees. Sie krächzen, wenn der Sturm sie zu entwurzeln droht. In seinem Bett liegend „träumt" er, daß die Hütte von Bären und Löwen umstellt ist.

Von der 4. Stunde ab bessert sich seine Situation deutlich. In seiner Vorstellung ist er jetzt nicht mehr allein. Er nennt jetzt ein Tier sein eigen, das in besonderer Weise eine Ichstärkung symbolisiert: „Ich hab jetzt einen Schäferhund gekriegt." Mit ihm gemeinsam unternimmt er von der Hütte aus in immer weiterem Umkreis Exkursionen. Sein Hund folgt ihm auf Schritt und Tritt. Seine innere Verselbständigung darf er nicht offen zur Schau tragen (sein Vater wäre dagegen!). Deshalb liegt seine Hütte ganz versteckt an einem Berghang. Unten im Tal fahren Kinder Schlitten. Er wirft Schneebälle auf sie herunter, ohne von ihnen gesehen zu werden. Und immer wieder holt er sich Brennmaterial aus dem Wald zum Nachlegen auf sein Feuer.

Von der 5. Stunde ab scheint morgens plötzlich die Sonne. Er wird von seinem Hund geweckt, der ihm die Decke wegzieht. Jetzt geht er auch an den See, um dort erfrischend kalt zu baden. Sein Vögelchen ist gesund geworden. Er kann es jetzt in die Freiheit entlassen. Es bleibt aber in der Nähe der Hütte. In der 8. Sitzung berichtet er, daß es ein Weibchen gefunden hat und mit diesem gemeinsam ein Nest baut. Er selbst stößt bei einer seiner Exkursionen auf einen Bauernhof und kommt damit erstmalig mit Menschen in Berührung. Er hilft dem Bauern regelmäßig bei der Arbeit. Dafür bekommt er ein Pferd geschenkt, mit dem er täglich zu seiner Hütte zurückreitet. Liebevoll versorgt er es und den Hund. In der 11. Stunde klopft es an seine Hütte. Ein Mädchen, 12 Jahre alt und begleitet von einem Hund, tritt herein. Die Eltern des Mädchens sind tödlich verunglückt. Danach wohnte es mit seinem Hund bei einer sehr strengen Tante, von der es wegen kleiner Verfehlungen „tagelang in der Besenkammer eingesperrt" wurde. Deshalb lief es dort weg. Der Hund wies ihr den Weg zu Markus. Beide Hunde beschnuppern sich jetzt, während das Mädchen sich von dem langen Weg erholt und schläft. Später bereitet es für Markus das Essen zu.

Von der 12. Sitzung ab standen andere Themen im Mittelpunkt. Die Schwierigkeiten des Jungen hatten sich bis dahin stark gebessert. Nach weiteren 10 Einzelstunden wurde Markus in eine therapeutische Gruppe aufgenommen, in der er gute Kontakte zu anderen Teilnehmern entwickelte. Er wurde auch Mitglied einer Fußballmannschaft.

Der Verlauf der Imaginationsserie zeigt: Das, was in einer Therapie als „Verarbeiten" bezeichnet wird, beschränkt sich nicht allein auf das Gespräch vor und nach den KB-Sitzungen. Es kann als wichtiger Vorzug dieser Therapiemethode betrachtet werden, daß eine „Bearbeitung" auch und gerade durch ein gezieltes Wiedereinstellen eines ein wichtiges Thema symbolisierenden Imaginationsmotivs über mehrere Sitzungen hinweg möglich ist. Vertieft wird dieses Vorgehen auch durch die Möglichkeit, die imaginierten Bilder anschließend malen zu lassen.

Bilder, die wie bei dieser Imaginationsserie an das Happyend eines Kitschromans erinnern, sind im KB oft zu beobachten. Das Unbewußte — so wird dabei deutlich — äußert sich sehr direkt. Im Gegensatz zu „aufgeklärten" erwachsenen Patienten sind Kinder aber gegenüber eigenen derartigen Bildern in erfreulicher Weise unkritisch. Wenn sie sich dennoch oft weigern, diese zu malen, liegt dies nicht selten an der ihre kreative Entfaltung sehr beeinträchtigenden Notengebung im Fach Zeichnen in der Schule. Folgendes Vorgehen kann hier helfen: Dem Kind wird mitgeteilt, daß das Interesse des Therapeuten am imaginierten Bild so groß ist, daß er davon ein Phantombild anfertigen möchte. In aller Regel ist das Kind bereit, nach dem Motto „nicht machen, sondern besser machen" den Therapeuten beim Malen entsprechend zu korrigieren, und ein großer Teil der Kinder entschließt sich dabei, das Bild doch selbst zu zeichnen.

5.3 Eine KB-Behandlung dargestellt anhand der Abfolge ihrer Motive

Es ist schwierig, auch nur annähernd einen Eindruck von der Vielfalt und Dynamik der Imaginationen zu vermitteln, die sich gewöhnlich während einer Therapie darstellen. Indirekt wird die Schwierigkeit einer zusammenhängenden Berichterstattung auch darin erkennbar, daß bei vielen Fallberichten jeweils immer nur kurze Ausschnitte aus ausgewählten Sitzungen wiedergegeben werden. Auch nachfolgend können nur sehr kurze Beschreibungen den Therapieverlauf verdeutlichen. Sie sollen aber lückenlos und in chronologischer Abfolge gegeben werden, um wenigstens in ganz groben Zügen den Ablauf einer KB-Kindertherapie aufzuzeigen.

Anne, 12 Jahre alt, Tochter eines Gastarbeiters und einer deutschen Mutter, hat einen älteren Bruder. Ihre Symptome: Weinte schon bei geringen Belastungen, fragte zweifelnd nach dem Sinn ihres Lebens, litt unter Angstträumen und Schlafstörungen, kaute an ihren Fingernägeln, war überaus ängstlich und kontaktarm, verhielt sich noch auffällig kindlich, unkonzentriert und ruhelos, neigte auch oft zum Erbrechen und hatte früher Untergewicht.

Die Ergebnisse der psychologischen Untersuchung ließen auf eine depressive Verstimmung, eine Retardiertheit der sozialemotionalen Entwicklung sowie eine starke Mutterbindung schließen. Als Hauptursache ihrer Störung konnte die mangelnde Geborgenheit des Kindes im Elternhaus ermittelt werden. Ihre Eltern lebten seit Jahren in einer schwer zerrütteten Ehe. Obwohl innerlich von ihrem Mann geschieden, wagte die Mutter nicht die Trennung von ihm aus Angst vor der ihr angedrohten „Blutrache". Sie litt unter mannigfachen psychosomatischen Beschwerden. Der Vater ging eigene Wege. Zu einer Beratung war er nicht bereit. Eine Beratung allein der Mutter erschien unzureichend.

Folgende Punkte sprachen für die Aufnahme einer KB-Therapie: rascher innerer Bezug von Anne zum Therapeuten, gute Imaginationsfähigkeit, relativ geringe Verfestigung der neurotischen Anteile, günstiges Alter der Patientin, in dem entwicklungsbedingt meistens bereits eine innere Ablösung von den Eltern erfolgt und deren Mitarbeit nicht mehr so dringlich ist wie zu einem früheren Lebensalter des Kindes.

Die Einzeltherapie umfaßte 20 KB-Sitzungen und dazwischen eingestreut und besonders gegen Ende der Therapie 9 Stunden, in denen lediglich gesprochen, gespielt oder gemalt wurde. Die Mutter kam zu insgesamt 6 Beratungsstunden.

1. KB: Vorgegeben Motiv „Wiese" und „Bachlauf". Es zeigt sich deutlich Annes depressive Stimmung, und zwar im Kontrast zwischen Inhalt und Emotion: Sie schildert mit emotionsarmen und wortkargem Bericht eine heitere belebte Sommerwiese. Sie tritt nicht in Beziehung zu Tieren, die sich laut äußern können, sondern zu den Fischen im Bach, mit denen sie identifiziert ist. Sie füttert sie mit Brot. Dabei wird deutlich, was sie zuhause erlebt: „Da sind zwei junge und zwei alte Fische . . . Sie streiten, die Großen mit den Kleinen!" („Wie gucken denn die Großen?") „Ganz bös!" („Und die Kleinen?") „Ganz traurig." Die Großen fressen den Kleinen alles weg. Anne möchte den Kleinen helfen. („. . . wenn du das Fressen einfach da hin tust, wo die Kleinen sind?") „Da gehen nur die Großen ran. Die Großen sind so schnell! Die gucken, wo ich hingehe. Dann gehen sie mir nach und sie schnappen alles weg!" („Und wenn du so viel Futter rein gibst, daß die Großen und die Kleinen satt werden?") „Ja jetzt — jetzt streiten sie nicht mehr."

2. KB: Vorgegeben Motiv „Wiese". Erstmalig wird eine Angst vor einem negativen Vaterintrojekt, die sich fortan immer wieder zeigen wird, deutlich. Als Wiese taucht der Karlsruher Schloßgarten auf. Anne imaginiert Männer, die zwar nicht bildlich in Erscheinung treten, die aber gelegentlich kommen und „Kinder umbringen". Der Gedanke daran beunruhigt sie.

3. KB: Vorgegeben Motiv „Bach". Es erfolgt auf der Symbolebene eine Regression in die recht negativ erlebte frühere Kindheit: Auf dem Weg zur Quelle wird das Wasser „eiskalt". Der Weg dahin führt durch einen engen bedrückenden Tunnel. Am Ende des Baches taucht spontan das Motiv „Haus" auf. Es gibt Aufschluß darüber, wie sie ihre Herkunftsfamilie erlebt und wie sie sich oft selbt fühlt: Das Haus ist leer, verdreckt, unbewohnt, voll von Spinnweben. Anne wird von dem Gefühl geplagt, es könne jederzeit ein Gespenst kommen.

4. KB: Vorgegeben Motiv „Berg". Wie sehr sie dabei Angst hat, sich mit diesem (häufig den Vater symbolisierenden) Bild auseinanderzusetzen, wird daran deutlich, daß sie mit einem konträren Bild reagiert: Sie imaginiert statt dessen eine Höhle, vermutlich symbolischer Ausdruck ihres großen Bedürfnisses nach Geborgenheit bei der Mutter. Bezeichnender Weise wird sie in der Höhle von einer Unruhe befallen: Ein Mann könnte in der Höhle sein und sie bedrohen.

5. KB: Nachdem sich das Höhlenmotiv zuletzt spontan einstellte, wird dieses Motiv jetzt erneut vorgegeben. Sie entdeckt darin Räuber, die sie der Polizei meldet. Diese sperren sie ins Gefängnis ein. Anne scheint etwas erleichtert.

6. KB: Zum Zwecke der Fortführung der Thematik Vorgabe des Motiv „Gefängnis". Sie imaginiert, daß die Räuber in Einzelzellen eingesperrt sind. Für die Anzeige wird Anne von der Polizei mit 2000 Mark belohnt. Im weiteren Imaginationsverlauf zeigt sich psychologisch eine *Identifikation mit dem Angreifer (Anna Freud* 1964, S. 85): Anne bekleidet sich mit einem Leinentuch und erscheint als Gespenst nachts bei den Verbrechern, um sie zu erschrecken. Dann legt sie sich zuhause mit ihrem Gespensterkittel bekleidet schlafen, und als sie von der Mutter geweckt wird, erschrickt auch diese sehr.

7. KB: Vorgegeben Motiv „Wiese" und „Waldrand". Ihre depressive Stimmung wird wieder sehr deutlich. Es ist Winter. Die Seen sind zugeforen. Auch den Bach kann sie nicht sehen. Es sind nur fremde Menschen da. Aus dem Wald kommen hungrige Vögel. Es ist ihr aber möglich, sie satt zu füttern. Erneut taucht spontan das Motiv Haus auf. Es ist aber ein Haus „nur zum Angucken — ein Museum, lauter Skelette von Tieren — ist so unheimlich."

8. KB: Vorgegeben Motiv „Wiese". Im Behandlungsprozeß zeichnet sich eine Lockerung der Depression ab: Die Sonne scheint wieder stärker, die Wolken verschwinden, es wird Frühling. Immer mehr Tiere beenden ihren Winterschlaf und kommen auf die Wiese. Anne pflückt Blumen für zuhause. Ihre Stimmung wirkt gelöst.

9. KB: Vorgegeben Motiv „Wiese" und „Waldrand". Anne setzt sich jetzt offenbar mit dem Schicksal der eigenen Mutter auseinander: Aus dem Wald treten viele Frauen heraus, die mit ihren Männern spazieren gehen. Es wird Frühling. Aber eine Frau ist allein. Sie sitzt auf einer Bank und ist blind. Anne nimmt sich ihrer an, führt sie heim und ißt und schläft bei ihr.

10. KB: Vorgabe Testmotiv Baum, um gegebenenfalls Aufschluß über ihre Identifizierung mit der Mutter bzw. ihr Selbstbild zu bekommen. Sie imaginiert einen Apfelbaum mit einem krummen Stamm und mit unreifen Früchten. Er steht in der Stadt und fühlt sich zwischen den Häusern nicht wohl. Anne kann aber hochklettern und sieht von oben aus in einiger Entfernung einen pflügenden Bauern. Möglicherweise zeichnet dieses Bild erstmalig das *analytische Introjekt.* Der Therapeut hatte in den zurückliegenden Stunden Anne wiederholt dazu aufgefordert, Tiere zu füttern. Bezeichnenderweise geht sie jetzt zu diesem „Bauern", um ihm beim Füttern der Tiere zur Hand zu gehen.

11. KB: Vorgabe des Motivs „Tierfamilie" mit dem Ziel, eine Auseinandersetzung mit der eigenen Familie zu ermöglichen. Statt dessen kommt es aber zu einer *Regression vor den Konflikt,* zu einer *Regression auf die prätraumatische Befriedigungssituation (Balint* 1970, S. 101 und S. 189). Sie ermöglicht es ihr, noch einmal nachzuerleben, was sie jetzt so sehr vermißt: Angenommensein. Anne imaginiert eine Igelfamilie, in der sie sogleich selbst zu einem Igelkind wird. Sie spielt mit den übrigen Igelkindern und unterhält sich mit Igelpapa und Igelmama. Die Igeleltern sind immer für ihre Kinder da.

12. KB: Vorgegeben Motiv „Igelfamilie". Die Bildinhalte wechseln jetzt zwar, aber eindrucksvoll ist, daß die Familienthematik in dieser und weiteren Sitzungen trotzdem erhalten bleibt: Anne imaginiert nur kurze Zeit eine Igelfamilie. Dann sieht sie ein Rehkitz, das seine Eltern verloren hat. Sie hilft ihm, diese wiederzufinden. Danach füttert sie hungrige Hasen. Sie vertreibt einen Fuchs, der ihnen nachstellen will.

13. KB: Anne berichtet von einem beängstigenden Nachttraum. Als Motiv wird dieser vorgegeben. Sie imaginiert aber nur kurz angsterweckende Szenen. Danach konstelliert sich eindrucksvoll das Erlebnis positiver Elternimagines: Anne ist zunächst von einem und bald von vielen Gespenstern umgeben. Sie äußert große Angst vor ihnen. Die Szene spielt sich vor dem Eingang eines Schlosses ab. Es ist Nacht. Die Gespenster hindern sie nicht, in das Schloß zu gehen. Sie gerät in einen großen Saal und steht plötzlich einem freundlichen Königspaar gegenüber. König und Königin reden lieb mit ihr. Dann aber verschwindet das Bild. Anne befindet sich plötzlich im Schlafzimmer des Königspaares. Dort findet sie ein hungriges Baby. Seine Eltern sind abwesend. Anne füttert es und bleibt als Kindermädchen im Schloß.

14. KB Vorgegeben Motiv „Schloß". Anne ist jetzt nicht mehr Kindermädchen, sondern selbst ein Kind der Königseltern. Diese wandeln sich schließlich zu ganz normalen Eltern. Das Baby ist ein Jahr alt geworden. Anne füttert und umsorgt es wieder. Dann schläft sie neben seinem Bettchen. Dabei wird stark narzißistisches Erleben deutlich: „Ich fühl mich so, als wenn ich schweben würde."

15. KB: Von Stunde zu Stunde tritt die Imagination narzistischer Wünsche zugunsten realitätsnäherer Vorstellungen zurück. Zunächst hatte sie eine Köngisfamilie, dann eine ganz normale Familie imaginiert. Vor Beginn der heutigen KB-Sitzung berichtet sie von konkreten Aufenthalten im Heimatort ihres Vaters, als sie noch wesentlich jünger war. Sie will sich die Situation noch einmal vorstellen: Anne imaginiert, daß sie selbst noch ein Säugling ist. Beeindruckend genau schildert sie, was sie sieht. Vom Kinderwagen aus beobachtet sie viele Tiere. Sie sieht Waschfrauen, die ihre Wäsche auf einem Ruppelbrett am Dorfbrunnen reiben. Die Mutter schiebt den Kinderwagen. Von ihr bekommt sie auch das Fläschchen gereicht. Anne spuckt ihr die Milch ins Gesicht. Die Mutter versteht den Spaß und lacht darüber. Nach der KB-Sitzung wirkt Annes Stimmung recht locker.

16. KB: Anne möchte die Thematik der letzten Stunde fortsetzen. Zunehmend kann sie jetzt im KB auch ambivalente Gefühle ertragen. Sie imaginiert wieder, im Heimatort ihres Vaters zu sein. Sie ist jetzt aber so alt wie in Wirklichkeit. Sie sieht 60 ganz in schwarz gekleidete Frauen. Ihre Männer sind im Krieg gefallen. Anne hat Angst, daß die toten Männer nachts, wenn sie schläft, kommen und spuken. Als sie dann imaginiert, daß sie im Bett liegt und schläft, erscheint tatsächlich ein männliches Gespenst. Es schwebt über ihr an der Zimmerdecke und möchte nach ihr greifen. Der Gespenstermann möchte ihr aber nichts antun, sondern sie nur dazu veranlassen, daß sie mit ihm ausgeht. Trotzdem erlebt sie ihn als sehr bedrohlich. Sie kann die Gefahr aber bannen, indem sie ihm Essen anbietet. Er wird dadurch zunehmend freundlicher und verläßt schließlich auf ihre Bitte hin das Schlafzimmer.

17. KB: Vorgegeben Motiv „Haus". Die Beunruhigung, die Anne möglicherweise durch die jetzt aktueller werdende Thematik — von einem Mann „belästigt" zu werden — erfährt, zeigt sich am heutigen Symbol deutlich. Sie imaginiert ein Haus, das ganz „auf dem Kopf" steht. Sie findet es selbst komisch, daß das Dach unten auf dem Erdboden aufsteht und die Haustüre ganz oben ist.

18. KB: Das Erlebnis „trauernder Frauen" scheint noch nicht verarbeitet und wird als Motiv vorgegeben. Dabei kommt es zu einer eindrucksvollen Entwicklung: Zunächst imaginiert sie wieder die „60 Witwen" am Heimatort des Vaters. Sie möchten wieder heiraten, dürfen es aber in ihrem Land nicht. Deshalb wollen sie nach Deutschland. Dafür fehlt ihnen aber das Geld. Anne hilft ihnen, eine Ausreisemöglichkeit zu finden. Sie vermittelt ihnen in Deutschland Wohnung und Arbeit. „Jetzt", so berichtet sie, „tragen sie keine schwarzen Kleider mehr, sondern bunte."

19. KB: Vorgegeben Motiv „Wiese". Eine weitere Besserung der Situation zeichnet sich auf der Bildebene ab. Sie imaginiert eine Wiese auf einer Südseeinsel. Sie sonnt sich dort und badet im Meer. Sie ist aber nicht alleine da. Sie gehört zu einer Familie mit fünf Kindern, mit denen sie spielt. Diese Familie hat nichts gemeinsam mit der realen elterlichen Familie. Anne fühlt sich in ihr sehr wohl.

20. KB: Vorgegeben Motiv „Wiese". Anne imaginiert die Pferdekoppel eines Bauern. Sie darf sich ein Pferd ausleihen und damit reiten.

Während der knapp einjährigen Behandlung sind die Symptome „häufiges Weinen", „Angstträume", „allgemeine Ängstlichkeit" „Isolation" und „Erbrechen" verschwunden. Das übrige Verhalten hat sich gebessert. Man kann zwar nicht annehmen, daß die Anfälligkeit für depressive Stimmungen beseitigt ist. Doch hat sich auch ihre Allgemeinbefindlichkeit zum Positiven hin entwickelt. Anne war nach der letzten KB-Sitzung noch zu mehreren Gesprächen gekommen, bis die Sommerferien einsetzten. Danach wollte sie die Therapie nicht mehr fortsetzen, da sie in der Zwischenzeit viele andere Kontakte und Interessen gefunden hatte. Objektiv wäre eine Fortsetzung der Therapie über einen noch wesentlich längeren Zeitraum hinweg sicher wichtig gewesen. Letztlich war ich aber doch froh, daß diese trotz fehlender Mitarbeit des Vaters solange durchgeführt werden konnte, bis eine deutliche Besserung erzielt worden war.

An diesem Beispiel wird zudem deutlich, daß das KB bei Kindern — und wie mir scheint, offenbar ganz besonders bei Eintritt in die Pubertät — nicht die Gefahr in sich birgt, diese so stark an den Therapeuten zu binden, daß sie sich lange nicht mehr von ihm lösen können. Die geschilderten Imaginationen von Anne verliefen für diese zwar oft sehr bewegt und intensiv. Die Methode des KB hat aber den Vorzug, daß das Erleben trotz der Wichtigkeit der Beziehung zum Therapeuten stark ein innerseelisches ist. Die Frage ist zwar berechtigt, ob auch eine nicht ausreichend berücksichtigte Übertragung für das zu frühe Behandlungsende mitverantwortlich war. Es bleibt aber die Feststellung, daß der Therapeut im KB mit dem Kind weniger direkt in Kontakt tritt als etwa in einer Spieltherapie. Das erklärt auch, daß die persönliche Bindung des Kindes an ihn oft nicht so stark ist wie bei anderen Therapiemethoden, in denen — und das mag man hier auch im positiven Sinne verstehen — mehr „agiert" wird.

6. Résumee und weitergehende Überlegungen

Die Methode des KB stellt sich in der Kindertherapie als ein praktikables, eine therapeutische Lücke schließendes Verfahren dar. Die therapeutischen Ergebnisse ermutigen zu einer weiteren Erforschung dieses Vorgehens. Der Leser dieser Lektüre wird allerdings fragen, welche Wirksamkeit generell der KB-Therapie bei Kindern zugeschrieben werden darf. Nach meiner Kenntnis gibt es dazu bisher nur Untersuchungen an Einzelfällen, nicht jedoch an einer Fallzahl, welche signifikante Schlüsse zuließe. Soll eine breit angelegte Untersuchung durchgeführt werden, ist hinlänglich bekannt, wie schwierig es ist, dabei gleichzeitig sowohl kritischen Untersuchungsbedingungen als auch notwendigen therapeutischen Anforderungen zu genügen. Bei Kindern gestaltet sich eine derartige Untersuchung wegen ihres viel stärkeren komplexen Eingebundenseins in ihre soziale Umwelt und der Notwendigkeit, immer auch gleichzeitig auf diese therapeutisch Einfluß zu nehmen, noch schwieriger als bei Erwachsenen. Das mag ein Grund für das bisherige Fehlen einer empirischen Untersuchung über die Wirksamkeit des KB im Kindesalter sein.

Aber nicht nur eine vergleichende Untersuchung gestaltet sich schwieriger. Auch die Handhabung der Methode selbst scheint bei Kindern noch diffiziler zu sein als bei Erwachsenen. Dies hat wiederum mit dem starken Eingebundensein des Kindes in seine Umwelt, aber auch mit seiner ihm eigenen, stets in Veränderung begriffenen Entwicklung zu tun. Das macht ein besonders flexibles wie auch einfühlsames Vorgehen erforderlich. Die Wirkungsweise des KB ist zudem so spezifisch und setzt derart spezielle Kenntnisse und Befähigungen voraus, daß es auch von allgemein in der Kindertherapie erfahrenen Fachleuten nicht einfach als eine zusätzliche Technik eingesetzt werden kann. Die in der *Internationalen Gesellschaft für Katathymes Bilderleben und imaginative Verfahren in Psychotherapie und Psychologie* (IGKB) zusammengeschlossenen Verbände führen in der Bundesrepublik Deutschland, der Schweiz, in Österreich und Schweden zahlreiche Ausbildungsseminare durch. Es werden auch spezielle Seminare für Kinder-KB-Therapie angeboten (Informationen beim: Sekretariat der IGKB, Friedländer Weg 30, D-3400 Göttingen).

Wer sich mit der Thematik näher befaßt, wird bald feststellen, daß sich Kinder-KB-Therapie nicht notwendigerweise auf die Altersstufe der Kindheit beschränkt. Nicht nur im pathologischen, auch im gesunden Sinn steckt in jedem Erwachsenen noch ein Kind. Die Ausbildungsseminare für Kinder-KB-Therapie sind in wesentlichen Teilen als Selbsterfahrung angelegt. Sie machen dem Erwachsenen unter anderem auch *das Kind in sich* — *Balint* (1970, S. 97) spricht vom *Kind im Patienten* — noch einmal erlebbar und behandelbar. Dabei wird unmittelbar erfahrbar, was *Miller* (1981, S. 77) meint, wenn sie sagt, daß sie sich „immer als Anwalt des Kindes im Patienten" versteht. Grob vereinfacht kann man den Zusammenhang folgendermaßen aufzeigen: Sehr schwer gestörte Kinder sind aufgrund ihrer meist auch sehr geringen Ich-Stärke oft nicht oder nur sehr begrenzt in der Lage, eigene Konflikte bereits in diesem Alter aufzuarbeiten. Sie werden deshalb in der eigenen Persönlichkeit „gespeichert", bis ein dann stärkeres Ich des Erwachsenen entweder eine positive Aufarbeitung vornehmen kann oder — negativerweise — ein primitives Sich-Abreagieren an der Umwelt oder (in der psychosomatischen Erkrankung) an sich selbst subjektive Befreiung verschafft. Die Kinder-KB-Seminare geben dem erwachsenen Teilnehmer durch die Anwendung gezielter Altersregressionen noch einmal die Möglichkeit, sich selbst in der Rolle des Kindes, aber ausgestattet mit der Ich-Stärke des Erwachsenen, mit Traumen und Versagungen der eigenen Kindheit auseinanderzusetzen. Sie vermitteln ihm Einsichten und Erfahrungen, die sowohl seiner therapeutischen Befähigung im Umgang mit Kindern *und* Eltern als auch seiner eigenen Persönlichkeitsentwicklung zugute kommen.

Literatur

Balint, M., Therapeutische Aspekte der Regression, Klett, Stuttgart 1970.

Bartl, G., Der Umgang mit der Grundstörung, in: *Roth, J. W.* (Hrsg.), Konkrete Phantasie, Huber, Bern 1984.

Behrens, S., Kinder mit Schulproblemen: Leistungs-, Anspruchs- und Autoritätsproblematik, untersucht mit der Methode des Katathymen Bilderlebens (Berg-Motiv), Schriftliche Hausarbeit zum Hauptdiplom im Fach Psychologie am Psychologischen Institut der Universität Heidelberg 1983.

Bornstein, B., On Latency. The Psychoanalytic Study of the Child, Vol VI, New York: International Universities Press 1951.

Dührssen, A., Psychogene Erkrankungen bei Kindern und Jugendlichen, Medizinische Psychologie, Göttingen 1960[3].

Freud, A., Das Ich und die Abwehrmechanismen, Kindler, München 1964.

Freud, S., Drei Abhandlungen zur Sexualtheorie (1905), Gesammelte Werke XI, London 1948.

Grunberger, B., Vom Narzißmus zum Objekt, Suhrkamp, Frankfurt a.M. 1982.

Hetzer, H., Kind und Jugendlicher in der Entwicklung, Schroedel, Hannover 1961[7].

Horn, G., Das Katathyme Bilderleben in der Diagnostik der Erziehungsberatung, in: *Leuner, H., Horn, G., Klessmann, E.*, Katathymes Bilderleben mit Kindern und Jugendlichen, Reinhard, München 1977, S. 50—61.

—, Katathymes Bilderleben als Kurztherapie in der Erziehungsberatung, in: *Biermann, G.*, Handbuch der Kinderpsychotherapie IV, Reinhard, München 1981, S. 217—225.

—, Anwendungsmöglichkeiten des Katathymen Bilderlebens (KB) bei Kindern im Rahmen der Erziehungsberatung, *Praxis der Kinderpsychologie* 2 (1982) S. 56—60.

Kernberg, O. F., Borderline-Störungen und pathologischer Narzißmus, Suhrkamp, Frankfurt a.M. 1980[4].

Klein, G. S., The personal world through perception, in : *Blake and Ramsey*, Perception, an approach to personality, New York 1951.

Klessmann, E., Besonderheiten aus der Arbeit mit dem Katathymen Bilderleben bei Kindern und Jugendlichen. Katathymes Bilderleben in der Gruppe bei jüngeren Drogenkonsumenten, in: *Leuner, H., Horn, G., Klessmann, E.*, Katathymes Bilderleben mit Kindern und Jugendlichen, Reinhard, München 1977, S. 39—49 u. 82—90.

—, Symbolisierung von Beziehungen im Katathymen Bilderleben — frühe Objektbeziehungen und späte(re) Familienbeziehungsstörungen, in: *Leuner, H., Lang, O.*, Psychotherapie mit dem Tagtraum — Katathymes Bilderleben Ergebnisse II, Huber, Bern 1982, S. 56—72.

Klinger, E., (Prof. an der University of Minnesota, Moris, USA), Katathymes Bilderleben und die neuere Vorstellungsforschung (Vortrag anläßlich einer akademischen Feier am 28.1.84 der Universität Göttingen).

Koch, K., Der Baumtest, Huber, Bern 1954.
Kohut, H., Narzißmus, Suhrkamp Taschenbuch, Frankfurt a. M. 1981[3].
Kos-Robes, M., Individualpsychologische Kinderpsychotherapie, in: *Biermann, G.* (Hrsg.), Handbuch der Kinderpsychotherapie IV, Reinhard, München 1081, S. 194—202.
Kroh, O., Die Phasen der Jugendentwicklung, Beltz, Weinheim 1961[3/4].
Lang, I., Beiträge zu einer tiefenpsychologischen Anthropologie des Katathymen Bilderlebens, VWGÖ, Wien 1979.
Leuner, H., Das Katathyme Bilderleben (Symboldrama) in der Psychotherapie von Kindern und Jugendlichen, in: *Biermann, G.* (Hrsg.), Handbuch der Kinderpsychotherapie I, Reinhard, München 1969, S. 393—406.
—, Das Katathyme Bilderleben in der Psychotherapie von Kindern und Jugendlichen, *Praxis der Kinderpsychologie* 6, (1970a), S. 212—223.
—, Katathymes Bilderleben Unterstufe, Thieme, Stuttgart 1970b.
—, Zur Stellung des Katathymen Bilderlebens im Rahmen psychotherapeutischer Verfahren / Das Katathyme Bilderleben in der Psychotherapie von Kindern und Jugendlichen, in: *Leuner, H.*, *Horn, G.*, *Klessmann, E.*, Katathymes Bilderleben mit Kindern und Jugendlichen, Reinhard, München 1977, S. 9—38.
— (Hrsg.), Grundlinien des Katathymen Bilderlebens (KB) aus neuerer Sicht, in: Katathymes Bilderleben — Ergebnisse in Theorie und Praxis, Huber, Bern 1980, S. 10—55.
—, Katathymes Bilderleben Grundstufe, Thieme, Stuttgart 1981.
—, Lehrbuch des Katathymen Bilderlebens, Huber, Bern Stuttgart Wien 1984.
—, *Horn, G.*, *Klessmann, E.*, Katathymes Bilderleben mit Kindern und Jugendlichen, Reinhard, München 1977.
Miller, A., Du sollst nicht merken, Suhrkamp, Frankfurt a. M. 1981.
Roth, J. W., Über die Bedeutung der introspektiven Imagination des Katathymen Bilderlebens, dargestellt am Beispiel des Spannungskopfschmerzes, in: *Leuner, H.*, Katathymes Bilderleben. Ergebnisse in Theorie und Praxis, Huber, Bern 1980, S. 224—234.
Selbmann, S., Der Baum — Symbol und Schicksal des Menschen, Badische Landesbibliothek, Karlsruhe 1984.
Steiner, E., Pragmatische Kurztherapie von zwei Herzneurosen mit dem Katathymen Bilderleben, in: *Leuner, H.*, *Lang, O.*, Psychotherapie mit dem Tagtraum — Katathymes Bilderleben Ergebnisse II, Huber, Bern 1982, S. 190—202.
Volkan, V. D., Psychoanalyse der frühen Objektbeziehungen, Klett-Cotta, Stuttgart 1978.
Wächter, H.-M., *Pudel, V.*, Kurztherapie von 15 Sitzungen mit dem Katathymen Bilderleben, in: *Leuner, H.*, Katathymes Bilderleben. Ergebnisse in Theorie und Praxis, Huber, Bern 1980, S. 126—147.

Verhaltenstherapie mit Kindern

Heidi Grotloh-Amberg, Winterthur

Warnung an den Leser:
Die folgenden Ausführungen über „Verhaltenstherapie mit Kindern" stammen von einer Praktikerin: Ich habe seit bald 20 Jahren die Entwicklung der Verhaltenstherapie mitverfolgt und im therapeutischen Alltag mitvollzogen. Durch Lehrverpflichtungen und noch nicht gänzlich überwundene Büchergläubigkeit gezwungen, mich über Forschungsergebnisse und Theorieauseinandersetzungen auf dem laufenden zu halten, möchte ich mit diesem Beitrag nicht der niederdrückend großen Menge von praxisfernen Veröffentlichungen dreißig Seiten mehr anfügen, sondern mich ganz bewußt an den Interessen von Psychologen im Alltag der Beratungs- und Therapiepraxis orientieren. So werden die wenigen theoretischen Überlegungen aus dem therapeutischen Handeln abgeleitet und nicht umgekehrt.

1. Was ist Verhaltenstherapie?

Anhand von sechs Mosaiksteinen soll ein verhaltenstherapeutischer Prozeß aufgerollt werden. Ein 9jähriges Mädchen, seine Eltern und der Psychologe (Berufsbezeichnungen werden immer geschlechtsneutral verwendet) sind daran beteiligt.

1.1 Blitzlicht auf die Erhebung des Ist-Zustandes

Der Psychologe befindet sich im Gespräch mit den Eltern. Nachdem er eine gewisse Zeit anteilnehmend zugehört hat, wie nervenzermürbend es bei ihnen unter anderem jeden Morgen und immer dann, wenn das Kind aus zwingenden Gründen Bus fahren sollte, zugeht, bittet er die Eltern, den heutigen Morgen szenisch darzustellen. Für das nicht anwesende Kind wird am Boden ein Kreis markiert: Wenn Vater oder Mutter in seiner Rolle agieren, stellen sie sich dort hinein.

Stichworte
Phase: Erhebung des Ist-Zustandes
Instrumente: Gespräch, diagnostisches Rollenspiel
Intention: Eltern und Therapeut sollen verstehen können
— wie das Problemverhalten konkret aussieht,
— was ihm unmittelbar vorausgeht und was darauf folgt.
Erstellen einer horizontalen Verhaltensanalyse.

Der Psychologe und das Kind haben gemeinsam aus Papiersäcken zwei Gesichtsmasken gebastelt: Die eine trägt die Züge eines unzufriedenen Kindes, und die andere stellt einen Zauberer dar. Das Kind hält sich die Mädchenmaske vor, der Psychologe diejenige des Zauberers. (Bitte daraus keine Schlüsse auf das Selbstverständnis des Psychologen ziehen!) Nach einiger Zeit Rollentausch. Der Dialog wird vom Psychologen/Zauberer mit folgendem Satz eröffnet: „So so, du kommst zu mir, weil du allein Busfahren können möchtest und am Morgen nicht immer so ein Theater mit den Eltern haben willst ..." Später: „Ja aber, das ist eine gefährliche Sache! Da ändert sich so vieles. Mit dem Neuen bist du dann vielleicht auch nicht ganz zufrieden ..."

Nach dem Rollentausch gibt der Psychologe die folgende Spielanweisung: „Ich bin jetzt ein Mädchen, das eigentlich gar nichts ändern möchte. Nur weil seine Eltern es befohlen haben, ist es zum Zauberer gegangen. Nun will das Kind dem Zauberer die Sache möglichst vermasseln, und es bringt hundert Einwände, warum doch alles beim alten bleiben soll. Du als Zauberer sollst versuchen, es zu überzeugen, mindestens einmal etwas ganz Kleines zusammen zu verändern."

Stichworte
Phase: Erhebung des Ist-Zustandes
Instrument: Diagnostisches Rollenspiel
Intention: Für den Psychologen auf rationaler Ebene, für das Kind auf emotionaler Ebene erfahrbar machen, welchen Stellenwert die problematischen Verhaltensweisen haben, welche Probleme das Kind damit zu lösen versucht, welche Ziele es damit verwirklichen möchte. Erstellen einer vertikalen Verhaltensanalyse (*Grawe* 1980; *Bartling* 1980).

1.2 Blitzlicht auf die Erhebung des Soll-Zustandes

Eltern und Kind sind beim Psychologen. Mit dem Sceno-Material stellen sie gemeinsam dar, wie es idealerweise bei ihnen am Morgen oder wenn das Kind Bus fahren muß, zugehen sollte. Anschließend werden daraus ganz konkrete Wünsche von jedem an jeden formuliert und schriftlich festgehalten.

Stichworte
Phase: Bestimmung des Soll-Zustandes
Instrumente: Spiel und Gespräch
Intention: Transparente und für alle akzeptable Therapieziele sollen operationalisiert und festgehalten werden.

1.3 Blitzlicht auf die Therapieplanung

Kind und Eltern sind gemeinsam beim Psychologen. Unter seiner zurückhaltenden Gesprächsführung und indem er seine mit Hilfe der horizontalen und vertikalen Verhaltensanalyse aufgestellten Arbeitshypothese über Auslöser und aufrechterhaltende Konsequenzen der problematischen Verhaltensweisen in geeigneter Sprache einfließen läßt, sollen die drei zeichnerisch und schriftlich darstellen, was sie wegen des „Theaters" am Morgen miteinander Neues versuchen wollen. Daraus resultiert nach mehr als einer Stunde ein Vertrag, der festhält,

— was das Kind
— was die Mutter
— was der Vater

sich vornehmen und welche positiven Konsequenzen es haben soll, wenn es gelingt, sich an diese Abmachung zu halten.

Anschließend besprechen Psychologe und Kind allein, wie das „Bus-Problem" angegangen werden kann. Gemeinsam legen sie kleine Schritte fest, mit denen das Endziel „innerhalb der Heimatstadt allein Busfahren können" angestrebt werden kann.

Stichworte
Phase: Therapieplanung
Instrumente: Vom Psychologen gesteuerte Familien-Konferenz, Problemlösungs-Gespräch zwischen Kind und Psychologe
Intention: Alle Betroffenen werden an der konkreten Therapieplanung gleichberechtigt beteiligt. Die Abmachungen sollen — sobald ein Konsens erreicht ist — konkret und eindeutig festgehalten werden.

1.4 Blitzlicht auf die Therapiedurchführung

Der Psychologe und das Mädchen stehen an der Bushaltestelle. Der Bus kommt, das Kind steigt ein, bleibt auf der hinteren Plattform stehen. Der Psychologe ist unterdessen in sein bereitstehendes Auto gestiegen und fährt hinter dem Bus her. An der nächsten Haltestelle steigt das Kind aus und setzt sich zum Psychologen ins Auto.

Stichworte
Phase: Therapiedurchführung
Instrumente: In-vivo-Desensibilisierung / sukzessive Annäherung (mehr zur Methode vgl. z.B. *Ross* 1982; *Florin* 1978)
Intention: Abbau einer Angst / Aufbau einer Kompetenz

An zentraler Stelle in der Wohnung der Familie hängt der Vertrag gegen das „Morgen-Theater" mit einem Beobachtungsblatt für das Einhalten der einzelnen Schritte. Eben sagt das Mädchen: „Schau, ich kann hier ein Herz hinkleben, ich habe diesen Abschnitt geschafft, und ihr dürft auch. Jetzt brauchen wir nur noch drei Herzen, und dann können wir unseren Ausflug machen." Etwas später ruft es den Psychologen an, um seine Freude am Erfolg mit ihm zu teilen.

Stichworte

Phase: Therapiedurchführung
Instrumente: Münz-Verstärkungsprogramm innerhalb einer Mediatoren-Therapie (mehr zur Methode vgl. z. B. *Kuhlen* 1972; *Tharp, Wetzel* 1975)
Intention: Abbau eines für Kind und Familie ungünstigen Verhaltens durch positive Verstärkung eines damit unvereinbaren, günstigeren Verhaltens.

1.5 Blitzlicht auf die Erfolgskontrolle

Familie und Psychologe treffen sich. Gemeinsam fragen sie sich, welche der früher festgehaltenen Therapieziele wie weit haben erreicht werden können, was evtl. zu tun übrig bleibt, und ob vom Kind oder den Eltern her noch andere Probleme angegangen werden sollen.

Der Psychologe faßt zusammen, was die Familie auf welche Art erreicht hat, und wie das Erreichte aufrechterhalten werden kann.

Stichworte

Phase: Therapie-Kontrolle
Instrument: Gespräch
Intention: Rückschau auf den zurückgelegten Weg, um eine Generalisierung der Lerneffekte zu erleichtern, um Rückfälle zu verhindern oder auffangbar zu machen. Erfolgszuschreibung an die Familie, um die Wahrnehmung ihrer eigenen Wirksamkeit (*Bandura* 1977) für zukünftigen Umgang mit Problemen zu stärken. (Für die differenzierte Beschäftigung mit der Problematik der Erfolgsattribuierung vgl. *Mielke* 1984).

Soweit einige Blitzlichter auf die verhaltenstherapeutische Behandlung eines Kindes und seiner Eltern.

1.6 Beschreibungsversuche und Mißverständnisse

Was ist daran verhaltenstherapeutisch,

— wenn der Psychologe Eltern beim Abladen ihrer Sorgen zuhört?
— wenn er sie bittet, konkrete Vorfälle im Rollenspiel darzustellen?
— wenn er mit dem Kind Maskenspiele durchführt und die Familie mit dem Sceno spielen läßt?
— wenn die Familienmitglieder sich unter Anleitung des Psychologen gegenseitig Verhaltenswünsche sagen?
— wenn die Familie daraus einen Vertrag, ein quid pro quo, formuliert?
— wenn der Psychologe mit dem Auto hinter dem Bus herfährt, in den das Kind für eine Station eingestiegen ist?
— wenn Kind und Eltern sich gegenseitig loben und belohnen für die Einhaltung eines Vertrags?

Was ist eigentlich Verhaltenstherapie?

„Verhaltenstherapie ist ein Ansatz zur Linderung psychischer Probleme, der auf der Prämisse beruht, daß diese Probleme entweder gelerntes unangepaßtes Verhalten oder einen Mangel im Erlernen angemessenen Verhaltens ausdrücken." (*Ross* 1982, S. 65)

oder

„Unter dem Begriff Verhaltenstherapie werden alle jene Therapieformen zusammengefaßt, die sich in ihrer Methodik an den Ergebnissen der empirischen Lernforschung sowie der allgemeinen experimentellen Psychologie orientieren. Die therapeutischen Maßnahmen zielen darauf hin, unter systematischer Anwendung empirischer Forschungsergebnisse einen Lernprozeß einzuleiten, durch den eine Veränderung des als gestört definierten Verhaltens oder körperlichen Zustandes angestrebt wird." (*Basler* et al. 1979, S. 9)

Bei den Stichworten am Ende der beschriebenen Behandlungsausschnitte läßt sich aus den Angaben zu den Instrumenten und zu den Intentionen extrapolieren, welche Ergebnisse der allgemeinen experimentellen Psychologie, der Entwicklungspsychologie und der empirischen Lernforschung eingeflossen sind.

Nun noch eine formale Umschreibung von Verhaltenstherapie:

Bei jedem verhaltenstherapeutischen Vorgehen sind folgende Phasen unterscheidbar:

(1) Erhebung des Ist-Zustandes: Problembestimmung, Verhaltensanalyse
(2) Erhebung des Soll-Zustandes, Zieldefinition
(3) Auswahl mehr oder weniger problemspezifischer Methoden, Konzeption eines Therapieplanes
(4) Durchführung der geplanten Intervention
(5) Kontrolle, follow-up

Wiederum bei den Stichworten ist ablesbar, welcher Phase des therapeutischen Prozesses die einzelnen Anekdoten zuzuordnen sind.

Die Verhaltenstherapie hat sich in den letzten zwei Jahrzehnten sehr gewandelt: Nach einer ersten Phase der Profilierungssucht und der Abgrenzung von allen anderen therapeutischen Schulen ist sie nun bereit und fähig, über den eigenen Gartenzaun zu schauen und mit Dankbarkeit, nicht mehr mit Angst und Ablehnung, zu registrieren, daß dort unter Umständen auch Heilkräftiges wächst, daß dort sogar die eine oder andere Pflanze steht, die auch im eigenen Garten gezüchtet wird. Methoden-Integration ist legitim und sinnvoll unter folgenden drei Leitgedanken:

(1) Ich will für meinen Klienten optimale Lernbedingungen schaffen zum Verlernen/Umlernen einer problematischen Verhaltensweise oder zum Neulernen eines für seine Entwicklung notwendigen und (noch) nicht vorhandenen Verhaltens.

(2) Die Methoden müssen in einer empirischen Überprüfung ihre Effizienz nachgewiesen haben und operational beschreibbar sein.
(3) Sie dürfen nicht in Konflikt stehen mit meinem Hintergrundwissen über Entwicklungspsychologie, Persönlichkeitstheorien und die Art und Weise, wie Menschen sich ändern können.

Gerade weil die Verhaltenstherapie sich heute breiter abstützt (der Behaviorismus war als einzige Stütze untauglich) und offener gegenüber anderen therapeutischen Richtungen ist, fördert es gegenseitiges Verstehen nicht, wenn immer wieder alte Vorwürfe und Vorurteile aufgewärmt werden, die vielleicht vor 25 Jahren berechtigt waren, aber heute völlig am verhaltenstherapeutischen Praktiker-Alltag vorbeikritisieren.

Zum Beispiel:

— Hinter der Verhaltenstherapie steht keine „Rattenpsychologie". Das S-R-Modell ist auch nach seiner Erweiterung um K zur Formel S-R-K (eine Reaktion ist zu verstehen durch ihre äußeren Auslöser und durch die darauf folgenden äußeren Konsequenzen, vgl. *Skinner* 1938) abgelöst worden durch weit differenziertere Modelle, die Gefühle und Kognitionen miteinbeziehen und somit der Komplexität menschlichen Verhaltens eher gerecht werden (vgl. 2.3.2).
— Verhaltenstherapie ist nicht mit Manipulation gleichzusetzen: Ihr explizites und generelles Therapieziel für jeden Klienten ist der Abbau seiner Fremdkontrolliertheit und der Aufbau von Selbststeuerung. (vgl. dazu *Bergold* 1970) Dies setzt Transparenz des Vorgehens und Einbezug des Klienten in Planung und Durchführung der Therapie voraus. Daß eventuell mit operantem Konditionieren ohne Wissen und ohne Wollen des Betroffenen etwas an ihm geändert werden könnte, spricht nicht gegen die Methode an sich, sondern gegen einen allfälligen Mißbrauch der Methode.
— Verhaltenstherapie mit Kindern erschöpft sich nicht in Chipsgeben für wohlangepaßtes Verhalten. Dieser Eindruck könnte eventuell entstehen bei der Durchsicht des „Journal of Applied Behavior Analysis" in den 60er und frühen 70er Jahren, wo in hundert Varianten bewiesen wurde, daß Verhalten durch Setzen von positiven Konsequenzen aufgebaut werden kann. Diese Therapie-Experimente spiegeln aber weniger den therapeutischen Alltag wieder, als vielmehr das damalige Bestreben, die Methode experimentell abzusichern und als wirksam nachzuweisen.
— Verhaltenstherapie ist nicht Oberflächenkosmetik, die einfach Symptome beseitigt, ohne sich zu bemühen, diese zu verstehen. Die Zeit, in der *Eysenck* und *Rachmann* (1965) schreiben konnten „Man

beseitige das Symptom und man hat die Neurose zum Verschwinden gebracht!" (S. 20 der deutschen Ausgabe von 1968) liegt bald 20 Jahre zurück. Ich möchte diesen zu Mißverständnissen Anlaß gebenden Satz folgendermaßen neu schreiben: Man beseitige ein Symptom und unter Umständen wird dadurch dem Klienten / dem System ermöglicht, auf einer für alle Beteiligten konstruktiveren Ebene ein neues Gleichgewicht zu finden, und die Neurose ist verschwunden. Manchmal ist es aber auch nötig, mehr zu tun: Im Sinne der vertikalen Verhaltensanalyse (*Grawe* 1980; *Bartling* 1980) muß verstanden werden, im Dienste von welchen Zielen ein Problemverhalten steht, welche Probleme ein Kind mit seinem Problemverhalten eventuell zu lösen versucht. „Denn aus dem Mißverhältnis zwischen Situationsanforderungen und den eigenen Verhaltensmöglichkeiten entwickelt der Einzelne Überlebensstrategien, die von der Umwelt als pathogen oder abweichend definiert werden" (*Lauth* 1983, S. 18). Aus diesem Verstehen heraus können dann dem Klienten neue Wege auf sein Ziel hin, neue Arten, mit seinen Problemen fertig zu werden, oder eventuell neue Ziele gelehrt werden. Erst dann kann die „Neurose" verschwinden. Nehmen wir z. B. ein fünfjähriges Mädchen, das während einiger aus äußeren Gründen belastender Wochen einen motorischen Tick und ein verbales Zwangsverhalten entwickelt hat: Immer, wenn von einem Erwachsenen eine Anforderung gestellt wird, zuckt es mit dem Kopf nach hinten und fragt stereotyp: „Was ist für Zeit?" Die Bedingungen beim erstmaligen Auftreten und die später aufrechterhaltenden Bedingungen können analysiert werden. Es dürfte nicht schwerfallen, die beiden Verhaltensweisen klassisch oder operant zu löschen. Das Verschwinden des Symptoms wird entlasten, aber wahrscheinlich wird es — um Rückfälle oder Symptomverschiebung zu vermeiden — nötig sein, dem Kind neue Strategien im Umgang mit belastenden Anforderungen zu lehren.

2. Hintergründiges zum verhaltenstherapeutischen Denkmodell

2.1 Die wichtigsten Aussagen des verhaltenstherapeutischen Denkmodells bezogen auf Kindertherapien
(vgl. dazu auch *Adameit* et al. 1978)

(1) Verhaltensmodifikation ist u. a. die Anwendung einiger Grundtatsachen der Lernpsychologie auf pädagogische (präventive und korrektive) Zielsetzungen. Solche Grundtatsachen sind z. B. das klassi-

sche und das operante Konditionieren, das Lernen am Modell (in Standardwerken der Lernforschung oder in Einführungen zur Verhaltenstherapie nachzulesen. In diesem Beitrag werden solche Kenntnisse vorausgesetzt).

(2) Jede Verhaltensmodifikation setzt eine individuelle Verhaltensanalyse (Verhaltensdiagnostik) voraus, aus der direkt therapeutische Handlungsanweisungen resultieren. Die Verhaltensanalyse verwendet Wissen nicht nur aus den Lerntheorien, sondern auch aus der Sozialpsychologie, aus der kognitiven Psychologie und aus der Entwicklungspsychologie.

(3) Verhaltensmodifikation geht davon aus, daß problematisches Verhalten nach den gleichen Gesetzmäßigkeiten (vgl. dazu z.B. *Schwitzgebel, Kolb* 1978) gelernt / erworben ist wie sogenanntes angepaßtes Verhalten.

(4) Ob ein Verhalten als angepaßt / normal oder als problematisch / krank / gestört bezeichnet wird, hängt von der Umwelt ab: Kulturelle, gesellschaftliche, institutionelle und familieninterne Normen beeinflussen den Etikettierungsprozeß. Daraus folgt, daß abweichendes Verhalten nicht nur dadurch beseitigt werden kann resp. muß, indem es an Normen angepaßt wird, sondern unter Umständen ist es im Interessse aller Beteiligten, daß diese Normen der beurteilenden Bezugsgruppe verändert werden: Auch Einstellungen als kognitives Ordnungs- / Strukturmoment sind Gegenstand der Verhaltenstherapie.

2.2 *Welches Menschenbild steht hinter der Verhaltenstherapie?*

(vgl. *Jaeggi* 1975)

Sag mir, wie du sie / ihn behandelst, und ich sage dir, was für ein Bild du dir von ihr / ihm machst: Nicht aus dem theoretischen Selbstverständnis der Verhaltenstherapie, sondern aus ihrem Praxisvollzug sollen anthropologische Aussagen abgeleitet werden:

Konstituierende Bestandteile jeder Verhaltenstherapie und	*daraus ableitbare anthropologische Aussagen*
Moment der *Planung*	
Das Vorgehen ist durchschaubar und zielgerichtet. Mit Zwischenschritten wird das Endziel angesteuert.	Menschliche Reaktionen sind prinzipiell voraussagbar. Daß dies in der Praxis wegen der Komplexität der Bedingungen oft sehr schwierig ist, läßt diese Grundaussage unangetastet. Der Mensch koordi-

Konstituierende Bestandteile jeder Verhaltenstherapie und	*daraus ableitbare anthropologische Aussagen*
	niert seine Handlungen auf ein Ziel hin. Der theoretisch eventuell schwer zu bewältigende Graben zwischen dem behavioristischen und dem kognitivistischen Standpunkt behindert den therapeutisch/praktischen Umgang mit einem Menschen, dessen Verhalten sowohl von äußeren als auch von inneren Situationsmerkmalen gesteuert wird, nicht.
Moment der *Übung*, der multiplen Aktivität	
Verhaltensänderung ist erreichbar durch praktisches und systematisches Einüben neuer Verhaltensweisen. Neben der verbalen Kommunikation ist der ganze Spielraum menschlicher Aktivitäten als therapeutisch relevantes Agens einzusetzen.	Einsicht erwächst dem Menschen vor allem aus dem konkreten Ein- und Ausüben von Verhaltensweisen, d.h. der Mensch ist fähig zum Erkenntnisgewinn durch aktive Tätigkeit in der Umwelt. Er erarbeitet sich seine innere Welt durch äußere Tätigkeit. Abstrakte Einsicht, losgelöst vom Handeln, ersetzt das Einüben nicht.
Moment der *aktuellen Determination*	
Nicht die biographische Herleitung eines Fehlverhaltens, sondern die aktuellen Bedingungen, die es aufrechterhalten, sind therapierelevant. Die subjektive Bedeutung, Interpretation dieser aktuellen Bedingungen ist zur Hauptsache Folge der jeweiligen Lerngeschichte.	Der Mensch ist nicht direkt ge- oder verformt durch frühere Erlebnisse. In jedem Lebensalter lassen sich Fehlverhalten auslösende oder aufrechterhaltende Umweltbedingungen oder deren subjektive Bedeutung für einen Klienten verändern. Neu- und Umlernen ist somit immer möglich.
Moment der *Spezifität*	
Eine Verhaltenstherapie ist immer maßgeschneidert (vorhandene standardisierte Therapieprogramme sind vor allem für die Forschung interessant: im therapeutischen Alltag vergeben sie aber wichtige Chancen.) Sie ist abgestimmt auf die spezifische Situation eines Klienten und auf seine spezifischen Möglichkeiten, die durch sein Hier und Jetzt und durch seine Lerngeschichte bestimmt sind.	Jeder Mensch ist eine Individualität.

2.3 *Welches Bild macht sich die Verhaltenstherapie vom Kind?*

Diese Frage wurde kaum je thematisiert. Auch in den wenigen deutschen Büchern, die allgemein Verhaltenstherapie mit Kindern zum Gegenstand haben (*Kuhlen* 1972; *Schröder* 1977; *Schlottke, Wetzel* 1980), fehlen explizite Stellungnahmen zu den im Hintergrund stehenden Entwicklungskonzepten. In den neueren deutschen Übersichtswerken zur Entwicklungspsychologie fehlen wiederum (was ja auch nicht zu erwarten ist) Querverbindungen zur Verhaltenstherapie. Eine Sonderstellung nimmt das Buch „Child development: the basic stage of early childhood" von *Bijou* (1976) ein: nach entwicklungspsychologischer Tradition beschreibt er einzelne Funktionen wie Explorationsverhalten, moralisches Urteilen usw., wobei er sich aber vor allem für deren verhaltensanalytische Aufschlüsselung interessiert. Daraus folgen dann immer auch Hinweise, wie sie gefördert und trainiert werden können. Um diesen ganz skinnerianischen Ansatz etwas zu verbreitern, wollen wir die heute hauptsächlich verwendeten Entwicklungskonzepte vergleichen und uns fragen, welche mit verhaltenstherapeutischem Handeln kompatibel sind.

2.3.1 Mechanistisches versus organismisches Entwicklungsmodell

Als erstes lassen sich Entwicklungstheorien danach unterscheiden, ob sie einem mechanistischen oder einem organismischen Modell des Wachstums verpflichtet sind (vgl. die ausführliche Arbeit von *Réese* und *Overton* 1970, oder die zusammenfassende Arbeit von *Oerter* und *Montada* 1982, S. 50). Dabei stehen sich folgende zwei Grundthesen gegenüber:

Die Umwelt macht den Menschen zu dem, was er ist. Entwicklung ist somit eine Aufsummierung von Verknüpfungen zwischen Reiz und Reaktionen und zwischen Reaktionen und Konsequenzen.

Und:

Der Mensch wird durch seine eigene Aktivität zu dem, was er ist. Er nimmt die Welt nur wahr durch die seinem Verhalten zugrundeliegenden kognitiven Strukturen. Das heißt, Umweltereignisse steuern das Verhalten nicht direkt, sondern sie werden nur wirksam, indem sie mit Hilfe der kognitiven Repräsentationssysteme bewertet und integriert werden. Diese Strukturen werden in einer universellen und gerichteten Abfolge erworben (vgl. z. B. *Piaget* 1972).

2.3.2 Wie geht Verhaltensdiagnostik vor und welches Entwicklungsmodell steht dahinter?

An der Praxis der Verhaltenstherapie wollen wir ablesen, welchem dieser beiden Modelle sie eher verpflichtet ist. Dazu analysieren wir das diagnostische Vorgehen.

Um einen Therapieplan aufstellen zu können, muß das als Problem erlebte Verhalten verstanden werden. Verstehen bedeutet im Denkmodell der Verhaltenstherapie zweierlei:

(a) Im Rahmen der horizontalen Verhaltensanalyse (vgl. *Schulte* 1974) analysieren wir auslösende und nachfolgende Bedingungen des betreffenden Verhaltens (funktionale Analyse).

(b) Im Rahmen der vertikalen Verhaltensanalyse (*Grawe* 1980; *Bartling* 1980) analysieren wir den Stellenwert des betreffenden Verhaltens im Gefüge der hierarchisch aufgebauten Pläne und Ziele eines Individuums.

Ross (deutsch 1982, S. 20) spricht von einer teleologischen Falle, in die uns die Frage nach dem Warum (richtiger wohl nach dem Wozu) führe und findet es gewagt „aus beobachtetem Verhalten auf das Vorhandensein eines Planes zu schließen". (S. 21) Wissenschaftlich untersucht werden könne nur die Frage: „Unter welchen Bedingungen tritt ein Phänomen auf?" Implizit klingt hier mit, daß solche Bedingungen von außen direkt beobachtbar und nicht erschlossen sein dürfen. Das Erfassen verhaltenssteuernder Kognitionen bleibt nach dieser Auffassung jenseits eines wissenschaftlichen Zugriffs.

Daten, die wir im Gespräch mit einem Kind und seinen Bezugspersonen, durch Beobachtung in der natürlichen Umwelt, im Rollenspiel oder in Verhaltensproben gewonnen haben, werden benützt zur Beantwortung folgender Fragen:

(a) In welchen Situationen tritt das betreffende Verhalten auf? **S**

(b) Wie interpretiert das Kind diese Situationen? Was bedeuten sie in seinem Erleben? (kognitive Repräsentation) $\mathbf{C_s}$

(c) Welche möglichen Reaktionsweisen stellt sich das Kind aufgrund dieser Situationsinterpretation vor? $\mathbf{C_r}$

(d) Welche Konsequenzen stellt es sich auf die verschiedenen möglichen Reaktionen vor? $\mathbf{C_k}$

(e) Wie sieht die aufgrund dieses eventuell mehrmals ablaufenden inneren Probehandelns schließlich gezeigte Reaktion quantitativ und qualitativ aus? Ist dieses als inadäquat etikettierte Verhalten problematisch, weil es **R**
aus einem Verhaltensdefizit,
aus einem Verhaltensexzeß,
aus einem Verhalten unter falscher Stimuluskontrolle
besteht?

(f) Welche Konsequenzen folgen von außen auf dieses Verhalten? Welche Konsequenzen setzt das Kind sich selber? $\mathbf{K/K_k}$

Formalisiert ergeben diese Fragen folgende Verhaltensgleichung:

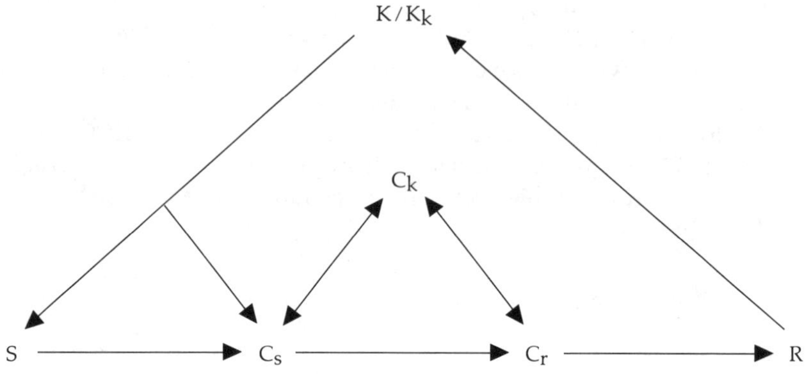

Aus diesem diagnostischen Vorgehen folgt, daß die Verhaltenstherapie sich heute, nach der „kognitiven Wende" (vgl. z. B. *Mahoney* 1977 und 1978), nicht mehr uneingeschränkt dem mechanistischen Modell verpflichtet fühlt: *Der Mensch wird durch die Umwelt, so wie er sie interpretiert, zu dem, was er ist.* Dabei basiert die Art der Interpretation auf früher gemachten Erfahrungen (Lerngeschichte). Alle Erfahrungen wiederum sind mitbestimmt durch die Entwicklungsstufe, auf der das Kind steht, mit ihren spezifischen Möglichkeiten der kognitiven Repräsentierungen und durch seine genetische Ausstattung. Ob das Auftreten der aufeinander aufbauenden Strukturen allerdings so universell, unveränderbar in der Reihenfolge, irreversibel und an bestimmte Lebensalter gebunden ist, wie es z. B. von *Piaget* postuliert wurde, ist nicht nur für die Verhaltenstherapeuten eine offene Frage, sondern wird auch von Forschern auf dem Gebiet der Entwicklungspsychologie wie *Flavell* (1981) in Frage gestellt.

2.3.3 Vier verschiedene Entwicklungstheorien — inwieweit entsprechen sie dem verhaltenstherapeutischen Handeln?

In einem zweiten Versuch, das entwicklungspsychologische Konzept hinter der Verhaltenstherapie sichtbar zu machen, wird ein Vierfelder-Schema zum Einordnen verschiedener Theorien nach *K. Riegel* (zitiert bei *Oerter, Montada* 1982, S. 24) verwendet. Die Entwicklungstheorien lassen sich demnach nach den Kriterien aktiv / passiv in Bezug auf die Person resp. in Bezug auf die Umwelt darstellen (andere Unterscheidungsmöglichkeiten vgl. z. B. *Trautner* 1978, Kap. IV).

		Umwelt	
		passiv	aktiv
Person	passiv	endogenistische Theorien	exogenistische Theorien
	aktiv	konstruktivistische Stadientheorien	Interaktion zwischen Person- und Umweltveränderung

(*Oerter, Montada* 1982, S. 24)

Bei der endogenistischen Theorie beruht Entwicklung auf anlagemäßig programmierter Reifung, wobei die Umwelt nur altersgemäße Anforderungen realisieren muß. Eine solche Theorie ist inkompatibel mit der verhaltenstherapeutischen Grundvoraussetzung, daß sogenanntes normales und sogenanntes nicht adäquates Verhalten *gelernt* ist.

Der exogenistischen Theorie liegt ein mechanistisches Menschenbild zugrunde, von dem wir oben gesagt haben, daß es nicht uneingeschränkt von der Verhaltenstherapie bejaht wird. Die Vorstellung, daß der Mensch zu Beginn eine tabula rasa sei, veranlaßte wohl *Watson* zu seinem Angebot, „man möge ihm ein Dutzend Kinder geben und eine Welt, in der er sie aufziehen könne, dann garantiere er, daß er jedes zu dem mache, was man wolle: Arzt, Rechtsanwalt, Künstler, Unternehmer oder auch Bettler und Dieb ..." (zit. nach *Oerter, Montada* 1982, S. 81. Interessant sind hier auch die beiden utopischen Romane „Futurum 2" und „Futurum 3" von *B. Skinner,* deutsch 1972, resp. von *R. Ardila,* deutsch 1981). Auch ein Vertreter eines behavioristischen Entwicklungskonzepts, wie *Bijou,* schreibt: „From a behavioral point of view, any unit of psychological behavior, normal or deviant, is caused by, or is a function of (1) a child's genetic history, (2) his personal history, and (3) the current situation" (1976, S. 141).

Die Frage nach Anlage und Umwelt ist immer noch Gegenstand zahlloser Forschungsunternehmungen, die meist von folgendem Ausgangspunkt ausgehen: Wie werden welche genetischen Vorgaben durch welche Umwelteinflüsse verändert und weiterentwickelt? (vgl. z. B. *Mayer* 1979)

Eine exogenistische Theorie entspricht nicht dem verhaltenstherapeutischen Handeln. Neben den Einwänden, die schon gegen ein mechanistisches Konzept der Entwicklung gemacht wurden, ist weiter zu sagen: Seit der grundlegenden Arbeit von *Kanfer* und *Saslow* (1965) zur Verhaltensdiagnose, die wohl weiterentwickelt, aber nicht überholt wurde, werden in der sog. Organismus-Variable nichtgelernte Verhaltensdeterminanten mitberücksichtigt.

Nach den konstruktivistischen Stadientheoretikern (z. B. *Piaget*) braucht der Mensch für seine Entwicklung die Umwelt nur als passiven Anbieter von Anregungen, die die aktive Person nach Maßgabe ihres Entwicklungsstandes aufnimmt.

Indem die Verhaltenstherapie Verhalten zu ändern versucht durch Verändern der auslösenden und nachfolgenden Bedingungen, seien diese nun von außen gesetzt oder vom betreffenden Menschen selber gestaltet, ist die passive Einstufung der Umwelt mit ihrem Handeln inkompatibel.

Die interaktionistische oder transaktionale Theorie (*Sameroff* 1975) geht davon aus, daß weder allein die Aktivität der Umwelt noch allein die Aktivität der Person Entwicklung hinreichend erklärt: „Mensch und Umwelt bilden ein Gesamtsystem, die Veränderung eines Elementes führt zur Veränderung auch anderer Elemente und des Gesamtsystems" (*Oerter, Montada* 1982, S. 29). Und weiter: „Der sich entwickelnde Mensch ist nicht nur den Einflüssen der Umwelt ausgesetzt, er selbst beeinflußt diese."

Dieser systemische oder ökologische Ansatz von Entwicklung entspricht dem heutigen verhaltenstherapeutischen Selbstverständnis, denn ein behavioristisches Menschenbild und eine rein behavioristische Entwicklungstheorie können ihr therapeutisches Handeln nicht mehr hinreichend erklären.

Es wäre ein lohnendes Unterfangen, die lernpsychologisch begründete Entwicklungstheorie von *Bijou* und *Baer* (1961), die ganz auf dem Boden von *Skinner* steht, zu erweitern: So könnten Ergebnisse der Phasenforschung unser Wissen über Lernen (auch über kognitionsgesteuertes Lernen) mit wichtigen Handlungsanweisungen für die Kindertherapie ergänzen.

Die Auseinandersetzung zwischen einer aktiven Person und einer aktiven Umwelt, die die Entwicklung des Menschen lebenslang in Gang hält, kann inhaltlich näher bestimmt werden durch das Konzept der Entwicklungsaufgaben (*White* 1974; *Havighurst* 1972). Durch biologische Veränderungen des Organismus, durch Anforderungen von Kultur und Gesellschaft und durch individuelle Erwartungen und Wertvorstellungen wird ein Mensch zeitlebens vor immer neue Bewältigungsaufgaben gestellt, denen gegenüber er Kompetenzen entwickeln muß, wenn er bestehen will. Listen solcher Entwicklungsaufgaben können uns in einem individuellen Beratungsfall eine erste Orientierungshilfe sein (z. B. *Newman, Newman* 1975; beschrieben auch in *Oerter, Montada* 1972, S. 112/244).

3. Was unterscheidet Verhaltenstherapie mit Erwachsenen von Verhaltenstherapie mit Kindern?

(Probleme des Verfahrens, ethische Probleme, verschiedene Ansatzpunkte für die Therapie, Symptomverschiebung und vertikale Verhaltensanalyse)

Bis ins Jahr 1924 können die Ursprünge der Verhaltenstherapie mit Kindern zurückverfolgt werden: Damals beschrieb *Mary Cover Jones*, wie sie die Angst des dreijährigen Peters vor pelzartigen Objekten nach dem Prinzip des klassischen Konditionierens behandelte. Aber mit wenigen Ausnahmen dauerte es bis in die sechziger Jahre, bevor Verhaltenstherapie mit Kindern — vor allem nach dem Prinzip des instrumentellen Konditionierens — sich verbreitete.

Wir haben unter 1.7 fünf Phasen des verhaltenstherapeutischen Vorgehens unterschieden und wollen uns nun für jede dieser Phasen fragen: Gibt es hier graduelle oder qualitative Unterschiede zwischen der Behandlung von Erwachsenen und derjenigen von Kindern? (wobei Jugendliche eine Zwischenstellung einnehmen).

3.1 Zur Bestimmung des Ist-Zustandes

(Problembestimmung, Verhaltensanalyse)

(a) Deutlicher und problematischer als in der Erwachsenen-Therapie werden wir mit der Frage konfrontiert: Wer schreibt einem Verhalten die Attribute „gestört, auffällig, nicht normal" zu? Vor allem werden das die Bezugspersonen sein. Wenn das Kind überhaupt ein Problembewußtsein mitbringt, hat es die Sicht der Erzieher internalisiert, sie vordergründig übernommen, oder es wehrt sich dagegen. Es sind die Bezugspersonen, die für das Kind beschließen, daß es einen Psychologen nötig hat. Dies hat Folgen für seine ursprüngliche Therapiemotivation und für die erste Beziehungsaufnahme zwischen Kind und Therapeut. Für den Therapeuten ergibt sich die Frage: Als wessen Anwalt versteht er sich? Als derjenige der Eltern, der Lehrer, des Kindes? Kann er sich als Anwalt des gestörten Systems (Familie / Schulklasse usw.) betrachten, was voraussetzt, daß alle Vertreter dieses Systems zu ihm eine vertrauensvolle Beziehung aufbauen können? Wie kann er eine tragfähige Therapiemotivation auch bei solchen Mitgliedern des Systems bewirken, die kaum einen Leidensdruck verspüren?

(b) Anders zu beantworten als in der Erwachsenen-Therapie ist die Frage: Von wem und auf welche Art bekommt der Psychologe die notwendigen Daten, um eine Verhaltensanalyse erstellen zu können? Alle zum System Gehörenden können Daten liefern. Bei den erwachsenen

Bezugspersonen wird dazu vorwiegend das Gespräch (vom freien Gespräch bis zum standardisierten Fragebogen, vgl. unter anderem *Lutz* 1978; *Hoffmann, Gerbis* 1981; *Röhl, Nell* 1977) dienen. Beim Kind selber wird die Beobachtung im Vordergrund stehen. Und zwar die Beobachtung durch

— die Fachperson,
— durch eine Bezugsperson, die dazu angeleitet wurde,
— durch das Kind selber (Selbstbeobachtung),
— in der natürlichen Umwelt,
— in Situationen, die absichtlich für das entsprechende Beobachtungsanliegen gestaltet wurden (Verhaltensproben, Rollenspiel, Spiel mit projektivem Material).

Solche Beobachtungssituationen bieten neben der Möglichkeit zur direkten Beobachtung auch Ansatzpunkte für weiterführende Gespräche: denn eingebettet in Spiel und Handeln ist auch ein Kind durchaus fähig, verbal über seine problematische Situation zu kommunizieren. Hier braucht dann der Therapeut seine Kenntnisse aus der allgemeinen Entwicklungspsychologie, damit er dem Kind altersgemäß begegnen kann, und damit er die Daten aus dem Gespräch an seinen Beobachtungen im Spiel und an den nichtverbalen Kommunikationsaspekten überprüfen kann.

3.2 Zur Bestimmung des Soll-Zustandes (Zielbestimmung)

„Die ethischen Implikationen bei der Behandlung der psychischen Probleme eines Menschen wachsen in umgekehrtem Verhältnis zu seiner Wahlfreiheit." (*Ross* 1982, S. 84)

Deshalb stellt sich bei Kindern die Frage „Wer bestimmt das Therapieziel?" problematischer als in der Erwachsenen-Therapie. Aus den Ausführungen zum Labeling-Vorgang (vgl. 2.1) wird deutlich, daß auch der Soll-Zustand zuerst einmal von den erwachsenen Bezugspersonen bestimmt wird. Mit ihnen zusammen gilt es dann, folgenden Fragenkatalog durchzuarbeiten:

— Warum möchten Sie bei diesem Kind etwas ändern?
— Was bedeutet das Verhalten, das sie verändern möchten,
  — für Sie
  — für das Kind
  — für andere Bezugspersonen?
— Was hat es für Folgen, wenn das betreffende Verhalten geändert sein wird,
  — für Sie
  — für das Kind

— für gleichaltrige Bezugspersonen
— für erwachsene Bezugspersonen?
— In wessen Interesse liegt die Veränderung hauptsächlich?

Wenn sich auf diese Art ein Therapieziel formulieren läßt, das im Interesse des Kindes resp. seiner weiteren Entwicklung und im Interesse seiner Bezugspersonen liegt, und wenn das Ziel auch unseren Kenntnissen über Entwicklungsaufgaben (vgl. *Havighurst* 1972), über Motivationsentwicklung (vgl. *Maslow* 1954) und über kognitive Entwicklung (vgl. z. B. *Piaget* 1972) entspricht, müssen Therapeut und Kind zusätzlich noch gemeinsam Folgendes herausfinden: Mit der problematischen Verhaltensweise, die nun im Sinne des Soll-Zustandes modifiziert werden soll, strebt das Kind eventuell gewisse Ziele an, will es bestimmte Pläne realisieren oder Probleme lösen. Ist das anvisierte Soll-Verhalten auch geeignet dazu, oder müssen eventuell zusätzliche Kompetenzen aufgebaut werden, um solche adäquaten und legitimen Pläne zu verwirklichen? Oder sind eventuell diese Pläne ungünstig für die weitere kindliche Entwicklung und sollten sie im Rahmen der Therapie ebenfalls modifiziert werden?

Eine vertikale Verhaltensanalyse hilft uns, solche Fragen zu beantworten, wobei es mit Kindern oft recht schwierig ist und viel unkonventionelle Kreativität in der diagnostischen Arbeit braucht, um die notwendigen Informationen zu bekommen und diese vom Standpunkt des Kindes aus einordnen zu können. Literatur zu diesem Thema ist selten. Einige Hinweise finden sich bei *Charlton* und *Wetzel* (1980). Eine praktische Demonstration, wie die Verbindung eines horizontalen mit einem vertikalen Diagnosevorgehen zum Problemlösungsansatz bei einer Kindertherapie führt, bieten *Belschner* et al. (1980, S. 55 f). Am ausführlichsten schreibt wohl *Ross* (1982) über Verhaltensanalyse bei Kindern, allerdings ohne Berücksichtigung kognitiver Aspekte.

3.3 Zur Erstellung und Durchführung eines Therapieplanes

Wer soll daran beteiligt sein? Wie weit ist es sinnvoll und möglich, ein Kind in die Planung einzubeziehen? Der Psychologe wird meist aufgrund seiner Kenntnisse der spezifischen Situation und der Entwicklungspsychologie die grundsätzliche Entscheidung „Wer führt in welchem Setting und mit welchen Methoden die Therapie durch?" vorentscheiden. Folgende Übersicht kann ihm dabei helfen.

(a) Wo soll der Interventionsschwerpunkt liegen?
- Beim Kind:
  dann Einzel- oder Gruppentherapie beim Psychologen (vgl. z. B. *Schlottke, Wetzel* 1980; *Schröder* 1977, *Charlton* et al. 1980) oder eine Mediatorentherapie unter Supervision des Psychologen (vgl. z. B. *Tharp, Wetzel* 1975)
- Bei der Familie:
  dann ist eine verhaltenstherapeutische Beratung der Eltern denkbar, eine verhaltenstherapeutische Familientherapie (z. B. *Haley* 1977; *Nitz* 1981; *Petermann* 1981), oder man entscheidet sich für ein Elterntraining in Gruppen (vgl. z. B. *Perrez* et al. 1974; *Innerhofer* 1977)
- In der Schule oder in einem Heim:
  dann kann eine Beratung des Lehrers/Erziehers durchgeführt werden (*Lorenz* et al. 1976), oder man führt ein Lehrertraining in Gruppen durch (vgl. z. B. *Adameit* et al. 1978; *Wetzel* 1978). Möglich ist auch die Anleitung des Lehrers/Erziehers zu einer Mediatorentherapie oder zu einer Klassen- resp. Gruppenintervention. (Eine solche Intervention kann natürlich auch der Psychologe durchführen.)

Neben der Abklärung des Interventionsschwerpunktes muß der Psychologe noch zwei weitere Punkte vorentscheiden:

(b) Ist das gemeinsam festgesetzte Therapieziel erreichbar
- über einen Verhaltensaufbau (bei einem Verhaltensdefizit)
- über einen Verhaltensabbau (bei einem Verhaltensexzeß)
- über die Veränderung der Stimuluskontrolle?

(c) Soll eine Methode gewählt werden, die ansetzt
- direkt beim beobachtbaren Verhalten
- bei den äußeren und/oder inneren Auslösern des Verhaltens
- bei den äußeren und/oder inneren Konsequenzen, die auf das Verhalten folgen?

(Zu einzelnen Techniken — nicht speziell für Kindertherapie — vgl. z. B. *Fliegel* et al. 1981; *Linden, Hautzinger* 1981.)

Die Antwort auf alle drei Fragenkreise ergibt sich direkt aus der Verhaltensanalyse. Das Ziel der Verhaltensdiagnostik ist also nicht — wie bei der klassischen Diagnostik — die Erstellung eines möglichst umfassenden Persönlichkeitsbildes (wie ist dieser Mensch?). Verhaltensdiagnostik will die Frage beantworten: Was tut dieser Mensch in welcher Situation und zu welchem Zweck? Daraus können dann direkt Interventionsstrategien abgeleitet werden (vgl. dazu *Pawlick* 1967; *Schulte* 1974). Für die Detailplanung nach der Abklärung dieser drei genannten Fragenkreise sollen dann möglichst alle Beteiligten herangezogen werden. Unter anderem kann dadurch eine Angleichung der gegenseitigen Erwartungen erreicht werden, was den Aufbau einer auch in schwierigen Therapiephasen tragfähigen Motivation begünstigt (vgl. dazu *Halder* 1977; *Zimmer* 1983).

Wenn wir uns jetzt mit Methoden der verhaltenstherapeutischen Kinderbehandlung befassen, müssen wir folgendes berücksichtigen:

„Wir sehen Verhaltensmodifikationen nicht als eine Sammlung von empirisch fundierten, leicht anwendbaren Veränderungstechniken an, sondern als ein Denk- und Handlungsmodell, mit dem sich ‚abweichendes' und ‚normales' Verhalten in Schule und Elternhaus beschreiben und erklären läßt, und mit dem konkrete Änderungsmodelle entwickelt werden können." (*Charlton* et al. 1980, S. 177)

Verhaltenstherapie ist also immer mehr als eine Ansammlung der unter diesem Begriff verwendeten Methoden. Von diesen Methoden aus der Erwachsenen-Therapie sind wenige grundsätzlich für Kinder nicht anwendbar. (Entweder weil die entsprechende Symptomatik bei Kindern nicht auftritt oder weil sie Fähigkeiten voraussetzen, die ein Kind noch nicht hat.) Ebenso selten sind aber Methoden aus der Erwachsenentherapie unverändert bei Kindern einsetzbar: Übernommen werden kann das therapeutische Grundprinzip einer Technik, deren konkrete Ausgestaltung muß aber der motorischen, kognitiven und emotionalen Entwicklung des Kindes und seinen speziellen Kompetenzen oder Defiziten angepaßt werden. Fertige „Übersetzungs-Rezepte" gibt es keine. Neben entwicklungspsychologischen und pädagogischen Kenntnissen und neben Erfahrungen mit Kindern helfen Einfühlungsvermögen (abgesichert durch die Kenntnis seiner selbst, was die Notwendigkeit der Selbsterfahrung als Ausbildungsbaustein für Verhaltenstherapeuten zeigt!) und Kreativität bei dieser Adaptation (allgemein zu verhaltenstherapeutischen Methoden vgl. *Linden, Hautzinger* 1981; *Fliegel* et al. 1981).

3.4 Zur Erfolgskontrolle

Sie unterscheidet sich nicht wesentlich bei Erwachsenen- und Kindertherapien: Bestandteil jeder Verhaltenstherapie ist die Festsetzung von Therapiezielen (vgl. 3.2). Diese Ziele werden konkret formuliert und operationalisiert, so daß für alle Beteiligten — auch für Kinder — nach der therapeutischen Intervention ablesbar ist, in wieweit sie erreicht worden sind.

Damit ist aber noch gar nichts darüber ausgesagt, ob eine festgestellte Verhaltensänderung in Richtung des definierten Ziels auf die Therapie zurückgeht. Eine solche Attribuierung ist lediglich verstärkend für den Therapeuten und die Beteiligten, da dann weder

Zeit noch Geld für etwas Wirkungsloses ausgegeben wurde. Für den Praktiker, vor allem wenn er freiberuflich tätig ist, verbieten sich Therapie-Arrangements wie die Umkehrmethode (A-B-A-Plan) oder auch ein Versuchsplan mit multiplen Ausgangsdaten, die allein diese Frage beantworten könnten.

Zur Erfolgskontrolle gehört aber auch die Abklärung, ob weitere positive Veränderungen in der Zwischenzeit beobachtet worden sind: Eine positive Kettenreaktion kann in einem System, wie es die Familie, eine Schulklasse oder eine Heimgruppe ist, auf eine minimale, therapeutisch intendierte Veränderung folgen. Wenn diese Möglichkeit bei der Therapieplanung immer schon mitgedacht wird, werden wir dazu angeleitet, zuerst mit minimalen therapeutischen Interventionen einzusteigen. Wenn eine solche Hilfe wohl einen Teil des Leidensdruckes beseitigt, das System aber noch nicht befähigt, ein neues, für die weitere Entwicklung günstigeres Gleichgewicht zu finden, ist immer noch Zeit für weitergehende therapeutische Maßnahmen (Prinzip der minimalen Intervention).

Weiter gehört zur Erfolgskontrolle die Abklärung, ob während der Therapie negative Veränderungen aufgetreten sind. Mit Fragen wie:
— Worin bestehen sie?
— Für wen sind sie negativ?
— Welche Zusammenhänge ergibt ihre funktionale Analyse?
ist herauszufinden, ob sie direkte Folge der therapeutischen Maßnahme sind.

Daß die Verhaltenstherapie Symptomverschiebungen produziere, ist ein alter, aber widerlegter Vorwurf (vgl. dazu *Perrez, Otto* 1978 oder als Zusammenfassung der älteren Diskussion *Kuhlen* 1972). Wenn es zu einer Symptomverschiebung kommt, dann ist das nicht dem Denkmodell oder den therapeutischen Strategien anzulasten, sondern allein dem Durchführenden:
— Wenn die horizontale Verhaltensanalyse zu wenig umfassend ist, ist es durchaus möglich, daß wichtige Bereiche problematischer Verhaltensweisen unberücksichtigt bleiben;
— wenn keine oder eine mangelhafte vertikale Verhaltensanalyse durchgeführt wird, besteht die reale Gefahr, daß wir beim Kind ein problematisches Verhalten wegtherapieren, das im Moment seine einzige Möglichkeit ist, ein wichtiges Ziel anzustreben, eine Lösung für ein drängendes Problem zu suchen. Wenn wir das nicht erkennen, treffen wir ja in unserer Therapiestrategie auch nicht die nötigen Vorkehrungen, um dem Kind neue Kompetenzen zur Erreichung seines Ziels, zur Lösung seines Problems zu lehren. Rückgriff auf das alte Verhalten (Rückfall) oder Ausweichen auf ein damit

verwandtes Verhaltensschema (Symptomverschiebung) sind die Folgen unseres mangelhaften Problemverständnisses, das an den Möglichkeiten und Bedürfnissen des Kindes vorbeitherapiert hat.

Da das Erstellen einer vertikalen Verhaltensanalyse bei Kindern schwieriger ist als bei Erwachsenen
— wegen ihrer geringeren verbalen Ausdrucksfähigkeit,
— weil ihre hierarchischen Pläne noch nicht voll ausgebildet, deshalb oft instabil oder widersprüchlich sind,

ist die Gefahr einer Symptomverschiebung eher größer als bei Erwachsenen.

Zur Symptomverschiebung, eventuell interindividuell, kann es auch kommen,
— wenn das Verhalten eines einzelnen Symptomträgers analysiert wird ohne Berücksichtigung dessen, was dieses für andere Mitglieder des Systems bedeutet: Neben Leidensdruck können ja Symptome durchaus auch positive Konsequenzen für bestimmte Bezugspersonen beinhalten.

3.5 Zusammenfassung

Nun soll in Stichworten beschrieben werden, worin sich die Verhaltenstherapie mit Kindern von der mit Erwachsenen unterscheidet. Es handelt sich dabei nicht um prinzipielle, sondern nur um graduelle Unterschiede.

In Kindertherapien
— ist die anfängliche Therapiemotivation meist geringer (mangelnde Freiwilligkeit). Über den Aufbau einer guten Beziehung zwischen Kind und Therapeut kann sie aber wie bei Erwachsenen aufgebaut werden.

In Kindertherapien (und in der Therapie von geistig Behinderten)
— ist die Gefahr der Manipulation, der Verhaltensmodifikation nur im Interesse der Umwelt, größer als bei Erwachsenen. Gute Kenntnisse in der Entwicklungspsychologie und gute Kenntnisse seiner selbst helfen dem Therapeuten, unethische Anwendungen zu vermeiden.

In Kindertherapien
— ist die Kontrolle über wichtige Verstärker eher möglich als bei Erwachsenen. Ebenso gelingt die Einbeziehung der Umwelt leichter. Beides ist bedingt durch die größere Abhängigkeit des Kindes, was die Verhaltensänderung durch Veränderung der Konsequenzen (operantes Konditionieren) erleichtert und zu der am häufigsten

verwendeten Methode macht. Gleichzeitig wird dadurch natürlich die Mißbrauchsgefahr erhöht.

Für Kindertherapien

— müssen Methoden, die für Erwachsene konzipiert und an erwachsenen Klienten mit Erwachsenensymptomatik überprüft wurden, den situationalen und entwicklungsbedingten Umständen angepaßt werden. Stellvertretend für solche Adaptationen soll auf die Möglichkeit von Therapieplänen hingewiesen werden, die zum Teil oder ausschließlich auf Selbstkontrolle beruhen. Die Grenzen für deren Anwendung liegen weniger im Kind und seinem Lebensalter als in der Kreativität und im Einfühlungsvermögen des Therapeuten (vgl. z. B. *Teegen* et al. 1977).

4. Einige Anwendungssituationen

4.1 Verhaltenstherapie in der Prävention

„If this model (das verhaltenstherapeutische Denkmodell) is able to generate concepts useful in the reversal of maladaptive behavior it seems inviting to apply these same concepts to the prevention of such behavior." (*Poser* 1970, S. 39)

4.1.1 Primäre Prävention

Primäre Prävention will das Auftreten von Entwicklungsstörungen verhindern oder mindestens deren Auftretenswahrscheinlichkeit herabsetzen. Um primär präventiv wirken zu können, müssen uns die Entstehungsbedingungen von Entwicklungsstörungen bekannt sein. Forschungen über die Wirkung verschiedener Erziehungsstile (zur Übersicht vgl. z. B. *Schneewind* 1983), über schichtspezifische Sozialisation (zur Übersicht vgl. z. B. *Bertram* 1981) und vor allem über die hemmende resp. anregende Wirkung von Umweltgegebenheiten auf den innerfamiliären Sozialisationsprozeß (vgl. z. B. *Vascovics* 1982) vermitteln uns hier die nötigen Kenntnisse. Die Beschreibung der vier für die menschliche Entwicklung relevanten Umweltsysteme von *Bronfenbrenner* (1975) hilft uns, breit genug zu denken.

Er beschreibt die Familie als Mikrosystem, das eingebettet ist in das übergreifende Mesosystem, welches z. B. für ein Kind die Wechselbeziehungen zwischen Elternhaus, Schule und Kameradengruppe enthält. Die Mikro- und die Mesoumwelt werden umfaßt vom Exosystem, zu dem Lebensbereiche gehören, an denen das Kind nicht direkt beteiligt ist, die aber doch seine eigenen Bereiche mitbeeinflussen (z. B. Arbeitsplatz der Eltern, Schulklasse der Geschwister usw.). Alle drei Umwelten sind enthalten im Makrosystem, das zusätzlich z. B. durch die politisch-ideologische Orientierung einer Gesellschaft bestimmt ist.

Primäre Prävention kann situations- resp. umweltbezogen oder personbezogen vorgehen. Durch Vorbereitungskurse auf die Elternschaft, durch einen Aufbau von Wissens- und Handlungskompetenz im verhaltenstherapeutischen Denkmodell während der Lehrerausbildung und in der Fortbildung von Erziehern (vgl. z. B. *Emminghaus, Kuhnle* 1979) wird *umweltbezogene* Prävention angestrebt. „Risikofaktoren" in der Umwelt sollen dadurch vermindert werden. So konnten *Heber* und Mitarbeiter (*Heber, Garber* 1971; *Falender, Heber* 1975) mit einem sechs Jahre dauernden Programm verhindern, daß bei Kindern von Müttern mit einem Intelligenzquotienten unter 80 das Intelligenzniveau während der Grundschulzeit abfiel, wie es gemäß früheren Untersuchungen zu erwarten war.

Bei *personbezogenen* Präventivmaßnahmen wird ein Klient in Hinblick auf zu erwartende kritische Lebenssituationen vorbereitet (vgl. als Anwendungsbeispiel *Ringler* et al. 1981). Dabei wird versucht, seine Verletzlichkeit durch den Aufbau individueller Bewältigungskompetenzen (coping skills) herabzusetzen (vgl. *Poser* 1970). Der Zusammenhang zwischen mangelnden Kompetenzen und ungünstigem Verhalten wird ausgezeichnet aufgewiesen von *Verres* und *Sobez* (1980) am Beispiel der Aggression. Auch die Methode der Streßimpfung nach *Meichenbaum* (1979) und sein Training in Selbstanweisungen für hyperaktive Kinder (1979) sind Beispiele für verhaltenstherapeutische Prävention. Damit haben wir allerdings streng genommen den Bereich der primären Prävention bereits verlassen.

4.1.2 Sekundäre Prävention

Darunter versteht man die Früherkennung und Frühbehandlung von Entwicklungsproblemen. Möglich wird die sekundäre Prävention, die entweder im Aufbau antizipatorischen Bewältigungsverhaltens oder in der Erhöhung der Widerstandsfähigkeit besteht, wenn
(a) Risikokinder erkannt und erfaßt werden können,
(b) wenn durch eine differenzierte diagnostische Untersuchung ihre Defizite und Möglichkeiten in Bezug auf zu bewältigende Aufgaben bestimmt werden können (was nur möglich ist, wenn die Anforderungsstruktur dieser Aufgaben analysiert ist) und
(c) wenn die Möglichkeit einer individuellen Beratung / Behandlung von Familie und Kind gegeben ist.

Auf allen drei Ebenen ist noch viel zu tun:
(a) So werden Siebtests für die Erfassung von Risikokindern meist erst in der Kinderheilkunde (vgl. z. B. *Hellbrügge* 1981) und bei der Schulreifeabklärung verwendet.
(b) Anforderungsprofile für Entwicklungsaufgaben liegen gebrauchsfertig noch nicht vor.

(c) Individuelle Diagnostik und Betreuung eines ausgegrenzten Risikokindes scheitern oft an personellen und finanziellen Möglichkeiten (einen kurzen Überblick über verhaltenstherapeutische Prävention gibt *Gräser* 1980).

Präventiv tätig zu sein ist wohl für jeden Psychologen faszinierend: Statt immer nur hinter dem Geschehen herzurennen und aus Scherben wieder ein Ganzes machen zu müssen, endlich einmal sein Wissen dafür einsetzen können, daß es keine Scherben gibt!

Trotz bestehender Vorteile darf eine gefährliche Eigendynamik der sekundären Prävention nicht unterschlagen werden: Durch das frühe Erkennen von Risikokindern wird auch früh mit dem negativen Etikettierungsprozeß begonnen. Seit „Pygmalion im Unterricht" (*Rosenthal, Jacobson* 1976) wissen wir um die Dynamik der sich selbst erfüllenden Prophezeiung (vgl. dazu auch *Smale* 1980). Entwicklungsprognose als Abstempelungsvorgang kann späteres Leid vermeiden, aber auch solches produzieren.

4.2 Therapeutische Anwendung der Verhaltensmodifikation

Im Alltag des Verhaltenstherapeuten ist das wohl die häufigste Situation: Eltern oder Lehrer suchen eine Beratung auf, weil sie selber nicht mehr weiterkommen, weil ihre bis dahin üblichen Strategien versagen. Unter 3.3 habe ich die möglichen Ansatzpunkte für eine Verhaltenstherapie zusammengestellt. Davon wollen wir drei Möglichkeiten herausgreifen und die konkrete Ausgestaltung zeigen.

4.2.1 Die Mediatorentherapie

Dieser Begriff geht zurück auf *Tharp* und *Wetzel* (1969/1975) und bedeutet, daß die Therapie nicht im diadischen System Kind/Therapeut abläuft, sondern im triadischen Kind/natürliche Bezugsperson/Therapeut. Der Psychologe plant mit den Beteiligten aufgrund der Verhaltensanalyse die Therapie, leitet dann eine Bezugsperson durch Instruktion und Modellvorgabe an, diese mit dem Kind in der natürlichen Umwelt durchzuführen.

Diese Vorgehensweise entspricht dem verhaltenstherapeutischen Denkmodell, das ja die funktionalen Zusammenhänge zwischen situativen Merkmalen und Problemverhalten als zentral erachtet und eine Störung nie nur dem Kind zuschreibt, sondern sie immer im Zusammenhang sieht mit seiner Umwelt, die bei der Etikettierung, Auslösung und Aufrechterhaltung mitbeteiligt ist. Da sowohl die Grundlagen, als auch einzelne Techniken der Verhaltenstherapie transparent und gut lehrbar sind, ist es erstaunlich, daß diese naheliegende Erweiterung des therapeutischen Settings erst 1969 konzeptualisiert wurde (*Tharp, Wetzel*) und dann noch 6 Jahre auf ihre deutsche Übersetzung warten mußte. Erklärbar ist das wohl nur durch die anfängliche Konkurrenzsituation, vor allem mit der Psychoanalyse, in der die Verhaltenstherapie mit absolut kontrollierbaren Labortherapien ihre Wissenschaftlichkeit, und wenn möglich ihre Überlegenheit, beweisen wollte.

Damit eine Mediatorentherapie möglich ist, müssen einige Voraussetzungen gegeben sein:

Beim Therapeuten:

— Er soll es als positiv erachten, daß er das Machtgefälle zwischen dem Ratsuchenden und sich vermindern kann, und daß er den Klienten nicht als Patienten im Sinne des medizinischen Krankheitsmodelles sieht.

— Er muß sein verhaltenstherapeutisches Erklärungsmodell für die problematische Situation so vermitteln können, daß die Bezugspersonen intellektuell nicht überfordert sind und weder ihrem kognitiven noch ihrem emotionalen Gefüge zu große Dissonanzen zugemutet werden. Das heißt, er muß Eltern / Lehrer dort abholen können, wo sie stehen, und in durchdachten, kleinen Schritten dorthin begleiten, wo sie in ihrem Interesse und im Interesse des Kindes ankommen sollen.

Beim Mediator:

— Eine gewisse Fähigkeit zum konkreten Beobachten muß vorhanden oder mindestens aufbaubar sein.
  Das gleiche gilt für die Fähigkeit zur Selbstveränderung: Das Verhalten des Kindes soll ja durch verändertes Verhalten der Bezugsperson modifiziert werden.

— Die Beziehung zwischen Therapeut und Mediator muß so vertrauensvoll und kooperativ sein, daß eine gemeinsame Sprache und eine gemeinsame Sicht des Problems gefunden werden kann, und daß der Therapeut als Verstärker des Mediators fungieren kann.

— Ein gewisses Maß an Leidensdruck ist notwendig. Allerdings scheint hier eine ähnliche Relation zwischen Leidensdruck und der Fähigkeit, als Mediator zu wirken, zu bestehen wie allgemein zwischen Motiviertheit für eine Leistung und der Qualität der Ausführung: zuviel Leidensdruck schränkt die Fähigkeit zu überlegtem Handeln ein.

— Der Mediator muß für das Kind eine wichtige Person sein, d. h. er muß über soziale und materielle Verstärker verfügen.

Beim Kind als Zielperson der Intervention:

— Sein Verhältnis zur Bezugsperson muß so weit intakt sein, daß gegenseitige positive Beeinflussung überhaupt noch möglich ist. Wenn nur noch aversive Verhaltenskontrolle ausgeübt wird oder wenn z. B. ein Jugendlicher gefühlsmäßig aus der Familie „ausgestiegen" ist, ist der Einsatz von Familienmitgliedern als Mediatoren nicht mehr möglich. Vielleicht können aber nach einer Familientherapie mit Schwerpunkt auf einem Kommunikationstraining diese Voraussetzungen wieder gegeben sein.

Beim Zielverhalten:

— Die intendierte Veränderung des Problemverhaltens muß für den Mediator immanent verstärkend sein, d. h. sie muß von ihm positiv bewertet werden. Über eine Mutter, die die hauptsächlichste Befriedigung ihrer emotionalen Bedürfnisse bei ihrem einzigen Kind erlebt, kann nicht Selbständigkeit und Durchsetzungsfähigkeit des Kindes aufgebaut werden. Manchmal aber wird eine Bezugsperson durch eine eigene Verhaltenstherapie fähig, als Mediator in der Therapie ihres Kindes zu wirken.

Wenn diese genannten Bedingungen erfüllt sind, ist das Mediatorenkonzept der diadischen Therapie vorzuziehen, denn es bietet folgende Vorteile:

— Es ist zeit- und geldökonomisch.
— Es verringert Transfer- und Generalisationsprobleme, denn ein neues Verhalten wird dort aufgebaut, wo es unter natürlichen Bedingungen vorkommen soll oder ein Fehlverhalten wird dort verändert, wo es in der alten Form nicht mehr auftreten soll.
— Das unter Supervision des Therapeuten Erreichte wird auch nach Beendigung der Zusammenarbeit eher aufrechterhalten werden können, da ja ein wichtiges Mitglied des Systems Familie oder Schulklasse neue Kompetenzen im Umgang mit Schwierigkeiten erworben hat.
— Dies macht auch wahrscheinlich, daß künftige Probleme besser, auch ohne Hilfe eines Psychologen, gelöst werden können. Mediatorentherapie schafft also auch für die Prävention günstige Voraussetzungen.
— Die Delegation der Verantwortung an professionelle Helfer und die Pathologisierung des Kindes wird verunmöglicht, was die Eigenverantwortlichkeit, das Selbstbewußtsein und die Kompetenz des Systems stärkt.

Wenn sich der Psychologe nicht in die Beteiligten einfühlen kann, wenn er sein eigenes therapeutisches Tun zu wenig hinterfragt und kritisch beurteilt und somit diese selbstkritische Haltung auch nicht den Eltern oder Lehrern vermitteln kann, stehen diesen Vorteilen auch einige Nachteile oder Gefahren bei einer Mediatorentherapie gegenüber:

— Bezugspersonen könnten in ihrem Verhalten zum Kind verunsichert werden.
— Das Kind könnte (vorübergehend) die Bezugspersonen als unberechenbar und deshalb verunsichernd erleben.
— Schuldgefühle könnten verstärkt werden dadurch, daß der Bezugsperson gezeigt wird, wie sie durch eigene Verhaltensänderung das Verhalten des Kindes modifizieren muß.
— Das während der Zusammenarbeit mit dem Psychologen erworbene Wissen über verhaltensändernde Bedingungen könnte in Zukunft manipulativ eingesetzt werden.

Alle diese Nachteile sind aber auffangbar durch den Supervisor, sofern er selbst sich ihrer bewußt ist.

Als illustrierendes Beispiel folgen nun einige Stichworte zu einer Mediatorentherapie mit einem sechsjährigen Mädchen, das sich weigerte, den Weg in den Kindergarten allein zu gehen. Ich verdanke diesen Bericht dem Psychologen lic. phil. *P. Orth*, der die Therapie leitete.

Die Erhebung des *Ist-Zustandes* ergab, daß S. seit etwa vier Monaten nur noch in Begleitung der Mutter in den Kindergarten ging. Manifest geworden war dieses Verhalten zur Zeit, als neue Kinder in den Kindergarten aufgenommen wurden, die sich zum Teil weinend an die Mütter klammerten und diese nicht gehen lassen wollten. Wenige Wochen vorher hatte ein traumatisches Erlebnis (S. war im Gewühl eines Einkaufszentrums verloren gegangen) die Bereitschaft des Mädchens, sich von der Mutter zu trennen, sehr vermindert. Diese große Abhängigkeit kam den emotionalen Bedürfnissen der Mutter entgegen, da S. ein Nesthäkchen mit zwei sechs und acht Jahre älteren Geschwistern war. Durch sorgfältige Befragung der Mutter und der Kindergärtnerin, durch Beobachtung des Kindes im Kindergarten und bei Spielen zu diesem Thema (z. B. Sceno, Kasperli) konnte ausgeschlossen werden, daß in der Kindergarten-Situation oder auf dem Weg dorthin angstauslösende Bedingungen steckten. Das Verhalten „nicht allein in den Kindergarten gehen" schien vorwiegend operant aufrechterhalten zu werden.

Der *Soll-Zustand* wurde, obwohl klar war, daß Kind und Mutter aus dem Ist-Zustand emotionalen Gewinn zogen, gemäß dem offenen Wunsch von S. und ihrer Mutter so formuliert: S. soll lernen, allein in den Kindergarten zu gehen.

Bei der *Planung der Therapie* wurde gemeinsam mit dem Kind der Kindergartenweg in einzelne Abschnitte eingeteilt und die Verstärker festgesetzt. (Primäre Verstärkung in Form von Süßigkeiten, wenn S. das abgemachte Wegstück allein ging, Token als Verstärker, wenn S. drei Tage hintereinander den festgesetzten Wegabschnitt allein gegangen war und somit zur nächsten Stufe übergegangen werden konnte: S. durfte eine vorgezeichnete Puppe immer ein Stück weiter ausmalen. Wenn die Zeichnung fertig war, hieß das, daß S. den ganzen Weg allein gehen konnte und die Puppe geschenkt bekam.)

Die *Therapiedurchführung* lag ganz in den Händen von Mutter und Kind. Der Psychologe wirkte als sozialer Verstärker für beide: durch anfänglich tägliche Telefongespräche und in wöchentlichen Sitzungen mit dem Kind und der Mutter. Diese Stunden wurden aber auch dazu verwendet, für Mutter und Kind neue Wege abzustecken, auf denen sie ihre gegenseitigen emotionalen Bedürfnisse verändern und ohne Gefährdung der weiteren Entwicklung von beiden befriedigen konnten. Der Einbezug des Vaters wäre wünschenswert gewesen, ließ sich aber nicht realisieren.

Die *Erfolgskontrolle* zeigte, daß das Therapieziel dennoch, d. h. mit einer minimalen Intervention, erreicht werden konnte: Nach dreieinhalb Monaten hatte sich der Therapeut ausgeblendet, und ein Vierteljahr später schaffte das Kind den Übergang in die Schule ohne Probleme.

4.2.2 Verhaltenstherapeutische Familientherapie

Im Gegensatz zu anderen familientherapeutischen Richtungen hält es ein systemisch intervenierender Verhaltenstherapeut nicht für nötig, oft auch nicht für sinnvoll, immer und unter allen Bedingungen alle Familienmitglieder in gemeinsamen Sitzungen zu vereinigen.

— Einzeltherapie mit dem Kind und parallel dazu Elternberatung,
— alternierende Sitzungen mit den Eltern allein und mit Eltern und Kindern,
— Sitzungen mit allen Geschwistern, einmal mit, einmal ohne die Eltern,
— Arbeit allein mit den Eltern (vor allem bei sehr kleinen Kindern)

sind einige der möglichen und je nach Alter der Kinder, Familienzusammensetzung und Problematik zweckmäßigen Kombinationen (vgl. auch *Petermann* 1981; *Nitz* 1981).

4.2.3 Verhaltenstherapie in Kindergruppen

Ich habe mehrfach betont, daß jede verhaltenstherapeutische Strategie aus der individuellen Verhaltensanalyse abgeleitet und somit immer maßgeschneidert ist. Unter welchen Bedingungen ist nun trotz diesem Grundsatz die Behandlung in einer Gruppe angezeigt? Wir wollen eine symptom- oder zielorientierte und eine methodenorientierte Indikation zur Gruppentherapie unterscheiden.

Die symptom- oder zielorientierte Indikation geht davon aus, daß bestimmte Verhaltensweisen sinnvoll nur in Gruppen aufgebaut oder verändert werden können (z. B. mangelndes prosoziales Verhalten). Wenn eine Mediatorentherapie in der natürlichen Bezugsgruppe nicht möglich ist, bietet sich die Behandlung in einer Therapiegruppe an. Daß dabei die Kinder manchmal durch Einzeltherapie auf die Gruppe vorbereitet werden müssen, um Mißerfolgserlebnisse und Überforderung zu verhindern, zeigt *U. Petermann* (1983) am Beispiel des sozial unsicheren Kindes. Es ergibt sich hier also eine ähnliche Situation wie bei der Familientherapie: wie dort Familiensitzungen werden hier Gruppensitzungen je nach dem momentanen Standort im Therapieprozeß eingesetzt (vgl. *Petermann, Petermann* 1978). Die Zusammenstellung von Gruppen, deren Teilnehmer nicht nur in Bezug auf die Therapieziele homogen sind, sondern die auch im Entwicklungs- resp. Lebensalter nicht allzu große Unterschiede aufweisen sollen, ist nur in größeren Institutionen möglich.

Bei der methodenorientierten Indikation zur Gruppentherapie möchte der Therapeut unter anderem das Prinzip des Modellernens einsetzen (vgl. z. B. *Bauer* 1979). Er versucht dann die Gruppe so zusammenzusetzen, daß die Stärken der einen Kinder die Schwächen der anderen sind. Die Bildung einer Gruppe unter diesem Gesichtspunkt ist noch schwieriger als nach dem Kriterium der Zielhomogenität: Einmal sind aus der Forschung eine Reihe von Bedingungen bekannt, die Modellernen erleichtern oder erschweren. Wollte man all diese Faktoren berücksichtigen, müßte man eine sehr große Kinderpopulation zur Verfügung haben, aus der man aussuchen kann. In der Praxis geht es deshalb immer um einen Mittelweg zwischen theoretisch Erwünschtem und praktisch Realisierbarem.

Zum anderen ist natürlich das Verhalten von Kinder-Modellen in der Gruppe nur wenig kontrollierbar und berechenbar. Es braucht vom Therapeuten Erfahrung mit Kindern und Gruppen und viel Sicherheit im Umgang mit dem verhaltenstherapeutischen Instrumentarium, damit er in jedem Moment flexibel reagieren kann. Absolute Präsenz ist erforderlich, damit das Geschehen nicht außer Kontrolle gerät und einzelnen Kindern mehr schadet als nützt.

Solche Schwierigkeiten werden vermindert, wenn neben ein bis zwei Therapiekindern unauffällige „Normalkinder", bei denen kein Therapieziel verfolgt werden muß, in die Gruppe aufgenommen werden. Solche Kinder können dann auch vorgängig als „Co-Therapeuten" instruiert werden.

Ein Beispiel dazu:

Ein Kind verlernt seine Hundeangst.

Ein Garten, drei Kinder zwischen fünf und sieben Jahren, ein alter, phlegmatischer Hund liegt an der Leine im Hintergrund. (Es muß bei dieser ersten Übung ein sich kaum bewegender Hund sein, da Beobachtungen der Mutter und Befragung des Kindes ergeben haben, daß bewegungslose Hunde am wenigsten Angst auslösen. Im Sinne eines schrittweisen Vorgehens werden dann in späteren Übungen „gefährlichere" Hunde verwendet.) Die Kinder schlecken Eis. (Essen in einer gelösten Atmosphäre als Angstantagonist). Die zwei instruierten Modell-Kinder schauen ab und zu zum Hund, fordern das Mädchen auch zum Hinschauen auf. Der Therapeut hält sich im Hintergrund, verstärkt hin und wieder durch Lob nichtvermeidendes Verhalten von Modell- und Therapiekindern, macht Bemerkungen über den Hund und sein Verhalten, die geeignet sind, die emotionale Interpretation und die kognitive Repräsentation des bis jetzt angstauslösenden Stimulus „Hund" zu verändern. Nach etwa einer Viertelstunde gehen die Modell-

Kinder etwas näher zum Hund hin, nehmen das Therapiekind später an der Hand mit, spielen zu dritt mit einem Ball, der ab und zu nahe zum Hund rollt und dort geholt werden muß. Sobald der Therapeut durch seine direkte Beobachtung den Eindruck gewinnt, daß das Therapiekind nun angstfrei in der Nähe des angebundenen und immer noch apathisch daliegenden Hundes spielen kann, ist das erste Unterziel erreicht. In wenigen Worten faßt er zusammen, was das Therapiekind neu gelernt hat und verstärkt es sozial dafür.

Dieses Beispiel ist eine Momentaufnahme der in unterschiedlicher Intensität während neun Jahren durchgeführten Betreuung eines autistischen Kindes. Die erwähnte Hundephobie ist natürlich nur ein recht randständiges Problem, das aber zu jenem Zeitpunkt den ohnehin eingeengten Lebens- und Erlebensraum des Kindes noch mehr beschränkte. Mit geringem therapeutischen Aufwand — drei Sitzungen wie die beschriebene — konnte dem Mädchen geholfen werden, daß es neben vielen anderen Ängsten, die auch Gegenstand des therapeutischen Prozesses waren, mindestens nicht auch noch panische Angst vor Hunden haben mußte. Zur Anwendung gelangte das Verfahren der In-vivo-Desensibilisierung: Die sukzessive Approximation wurde erleichtert durch Modell-Vorgabe und begleitet durch operantes Konditionieren von Annäherungsverhalten.

5. Ein ganz subjektives Schlußwort

Ich wünsche mir, daß ein Leser, der mir bis hierher gefolgt ist, ein Gefühl dafür bekommen hat,

— daß Verhaltensmodifikation mehr ist als das Umsetzen einiger weniger Lerngesetze auf dem Hintergrund eines behavioristischen Menschenbildes, um möglichst unauffällige, angepaßte Kinder heranzutherapieren;
— daß der Therapeut, der Verhaltensmodifikation anstrebt, das Kind als eigene Persönlichkeit, eingebettet in das Ganze eines Systems, ernst nimmt;
— daß Verhaltensmodifikation in ihrem Bemühen um das Verstehen und Verändern eines problematischen Verhaltens nicht nur das von außen beobachtbare Verhalten eines Kindes, sondern auch seine Gefühle, Gedanken, seine Ziele und Absichten einbezieht.

Für mich ist Verhaltenstherapie eine häufig wirksame, für den Klienten transparente, ethisch und wissenschaftlich verantwortbare Möglichkeit, Verhalten zu erklären und notwendige Veränderungen herbeizuführen, indem sie mit minimalen Interventionen optimale Bedingungen herstellt für ein Neu- und Umlernen von Verhalten, Gefühlen, Kognitionen und physiologischen Reaktionen.

Literatur

Adameit, H., Heidrich, W., Möller, Ch., Sommer, H., Grundkurs Verhaltensmodifikation. Ein handlungsorientiertes einführendes Arbeitsbuch für Leser und Erzieher, Beltz, Weinheim und Basel 1978.

Ardila, R., Futurum Drei, Urban und Schwarzenberg, München 1981.

Bandura, A., Self-efficacy: toward a unifying theory of behavioral change, *Psychological Review* 84 (1977) S. 151-215.

Basler, H.-D., Otte, H., Schneller, Th., Schwoon, D., Verhaltenstherapie bei psychosomatischen Erkrankungen, Kohlhammer, Stuttgart 1979.

Bartling, G., Problemanalyse und Planung des therapeutischen Veränderungsprozesses, Kohlhammer, Stuttgart 1980.

Bauer, M., Verhaltensmodifikation durch Modellernen, Kohlhammer, Stuttgart 1979.

Belschner, W., Hoffmann, M., Schott, F., Schulze, Ch., Verhaltenstherapie in Erziehung und Unterricht, Kohlhammer, Stuttgart 1976.

Belschner, W., Dross, M., Hoffmann, M., Schott, F., Verhaltenstherapie in Erziehung und Unterricht, Bd. 2: Anwendung, Kohlhammer, Stuttgart 1980.

Bergold, J., Ziele und Methoden der Verhaltenstherapie, *Zeitschrift für Psychotherapie und medizinische Psychologie* 4 (1970) S. 153-162.

Bertram, H., Sozialstruktur und Sozialisation, Luchterhand, Darmstadt 1981.

Bijou, S. W., Child development: The basic stage of early childhood, Prenctice-Hall, Englewood Cliffs, New Jersey 1976.

—, *Baer, D. M.*, Child development 1, a systematic and empirical theory, Appleton-Century-Crofts, New York 1961.

Bronfenbrenner, U., Die Ökologie der menschlichen Entwicklung, Klett, Stuttgart 1980.

Charlton, M., Wetzel, H., Anthropologische und entwicklungspsychologische Überlegungen zur Verhaltenstherapie mit Kindern, in: *Schlottke, P. F., Wetzel, H.* (Hrsg.), Psychologische Behandlung von Kindern und Jugendlichen, Urban und Schwarzenberg, München 1980.

Charlton, M., Feierfeil, R., Furch-Krafft, E., Wetzel, H., Konfliktberatung mit Kindern und Jugendlichen, Beltz, Weinheim und Basel 1980.

Emminghaus, W. B., Kuhnle, W., Praxisanleitung Verhaltensmodifikation. Materialie Nr. 14 der Deutschen Gesellschaft für Verhaltenstherapie 1979.

Eysenck, H.-J., Rachmann, S., Neurosen, Ursachen und Heilmethoden, Deutscher Verlag der Wissenschaften, Berlin 1968.

Falender, C. A., Heber, R., Mother-child interaction and participation in a longitudinal intervention program, *Devel. Psychol. 11 (1975) S. 830-836.*

Flavell, H. H., Ross, L. (Eds.), Social cognitive development: frontiers and possible futures, Cambridge Univ. Press, Cambridge 1981.

Fliegel, St., Groeger, W. M., Künzel, R., Schulte, D., Sorgatz, H., Verhaltenstherapeutische Standardmethoden, Urban und Schwarzenberg, München 1981.

Florin, I., Entspannung — Desensibilisierung, Leitfaden für die Praxis, Kohlhammer, Stuttgart 1978.

Gräser, H., Entwicklungsintervention, in: *Wittling, W.* (Hrsg.), Handbuch der klinischen Psychologie, Bd. 5, Hoffmann und Campe, Hamburg 1980.

Grawe, K. (Hrsg.), Verhaltenstherapie in Gruppen, Urban und Schwarzenberg, München 1980.

Halder, P., Verhaltenstherapie und Patientenerwartung, Hans Huber, Bern 1977.

Haley, J., Direktive Familientherapie, Pfeiffer, München 1977.

Havighurst, R. J., Developmental task and education, Davis McKay, New York 1972[3].

Heber, R., Garber, H., An experiment in prevention of cultural-familial mental retardation, in: *Primrose, D. A.* (Ed.), Proceedings of the second congress of the international association for the scientific study of mental deficiency, Swets and Zeitlinger, Amsterdam 1971.

Hellbrügge, T. (Hrsg.), Klinische Sozialpädiatrie. Ein Lehrbuch der Entwicklungs-Rehabilitation im Kindesalter, Springer, Berlin 1981.

Hoffmann, N. (Hrsg.), Grundlagen kognitiver Therapie, Hans Huber, Bern 1979.

Hoffmann, N., Gerbis, K., Gesprächsführung in psychologischer Therapie und Beratung, Otto Müller, Salzburg 1981.

Innerhofer, P., Das Münchner Trainingsmodell, Springer, Berlin 1977.

Jaeggi, E., Persönlichkeitstheoretische Implikationen verhaltenstherapeutischer Praxis, *Das Argument* 91 (1975).

Jones, M. C., A laboratory study of fear: The case of Peter, *Pedagogical Seminary* 31 (1924) S. 383-390.

Kanfer, F. H., Saslow, G., Behavioral analysis, *Arch. gener. Psychiat.* 12 (1965) S. 529-538.

Kuhlen, V., Verhaltenstherapie im Kindesalter, Juventa, München 1972.

Lauth, G., Verhaltensstörungen im Kindesalter, Kohlhammer, Stuttgart 1983.

Linden, M., Hautzinger, M., Psychotherapie-Manual, Springer, Berlin 1981.

Linehan, K. S., Rosenthal, T. L., Current behavioral approaches to marital and family therapy, *Advances in behavior research and therapy* 2 (1979) S. 99-143.

Lorenz, R., Molzahn, R., Teegen, F., Verhaltensänderung in der Schule: systematisches Anleitungsprogramm für Lehrer, rororo Sachbuch, Reinbek bei Hamburg 1976.

Lutz, R., Das verhaltensdiagnostische Interview, Kohlhammer, Stuttgart 1978.

Mahoney, M., Kognitive Verhaltenstherapie, Pfeiffer, München 1977.

—, Tendenzwende der Verhaltenstherapie, *Psychologie heute* 5 (1978) S. 67-74.

Maslow, A. H., Motivation and personality, Harper, New York 1954.

Mayer, E., Evolution und die Vielfalt des Lebens, Springer, Berlin 1979.

Meichenbaum, D., Kognitive Verhaltensmodifikation, Urban und Schwarzenberg, München 1979.

Mielke, R., Lernen und Erwartung. Zur Selbst-Wirksamkeits-Theorie von Albert Bandura, Hans Huber, Bern 1984.

Newman, B. M., Newman, P. R., Development through life, Dorsey Press, Homewood 1975.

Nickel, H., Entwicklungspsychologie des Kindes- und Jugendalters. Bd. 1 und 11, Hans Huber, Bern 1972.

Nitz, H. R., Familientherapie ohne Familie, *Schw. Gesellsch. für Verhaltenstherapie, Informationen* 2 (1981) S. 299-312.

Oerter, R., Montada, L., Entwicklungspsychologie, Urban und Schwarzenberg, München 1982.

Pawlik, K. (Hrsg.), Diagnose der Diagnostik, Ernst Klett, Stuttgart 1976.

Perrez, M., Minsel, B., Wimmer, H., Elternverhaltenstraining, Otto Müller, Salzburg 1974.

Perrez, M., Otto, J. (Hrsg.), Symptomverschiebung: eine Kontroverse zwischen Psychoanalyse und Verhaltenstherapie, Otto Müller, Salzburg 1978.

Petermann, F., Verhaltenstherapeutische Familienberatung und Familienbehandlung: Versuch einer Standortbestimmung, *Schw. Gesellsch. für Verhaltenstherapie, Informationen 3* (1981) S. 386-396.

Petermann, F., Petermann, U., Training mit aggressiven Kindern, Urban und Schwarzenberg, München 1978.

Petermann, U., Training mit sozial unsicheren Kindern, Urban und Schwarzenberg, München 1983.

Piaget, J., Sprechen und Denken des Kindes, Schwann, Düsseldorf 1972.

Poser, E., Toward a theory of „behavioral prophylaxis", *Journ. of Behav. Ther. and experim. Psychiat.* 1 (1970) S. 39-43.

Redlich, A., Schley, W., Kooperative Verhaltensmodifikation im Unterricht, Urban und Schwarzenberg München 1981[2].

Reese, H. W., Overton, W. F., Models of development and theories of development, in: *Goulet, L. R., Baltes, P. B.* (Eds.), Life-span development psychology, Academic Press, New York 1970.

Ringler, M., Pavelka, R., Loziczky, G., Evaluation eines Geburtsvorbereitungsprogrammes durch Angstbewältigungs- und Wehenkontrolltraining, *Schw. Gesellsch. für Verhaltenstherapie, Informationen* 3 (1981) S. 407-418.

Röhl, W., Nell, V., Ariadnefaden durch die Verhaltensanalyse, *Mitt. der Deutschen Gesell. für Verhaltenstherapie* 9 (1977) S. 234-248.

Rosenthal, D., Jacobson, L., Pygmalion im Unterricht, Beltz, Weinheim 1976.

Ross, A. O., Psychische Störungen bei Kindern, Hippokrates-Verlag, Stuttgart 1982.

Sameroff, A. J., Transactional models in early social relations, *Human development* 18 (1975) S. 65-79.

Schlottke, P. F., Wetzel, H. (Hrsg.), Psychologische Behandlung von Kindern und Jugendlichen, Urban und Schwarzenberg, München, 1980.

Schneewind, K. A., Konsequenzen der Elternschaft, *Psychologie in Erziehung und Unterricht 30* (1983) S. 161-172.

Schröder, G., Verhaltenstherapie mit Kindern und Jugendlichen, Pfeiffer, München 1977.

Schulte, D. (Hrsg.), Diagnostik in der Verhaltenstherapie, Urban und Schwarzenberg, München 1974.

Schwitzgebel, R., Kolb, A., Systematische Verhaltensänderung, Klett-Cotta, Stuttgart 1978.

Silbereisen, R., Montada, L. (Hrsg.), Entwicklungspsychologie, Ein Handbuch in Schlüsselbegriffen, Urban und Schwarzenberg, München 1983.

Skinner, B. F., The behavior of organisms, Appleton Century Crofts, New York 1938.

Skinner, B. F., Futurum Zwei, Rowohlt-Taschenbuch, Reinbeck 1972.

Smale, G. G., Die sich selbst erfüllende Prophezeiung, Lambertus, Freiburg 1980.

Teegen, F., Pieper, A., Fiedler, I., Wie werden wir das nur los? Ein Anleitungsprogramm zur Selbstmodifikation für Kinder. Materialien 1/1977 der Deutschen Gesell. für Verhaltenstherapie.

Tharp, R., Wetzel, W., Behavior modification in the natural environment, Academic Press, New York 1969; dt.: Verhaltensänderung im gegebenen Sozialfeld, Urban und Schwarzenberg, München 1975.

Trautner, H. M., Lehrbuch der Entwicklungspsychologie, Bd. 1, Hogrefe, Göttingen 1978.

Vascovics, L. A., Umweltbedingungen familialer Sozialisation, Enke, Stuttgart 1982.

Verres, R., Sobez, I., Ärger, Aggression und soziale Kompetenz, Klett-Cotta, Stuttgart 1980.

Wahler, R. G., Deviant child behavior within the family: Development speculations and behavior change stretegies, in: *Leitenberg, H.* (Ed.), Handbook of behavior modification and behavior therapy, Englewood Cliffs, New Jersey 1976.

Wetzel, H., Lehrertraining: Konstruktion und Evaluation eines verhaltenstherapeutisch orientierten Programms, Hochschulverlag, Stuttgart 1978.
White, R. W., Strategies of adaptation, *in: Coelho, G. V., Haburg, D. A., Adams, J. E.* (Eds.), Coping and adaptation, Basic, New York 1974.
Zimmer, D., Empirische Ergebnisse zur Therapeut-Klient-Beziehung, in: *Zimmer, D.* (Hrsg.), Die therapeutische Beziehung, edition psychologie, Weinheim 1983.

Klientenzentrierte Kindertherapie

Stefan Schmidtchen, Hamburg

1. Einleitung

Thomas ist ein 11jähriger Junge. Er lebt als einziges Kind bei seinen Eltern. Sein Vater ist leitender Angestellter in der Buchhaltung eines großen Industriebetriebes. Seine Mutter ist Hausfrau. Thomas besucht die 5. Klasse des Gymnasiums. Die Eltern haben sehr ehrgeizige Pläne mit ihm. Seine Schulleistungen und die Förderung seiner „Begabung" stehen im Mittelpunkt ihres Interesses. Schon heute zerbrechen sie sich den Kopf über ein geeignetes und aussichtsreiches Studium für ihren Sohn. Mit dem Argument, daß „eine gute Ausbildung heutzutage hart erkämpft werden müsse", versuchen sie Thomas zu immer besseren Leistungen anzuspornen. Damit seine Ausbildung jedoch nicht einseitig ist, haben sie ihm nahegelegt, Klavierspielen zu lernen und regelmäßig in einem Tennisclub zu trainieren.

Thomas mag seine Eltern gern. Seinen Vater findet er zwar etwas streng, aber er glaubt, daß sein Vater eigentlich doch recht hat. Außerdem möchte Thomas Flugzeugkonstrukteur werden, und „da muß man halt viel lernen, auch wenn es manchmal schwerfällt". Thomas geht gern zur Schule. Er ärgert sich manchmal über seine Mitschüler, „weil die zuviel Quatsch machen".

In letzter Zeit haben die Eltern mit großer Besorgnis festgestellt, daß Thomas' Schulleistungen nachlassen. Stundenlang sitzt er an den Schularbeiten, ohne recht voranzukommen. Er ist einsilbig geworden und versucht, seinen Eltern aus dem Weg zu gehen. Für viele Dinge, die ihn früher begeistern konnten, scheint er das Interesse verloren zu haben. Auch zum Tennis geht er nur noch widerwillig. Seine Eltern meinen, er sieht aus, „als wenn er dauernd ein schlechtes Gewissen hat". Die Eltern melden Thomas in einer kindertherapeutischen Praxis an. In einer der ersten Spieltherapiestunden ereignet sich folgendes:

Thomas spielt im Sandkasten und läßt schon seit längerer Zeit Sand durch eine Mühle laufen. Er macht einen entspannten Eindruck. Sein Gesicht wirkt gelöst, manchmal lächelt er. Der Therapeut sitzt still daneben und schaut zu. Nach einer Weile sagt er: „Ich glaube, dir macht das richtig Spaß." Darauf zuckt Thomas zusammen. Sein Gesicht ist plötzlich wie versteinert. Er wendet sich von der Sandmühle ab, geht ziellos in den Raum hinein und sagt hastig: „Nein, ich würde viel lieber mit einem Elektronikbaukasten spielen." Der Therapeut läßt die Bemerkung unkommentiert im Raum stehen und erwidert nichts darauf. Er bleibt ruhig am Sandkasten sitzen. Nach einer längeren Pause geht Thomas ruhig an den Spielschrank und schaut suchend hinein. Er nimmt verschiedene Spielsachen in die Hand, wägt sie gedankenverloren ab, schaut sie mit weitem Blick an und legt sie wieder zurück. Dann kommt er langsam an den Sandkasten zurück, setzt sich auf den Rand und läßt versonnen Sand durch die Sandmühle rinnen. Der Therapeut sitzt noch an der gleichen Stelle wie vorhin, schaut ruhig vor sich hin und fühlt sich innerlich zufrieden. Thomas spielt weiter. Nach ca. 10 Minuten fragt er den Therapeuten:

„Wollen wir zusammen im Sand etwas bauen?" Der Therapeut sagt: „Ja, weißt du was?" Thomas: „Wir wollen eine kleine Stadt mit Autos, Flüssen und Häusern bauen." — Und dann beginnen sie zu bauen.

Die *klientenzentrierte Kindertherapie* besteht im allgemeinen aus einer Familienberatung oder Familientherapie (vgl. *Schmidtchen* 1983) und einer Spieltherapie. Sie eignet sich zur Behandlung von Kindern im Alter von ca. 2-12 Jahren und hat die *Förderung seelischer Wachstumspotentiale* zum Ziel; das impliziert die *Nachreifung von Entwicklungsverzögerungen* und die *Verbesserung der allgemeinen Lern- und Leistungsfähigkeit* beim Vorliegen *neurotischer Lern- und Leistungsstörungen*.

Die *Heilung psychosomatischer Störungen* oder *psychischer Probleme* erfordert eine Modifizierung des klassischen nichtdirektiven Ansatzes in Richtung auf eine starke Betonung der Familientherapie und ein problemorientierteres Vorgehen in der Spieltherapie.

Haupthandlungsmedium in der Spieltherapie ist das Spiel und weniger das Gespräch. Das Spiel bietet besondere Möglichkeiten zur Erlebnisaktivierung, Symbolisierung von Konflikten, Katharsis von Affekten und zur Verarbeitung von Problemen. Die Wirkung des Spiels kann dann heilsam sein, wenn der Klient eine warme, einfühlende und akzeptierende Atmosphäre und zwischenmenschliche Beziehung spürt und wenn der Therapeut bemüht ist, die Spielgeschehnisse als Ausdruck seelischer Tiefenprozesse zu erleben. Er deutet, intellektualisiert oder analysiert das Spiel nicht, sondern läßt es gefühlsmäßig auf sich wirken. Der Therapeut schwingt empathisch mit. Er läßt Gefühle beim Kind und bei sich wachsen.

Im Gegensatz zur klientenzentrierten Gesprächspsychotherapie reflektiert der Therapeut selten, sondern zeigt sein *Mitschwingen* auf der Spielebene. Durch die Art seines Mitspielens, aber auch durch seine nichtverbalen seelischen Reaktionen begleitet er den Klienten in wichtige Gefühls- und Erfahrungsbereiche. Wie ein freundschaftlicher Begleiter sitzt, geht oder steht er neben dem Klienten, teilt mit ihm die Pausen; spielt mit ihm, wenn der Klient es möchte; ebnet ihm zuweilen den Weg; hält ihn fest, wenn er in körperliche oder seelische Gefahr gerät, oder zeigt ihm — wenn er einmal völlig verwirrt ist — einen Weg in die Klarheit.

Diese Äußerungen sind im übertragenen Sinne, aber auch konkret zu verstehen; wie es im übrigen ein Charakteristikum der Spieltherapie ist, „analoge" Kommunikationsformen zu finden, um in spielerischer Weise wesentliche psychische Geschehnisse zu bearbeiten. Dieses Vorgehen ist dem *Erickson*schen Verhalten in der Hypnose vergleichbar (vgl. *Erickson, Rossi* 1981). Der Therapeut *Erickson* nimmt durch eine bildhafte und bewegungsorientierte Sprache Einfluß auf bewußte und unbewußte Prozesse des Klienten.

Das „digitale“, d.h. rationale, belehrende oder bewußtmachende Gespräch hat in der Spieltherapie einen sehr geringen Stellenwert. Es stört zu sehr die Freisetzung wichtiger Erlebnis- und Erfahrungsprozesse; denn das Schwergewicht liegt in der Spieltherapie auf einem *nichtverbalen Erfahrungslernen.* Die Bewegung im Raum, die nichtverbale Kommunikaton durch Gestik, Mimik und Haptik, der Umgang mit den Spielsachen zum Zwecke der Erreichung wichtiger psychischer Ziele, die Betonung des Hier und Jetzt als der allein gültigen Zeit und die zwischenmenschliche Beziehung und emotionale Atmosphäre zwischen Klient und Therapeut (und der der Klienten untereinander in einer Gruppentherapie) sind die wichtigsten inhaltlichen und formalen Variablen einer klientenzentrierten Spieltherapie.

Ein weiteres Charakteristikum der klientenzentrierten Kindertherapie ist ihr Anspruch, *forschungsgeleitet* zu arbeiten. Im Gegensatz zu vielen anderen Therapierichtungen hat sich die klientenzentrierte Erwachsenen- und Kindertherapie der empirischen Forschung geöffnet und weist einen relativ großen Satz an wissenschaftlich belegten Erkenntnissen auf. Insbesondere ihre Effektivität und die wichtigen Merkmale des Therapeuten- und Klientenverhaltens sind erforscht. Einen Überblick über den Stand der klientenzentrierten Kindertherapieforschung geben *Schmidtchen* und *Schlüter* (1980; vgl. a. *Schmidtchen* 1984a).

2. Entwicklungspsychologische Annahmen zur Verhaltenstheorie

In der klientenzentrierten Theorie sind keine entwicklungspsychologischen Annahmen von den Begründern der Spieltherapie (*Rogers* 1951; *Axline* 1947) aufgestellt worden. Auch von den moderneren Folgeautoren (*Goetze, Jaede* [1978], *Schmidtchen* [1978a,b]; *Ehlers* [1981] etc.) werden nur Teilaussagen zur Entwicklung des Kindes gemacht. Insgesamt ist — zumindest der veröffentlichte — Kenntnisstand der klientenzentrierten Therapie über die frühkindliche und kindliche Entwicklung sehr gering.

Deshalb möchte ich im folgenden eine Zusammenfassung der mir aus der Literatur bekannten Aussagen und eigene Überlegungen bringen. Die Annahmen zur Entwicklung des Kindes beziehen sich auf folgende Thesen:

(1) Das Kind ist — wie der Erwachsene — ein *sich selbst regulierendes Handlungssystem.*
(2) *Gefühle* sind eine bedeutsame *Steuerungsgröße* für das Ablaufen innerer und äußerer Handlungsmuster.
(3) Die Entwicklung von *Konzepten über das eigene Selbst* ist von großer Bedeutung. Sie geschieht im wesentlichen durch Rückmeldungen der wichtigsten Erziehungspersonen.
(4) Kinder durchlaufen *geistige Entwicklungsstufen.* Praktisch-gegenständliche Tätigkeiten und sinnliche Erfahrungen sind die Grundlage für ein Lernen mit und durch die Sprache.
(5) Wichtig für eine seelisch gesunde Entwicklung ist die Erfahrung einer liebevollen, auf das Wohl des Kindes ausgerichteten *Beziehungsdyade.* Sie gibt eine innere Sicherheit, die in allen angstauslösenden, streßhaften Situationen von Nutzen ist.

2.1 Das Kind als selbstregulatives Handlungssystem

Die Annahme, jedes Kind sei ein selbstregulatives Handlungssystem, leitet sich global aus Annahmen ab, die *Rogers* (1951, dt. 1973) in seinen 19 Thesen zur klientenzentrierten Therapie aufgestellt hat. Es handelt sich um folgende Thesen:

— Jedes Individuum existiert in einer sich ständig verändernden Welt der Erfahrungen, deren Mittelpunkt es ist.
— Der beste Ausgangspunkt zum Verständnis des Verhaltens ist das innere Bezugssystem des Individuums.
— Das Verhalten wird im allgemeinen durch Emotionen gefördert und von ihnen begleitet.
— Der Organismus reagiert auf das Feld, wie es erfahren und wahrgenommen wird.
— Der Organismus reagiert auf das Wahrnehmungsfeld als organisiertes Ganzes.
— Verhalten ist grundsätzlich der zielgerichtete Versuch des Organismus, seine Bedürfnisse, wie sie wahrgenommen werden, zu befriedigen.

Aufgrund dieser Annahmen habe ich 1978 (*Schmidtchen* 1978a) eine *Systemtheorie* menschlichen Verhaltens bzw. Handelns aufgestellt, deren allgemeine Variablen aus dem TOTE-Modell von *Miller* et al. (1973) und Computersimulations-Modellen menschlichen Handelns (*Dörner* 1976) abgeleitet worden sind.

Das Kind wird als ein sich *selbst regulierendes System* gesehen, das *zielgerichtete* äußere und innere Handlungen vollführt. Die Außenweltreize werden vom Kind daraufhin analysiert und bewertet, inwieweit sie für die bewußten und unbewußten Ziele (das können körperliche oder seelische Bedürfnisse, aber auch Spiel- oder Leistungsziele sein) von Bedeutung sind.

Diese Analyse stellt eine *Interpretation* der Außenweltreize durch das Kind dar. Die Interpretation ist abhängig von *gefühlsmäßigen Bewertungen* und den gelernten Bedeutungen, die die Reize für das Kind haben. Die *Bedeutungen* sind wesentlich von den Bedeutungen abhängig, die dem Kind von wichtigen Bezugspersonen in den ersten Lebensjahren verhaltensmäßig vermittelt worden sind.

Aufgrund der bewerteten *Input-Reize* (Außenweltreize) werden im Handlungssystem eine Reihe von *Planungsoperationen* durchgeführt, um angemessene Handlungsmuster zur Steuerung des *Output-Verhaltens* (die sichtbare äußere Handlungsweise zur Umweltbeeinflussung) zu finden. Durch *permanente Rückmeldungen* werden sowohl die inneren als auch die äußeren Handlungsweisen mit den angestrebten Zielen und den erhaltenen Input-Reizen verglichen.

Die systemtheoretische Betrachtungsweise sowohl des individuellen als auch des zwischenmenschlichen Verhaltens (z. B. als Paar, Familie oder größerer Gruppe bzw. Organisation) hat seit längerem auch Einzug in die Entwicklungspsychologie des Kindes gehalten. *Bowlby* (1958), *Ainsworth* et al. (1974) und *Grossmann* et al. (1985) sind Entwicklungspsychologen, die in ihren Arbeiten bereits den Säugling und seine Interaktion mit wichtigen Bezugspersonen unter systemtheoretischer Betrachtungsweise analysiert haben. Sie haben gefunden, daß Kinder von Geburt an mit jedem Lebensmonat mehr organisierte, hierarchisch gesteuerte Handlungen ausführen, die zielgerichtet und rückmeldungsgesteuert sind, und daß ihren Gefühlen eine entscheidende Bedeutung bei der Bewertung von Zielen und Input-Reizen zukommt. Bereits das einjährige Kind kann in vielen Handlungsweisen als ein von anderen Personen unabhängiges Verhaltenssystem gesehen werden.

2.2 Gefühle als bedeutsame Steuerungsgröße für innere und äußere Handlungsmuster

Die Gefühle oder Affekte sind Ausdruck von inneren Bewertungsprozessen, die ein Kind zu Reizen und Reaktionen seiner Umwelt vornimmt. Jeder Mensch nimmt bewußt oder unbewußt gefühlsmäßig Stellung. Er orientiert sich dabei an seinen Zielen und Bedürfnissen. Angenehme Gefühle führen zu einem Annäherungsverhalten, unangenehme Gefühle zu einem Vermeidungsverhalten. Wie *Izard* (1977; vgl. a. *Trotter* 1984) nachgewiesen hat, können bereits Neugeborene unterschiedliche Gefühle ausdrücken, z. B. des Interesses, Erschreckens, Leides, Widerwillens. Mit 1-2 Monaten kommt das soziale Lächeln hinzu, mit 3-4 Monaten Zorn, Überraschung, Traurigkeit, dann Furcht, Scham, Scheu, Selbstbewußtsein und mit 2 Jahren Verachtung und Schuldgefühle. Die Gefühle sind Ausdruck innerer Bewertungszustände. Sie machen kund, wie ein Baby oder Kind bestimmte Geschehnisse in ihm selbst, Handlungen anderer oder Manipulationen der Umwelt erlebt. Mit Recht haben *Goetze* und *Jaede* (1978, S. 2436 ff.) für die klientenzentrierte Kindertherapie auf die Bedeutsamkeit *emotional-affektiver Handlungsregulationsprozesse* dieser Art hingewiesen.

Die emotionalen Bewertungsprozesse steuern aber nicht nur das Klientenverhalten, sondern auch das *Therapeutenverhalten.* Von besonderer Bedeutung sind dabei Gefühle des Klienten, die von hohen Erregungszuständen begleitet sind. Sie machen kund, daß der Klient besonders „wichtige" Bewertungsprozesse vornimmt. Ebenfalls bedeutsam sind einander widersprechende Gefühlszustände im Sinne von Dissonanzen oder bruchstückhafte Gefühle, die nur kurz angedeutet und dann „weggesteckt", „weggeschluckt", „weggespielt", „weggelacht" etc. werden. Auch „Gefühlsknäuel", die aus miteinander verwobenen, unterschiedlichen Gefühlen bestehen, sind Signale für eine therapeutische Einflußnahme.

2.3 Das Selbstkonzept und seine Entwicklung

Das Selbstkonzept spielt als allgemeines Steuerungsprogramm für menschliches Verhalten eine zentrale Rolle in der klientenzentrierten Erwachsenentherapie. Es ist primäres Ziel der *Rogers*-Therapie, dem Klienten zu helfen, zu einer größeren Kongruenz (Übereinstimmung) der verschiedenen Annahmen über die verschiedenen Facetten des Selbst zu gelangen. Diese Annahmen beziehen sich auf den *Körper*, auf die Sichtweise des Selbst bei *anderen*, auf *Fähigkeiten* und *Kenntnisse*, auf die Art seiner *Gefühlsreaktionen* und *emotionalen Bewertungsprozesse*, auf seine *äußere Erscheinung* in Form von Kleidung, Besitztümern, auf das eigene *Weltbild* etc. Insofern stellt der Begriff „Selbstkonzept" eine Sammelbezeichnung für zahlreiche Einzelkonzepte des Selbst dar. Besonders in der Kindheit und im Jugendalter stehen diese Einzelkonzepte noch sehr nebeneinander; erst in späteren Lebensabschnitten werden sie stärker integriert.

Neubauer (1976, S. 65 ff.) hat in seinem Buch „Selbstkonzept und Identität im Kindes- und Jugendalter" folgende Aussagen über die Entwicklungsprozesse der Selbstkonzepte gemacht:

„Diese Konzepte bestehen zunächst in einer groben, kategorialen Form und werden anhand differenzierter Erfahrungen im Zuge zunehmenden Diskriminationslernens so verfeinert, daß die mutmaßlichen Reaktionen der gewohnten Interaktionspartner auf bestimmte, beabsichtigte eigene Verhaltensweisen unter verschiedenen Bedingungen mit großer Wahrscheinlichkeit vorhersehbar werden.

Gleichzeitig tritt aber mit der Entwicklung solcher aus der Primär-Gruppe stammender Bewertungskonzepte eine Relativierung der eigenen Person ein, wobei die eigene Person zunächst als handelnde, später aber auch als denkende zum „Objekt" gemacht wird . . ."

Dieser Prozeß beginnt bereits im ersten Lebensjahr. Er beginnt dann, wenn das Kleinkind zunehmend mehr fähig wird, den Bedeutungsgehalt der elterlichen Rückspiegelungen seines Verhaltens aufzunehmen und zu speichern. Damit werden in erster Weise Programme vom Kleinkind erstellt, um mutmaßliche Reaktionen seiner Eltern auf eigene Verhaltensweisen vorhersehbar zu machen. Diese *Programme* sind jedoch *nicht einer bewußten Reflexion zugänglich,* sondern werden ohne objektivierbare Bewußtheit des Selbst eingesetzt. Sie können deshalb auch nicht Thema einer bewußten verbalen Kommunikation — wie in der Erwachsenentherapie — sein.

Nach eigenen Erfahrungen mit Kindern in Therapie und Umwelt lassen sich etwa vom 8.-10. Lebensjahr an erste Gespräche über die Konzepte vom Kind-Selbst vornehmen. Sie werden von den Kindern jedoch noch als sehr „gekünstelt" und „fremd" erlebt. Ich führe das einmal darauf zurück, daß die Fähigkeit zur kognitiven Reflexion über sich als „Objekt" erst im Jugendlichenalter vorhanden ist, und zum anderen, daß die bewußte Reflexion der Selbstkonzepte eine Verhaltensweise ist, die von der üblichen, auf Sachen oder Personen gerichteten *Kommunikation* abweicht; man interagiert nicht direkt mit Objekten oder Personen, sondern spricht *über sich.* Man hat also sich zum Thema bzw. „Objekt" der Interaktion mit anderen gemacht; dies erscheint Kindern als ungewohnt und befremdend.

Nach *Neubauer* (1976, S. 85) ist die Wahrscheinlichkeit, daß ein bestimmtes Konzept zum zentralen Selbst- bzw. Ideal-Konzept wird, um so größer

„— je früher es etabliert wurde; insofern haben alle Familienerfahrungen als soziales Selbst ein Vorzugsrecht;
— je erfolgreicher es für die Selbstbehauptung war, d. h., je öfter es — subjektiv gesehen — bestätigt und abgesichert wurde;
— je mehr Zeit man in diese Rolle investiert hat, je größer also die individuelle Anstrengung für die Behauptung dieses Konzeptes war".

In diesem Sinne sollte eine selbstkonzeptorientierte Pädagogik und Therapie von Kindern ausgerichtet sein.

2.4 *Ebenen des Lernens und der geistigen Tätigkeit*

Dank der Forschungsarbeiten von *Piaget* ist bekannt, daß die geistige Tätigkeit von Kindern und damit auch ihre Art des Lernens stark von ihrer *geistigen Entwicklung* abhängig ist: Sie betrifft global die Lebensabschnitte vor dem Spracherwerb (0-3. Lebensjahr) der Vorschulzeit (4.-6. Lebensjahr), der Grundschulzeit (7.-10. Lebensjahr) und des Jugendlichenalters (11.-16. Lebensjahr). Diesen Lebensabschnitten lassen sich in grober Betrachtungsweise unterschiedlich vorherrschende *Ebenen der geistigen Tätigkeit* zuordnen. *Lompscher* (1975, S. 51 ff.) hat dies in einer anschaulichen Graphik zu verdeutlichen versucht.

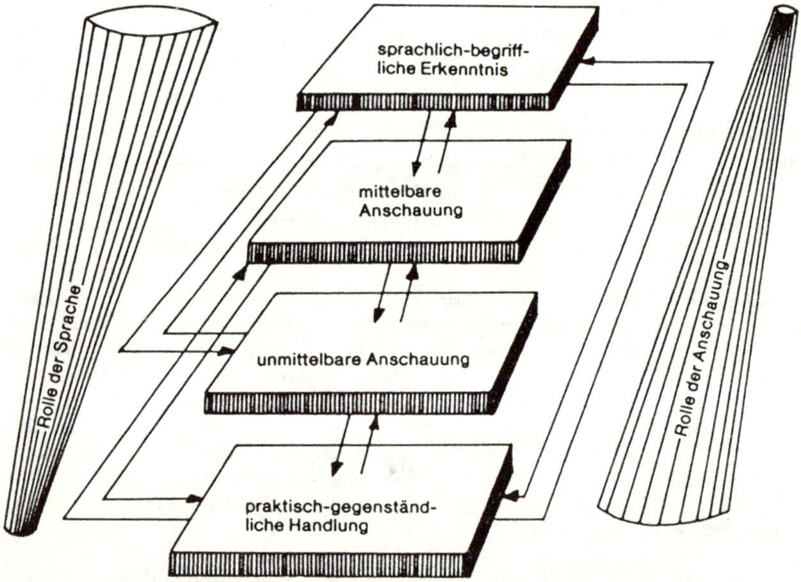

Ebenen der geistigen Tätigkeit nach *Lompscher* (1975, S. 52)

Er unterscheidet vier Ebenen:

Die erste Ebene ist die der *praktisch-gegenständlichen* Handlung. In ihr handelt das Kind mit seiner Umwelt ohne die Verwendung von Sprache, allein mit seinen Händen, Beinen, Armen, Augen, Körper etc. und seiner Stimme. Es lernt aufgrund der konkreten *Erfahrung seiner Sinne*, lernt also quasi „handgreiflich".

Die zweite Ebene ist die der *unmittelbaren Anschauung.* Hier lernt das Kind im wesentlichen durch seine *Augen.* Es schaut an, was wichtige andere Erwachsene und Kinder tun, und versucht, sie zu imitieren. Lernen geschieht hier im wesentlichen durch *Nachahmung.* Besonders soziale Verhaltensweisen des Beziehungsverhaltens, der Durchsetzung eigener Interessen, der Konfliktlösung, des Alltagslebens etc. werden durch die unmittelbare Anschauung gelernt. Es wird auch gelernt, wie sich andere Leute von ihren Gefühlen steuern lassen und mit welchen Reaktionen wichtige Bezugspersonen auf welche Gefühle des Kindes antworten.

Auf der Ebene der *mittelbaren Anschauung* findet eine Kombination von Anschauung und Sprache statt. Hier beginnt die sprachliche Symbolisierung der unmittelbar gelernten Erfahrungen. Es findet eine *Katalogisierung* des Gelernten anhand sprachlicher Begriffe statt. Mit Hilfe dieser Katalogisierung können später Lernerfahrungen allein durch sprachliche Begriffe und nicht mehr nur durch nichtsprachliche Sinneseindrücke abgerufen werden. Der Mensch gewöhnt es sich an, mit und über die Sprache zu lernen und zu leben.

Mit der Fähigkeit zur *sprachlich-begrifflichen Tätigkeit* wird der Mensch in die Lage versetzt, abstrakt zu denken, über die Sprache nachzudenken und sogar ohne konkrete und unmittelbare Anschauung zu lernen. Er ist fähig zu theoretisieren, mathematisch zu denken und andere abstrakte und begriffliche Tätigkeiten auszuführen, z. B. einen Aufsatz wie diesen zu schreiben. Diese geistige Entwicklungsstufe ermöglicht es auch, über das eigene Selbst zu sprechen, d.h. sich als abstraktes Objekt seines Denkens und Handelns zu sehen. Gesprächstherapie im klassischen Sinne setzt also die Entwicklung dieser geistigen Fähigkeiten voraus.

Wenn man die die Ebenen verbindenden Pfeile in der Abbildung betrachtet, wird deutlich, daß alle geistigen Ebenen miteinander verknüpft sind — und zwar interdependent. Wenn eine geistige Entwicklungsstufe erreicht ist, ist sie in der Kommunikation immer zugänglich. Sie ist dann im Repertoire des Menschen. Es wird aber auch deutlich, daß die geistige Entwicklung mit *nichtsprachlichen, praktisch-gegenständlichen Handlungen* beginnt und daß diese die *Grundlagen* für alle anderen Ebenen der geistigen Entwicklung darstellen.

Für die Pädagogik und Therapie von Kindern ist es wichtig zu bedenken, daß die Fundamente für die Entwicklung des Selbstkonzeptes, der Gefühlsbewertungsprozesse, des sozialen Verhaltens, der allgemeinen Lernbereitschaft etc. durch *nichtsprachliche, sinnliche Erfahrung* in der *direkten Auseinandersetzung* des Kindes mit seiner Umwelt aufgebaut werden.

2.5 Entwicklung und Bedeutung einer liebevollen, kindzentrierten Beziehungserfahrung

Wie *Bowlby* (1969, 1973, 1980), *Ainsworth* et al. (1974), *Portmann* (1956) und andere durch empirische Studien festgestellt haben, befinden sich der Säugling und das Kleinkind in den ersten Lebensmonaten in einer biologisch so abhängigen Situation von anderen, daß er/es ohne bestimmte Handlungen der Bezugspersonen diesen Lebensabschnitt körperlich und seelisch nicht gesund überleben kann. Nicht nur im Mutterleib ist das Kind in seinen Lebensfunktionen von anderen abhängig, sondern auch außerhalb des Leibes, zumindest bis ca. zum 1. Lebensjahr. Systemtheoretisch gesprochen, benötigt das Kind für viele Handlungen noch die systemische Unterstützung wichtiger Bezugspersonen. Es ist noch kein eigenständiges System, sondern Teil eines Kind-Erwachsenen-Systems.

Diese biologische Abhängigkeit hat erhebliche Konsequenzen für wichtige Erfahrungen des Kindes und prägt durch die Art der in der frühen Kindheit erworbenen inneren „Verhaltensprogramme" das, was man den Charakter des Menschen nennt.

Von besonderer Bedeutung ist dabei die *Grundeinstellung*, mit der Kinder Streßsituationen wahrnehmen und in ihnen lernen: Gehen sie mit Optimismus und Lernsicherheit in die Situation, oder vermeiden sie sie angstvoll und unsicher?

Ainsworth et al. (1974) und *Grossmann* et al. (1985) konnten zeigen, daß es unterschiedliche Verhaltensweisen von Bezugspersonen (im wesentlichen Mütter) für Situationen gibt, in denen ihr Kind und u. U. auch sie *Streß* erleben. Es gibt Kinder und Mütter, die in einer Streßsituation körperlich aufeinander zugehen und sich durch *körperliche Nähe*, zärtliche, warme Stimme und Blickkontakt um die Wiederherstellung ihres persönlichen *Wohlbefindens* kümmern, ehe sie weitere Handlungen zur Streßbewältigung unternehmen. Und es gibt Kinder und Mütter, die dies nicht tun, sondern sich voneinander „abgrenzen", in Angst und Unsicherheit verbleiben und geringere Handlungspotenzen zur Streßbewältigung aktivieren können.

Diese empirisch-experimentellen Befunde decken sich mit der Erfahrung von Erwachsenen- und Kindertherapeuten, die besagt: Ein *fundamentales Lernen* und *Wachsen* von Menschen findet nur auf der Basis einer engen, fast symbiotischen, liebevollen, personenzentrierten Beziehung zwischen Klient und Therapeut statt. Die Symbiose bezieht sich dabei nicht auf alle Handlungen des dyadischen Systemes, sondern nur auf Handlungen, die sich auf das persönliche Wohlbefinden (in diesem Sinne ist personenzentriert zu verstehen) in seelischen Belastungssituationen beziehen. Der Klient muß die erlebte Sicherheit haben, daß ihn der Therapeut in allen seelischen Belastungssituationen „körperlich annehmen", „halten", „tragen", „ertragen" kann. Auf dem Hintergrund dieser, mit den Sinnen erlebten, persönlich sicheren Beziehung kann der Klient dann Ressourcen zum Umgang mit der Streßsituation freisetzen. Die therapeutische Mithilfe bei dieser Ressourcenfreisetzung ist erst das zweite Erfordernis. Es ist ohne Erfüllung des ersten Erfordernisses, der *sicheren Bindung*, nicht erfolgreich.

Es ist das große Verdienst von *Carl Rogers*, daß er aufgrund seiner intuitiven Erfahrung erkannt hat, wie wichtig eine liebevolle, empathische, personenzentrierte Beziehung in der Therapie ist, und daß er sie zum Kernpunkt der klientenzentrierten Therapie gemacht hat. Diese intuitive Erfahrung läßt sich zunehmend mehr mit empirisch-experimentellen Forschungsbefunden über die frühkindliche Entwicklung belegen.

3. Konzepte zur Erklärung psychischer Erkrankung und zur Erstellung von Therapiezielen

Die Konzepte zur Erklärung psychischer Erkrankung (z. B. Verhaltensstörungen, Erlebensstörungen, Arbeitsstörungen, psychosomatische Störungen) orientieren sich an den Thesen des vorhergehenden Kapitels zum Verhaltenskonzept. Allgemein ist festzustellen, daß die klientenzentrierte Theorie kein detailliertes Störungskonzept hat und nur sehr allgemeine Aussagen zum Störungsgeschehen macht. Für die Kinder- und Jugendzeit sind m. W. bisher überhaupt keine Aussagen gemacht worden. Insofern stellen die hier gemachten Überlegungen Ableitungen aus den Thesen zum gestörten Erwachsenenverhalten und eigene Annahmen dar.

Rogers (1969) geht von der Idealannahme einer *voll handlungsfähigen Person* in den *verschiedenen Anforderungssituationen* des Lebens aus, z. B. in der Partnerschaft, sozialen Gemeinschaft, im Beruf, im Umgang mit sich selbst etc. Diese Handlungsfähigkeit muß, wie jedes Verhalten, erlernt werden. Sie läßt sich *lernen*, indem der Klient ermutigt wird, seine Zielverhaltensweisen in einem angemessenen therapeutischen oder pädagogischen Rahmen (s. Modifikationskonzept im Folgekapitel) zu üben. Die Therapie ist deshalb auf das Erlernen neuer

Verhaltensweisen orientiert und weniger auf die Analyse oder Löschung von Problemverhaltensweisen. Dies ist einer der Gründe, warum sich die klientenzentrierte Theorie weniger mit der Beschreibung und *Erklärung* von Problemverhalten beschäftigt. Es interessiert vorwiegend die Beantwortung der Frage: Wie kann ich dem Klienten helfen, seine Handlungspotentiale so einzusetzen, daß er zu optimaleren Zielverhaltensweisen kommt?

Die Auseinandersetzung mit *Zielen* und *Zielerreichungsmethoden* steht deshalb im Zentrum der Therapie. Aus diesem Grunde gilt in der Kindertherapie auch die Regel: Das Kind bestimmt in jedem Moment das Ziel seines Handelns. Der Therapeut versucht, das Ziel zu erkennen, und hilft dem Klienten in zurückhaltender Weise, optimales Zielerreichungsverhalten zu erlangen (vgl. *Schmidtchen* 1978a).

Gibt es im konkreten Verhaltensfluß Probleme der Zielerreichung, so fragt sich der Therapeut gemäß seiner Verhaltenstheorie:

(1) An welcher Stelle im sich *selbst regulierenden Handlungssystem* des Klienten ist das Verhalten fehlgeleitet, behindert oder gestoppt, und wie kann es im Sinne seines jeweiligen Zieles besser gebahnt werden?

(2) Wie ist der Ausdruck der *Gefühle* und *Affekte*? Welche gefühlsmäßigen Bewertungsprozesse behindern den Verhaltensfluß, und welche Prozesse können ihn im Sinne des Zieles aktivieren?

(3) Welche Aspekte des *Selbstkonzeptes* leiten den Verhaltensstrom fehl, behindern oder stoppen ihn, und welche Selbstkonzeptaspekte können das Verhalten in Richtung des jeweiligen Zieles bahnen?

(4) Auf welcher oder welchen Ebenen der *geistigen Tätigkeit* können *Lernprozesse* zur Bahnung angemesseneren Zielerreichungsverhaltens eingeleitet oder unterstützt werden? (s. Modifikationskonzept)

(5) Welche Fehlerquellen im *Beziehungsverhalten* behindern die Zielerreichung? Wie kann das Beziehungsverhalten zwischen Klient und Therapeut und zwischen den Klienten in einer Gruppentherapie verbessert werden?

Die Analyse der Ursachen der Verhaltensstörungen und der Möglichkeiten der verbesserten Bahnung von Zielverhalten setzt immer am *konkreten, zielorientierten Verhaltensstrom* an. Sie basiert immer auf einer *Mikroanalyse* des Verhaltensstromes.

Da aufgrund der Systemtheorie menschlichen Verhaltens die einzelnen Systemprozesse *hierarchisch organisiert* sind, ist es möglich, bezüglich aller relevanten Einflußvariablen von der konkreten Handlungsebene zu hierarchisch höheren Betrachtungsebenen zu gelangen.

Dies gilt im wesentlichen für eine Hierarchisierung der *Ziele*, der *Selbstkonzeptteile* und des gefühlsmäßigen *Bewertungsverhaltens*.

So kann man z. B. aufgrund der Analyse der konkreten Verhaltensabläufe in einer Spieltherapie finden, in welchen Situationen das Kind sein Verhaltensziel aufgrund von Gefühlen der Angst oder Minderwertigkeit nicht erreicht und in welchen Situationen seine Gefühle zielunterstützend sind. Man kann zusammenfassend schauen, wie diese Gefühle aussehen (z. B. Stolz auf seine Problemlösefähigkeit, Neugierde, starkes Bedürfnis nach Zielerreichung, Freude an seiner Ausdauer, Spaß am Lernen etc.). Aufgrund dieser Analyse können dann auch *Therapieziele* von einem höheren Allgemeinheitsgrad aufgestellt werden: z. B. Unterstützung positiver Selbstbewertungsprozesse, Verbesserung der Fähigkeit, Erfolge zu genießen, mehr Ruhe und Ausdauer bei der Suche nach Problemlösungsmethoden, größere Bereitschaft, Rückschläge zu akzeptieren, Erweiterung des Ziel- und Interessenraumes, Erweiterung des Repertoires von Konfliktlösungsverhaltensweisen, eine optimistische(re) Sicht der eigenen Persönlichkeit und ihrer Ressourcen, eine realistische(re) Sicht der eigenen Selbstkonzepte, eine „egoistische(re)" Analyse und Benutzung der Außenweltmöglichkeiten zum Erreichen wichtiger persönlicher Ziele, eine Konzentration der Wahrnehmung auf das Hier und Jetzt und das Leben im Hier und Jetzt, eine realistische(re) Betrachtungsweise zukunftsorientierter Handlungen und eine größere Bereitschaft des Belohnungsaufschubes für diese Handlungen.

4. Modifikationskonzept

Das klientenzentrierte Modifikationskonzept bezieht sich auf Aussagen zum
— Klient-Therapeut-Verhalten
— situativen Rahmen der Spieltherapie
— Interaktionsmedium (Spiel und Sprache)
— zur Familienbeeinflussung.

4.1 Klient-Therapeut-Verhalten

Gemäß der systemtheoretischen Sichtweise der klientenzentrierten Therapie wird das Verhalten des Kindes und das des Therapeuten als eine aufeinander bezogene Interaktion gesehen. Beide Einzelsysteme von Kind und Therapeut treffen aufeinander und stellen in Phasen der dyadischen Interaktion ein gemeinsames System dar. Es ist in der Spieltherapie aber auch häufig der Fall, daß das Kind alleine spielt und dann als Einzelsystem handelt. Der Therapeut befindet sich dann in der Rolle des Beobachters und kann das Spielverhalten des Klienten nach *Problemen in der Systemregulation* hin analysieren. Seine Erkenntnisse kann er dann später in Phasen des gemeinsamen Spiels einbringen. Die klientenzentrierte Kinderspieltherapie orientiert sich an zwei globalen Beeinflussungsstrategien: dem *therapeutischen Basisverhalten* und dem *differentiellen Beeinflussungsverhalten.*

4.1.1 Therapeutisches Basisverhalten

Das therapeutische Basisverhalten betrifft die Gestaltung des Beziehungsverhältnisses von Kind und Therapeut, die Form der Kommunikation, die Art der persönlichen Ehrlichkeit und Transparenz des Therapeuten und die Art der Lenkung. Das Beziehungsverhältnis zwischen Therapeut und Kind sollte geprägt sein durch eine *Einfühlung* (Empathie) des Therapeuten in die Gefühle, Affekte, bewertenden Stellungnahmen, Ziele und Bedürfnisse des Kindes. Aus dem nichtverbalen und verbalen Verhalten sollte der Therapeut „erspüren", welche persönlichen Hintergründe das Verhalten des Kindes bestimmen.

Um die persönlichen Bezüge des Verhaltens in den Vordergrund zu stellen, ist es wichtig, ein *verständnisvolles, warmes, freundliches Klima* zu erzeugen, damit der Klient seine Angst verlieren und es wagen kann, „ehrlich" aus seinem Innern heraus zu handeln. Dann wird es ihm auch zunehmend mehr möglich sein, ein *authentisches Verhalten* zu zeigen, in dem seine offen gezeigten Gefühle, Bewertungsprozesse und Zielverhaltensweisen dem entsprechen, was er auch innerlich lebt. Offenes und inneres Verhalten sind dann identisch. Das authentische Kinderverhalten setzt aber auch ein *authentisches Therapeutenverhalten* voraus. *Rogers* bezeichnet dies als „Echtheit des Therapeuten". Auch der Therapeut sollte ein identisches offenes und inneres Verhalten zeigen. Damit dies möglich ist, sollte der Therapeut in der Therapie möglichst spontan und — im Spiel — spielrollenzentriert handeln und nicht distanziert, therapeutenzentriert. Eine kommunikative *Metaposition,* wie sie z. B. in der systemischen Familientherapie von *Palazzoli* üblich ist, ist in der klientenzentrierten Spieltherapie nicht angemessen.

Ein therapeutenzentrierter Dialog ist hingegen in der *Supervision* und in der Vor- und Nachbereitung der Spieltherapie angebracht. Innerhalb der Therapie und besonders während einer Spiel- oder Gesprächsinteraktion mit dem Kind behindert ein innerer, analysierender Monolog eine offene natürliche Interaktion.

Die Art der *therapeutischen Lenkung* sollte möglichst indirekt bzw. „nicht-direktiv" sein. Es sollten Hilfen angeboten werden, damit das

Kind seine konkreten Probleme auf der Spielebene lösen kann. Es sollte nur selten auf die Ziele des Spieles und die Bewertungen des Kindes Einfluß genommen werden. Der Grundgedanke des therapeutischen Einflußkonzeptes ist der, daß der Klient aus den Konsequenzen seines Verhaltens lernen soll. Er soll *Erfahrungen machen*; ihm soll kein Wissen vermittelt werden, noch sollen ihm Erfahrungen „erspart" werden.

In diesem Sinne ist die Therapie auch mehr auf den *aktuellen, schrittweisen* Lern- und Handlungsprozeß orientiert (Momentzentriertheit) und nicht primär auf ein bestimmtes Leistungsziel, wie es vielleicht in der Schule oder im Sport üblich ist. Die Konzentration auf den Handlungs*weg* ist das Ziel und nicht auf das Ergebnis der Handlung.

Das klientenzentrierte *Basisverhalten* ist recht anschaulich in acht Prinzipien von *Axline* (1947, dt. 1972, S. 75 ff.) beschrieben worden (vgl. auch die Basisvariablen bei *Schmidtchen* 1978b). Die Prinzipien sollen kurz skizziert werden:

— Der Therapeut soll durch eine warme, freundliche Atmosphäre die Herstellung eines guten Kontaktes erreichen.
— Der Therapeut soll das Kind so annehmen, wie es ist.
— Der Therapeut soll eine Atmosphäre des Gewährenlassens schaffen, in der das Kind alle Gefühle uneingeschränkt ausdrücken kann.
— Der Therapeut soll sich auf die Gefühle konzentrieren, die das Kind ausdrücken möchte. Er soll sich bemühen, die Gefühle so zu reflektieren, daß das Kind Einsicht in sein Verhalten gewinnen kann.
— Der Therapeut verläßt sich auf die Fähigkeit des Kindes, seine Schwierigkeiten selbst zu lösen und innere Wandlungen selbst in Gang zu setzen.
— Der Therapeut versucht nicht, die Handlungen oder Gespräche des Kindes zu beeinflussen. Das Kind weist den Weg, und der Therapeut folgt ihm.
— Der Therapeut versucht nicht, das Tempo der Therapie zu beschleunigen. Veränderungsprozesse brauchen ihre Zeit.
— Der Therapeut setzt Grenzen, um die Spielhandlungen in der Welt der Realität zu verankern und um dem Klienten die Mitverantwortung an der Herstellung einer therapeutischen Beziehung deutlich zu machen.

Zur Klient-Therapeut-Interaktion in der Spieltherapie liegen zahlreiche empirische Untersuchungen vor (vgl. *Schmidtchen* 1984a). Sie belegen, daß die Therapeutenverhaltensweisen *Einfühlung* in die Gefühlswelt des Klienten, Schaffung eines *verständnisvollen, warmen, freundlichen Klimas* und *indirekte Lenkung* von großer Bedeutung für die Interaktion sind. Eine empirische Analyse einiger *Annahmen Axlines* durch *Rahlf* und *Schmidtchen* (1982) anhand einer erfolgreichen Einzelfallstudie ergab, daß der Therapeut dem Klienten zu Therapiebeginn einen Vorschuß an sozialem Interesse und emotionaler Nähe gibt, während sich der Klient abwartend und beobachtend verhält. In der Anfangsphase bemüht sich der Therapeut, dem Klienten mit seinem freundlichen Beziehungsangebot und dem Äußern positiver Gefühle entgegenzukommen. Er will ein angstfreies, sicheres Klima schaffen. Dieses Verhalten führt dazu, daß der Klient im Verlauf der Therapie immer positivere Gefühle äußert und darin den Therapeuten gegen Therapieende sogar übertrifft.

Wichtig für die Spieltherapie ist die Erkenntnis, daß *Einstellung* und *Haltung* des Therapeuten hinter jeder gezeigten Technik sichtbar werden müssen. Ein verdecktes, rein technikorientiertes Therapeutenverhalten entspricht nicht dem klientenzentrierten Vorgehen.

4.1.2 Differentielles Beeinflussungsverhalten

Auf dem Hintergrund einer guten Beziehung, eines lernoffenen Klimas und der Bereitschaft zum Problemabbau beim Kind kann der Therapeut im Verlauf der Spieltherapie zunehmend *problemzentrierter* arbeiten. Er orientiert sich dann immer mehr an den inneren Mechanismen, die das Problemverhalten bedingen, und unterstützt den Aufbau alternativer Verhaltensprozesse. Dabei richtet er sein Augenmerk auf eine verbesserte Selbstregulation des Kindes im Kontext des Problemfeldes, auf eine positive gefühlsmäßige Umbewertung, auf belastende Diskrepanzen zwischen verschiedenen Aspekten des Selbstkonzeptes (insbesondere zwischen realen und idealen Aspekten) und auf die Unterstützung der Lernfähigkeit im Problemfeld. Hinweise für das praktische Vorgehen bei einer problemzentrierten Spieltherapie finden sich bei *Benecken* (1982) und bei *Oaklander* (1982). Bei *Schmidtchen* (1978a) werden die verschiedenen Beeinflussungstechniken angeführt.

Ein problemorientiertes Vorgehen ist nicht der Regelfall einer klientenzentrierten Spieltherapie. Traditionell (vgl. *Axline* 1972; *Schmidtchen* 1984b) ist die Spieltherapie — ähnlich wie die Gesprächstherapie — *wachstumsorientiert.* Angestrebt wird ein genereller Angstabbau, eine verbesserte Interaktion mit der Subjekt- und Objektumwelt, ein positiveres und integrierteres Selbstkonzept und eine erhöhte interne Funktionsfähigkeit des Menschen.

Da eine Stärkung von Wachstumsprozessen und von Problemlösungsprozessen allein durch eine Einflußnahme auf das Kind nicht möglich ist, muß jede kindzentrierte Spieltherapie durch eine Familien- und Umwelttherapie begleitet werden (vgl. 4.4).

4.2 Situativer Rahmen der Spieltherapie

Die Durchführung von Spieltherapien erfordert einen bestimmten örtlichen und zeitlichen Rahmen.[1] Der Ort ist ein *Spielzimmer*, das in bestimmter Weise ausgestattet sein sollte. So sollte der Raum für Einzeltherapien nicht kleiner als 5 x 3 m sein, für Gruppentherapien nicht kleiner als 6 x 6 m. Die Größe ergibt sich aus der Raumaufteilung für bestimmte Spielgelegenheiten und der Anzahl der Kinder. In der Gruppentherapie sollte etwa ein Raum von 7-10 qm pro Kind vorhanden sein (vgl. *Ehlers* 1980). Im Zimmer sollte eine *Sandkiste*, eine *Waschecke*, eine *Tafel*, eine *Kleiderkiste*, eine *Spielecke* für Puppen und Kaspertheater, ein *Tisch* mit so viel *Stühlen* wie Therapieteilnehmer, eine *Kuschelecke* mit weicher Unterlage etc. sein. Schränke und Regale sollte man verschließen können, damit das Spielzeug nicht frei herumliegt. Um die Wände gut nutzen zu können (z. B. für eine Kletterwand), sollte nur eine Fensterfront vorhanden sein, deren Sockel so hoch ist, daß unter den Fenstern Regale stehen können. Es ist zu empfehlen, Wände und Schränke mit freundlichen *Farben* zu bemalen. Als Wandschmuck eignen sich *Zeichnungen* von Kindern. Um die Therapie supervidieren zu können, wäre die Installation einer Videoanlage oder einer Beobachtungsscheibe hilfreich.

Im Spielzimmer sollte so viel *Spielzeug* vorhanden sein, daß Kinder aller Altersgruppen Anregungen zum freien Spiel finden können. Es sollte zu Spielen angeregt werden, die in Bezug zu den Zielen der Therapie stehen; also zu wachstumsfördernden Zielen und zu Zielen einer verbesserten Problemlösung. Es sind Spiele, die sich auf folgende Bereiche beziehen:

— *Ausdruck von persönlichem Verhalten* durch Gefühle, Phantasien, Gedanken etc.; Erwerb von wachstumsfördernden Verhaltensweisen;

— *Ausdruck von sozialem Verhalten;*

— *Ausdruck von instrumentellem, kognitivem Verhalten.*

---

[1]) Die folgenden Ausführungen sind im wesentlichen übernommen aus *Schmidtchen* (1984a).

Durch das Spielzeug soll die Außenwelt des Kindes in das Spielzimmer hineingetragen werden, und zwar in einer möglichst symbolisierten Form. Alle wichtigen Bereiche und Personen der Außenwelt wie Elternhaus, Schule, Natur, Tierwelt, Technik, Wirtschaft, Eltern, Geschwister, Kameraden, Verbrecher etc. sollten im Spielzimmer in Form von baulichem oder personellem Symbolisierungsmaterial (z. B. Baukästen, Lego, Puppen, biegsamen Kleinstfiguren, Tieren etc.) vorhanden sein.

Die *Kontaktlänge* der Einzelspieltherapie sollte zwischen 40 und 45 Minuten liegen. Ähnlich lang können Gruppenspieltherapien mit einer Gruppengröße von drei Kindern sein. Gruppentherapien mit mehr Kindern sollten ca. 60-90 Minuten lang sein (vgl. *Schmidtchen, Schlüter* 1980). Die Kontaktlänge wird durch die Konzentrationsfähigkeit des Therapeuten und die der Kinder bestimmt. Intensive Aufmerksamkeit auf seelische Prozesse ist sehr anstrengend und selten länger als 45 Minuten möglich. Die empfohlene Zeitdauer von 90 Minuten bei *Gruppentherapien* von 4-8 Kindern ergibt sich aus der veränderten Strategie. Bei Gruppen dieser Größenordnung stehen gruppendynamische Prozesse im Vordergrund und wechselnde Aktivitätspersonen. Der Therapeut hat dann mehr Möglichkeiten, sich zurückzuziehen. Er kann passiver sein und in höherem Ausmaß Gruppenteilnehmer als in der Einzel- oder Kleingruppentherapie sein.

Die Therapie sollte mindestens einmal pro Woche stattfinden. Häufigere Kontakte hängen vom Schwergewicht der Therapie für das tägliche Leben des Kindes ab und von seiner Bereitschaft und Lust, häufiger zu kommen. Je zahlreicher die Kontakte pro Woche sind, um so intensiver wird der Einfluß des Therapeuten auf das tägliche Leben des Kindes werden. Die Anzahl der Kontakte sollte bei einer Frequenz von einmal pro Woche bei ca. 15-30 Kontakten liegen. Das entspricht einer Therapiedauer von ca. 4-8 Monaten. Diese Zahlen ergeben sich aus empirischen Untersuchungen und aus Erfahrungen, die ich mit Spieltherapien in den letzten Jahren gemacht habe. Die Therapiedauer ist von der Motivation des Kindes, der Eltern und des Therapeuten abhängig. Im Einzelfall ist es durchaus sinnvoll, länger zu therapieren, wenn Kind, Eltern und Therapeut intensiv motiviert sind und wenn sich das Kind in einem akuten Veränderungsstadium befindet. Es sollte bei einer Verlängerung aber immer abgewogen werden, ob es nicht besser ist, das Kind aus der Abhängigkeit der Therapie zu befreien, denn Therapeuten sollten sich so früh wie möglich überflüssig machen.

4.3 *Interaktionsmedium Spiel und Sprache*

Das Besondere einer kindzentrierten Therapie besteht darin, daß das Spiel das primäre Medium der Therapie ist, nicht — wie in der Erwachsenentherapie — die Sprache. Dies bedeutet für den Therapeuten eine grundsätzlich andere Gewichtung und Ausbildung. Er muß sein Augenmerk auf nichtsprachliche Prozesse legen, z. B. auf Blickkontakt, Stimme, Mimik, Gestik, Körperbewegungen (Haptik), die Bewegung im Raum, die Atmung, den Verhaltensfluß der Spielhandlung. Insbesondere die Spielhandlung muß analog verstanden werden und weniger digital.

Analog heißt im Sinne von *Watzlawick* (1977), daß die Handlung in ihrem übertragenen Sinngehalt bzw. Bedeutungsgehalt verstanden wird. So kann das Bauen von Mauern mit Holzklötzen in einen Sinnzusammenhang gebracht werden mit möglichen Begrenzungen (Widerständen) im Verhaltensprogramm des Klienten; oder das Malen eines Bildes mit einer Sonne, Blumen, Schmetterlingen und herumtollenden Kindern in klaren Farben kann verstanden werden als die Fähigkeit zu einer optimistischen Kindheitsvision. Da wir alle einmal Kinder waren, sind wir prinzipiell zur analogen Kommunikation fähig. Ich meine auch, daß wir in besonders wichtigen Situationen — auch im Erwachsenenleben — analog kommunizieren. Besonders wenn es um Krankheiten geht oder um soziales Kontaktverhalten.

Der Spieltherapeut muß ähnlich wie der Hypnotherapeut oder der Körpertherapeut lernen, eine analoge Kommunikation zu „verstehen" und selber analog zu beantworten. Dies tut er dadurch, daß er seine Rollen als Mitspieler oder Mitmaler etc. auf der analogen Spielebene so anlegt, daß sie beim Kinde therapeutische Prozesse anregen und unterstützen.

Leider liegen bisher keine Untersuchungen vor, die die eben gemachten Annahmen zum Spiel und Mitspielen empirisch überprüft haben. Man muß vorläufig mit Studien vorliebnehmen, die den zeitlichen Verlauf des Spielgeschehens in der Spieltherapie beschreiben. So fanden *Schmidtchen* et al. (1977) bei der Analyse der gesamten Therapiekontakte (durchschnittlich 18,5 Kontakte) von 16 zehn- bis dreizehnjährigen Kindern, daß die Kinder 41,85 Minuten der durchschnittlichen Kontaktlänge von 45 Minuten spielten. Dies sind 95 % der zur Verfügung stehenden Zeit. Drei Minuten fielen auf Nichtspieltätigkeiten wie Nichtstun, reines Sprechen, Aufräumen oder Etwas-Suchen. Wenn in der Therapie gesprochen wurde, dann geschah es im wesentlichen parallel zum Spielen. Die durchschnittliche Sprechzeit betrug 9½ Minuten (eines 45minütigen Kontaktes).

Des weiteren untersuchten *Schmidtchen* et al. (1977) die zeitliche Verteilung vier verschiedener Erscheinungsformen des Spiels. Sie fanden, daß von den ca. 42 Minuten Spielzeit 35% der Zeit als *Objektspiele* (d.s. Explorations-, Funktions- und Bewegungsspiele) genutzt wurden), 25% der Zeit als *Gestaltungsspiele* (d.s. Konstruktions-, Mal- und Musizierspiele), 22% der Zeit als *Regelspiele* (d.s. Gesellschaftsspiele) und 11% der Zeit als *Sozialspiele* (d.s. Rollen- und Phantasiespiele).

Der hohe Anteil der Objekt- und Gestaltungsspiele macht deutlich, daß selbst 10-13jährige Kinder — läßt man ihnen eine freie Auswahl der Spiele — praktisch-gegenständliche und anschauliche Tätigkeiten bevorzugen vor Tätigkeiten, bei denen die Sprache und gedankliche Tätigkeit im Vordergrund stehen (vgl. 2.4).

4.4 Familienbeeinflussung

Obwohl in den ursprünglichen Veröffentlichungen zur Spieltherapie (vgl. *Axline* 1947, dt. 1972) der Eindruck erweckt wurde, das Verfahren erübrige eine detaillierte *Eltern- und Umweltbeeinflussung*, sieht die Praxis anders aus. Da das Kind noch sehr stark in das familiäre Interaktionssystem eingebettet ist, hat jede Störung der elterlichen Systeminteraktion Einfluß auf das Kind. Insbesondere dauerhafte, belastende Transaktionen zwischen den Eltern strahlen mittelbar oder unmittelbar auf das Kind aus. Insofern sollte jeder möglichen Spieltherapie eine Analyse der familiären Interaktionen vorausgehen. Hierfür liegen konzeptuelle Annahmen und praktische Tips auch aus klientenzentrierter Richtung vor (vgl. *Schmidtchen* 1983).

Die Spieltherapie ist deshalb auch ein Teil der Familientherapie. Ihr alleiniger Einsatz, d.h. ohne ausführliche Elternarbeit, kann nur auf dem Hintergrund einer speziellen Familientransaktion begründet werden. Die Spieltherapie als primäre Behandlungsform ist dann indiziert, wenn die Familieninteraktion sehr kindzentriert ist, so daß eine Veränderung des Kinderverhaltens zu einer Veränderung der Familieninteraktion führt. Dieser Fall liegt m.E. in der Behandlungsdokumentation des Falles Dibbs (*Axline 1971)* vor. Ähnlich wie bei der Behandlung von Dibbs ist es nötig, daß die Familie die Spieltherapie als hilfreich und sehr wichtig ansieht und mit großem Interesse und großer Offenheit für Veränderungen des Kindes die Spieltherapie begleitet. In diesem Fall war die Familienkonstellation für eine Spieltherapie günstig.

Aber auch der Fall ist möglich, daß nur das Kind zu einer Psychotherapie bereit ist und die Familie nicht. Dann macht der Therapeut u. U. die Spieltherapie mit dem Ziel, über das Kind zunehmend Zugang zur Familie zu bekommen, um immer mehr zu einer Familientherapie zu gelangen. Denn es gilt die Erfahrung, daß gegen den offenen oder verdeckten Widerstand der Familie eine erfolgreiche Spieltherapie nicht möglich ist.

5. Ausblick

Wenn ich mir zum Abschluß des Aufsatzes noch einmal die verschiedenen Aussagen zur klientenzentrierten Spieltherapie vergegenwärtige und sie mit etwas Distanz sehe, dann glaube ich, daß die Gemeinsamkeiten mit anderen theoretischen Richtungen der Spieltherapie größer sind als die Unterschiede. Und dies ist gut so. Ich meine nämlich, daß es Aufgabe einer Therapietheorie ist, die Wirklichkeit des psychotherapeutischen Geschehens abzubilden, und weniger die Aufgabe, sich als gesonderte Theorie zu profilieren. Mir scheint, daß die Profilierungssucht im Bereich der Kindertherapie geringer ist als im Bereich der Erwachsenentherapie. Dies ist ein Vorteil der Kindertherapie. Andererseits wäre es für die Kindertherapie wünschenswert, vermehrt zu forschen und insbesondere die verschiedenen Entwicklungsbedingungen von Kindern in den verschiedenen Altersabschnitten stärker zu berücksichtigen. Hier sollte sich die Kindertherapie den Forschungsdrang in der Erwachsenentherapie zum Vorbild nehmen.

Literatur

Ainsworth, M. D. S., Bell, S. M., Stayton, D. J., Infant-mother attachment and social development, in: *Richards, P. M.* (Ed.), The integration of a child into a social world, Cambridge University Press, London 1974.

Axline, V., Kinderspieltherapie im nicht-direktiven Verfahren. Reinhardt, München 1972 (engl. Play therapy, Houghton Mifflin, New York 1947).

—, Dibbs, Scherz, München 1971[6].

Benecken, J. (Hrsg.), Kinderspieltherapie, Kohlhammer, Stuttgart 1982.

Bowlby, J., The nature of the child's tie to his mother, *International Journal of Psycho-Analysis, 39, (1958), S. 350-373.*

—, Attachment, The Hogarth Press, London, Vol. 1: 1969; Vol. II: 1973; Vol. III: 1980.

Dörner, D., Problemlösen als Informationsverarbeitung, Kohlhammer, Stuttgart 1976.

Ehlers, Th., Zur Wirkweise der personenzentrierten Kinderspieltherapie, in: *Goetze, H.* (Hrsg.), Personenzentrierte Spieltherapie, Hogrefe, Göttingen 1981, S. 149-168.

Erickson, M., Rossi, E., Hypnotherapie. Aufbau, Beispiele, Forschung, Pfeiffer, München 1981.

Goetze, H., Jaede, W., Nicht-direktive Kindertherapie, in: *Pongratz, L.* (Hrsg.), Handbuch der Psychologie, Band 8/2, Hogrefe, Göttingen 1978.

Grossmann, K. E., Grossmann, K., Schwan, A., Capturing the wider view of attachment: A re-analysis of Ainsworth's Strange Situation, in: *Izard, C. E., Read, P. B.* (Eds.), Measuring emotions in infants and children, Vol. II, Plenum Press, London 1985.

Izard, C., Human Emotions, Plenum Press, London 1977.

Lompscher, J., Theoretische und experimentelle Untersuchungen zur Entwicklung geistiger Fähigkeiten, Volk und Wissen, Berlin 1975.

Miller, G., Galanter, E., Pribram, K., Strategien des Handelns, Klett, Stuttgart 1973.

Neubauer, W. F., Selbstkonzept und Identität im Kindes- und Jugendalter, Reinhardt, München 1976.

Portmann, A., Zoologie und das neue Bild vom Menschen, Rowohlt, Hamburg 1956.

Rahlf, A., Schmidtchen, S., Analyse der Therapeut-Klient-Kommunikation in der Spieltherapie, in: *Junkers, F., Petermann, F., Rönnecke, R., Schmidtchen, S.* (Hrsg.), Anwendungsfelder der Klinischen Psychologie und Psychotherapie in verschiedenen Lebensaltern, DGVT und GwG, Steinbauer und Rau, München 1982, S. 48-52.

Rogers, C., Die klientbezogene Gesprächstherapie, Kindler, München 1973 (engl. Client-centered therapy, Houghton Mifflin, Boston 1951).

—, Freiheit zu lernen, Kösel, München 1974 (engl. Freedom to learn, Houghton Mifflin 1969).

Schmidtchen, S., Handeln in der Kinderpsychotherapie, Kohlhammer, Stuttgart 1978a.

—, Klientenzentrierte Spieltherapie, Beltz, Weinheim 1978b.

—, Klientenzentrierte Familientherapie, in: *Schneider, K.* (Hrsg.), Schulen der Familientherapie, Junfermann, Paderborn 1983, S. 134-157.

—, Kindzentrierte Spieltherapie, *Zeitschrift für personenzentrierte Psychologie und Psychotherapie* 1, (1984a), S. 73-84.

—, Therapie durch Spielen, in: *Kreuzer, K. J.* (Hrsg.), Handbuch der Spielpädagogik, Band 4, Schwann, Düsseldorf 1984b.

Schmidtchen, S., Schlüter, A., Kinderpsychotherapie, in: *Baumann, U., Berbalk, H., Seidenstücker, G.* (Hrsg.), Klinische Psychologie, Band 3, Huber, Bern 1980, S. 251-288.

Schmidtchen, S., Wörmann, D., Hobrücker, B., Verlaufsanalyse des Spielverhaltens in der Kinderpsychotherapie, *Praxis der Kinderpsychologie und Kinderpsychiatrie*, 6, (1977), S. 208-217.

Trotter, R. J., Die zehn Gefühle, die die Welt bedeuten, *Psychologie heute*, 11, (1984), Oktober, S. 41-47.

Watzlawick, P., Die Möglichkeit des Andersseins, Huber, Bern 1977.

Integrative Bewegungstherapie mit Kindern

Bruno Metzmacher, Düsseldorf

1. Einleitung

Die Integrative Bewegungstherapie (IBT) ist ein psychodynamisch-orientiertes Verfahren mit phänomenologisch-hermeneutischer und leib-anthropologischer Ausrichtung. Es handelt sich um einen komplexen therapeutischen Ansatz, in welchem das körperliche Geschehen in den Vordergrund tritt, wobei gleichzeitig emotionales Erleben, kognitives Erfassen, sozialer Bezug und ökologische Einbettung bearbeitet werden (vgl. *Petzold* 1977a, 1985; *Ullmann* 1984).

In einer speziell auf Kinder und kindliche Entwicklungs- und Identitätsstörungen ausgerichteten Behandlungsmethodik, die sich grob an dem von *Petzold* (1977a) entwickelten multimodalen Arbeitsansatz von übungs-, erlebnis- und konfliktzentriertem Vorgehen (*Petzold* 1985d) orientiert, wird durch den Einsatz verschiedener Medien, Übungen, Spiele und Interventionsformen den entwicklungspsychologischen und krankheitsspezifischen Notwendigkeiten Rechnung getragen.

2. Historische Entwicklung und theoretischer Hintergrund der Integrativen Bewegungstherapie

Die IBT wurde als ganzheitliches Verfahren psycho-physischer Therapie auf der Grundlage des Psychodramas, der Gestalttherapie und aus dem Improvisationstraining des „Therapeutischen Theaters" *Iljines* (1972; *Petzold* 1965, 1973, 1975a) und seiner Rezeption der aktiven *Ferenczi*-Technik sowie der *Stanislavskij*-Methode zur psychophysischen Ausbildung von Schauspielern entwickelt (*Petzold* 1974, 1984b; *Ullmann* 1984). Weitere Quellen dieses Verfahrens finden sich in atemtherapeutischen und bewegungspädagogischen Ansätzen (*Berger* 1971; *Sheleen* 1974; *Middendorf* 1977; *Petzold* 1977, 1978; *Brooks* 1979). — Mitte der 60er Jahre wurde die IBT von *Hilarion Petzold* erstmalig in der praktischen therapeutischen Arbeit mit geriatrischen und psychiatrischen Patienten und in der Bewegungsausbildung von Studenten erprobt (*Petzold* 1965, 1974, 1977; *Ullmann* 1984) und in der Folgezeit weiter entwickelt.

In der IBT wird die Integration von phänomenologischer Leibtheorie (*Gabriel Marcel, Merleau-Ponty*), gestalttheoretischem Organismusmodell (*Goldstein* 1934; *Perls* 1980) und Psychoanalyse (*Freud, Reich, Schilder, Ferenczi, Deutsch*) versucht. Dieser Integrationsversuch findet statt über die Annäherung leib-anthropologischer Konzepte und tiefenpsychologischer Fundierung (*Frostholm* 1973) sowie von Konzepten zur Körpersozialisation bzw. zum „social body" (*Bernard* 1980; *Kamper, Wulff* 1982; vgl. *Petzold* 1984b).

Die methodenintegrative IBT ist ein Verfahren dynamischer Bewegungstherapie (im Gegensatz zu primär funktionalen Ansätzen der Bewegungstherapie), „das einen komplexen therapeutischen Ansatz vertritt und den Menschen in seiner Körperlichkeit, seiner Emotionalität, seinen geistigen Strebungen und seinen sozialen Bezügen zu erreichen sucht" (*Petzold, Berger* 1977, S. 452).

3. Der anthropologische Ansatz der Integrativen Bewegungstherapie

Der anthropologische Ansatz der IBT betont wie die klassische Gestalttherapie die Ganzheit des Menschen. Der Mensch wird als „Körper-Seele-Geist-Subjekt" gesehen, der untrennbar in sein soziales und ökologisches Umfeld eingebunden ist. Von dieser Grundannahme ausgehend werden menschliches Leben und menschliche Entwicklung in all ihren Einzelaspekten nur in ihrer Gesamtschau und als Zusammenwirken der verschiedenen Aspekte sinnvoll zu betrachten und zu verstehen sein (Synopse- und Synergie-Prinzip nach *Petzold* 1974, 1980). Dieses Axiom enthält wesentliche Implikationen für das therapeutische Handeln, weil auch Störungen, Defizite, Verluste und psychische Fehlentwicklung nicht allein als Ausdruck der Deformation, der Beeinträchtigung oder des Fehlens einzelner Funktionen (des Geistes, der Seele oder des Leibes) gesehen werden, sondern eine Störung des Gesamt-Organismus deutlich machen. Durch diese Sichtweise wird der Blick geöffnet für das Gesamterleben des Menschen, bis hin zu den sozialen und ökologischen Bedingungen seines Lebenszusammenhangs. So ist beispielsweise die Depression eines Kindes nie nur Ausdruck seines seelischen Erlebens, sondern immer auch leiblich, geistig und sozial, ja ökologisch bedingt.

Die IBT setzt an der Basis der menschlichen Existenz an, am Leibe. Ausgehend von *Gabriel Marcels* Unterscheidung von „Sein und Haben" (*Marcel* 1968) *hat* der Mensch seinen Körper in letzter Konsequenz nicht, sondern er *ist* der jeweilige Leib. Aus „exzentrischer Position" (*Plessner* 1924) kann der Mensch zu seinem Leib zwar eine Haben-Relation aufbauen — im schlechtesten Fall die der Verdinglichung —, aber das Subjekt einer solchen Leib-Habe ist wiederum der Leib.

„Der Leib, mit dem wir wahrnehmen und der wahrgenommen wird, mit dem wir berühren und der berührt werden kann, ist das Subjekt aller Wahrnehmungen, auch unserer Selbstwahrnehmung. Wir nehmen uns durch den Leib und als Leib wahr ... Der Leib als Grundlage allen Wahrnehmens und Handelns konstituiert durch diese beiden Modalitäten — die Welt wahrnehmen und in die Welt hineinwirken — unsere Identität als Leibsubjekt." (*Petzold* 1978, S. 100)

Hiermit wird die existentielle Einheit von Leib und Person beschrieben, wie sie für den theoretischen und anthropologischen Ansatz der IBT von zentraler Bedeutung ist. Neben diesen existentialistisch-phänomenologischen Axiomen gründet sich der theoretische Ansatz der IBT zugleich auch auf ein entwicklungspsychologisches und sozialisationstheoretisches Erklärungsmodell.

„Bei diesem wird davon ausgegangen, daß sich die menschliche Persönlichkeit in einem komplexen Prozeß sensu-motorischer, emotionaler und kognitiver Sozialisation entwickelt. Grundlage dieses Prozesses ist der wahrnehmungsfähige Organismus des Kindes, der nach der Geburt in der Mutter-Kind-Dyade zunächst seine Körperlichkeit erlebt und im Laufe der Entwicklung zu immer differenzierteren Wahrnehmungs- und Handlungsmöglichkeiten gelangt. Das Ich bildet sich so zunächst als „Körper-Ich" (*Freud* 1923; *Schilder* 1924; *Federn* 1966) dadurch, daß sich der Körper des Kindes in Abgrenzung zum Körper der Mutter erlebt (vgl. *Jacobson* 1958). Alle Lernerfahrungen, die durch Sozialisationsakte gemacht werden, werden über den Körper aufgenommen und von ihm cerebral verarbeitet und gespeichert." (*Petzold, Berger* 1977b, S. 453)

Dies läßt sich beispielhaft und nachvollziehbar am Spiel des Kindes verdeutlichen, denn kindliches Spiel hat immer etwas zu tun mit körperlicher Bewegung und körperlichem Ausdruck. Bei allen Spielen des Kindes, ob beim 1jährigen, der nach den Sonnenstrahlen greift, die in sein Gesichtsfeld fallen, beim 3jährigen, der mit Bauklötzen hantiert, beim 6jährigen, der im Rollenspiel „Captain Future" spielt ..., ist das Kind leiblich-körperlich bewegt. Im Spiel bewegt sich das Kind, *es* bewegt sich selbst, d.h. sein Selbst bewegt sich in dieser *Motion*, die durch seinen Körper, seinen Leib in ihm und mit ihm stattfindet, erfahrbar, gefühlsmäßig erfaßbar wird — *E-Motion* (vgl. *Petzold, Metzmacher* 1984).

„Finde ich meinen Körper, so finde ich mich selbst. Bewege ich mich, so lebe ich und bewege die Welt, ohne diesen Leib bin ich nicht, und als mein Leib bin ich. Nur in der Bewegung erfahre ich mich, als mein Leib erfährt sich mein Leib und erfahre ich mich." (*Iljine*, zit. nach *Petzold* 1978, S. 101)

Der Leib wird als Grundlage aller Lebensprozesse — auch der emotionalen, kognitiven und sozialen — zum Ausgangspunkt des therapeutischen Handelns in der integrativen Bewegungstherapie. Neben dem Begriff „Bewegung“, die *e-motion*, „motion of thought“, ein inneres Bewegtsein oder soziale Bewegung auf jemanden zu oder von ihm weg sein kann, sprechen wir auch vom *Bewegungserleben*, denn in der Bewegung wird Erleben möglich und drückt sich Erleben aus. Das Wahrnehmen und das Fühlen beeinflussen und regeln das Bewegen, und das Bewegen wiederum regelt Wahrnehmen und Fühlen (vgl. *Stolze* 1976). In unseren Bewegungen drücken wir immer etwas von dem aus, was wir gerade fühlen und wie unsere Gefühlswelt geprägt ist. In der Bewegungstherapie wird der Leib als Ort meiner Wahrnehmungen und Gefühle erlebbar. Die therapeutische Wirkung dieses Verfahrens ist auch deshalb so intensiv, weil sich die Arbeit in einem zunächst noch vorbewußten Bereich vollzieht, in dem es für die spontanen seelischen Heilungskräfte des Patienten oftmals leichter ist, zum Ausdruck und zur Wirkung zu kommen.

4. Allgemeine Zielsetzung der Integrativen Bewegungstherapie mit Kindern

Die zuvor beschriebenen anthropologischen und entwicklungspsychologischen Grundannahmen der IBT enthalten implizit wie explizit bereits einige der wesentlichen Ziele der therapeutischen Arbeit. Allgemein gilt für die IBT — gemäß der anthropologischen Konzepte von *Marcel* (1968, 1978), *Merleau-Ponty* (1966), *Dürckheim* (1974) und *Buytendijk* (1956) — als übergeordnetes Ziel, *auf der Basis leiblicher Erfahrung* und durch *Reflektion* die personale, soziale und ökologische *Integration des Menschen* zu fördern (vgl. *Ullmann* 1984).

Für die konkrete bewegungstherapeutische Arbeit heißt das, den Körper wieder wahrnehmungs-, kontakt- und handlungsfähig zu machen und damit das *Leib-Subjekt* zu stärken. Die Mehrzahl seelischer und psychosomatischer Erkrankungen ist u. a. gekennzeichnet durch Einschränkungen der Wahrnehmungs- und Reaktionsfähigkeit, durch Störungen in den Körperfunktionen, durch Störungen des Körperbildes bzw. -schemas, durch mangelnde oder fehlende Fähigkeit zur Entspannung etc. Die Erfahrungen bei der Behandlung psychiatrischer Patienten haben gezeigt, daß mit zunehmendem Grad an psychischer Erkrankung auch die Störung der Beziehung zur Körperlichkeit wächst; dies zeigt sich z. B. in der Behandlung von psychotischen, psychosomatischen und Borderlinepatienten.

In der therapeutischen Arbeit mit Kindern greifen wir auf den Körper als lebensgeschichtlich frühesten Wahrnehmungsbereich und auf Bewegung als frühestes Erlebnis- und Ausdruckselement zurück. Die Chance des Kindes, sein Leben zu erhalten und sein Leib-Selbst zu entfalten, begründet sich in seiner Fähigkeit, sich zu bewegen, zu atmen, zu saugen, zu schlucken und zu greifen. „Greifen" meint jedoch mehr als nur zupacken, zufassen, es meint auch das *Er*-greifen und später das *Be*-greifen, auch das Wahrnehmen, Aufnehmen, Erfassen. Sensorische Leistungen stehen also noch am Ursprung des Denkens, sind seine — im wesentlichen noch vorsprachlichen — Voraussetzungen; und wie das Wahrnehmen mit dem Bewegen, so ist das Denken mit dem Sprechen in einem Gestalt- und Regelkreis verbunden (vgl. *v. Weizsäcker* 1947; *Stolze* 1976). Auf dieser Grundlage vollzieht sich menschliche Entwicklung im Kontinuum von Wachstum und leiblich-seelisch-geistiger Integration (vgl. *Sebastian, Kleinschmidt* 1984).

„Bewegungstherapie ist Begegnungstherapie, dia-logisches Geschehen und darüber hinaus ein basales sich-in-Beziehung-setzen, in Korrespondenz stehen" (*Petzold* 1978; 1980). Damit wird die verbale und nonverbale Kommunikation (*Argyle* 1979) wichtig. Unter entwicklungspsychologischer Perspektive wurzelt Beziehungsfähigkeit im präverbalen *„dialogue tonique"* der Mutter-Kind-Dyade. Die leibzentrierte Arbeit versucht, diese Qualitäten zu aktualisieren, und schließt „die körperliche Berührung, die zugleich Verbindung und Abgrenzung erlaubt, in die therapeutische Einzel- und Gruppenarbeit ein" (*Petzold* 1984). In der praktischen bewegungstherapeutischen Arbeit geschieht dies beispielsweise über Bewegungs- und Awareness-Übungen, die zunächst eher funktional-übungszentriert und in der Folge mehr und mehr dynamisch und erlebniszentriert ausgerichtet sind; wie etwa: auf den eigenen Füßen stehen, einen Standpunkt haben, Boden unter den Füßen spüren, sich fallenlassen und dabei gehalten werden, sich tragen lassen (durch den Therapeuten oder auch durch die Gruppe der Mitpatienten), Raum haben und sich Raum nehmen, Atem-holen, -festhalten und -loslassen, gehalten und gelassen werden etc. Diese basalen Erfahrungen und Erlebnisqualitäten, die auch im übertragenen Sinne alltagssprachlich häufig als psychische Grundqualitäten bezeichnet werden, werden in der IBT unmittelbar und direkt erfahrbar gemacht. Die Erfahrung nonverbalen Erlebens des eigenen Körpers, seiner Grenzen und Funktionen, seine Aufnahme- und Ausdrucksfähigkeit, die über die bewegungstherapeutische Arbeit vermittelt wird, ist den spezifischen kindlichen Erlebensformen besonders gemäß. Kinder trauen oft den Worten nicht — weil sie zu viele davon hören, ohne sich angesprochen zu fühlen, weil sie von zu vielen „bösen Worten" verletzt worden sind, oder weil man ihnen „gute Worte" verweigert, sie *wundgeschwiegen* hat (*Petzold, Orth* 1985). Für Kinder zählt die erlebbare Tat; und auf der anderen Seite ist vieles von dem, was Kinder direkt sprachlich äußern, die Reproduktion von Außenmustern und erzwungenen Einsichten (vgl. *Metzmacher* 1981).

Die über die Bewegung induzierte Erfahrbarkeit körperlicher Erlebens- und Ausdrucksmöglichkeiten hat im Sinne von Nachreifung und Initiierung von Entwicklungsprozessen einen hohen therapeutischen Wert. Es ist dies ein wesentlicher Beitrag zur (Re-)Konstituierung von Identität. Durch das Wahrnehmen unseres Körpers und ihrer Verarbeitung und Speicherung werden Selbst und Ich immer differenzierter. Es bilden sich als miteinander verbundene Informationssysteme, somatische, emotionale und kognitive Strukturen (vgl. *Petzold* 1977). Diese Strukturbildungen, die über das Erleben der körperlichen Abgrenzungen des Kindes zum Umfeld, zunächst zum Körper der Mutter, den Beginn der Entwicklung des Ich als Körper-Ich beschreibt (vgl. *Ammon* 1985) bildet die Grundlage und Voraussetzung aller späteren Identifikationen und Identifizierungen, aus denen sich die Identität des Menschen aufbaut (vgl. *Petzold, Mathias* 1983; *Bünte-Ludwig* 1984).

In der Integrativen Bewegungstherapie geht es somit auch nicht nur um die Behandlung pathologischer Zustände, sondern im gleichen Maße um die Bewahrung gesunder und um die Entwicklung neuer Erlebens- und Verhaltensmöglichkeiten.

Nach *Ullmann* (1984) lassen sich für die bewegungstherapeutische Arbeit folgende allgemeine Ziele formulieren:

1. Pathologische Zustände (Defizite, chronifizierte Störungen und akute Störungen) werden behandelt.
2. Gesunde Persönlichkeitsanteile (gesundes Verhalten, Wahrnehmungsvermögen, Erlebnisstrukturen, Ausdrucksfähigkeit etc.) werden gestützt, und intakte Fähigkeiten und Fertigkeiten werden stabilisiert.
3. Neue Verhaltensmöglichkeiten werden entwickelt und eingeübt.

5. Behandlungsmethodik

Die Formen der IBT sind sowohl hinsichtlich des Settings (Einzel- und Gruppenbehandlung) wie auch hinsichtlich der Dauer (kurz-, mittel- und langfristig) variabel und richten sich in ihrer Anwendung jeweils nach Patient, Indikation und Prozeß einer Gesamtbehandlung. Nicht selten wird die IBT als zusätzliche, d. h. nicht als einzige Form der Behandlung angeboten (wie z. B. in psychiatrischen Einrichtungen).

Die Indikation für eine Einzel- und/oder Gruppenbewegungstherapie ergibt sich aus diagnostischen Erwägungen, der Analyse der Persönlichkeitsressourcen, der Bedürfnisse sowie hinsichtlich pathogener lebensgeschichtlicher Stimulierungskonstellationen (vgl. *Petzold/Schneewind* 1983; *Petzold, Frühmann* 1985).

5.1 Arbeitsmodalitäten

Je nach Indikation, Prozeß der Behandlung und Zielsetzungen richtet sich die bewegungstherapeutische Arbeit nach einer der folgenden Modalitäten (vgl. *Petzold, Berger* 1977; *Kirchmann* 1979; *Ullmann* 1984; und besonders *Petzold* 1985d).

5.1.1 Die funktional-übungszentrierte Arbeit

ist auf Verbesserung und Entwicklung der Funktionstüchtigkeit des Leibes gerichtet und intendiert ein allgemeines Vitalitätstraining. Hierbei werden einfache und klar-strukturierte Übungsanleitungen gegeben, die Halt und Sicherheit vermitteln. Es geht bei diesen Übungen um „richtige" Atmung, Bewegung und Haltung, um die Regulierung von Spannung und Entspannung etc. Diese Übungen dienen häufig der Behebung von Defiziten und bekommen den Charakter von nachsozialisierenden Angeboten.

5.1.2 Die erlebniszentrierte Arbeit

ist auf die Förderung der Kreativität, Sensibilität, Expressivität, Kommunikationsfähigkeit etc. gerichtet. Durch gezielte Bewegungsanleitungen und durch den Einsatz verschiedener Medien (wie Musik, Phantasien und Imaginationen) werden Stimmungen evoziert und in entsprechenden Bewegungsimprovisationen, in Bühnenarbeit, in Spielen etc. zum Ausdruck gebracht. Bestimmte Medien und Übungsobjekte, wie Bälle, Stöcke, Tücher, Reifen etc., bekommen in der erlebniszentrierten bewegungstherapeutischen Arbeit mit Kindern häufig den Charakter von „Übergangsobjekten" (*Winnicott* 1973), die ein Evozieren und Heranführen an frühe Erlebnisinhalte ermöglichen und benigne Regressionen „im Dienste des Ich" entstehen lassen (vgl. *Petzold, Metzmacher* 1984; *Ullmann* 1984; *Petzold, Maurer* 1984).

Neben der individuellen Förderung von Potentialen beim einzelnen Kind bewirkt diese Form der Bewegungsarbeit oftmals ein intensives Kohärenzerleben in der Gruppe und einen spontanen emotionalen

Kontakt zwischen einzelnen Kindern. Die erlebniszentrierte Arbeit geht über einen spezifisch therapeutischen Ansatz hinaus und kann auch als pädagogisches Verfahren zur Förderung der Persönlichkeitsentwicklung, des „personal growth" gesehen werden (vgl. *Petzold, Berger* 1977).

5.1.3 Die konfliktzentrierte Arbeit

setzt ein gewisses Maß an Wahrnehmungsfähigkeit, Sensibilität, Beziehungs- und Belastungsfähigkeit voraus. Sie ist weder gleichbedeutend mit konflikthafter Arbeit noch mit Kriseninterventionen, die in der IBT mit Kindern recht häufig vorkommen. Die konfliktzentrierte Arbeit am Körper und an der Bewegung kommt in der IBT mit kleineren Kindern auf Grund der schon erwähnten Voraussetzungen für diese Arbeit eher selten vor. Hier wird versucht, „ausgehend vom offen beobachtbaren Verhalten, wie es sich in bestimmten Haltungen des Körpers, in Bewegungsabläufen, Spannungs- und Verspannungs- und Erschlaffungszuständen des Körpers zeigt, therapeutische Ansatzpunkte zu finden" (*Petzold, Berger* 1977, S. 457).

Bezogen auf konflikthaftes Geschehen im Rahmen sozialer Interaktionen, so wie es in der Beziehung zum Therapeuten oder zu den Mitgliedern der Therapiegruppe zum Ausdruck kommen kann, ist der Versuch der Bearbeitung und Klärung weniger eine spezifische Arbeitsmodalität als vielmehr prozeßbegleitender Bestandteil der therapeutischen Arbeit. Hierbei können dann auch selbstverständlich Elemente der Bewegungsarbeit und -improvisation zu Mitteln des Ausdrucks und der Klärung werden, und natürlich können auch konfliktorientierte gestalttherapeutische Vorgehensweisen zum Einsatz kommen (*Perls* 1980).

Wie in dem noch folgenden Abschnitt über prozeßorientiertes Arbeiten in der IBT näher ausgeführt werden wird, ist der Einsatz und die Anwendung dieser Arbeitsmodalität in hohem Maße indikations- und prozeßabhängig. In der Regel findet eine variable Kombination dieser verschiedenen Modalitäten statt.

5.2 Integrative Bewegungstherapie als Gruppentherapie

Die Anwendung der IBT als dynamisch orientierte Form der Gruppenpsychotherapie bietet auf Grund der komplexen und variablen Angebots- und therapeutischen Arbeitsmöglichkeiten ein sehr effizientes Behandlungsmodell (*Petzold, Frühmann* 1986). Selbst im kinderpsychiatrischen Bereich kann den meist früh- und schwergestörten Patienten durch ein flexibles personales Angebot und entsprechendes therapeutisches Vorgehen wirkungsvoll Rechnung getragen werden. — Die Flexibilität des personalen Angebots bedeutet z. B., daß eine Kindergruppe nicht nur von einem Therapeuten bzw. Therapeutin oder Therapeutenpaar geleitet wird, sondern daß zusätzlich 2-4 erwachsene Bezugspersonen (im kinder-psychiatrischen Bereich sind dies meist pädagogische Mitarbeiter) der Gruppe zur Verfügung gestellt werden, ähnlich wie im „analytischen Psychodrama" (*Basquin* et al. 1982; *Anzieu* 1984). Dieses personale Setting trägt der Notwendigkeit Rechnung, Kindern mit den spezifischen Krankheitsbildern der „frühen Schädigungen" (*Petzold, Maurer* 1984), wie z. B. kindliche Psychosen, Borderline-Störungen, schwere Psychosomatosen, narzißtische Persönlichkeitsstörungen etc., ein gewisses Maß an personaler Präsenz, als Sicherheit und Orientierung zu gewährleisten (*Metzmacher* 1984b). Da sich das zentrale Problem der psychischen Krankheit der „frühen Schädigungen" als ein Mangel ursprünglicher Sicherheit in der frühen Mutter-Kind-Symbiose erweist, sind diese Patienten auf Grund ihrer hochgradigen Vernichtungs- und Verlassenheitsangst auf die verfügbare Zuwendung *einer* Person angewiesen, die ihnen durch das erwähnte personale Setting geboten werden kann. Ist dies nicht gewährleistet, erleben sie — insbesondere im Anfangsstadium der Behandlung — im multipersonalen Kontaktangebot einer Gruppe häufig eine extreme Verlassenheitsangst.

Durch ein solches personales Setting werden von vorneherein gewisse Strukturen vorgegeben, die sich als notwendig und sinnvoll erwiesen haben. Auf der Interventionsebene von Seiten der leitenden Bewegungstherapeuten können dann, dem jeweiligen dynamischen Prozeßgeschehen folgend, personale, mediale und lokale Spielräume geschaffen werden, damit sich die latent oder manifest vorhandenen Themen aktualisieren können. In diesem Prozeßverlauf finden verschiedene Methoden und Techniken der IBT Anwendung: freie Bewegungsimprovisation, Bühnenarbeit, dramatische Therapie, kreative Therapie und Interaktionsspiele. Da in der (Gruppen-)Therapie mit Kindern der Anteil verbaler Bearbeitungsformen — im Vergleich zur Behandlung erwachsener Patienten — erheblich geringer ist und stattdessen nonverbale Formen Vorrang bekommen, eignet sich die IBT besonders als gruppentherapeutische Behandlungsform. Das psycho- wie gruppendynamische Erleben kann in vielfältiger Weise in Szene gesetzt werden, unabhängig von schicht- und sprachabhängigen Aktualisierungspotentialen.

Beispiel:

Nachdem die Gruppe (von zehn Kindern, drei erwachsenen Bezugspersonen und das Therapeutenpaar, das die Gruppe leitet) zusammengekommen ist, bekommt jedes Kind ein großes weißes Tuch in die Hand gegeben, mit dem es machen kann, was es will (mediales Angebot, bei dem durch individudelle Assoziationen dazu die jeweiligen latenten Wünsche, Impulse und Vorstellungen Gestalt bekommen können). Anleitung: „Jeder nimmt sein Tuch und macht damit, was ihm gerade einfällt. Ihr könnt euch dabei auch im Raum bewegen, wenn ihr wollt."

Dieses Angebot wird sehr unterschiedlich aufgenommen: einige Kinder maskieren sich, ein Junge spielt Stierkampf, zwei Jungen spielen Supermann und rasen durch den Raum, ein Junge macht sich einen Rock daraus und bewegt sich bewußt mädchenhaft. Zwei Mädchen bleiben an der Wand sitzen und benutzen das Tuch als Schutz, hinter dem sie sich gemeinsam verstecken und ganz eng zusammenrücken. Jedes Kind macht auf seine Weise deutlich, was für es gerade im Vordergrund steht. Verbal wäre dies nicht möglich gewesen, da hier in der Regel unbewußte Themen zum Ausdruck gebracht werden.

Bei dieser Anfangssequenz werden zwei besonders bedürftige und frühgestörte Jungen sehr aggressiv und bekommen unaufgefordert jeweils die Unterstützung eines Erwachsenen, und zwar in der Form, daß sie beim Supermann-Spiel hochgenommen werden und sozusagen „fliegend" auf den Armen eines Erwachsenen durch den Raum jagen. (Hierbei wird ihnen nicht nur die Erlaubnis gegeben, ihre „Stärke" zu demonstrieren, die sie häufig als Abwehr gegen ihre fundamentale emotionale Bedürftigkeit hervorheben, sondern es wird zugleich auf die abgewehrte Bedürftigkeit geantwortet, indem sie bei diesem Spiel getragen werden.)

Die sich in diesem Spiel vollziehenden Bewegungen werden durch entsprechende Intervention bewußter und erfahrbarer gemacht, durch Anleitungen etwa, die Bewegungen zu verlangsamen (macht das mal in Zeitlupe), zu beschleunigen (macht das mal in Zeitraffer), stehen zu bleiben (einfrieren) etc. . . .

Nach und nach bilden sich einige Paare bzw. Kleingruppen, durch Kinder, die entweder ähnliche Themen oder komplementäre Themen, wie z. B. Stier und Stierkämpfer, haben. Hiermit wird dann weiter gearbeitet, bis sich nach einer ganzen Weile das bisher latente Thema der Gruppe herausbildet. Inzwischen hatten sich Modifikationen ergeben, und jedes Kind hatte die Möglichkeit erhalten, jeweils einzeln vor bzw. in der Gruppe „sein Thema" mit dem Tuch darzustellen. Dabei hatten sechs Kinder das Thema „Essen klauen gehen" dargestellt, jeweils unterschiedlich, aber deutlich zu ersehen. Jetzt war es an der Zeit, die ganze Gruppe wieder gemeinsam anzusprechen, da bei diesem Thema (verständlicherweise) viel Unruhe aufgekommen war (und ein Junge nun völlig einen Erwachsenen brauchte, da er die Situation als Überflutung erlebte und wild abzuwehren und zu agieren begann).

Das Gruppenthema war also „Hunger" und dahinterstehend emotionale Bedürftigkeit. Auf das leichter benennbare Thema Hunger wurde durch die Therapeuten wie folgt geantwortet: „Legt alle Tücher in die Mitte des Raumes (Pause, bis dies geschehen war, z. T. mußten die Tücher auch durch die Therapeuten geholt werden) und stellt euch vor, ihr wäret alle sehr hungrig, hättet lange nichts zu essen bekommen, und dort läge jetzt ein riesiger Berg voller Sachen, wonach ihr Hunger habt, Obst, Süßigkeiten, Fleisch, Spielsachen, Spieltiere oder was auch immer. Jeder kann jetzt mal nacheinander in die Mitte gehen und zeigen, wieviel Hunger er hat" (Einsatz von Imagination und Phantasie).

Die Kinder stürzen sich z. T. gierig auf oder in den Berg von Tüchern, reißen und zerren daran, andere legen sich kuschelnd hinein, andere versuchen, die Tücher durch die

Gegend zu werfen; jeder drückt seinen Hunger aus und die Art, sich etwas zu holen. Mit jedem einzelnen Kind wird dabei kurz daran „gearbeitet", entweder indem das sichtbare, affektgesteuerte Verhalten verbalisiert und damit bewußt gemacht wird oder indem es zu alternativen Möglichkeiten aufgefordert wird.

Im Anschluß hieran werden die Kinder zur Beendigung der Stunde aufgefordert, sich zu einem „Mittagsschlaf" hinzulegen, um wieder zur Ruhe zu kommen, da man sich mit „vollem Bauch" ja schließlich ausruhen müsse. Da mit den beiden leitenden Therapeuten insgesamt fünf Erwachsene und zehn Kinder anwesend sind, bekommt jeder Erwachsene zwei Kinder zugeordnet, die er zur Entspannung massieren oder streicheln soll. Zur Unterstützung wird ruhige Musik gespielt, und die Kinder werden — jeweils mit unterschiedlichen Möglichkeiten, sich dem Entspannungsangebot hinzugeben — massiert, gestreichelt, berührt, gehalten.

Eine Einbeziehung der leitenden Therapeuten in die direkte Körperarbeit wie auch die Einbeziehung zusätzlicher erwachsener Bezugspersonen in „Hilfs-Ich-Funktion" für besonders auffällige und/oder bedürftige Kinder ist unter Übertragungsgesichtspunkten natürlich nicht unproblematisch und erfordert eine besondere „empathische Kompetenz" und Ausbildung. Die Zuwendung beispielsweise zu nur jeweils einem oder zwei Kindern kann die Übertragungsdynamik für die anderen — wie auch für die „auserwählten" Kinder problematisch werden lassen. In diesem Falle ist dies nicht eingetreten. Bei empathisch kompetentem Therapeutenverhalten hat sich gezeigt, daß die Mehrzahl der Kinder ein sicheres Gespür dafür hat, wer zu welchem Zeitpunkt eine besondere Unterstützung braucht. Diese kann dann in der Regel auch zugelassen werden, ohne selbst durch ein Gefühl der Benachteiligung in irgendeiner Weise sein Recht einklagen zu müssen.

Grundsätzlich kann davon ausgegangen werden, daß die Leitung einer Gruppe durch ein Therapeutenpaar (männlich und weiblich) übertragungsfördernd wirkt durch die symbolische Repräsentation der Elternfiguren. Da die bewegungstherapeutische Arbeit direktes körperliches Geschehen beinhaltet und auslöst, ist mit der Übertragungs- und Gegenübertragungsdynamik grundsätzlich besonders bewußt und vorsichtig umzugehen, da Interventionen am Körper unmittelbar an die Basis der Persönlichkeit gehen. „Das Ich kann deshalb durch Körperinterventionen massiv manipuliert werden, und zwar sowohl in Richtung der Labilisierung als auch positiv in Richtung von Stabilisierung und Wachstum" (*Petzold* 1977b, S. 482).

6. Behandlungsprozeß

Zur Aktualisierung und Bearbeitung der Bewegungserlebnisse und -erfahrungen findet im Rahmen des Behandlungsprozesses methodisch eine Orientierung an dem vierstufigen Modell, dem „Tetradischen System", statt, das ursprünglich in der Gestalttherapie entwickelt wurde (*Petzold* 1974; *Ullmann* 1984; *Bünte-Ludwig* 1984).

In diesem „Tetradischem System" werden vier Phasen des therapeutischen Prozesses unterschieden:

1. Initial-Phase,
2. Aktions-Phase,
3. Integrations-Phase,
4. Neuorientierungs-Phase.

„In einer diagnostisch-anamnestischen *Initialphase* sammeln Therapeut, Klient und Gruppe Materialien, kommen miteinander in Kontakt, bauen Kohäsion auf, formulieren Probleme. Diese werden in der folgenden *Aktionsphase* in Bewegungssequenzen, Pantomime, Rollenspiel, verbal und nonverbal ausgearbeitet, wobei es zu kathartischen Abreaktionen kommen kann und die initiale Komplexität strukturiert wird. In der anschließenden *Integrationsphase* wird das emotionale Geschehen aufgearbeitet, durch ‚Sharing' der Gruppenteilnehmer vertieft, durch ‚Feed-back' geklärt, durch ‚Analyse und Deutung' in einen lebensgeschichtlichen Bezug gesetzt, so daß in der *Neuorientierungsphase* eine Umsetzung stattfinden kann, eine neue Perspektive gewonnen wird, die evtl. durch ein Bewegungsspiel übend vorbereitet wird" (*Petzold* 1984b).

In der bewegungstherapeutischen Arbeit mit Kindern werden entsprechend den kindlichen Erlebens- und Äußerungsformen Modifikationen dieser vier Stufen vorgenommen, wobei beispielsweise weniger verbale Ausdrucksformen im Rahmen der diagnostisch-anamnestischen Initialphase wie auch in der Integrationsphase vorherrschend sind. Diese Modifikationen richten sich jeweils nach deren Gruppenprozeß wie auch nach dem psychischen und kognitiven Entwicklungsstand der Kinder, beinhalten vom Prinzip her jedoch eine ähnliche Aufteilung des gesamten Behandlungsprozesses, wie sie in dem Zitat von *Petzold* gegeben wird.

7. Das Konzept der „Awareness" in der Integrativen Bewegungstherapie mit Kindern

Es gibt viele Formen und Möglichkeiten, ein Kind sich selbst wahrnehmen und erfahren zu lassen, sich selbst in und mit seinem Kontext bewußt erfahren zu lassen, ihm nahezubringen, was gerade relevant und wirksam ist. Dabei ist der Ausgangspunkt jeweils die konkrete leiblich-sinnenhafte Wahrnehmung. Das „Sensory Awareness-Training" der Gestalttherapie (*Stevens* 1975) hat unter Rückgriff auf die Ansätze *Elsa Gindlers* und ihrer Schülerin *Charlotte Selver (Brooks* 1979) und vor allem der Integrativen Bewegungstherapie (*Petzold* 1974) zahlreiche Übungen konzipiert, die die Leiblichkeit, Selbstwahrnehmung und das Erleben und Erspüren der Außenwelt zum Gegenstand haben. Ziel ist ein ganzheitliches (holographisches) Erfassen von Selbst und Umwelt, Innen- und Außenwelt, von Atmosphären, der „ganzen Szene" und des Leibes in der Szene (*Petzold* 1982). Dabei fließen perspektive, kognitive und emotionale Prozesse in dem „experiencing" zusammen und konstituieren das, was in der Gestalttherapie unter dem Konzept der „*Awareness*" verstanden wird: ganzheitliches Erfassen (vgl. *Petzold, Metzmacher* 1984a).

Der Begriff Bewußtheit, („*Awareness*") hat in der Gestalttherapie und Integrativen Bewegungstherapie eine zentrale Bedeutung (*Davis* 1985; *Perls* 1980). Der Leib wird als wahrnehmungs- und speicherungsfähiger Organismus gesehen, der mit dem Kontext der sozialen und ökologischen Welt durch Wahrnehmung verbunden ist (*Goldstein* 1934). Wahrnehmung durch den Leib ist primär sinnenhaft (*Merleau-Ponty* 1966) und umgreift Leib und Umwelt gleichermaßen als *ein Feld*. Sie bezieht kognitive, affektive (z. B. Interesse), somatomotorische Aspekte (z. B. Kopfbewegung) mit ein. Bewußtheit ist weder ein rein rationales oder eingegrenzt perzeptuelles Geschehen, sie ist ein *ganzheitlicher Vorgang*, der im Wahrnehmen auf Erinnertes, Erfahrenes, Erlebtes, Gelerntes zurückgreift und deshalb immer an den individuellen Erfahrungs- und Entwicklungsstand des Kindes gebunden ist. Die „*Awareness*" eines vierjährigen oder eines acht- oder fünfzehnjährigen sind deshalb notwendigerweise verschieden und entsprechen der jeweiligen „Sinnerfassungskapazität" (*Petzold, Mathias* 1983a, S. 171) und erst nach der Kleinkindphase entwickelt sich zusätzlich „consciousness".

Ein auf der Gestalttherapie basierendes Awareness-Training (vgl. u. a. *Davis* 1985; *Petzold* 1974; *Stevens* 1975; *Brooks* 1979; *Oaklander* 1981; *Brown* 1978) muß diesen Faktoren des entwicklungsspezifischen Wahrnehmungsvermögens Rechnung tragen. Es ist zunächst ganz allgemein auf die bewußte Wahrnehmung und Mitteilung der Augenblickserfahrung gerichtet (*Naranjo* 1981). Die bewußte Wahrnehmung des gegenwärtigen Augenblicks (*hier-und-jetzt*) mit seinen verschiedenen impliziten Erlebnisinhalten auf den Ebenen leiblich-geistig-seelischen Geschehens ist ein Prozeß der *Integration* und der *Kreation*, der Selbsterfahrung und der Selbstverwirklichung. Das spielende und sich bewegende Kind nimmt auf und *äußert* sich, weil es sein individuelles Erleben, seine Phantasien, seine geistigen Konstrukte mit Bewegung, Gefühl und Kreativität zum Ausdruck bringt, hier, jetzt in aller Erlebnisfülle (*Awareness*). Awareness und Consciousness sind nach *Petzolds* Modell (1983a, 1987) einer integrativen Persönlichkeitstheorie an das Konzept „ICH" gebunden. „Das ‚ICH' wird verstanden als das

‚Selbst in actu'. Es ist die Instanz bewußter aktiver Wahrnehmung und Handlung. — Das Konzept des *‚Ich'* ist mit dem der Bewußtheit (awareness) und des Bewußtseins (consciousness) unlösbar verbunden. Das Leib-Selbst in seiner passiven, *matten* Awareness hat eine organismische Bewußtheit seines Daseins und schließt Dimensionen des individuellen und kollektiven Unbewußten ein. Aber nur in der hellwachen, *scharfen* Awareness, die Leib und Welt im Modus jeweils gegebener Wahrnehmungsfelder organisiert und das Handeln leitet, konstituiert sich das *Ich* im jeweiligen Vollzug von wahrnehmendem Handeln und Erkennen und handelnder und erkennender Wahrnehmung, wobei es auf Mitbewußtes zurückgreifen kann" (*Petzold* 1983a, S. 168 f).

Das Konzept der Awareness bietet die Grundlage für die freie Bewegungsimprovisation, Bewegungsspiele und die Awareness- und Interaktionsspiele, bei denen es um die Förderung von Bewußtheit für die eigene Leiblichkeit (Selbstwahrnehmung) und für die Realität des anderen (Fremdwahrnehmung) geht (*Petzold, Epe* 1984). Das Spiel als leibliches Geschehen stellt den „intermediären Raum" der Erfahrung bereit, schafft jenes besondere Klima der Awareness, das von lebendiger Aufmerksamkeit gekennzeichnet ist, ohne daß eine volle rationale Durchschaubarkeit erforderlich wird. Bewußtheit (Awareness) ist komplexer als Bewußtsein (consciousness). Es ist ein ganzheitliches Erfassen über die Rationalität hinaus, die Verbindung von Intuition und Kognition, von divergentem und konvergentem Denken, von rechtshemisphärischen und linkshemisphärischen Prozessen (*Davis* 1985; *Signer-Brandau* 1986; vgl. das integrative Bewußtseinsmodell von *Petzold* 1987).

8. Behandlungsmethodik

8.1 Sensibilitäts- und Expressivitätstraining

Kindliche Entwicklungs- und Identitätsstörungen drücken sich fast immer auch in einer Störung der Sensibilität aus, sei es in defizitärer, überschießender oder abgespaltener Form, d. h. die psychische Schädigung drückt sich u. a. in einer mangelnden, übertriebenen oder (vorübergehend) nicht vorhandenen Körperwahrnehmung aus. Die Identität von Leib und Person ist fundamental gestört, was sich häufig in einer deutlichen Diskrepanz zwischen Ausdrucksverhalten und Selbstwahrnehmung manifestiert. Kinder, die z. B. einnässen oder einkoten, die häufig über lange Phasen ihre Symptomatik verleugnen oder abspalten, vollziehen mit diesen Abwehrbemühungen gleichzeitig immer auch eine Verleugnung oder Abspaltung ganzer Bereiche ihrer Körperlichkeit bzw. Leiblichkeit. — Bei hypermotorischen Kindern finden wir nicht selten, daß sie sich selbst subjektiv als sehr ruhig erleben, während ihr Körper unentwegt in Bewegung ist, meist unkoordiniert und ziellos. In diesem Falle drückt (tiefenpsychologisch gesehen) einerseits die Hypermotorik eine körperliche Abwehr gegen psychische Unruhe und Desorientierung aus und andererseits die Nicht-Wahrnehmung der körperlichen Unruhe die psychische Abwehr gegen die körperliche Unruhe: Es ergibt sich hierdurch eine Trennung und Spaltung zwischen Körper und Psyche — eine für diese wie auch für viele andere psychische Störungen typische Erscheinung.

Störungen in der Selbstwahrnehmung ziehen immer auch Störungen in der Fremdwahrnehmung nach sich. Die andere Person, die räumliche und personale Umgebung, kurz: der *Kontext* wird nur eingeschränkt bzw. verzerrt wahrgenommen. Aus diesem Grund liegt ein Schwerpunkt der integrativen Bewegungstherapie mit Kindern in der Förderung der „*Awareness*", des Bewußtwerdens und der Bewußtheit körperlicher Wahrnehmung, um Selbst- und Fremdwahrnehmung zu fördern und zu entwicklen. Wenn man davon ausgeht, daß Identität im Verlaufe der Entwicklung auf der Grundlage des „Körper-ICH-Erlebens" gewonnen wird, so läßt sich daraus schließen, daß bei einem Verlust bzw. bei tiefgreifenden Störungen der Identität, wie dies für viele psychische Störungen bei Kindern (insbesondere im kinderpsychiatrischen Bereich) gegeben ist, auch mit dem Aufbau und der Entwicklung des Körper-ICH's begonnen und gearbeitet werden muß (vgl. *Ammon* 1975; *Petzold* 1977). — Dies geschieht in der IBT anfangs mit sehr einfachen Übungen. Indem der individuelle Ausdruck wahrgenommen wird und wahrnehmbar Ausdruck findet, vollzieht sich ein identitätsförderndes Sensibilitäts- und Expressivitätstraining. Ein kurzes Beispiel aus dem kinderpsychiatrischen Bereich soll dies verdeutlichen:

Eine Gruppe von acht Kindern im Alter von 7-10 Jahren, die auf einer kinderpsychiatrischen Station zusammenleben, kommen zur einmal wöchentlich stattfindenden Gruppentherapie, die als Integrative Bewegungstherapie durchgeführt wird. Es sind Sommerferien, und es ist sehr warm. Die Kinder sind insgesamt sehr unruhig, auch mitbedingt durch die Tatsache, daß es in relativ kurzer Zeit etliche Entlassungen und Neuaufnahmen gegeben hatte, was bei den Kindern einer kinderpsychiatrischen Stationsgruppe fast immer vermehrte Unruhe und Unsicherheit bewirkt.

Die Kinder nehmen unaufgefordert an der Wand des Raumes Platz, meist in der Nähe eines der von ihnen bevorzugten Betreuer. Nach einer kurzen Anfangsrunde, in der kurz über den Tagesausflug am vergangenen Tag gesprochen wird, gibt der Therapeut dann die Anweisung, daß alle Kinder auf dem Po etwas mehr in die Mitte rutschen sollen (von der Wand und von den Erwachsenen weg: Beginn einer Aktionsphase, die mit der Aufgabe von Sicherheit verbunden ist). Unter Hinweis auf die (sommerbedingte) hohe Raumtemperatur sollen sich die Kinder dann auf den Rücken legen und die Kühle des

Bodens spüren. „Versucht mit möglichst vielen Körperteilen und Hautflächen den Boden zu berühren, also auch mit den Kniekehlen, dem ganzen Rücken, den Schultern, Armen und auch den Handflächen." (Neben der Kühle des Bodens, die ein willkommenes und angenehmes Pendant zur Hitze im Raum darstellt, wird zugleich die Aufmerksamkeit auf die verschiedenen Körperbereiche gelenkt. Eine einfache und wirkungsvolle Awareness-Übung.) Nach einer nochmaligen Aufforderung zur Überprüfung, ob auch wirklich alle Bereiche des Körpers den Boden berühren (unterstützt durch individuelle Hinweise durch den Therapeuten, der zu allen Kindern einzeln hingeht), kommt die Aufforderung, sich langsam auf eine Seite zu rollen, um sich dann auf den Bauch zu legen. Von der räumlichen Anordnung her bietet sich an, bei diesem zweiten Übungsteil einen „Schritt" zur Gruppe hin zu tun, und zwar in der Form, daß in zwei Kindergruppen die Kinder auf dem Bauch liegend jeweils einen großen Stern bilden sollen. „Legt euch so auf den Bauch, daß ihr einen großen Stern aus euch Vieren macht, aber jeder soll sich genug Platz für sich selbst nehmen."

Im Anschluß wird die Awareness-Übung weiter kombiniert mit der An- und Einbindung in die Gruppe (was für viele Kinder eine große Schwierigkeit bedeutet). Therapeut: „Nachdem ihr jetzt einen Stern gemacht habt, wo jeder viel Platz für sich hatte, macht jetzt jeweils einen dicken Knoten aus euch Vieren. Verhakt euch miteinander, so viel und so oft ihr könnt." Das geschieht und macht den Kindern offensichtlich viel Spaß. Dann kommt die Aufforderung, genau zu spüren, wie das ist, so verknotet, so eng zusammen zu sein. Dann die Aufforderung an die Erwachsenen, die beiden Kinderknoten langsam und vorsichtig zu lösen, was mit viel verbalem Erstaunen durch die Erwachsenen geschieht, bis jedes Kind wieder losgelöst ist (von der Abfolge her vollzog sich der Übungsablauf von der individuellen Körperwahrnehmung langsam hin zur Gruppe, noch deutlich abgegrenzt und dann hin zur gruppenbezogenen und kohärenzstiftenden körperlichen Verbundenheit bis zur erneuten Loslösung und Individualisierung, Impuls zur „Individuation").

Sich selbst in der Awareness zu erfahren, geschieht am wirkungsvollsten in der Bewegung, im Bewegt-Sein; Erstarrung verhindert Awareness. Aus diesem Grund eignet sich das Konzept der Awareness besonders für die Integrative Bwegungstherapie. Wie am obigen Beispiel verdeutlicht, sind die therapeutischen Interventionen angesiedelt auf der Ebene der Aufforderung und Ermunterung.

8.2 Bewegungsspiele

Spiele wie Fußball, Volleyball, Völkerball, frei improvisierte und auch Regelspiele, können in ihrem Wert für die bewegungstherapeutische Arbeit mit Kindern gar nicht hoch genug eingeschätzt werden. Zum einen mobilisieren solche Spiele die Körperlichkeit, indem sie gezielte und koordinierte Bewegungen fördern und erfordern, regen die Atmung an und beanspruchen die Muskulatur; zum anderen mobilisieren sie zugleich auch immer den affektiven und sozialen Bereich (vgl. *Petzold, Berger* 1977, S. 464).

Beim Spiel wird das Kind leiblich bewegt, und in der Regel ist die spielerische Aktivität des Leibes für das Kind mit Lust verbunden, mit dem leiblichen Erfahren und Erleben von Spannungsabfuhr, von

Freude, mit dem Sich-selbst-Spüren und -Erleben, mit Funktionslust. — Hiermit wird eine entscheidende *therapeutische Funktion* des Spiels angesprochen, nämlich die dem Spiel immanente „heilende Kraft" des *Selbst*-Ausdruckes, der Selbsterfahrung und der leiblich-affektiven Bewegung und Bewegtheit (vgl. *Petzold, Metzmacher* 1984; *Petzold, Epe* 1984).

Spielen setzt die aktive Beteiligung eines jeden Spielers voraus; vor allem bei Kindern ist Spielen fast ununterbrochenes, körperliches Handeln, Bewegungshandeln. Die Spieltätigkeit ist ein ganzheitliches Geschehen: sinnliche Wahrnehmung, geistige und gefühlsmäßige Verarbeitung und deren Ausdruck in der ausführenden Motorik. Die motorische Entwicklung bei Kindern vollzieht sich größtenteils innerhalb von Spielaktivitäten. Beim Spielen ist die Tätigkeit selbst das Ziel und weniger das daraus entstehende Produkt. Auf sehr früher Entwicklungsstufe vermittelt das Spiel vielfach äußerst direkt ein Gefühl für persönliche Wirksamkeit. Dies betrifft sowohl den Umgang mit Gegenständen und Materialien wie auch mit Menschen und zwischenmenschlichen Beziehungen. Gerade weil für Kinder zwischenmenschlicher Ausdruck und Kontakt mit Gleichaltrigen vorwiegend in Spielsituationen abläuft, hat die Gestaltung von Spielen, von Spielbeziehungen und Spielhandlungen einen hohen Stellenwert (vgl. *Brinkmann, Tress* 1980).

Für die bewegungstherapeutische Arbeit ergeben sich auf Grund der unterschiedlichen und vielschichtigen Potentiale von Spielen sowohl in diagnostischer wie in therapeutischer Hinsicht vielfältige Möglichkeiten. So geben z.T. ganz einfache Ballspiele deutliche Hinweise auf Konflikte der beteiligten Spieler. Der Ball muß abgegeben werden: das erfordert, die Aufmerksamkeit auf den anderen zu richten und mit ihm Kontakt aufzunehmen. Im Schuß oder Wurf des Balles können aggressive Komponenten Ausdruck finden. Ein gelungener Spielzug oder ein Tor löst Freude auf der einen und Enttäuschung auf der anderen Seite aus; eine verpatzte Situation Ärger und eine erfolgreiche Genugtuung.

Die typische Offenheit bei Bewegungsspielen läßt Kindern einen breiten Raum für die Verarbeitung unbewältigter Erfahrungen und Ängste:

— Wer in der alltäglichen Realität eher passiv, gehemmt und ständig unterlegen ist, kann im Spiel alternative Erfahrungen machen, indem er die aktive, führende Rolle einnimmt bzw. zugesprochen bekommt.
— Als enttäuschend oder nicht abgeschlossen erlebte Handlungsausgänge können im Spiel nachgestellt und erfolgreich umgewandelt

werden. Alte und unerledigte Situationen können eine „Schließung" erfahren.

— Verbotenes und Unterdrücktes kann in erlaubter Form ausgedrückt und nacherlebt werden, ohne erneut in Konflikt mit anderen Menschen (oder mit Introjekten) zu geraten.

Dies alles geschieht weitestgehend unbewußt und bedarf auch nicht immer der bewußtmachenden und verbalen therapeutischen Aufarbeitung.

„Spiele sind z. T. archaische Darstellungsformen, die symbolisch (d. h. verdichtet und stellvertretend) grundlegende, lebensbegleitende Themen und Probleme vermitteln: solche, die den eigenen Körper betreffen, die Beziehungen zu Familie und Geburt, Liebe und Tod u. a. m. In diesem Sinne haben gerade zahlreiche Bewegungsspiele wie Fangen-, Versteck-, Wurfspiele symbolischen Charakter. Verfolgen und fliehen, körperliche Berührung suchen und meiden, Verbotenes wegwerfen und einholen sind Variationen grundlegender, oft angstbesetzter Beziehungsmuster und Themen. Das Motiv vom Jäger und gejagten Tier ist ein immer wiederkehrendes Thema in der Märchen- und Kinderliteratur" (*Brinkmann, Tress* 1980, S. 19 f.).

8.3 Der Einsatz von Medien in der Integrativen Bewegungstherapie mit Kindern

In der IBT mit Kindern wird in vielfältiger Weise mit Medien gearbeitet. Medien können alle Arten von Spielobjekten (wie Bälle, Puppen etc.) und Übungsmaterialien (wie Tücher, Reifen, Stöcke, Seile etc.) sein, auch Farben, Ton und Musikinstrumente gehören dazu (*Frohne* 1981; *Kirchmann* 1979; *Hausmann* 1985). Nach *Petzold* (1983c) dienen Medien der Übermittlung von Informationen oder sind Systeme von Informationen in der methodisch-therapeutischen Arbeit.

In der bewegungstherapeutischen Arbeit bekommen die Medien häufig den Charakter von *„Übergangsobjekten"* (*Winnicott* 1973). Diese „Übergangsobjekte" erhalten in der Phase der ersten Erfahrung des Kindes der Trennung von ICH und Nicht-ICH eine *symbolische Qualität* in den kommunikativen und autokommunikativen Prozessen, in denen sich allmählich die Identität ausbildet.

Die in der bewegungstherapeutischen Arbeit verwendeten kreativen Medien haben oftmals die Aufgabe von *Intermediärobjekten* (*Rojas-Bermúdez* 1983), indem sie bei den Kindern über die Beziehung zu sich selbst hinaus Beziehung zum anderen in Form einer „Brücke" ermöglichen, durch einen „intermediären Raum", den *Winnicott* interessanterweise als den Ursprung von Spiel, Kreativität, schöpferischer Aktivität, Kunst und Phantasie ansieht (vgl. *Petzold* 1983c). Die Übergangsobjekte werden jedoch „in der integrativen Therapie nicht im engen Rahmen libido-ökonomischer Konzepte gesehen, sondern als Kommunikationsmedien, Möglichkeiten des Beziehungserlebens und der Beziehungsaufnahme" (*Petzold* 1983c, S. 36).

Die Verwendung von Medien in der bewegungstherapeutischen Arbeit fördert die intragruppale und zwischenmenschliche Kommunikation wie auch die „Autokommunikation", wenn z. B. in einer phantasiegeleiteten kreativen Verwendung eines Mediums (das Tuch in seiner Verwendung als Rock oder Maske z. B.) eine Botschaft *„von sich, über sich, für sich, an andere"* deutlich wird (*Petzold, Orth* 1983) und unbewußtes Material zutage kommt (*Petzold, Metzmacher* 1984). Im Zusammenwirken von präverbaler Kommunikation und Medium können somit im „intermediären Raum" der Therapie Nachreifungsprozesse stattfinden (vgl. *Winnicott* 1970).

8.3.1 Beispiel: der Ball als Medium

Die kurze Schilderung der Anfangssequenz einer bewegungstherapeutischen Kleingruppenarbeit mit drei verhaltensauffälligen Jungen soll zum einen die vorher beschriebene Komplexität der Wirkungsprozesse bei der Arbeit mit einem Medium (in diesem Falle einem Ball) und zum anderen den diagnostischen wie therapeutischen Wert einer solchen Arbeit beispielhaft verdeutlichen:

Die drei Jungen sind Kai, acht Jahre alt, motorisch sehr unruhig und aggressiv; Jens, neun Jahre alt, hochgradig kontaktgestört, und Andreas, acht Jahre alt, der in seiner kognitiven, motorischen und sozialen Entwicklung um etwa zwei Jahre retardiert ist und ebenfalls unter erheblichen Kontaktproblemen leidet.

Sind die drei Jungen zusammen mit dem Therapeuten in dem ca. 40 qm großen Bewegungsraum, laufen sie erst einmal sehr laut und wild durcheinander. Nach dieser üblichen „Anfangstoberei" wählt sich jeder auf entsprechende Anleitung hin einen Platz im Raum, an dem er sich auf den Boden setzt. Jedem wird dann ein etwa fußballgroßer, weicher Schaumstoffball gegeben. Ehe noch eine weitere Anleitung erfolgen kann, „antwortet" jeder der drei auf das Angebot: Kai boxt den Ball vehement weg, Jens benutzt ihn als Kopfkissen, und Andreas versucht vergeblich, den Ball zu fangen, wird wütend, steht auf und tritt den Ball in die andere Ecke des Raumes. In diesem Geschehen werden bereits mehrere Qualitäten des Mediums Ball ersichtlich. Die Kinder werden nun angehalten, aufzustehen und ca. fünf Minuten lang auszuprobieren, was sie alles mit dem Ball anfangen können: Kai spielt ausschließlich Fuß- und Faustball damit (und versucht, den Therapeuten dabei für sich zu gewinnen, der hält sich jedoch zurück); Jens steckt den Ball unter sein Hemd, preßt sein Gesicht dagegen, beißt hinein und versucht dann, Stücke aus dem Ball zu reißen; Andreas wirft den Ball gegen die Decke, versucht, ihn wiederzubekommen, wirft ihn wieder weg, läuft hinterher und wiederholt dies die ganze Zeit.

Von den verschiedenen individuellen Entwicklungsbedürfnissen her bekommt der Ball ganz offensichtlich sehr unterschiedliche Funktionen für die drei Kinder. Für Kai ist der Ball *Objekt seiner Aggression;* für Jens ein *Übergangsobjekt,* das er sehr körpernah benutzt, und für Andreas ein *Übungsobjekt,* an dem er seine defizitären motorischen Fähigkeiten erprobt. — Jedes der drei Kinder schafft sich seinen eigenen „Dialog", lebt am Medium das aus, was für es gerade im Vordergrund steht, und macht zugleich deutlich, in welche Richtung die weitere therapeutische Arbeit laufen kann. In der Fortsetzung der Stunde werden dann gezielte Übungen mit dem Ball gemacht, die, z. T. allein oder aufeinander bezogen, einmal mit drei Bällen oder nur mit einem Ball durchgeführt werden. —

Deutlich wird an diesem Beispiel, daß die Qualität und Funktion eines Mediums, in diesem Falle des Balls, sehr unterschiedlich bzw. verschieden sein kann, je nach Beschaffenheit des Balles (einen harten Lederball z. B. hätte Jens vermutlich nicht zum Schmusen benutzt), vor allem aber auch je nach individuellen Eigenschaften und psychischen Präferenzen des Kindes, das mit dem Medium in Kontakt kommt.

Eine — je nach Situation abgestimmte (und dosierte) — Bewußtmachung der offenbar werdenden Erlebnisqualitäten des Kindes in seiner Beschäftigung mit dem Medium Ball (bei Kai: wild, aggressiv und lustvoll; bei Jens: schmusig, festhaltend und sadistisch; bei Andreas: übend-bemüht, frustriert, unlustvoll, aber ausdauernd) macht den Ball zum medialen Ausgangspunkt von Selbsterfahrung und Bewußtheit. Damit werden zugleich neue Ebenen des Ausdrucks und Erlebens zugänglich gemacht (vgl. *Petzold, Metzmacher* 1984a).

9. Prozeßorientiertes Vorgehen in der Integrativen Bewegungstherapie

Die weiter oben beschriebenen Modalitäten der bewegungstherapeutischen Arbeit von a) funktional-übungszentrierter, b) erlebnis-zentrierter und c) konflikt-zentrierter Arbeit sind in ihren Grenzen bezüglich Aspekten, Zielsetzungen und Indikationen fließend und müssen es auch sein. Ihre Unterscheidung hat zunächst einmal heuristischen Wert (vgl. *Petzold, Berger* 1977, S. 455). Es werden Erlebnisprozesse evoziert, die beispielsweise im Rahmen von Entspannungsübungen, Dehn- oder Streckübungen auf der Ebene des funktionalen Körpergeschehens ihren Ausgangspunkt haben und mitunter sehr rasch zu konflikthaftem Erleben führen können, die dann ein entsprechendes therapeutisches Vorgehen und Intervenieren notwendig machen. — In der bewegungstherapeutischen Arbeit mit Kindern ist allerdings die umgekehrte Reihenfolge viel häufiger (dies trifft zumindest für die bewegungstherapeutische Arbeit bei früh- und schwerstgestörten Kindern zu).

Mit Betreten des Raumes, mit dem Gebracht-Werden durch einen Erwachsenen, durch das In-Beziehung-Gesetzt-Werden mit räumlichen, medialen und personalen Angeboten, durch die Tatsache, Raum zu haben usw., setzt bei vielen Kindern sehr schnell konflikthaftes Geschehen ein. Zum einen werden unbewußt Defizite angesprochen (nicht genug Raum zu haben, zu wenig Stimuli und Angebote bekommen zu haben, nicht genügend Anwesenheit durch wichtige Bezugspersonen erfahren zu haben etc.), und zum anderen wird — insbesondere bei Kindern mit sog. Frühstörungen — durch die noch nicht ausreichend strukturierte Anfangssituation die eigene psychische Unstrukturiertheit angesprochen und damit gleichzeitig auch Angst, Unsicherheit und Desorientierung. Diese Gefühle werden dann gewöhnlich in der körperlichen Bewegung beantwortet oder abgewehrt, häufig aggressiv und der unbewußten Intention folgend, die äußere Situation der inneren entsprechend anzugleichen. Grenzen werden übertreten, Struktursetzungen boykottiert, Interventionen ignoriert. Die psychische Strukturlosigkeit und mangelnde Abgrenzungsfähigkeit werden nach außen hin ausgelebt. Dies sind für jeden Therapeuten sehr anstrengende und kraftraubende Momente, die einen sehr hohen emotionalen und körperlichen Einsatz erfordern. Um ein Mindestmaß an Strukturiertheit herstellen zu können, sind in solchen Situationen häufig und nicht vermeidbar autoritäre Maßnahmen wie Festhalten, lautes Ansprechen, Türen-Schließen ect. erforderlich. — Funktional-übungszentrierte Vorgehensweisen können bei einem solchen Therapiestundenbeginn bestenfalls am Ende einer solchen Stunde stehen, wenn genügend Struktur, Sicherheit und Ruhe entstanden sind, um sich der feinen Wahrnehmung von Tonusverschiebungen und -regulation in verschiedenen Muskelpartien des Körpers zuwenden zu können.

Diese beispielhafte Darstellung soll verdeutlichen, daß die Anwendung bestimmter Arbeitsmodalitäten sich immer am jeweiligen Prozeß orientieren muß. Deshalb heißt die oberste Maxime bei der Auswahl von Übungen und Interventionen: *Sehen, was ist!*

In ihrer Bewegung, ihrem körperlichen Ausdruck zeigen die Kinder recht genau, wo sie gerade „stehen", was für sie im *Vordergrund* steht. Die — zeitlich gesehen — vor der Bewegungstherapiestunde stattfindende Planung einer folgenden Stunde kann nur selten im vorgesehenen Konzept durchgeführt werden. Sie dient wohl auch mehr dem Sicherheitsbedürfnis des Therapeuten. Dies gilt insbesondere für Bewegungstherapien, die in Gruppen durchgeführt werden, weil neben der Psychodynamik des einzelnen die Dynamik der Gruppe hinzukommt, die insbesondere bei Kindern kaum kalkulier- und vorhersehbar ist.

Für den Verlauf einer Therapiestunde und deren therapeutische Effizienz ist es für den Therapeuten sogar von ausschlaggebender Bedeutung, vom eigenen Konzept Abstand nehmen zu können, um das Kind und die Gruppe da abholen und erreichen zu können, wo es oder sie gerade stehen. Das erfordert viel an Flexibilität, Erfahrung, Toleranz und Bereitschaft, sich einzustellen auf das, was vom Prozeß her notwendig ist. Die Souveränität des Therapeuten besteht dann darin, aus einem möglichst breiten Repertoire schöpfend mit vorgefaßten Konzepten variabel umzugehen und sich dem Offensichtlichen zu widmen. Es braucht eine gewisse Erfahrenheit, um in Anleitungen und Interventionen einfach zu werden. In der Regel ist nämlich das, was im Vordergrund steht — sowohl beim einzelnen wie auch bei der Gruppe —, *offen-sichtlich.* Nur dessen Aufgreifen und Berücksichtigen ermöglicht es, zum psycho- und gruppendynamischen Hintergrund des Erlebens zu gelangen (vgl. *Metzmacher* 1984a). Damit sich die „inneren Themen" aus den „äußeren Themen" entwickeln können, damit sich eine *Struktur* aus den *Phänomenen* herauskristallisieren kann, ist es notwendig, daß das Vorhandene und Gegebene prägnant werden kann (vgl. *Bünte-Ludwig* 1984; *Schneewind, Kuchenbecker* 1984).

Bevor im nächsten Abschnitt über den Umgang mit Widerstand in der Integrativen Bewegungstherapie mit Kindern gesprochen wird, soll überleitend anhand eines Beispiels das Aufgreifen des Widerstandes eines Jungen zu Beginn einer Bewegungstherapiestunde verdeutlicht werden, durch das ein prozeßorientiertes Vorgehen zu den „inneren Themen" der Gruppe möglich wurde.

Beispiel:

Andreas, neun Jahre alt, stürmt als letzter von acht Kindern in den Bewegungsraum. Er kommt ca. fünf Minuten später als die anderen. Eigentlich wollte er gar nicht mitmachen. Die anderen sitzen alle schon an der Wand gelehnt und erwarten den Beginn der Stunde. Andreas rast wie wild durch den Raum, rempelt und beschimpft dabei jeden, der ihm im Weg steht. Er wird dabei immer aufgedrehter und fängt an, wie ein wildes Tier zu fauchen. Es stellen sich bei der leitenden Bewegungstherapeutin und mir (als Co-Leiter dieser Gruppe) Assoziationen vom wild gewordenen Tiger ein. Diese Assoziation und innere Resonanz auf den herumwütenden und -fauchenden Andreas spricht die Therapeutin aus: sie habe den Eindruck, daß Andreas einen Tigerkampf suche. Da ich in den vorigen Stunden mich stützend und haltend besonders ihm zugewandt hatte (weil er es auch im besonderen Maße brauchte, Unterstützung zu erfahren), nehme ich die Aufforderung der leitenden Therapeutin an, mit Andreas einen „Tigerkampf" zu machen, während die übrige Gruppe Rahmen-setzend zur Arena erklärt wird und damit auch eine Funktion zugeschrieben bekommt.

Andreas und ich bewegen uns in den Rollen von Tigern langsam aufeinander zu, womit er gleichzeitig auch seine bis dahin ungerichtete Aggressivität auf mich konzentriert. Der dann ca. zehn Minuten dauernde Kampf, in welchem wir fauchen, uns aufbäumen, zurückfallen, wieder angreifen, ringen und wieder loslassen, kostet uns beide viel Kraft, macht aber auch viel Spaß (den „Zuschauern" wohl auch, denn viele feuern uns heftig an).

Erschöpft liegen wir dann am Boden und bewegen uns langsam, dicht nebeneinander (nicht mehr gegeneinander) zurück in eine Ecke. Dort angekommen schaut Andreas in die Runde, richtet sich wieder auf und gibt mir nonverbal ein Zeichen, daß er noch etwas erledigen muß, bevor er sich ausruhen kann. Er kriecht — noch in Tigerposition - zu jedem einzelnen Gruppenmitglied hin und drückt fauchend, sich duckend oder liebevoll-brummelnd und streichelnd sein Empfinden jedem einzelnen Gruppenmitglied gegenüber aus. Offensichtlich stand für ihn eine Klärung seiner Beziehungen innerhalb der Gruppe an. Im Anschluß daran kehrt er zu mir zurück und legt erschöpft seinen Kopf an meine Schulter. Hieran anknüpfend werden nun die anderen Kinder, die inzwischen unruhig geworden sind, aufgefordert, ebenfalls ein Tier (nach Wahl) darzustellen und zu spielen, worauf ein wildes Geschrei und Getobe von Affen, Tigern, Schlangen und sonstigem beginnt. Dies führte zunächst zur Spannungsabfuhr und setzte die anderen auch in ihr Recht, aktiv zu werden. Daraus entwickelte sich dann eine „Bühnenarbeit", bei der jedes Kind einzeln sich als Tier den anderen präsentieren konnte, während die anderen erraten mußten, um was für ein Tier es sich handelte (Prozeß der Identifizierung). Auf diese Weise wurde deutlich, was für die Kinder emotional von Bedeutung war: aggressiv zu sein (als Tiger oder als Krokodil), Spannung in Albernheit und ungerichteter Bewegung auszudrücken (z. B. als Affe), Grund und Boden zu erfahren (als Schlange beispielsweise) usw.

Diese unterschiedlichen Bedürfnislagen und Erlebensprozesse wurden dann noch durch entsprechendes erlebnis- und übungszentriertes Vorgehen aufgenommen, bevor diese Stunde mit einer Arm- und Beinentspannung bzw. Massage („die Tiere müssen ja auch gepflegt werden") beendet ist. Nichts von alledem war geplant gewesen.

9.1 Arbeit mit dem Widerstand

Die IBT setzt als leiborientierte Therapie methodisch an der Basis der Existenz des Kindes an. In der bewegungstherapeutischen Arbeit wird die leibliche Seite „berührt". Berühren wir den Leib eines Menschen, so berühren wir seine Geschichte und damit auch seine Defizite, Traumata und Verletzungen. Während die verbale Sprache vieldeutig sein kann, zeigen sich uns der Leib und die Bewegung (eines Patienten) *ein*deutig. Durch die Bewegungsarbeit wird eine direkte, basale und offene Sprache hervorgerufen (vgl. *Ullmann* 1984) — und je direkter die Sprache ist, je unmittelbarer die Berührung, desto größer die Betroffenheit und die Möglichkeit, daß Widerstände evoziert werden. Vor diesem Hintergrund ist der Umgang mit dem Widerstand für die Bewegungstherapie von zentraler Bedeutung.

Widerstand bedeutet für den Patienten zunächst einmal Schutz, ein Sich-Wehren und Widerstehen gegen ein Berührtwerden im Schmerz und gegen eine Veränderung der Identität (*Petzold* 1980, S. 267; *Schneider* 1981). „Widerstand ist demnach ein Signal, mit dem eine Abgrenzung gezogen wird, eine Schutzfunktion gegen einen bedrohlichen Kontakt nach außen- und / oder innen. Dieser protektive Widerstand, der in der Vermeidung von Awareness besteht, schützt das Individuum vor Überforderung, vor zu schmerzlichen, intensiven, angstauslösenden und überschwemmenden Gedanken, Gefühlen, Erlebnissen und Ereignissen" (*Bünte-Ludwig* 1984, S. 282f). Ein solches Verständnis des Widerstandes bildet die theoretische Grundlage für das methodische Vorgehen, es wird *mit* dem Widerstand gegangen und nicht *gegen* ihn.

Ullmann (1984) schlägt in Anlehnung an das Widerstandskonzept der Integrativen Therapie (*Petzold* 1980; *Schneider* 1981) verschiedene Vorgehensweisen und Umgangsformen für die integrative Bewegungstherapie vor, den Widerstand eines Patienten aufzugreifen und zum Mittelpunkt der Arbeit zu machen: „a) wir können mit dem Widerstand gehen, d. h. den Widerstand akzeptieren, so lange Möglichkeiten suchen, bis Widerstand nicht mehr notwendig ist; b) den Widerstand schmelzen, z. B. eine Übung einfach und noch einfacher machen, so daß für den Patienten die Hürde gerade klein genug ist und er nicht durch seinen Widerstand blockiert wird; c) wir können den Patienten auch mit seinem Widerstand konfrontieren, um krisenhaftes Erleben aufzuarbeiten" (*Ullmann* 1984).

In der bewegungstherapeutischen Arbeit mit Kindern lassen sich z. T. sehr spielerische Möglichkeiten finden, mit dem jeweiligen Widerstand umzugehen. So können regelrechte Widerstandsspiele Anwendung finden, die etwa bei Bewegungsgruppen zum einen jenen Kindern gerecht werden, die sich z. Zt. im Widerstand befinden und durch entsprechende Übungen „Erlaubnis erhalten", ihren Widerstand körperlich und in Bewegung auszudrücken; und zum anderen auch jenen Kindern von Nutzen sein können, die sich z. Zt. nicht im Widerstand befinden. Letztere können bei entsprechenden Widerstandsübungen Gelegenheit finden, ihr Widerstandspotential zu üben, zu stärken und körperlich zu erfahren, denn die für die therapeutische Situation als Widerstand definierte abwehrende und / oder blockierende Haltung eines Kindes ist auf der anderen Seite häufig zugleich Ausdruck seiner Kraft und Fähigkeit, einem pathologischen Familiensystem und dessen negativen Zuschreibungen, Projektionen und Delegationen zu *widerstehen* (*Metzmacher* 1984a).

Hiermit wird implizit auch eine Dimension des therapeutischen Arbeitens mit Kindern angesprochen, die zumindest hintergründig immer berücksichtigt bleiben sollte, nämlich daß Widerstandsphänomene bei Kindern nicht allein Ausdruck der Angst vor Veränderung, sondern auch Ausdruck der häufig von der Familie unbewußt nicht erteilten *Erlaubnis* von Veränderung sind.

Beispielhaft seien kurz einige Möglichkeiten erwähnt, sozusagen spielerisch mit dem Widerstand von Kindern bewegungstherapeutisch umzugehen:

- Äußert sich der Widerstand z. B. im Weglaufen von Kindern, läßt sich dies leicht zum Gruppenspiel machen (Weglaufen, Fangen, jeweils mit Rollenwechsel).
- Einige Kinder weigern sich mitzumachen, bleiben am Boden hocken. Daraufhin kann die Anleitung kommen: Die Erwachsenen (Therapeuten und ggf. pädagogische Betreuer) versuchen mit ganzer Kraft, die Kinder aus der Ecke herauszubekommen, und die Kinder wehren sich (verschriebener Widerstand). Anschließend Rollenwechsel.
- Oder: einige Kinder sind sehr grenzüberschreitend und nehmen anderen Kindern damit Raum weg. Anleitung: Jeder sucht sich einen anderen aus der Gruppe (oder er wird ihm zugewiesen). Das Spiel, das wir jetzt machen, heißt: Raum klauen. Mit Linien oder Tüchern wird ein etwa 2 bis 3 qm großes Terrain gesteckt. Ein Kind stellt sich hinein und muß es verteidigen. Das andere Kind versucht, den Raum zu erobern. Einige probieren mehrere Möglichkeiten aus, wie sie ihren Raum verteidigen können, andere, wie sie in den Raum hineindringen können. Anschließend Rollenwechsel.

Solche und andere Übungen vermindern häufig den Widerstand, und vor allem machen sie auch Spaß. Im Anschluß daran kann, je nach Übungs- und Prozeßverlauf, mit dem aufgekommenen „Material" weitergearbeitet werden. Bei sehr vehementen Widerstandsformen sind mitunter auch dezidierte und direktive Grenzsetzungen erforderlich, die z. T. auch direkt körperlich ausgetragen werden müssen und dann häufig den Charakter von Kriseninterventionen bekommen, wenn Kinder beispielsweise aggressiv-überschießend reagieren und den Raum stürmen wollen oder mit Materialien und Gegenständen werfen oder schlagen.

10. Indikation

Als multimodales Verfahren mit jeweils unterschiedlichen Zielsetzungen kennt die Integrative Bewegungstherapie bei Kindern zunächst keine Einschränkung bezüglich der Indikation (vgl. *Petzold* 1974, 1985; *Kirchmann* 1979). Neben einer genauen Klärung des Krankheitsbildes ist eine umfassende, differenzierte und psychosoziale Diagnose (*Rahm* 1986) der Persönlichkeitsstruktur erforderlich, damit hinsichtlich Thematik und Zielsetzung, Setting (Einzel-, Kleingruppen- oder Gruppentherapie) und Modalität (funktional-übungszentrierte bzw. stützende, erlebniszentrierte und aufdeckend-konfliktzentrierte Arbeit) eine entsprechende Indikation erfolgen kann.

Die IBT kann für Kinder als besonders geeignet angesehen werden, weil sie auf Grund ihrer spielerischen Elemente gut anspricht. Darüber hinaus entspricht sie auf Grund ihres breiten methodischen, medialen und modalen Spektrums der kindlichen Erlebnis- und Ausdrucksweise.

Neben den unterschiedlichen Zielsetzungen kommen auch die verschiedenen *Aspekte* innerhalb der IBT zum Tragen, die nach *Petzold* und *Berger* (1977, S. 455) wie folgt klassifiziert werden können:

Aspekt	*Zielsetzung*
I. Reparativer Aspekt:	a) Behebung und/oder Minderung von Defiziten und Auswirkungen von Traumatisierungen
	b) Behebung und/oder Minderung von chronifizierten Störungen und Konflikten
	c) Behebung und/oder Minderung von akuten Störungen (Krisen und Konflikten)
II. Konservierender Aspekt:	Erhalten und Stabilisieren von vorhandenen, intakten Fähigkeiten und Fertigkeiten
III. Evolutiver Aspekt:	a) Entwicklung spezifischer Potentiale
	b) Entwicklung der Gesamtpersönlichkeit.

Diese drei *Aspekte* werden methodisch durch die verschiedenen *Modalitäten, Techniken* und *Medien* als Ansätzen des Vorgehens erreicht, die in der Behandlung parallel zum Einsatz kommen können, und zwar abhängig von der jeweiligen Indikation mit unterschiedlicher Gewichtung. Die verschiedenen Ansätze des Vorgehens beziehen sich ebenfalls indikationsspezifisch auf psychagogisch, (heil-)pädagogische und psychotherapeutische Schwerpunkte.

Die Unterscheidung zwischen *Integrativer Bewegungstherapie* und *Integrativer Bewegungserziehung* entspricht damit auch den je nach Indikation im Vordergrund stehenden Aspekten der Arbeit. Diese Unterscheidung ist „daher keine grundsätzliche, sondern eine pragmatische, die sich an der Zielgruppe einerseits und an dem Grad der Tiefung" (vgl. *Petzold* 1974, S. 333) im therapeutisch-pädaogischen Prozeß andererseits orientiert. Gerade in der körperbezogenen Arbeit der Bewegungsverfahren kommen oft auch in ursprünglich „pädagogisch" intendierten Situationen Konstellationen auf, „die von ihrem biographischen Kontext her, von der emotionalen Besetzung und Tiefung als psychotherapeutisch angesprochen werden müssen" (*Petzold, Berger* 1977, S. 454). Von daher gesehen ist für denjenigen, der bewegungstherapeutisch arbeitet, eine entsprechend umfassende psychotherapeutische Ausbildung erforderlich.

Die IBT mit Kindern hat in den letzten Jahren gerade im kinderpsychiatrischen Bereich zunehmend an Bedeutung gewonnen, und zwar nicht zuletzt auf Grund ihrer kind- und altersspezifischen Arbeitsmöglichkeiten. Wir erleben auch im kinder- und jugendpsychiatrischen Bereich eine ständig wachsende Anzahl von frühen Schädigungen, deren spezifische pathogene Dynamik in der vorsprachlichen Entwicklungszeit liegt. Die körper- und bewegungsbezogene Arbeit, die therapeutisch induzierte Erfahrbarmachung des Körpers, der Bewegung, des eigenen Selbst in einem nicht- und vorsprachlichen Bereich macht die IBT zu einer besonders geeigneten Methode der kinderpsychiatrischen bzw. kinderpsychotherapeutischen Behandlung schwer- und frühgestörter Patienten.

Literatur

Ammon, G., Die Rolle des Körpers in der Psychoanalyse, *Integrative Therapie* 2/3 (1975), S. 58-76, erw. in: *Petzold* (1985).

Anzieu, D., Analytisches Psychodrama mit Kindern und Jugendlichen, Junfermann, Paderborn 1984.

Basquin, M. et al., Das Psychodrama als Methode in der Psychoanalyse, Junfermann, Paderborn 1983.

Berger, A., Relaxative Organgymnastik und psychologische Gruppenarbeit im System einer totalen Gymnastik, *Atem und Mensch* 3 (1971) 8-13; 4 (1971) 13-19.

Bernard, M., Der menschliche Körper und seine gesellschaftliche Bedeutung, Bad Homburg 1980.

Brinkmann, A., Treß, U., Bewegungsspiele, Hamburg 1980.

Brooks, Ch., Erleben durch die Sinne, Junfermann, Paderborn 1979.

Brown, G. I., Petzold, H. G., Gefühl und Aktion, Werner Flach, Frankfurt/M. 1978.

Bünte-Ludwig, Ch., Gestalttherapie-Integrative Therapie, in: *Petzold, H. G.* (Hrsg.), Wege zum Menschen, Bd. 1, Junfermann, Paderborn 1984.

Buytendijk, F. J. J., Allgemeine Theorie der menschlichen Haltung und Bewegung, Springer, Berlin / Heidelberg 1956.

Davis, B., Ursprung und Bedeutung des Awarenesskonzeptes in der Gestalttherapie, Grad.-Arb., Fritz Perls Institut, Düsseldorf 1985.

Dürckheim, K. V., Vom Leib, der man ist, in initiatischer und pragmatischer Sicht, in: *Petzold, H. G.* (Hrsg.) 1974.

Frohne, I., Das rhythmische Prinzip, Eres, Lilienthal 1981.

Frostholm, B., Leib und Unbewußtes, Bouvier, Bonn 1978.

Goldstein, K., Der Aufbau des Organismus, Den Haag 1934.

Hausmann, B., Seile als Intermediärobjekte in der Bewegungstherapie psychiatrischer Patienten, Fritz Perls Institut, Düsseldorf 1985 (Mimeo).

Iljine, V. N., Therapeutisches Theater, in: *Petzold* 1972.

Kamper, D., Wulff, C., Die Wiederkehr des Körpers, Frankfurt/M. 1982.

Kirchmann, E., Moderne Verfahren der Bewegungstherapie, Beiheft 2 zur Zeitschrift: *Integrative Therapie*, Paderborn 1979.

Maurer, Y., Bedeutende Psychotherapieformen der Gegenwart, Stuttgart 1985.

Marcel, G., Sein und Haben, Paderborn 1968.

—, Leibliche Begegnung, in: *Kraus, A.*, Leib, Geist, Geschichte, Heidelberg 1978 und *Petzold* (1985).

Merleau-Ponty, M., Phänomenologie der Wahrnehmung, de Gruyter, Berlin 1966.

Metzmacher, B., Gestalttherapie mit Kindern (unveröffentlichte Grad.-Arbeit), Fritz Perls Institut, Düsseldorf 1981.

—, Gestalttherapie bei Kindern und Jugendlichen. Ein integrativer Ansatz, in: *H. Remschmidt* (Hrsg.), Psychotherapie mit Kindern, Jugendlichen und Familien, Stuttgart 1984a, S. 189-195.

—, Ein integratives Behandlungskonzept für eine kinderpsychiatrische Station, unveröffentlichtes Manuskript, Dortmund 1984b.

Middendorf, I., Atem und seine Bedeutung für die Entwicklung und das Heilsein des Menschen, in: *Petzold* (1977).

Naranjo, C., Zentrierung im Jetzt, *Integrative Therapie* 3 (1979).

Oaklander, V., Gestalttherapie mit Kindern und Jugendlichen, Klett, Stuttgart 1981.

Perls, F. S., Gestalt, Wachstum und Integration, Junfermann, Paderborn 1980.

Petzold, H. G., Géragogie-nouvelle approche de l'éducation dans la vieillesse et pour la vieillesse, Paris 1965; dt. in: *Petzold* (1985c).

—, Angewandtes Psychodrama, Junfermann, Paderborn 1972.

—, Das therapeutische Theater als Methode „dramatischer Therapie" in: *Petzold, H. G.*, Gestalttherapie und Psychodrama, Nicol, Kassel 1973.

—, Psychotherapie und Körperdynamik, Junfermann, Paderborn, 1974.

—, Das therapeutische Theater Vladimir Iljines, in: *Gruppendynamik* 6 (1975a), S. 117-126.

—, Psycho-physische Körper- und Bewegungstherapie — eine Literaturübersicht, *Integrative Therapie* 2/3 (1975b), S. 156-175.

—, Die Medien in der Integrativen Pädagogik, in: *Petzold, H., Brown, G. I.*, Gestalt-Pädagogik, Pfeiffer, München 1977a.

—, *Berger, A.*, Integrative Bewegungstherapie und Bewegungspädagogik als Behandlungsverfahren für psychiatrische Patienten, in: *Petzold, H. G.* (Hrsg.), Die neuen Körpertherapien, Junfermann, Paderborn 1977b.

—, Gegen den Mißbrauch von Körpertherapie, in: *Petzold, H. G.* (1977b).

—, Integrative Körper- und Bewegungserziehung, in: *Brown, Petzold* (1978).

—, Psychotherapie und Körperdynamik, Junfermann, Paderborn 1974, 3. Aufl. 1979.

—, Die Rolle des Therapeuten und die therapeutische Beziehung in der integrativen Therapie, in: *Petzold, H. G.* (Hrsg.), Die Rolle des Therapeuten und die therapeutische Beziehung, Junfermann, Paderborn 1980.

—, *Mathias, U.*, Rollenentwicklung und Identität, Junfermann, Paderborn 1983a.

—, *Schneewind, U.*, Die Rolle der Gruppe in der integrativen Gestalttherapie, Fritz Perls Institut, Düsseldorf 1983b; in *Petzold, Frühmann* (1986) Bd. I.

Petzold, H. G., Puppen und Großpuppen als Medien in der Integrativen Therapie, in: *Petzold, H. G.* (Hrsg.), Puppen und Puppenspiel in der Psychotherapie, Pfeiffer, München 1983c.

Petzold, H. G., Metzmacher, B., Kreative Medien, Awareness-Training und Interaktionsspiele in der integrativen Gestalttherapie mit Kindern und Jugendlichen, in: *Kreuzer, K. J.* (Hrsg.), Handbuch der Spielpädagogik Bd. IV, Düsseldorf 1984a.

Petzold, H., Epe, C., Das Spiel und seine Bedeutung für die stationäre Langzeittherapie mit alkohol- und drogenabhängigen Jugendlichen, in: *Kreuzer* (op.cit.) 1984b.

Petzold, H. G., Maurer, Y., Integrative Gestaltpsychotherapie, in: *Maurer* (1985).

—, Vorüberlegungen und Konzepte zu einer integrativen Persönlichkeitstheorie, *Integrative Therapie* 1/2 (1984d).

—, Leiblichkeit, Junfermann, Paderborn 1985.

—, Moderne Verfahren der Bewegungs- und Leibtherapie, in: *Petzold* (1985) 1985a.

—, Zur Ausbildung von dynamisch orientierten Leib- und Bewegungstherapeuten, (1985) in: *Petzold* (1985).

—, Mit alten Menschen arbeiten, Pfeiffer, München 1985c.

—, Bewegung ist Leben, 1985d, in: *Petzold* (1985c).

Petzold, H. G., Orth, I., Poesie und Therapie. Über die Heilkraft der Sprache, Junfermann, Paderborn 1985c.

Petzold, H. G., Frühmann, R., Modelle der Gruppe, Junfermann, Paderborn 1986, 2 Bde.
—, (Hrsg.), Schwerpunktheft Hermeneutik, *Integrative Therapie* Jg. 1987/88 (in Vorber.)
Rahm, D., Gestaltberatung, 4. überarb. und erw. Aufl., Junfermann, Paderborn 1986.
Rojas-Bermúdez, J., Puppen als Intermediärobjekte, in: *Petzold* 1983c.
Schneider, K., Widerstand in der Gestalttherapie, in: *Petzold, H. G.* (Hrsg.), Widerstand. Ein strittiges Konzept in der Psychotherapie, Junfermann, Paderborn 1981.
Schneewind, U., Kuchenbecker, A., Familientherapie. Zum Einsatz von Methoden aus der Integrativen Therapie in der analytisch-systemischen Familientherapie, in: *H. Remschmidt* (Hrsg.), Psychotherapie mit Kindern, Jugendlichen und Familien, Stuttgart 1984 (S. 149-154).
Signer-Brandau, D., Gestalttherapie als imaginatives Verfahren, in: *Singer, J., Pope, K.* (Hrsg.), Imaginative Verfahren in der Psychotherapie, Junfermann, Paderborn 1986.
Sheleen, L., Maitrise Corporelle und menschliche Beziehungen, in: *Petzold, H. G.* (1974).
Sebastian, M., Kleinschmidt, U., Konzept zur Integrativen Bewegungstherapie in einer Kinder- und Jugendpsychiatrie, unveröffentl. Manuskript, Dortmund 1984.
Stevens, J. O., Die Kunst der Wahrnehmung, Kaiser, München 1975.
Stolze, H., Bewegungserlebnis als Selbst-Erfahrung, in: Die menschliche Bewegung, Human movement, Schriftenreihe des Bundesinstituts für Sportwissenschaft, Bd. 7, 1975.
Ullmann, R., Integrative Bewegungstherapie, in: *Maurer, Y.* (Hrsg.), Bedeutende Psychotherapieformen der Gegenwart, Stuttgart 1985.
Weizsäcker, V. v., Der Gestaltkreis, Klett, Stuttgart 1947.
Winnicott, D. W., Die Lokalisierung des kulturellen Lebens, *Psyche* XXIV (1970).
—, Übergangsobjekte und Übergangsphänomene, in: ders.: Von der Kinderheilkunde zur Psychoanalyse, Pfeiffer, München 1976.

Psychodramatische Kindertherapie mittels Puppen

Heika Straub, Stuttgart

Psychotherapeuten verschiedener methodischer Richtungen betrachten Puppen als ein wirkungsvolles Instrument der Kindertherapie, weil Kinder im Spiel mit Puppen ihre eigene Erlebniswelt zum Ausdruck bringen und Probleme und Konflikte bearbeiten können. Für Psychodramatiker ist es besonders naheliegend, bei Einzel- und Gruppenpsychotherapien, vor allem aber bei der Behandlung von Kindern, Puppen zu verwenden (womit hier übrigens alle Spielzeugfiguren gemeint sind, welche die Möglichkeit bieten, sich mit ihnen zu identifizieren und sie im Spiel handeln zu lassen), da diese ein therapeutisches Mittel sind, das sich nahtlos in die Theorie und Praxis des Psychodramas einfügt. Ich will versuchen, das im folgenden zu verdeutlichen. Dem Thema gemäß beziehe ich mich dabei ausschließlich auf den Bereich der Kinderpsychotherapie.

Alle Kinder, bei denen aufgrund von schweren seelischen Konflikten oder Belastungen Verhaltensauffälligkeiten (wie z. B. Mutismus oder häufige Angstzustände) oder körperliche Symptome ohne pathologischen Befund (z. B. anhaltende Kopfschmerzen oder nächtliches Einnässen) auftreten, haben eines gemeinsam: Ihr Gefühlsleben und ihre Handlungsfähigkeit sind wegen ihrer Symptome und deren Ursachen (auch wenn ihnen diese gar nicht oder nur zum Teil bewußt sind) eingeengt. Das heißt, sie können aus gewissen, sie meist selbst stark bedrückenden Reaktions- und Erlebnisweisen, nicht herausfinden. Psychodrama-Therapie zielt daher unter anderem immer darauf ab, das Gefühlsleben und die Verhaltensvariabilität der Patienten durch spontane Rollenspiele zu entfalten. Bei Kindern im Alter von etwa 4 bis etwa 12 Jahren gelingt es häufig am besten mit Hilfe von Puppen, die sie behindernden seelischen Barrieren zu lockern und allmählich abzubauen.

Hierzu gleich ein Beispiel (aus der Zeit meiner Tätigkeit an der städtischen Kinderklinik in Stuttgart):

Ein knapp elfjähriges Mädchen ist wegen psychogener Magersucht auf der psychotherapeutischen Station aufgenommen worden. Inge ist sehr verschlossen, von sich aus nimmt sie weder zu den anderen Kindern noch zum Klinikpersonal Kontakt auf. Obwohl manches darauf hindeutet, daß die Beziehung zwischen ihr und ihren Eltern schwer gestört ist, sagt sie (wie übrigens die Eltern auch), daß es daheim keine Probleme gebe. Nur wegen der Schule rege sie sich oft auf. Sie sei jetzt das erste Jahr im Gymnasium und fürchte, ihren Platz als Klassenbeste dort vielleicht nicht halten zu können. In der Grundschule sei sie immer Klassenbeste gewesen.

Da auffällt, daß Inge jedesmal, nachdem die Eltern sie besucht hatten, jegliche Nahrungsaufnahme verweigert und sich noch unzugänglicher zeigt als zuvor, werden die Eltern, als das Kind zehn Tage in der Klinik ist, gebeten, ihre Besuche vorläufig einzustellen. Als Inge nachmittags darüber informiert wird, bricht sie in Tränen aus und wirkt völlig verzweifelt. Alle Versuche, sie zu beruhigen und zu trösten, schlagen zunächst fehl. Weinend wirft sie uns (der Stationsärztin, den Schwestern und mir) vor, wir verstünden sie nicht und dächten und redeten schlecht von ihr. Am Abend schreibt sie einen Brief an ihre Eltern, den sie schließlich der Nachtschwester, nachdem diese lange an Inges Bett gessen und ihr tröstend zugesprochen hatte, aushändigt, damit sie ihn vernichte. Der Brief hat folgenden Anfang: „Hunderttausendfach geliebte Eltern! Das kann ich nicht aushalten, daß ihr mich besuchen kommt. (Ich will ja nicht hoffen, daß ihr mich überhaupt nicht besuchen wollt). Habe mich entschlossen, Selbstmord, aus dem Fenster zu spr ingen." Obwohl Inge in dem Brief mehrere sorgfältige Korrekturn anbrachte, ist ihr entgangen, daß sie im ersten Satz das entscheidende Wort ausgelassen hat, denn der Satz hätte ja nur Sinn, wenn er hieße: „Das kann ich nicht aushalten, daß ihr mich *nicht* besuchen kommt."

Nach der Aushändigung des Briefes an die Nachtschwester wird das Kind ruhiger, schläft ein und nimmt erstmals am nächsten Morgen unaufgefordert sein Frühstück zu sich und trinkt auch große Mengen. Ich lade sie ein, ins Therapiezimmer zu kommen, und obwohl sie sich mir gegenüber noch recht abweisend verhält, zeigt sie sich an dem bereitgestellten Spielmaterial (Puppenfiguren sind dabei vorherrschend) nicht uninteressiert. Besonders die Puppen des Sceno-Tests scheinen ihr zu gefallen. Auf den Vorschlag, sich welche auszusuchen, mit denen wir dann zusammen spielen könnten, geht sie ein. Sie wählt zwei Mädchenpuppen aus und gibt ihnen die Namen Marika und Kathrinchen. Sie entscheidet sich dafür, mit Marika zu spielen und übergibt mir Kathrinchen. Auf eine weitere Frage von mir erklärt sie, die beiden sollten sich auf dem Spielplatz treffen, aber wie es dann weitergehen könnte, wisse sie nicht.
Ich bitte sie, einen kleinen Spielplatz aufzubauen, was sie auch tut. Ich lasse Kathrinchen dort auftauchen. Dann kommt auch Marika, die von Kathrinchen freudig begrüßt wird. Marika fragt, ob Kathrinchen schon länger auf dem Spielplatz sei, was Kathrinchen bejaht und hinzufügt, sie werde auch noch lange bleiben. Sie wolle am liebsten gar nicht mehr nach Hause gehen. Was denn passiert sei, will Marika wissen. Kathrinchen erklärt, sie sei wütend auf ihre Mutter. Sie gebe sich große Mühe in der Schule und sei eine gute Schülerin. Nun habe sie in einem schweren Diktat ein paar Fehler gemacht, und da habe ihre Mutter sie gleich fürchterlich ausgeschimpft. Das fände sie ungerecht, darum wolle sie gar nicht mehr nach Hause, sondern am liebsten fortlaufen. Marika entgegnet, Kathrinchen solle ihrer Mutter nicht solchen Kummer machen, denn die meine es doch sicher gut mit ihr, und darum solle Kathrinchen bald wieder nach Hause zurückkehren. Kathrinchen lehnt das ab. Daraufhin erklärt Marika, sie ihrerseits müsse jetzt jedenfalls gehen, es sei ja schon Abend.

Inge läßt Marika vom Spielplatz verschwinden. Ich frage sie, ob sie für kurze Zeit Kathrinchen spielen könne, ich wolle noch eine andere Puppe dazuholen. Inge ist einverstanden. Ich lasse nun die Großmutterpuppe aus dem Sceno-Test den Spielplatz betreten und sich erkundigen, was Kathrinchen hier so spät noch mache. Kathrinchen (jetzt Inge) beklagt sich noch einmal zornig und tief gekränkt über das ungerechte Verhalten ihrer Mutter. Die Großmutter bietet Kathrinchen an, mit ihr nach Hause zu gehen und mit der Mutter zu sprechen. Kathrinchen stimmt mit erleichtertem Aufseufzen dem Vorschlag zu. Ende. (In der Rolle von Kathrinchen hatte ich das Thema „Schule" aufgegriffen, weil Inge, wie erwähnt, über Schulängste berichtet hatte.)

In beiden Rollen, die sie innehatte, nahm Inge, trotz ihres körperlich schwer reduzierten Zustandes, lebhaften Anteil an dem Spiel und sagte, sie wolle gerne wieder zum Spielen kommen.

Am nächsten Tag findet eine Therapiestunde mit mehreren Kindern statt, denen Inge sich anschließt. In dieser Stunde wird mit Handpuppen gespielt. Das heißt, ich spiele jeweils mit einem Kind das von diesem erfundene Stück auf einer Puppentheaterbühene, während die anderen Kinder zuschauen. Das Kind, welches spielen will, sucht sich vorher aus einem großen Angebot die Figuren aus, die es auftreten lassen möchte und entscheidet, mit welchen es selbst spielen will und welche ich übernehmen soll. Gewöhnlich spiele ich in einer Sitzung mit zwei bis drei Kindern nacheinander. Zur Therapiegruppe gehören in der Regel sechs Kinder, und da ich in der Woche drei Gruppensitzungen mache, ist gewährleistet, daß jedes Kind pro Woche mindestens einmal Gelegenheit hat, durch die Puppen seine Erlebniswelt, seine Bedürfnisse, seine Probleme zum Ausdruck zu bringen. (Dies geschieht einerseits mit Hilfe der Puppen, andererseits durch Anwendung spezieller psychodramatischer Techniken, worauf ich später noch eingehen werde.)

Zunächst aber zurück zu Inges erster Teilnahme an einer Therapiesitzung, bei der einige Kinder mit Handpuppen, therapeutisch unterstützt, selbsterfundene Szenen gestalteten. Gegen Ende der Sitzung frage ich Inge, ob sie auch spielen wolle, was sie verneint. Ob ihr einige der Handpuppen besonders gefielen, frage ich weiter. Ja, die Indianerpuppe. Ob sie eventuell bei einer anderen Sitzung damit spielen wolle? Ja, vielleicht. Sollen dann noch andere Puppen in dem Spiel auftreten? Keine, sagt Inge, der Indianer lebe ganz allein im Urwald, Eltern habe er nicht mehr. Wie das für ihn sei, erkundige ich mich, schwierig, oder komme er gut zurecht? Das Alleinsein mache dem Indianer nichts aus, erklärt Inge, denn da könne er tun, was er wolle.

Diese beiden Sitzungen mit Inge hatten vor allem den Zweck, das Kind zu weiteren Aktivitäten anzuwärmen. Psychodrama-Therapeuten haben realistischerweise nicht die Erwartung, daß Patienten, seien es nun Erwachsene oder Kinder, ohne weiteres zu improvisierten Rollenspielen in der Lage sind, um dadurch ihre psychischen Möglichkeiten und ihre Handlungsfähigkeit zu entfalten und sich auf dieser Basis mit ihren Problemen und Konflikten auseinanderzusetzen. Darum wird dem Anwärmen in der Psychodrama-Therapie große Bedeutung zugemessen. In der Regel erfolgt dieses Anwärmen durch spielerische Aktionen, die der Therapeut vorschlägt und bei denen er unterstützend mitwirkt, um folgendes zu bewirken:

(1) die Reduzierung der Erwartungsängste der Patienten in bezug auf die ihnen bis dato unbekannte psychotherapeutische Situation,
(2) das ansatzweise Bekanntmachen der Patienten mit dem methodischen Vorgehen,
(3) soll die spielerische Aktivität die Patienten anregen, spontan ihre Erlebniswelt zum Ausdruck zu bringen.

(4) indem der Patient auf diese Weise anfängt, zu sich selbst zu finden, sich selbst zu begegnen, findet gleichzeitig eine Begegnung zwischen ihm und dem Therapeuten statt, der dem Patienten schon in der Phase des „warming up" zu vermitteln versucht, daß er alles, was der Patient zum Ausdruck bringt, annimmt.

Zum Verhalten des Psychodrama-Therapeuten hier gleich noch eine Anmerkung. Er macht zwar Vorschläge, wie in einer Sitzung vorgegangen werden könnte und zuweilen, wie z. B. in der Kindertherapie mittels Puppen, bietet er dazu bestimmte Materialien an, doch dient dies alles nur dazu, dem Patienten in der therapeutischen Situation Orientierung zu verschaffen. Was der Psychodrama-Therapeut darüber hinaus noch tut, ist stets und vor allem darauf gerichtet, dem Patienten dabei behilflich zu sein, den für ihn gangbaren Weg zur Lösung seiner Probleme und Konflikte zu finden.

Vor allem junge Kinder können ihre Probleme oft weder benennen noch reflektieren. Und bei vielen älteren Kindern besteht, ebenso wie bei erwachsenen Patienten, auch wenn ihre kognitiven Fähigkeiten gut entwickelt sind (wie das auch auf Inge zutraf), eine massive Abwehr in bezug auf die Wahrnehmung der sie krankmachenden Probleme.

Bei diesen Kindern ist es, meiner Erfahrung nach, unerläßlich, sie in der (am Beispiel Inge) skizzierten Weise anzuwärmen, damit sie sich auf den psychotherapeutischen Prozeß einlassen können. Jüngere Kinder sind meist von den angebotenen Puppenfiguren und der Anregung, damit zusammen mit dem Therapeuten zu spielen, so fasziniert, daß dies allein schon einen Anwärmungseffekt hat. Der wirkt sich so aus, daß diese Kinder rasch bereit sind zu spielen, wobei sie dann spontan einbringen, was sie bewegt.

Bei Inge war das, wie beschrieben, nicht so. Im ersten Spiel überließ sie die inhaltliche Gestaltung weitgehend der Therapeutin, und in der zweiten Sitzung lehnte sie es ab zu spielen, gab aber auf Befragen an, wie sie sich in Grundzügen den Inhalt eines Spieles mit einer bestimmten Puppe vorstellen könne. In ihrer dritten Therapiestunde, die auf ihren Wunsch wieder in der Gruppe stattfand, war Inge dann von sich aus bereit zu spielen. Damit war die *Anwärmphase* beendet und die *Phase der Problembearbeitung* begann.

Ich bleibe beim Beispielfall Inge, um typische Merkmale dieser Phase sowie Psychodrama-Techniken, die sie befördern können, zu beschreiben.

Inge wählt für ihr erstes Spiel mit Handpuppen die Königin, die Hexe, die Prinzessin und Kaspar aus. (Die Indianerpuppe, an der sie in der vorhergehenden Sitzung Interesse zeigte, läßt sie unbeachtet. Die Therapeutin stellt diesbezüglich keine Frage, getreu der

Maxime, sich auf das, was im Kind selbst gerade vorgeht, einzustellen.) In einem kurzen Vorgespräch, das dazu dient, die Beziehung zwischen den Puppenfiguren zu klären, sagt Inge, die Königin und die Hexe seien befreundet; die Prinzessin sei die Tochter der Königin, die aber diese Tochter nicht möge. Kaspar sei der einzige Freund der Prinzessin.

Diese von Inge gegebenen Anhaltspunkte genügen, um mit der dramatischen Darstellung zu beginnen, deren Verlauf also nicht vorher festgelegt, sondern improvisiert wird. Inge entscheidet lediglich noch, daß sie die Königin und die Hexe spielen wolle, die Therapeutin solle die Prinzessin und Kaspar darstellen.

Ohne zu zögern, läßt Inge dann die Königin auftreten und verkünden, daß sie über alles herrsche, daß alle ihr zu gehorchen hätten, daß sie die Mächtigste sei. Nach dieser Kundgebung schweigt sie, und in der eingetretenen Pause sagt die Therapeutin, mit Blick auf die Königin: „Und ich, die Köningin, genieße meine Macht!" Die Königin (Inge) fährt fort: „Ja, es ist toll, Königin zu sein!" Die Therapeutin, wie vorher mit Blick auf die Puppe, ergänzt: „Und da soll mir niemand in die Quere kommen, niemand, auch die Prinzessin nicht." „Ha!", schreit die Königin, „Die bildet sich ein, sie könnte auch herrschen, aber das gibt es nicht!" Die Therapeutin, wie vorher die Intentionen der Königin verstärkend: „Auf einmal will die auch was zu sagen haben, will mir nicht mehr gehorchen, was mache ich dann da?" Die Königin (Inge): „Sie muß sterben, wenn sie nicht gehorchen will!"

Zum bisherigen Verlauf der Szene einige Anmerkungen. Inges Gefühle, Bedürfnisse und Gedanken in der Rolle der Königin wurden durch die psychodramatische Technik des Doppelns unterstützt und herausgearbeitet. Beim Doppeln versucht der Therapeut, durch Einfühlung in den Patienten mit diesem in ein inneres Zwiegespräch zu kommen, d. h., er tritt sozusagen von innen, nicht von außen (als Gegenüber) an ihn heran. Das Ziel ist, dem Patienten zu helfen, wahrzunehmen, zu erleben und zu äußern, was in ihm vorgeht. In der Psychodrama-Therapie mit Puppen wendet sich das Doppel an die Puppe bzw. an die vom Kind belebte Spielzeugfigur, durch die es sein Erleben ausdrückt. Dies geschieht nicht auf der Realitätsebene, sondern auf der symbolischen Ebene des mit Puppen improvisierten Rollenspiels, auf welcher dennoch die Realität, wenn auch durch die Phantasie verkleidet, zur Darstellung gelangt. Das Kind bringt in der Regel das Tun der von ihm belebten Puppe nicht in unmittelbaren Zusammenhang mit sich selbst. Gerade das wirkt sich psychotherapeutisch vorteilhaft aus, denn das Kind kann einerseits aus dem Bewußtsein verdrängte, gestaute Affekte und Bedürfnisse durch die Puppe ausleben, bleibt aber dabei andererseits vor Loyalitätskonflikten und Ängsten bewahrt, die auftreten könnten, wenn es in der Therapie direkt mit den Beziehungsproblemen konfrontiert werden würde, welche seine Realsituation kennzeichnen.

Schließlich ist ja bei der Mehrzahl psychotherapiebedürftiger Kinder eine gestörte Eltern-Kind-Beziehung die eigentliche Ursache ihrer Leiden, und nicht wenige dieser Kinder erleben durchaus bewußt gegen die Eltern gerichtete Haßgefühle, die sie mit aller Anstrengung zu unterdrücken versuchen, damit sie nicht nach außen dringen und ihnen noch mehr Liebesverlust eintragen. Abgesehen davon sind die Gefühle dieser Kinder in bezug auf ihre Eltern meist ambivalent, d. h. die Eltern (oder ein Elternteil) werden nicht nur gehaßt, sondern ebenso geliebt. Deswegen erlebt das Kind seine Haßgefühle als böse und unloyal und versucht, sie zu verbergen. Aus diesen Gründen ist es gewöhnlich äußerst schwierig, wenn nicht unmöglich, im Gespräch mit dem Kind über seine Konfliktbeziehungen und Probleme Aufschluß zu gewinnen. Doch auf indirektem Weg, indem das Kind die Puppen stellvertretend für sich sprechen und handeln läßt, gelingt dies meist, vor allem, wenn der Therapeut dabei als Doppel fungiert, bezogen auf die Puppe und nicht auf das Kind. (Hätte ich im Spiel z. B. zu Inge und nicht zu der Königinpuppe gesagt: „Ja, es ist ein Genuß zu herrschen, die Mächtigste zu sein", hätte ich erstens Inges Spiel mit der Puppe unterbrochen, und zweitens wäre in Inge vermutlich die Frage aufgetaucht, ob *sie* es denn womöglich sei, die die Mächtigste sein wolle, und ob sie einen solchen Wunsch überhaupt *haben dürfe.* Mit der spontanen Äußerung ihrer Psychodynamik wäre es dann vermutlich vorbei gewesen.) Indem der Therapeut die Puppe doppelt, fördert er die unbewußten, vorbewußten oder teilbewußten Intentionen und Bedürfnisse des Kindes zutage und hilft ihm, fühlen zu dürfen, wie es fühlt,hilft ihm also, seine Eigenpersönlichkeit zu finden und zu entwickeln. Deswegen sollte der Therapeut auch Warum-Fragen an die Puppe vermeiden (wie etwa: „Warum will ich, die Königin, über alle herrschen und die Mächtigste sein?"). Solche Warum-Fragen unterbrechen gleichfalls den dynamischen Fluß des Spiels; sie fordern das Kind auf, sein Tun mit der Puppe bewußt zu reflektieren und hemmen seine Spontaneität und Kreativität und damit seine Problemlösungsfähigkeit. Das aber würde der Theorie des Psychodramas total widersprechen, der zufolge die Entwicklung des in uns angelegten kreativen Potentials von größter Bedeutung ist, damit wir Probleme, vor die wir uns gestellt sehen, mit schöpferischer Phantasie, verbunden mit realistischer Einsicht in Zusammenhänge, lösen können.

Weitere Kernstücke der psychodramatischen Theorie, die in den bisherigen Ausführungen gestreift wurden, möchte ich an dieser Stelle deutlich hervorheben. Erstens die Tatsache, daß wir, indem wir konkret handeln, nicht nur verbal, zu vertieften Erfahrungen gelangen und einprägsam lernen; zweitens, daß unsere Erfahrung über uns selbst, also unser Selbstbild, sich ausschließlich durch Begegnungen, durch Interaktion und Kommunikation mit anderen formt.

Nach diesem Hinweis auf Grundpfeiler der psychodramatischen Theorie zurück zu unserem Beispielfall und zu der Frage, was sich aus Inges psychodramatischen Spielen mit Puppen über ihre innere Erlebniswelt und über ihre reale Beziehungssituation entnehmen ließ.

Inges erstes Spiel mit Handpuppen lief, kurz gefaßt, folgendermaßen weiter: Die Königin (Inge) ruft die Hexe (auch Inge) und verabredet mit ihr, sie solle die Prinzessin (dargestellt von der Therapeutin) weit fortzaubern und bewegungsunfähig machen, bis sie dann, vollkommen hilflos, schließlich stürbe. Die Prinzessin (Ther.) wird also an einen einsamen, schwer zugänglichen Ort gezaubert. Kaspar (Ther.), der seine Freundin nirgendwo im Schloß findet, begibt sich auf die Suche nach ihr. (Inge wird vorher, denn das Spiel soll ja ihren Einfällen folgen, von der Therapeutin gefragt, ob Kaspar die Suche aufnehmen solle, und ob er eventuell gegen die Hexe etwas ausrichten könne, was beides von Inge bejaht wird.) Kaspar entdeckt auf seiner Suche die Prinzessin in einem Wald, wo auch die Hexe haust. Es gelingt ihm, dieser den Zauberstab zu entwenden und die Prinzessin damit zu befreien. Die Königin ist sehr wütend, als sie das erfährt. Das Stück endet damit, daß sie schreit, sie bleibe doch die Mächtigste.

Vier Wochen lang, in denen sie noch sechsmal spielte, erfand Inge Variationen zu diesem Thema. Immer wollten in den von ihr gestalteten Szenen herrschsüchtige, lieblose Frauen sich Kinder, mit denen sie zu tun hatten, vollständig unterordnen, sie versklaven. Fast ausschließlich hatte Inge dabei die Rolle der bösen Mutterfiguren inne. Spontan teilte sie mit, daß es ihr das größte Vergnügen bereite, diese Rollen zu spielen.

Die Interpretation liegt nahe, daß Inge (die von ihren Eltern als sehr braves, gewissenhaftes Kind geschildert worden war) die Mutter als übermächtig und unterdrückend erlebte. Im Spiel mit den Puppen brach Inges Bedürfnis, endlich einmal selbst die Macht zu besitzen, andere zur Unterwerfung zu zwingen, durch. Sie bemächtigte sich sozusagen der Mutter, indem sie sich mit ihr identifizierte. Infolge der Identifikation blieb sie aber von der Mutter innerlich so abhängig, daß sie, wenn sie im Spiel die Rolle eines der unterdrückten Kinder annahm, es zunächst nicht wagte, sich gegen die übermächtigten Mutterfiguren aufzulehnen.

Das änderte sich dann in Inges achtem Spiel mit den Handpuppen, zu welchem sie für sich das Krokodil auswählte, von dem sie sagte, es sei sehr lieb und befreundet mit Kaspar (auch Inge) und Gretel (Ther.). Kaspar und Gretel werden von der Hexe (auf Inges Wunsch diesmal von der Ther. gespielt) schlecht behandelt. Deswegen beschließt Kaspar, fortzulaufen und das Krokodil um Hilfe zu bitten. Das Krokodil lauert der Hexe auf und ruft dabei dreimal mit lauter Stimme: „Rache ist süß!". Dann tötet es die Hexe.

Es ist anzunehmen, daß Inge in den Rollen der übermächtigen Mutterfiguren allmählich zu spüren begann, daß sie selbst stark ist und sich gegen Unterdrückung wehren kann. Im Spiel mit den Puppen haben sich ihre eigenen Möglichkeiten entfaltet, darum wagt sie es jetzt, als Krokodil gegen die Hexenmutter zum Kampf anzutreten.

In fast allen Rollen, die Inge bisher übernahm, hat sie aufgestaute Aggressionen entladen. Infolge dieser Katharsis braucht sie ihre Aggressionen nun nicht mehr angstvoll abzuwehren, zumal sie in den Therapiestunden erfahren hat, daß alles, was sie äußert, akzeptiert und in den Puppenspielen unterstützt wird.

Dazu ist noch zu sagen, daß der Therapeut nicht nur als *Doppel,* sondern auch in anderen Rollen, die er im Zusammenspiel mit dem Kind übernimmt, als dessen *Hilfs-Ich* fungiert, gewissermaßen als Persönlichkeitsanteil des Kindes; denn auch in Partnerrollen, mittels der von ihm übernommenen Puppen, folgt er den Intentionen des Kindes.

Dabei soll er jedoch unbedingt die ihm übertragenen Rollen im Detail spontan und kreativ ausschmücken, um auch seinerseits das psychodramatische Spiel in Gang zu halten. Aber er muß vermeiden, dem Kind eine Spielhandlung aufzudrängen, die im wesentlichen auf seinen Ideen basiert. Dazu gehören auch Lösungsversuche, die ihm für das Kind nutzbringend erscheinen mögen, aber nicht von diesem ausgehen. Nur ein Problemlösungsversuch, der von dem Kind selbst kommt, kann den therapeutischen Prozeß wirklich befördern. Damit das Kind nicht überfordert wird, sondern einen Erfolg erlebt und so ein positives Selbstbild und Selbstvertrauen gewinnen kann (woran es allen psychotherapiebedürftigen Kindern mangelt), werden die Spielszenen stets auch an der Stelle beendet, an der das Kind selbst einen vorläufigen Schlußpunkt setzt. (Inge bleibt z. B. als Königin in ihrem ersten Handpuppenspiel am Ende ausdrücklich die Mächtigste, auch wenn sie im Spiel dafür war, daß die Prinzessin wieder entzaubert wurde). Das Kind wird auch im Spiel nur dann wagen, zu fühlen und auszudrücken, was wirklich in ihm vorgeht, wenn es keine Korrekturversuche von seiten des Therapeuten wittert, die beispielsweise auch darin bestehen könnten, daß er ein „moralischeres" Ende der Spielszene anpeilt. (Das wäre der Fall gewesen, wenn etwa Kaspar in der obenerwähnten Szene erwidert hätte: „Du denkst, du bist noch immer die Mächtigste, aber ich werde aufpassen, daß du nichts Böses mehr tun kannst!")

Andererseits ist es wichtig, daß der Therapeut in den Rollen, die er innehat, Anregungen zum Verlauf des Spiels einstreut, wenn er spürt, daß diese Anregungen dem Erleben und den Bedürfnissen des Kindes entsprechen; und in der Regel wird das Kind, nur wenn dies der Fall ist, die vom Therapeuten kommenden Anregungen aufgreifen. So kann der Therapeut z. B. gelegentlich von sich aus eine weitere Figur in das Spiel einführen und das Kind bitten, die Rolle der Puppe zu übernehmen, mit der er bisher agierte. (Dies geschah, wie erwähnt, im allerersten Spiel mit Inge, die den ihr angebotenen Rollentausch ohne weiteres vollziehen konnte und sich — als Kathrinchen — gekränkt und enttäuscht über die Mutter zu äußern vermochte, was sie vorher — als Marika — nicht getan hatte.)

Mit der psychodramatischen Technik des Rollentauschs kann also das Kind dazu angeregt werden, aus starren, fest eingefahrenen Reaktionsmustern herauszufinden und eventuell neue Wege zu Problemlösungen zu entdecken. Auch beim Doppeln können natürlich Anregungen seitens des Therapeuten erfolgen, von denen er aber sofort Abstand nehmen muß, wenn er spürt, daß das Kind sie nicht aufgreifen kann oder will.

Wird das psychodramatische Puppenspiel in Einzelsitzungen durchgeführt, dann dienen vor allem das Doppeln sowie der Rollentausch dazu, die Konfliktbearbeitung, die das Kind mit Hilfe der Puppen aktiv und auf der symbolischen Ebene vollzieht, zusätzlich zu fördern. Bei Sitzungen mit mehreren Kindern wirken sich darüber hinaus oft noch die Anregungen, welche die zuschauenden Kinder durch Zwischenrufe beisteuern, förderlich aus. Das Kind, das gerade dabei ist, sein Psychodrama im Puppenspiel zu gestalten, erlebt durch die Zwischenrufe der Zuschauer erstens deren Anteilnahme (und auch dadurch Bestätigung und Erfolg), zweitens erfährt es, daß es noch andere Handlungsmöglichkeiten gibt als die, die ihm selbst einfallen. Die erlebnis- und handlungserweiternde Wirkung der Gruppe kommt hier zum Zuge, ein Aspekt, der für die Psychodrama-Therapie von großer Bedeutung ist, nicht nur in der Kinderbehandlung mittels Puppen.

Übrigens finden bei dieser Psychotherapieform gegenüber dem Kind weder während noch nach den Szenen, die es erfunden hat, Deutungen oder Interpretationen statt. Manchmal wird älteren Kindern nach und nach bewußt, daß zwischen ihren Spielen mit den Puppen und ihrer realen Lebenssituation Zusammenhänge bestehen. Dann werden sie anfangen, darüber zu sprechen, ohne daß Deutungen dazu den Anstoß geben müssen.

Wird auf die bisher beschriebene Weise vorgegangen, dann führt dies in der Regel zu deutlichen positiven Veränderungen. Die Kinder lockern auf und werden kreativer; sie erfinden neue Inhalte für ihre Spiele mit den Puppen, Inhalte, die einen Zuwachs an innerer Sicherheit und Fortschritte in der Bearbeitung ihrer Probleme erkennen lassen, was meist davon begleitet ist, daß ihre Symptome sich verringern oder gänzlich verschwinden.

So war das auch bei Inge. Sie war meist ausgeglichener Stimmung, aß mit Appetit und hatte guten Kontakt zu den anderen Kindern und zu dem Klinikpersonal. Nachdem sie im Spiel in die Auseinandersetzung mit der unterdrückenden Mutter eingetreten war (und auch dieses Thema in mehreren Sitzungen und in verschiedenen Variationen bearbeitet hatte), begann sie von sich aus, mit mir über ihre gestörte Beziehung zu ihren Eltern, besonders zur Mutter, zu sprechen. Das geschah außerhalb der Gruppensitzungen, denn zwischendurch, in größeren Abständen, fanden noch Einzelsitzungen mit ihr statt, bei denen wir in ähnlicher Weise, wie in der allerersten Sitzung, zusammenspielten. Übrigens kamen bei diesen Spielen, wie auch bei Inges Handpuppenspielen in der Gruppe, gelegentlich Vaterfiguren vor, die sich zwar nicht gegen die Kinder stellten, sich gegenüber den Mutterfiguren aber nie durchsetzen konnten. (Ein Kommentar dürfte überflüssig sein.) In den Einzelsitzungen berichtete Inge, die Mutter sei nur zufrieden mit ihr, wenn sie in der Schule Glanzleistungen vollbringe. Schon in der Grundschule habe die Mutter sie ausgeschimpft, wenn sie nur ein „Gut" und nicht ein "Sehr gut" für eine Arbeit bekommen habe. (Alle Angaben von Inge wurden von der Mutter später bestätigt.) Seit sie im Gymnasium sei, könne sie es der Mutter überhaupt nicht mehr recht machen. Im Gymnasium sei es natürlich schwerer als in der Grundschule, und deshalb habe sie große Angst zu versagen und lerne sehr viel. „Und wenn ich soviel lerne, dann sagt sie, ich lerne viel zu viel. Ich soll doch mal aufhören. Aber das kann ich nicht, sonst kriege ich noch mehr Angst."

Andererseits mache die Mutter ihr, wenn sie bei einer Klassenarbeit Fehler gemacht habe, Vorwürfe. Sie sage dann: „Du bemühst dich wohl nicht genug?" Wenn sie viel lerne, sei die Mutter dagegen, und wenn sie sich nicht dauernd bemühe, sei die Mutter auch dagegen. Was sie denn nur tun solle, um es richtig zu machen? Wenn sie versucht hätte, sich zu verteidigen oder über ihre Ängste zu sprechen, dann hätten ihre Eltern immer nur gesagt: „Ach was, mache es nur so, wie wir es sagen, dann wird schon alles gehen."

Inge hatte bis zu dem Zeitpunkt, als sie anfing, relativ offen ihre Probleme mit ihren Eltern zu schildern, keinen Besuch mehr von diesen erhalten. Wir hatten ihr zwar, weil sie sich auch körperlich recht gut erholt hatte, gesagt, die Eltern könnten sie wieder besuchen, aber Inge hatte das mehrmals vehement abgelehnt, immer mit der Begründung, daß sie oft so schreckliches Heimweh habe, daß es ihr körperliche Schmerzen verursache. Und wenn sie ihre Eltern hier wiedersähe, aber nicht mit ihnen nach Hause zurückkehren dürfe, würden die Schmerzen sicher noch schlimmer werden. Jetzt hielt sie diese Begründung nicht mehr aufrecht, sondern sagte, sie wolle nicht, daß ihre Eltern kämen, denn als diese noch hätten kommen dürfen, habe sie gemerkt, daß sie sich „gar nicht richtig gefreut" hätten, sie wiederzusehen. Darum sei sie böse auf ihre Eltern, außerdem habe sie vor der Mutter oft Angst.

Die dritte Behandlungsphase hatte also begonnen, nämlich *die Phase der direkten Auseinandersetzung mit der Realität.* Aus der Sicht des Therapeuten könnte man auch von der Phase der Realitätsprobe sprechen. Denn nachdem in der zweiten Phase in den vom Kind selbst inszenierten Puppenspielen, eine indirekte Bewältigung seiner Konflikte und Probleme stattgefunden hat, ist es für den Therapieverlauf natürlich von entscheidender Bedeutung, ob das Kind auch seine wirkliche Lebenssituation anders als früher bewältigen kann.

Es hängt jedoch nicht allein von der Behandlung des Kindes ab, ob dieses gänzlich gesunden kann. Dazu muß sich nicht nur in ihm, sondern auch in seinen Eltern bzw. seinen nächsten Bezugspersonen etwas ändern. Das bedeutet, daß diese immer (und das dürfte für alle Formen der Kinderpsychotherapie gelten) bis zu einem gewissen Grad mitbehandelt werden müssen, um zu einem tieferen Verständnis für ihr Kind sowie zur Einsicht in ihre eigenen Probleme zu gelangen.

Letztlich bezweckt Psychodrama-Therapie ja vor allem, wie *Moreno* schon in seinen frühen Publikationen betont hat, die Entstörung pathogener Beziehungen. Das heißt jedoch nicht, daß es unabdingbar zur psychodramatischen Kindertherapie (ob dabei Puppen verwendet werden oder nicht) gehört, Sitzungen mit den Kindern und ihren Eltern gemeinsam durchzuführen, damit sie ihre Beziehungsprobleme direkt bearbeiten können. Vor allem jüngere Kinder sind dazu noch gar nicht in der Lage, aber auch älteren Kindern sowie vielen Eltern fällt eine direkte Auseinandersetzung oft sehr schwer. Zum einen fürchten sie weitere gegenseitige Verletzungen, zum anderen gehen bei den Eltern häufig mehr oder minder unbewußte eigene Konflikte in die gestörte Beziehung zum Kind ein, die zunächst mit den Eltern allein geklärt werden müssen.

Nach meiner Erfahrung lassen sich in vielen Fällen Störungen der Eltern-Kind-Beziehung befriedigend beheben, wenn die Eltern, parallel zur Behandlung des Kindes, therapeutische Hilfe erhalten. Doch nicht immer führt das, was in den psychodramatherapeutischen Sitzungen einerseits mit dem Kind und andererseits mit seinen Eltern erreicht worden ist, ohne weiteres zur Lösung der zwischen ihnen bestehenden Probleme, vermutlich weil sich pathogene Interaktionsmuster zwischen Eltern und Kind zu lange und zu fest eingeschliffen haben. Therapiesitzungen, an denen das Kind und seine Eltern (zumindest ein Elternteil) gemeinsam teilnehmen, sind dann, in der dritten Phase der Behandlung, in der es um die Bewältigung der Probleme in der gemeinsamen Lebenswirklichkeit geht, unerläßlich.

Inges Fall ist dafür beispielhaft. Sie verdrängt zwar den negativen Anteil der Beziehung zu ihren Eltern, besonders zur Mutter, nicht mehr und war in deren Abwesenheit offen in die Auseinandersetzung mit ihr eingetreten, aber gerade deswegen schien sie das Wiedersehen mit ihr zu fürchten. Auf jeden Fall wollte sie mit der Mutter zunächst nur unter der Bedingung zusammentreffen, daß sie nicht mit ihr alleine gelassen würde. Bevor es zu dieser Begegnung kam, hatten mit der Mutter mehrere therapeutische Gespräche stattgefunden. Sie hatte dabei ihre eigene Lebensgeschichte reflektiert, in der es erhebliche Belastungen gegeben hatte. Mit ihrer Mutter und ihren Geschwistern war sie am Kriegsende aus ihrem osteuropäischen Heimatland in die Bundesrepublik geflohen. Die Familie hatte hier jahrelang in großer Armut gelebt, durch das Flüchtlingsschicksal war die schulische Bildung von Inges Mutter abgebrochen worden, und sie hatte keinen Beruf erlernen können. Sie wurde Fabrikarbeiterin, lernte ihren Mann kennen (Inges Vater) und heiratete. Ihre Schwiegermutter verhielt sich ihr gegenüber ablehnend und bezeichnete sie als „Habenichts". Unter den Demütigungen, Frustrationen und der mangelnden Anerkennung litt Inges Mutter sehr, und sie war entschlossen, alles daran zu setzen, ihrem Kind eine bessere Lebenssituation zu verschaffen. Daß das Kind ihr dabei auch dazu dienen sollte, die von ihr erlebten Frustrationen wettzumachen, war ihr nicht bewußt. Als Inge ins Gymnasium kam und die Mutter zu ahnen begann, daß das Kind sie bald überflügeln würde, im Hinblick auf Bildung und sozialen Status, verschärfte sich ihr inneres Dilemma. Obwohl sie einerseits wünschte, daß Inge im Gymnasium gut vorankam, weswegen die Mutter das Kind dazu ansporte, fürchtete sie sich andererseits davor und versuchte, es zu bremsen. (Dieser paradoxe Appell hatte Inge, wie schon beschrieben, zur Verzweiflung gebracht und krank gemacht.) Inges Mutter, eine intelligente und sensible Frau, begann, diese Zusammenhänge zu erfassen, wozu beitrug, daß sie ihren Kummer, ihre Wut, ihre Enttäuschungen, über das, was sie erlitten hatte, in den therapeutischen Sitzungen endlich einmal abladen konnte. Damit war auch von seiten der Mutter der Weg zu einer neuen Begegnung mit der Tochter frei.

Nun begannen mit beiden gemeinsame Sitzungen, bei denen auch mit den Mitteln des Psychodramas gearbeitet wurde (worauf ich aber hier nicht näher eingehe, weil dies vom eigentlichen Thema wegführen würde). Parallel zu den Sitzungen mit der Mutter und Inge wurden die Sitzungen, in denen Inge mit Handpuppen spielte, fortgesetzt. Auf Inges Wunsch wurde ihre Mutter als Zuschauerin dazu eingeladen. Nach einer solchen Sitzung, bei der sich Inge via Puppe wieder einmal mit einer frustrierenden Mutterfigur vehement auseinandergesetzt hatte, war das Kind sehr angespannt und unruhig und sagte, es müsse seiner Mutter etwas sagen, was es ihr bisher noch nie gesagt habe und wovor es große Angst habe. Nachdem die Mutter erwidert hatte, Inge könne ihr alles sagen, brach es aus dieser heraus: „Ich hasse dich manchmal ganz furchtbar!" Die Mutter antwortet: „Ich weiß das, und ich weiß auch, warum." Inge begann daraufhin heftig zu weinen, und die Mutter konnte auf sie zugehen und sie trösten.

Der entscheidende Schritt, daß das Kind seiner Mutter in voller Offenheit begegnen konnte, war wiederum durch das Puppenspiel vorbereitet worden. Nun wünschte Inge sich wirklich, nach Hause zurückzukehren, und sie wurde ein paar Tage später aus der Klinik entlassen. Dort war sie dreieinhalb Monate gewesen. Noch einen Monat lang kam sie einmal pro Woche mit der Mutter zur ambulanten Nachbehandlung. Dabei war festzustellen, daß sich Inge gut zu Hause eingewöhnte. Die Beziehung zwischen dem Kind und seinen Eltern hatte sich deutlich zum positiven verändert. Auch die schulische Situation stellte kein ernsthaftes Problem mehr dar, weder für Inge, noch für ihre Mutter.

(Eine katamnestische Erhebung zweieinhalb Jahre nach Abschluß der Behandlung ergab eine weiterhin gute Entwicklung des Kindes und der Eltern-Kind-Beziehung.)

Aus mehreren Gründen habe ich diesen Fall herangezogen, um die Verwendung von Puppen in der psychodramatischen Kindertherapie darzustellen. Erstens, weil er m. E. geeignet ist, die drei Phasen einer solchen Therapie zu verdeutlichen (was nicht heißt, daß alle diesbezüglichen Aspekte in diesem Aufsatz umfassend abgehandelt worden sind). Zweitens, weil er, wie ich meine, die besonderen Möglichkeiten wie auch die Grenzen psychodramatischer Kindertherapie mittels Puppen aufzeigt. Drittens und letztens betrifft der Beispielfall (der einerseits ausführlich, andererseits sehr verkürzt dargestellt wurde) ein schwerkrankes Kind, bei dem, wie wohl bei der Mehrzahl psychosomatisch kranker Kinder, eine besonders starke Abspaltung des Gefühlslebens vom Bewußtsein bestand sowie eine besonders starke Einengung der Sponaneität, der Handlungs- und Kontaktmöglichkeiten und der Kreativität (verstanden als Fähigkeit, neue Wege zur Lösung von Problemen und Konflikten zu finden).

Nach meiner Erfahrung ist die hier dargestellte Psychotherapieform (die eine Variante des Psychodramas ist, das grundsätzlich, wie aus dem Gesagten ersichtlich, auch eine implizit tiefenpsychologische Methode ist) vor allem geeignet zur Behandlung psychosomatisch kranker Kinder, darüber hinaus zur Behandlung von jüngeren Kindern, bei denen sich psychoneurotische Entwicklungen anbahnen.

Literatur

Franzke, E., Die Verwendung von Handpuppen in der Psychotherapie, *Integrative Therapie* 1/2 (1979) S. 119-128.

Gerstenberg, W., Psychodrama mit Eltern und Kindern in der Sozialpsychiatrischen Ambulanz. Sozialpsychiatrische Informationen der Medizinischen Hochschule Hannover 1980, S. 62-80.

Minuchin, S., Familie und Familientherapie, Freiburg 1983.

Moreno, J. L., Who Shall Survive? Beacon 1953².

Petzold, H. G., Die Arbeit mit Puppen und Großpuppen in der integrativen Therapie, *Integrative Therapie* 4 (1975) S. 197-207.

Rambert, M. L., Das Kasperlspiel — Eine neue Technik in der Kinder-Psychoanalyse; in: *Petzold, H.* (Hrsg.), Puppen und Puppenspiel in der Psychotherapie, München 1983, S. 161-180.

Straub, H., Über die Anfangsphase psychodramatischer Kinderbehandlung mit Puppentheaterfiguren, in: *Petzold, H.* (Hrsg.), Angewandtes Psychodrama, Junfermann, Paderborn 1972, S. 218-231.

Zierl, W., „Scenodrama" — Therapeutisches Rollenspiel im Sceno-Test, in: *Petzold, H.* (Hrsg.), Puppen und Puppenspiel in der Psychotherapie, München 1983, S. 210-238.

Psychodrama-Gruppentherapie mit Kindern*

Alfons Aichinger, Ulm

1. Die Entwicklung des Psychodramas aus dem Kinderspiel

Moreno sah sein ganzes therapeutisches Werk durch das kindliche Spiel inspiriert. Er erzählte gern von zwei entscheidenden Anstößen für seine Arbeit: Der eine kam aus einem Kinderspiel, bei dem der fast fünfjährige *Jakob Moreno Levy* und seine Freunde „Gott und Engel" spielten. Mit großer Begeisterung bauten die Kinder im Keller mit Kisten und Stühlen auf einem großen Tisch den Himmel. Ganz oben, auf dem Thron Gottes, nahm der kleine Moreno Platz. Die anderen Kinder flatterten als Engel um ihn herum. Als plötzlich ein Engel rief: „Warum fliegst du nicht auch, du bist doch der liebe Gott!", zögerte Moreno nicht lange, breitete seine Arme aus und lag Sekunden später mit gebrochenem Handgelenk auf dem Boden (*Leutz* 1974, S. 29).

Den zweiten wesentlichen Anstoß erfuhr *Moreno* als junger Mediziner vor dem 1. Weltkrieg. Auf seinen Spaziergängen in den öffentlichen Gärten Wiens erzählte er den dort spielenden Kindern Geschichten, die diese rasch ins Spiel umsetzten und abwandelten. Seine Beobachtungen, welche Freude und Freiheit die Kinder in den Rollen zeigten, wie sie sich im Laufe dieser Spiele wandelten, wie schüchterne Kinder sich freispielten, aggressive Kinder sich ins Spiel einfügten, in Rollen Ventile für ihre Aggression fanden, im Rollentausch Ängste ablegten und in Rollen neue Verhaltensweisen lernten, ließen ihn nicht mehr los und führten ihn zu dem für seine Psychodrama-Theorie wesentlichen anthropologischen Konzept.

2. Das anthropologische Konzept der Spontaneität und Kreativität

Für *Moreno* ist seine Therapie „angewandte Anthropologie" (vgl. *Petzold* 1979, S. 43 ff).

---

* Meiner Lehrerin, Frau Prof. Dipl.-Psych. Heika H. Straub, zu ihrem 60. Geburtstag.

2.1 Spontaneität

Moreno versteht unter Spontaneität eine „adäquate Reaktion auf neue Bedingungen oder eine neue Reaktion auf alte Bedingungen" (*Moreno* 1959, S. 34). Spontaneität allein führt aber noch nicht zum schöpferischen Handeln. Ohne Integration, ohne Bezug auf Sinn- und Seinszusammenhänge kann sie sich destruktiv auswirken.

2.2 Kreativität

Kreativität ist nach *Moreno* die Fähigkeit des Menschen zum schöpferischen Handeln, zum Gestalten von Wirklichkeit. Durch sie nimmt der Mensch teil am schöpferischen Prozeß des Kosmos. Das Kind verfügt noch über ein großes schöpferisches Potential. Doch durch den Einfluß der Erwachsenen wird seine schöpferische Fähigkeit eingeengt, wird es gezwungen, sich einer ‚realen' Welt mit ihren Klischees und Stereotypen anzupassen. Mit dem Psychodrama will *Moreno* dem Menschen helfen, diesen ursprünglichen Besitz zu wahren oder wiederzugewinnen. Er will ihm sein Recht, sich als Schöpfer auszudrücken, wiedergeben und ihm erlauben, Gott zu spielen.

2.3 Störungen der Spontaneität und Kreativität

Aus seiner Theorie der Spontaneität und Kreativität entwickelt *Moreno* sein Konzept der Psychopathologie (vgl. die ausführliche Darstellung bei *Petzold* 1979, S. 67 f.). Für ihn kommt es zu Störungen in der schöpferischen Handlungsfähigkeit und in der Fähigkeit zur spontanen Begegnung und gegenseitigen Einfühlung, wenn sich die spontane Energie im Menschen nicht entfalten kann oder in ihrem Ausdruck und ihren Auswirkungen beeinträchtigt wird.

3. Die Persönlichkeitstheorie

Von großer Bedeutung für die Erklärung des psychotherapeutischen Prozesses ist *Morenos* sozialpsychologische Rollentheorie (vgl. *Petzold* 1979, S. 47 ff; *Petzold, Mathias* S. 198). Unter Rolle versteht *Moreno* die Gesamtheit konkreter Verhaltensweisen, die in einem komplexen Sozialisationsprozeß erworben werden. Zentral für *Moreno* sind die lebendig gespielten Rollen. Sie müssen gegenüber der Übernahme von kulturell vorgegebenen Rollenklischees den Vorrang haben. Nach diesem Postulat aus dem „Stegreiftheater" muß die Rollenkonserve abgeschafft werden und an ihre Stelle das lebendige Spiel, die gespielte Rolle treten. Diesen ursprünglich als Antirollentheorie formulierten

Ansatz entwickelte er zu einer aktionalen Rollentheorie, die Zentrum seiner Persönlichkeitstheorie wurde.

Die Fähigkeit, aktionale Rollen zu spielen, ist in ein Entwicklungsgeschehen eingebunden (*Moreno, Moreno* 1944). Bevor das Kind soziale Wirklichkeit in psychodramatischen Rollen persönlich interpretiert und bevor es sozial vorgegebene Rollenvorstellungen in soziodramatischen Rollen aufnimmt, beginnt es, im Handeln seine eigenen Rollen (psychosomatische Rollen) zu erleben: Es ist der Essende, Schlafende, Schreiende etc. Das heißt, im Rollenspiel eignet sich das Kind handelnd seine Rollen an.

Rollenentwicklung ist für *Moreno* zugleich Persönlichkeitsentwicklung. Die Entwicklung des Selbst ist für ihn unlösbar mit der Übernahme von Rollen aus dem soziokulturellen Umfeld und dem Spiel von Rollen im sozialen Kontext verbunden. Der Mensch lebt in, durch und mit seinen sozialen Beziehungen, die er im Rollenhandeln vollzieht. Das Interaktions- und Beziehungsnetz eines Menschen, das „soziale Atom", bildet das Feld, in dem er leben kann und das sein Menschsein ausmacht. Der Mensch *hat* nicht nur ein soziales Atom, er *ist* auch soziales Atom. Der Verlust von Interaktionspartnern bedeutet daher einen Verlust von Rollen und Identität.

Störungen im Lebensvollzug eines Menschen, psychische Erkrankungen, sind für *Moreno* immer Störungen im Rollengefüge und im „sozialen Atom". Da das Selbst sich in einem komplexen, das ganze Leben anhaltenden Sozialisationsprozeß durch ständige Übernahme und Bildung neuer Rollen entwickelt, können Störungen in diesem Prozeß zu einem rudimentären oder einseitig ausgestalteten Rolleninventar und -repertoire führen (vgl. zur Pathologie des Rollenverhaltens *Petzold* 1979, S. 63 ff.).

4. Das Konzept der psychodramatischen Methode

Da *Moreno* in seiner Anthropologie vom Bild des gesunden Menschen ausgeht, ist für ihn die Psychodramatherapie auf die Entwicklung der ganzen Persönlichkeit gerichtet und beschränkt sich nicht auf die Behebung von Störungen. Da psychische Störungen für ihn funktionale Aspekte problematischer Interaktionsformen sind, die immer auf Defizite, Fehlentwicklungen und Störungen im „sozialen Atom" zurückzuführen sind, muß eine effektive Behandlung deshalb in einer „therapeutischen Kultur in Kleinformat" erfolgen, die dem Menschen eine neue Gelegenheit für eine psychodynamische und soziokulturelle Reintegration bietet (*Moreno* 1959, S. 55). Das Psychodrama wurde daher als Gruppenmethode konzipiert, in der jeder Teilnehmer „das therapeutische Agens" des anderen wird (*Moreno* 1959, S. 52).

Dieses Konzept der therapeutischen Interaktion ist gerade für die Kindergruppe von Bedeutung, berücksichtigt man die große Rolle der Peer-Gruppe bei der Sozialisation des Kindes und bezieht dies in die Gruppentherapie mit ein (vgl. *Grunebaum, Solomon* 1980, 1982).

In seiner Theorie zwischenmenschlicher Beziehungen und ihrer Störungen geht *Moreno* davon aus, daß konflikthafte Beziehungen in Szenen kulminieren, sich als Szenen verdeutlichen, daß daher dieses szenische Geschehen in konkretem szenischen Handeln in einer Gruppe seinen Ausdruck findet. Dem sollte der therapeutische Prozeß Rechnung tragen. Der Patient soll seine Erlebnisse be-handeln. „Eine therapeutische Wandlung innerhalb der Persönlichkeit und eine dauernde Entfernung und Heilung der Symptome kann nur stattfinden innerhalb der Handlungsstruktur" (*Moreno* 1959, S. 274).

Diese Sprache des Handelns gilt aber nicht nur für die Gruppenmitglieder, sondern auch für den Psychodramaleiter, der seine Interpretationen in Handlung bzw. Handlungsanweisungen umsetzen muß.

Gerade für die Kindertherapie ist dieses szenische Handeln von großem Vorteil. Dieser Zugang ist nicht nur kindgemäßer, weil nicht nur an der Sprache orientiert, sondern auch reicher, hat „Überschuß-Realität" (*Moreno* 1959, S. 4), weil das Kind in der „Als-ob-Realität" des szenischen Spiels über die Lebensrealität hinausgehen und Rollen und Szenen ausprobieren kann, die sein bisheriges Leben nicht zugelassen hat.

Im spontanen psychodramatischen Spiel wird aber nicht nur verschüttete Kreativität wieder freigesetzt. Indem traumatische Szenen der Vergangenheit gespielt werden, vollzieht sich in diesem „wahren zweiten Mal" der psychodramatischen Handlung „die Befreiung vom ersten Mal" (*Moreno* 1923, S. 77). Durch die Katharsis der Emotionen soll die Integration und kreative Veränderung von Wirklichkeit bewirkt werden.

5. Psychodrama in der Kindertherapie

Moreno hat sein Konzept der psychodramatischen Methode nur für die Erwachsenentherapie konzipiert. Die Anwendung dieser klassischen Form in der Kindertherapie führte zu verschiedenen Veränderungen, wobei sich zwei ganz unterschiedliche Ansätze herauskristallisierten.

(1) Besonders in Amerika wurde der Versuch unternommen, das klassische Psychodrama mit nur geringen Veränderungen in die Kindertherapie zu übernehmen (z. B. *Drabkova* 1966; *Lockwood, Harr* 1973; *Stockvis-Warnaar, Stockvis* 1962; *Zacharias* 1965). In dieser protagonistenzentrierten Gruppentherapie, in dieser Einzeltherapie in der Gruppe, wird die Sitzung mit einer Erwärmungsphase („warm up") begonnen, die die Funktion hat, Spielhemmungen zu beseitigen und die Kinder auf eine Einzelarbeit mit einem Protagonisten einzustimmen. Ist ein Kind bereit, von einem Problem oder Konflikt in seinem Alltag zu berichten, wird es aufgefordert, die Situation genau zu beschreiben, die daran beteiligten Personen so zu charakterisieren, daß die anderen Kinder genügend Information erhalten, um die Rollen spielen zu können. Dann bestimmt der „Protagonist", welche Rolle welches Kind übernehmen soll und richtet die Szene so realitätstreu wie möglich ein. In der Spielphase stellt das Kind das Problem dar und kann aufgestaute Emotionen ausagieren. Durch die psychodramatischen Techniken (Rollentausch, Doppeln, Spiegeln) soll über eine emotionale Erfahrung sein bisheriges Rollenverhalten korrigiert und ein effektiveres und befriedigenderes Rollenverhalten gefunden werden. In der Nachbesprechungsphase bekommen die Kinder Rückmeldungen zu den Rollen, die sie übernommen haben, und teilen im Sharing ähnliche Probleme mit.

Der Schwerpunkt dieses sehr strukturierten Vorgehens liegt darauf, dem Kind emotionale Einsicht in die Wirkung seines Rollenverhaltens zu geben und mit ihm alternatives Rollenverhalten aufzubauen.

Einen noch stärkeren pädagogischen Ansatz vertritt *Shearon* (1980). Ausgehend von *Moreno*s Spontaneitäts- und Rollentheorie legt sie den Schwerpunkt auf die Wiederholungsphase, in der neue Rollen gelernt, geübt und verstärkt werden. Außerdem versucht sie durch Vorgabe von Kreativitätstechniken, Warm-up-Spielen (z. B. läßt sie einen bestimmten Gegenstand, ein bestimmtes Gefühl oder eine bestimmte Rolle darstellen), Rollenspielen (den Kindern werden bestimmte Rollen oder Situationen vorgegeben, wie etwa: Ein Kind zieht in eine fremde Stadt und muß eine neue Schule besuchen) u. ä., den Kindern ein Übungsfeld zu schaffen, damit sie ihr Rollenrepertoire erweitern und effektiveres Verhalten erwerben, um mit ihrer Umwelt besser zurechtzukommen.

(2) Eine ganz andere Entwicklung nahm das Kinderpsychodrama in Frankreich. Hier wurde das Psychodrama besonders von Kinderanalytikern aufgenommen, die die Theorie *Moreno*s weitgehend verließen und seine Praxis von der psychoanalytischen Theorie her veränderten.

Der *Moreno*-Tradition hielten sie vor, sie berücksichtige nicht das Übertragungs- und Gegenübertragungsgeschehen, sie ersetze die Analyse der Übertragung durch die spontane Interaktion und vertrete damit anstelle eines dynamischen ein pädagogisches Konzept, und ihr fehle außerdem das Verständnis für die wichtige Dimension des Symbolischen. *Lebovici* und seine Schule (*Lebovici* et al. 1958; *Lebovici* 1969, 1971, 1972) versuchte am konsequentesten, das Psychodrama auf die psychoanalytische Methode zu reduzieren. Von einer zunächst eklektizistischen Haltung kam er zu einem strikt psychoanalytischen Standpunkt. In der Handhabung der Übertragung und des Widerstandes, der Deutung der Übertragung durch das Spiel der mitspielenden Therapeuten oder des Spielleiters, sieht er den unerläßlichen psychoanalytischen Beitrag zum Psychodrama. Das psychodramatische Spiel, das er für Kinder als optimale Ausdrucksmöglichkeit sieht, benützt er als eine Art projektive Technik, in dem sich die „Phantasmen des Unbewußten" besonders deutlich artikulieren können. Die Rollen, die die Kinder spielen, interessieren ihn nur als Ausdruck der unbewußten Triebwünsche.

Anzieu und seine Schule (*Anzieu* 1984; *Basquin* et al. 1981) sehen die therapeutischen Möglichkeiten des Psychodramas in der dramatischen Improvisation und in der Beachtung der Gruppenphänomene. Die interpersonalen Beziehungen interpretieren sie dagegen psychoanalytisch.

Beide Schulen arbeiten meist nur mit einem Kind und nicht mit einer Kindergruppe. Bei *Lebovici* steht dem Kind eine Gruppe von Therapeuten zur Verfügung, die Rollen in seinem Spiel übernehmen können. Der Haupttherapeut übernimmt die Spielleitung und bleibt außerhalb des Spieles. Bei *Anzieu* arbeiten zwei Therapeuten als Sinnbild des Elternpaares mit einem Kind. Bei beiden Schulen wird das Kind aufgefordert, ein Thema vorzuschlagen, eine Geschichte zu erzählen und daran anschließend die Rollen zu verteilen. Beim Spielen seiner Geschichte muß sich das Kind jedoch nicht an den Handlungsentwurf halten. *Lebovici* legt großen Wert auf die verbale Deutung der Übertragung und des Widerstandes in und nach der Sitzung. *Anzieu* dagegen gibt mehr indirekte Deutungen im Spiel. Die meist kurzen Sitzungen werden vom Therapeuten abgebrochen und interpretiert. Da der Förderung spontanen und kreativen Verhaltens, der Entwicklung des Rollenrepertoires keine Bedeutung mehr zukommt, das Spiel nur noch als Ausdruck des Unbewußten Beachtung findet, wird das Psychodrama auf das dramatische Spiel reduziert.

Die therapeutischen Möglichkeiten des Psychodramas schöpft dagegen *Widlöcher* (1976) mehr aus. Für ihn hat das Übertragungsgeschehen nicht die entscheidende Bedeutung. Außerdem sieht er in der Rollenübernahme einen therapeutischen Effekt, da sie dem Kind seine zwischenmenschlichen Verhaltensweisen bewußt macht.

(3) Als wir (*A. Aichinger, L. Frerkes, B. Geier, W. Holl, B. Ukrow*) 1976 an unserer Beratungsstelle für Eltern, Kinder und Jugendliche in Ulm mit Psychodrama-Kindergruppen begannen, versuchten wir — so wie es in der amerikanischen Literatur beschrieben ist — das klassische Psychodrama mit geringen Abwandlungen auf die therapeutische Arbeit mit Kindern zu übertragen. Dabei stießen wir wie *Straub* (1972, S. 220 f.) auf eine Reihe von Schwierigkeiten, die *Straub* dazu übergehen ließen, an den Anfang einer Kindertherapie das Spiel mit Handpuppen zu stellen (siehe ihren Beitrag in diesem Band). Einige dieser Schwierigkeiten seien genannt: Der Versuch, Probleme oder Konflikte der Kinder psychodramatisch zu rekonstruieren, belastete diese, verstärkte eher ihren innerpsychischen Konflikt und lähmte sie in ihrer Spontaneität. Störungen, die in der präverbalen Phase der Entwicklung stattgefunden hatten und bei den Kindern nur ungenügend oder gar nicht in Sprachsymbole übersetzt waren, konnten nicht bearbeitet werden, da sie ja von den Kindern nicht benannt werden konnten. Dazu kam, daß die Kinder in der Sicherheit der Gruppe oft ihren Autoritätskonflikt im Widerstand gegen die Anweisungen des Spielleiters ausagierten. Wir mußten erkennen, daß auch das psychodramatische Geschehen bestimmt ist durch die Übertragung und die Widerstände der Kinder und durch die in der Gruppe gelebten phantastischen und realen Beziehungen zwischen den Kindern, und daß die Bearbeitung dieser Phänomene für eine Strukturveränderung notwendig ist. Dies führte uns wie *Krüger* (1982) zu einigen wesentlichen Modifikationen: (a) Wir gingen wie die französischen Schulen dazu über, Kinder ihre Konflikte auf kindgerechtere Weise im psychodramatischen Spiel auf der Symbolebene darstellen und bearbeiten zu lassen. Doch sehen wir im Unterschied zu *Lebovici* und *Anzieu* das Spiel nicht nur als Ausdruck des Unbewußten, als „via regia" zum Reich des Unbewußten des Kindes (*E. H. Erikson*, zit. nach *Ekstein* 1976, S. 162), sondern auch als soziale Interaktion. Das psychodramatische Spiel ist nämlich gekennzeichnet durch die Notwendigkeit, die dramatische Abfolge zu respektieren. Dies zwingt die Kinder, ihre Rollen aufeinander abzustimmen, um den gemeinsamen Handlungsablauf zu garantieren. Das szenische Spiel gelingt nur in kreativer Kooperation, in der sich die Kinder in ihren Rollen wechselseitig beeinflussen. Und da die Rollenim-

provisation im Psychodrama immer „Ko-Improvisation" (*Widlöcher* 1974, S. 110) ist, fördert das psychodramatische Spiel den sozialen Reifungsprozeß.

Im Unterschied zu *Lebovici* und *Anzieu* achten wir nicht nur auf die Bedeutungsebene der Rollen, in welcher Rolle, von welcher Position aus das Kind das unbewußte Thema aufnimmt, sondern legen auch Wert auf die Rollenperformanz, auf die Verhaltensebene, um die Spontaneität zu fördern und das Rollenrepertoire auszubauen. Da nach *Moreno* das Rollenspiel ein entscheidender Faktor in der Persönlichkeitsentwicklung ist, unterstützt die systematische Anwendung im psychodramatischen Spiel diesen notwendigen Entwicklungsprozeß.

(b) Im Unterschied zu den meisten französischen und amerikanischen Psychodrama-Richtungen, die die Gruppe als Ganzes und die Gruppendynamik kaum beachten und nur mit dem einzelnen Kind in der Gruppe arbeiten, gehen wir von dem Hier und Jetzt des aktuellen Gruppengeschehens und der aktuellen Interaktionsdynamik aus. Zwei Aspekte sind uns dabei wichtig (vgl. *Pohlen* 1972, S. 66): Zum einen versuchen wir zu beachten, was die gesamte Kindergruppe unbewußt beschäftigt, was sie abwehrt, welche Ängste in ihr vorherrschen, welche Beziehungen sie wiederbelebt, was in Beiträgen einzelner Kinder besonders deutlich zum Ausdruck kommen kann. Zum anderen achten wir darauf, ob in Aktionen des einzelnen Kindes, das zum Repräsentanten für bestimmte Übertragungs- und Widerstandsphänomene der Gesamtgruppe geworden ist, ein Rollenstereotyp zum Vorschein kommt, das die individuelle Geschichte dieses Kindes widerspiegelt.

6. Therapeutische Praxis unseres Konzeptes

6.1 Indikation

Unsere überraschende Erfahrung ist, daß sich die Psychodrama-Kindergruppe nicht nur zur Behandlung von Kindern mit leichten Störungen, sondern auch von Kindern mit Frühstörungen eignet. Unsere Erfahrung deckt sich mit der von *Lutz* (1976, S. 15), die den guten Erfolg der Gruppentherapie bei den frühen Störungen darauf zurückführt, daß die Gruppe eine neue, Geborgenheit vermittelnde Erfahrung bietet, durch ihre vielfältigen Bezugsmöglichkeiten weniger beunruhigend und ängstigend als das Angebot einer Zweierbeziehung wirkt und gerade im Vergleich mit den anderen Kindern die Erfahrung des eigenen, individuellen Wertes ermöglicht.

Ungeeignet für diese Gruppentherapie erscheinen uns Kinder mit einer Tendenz zu Verwahrlosung und überschießender Aggression, da sie durch ihre nicht oder nur ungenügend entwickelten inneren Steuerungsmöglichkeiten mit dem therapeutischen Freiraum nicht umgehen können. Als wichtigste Gegenindikation sehen wir aber die Fremdmotivation. Damit Kinder nicht das Gefühl haben, zur Strafe oder zur Besserung zur Therapie geschickt zu werden, müssen sie auch Entscheidungsfreiheit haben. Um den Kindern deutlich zu machen, daß wir ihren Entschluß für wichtig halten, vereinbaren wir grundsätzlich mit den Kindern fünf Probesitzungen, damit sie das Psychodrama erleben und sich dadurch bewußter entscheiden können. Danach muß sich jedes Kind, das weiter teilnehmen will, verpflichten, für ein Jahr regelmäßig zu den Sitzungen zu kommen. Die meisten Gruppen dauern 1½ bis 2 Jahre.

6.2 Setting

6.2.1 Raum

Der Gruppenraum ist groß genug, damit er zur freien Bewegung anregen kann. Die Ausstattung ist auf ein Minimum beschränkt, um die Kinder auf ihre Phantasien und die Beziehungen zu zentrieren. Denn wir sind mit *Widlöcher* (1974, S. 32) der Meinung, daß reichlicher ausgestattete Räume die Kinder eher zu Spielereien mit dem Material verleiten und zu Lasten des dramatischen Spiels gehen würden. In unserem Gruppenraum sind Polster vorhanden, die sich zum Bauen eignen, Kissen und Decken und in einem Schrank einige Tücher, Hüte und Faschingsschmuck.

6.2.2 Zeit

Im Unterschied zu den französischen Psychodramatikern, die mit einer meist kurzen, variablen Sitzungsdauer arbeiten (*Anzieu* 1984, S. 111), haben wir die Sitzung auf 60 Minuten festgelegt.

6.2.3 Größe der Gruppe

6.2.3.1 Kinder

Nach unserer Erfahrung hat sich eine Zahl von 6 Kindern am besten bewährt. Bei der Zusammenstellung der Gruppe achten wir auf einen gleichen psychosozialen Entwicklungsstand, damit die gespielten Themen eine vergleichbare Bedeutung für alle Kinder erhalten. Durch eine ausgewogene Mischung der beiden Geschlechter und durch unterschiedliche Symptomatik versuchen wir eine optimale Spannung in die Gruppe zu bringen.

6.2.3.2 *Therapeuten*

Geleitet wird die Gruppe immer von einem gegengeschlechtlichen Therapeutenpaar. Dadurch wird die Übertragung und Projektion der Elternimagines auf den männlichen und weiblichen Therapeuten erleichtert und die Wiederholung frühkindlicher Phantasien und Konflikte ausgelöst. Die Konstellation Therapeutenpaar und mehrere Kinder stellt eine familienähnliche Situation dar, die wiederum das Auftauchen und Ausspielen entsprechender Szenen begünstigt. Dadurch, daß in der Gruppe eine der Familie ähnliche Konstellation entsteht, in der sich das vergangene dramatische Geschehen der Kinderzeit in Szene setzen und dann dramatisch ablaufen kann, eignet sich die Gruppe besonders, die infantile Szene in ihrer unbewußten szenischen Konfiguration zu entfalten. In diesem möglichst lebendigen Wiederentstehen der Familienszene liegt nach *Kutter* (1971, S. 861) die entscheidende Chance und der wesentliche Heilungsfaktor der Gruppentherapie. Reaktiviert werden typische Gruppenkonflikte im Rahmen der Familiengruppe, die sich mit den von *E. H. E. Erikson* aufgestellten Polaritäten „Urvertrauen gegen Urmißtrauen", „Autonomie gegen Scham und Zweifel" und „Identität gegen Rollendiffusion" beschreiben lassen.

6.2.4 *Vorbereitung*

Nachdem eine Gruppentherapie indiziert wurde, erklären wir dem Kind, worum es im Psychodrama geht, und machen es mit den Spielregeln vertraut: Die Kinder sollen gemeinsam eine Geschichte erfinden, jedes Kind sucht sich selbst die Rolle aus, die es in der Geschichte spielen möchte. Wird ihm eine Rolle angeboten, entscheidet es selbst, ob es diese Rolle übernehmen möchte oder nicht. Wenn die Therapeuten mitspielen sollen, dann müssen sich die Kinder einigen, welche Rollen diese zu übernehmen haben. Außerdem wird auf die Abstinenzregel des „So-tun-als-ob" hingewiesen, was heißt, daß alle Handlungen nur simuliert werden.

6.3 *Ablauf der Sitzung*

6.3.1 *Initialphase (Erwärmungsphase)*

6.3.1.1 Die Themenwahl

Die Therapeuten eröffnen jede Sitzung mit der Frage, ob jemand eine Idee hat, was die Gruppe spielen könnte. Schlägt ein Kind ein Spiel vor, kann die Gruppe das Thema aufnehmen, es modifizieren oder ablehnen. Findet ein Thema in der Gruppe Anklang, ermuntern wir die Kinder, den Handlungsablauf kurz auszuphantasieren.

Wir gehen von der Annahme aus, daß sich nur das Thema durchsetzt, das im Unbewußten der anderen Kinder Resonanz findet und mit dem sich die Mehrheit identifizieren kann, also nur die Spielidee, die das beinhaltet, was die Gruppe unbewußt am meisten beschäftigt oder abwehrt. Häufig setzt sich in den Kindergruppen das Kind in der Führungsrolle mit seiner Spielidee durch, die anderen Kinder schmücken dann ihren Bedürfnissen entsprechend die Geschichte aus oder versuchen sie umzuändern. Werden aber unterschiedliche Beiträge eingebracht, so versuchen wir, diese auf einen Nenner zu bringen, sie als Teil eines sinnvollen gemeinsamen Prozesses, einer gemeinsamen Szene zu sehen (*Sandner* 1981, S. 243), und regen die Kinder an, zu diesem gemeinsamen Thema eine Handlung zu finden.

Da es aber für eine Kindergruppe kennzeichnend ist, daß die Kinder nicht ruhig auf ihren Stühlen sitzend die Themenwahl abwarten, sondern ihre Vorstellungen und Gefühle schnell motorisch ausdrücken (*Slavson, Schiffer* 1976, S. 33) und in Aktion treten wollen, bietet gerade das Psychodrama den Therapeuten gute Interventionsmöglichkeiten, um die Aktionen der Kinder in ein gemeinsames Spiel umzuwandeln.

(1) Intervention auf der verbalen Ebene

Wir versuchen, den ablaufenden Prozeß, die Handlungen der Kinder in einem Bild zu beschreiben, das möglichst zu einer Spielszene anregt und einen symbolischen Hintergrund schafft.

Beispiel:

Als bei einer Sitzung die Kinder brüllend in den Gruppenraum gerannt kommen, versucht ein Therapeut dieses Verhalten der Kinder in ein Bild zu fassen und sagt: „Das hört sich ja an wie wilde Tiere!" Die Kinder nehmen das Bild sofort auf und möchten Urwald spielen. Sie suchen für sich gefährliche Tierrollen aus und machen die Therapeuten zu Tierfängern, die sie im Spiel dann bedrohen, angreifen und zerfleischen.

(2) Interventionen auf der Handlungsebene

In Anlehnung an die aktionszentrierte Gruppenkonzeption mit ihrer soziodynamischen Funktionsverteilung ist eine positionsflexible Interventionstechnik möglich (vgl. *Heigl-Evers, Heigl* 1972, S. 164 ff; *Krüger* 1980). Die Therapeuten intervenieren dabei aus einer Position, die sie sich entweder von den Erwartungen der Kinder zuweisen lassen oder aufgrund therapeutischer Überlegungen beziehen. Sie suchen sich dafür eine geeignete Rolle, in der sie in das Geschehen eingreifen können.

(a) Die Therapeuten intervenieren aus der Betaposition, aus der Position des Beobachters.

Beispiel:

In einer reinen Jungengruppe nahm die Rivalität unter den Jungen immer mehr zu. Zunächst brüsteten sie sich nur mit ihrer Stärke, gingen dann aber rasch zum Raufen über. Wir unterbrachen den Kampf nicht, sondern ein Therapeut übernahm die Rolle eines Reporters, der im Radio über diesen Ringkampf berichtete. Als die Jungen daraufhin verdutzt ihren Kampf unterbrachen, fragten wir sie, ob sie unter diesem Thema weiterspielen wollten. Da sie von der Idee begeistert waren, ließen wir sie einen Ring aufbauen. Nachdem die Reihenfolge der Kämpfer festgelegt war, die ersten Ringer sich furchteinflößende Namen (z. B. Kung Fu) zugelegt und ihre Betreuer gesucht hatten, ließen wir die anderen Kinder Rollen wählen, mit denen sie sich am Geschehen beteiligen konnten, wie z. B. Ringarzt oder Ringrichter. Zuletzt wiesen die Kinder der Therapeutin die Rolle der Krankenschwester zu.

Dieses Spiel benutzten die Kinder, um ihre Kräfte zu messen. Es mußten so viele Kämpfe stattfinden, bis eine Rangordnung feststand. Als Reporter hatte der Therapeut die Möglichkeit, die Wünsche und Hoffnungen der Kämpfer auszudrücken, die Stärken jedes Kindes herauszuheben, ihren Mut und ihre Tapferkeit zu bewundern, die Freude des Siegers und den Schmerz des Verlierers auszusprechen und durch positive Berichterstattung die Kränkung zu lindern.

(b) Die Therapeuten intervenieren aus der Omega-Position, aus der Position des Außenseiters oder des Sündenbocks. Diese Position wird den Therapeuten von den Kindern dann zugewiesen, wenn sie durch Frustrieren der an sie gerichteten passiven illusionären Erwartungen zum Objekt von Aggressionen werden. Dabei ermöglichen die Gegenübertragungsreaktionen es den Therapeuten, die Art der die Gruppe derzeit beherrschenden Spannungen zu erfassen.

Beispiel:

Die Kinder waren, nachdem sich die Revolte bereits seit einigen Stunden angekündigt hatte, schon vor der Sitzung in den Gruppenraum geschlichen und hatten die Tür verbarrikadiert, so daß wir nicht mehr in den Raum gelangen konnten. Wir versuchten, das Geschehen auf die Symbolebene zu bringen, nahmen die Rollen eines Königspaares ein, protestierten vor der Tür gegen den Aufruhr und forderten unverzüglich Einlaß in unser Reich. Die Kinder griffen das Bild auf, öffneten die Tür, machten uns zum Königspaar und sich zu Rittern. Mit Polsterelementen wurden Burg und Thron improvisiert, auf dem wir Platz nehmen mußten. In einer Revolte wurden wir dann vom Thron gestürzt, unseres Schatzes beraubt, mit Pech beschmiert, wurden beschämt und gedemütigt. Wir mußten uns vor den Rittern, die gemeinsam auf dem Thron Platz genommen hatten, auf die Knie werfen und um Gnade flehen. Die Mädchen lachten über die häßliche Königin und die Jungen über den ohnmächtigen, schwachen König. Ein Junge rief: „Und eine Sechs hat er auch im Zeugnis, und der will König sein!" Zum Schluß wurden wir dann in den Kerker geworfen und entsetzlich gefoltert. Als wir uns laut darüber unterhielten, warum wir wohl so bestraft werden, riefen die Kinder, wir hätten ihnen nicht genug zu essen und zu trinken gegeben.

(c) Die Einnahme der Gegner-Position ist dann ratsam, wenn es gilt, die Gruppenkohäsion zu stärken. Dies ist dann wichtig, wenn die

Gruppe wegen gruppeninterner heftiger Aggressionen, meist bei Konkurrenzkonflikten, auseinanderzubrechen droht.

Beispiel:

Nachdem in den Stunden zuvor die Konkurrenz zwischen den Kindern immer offensichtlicher geworden war, blockierten die Kinder zu Beginn dieser Stunde gegenseitig jeden Spielvorschlag. Die Stimmung wurde immer gereizter. Einige Kinder drohten, sie kämen nicht mehr in die Gruppe, Beschimpfungen gingen hin und her, und im Nu war ein Kampf im Gang. In dieser Situation griff ein Therapeut als Polizist in den Kampf ein und wollte ein Protokoll über die Schlägerei aufnehmen. Sofort schlossen sich die Kinder zusammen und gingen gemeinsam gegen den autoritären Polizisten vor.

6.3.1.2 Rollenwahl

Ist es uns über eine der Interventionen gelungen, von der Realebene auf die Symbolebene zu gelangen, und haben sich die Kinder auf ein gemeinsames Spiel geeinigt und den Handlungsablauf grob skizziert, dann lassen wir sie Rollen, die sie im Spiel darstellen möchten, wählen und, wenn nötig, kurz beschreiben. Dabei achten wir darauf, in welcher Rolle jedes Kind das gemeinsame Thema aufnimmt. Wir können *Basquin* (1981, S. 124) nicht zustimmen, wenn er den Sinn des Spiels einzig in seiner symbolischen Besetzung sieht und deshalb der Rolle, die das Kind übernimmt, keine große Bedeutung zuspricht. Gerade Veränderungen in der Rollenwahl bei wiederkehrenden Themen geben einen guten Einblick, welche Position das Kind zu dem Thema einnimmt (z. B. ob es in der Rolle des Räubers die abgewehrte Seite oder in der Rolle des Polizisten die abwehrende Seite übernimmt).

Recht häufig kommt es vor, daß ein Kind andere in die Rollen drängen möchte, die zu seinem Spiel passen. Nach unserer Regel, auf die wir die Kinder immer wieder hinweisen, kann jedoch jedes Kind selbst entscheiden, ob es die vorgeschlagene Rolle übernehmen möchte oder nicht. Wir gehen davon aus, daß ein Kind die zugewiesene Rolle nur dann akzeptiert, wenn sie mit seiner gerade dominanten unbewußten Phantasie übereinstimmt. Zuletzt muß sich die Gruppe über die Rollen, die die Therapeuten spielen sollen, einigen. Wenn die Kinder es wünschen, spielen beide Therapeuten mit, damit sie ihre Elternübertragungen voll ausspielen können. Um die Projektionen der Kinder darstellen zu können, verlangen wir genaue Angaben über den Charakter und das Verhalten der zugeteilten Rolle und holen auch während des Spiels bei Unsicherheiten Handlungsanweisungen ein.

6.3.1.3 Einrichtung der Szenerie

Ist die Rollenverteilung abgeschlossen, lassen wir die Kinder mit den Polstern den Ort der Handlung einrichten. Dadurch gelingt es den Kindern besser, sich in das Verhalten und die Gefühle der gewählten Rollen zu versetzen.

6.3.2 Aktionsphase (Spielphase)

Im Spiel haben die Kinder die Freiheit, zu improvisieren. Spiel und Geschichte müssen nicht übereinstimmen. Die Interaktionsdynamik führt oft zu einem anderen Ablauf, als im Spielentwurf vorgesehen war. Doch müssen die Kinder, um einen gemeinsamen Handlungsablauf zu gewährleisten, sich über die Änderungen der dramatischen Abfolge einigen und ihre Rollen aufeinander abstimmen.

Während des Spiels haben die Therapeuten neben den schon genannten noch weitere Interventionsmöglichkeiten:

6.3.2.1 Intervention in der Alpha-Position („Anstiftung", *Anzieu* 1984, S. 123)

Besonders in der Anfangsphase einer Gruppe müssen die Therapeuten mitspielen, um ein Spiel in Gang zu setzen oder in Gang zu halten. Da die Kinder häufig in ihrer Spontaneität gehemmt sind, müssen sie erst wieder spielen lernen. Durch das Beispiel, das die Therapeuten im Spiel geben, durch die Betonungen der Mimik, der Gestik und Motorik zeigen sie den Kindern, was im psychodramatischen Spiel, in diesem „So-tun-als-ob" möglich ist, und regen die Kinder zur Imitation an. Dadurch verlieren sie auch den „Über-Ich-Charakter", den sie als Erwachsene bei den Kindern haben, und schaffen eine permissive Atmosphäre.

Eine weitere Intervention aus der Führungsposition ist das direktive Eingreifen des Spielleiters, indem er die Kinder an die Regeln erinnert, sie anhält, auf die Realität der Rollen (als Hai kann man z. B. nicht auf Felsen klettern) und der Kulissen (wenn die Kinder mit den Polstern Felshöhlen bauen, können diese Felsen nicht einfach umgeworfen werden) zu achten.

6.3.2.2 Intervention in der Gamma-Position

Die Therapeuten nehmen hier an den Aktionen, den Lösungsversuchen der Gruppe identifikatorisch teil. Nach *Heigl-Evers* und *Heigl* (1972) empfiehlt sich die Einnahme dieser Position, wenn in der Gruppe wegen starker Ängste das Sicherheitsgefühl gestärkt werden muß. Die Therapeuten können dabei Verständnis für das Schutzbedürfnis der Kinder in der gegebenen Konfliktsituation ausdrücken.

Beispiel:

Nachdem in einer Kindergruppe durch Konkurrenzkonflikte (die Kinder rivalisierten über mehrere Stunden in Heldenrollen wie Winnetou, Old Shatterhand und ähnlichen Rollen) viel Unsicherheit und Angst entstanden war, taten sich die Kinder in dieser Stunde in ihren Heldenrollen zusammen. Sie bauten mit den Polstern eine große Felsenmauer und verschanzten sich dahinter. Die Therapeuten wurden zu einfachen Indianern gemacht. Die Kinder phantasierten dann schreckliche Außenfeinde (Monster, Ungeheuer, Vampire etc.), die das Land bedrohten, aber von den großen Helden besiegt werden konnten. Unsere Rollen ermöglichten uns zu zeigen, wie verständlich wir fanden, daß Zorro, Winnetou und all die anderen Helden, die so lange gegeneinander gekämpft hatten, in dieser bedrohlichen Situation zusammenstanden und sich so gegen die Gefahr schützten.

6.3.2.3 Interventionen in der Rolle des Hilfs-Ichs

Möchte ein Kind eine neue Rolle ausprobieren, die es sich aber noch nicht ganz zutraut, kann der Therapeut in der Rolle des „stützenden Doppels" als Verbündeter der verdrängten Triebregungen dem Kind Halt geben (z. B. beim gehemmten Kind) oder als „Hilfs-Ich" die unterentwickelten Funktionen des Kindes (z. B. beim unkontrollierten Kind) stärken.

Als „explorierendes Doppel" kann der Therapeut mit dem Kind einen Dialog führen, der sich eigentlich im Innern des Kindes abspielt, und so z. B. den Zwiespalt zwischen Wunsch und Befürchtung ausdrücken.

Beispiel:

Um Rivalität zu vermeiden, hatten sich die Kinder geeinigt, daß jedes Kind einmal König spielen dürfe. Als ein gehemmtes Kind an die Reihe kommt, kann es die Königsrolle nicht ausfüllen. Als Diener geht ein Therapeut in das Spiel und versucht durch Anregungen (z. B. „Was wünschen Ihre Majestät zu speisen? Hähnchen mit Pommes-frites oder ...? „Wie möchten Ihre Majestät heute ausreiten? Mit der goldenen Rüstung und dem Edelsteinschwert oder ...?"), dem Kind Hilfen zu geben, die Rolle so auszufüllen, daß es wirklich seine Größenphantasien ausspielen kann. Außerdem bemüht sich der Therapeut durch unterwürfiges und ängstliches Verhalten, dem Kind den Eindruck zu vermitteln, ein mächtiger, furchteinflößender König zu sein, um es so anzuregen, seine Wünsche nach Macht mehr auszuspielen.

Eine weitere Interventionsmöglichkeit als Hilfs-Ich hat der Therapeut, wenn er zum „symbolischen Double" (*Anzieu* 1984, S. 102) wird. Da Kinder in einer Art Rollentausch dem Therapeuten häufig die Rollen geben, die sie selbst sonst in ihrem realen Leben haben, können die Therapeuten in diesen Rollen Gefühle, Ängste und Wünsche aussprechen, die die Kinder nicht ausdrücken.

Beispiel:

Schon seit mehreren Stunden spielten die Kinder Zoo. Sie waren die Tiere und wir die Wärter. Die Wünsche an uns wurden immer größer, und wir mußten in dieser Stunde hin- und herhetzen, um den Wünschen nach Versorgung und Pflege nachkommen zu können. Wir schafften es kaum noch, all die kranken, hungrigen und durstigen Tiere zufriedenzustellen. Da zogen sich die Tiere zurück und flüsterten miteinander. Dann fielen sie plötzlich über uns her, sperrten uns in ihren Käfig ein, hefteten daran ein Schild mit der Aufschrift: „Das sind Menschen", setzten sich davor und besichtigten uns. Als wir uns laut darüber unterhielten, wieso wir wohl eingesperrt worden waren, riefen die Kinder voller Empörung, wir hätten sie schlecht versorgt. Jetzt würden sie den Spieß umdrehen. Wir bekämen nur Essen und Trinken, wenn wir ihre Befehle befolgten. Die Kinder beschlossen dann, uns im Käfig tanzen und dazu „Ihr Kinderlein kommet" singen zu lassen. Während die Kinder sich amüsierten, spürten wir in dieser Rolle die Beschämung, die Ohnmacht und Abhängigkeit und sprachen diese Gefühle in einem symbolischen Doppeln aus.

6.3.2.4 Interventionen durch das Spiel der Therapeuten

Indem die Therapeuten die ihnen übertragenen Rollen, die guten oder bösen Objekte spielen, haben sie ein ausgezeichnetes Mittel, um den Kindern lebendig und anschaulich ihre Übertragungen, ihre inneren Objektbeziehungen aufzuzeigen und bewußt zu machen. Das Mitspielen der Therapeuten ist daher eine Deutungsarbeit (*Rubner, Rubner* 1982, S. 21), ist Deutung durch das Spiel. Beim Spiel müssen die Therapeuten aber darauf achten, zu spielen, „ohne das Spiel des Kranken zu spielen" (*Lebovici* 1971, S. 331), d.h. sie müssen sich mit den Ängsten, den Wünschen der Kinder voll identifizieren, gleichzeitig aber genug Distanz haben, um die Abwehrmechanismen zu erkennen, und sich weigern, den Kindern in ihren Widerständen zu folgen. Indem die Therapeuten sich den Wünschen der Kinder widersetzen und andere Verhaltensweisen zeigen, als die Kinder ihnen vorschreiben, müssen die Kinder darauf reagieren und neue Rollen finden.

Geleitet wird das Spiel der Therapeuten von ihrer Gegenübertragung. Indem sie sich aufs Spiel einlassen, können sie aus dem teilhabend-teilnehmenden Zusammenspiel, aus der eigenen Miterfahrung, zu einem szenischen Verstehen gelangen (*Lorenzer* 1983, S. 113) und dies in einer Deutung ausdrücken.

Hat die Sprache als Ausdrucksmittel für die Kinder eine größere Bedeutung erhalten, so kann die verbale Deutung im Spiel hinzukommen. Die Therapeuten deuten dabei in den ihnen zugeteilten Rollen, indem entweder einer halblaut beiseite spricht oder beide im Dialog laut Überlegungen über das Verhalten der Gruppe oder eines einzelnen Kindes anstellen.

Beispiel:

Die Kinder spielen einen wilden, im Urwald lebenden Negerstamm, der von einem autoritären, hart durchgreifenden Häuptling (dem Kind, das die Führungsposition in der Gruppe innehat) regiert wird. Wir werden zu Forschern gemacht, die den Stamm entdecken und bei ihm leben dürfen. Als Forscher machen wir uns laut Notizen über das Verhalten der einzelnen Wilden und ihre Interaktion. Wir befragen die Wilden über ihre

Normen und überlegen laut, warum sie sich dem strengen Herrscher unterwerfen. Den Häuptling fragen wir, ob dieses strenge Herrschen nicht sehr anstrengend sei und machen uns Gedanken, wo wohl der Häuptling dieses harte Vorgehen her hat. Da schreit der Häuptling: „Das habe ich von meinem Vater gelernt!"

6.3.2.5 Die Abwandlungen der zentralen psychodramatischen Handlungstechniken im Kinderpsychodrama

(a) *Doppeltechnik:* Statt wie in der Erwachsenentherapie hinter den Protagonisten zu treten, seine Körperhaltung einzunehmen, sich in seine Befindlichkeit einzufühlen und dann die nachempfundenen Gefühle zu verbalisieren, übernimmt der Therapeut in der Kindertherapie Rollen und versucht, in diesen Rollen stützendes, explorierendes oder symbolisches Doppel des Kindes zu werden.

(b) An die Stelle des angeordneten *Rollentausches* der Erwachsenentherapie (der Protagonist wird aufgefordert, mit seinem Gegenüber die Rolle zu tauschen) tritt in der Kindertherapie der spontane Rollentausch. Kinder vollziehen im Spiel häufig von sich aus einen Rollentausch, indem sie aus der Passivität des Erlebens und Erleidens in die Aktivität des Spielens übergehen und den Therapeuten dann die Rollen zuweisen, die sie sonst im realen Leben haben, und ihnen das Unangenehme zufügen, das ihnen selbst widerfahren ist.

Einen spontanen Rollentausch vollziehen Kinder auch häufig bei der Bearbeitung des unbewußten Konfliktes zwischen Trieb und Abwehr. Nachdem sie dem Therapeuten die Rolle des strengen, verurteilenden inneren Objektes (z. B. Rolle des Polizisten) gegeben und selbst die Rolle der abgewehrten Triebseite (z. B. in der Rolle als Räuber) ausgespielt haben, können sie nach einiger Zeit der Auseinandersetzung einen Rollentausch vornehmen und eine tolerantere Über-Ich-Rolle spielen.

(c) Auch die *Spiegeltechnik* der Erwachsenentherapie (der Co-Therapeut stellt den Protagonisten auf der Bühne dar, dieser kann als Zuschauer im Spiel des Co-Therapeuten sich selbst und sein Verhalten wie im Spiegel betrachten) wird in der Kindertherapie so abgewandelt, daß die Therapeuten (z. B. als Rundfunk- oder Fernsehreporter) die Spiegelrolle spielen. So können sie durch ihre Berichterstattung den Kindern ein Spiegelbild auf der symbolischen Ebene vermitteln.

Neben der Wiedergabe des Verhaltens bietet die Spiegelrolle auch die Möglichkeit, Bewunderung auszudrücken, den „Glanz im Auge der Mutter" (*H. Kohut*) sichtbar zu machen und in der symbolischen Wunscherfüllung die narzißtische Restitution des angeschlagenen Selbstwertgefühls zu schaffen.

Beispiel:

Die Kinder wollen Urmenschen sein, die auf einer unerforschten Insel leben. Uns lassen sie ein Fernsehteam spielen, das zufällig bei ihnen landet und hinter einem Felsen versteckt das Treiben der Höhlenmenschen filmt. Als Urmenschen demonstrieren die Kinder ihre gewaltigen Kräfte, werfen Felsen um und besiegen Urtiere. Aus unserer Beobachterposition bestaunen und bewundern wir laut diese mutigen und starken Menschen, filmen sie und drücken unsere Freude über diese sensationelle Entdeckung aus. Die Kinder genießen unsere Bewunderung und spielen ihre Größenphantasien immer mehr aus.

6.3.3 Abschlußphase

In dieser Phase geht es zunächst um eine Auflösung der Spielsituation. Indem wir die Kinder auffordern, ihre Rollen abzulegen, sich im Kreis zusammenzusetzen und mitzuteilen, wie es ihnen im Spiel ergangen ist, versuchen wir die Realitätsebene wieder herzustellen. Der Schwerpunkt der kurzen Gesprächsphase, die sich anschließt und bei den Kindern meist sehr unbeliebt ist, liegt auf dem Rollenfeedback, damit die Kinder Unterschiede zwischen ihrer Vorstellung von sich selbst und der faktischen Wirkung auf andere erleben können.

6.4 Entwicklungsprozeß der Gruppe

Betrachtet man den Entwicklungsprozeß von Psychodrama-Kindergruppen, so lassen sich viele Parallelen zu den in der Literatur beschriebenen Phasen der Gruppenentwicklung finden. Das Modell von *Sandner* (1978, S. 169 ff) ist am hilfreichsten für das Verständnis der ablaufenden Prozesse in unseren Gruppen. *Sandner* geht davon aus, daß das Geschehen in therapeutischen Gruppen als Wiederinszenierung spezifischer Phasen der Entwicklung des Kindes in seinem sozialen Kontext gesehen werden kann. Nach seiner Theorie durchläuft die Gruppe als Ganzes im Hier und Jetzt drei qualitativ unterscheidbare Phasen der kindlichen Entwicklung:

— die frühe Mutter-Kind-Beziehung (präödipales Niveau)
— die Beziehung Mutter-Kind-Vater-Geschwister (ödipales Niveau)
— die Beziehung unter gleichrangigen Kindern (reflexiv-interaktionelles Niveau)

6.5 Elternarbeit

Moreno hat mit seiner Theorie der sozialen Netzwerke und seinem anthropologischen Konzept des „sozialen Atoms" schon sehr früh eine kontextbezogene Sicht psychischer Störungen entworfen und vom Therapeuten eine Einbeziehung des jeweils relevanten Kontextes und die Wiederherstellung des beschädigten sozialen Atoms gefordert (*Petzold* 1982).

Wir arbeiten daher parallel zur Kindergruppe mit den Eltern in einer Elterngruppe und in regelmäßigen Abständen mit der ganzen Familie. Bevor wir das Kind in die Kindergruppe aufnehmen, verpflichten wir die Eltern zur Teilnahme an einer Elterngruppe über 10 Sitzungen, in der es um die psychodramatische Bearbeitung konflikthafter Interaktionen in der Familie geht (vgl. *Gerstenberg* 1979). Durch den Rollentausch können die Eltern die bisher einseitig gesehene Beziehung in ihrer Kreisförmigkeit erleben und gewinnen dadurch Abstand von ihrem eigenen, oft einseitigen und verfestigten Standpunkt.

6.6 Fallbericht

Ausführlich soll nun die 35. Stunde einer Gruppe mit Kindern in der Präadoleszenz (10-12 Jahre) dargestelt werden:

Die Gruppe besteht aus drei Mädchen und drei Jungen im Alter zwischen 11 und 12. Alle Kinder kommen aus schwer zerrütteten Familien: Bei vier Kindern sind die Eltern geschieden und agieren ihre Wut weiterhin aus; ein Kind wurde von seinen Alkoholikereltern so mißhandelt und vernachläßigt, daß das Sorgerecht entzogen wurde, und es jetzt bei Pflegeeltern lebt. Alle Kinder wurden wegen enormen Schulschwierigkeiten und massiven Verhaltensauffälligkeiten angemeldet, zwei sind in der Schule für Verhaltensgestörte. Bei vier Kindern herrschen Affektdurchbrüche und aggressives Verhalten vor, bei zwei eher depressives.

Als ich an die Beratungsstelle komme, berichtet mir die Sekretärin, sie habe die Mädchen in meinem Zimmer erwischt, wie sie sich an meinem Schreibtisch zu schaffen gemacht hätten. Ich ärgere mich, daß sie diese Grenze überschritten haben. Zugleich erfahre ich, daß Andreas und René nicht kommen, weil sie erkrankt sind. Außerdem fehlt die Therapeutin, sie hatte schon in der letzten Stunde ihr Fehlen angekündigt. Als ich in den Gruppenraum komme, liegen die Mädchen schon auf einem Bett, das sie mit den Polstern gebaut haben. Ich beginne die Stunde, indem ich die Kinder nochmals an das Verbot erinnere, in andere Räume zu gehen, und reagiere somit spontan als Grenzen setzender Vater, ohne den tieferen Sinn des Geschehens verstanden zu haben. Daraufhin beschimpfen mich die Mädchen mit sexuellen Ausdrücken. Ich gehe nicht darauf ein, sondern teile ihnen mit, daß die beiden Jungen und die Therapeutin heute nicht dabei sein werden. Stefanie entgegnet, sie würden heute nicht mit mir reden, ich sei in der letzten Stunde so gemein gewesen (die Mädchen hatten miteinander um meine Zuwendung rivalisiert). Sie wenden sich von mir ab, kriechen unter eine Decke, sagen, sie hätten Freunde unter der Decke, mit denen sie knutschen und ficken würden, und variieren dieses Thema durch Erzählen von Witzen. Tobias, der ihnen gegenüber sitzt, verfolgt gespannt, was zwischen den Mädchen und mir abläuft. Ich spreche an, daß das Thema Sexualität sie in letzter Zeit sehr beschäftige und sie jetzt herausfinden wollten, wie ich darauf reagiere.

Nun geht Anja an den Schrank und beginnt, sich mit Schleiern und Ketten zu schmücken. Die anderen schauen zu. Als sie dann sehr demonstrativ vor mir auf und ab stolziert, sage ich bewundernd, sie sehe wie eine Prinzessin aus. Sofort greift Anja dies auf. Sie möchte Prinzessin spielen und die beiden Mädchen zu ihren Hofdamen machen. Die lehnen aber diese Rolle ab, klettern auf den Schrank und spielen Affen. Doch Anja läßt sich von ihrer Spielidee nicht abbringen. Sie phantasiert weiter: Ich soll der König sein, 35 Jahre alt, und sie sei meine 16jährige Tochter. Die Mutter sei bei der Geburt gestorben. Da springt Stefanie vom Schrank, sie sei die Zwillingsschwester von Anja. Auch Nicole ist jetzt von dem Spielvorschlag angetan: sie sei ein fünfjähriges Kind, ihre beiden Eltern seien gestorben. Sie sei von den Prinzessinnen aufgenommen worden und werde von ihnen nun versorgt. Als ich Tobias anspreche, ob er sich dem Spielvorschlag anschließen könne, stimmt er zu, findet aber keine Rolle. Da ich ihn stützen will, zähle ich ihm eine Palette von Rollen auf, die an einem Königshof wichtig sind, wie Minister, Hofmarschall, Offizier der Leibwache u. ä. Doch Tobias wählt die Rolle, die Anja ihm vorschlägt: Er will Diener sein. Nachdem alle ihre Kleidung gewählt haben — Stefanie schmückt sich wie Anja —, und Anja mir einen Umhang und eine goldene Kette umgelegt hat, fordere ich die Kinder auf, mit den Sitzelementen das Schloß einzurichten. Die Liegefläche in der Mitte des Raumes wird zum Schlafzimmer der Mädchen. Im Erker des Zimmers richten sie mein Schlafzimmer ein. In der gegenüberliegenden Ecke hat Tobias sein Zimmer. An einer Seite ist der Thronsaal mit dem Thron, auf den ich mich setze.

Die beiden Prinzessinnen kommen und fragen, ob ich endlich einen Mann für sie zum Heiraten gefunden hätte. Als ich mein Erstaunen über ihren Heiratswunsch zum Ausdruck bringe, entgegnen sie, sie hätten genug von mir. Sie würden mir noch zwei Tage Zeit geben, und wenn ich bis dahin keine Männer gefunden hätte, würden sie gehen. Dann verlassen sie den Saal. Ich spreche laut vor mich hin: „Ich habe gar nicht bemerkt, daß meine Töchter erwachsen sind. Wie soll ich nun so schnell Prinzen für sie finden?" Währenddessen spielen die Prinzessinnen mit Nicole, ihrem aufgenommenen Kind, und kommandieren den Diener herum. Zu mir meidet die Fünfjährige jeden Kontakt. Als ich den Diener Tobias zu mir kommen lasse, um ihm seinen Monatssold auszuzahlen, ruft Anja erbost, sie habe gehört, ich wolle Tobias zu einem Prinzen machen, den sie dann heiraten solle. Aufgebracht kommen Stefanie und sie zu mir. Jetzt hätten sie endgültig genug. Ich hätte ja immer noch keinen Mann für sie gefunden. Dann verlassen sie mich und nehmen Nicole mit. Sie sagen, sie hätten ganz laut die Türen zugeschlagen und meine besten Pferde gestohlen. In einem Selbstgespräch frage ich, weshalb es wohl meine Töchter bei mir nicht mehr aushalten könnten, und äußere meine Sorge, es könnte ihnen in der Fremde etwas zustoßen. Tobias beobachtet mit leuchtenden Augen die Szene. Die Mädchen tuscheln und geben mir dann Regieanweisung: ich solle mich jetzt schlafen legen, sie würden dann heimlich ins Schloß zurückkehren und mir und Tobias einen Schlaftrunk geben. Wir schlafen ein, sie geben dann auf ihrem Zimmer Geräusche von sich, worüber ich aufwachen, über den Spuk erschrecken und nicht verstehen soll, was los ist. Laut frage ich mich, was denn im Zimmer meiner Töchter vor sich geht. Als ich nachsehen möchte, ist die Tür verschlossen und nichts mehr zu hören. Anja fordert mich auf, ich soll nun den Diener wecken. Als ich das versuche, wacht er nicht auf. Ich äußere meine Verwunderung, daß er nicht wach zu kriegen sei und sage, jetzt sei ich dem Spuk vollkommen allein ausgeliefert. Als ich in mein Schlafzimmer zurückkehre, liegen Anja und Stefanie in meinem Bett. Anja sagt, sie seien nachgebildete Puppen, ich aber solle denken, die Puppen seien meine Töchter, sie streicheln und nicht merken, daß es Puppen seien. Diese Regieanweisung versetzt mich in Spannung, da die beiden wirklich verführerisch daliegen. Ich halte mich an die Anweisung, äußere meine Freude, daß meine Töchter zurückgekehrt sind, und streiche ihnen übers Haar. Die beiden strahlen. Dann huschen sie schnell in ihr Zimmer, wo Nicole auf sie wartet. Anja sagt, ich soll wieder schlafen, und entschärft die Szene nochmals: alles sei nur ein Traum gewesen und gar nicht wirklich passiert. Ich soll am nächsten Morgen aufwachen, in ihr Zimmer gehen, sie mit Männern im Bett erwischen und deswegen schimpfen. Ich empöre mich über das unanständige Verhalten meiner Töchter.

Plötzlich kommen Stefanie und Anja auf mich zu und wollen ein Bild ihrer Mutter sehen. Als ich keines finde, beschimpfen alle Mädchen mich. Während die anderen sich darüber noch aufregen, sagt Anja, die Mutter sei gar nicht gestorben. Ich hätte sie im Keller versteckt gehalten, damit sie, die Töchter, länger beim Vater bleiben und nicht so früh heiraten. Nicole bietet sich an, die Rolle der Mutter zu spielen. Sie holen sie im Triumph aus dem Keller und fallen über mich her, weil ich ihnen die Mutter vorenthalten habe. Sie fesseln mich und wollen mich erhängen. Als ich im Gefängnis versuche, den Diener auf meine Seite zu bringen, verrät dieser mich, und ich werde von den Prinzessinnen erstochen.

Obwohl noch Zeit ist, wollen die Kinder von sich aus die Schlußrunde beginnen, vor der sie sich sonst eher drücken. Die Gesprächsrunde kürzen sie dann aber ab: alle sagen, es sei eine tolle Geschichte gewesen, so gefallen habe es ihnen schon lange nicht mehr, und bevor ich mich äußern kann, rennen sie schnell aus dem Raum.

Die Stunde ist so beredt, daß ich die Interpretation kurz halten möchte. Das ödipale Thema hatte sich schon in den letzten Stunden angebahnt. Auslöser zum Ausspielen dieses Themas wurde dann aber das angekündigte Fehlen der Therapeutin. Das war für die Mädchen eine so starke Versuchung, daß sie schon vor Beginn der Stunde sehr erregt waren. Daher nahmen sie über die Wortführerin Anja mein Stichwort „Prinzessin" sofort auf und brachten ihre starke Sehnsucht nach dem Vater, die sie ihrem Alter entsprechend in erotischer, sexualisierter Weise zeigten, im Spiel zum Ausdruck. Weil die Mutter als Gegengewicht fehlte, machten diese Wünsche zugleich Schuldgefühle. Zu ihrer Entlastung projizierten sie die Schuld auf den Vater und bestraften ihn. Zwei Ansätze fanden die Mädchen, um den ödipalen Konflikt zu lösen: Zum einen suchten sie andere Männer, zum anderen holten sie die Mutter als Gegengewicht wieder her.

Diese Stunde macht aber auch deutlich, wie die Kinder entsprechend ihrer individuellen Problematik unterschiedlich auf das gemeinsame ödipale Thema reagierten. Nicole ist dieses Thema zu gefährlich. Sie muß, da die Mutter voller Haß auf den geschiedenen Ehemann ist, ihre Sehnsucht nach dem Vater leugnen und mit Regression dieses Thema abwehren. Tobias beschäftigt dieses Thema wohl, doch fühlt er sich dem Geschehen noch nicht gewachsen, so daß er sich durch Schlafen entzieht. Er macht sich außerdem als Diener klein und steigt nicht auf die Rollen ein, die ich ihm anbiete und die ihn zum möglichen Rivalen machen könnten. Das Wegbleiben der beiden anderen Jungen könnte auch als Furcht vor dem anstehenden bedrohlichen Thema gesehen werden. Anja ist die Wortführerin. Sie ist von dieser ödipalen Phantasie am meisten besetzt. Viele Andeutungen in anderen Spielen lassen darauf schließen, daß bei ihr eine konkrete Verführungssituation vorliegt. Auch für Stefanie ist dieses Thema zentral, daher kann sie sich Anja gut anschließen.

Literatur

Anzieu, D., Analytisches Psychodrama mit Kindern und Jugendlichen, Junfermann, Paderborn 1984.

Basquin, M., *Dubuisson, P.*, Das Psychodrama als Methode in der Psychoanalyse, Junfermann, Paderborn 1982.

Bosselmann, R., *Martin, M.*, Psychodrama mit Kindern und Jugendlichen im Heim, *Praxis der Kinderpsychologie und Kinderpsychiatrie* 28 (1979) S. 272-276.

Drabkova, H., Experiences resulting from clinical use of psychodrama with children, *Group Psychotherapy and Psychodrama* 19 (1966) S. 32-36.

Ekstein, R., Die Bedeutung des Spiels in der Kinderpsychotherapie, in: *Biermann, G.* (Hrsg.), Handbuch der Kinderpsychotherapie, Ergänzungsband, Reinhardt, München 1976, S. 162-168.

Gerstenberg, W., Psychodrama in der ambulanten psychotherapeutischen Arbeit mit Eltern und Kindern, *Praxis der Kinderpsychologie und Kinderpsychiatrie* 28 (1979) S. 293-302.

Goodman, J. M., Nondirective psychodramatic play therapy, *Amer J. Orthopsychiat*, 32 (1962) S. 532-534.

Grunebaum, H., *Solomon, L.*, Toward a peer theory of group psychotherapy I, *Int. J. Group Psychother*, 30 (1980) S. 23-49. Toward a theory of peer relationships II, *Int. J. Group Psychother*, 32 (1982) S. 283-307.

Heigl-Evers, A., *Heigl, F.*, Rolle und Interventionsstil des Gruppenpsychotherapeuten, *Gruppenpsychother. Gruppendynamik* 5 (1972) S. 152-171.

Held, T., Das analytische Psychodrama, *Z. Psychosom. Med. Psychoanal.* 15 (1969) S. 287-295.

König, Ch., Psychodrama mit schwer gestörten Jugendlichen, in: *Biermann, G.* (Hrsg.) Handbuch der Kinderpsychotherapie, Bd. IV, Reinhardt, München 1981, S. 226-235.

Krüger, R. T., Gruppendynamik und Widerstandsbearbeitung im Psychodrama, *Gruppenpsychother. Gruppendynamik* 15 (1980) S. 243-270.

—, Analytisch-orientierte Psychodramatherapie mit Kindern, Vortrag gehalten bei der 3. wissensch. Arbeitstagung der Sektion Psychodrama im DAGG, Saarbrücken, vom 29.-31. 10. 1982.

Kutter, P., Übertragung und Prozeß in der psychoanalytischen Gruppentherapie, *Psyche* 25 (1971) S. 856-873.

—, Phasen des Gruppen-Prozesses, *Gruppenpsychother, Gruppendynamik* 16 (1980) S. 200-208.

Lebovici, S., Das Psychodrama mit Kindern und Jugendlichen in: *Biermann, G.* (Hrsg.), Handbuch der Kinderpsychotherapie, Bd. II, Reinhardt, München 1969, S. 771-777.

—, Eine Verbindung von Psychodrama und Gruppenpsychotherapie, in: *de Schill, St.* (Hrsg.), Psychoanalytische Therapie in Gruppen, Klett, Stuttgart 1971, S. 312-339.

—, Das psychoanalytische Psychodrama, in: *Petzold, H.* (Hrsg.), Angewandtes Psychodrama in Therapie, Pädagogik, Theater und Wirschaft, Junfermann, Paderborn 1972, S. 118-127.

Lebovici, S., Diatkine, R., Kestemberg, E., Bilance de dix ans de therapeutique par le psychodrame chez l'enfant et l'adolescent, *Psychiatrie de l'enfant* I (1958) S. 63-179.
Leutz, G., Psychodrama: Theorie und Praxis, Springer, Heidelberg 1974.
Lockwood, J., Harr, B. J., Psychodrama: a therapeutic tool with children in group play therapy, *Group Psychotherapy and Psychodrama* 26 (1973) S. 53-67.
Lorenzer, A., Sprache, Lebenspraxis und szenisches Verstehen in der psychoanalytischen Therapie, *Psyche* 37 (1983) S. 97-115.
Lutz, Ch., Praxis der Gruppentherapie mit Kindern, Bonz, Stuttgart 1976.
Moreno, J. L., Das Stegreiftheater, Kiepenheuer, Potsdam 1964.
—, Gruppenpsychotherapie und Psychodrama, Thieme, Stuttgart 1959.
—, Die Grundlagen der Soziometrie, Westdeutscher V., Köln 1967.
Moreno, J. L., Moreno, F., Spontaneity theory of child development, *Sociometry* 7 (1944) S. 89-128.
Petzold, H. G., Psychodrama-Therapie, Junfermann, Paderborn 1979.
—, Der Mensch ist ein soziales Atom, *Integrative Therapie* 8 (1982) S. 161-165.
Petzold, H. G., Mathias, U., Rollenentwicklung und Identität, Junfermann, Paderborn 198 .
Pohlen, M., Gruppenanalyse, Vandenhoeck und Ruprecht, Göttingen 1972.
Rubner, A., Rubner, E., Das zurückgebliebene Kind und das analytische Psychodrama, Marhold, Berlin 1982.
Samuel-Lajennesse, B., Testemale-Mouod, G., Das Psychodrama als Methode in der Psychoanalyse, Junfermann, Paderborn 1981.
Sandner, D., Psychodynamik in Kleingruppen, Reinhardt, München 1978.
—, Theoriebildung in der Gruppenanalyse *Gruppenpsychother. Gruppendynamik* 17 (1981) S. 234-250.
Seglow, J., Psychodrama mit emotional gestörten Kindern, in: *Biermann, G.* (Hrsg.), Handbuch der Kinderpsychotherapie Bd. II, Reinhardt, München 1969, S. 777-188.
Shearon, E. M., Psychodrama with children, *Group Psychotherapy and Psychodrama* 33 (1980) S. 142-155.
Slavson, S. R., Schiffer, M., Gruppenpsychotherapie mit Kindern, Vandenhoeck und Ruprecht, Göttingen 1976.
Starr, A., Psychodrama with a child's social atom, *Group Psychotherapy and Psychodrama* 5 (1953) S. 222-225.
Stockvis-Warnaar, J., Stockvis, B., Psychodrama of enuresis nocturna in boys, *Group Psychotherapy and Psychodrama* 15 (1962) S. 179-196 und S. 285-303.
Straub, H., Über die Anfangsphase psychodramatischer Kinderbehandlung mit Puppenfiguren, in: *Petzold, H.* (Hrsg.), Angewandtes Psychodrama in Therapie, Pädagogik, Theater und Wirtschaft, Junfermann, Paderborn 1972, S. 218-231.
Widlöcher, D., Das Psychodrama bei Jugendlichen, Walter, Olten 1974.
Zacharias, J., Psychodrama with teen-agers, *Group Psychotherapy and Psychodrama* 18 (1965) S. 262-266.

Das Kind in der analytischen Familientherapie

Almuth Massing, Göttingen

1. Theoretische Vorüberlegungen

Wenn das Kind zum Schwerpunkt unserer Betrachtung werden soll, ist das eine zur Verdeutlichung notwendige Einschränkung, jedoch beinhaltet diese aus familiendynamischer Sicht bereits Gefahren. Wir dürfen nicht vergessen, daß das Kind in jedem Moment als lebendiges Wesen in seiner Familie unlösbar mit dieser und den umgebenden Welten in permanenter Veränderung verbunden ist.

Bei Durchsicht der familientherapeutischen Literatur fanden sich vergleichsweise wenig Aufsätze, die sowohl zur Frage des Kindes ganz allgemein als auch der des „kranken" Kindes — *gehen wir im folgenden etwa von einem Zeitabschnitt bis zu seinem 10. Lebensjahr aus* — Stellung nehmen. Meines Erachtens hängt es damit zusammen, daß sich die Familientherapeuten bislang eher Reifungs- und Ablösungskrisen Jugendlicher zuwendten, an deren besonderer Dynamik die Familientherapie entwickelt wurde. Außerdem gibt es in der Familientherapie noch keine ausreichende Theorie zur Ich-Entwicklung des Kindes, die eine Verbindung familiendynamischer und individual-psychologischer Bedingungen schlüssig aufzeigte.

Da im besonderen der Bedeutung von Kindern in der *analytischen* Familientherapie nachgegangen werden soll, sind einige, wenn auch grob vereinfachte, Vorbemerkungen zu familientheapeutischen Grundpositionen erforderlich.

Es entwickeln sich zwei unterschiedliche Richtungen.

(1) Die Kommunikations- und Interaktionstheoretiker entwickelten das systemische Modell, das sich im wesentlichen am beobachtbaren interaktionellen Verhalten des Familiensystems orientiert. Hieraus wurden ins Familiengefüge eingreifende Techniken entwickelt (vgl. *Satir* 1964; *Watzlawick* et al. 1969; *Minuchin* 1974; *Haley* 1978). Dabei wurden in der zirkulären Befragung und der paradoxen Intervention die Zirkularität des Familiensystems auch in tieferen Schichten, z. B. in verborgenen Koalitionen und deren

Veränderungen angesprochen (vgl. *Selvini Palazzoli* et al. 1981; *Papp* 1983).

(2) Die stärker psychoanalytisch orientierten Forscher entwickelten hingegen eher ein konflikt-historisches Modell. Sie legen das Hauptgewicht auf die Erforschung und Veränderung der tiefer liegenden, durch teilweise unbewußte Prozesse verdeckte Beziehungsstrukturen, die zu der beobachtbaren Strukturierung der Familie geführt haben (vgl. *Richter* 1963; *Lidz* 1963; *Bowen* 1966; *Boszormenyi-Nagy* 1965; *Stierlin* 1975; *Sperling* et al. 1982).

Während also die erste Gruppe eher nach dem „Wie" der beobachtbaren Familienkommunikation forscht, geht die zweite Gruppe eher dem „Warum", also den Bedingungszusammenhängen hierfür, nach. *Hoffmann* (1982) sieht den Hauptunterschied zwischen den Gruppen darin, daß für die analytischen Familientherapeuten die Therapie nicht beendet ist, wenn das Symptom verschwindet, sondern ihr Ziel sei, ein autonomeres Ich für jedes Familienmitglied zu erreichen.

Sind hier auch wesentlich unterschiedliche Richtungen eingeschlagen worden, so gingen doch alle familientheoretischen Konzepte von gemeinsamen Grundannahmen aus. Nämlich: Das Individuum wird unabdingbar in seinem Beziehungssystem gesehen, in dem es in nicht herauslösbarer Wechselbeziehung steht. Symptome eines Familienmitgliedes sind vielfälitger Ausdruck einer Gesamtstörung im Familiennetz. Einseitige Veränderungen eines Familienmitgliedes führen unweigerlich zu Irritationen der Familie mit eventuell neuer Symptombildung eines anderen Familienmitgliedes. Kinder sind nach *Hoffmann* (1982) nicht „Opfer", sondern Teil eines Balanceaktes einer Familie. Dem „Kranken" kommt in der familientherapeutischen Betrachtungsweise eine neue Bedeutung zu: Er ist nicht mehr nur das schwächste Glied, sondern ebenfalls das stärkste, weil er per Symptom wagt, unwiderruflich öffentlich zu machen, daß irgendetwas im Gesamtfamiliensystem nicht in Ordnung — „krankmachend" ist. Das Kind versucht, das familiäre Gleichgewicht zu erhalten als auch es zu verändern. *Boszormenyi-Nagy* (1965) betont, daß das symptomatische Verhalten eines Familienmitgliedes Beweis für seine Familienloyalität ist und als Opfer des individuellen Wachstums zugunsten der Interessen der Gruppe anzusehen ist. Gerade dieser Gesichtspunkt ist entscheidend bei der Frage nach den Kindern allgemein, also auch den Geschwistern in der Familientherapie. Zum Beispiel erfuhren drei Geschwister in einer Familiensitzung, daß alle drei ungewollt waren. Während der „Patient" darüber weint, Angst bekommt, aber dann auch seinen Eltern konfrontierende Fragen stellt, reagieren die „gesunden Geschwister" entweder gar nicht oder nur per Identifikation mit dem Bruder, der in diesem Fall der designierte Patient war. In der Familientherapie gibt es nicht mehr „den Patienten — die anderen oder die gesunden". Wir sprechen eher vom Symptomträger der kranken Familienbeziehung, vom designierten Patienten oder vom Indexpatienten. Ich werde mich im folgenden auf letzteren Ausdruck beziehen.

Wie eingangs angedeutet, finden sich bisher nur bei wenigen Familienforschern Erklärungsversuche der strukturgerierenden Kräfte zur Persönlichkeitsentwicklung für das Individuum. Verallgemeinernd geht man jedoch von einer transaktionalen Theorie der Persönlichkeit aus. *Boszormenyi-Nagy* (1965, S. 61) meint: „Jeder innere Andere oder jede Objektdarstellung ist ein Derivat von zusammengesetzten Erinnerungsspuren an verschiedene frühere Partner." Alle familienorientierten Ansätze gehen davon aus, daß die Ich-Entwicklung und Identitätsbildung eines Kindes zum überwiegenden Anteil von seiner sozialen Umwelt geprägt wird, während das „psychologische Wachsen nach einem biologischen Plan" (*Hoffmann* 1982, S. 167) lediglich einen geringeren Anteil ausmacht. Hier erwarb sich bereits *Erik Erikson* (1963) in den 40er Jahren ein besonderes Verdienst, da er den engen Blickpunkt der intrapsychischen Entwicklungstheorie in Frage stellte zugunsten eines Zusammenspiels zwischen individuellen Lebensstadien und formenden Einflüssen der sozialen Umgebung.

Ebenso stellte *Lindemann* (1944) angeborene „Ich-Stärke" in Frage zugunsten einer allgemeinen Struktur des Familiennetzwerkes. *T. Erikson* (1978, S. 97) drückte anschaulich aus: „Die soziale Umhüllung ist für das individuelle Überleben so wichtig wie das Fruchtwasser für das ungeborene Kind." Individuation ist nur als „bezogene Individuation" ein realistisches Konzept, worauf *Simon* und *Stierlin* (1984) hinweisen und Erfahrungen von *Spitz* (1945), *Winnicott* (1969), *Jacobson* (1973), *Mahler* et al. (1978) und vielen mehr aufgreifen. „Die Entwicklung psychischer Strukturen läßt sich als Evolution interner Strukturen verstehen. Dabei stellen Familie und Individuum ein ko-evolvierendes und sich ko-individuierendes Ökosystem dar" (*Simon, Stierlin* 1984, S. 28). Die Wechselbeziehung zwischen interpersoneller und intrapsychischer Dynamik infolge intergenerationeller Konflikttradierung versuchten *Bauers* (1982) sowie *Bauers* und *Georgi* (1983) transparent zu machen. Das Ich und das Selbst können nicht unabhängig von den Beziehungen betrachtet werden, in denen Ich und Selbst sich entwickelt haben und erhalten. Das Identitätsgefühl ebenso wie die Selbst-Objekt-Differenzierung hängen hochgradig von den Kommunikationen und Interaktionsprozessen innerhalb der Familien ab. *Piaget*

(1974) verweist auf die Entwicklung des Selbstbildes, welches weitgehend durch familiäre Interaktionen bestimmt wird, während *Boszormenyi-Nagy* (1965) das Selbstwertgefühl von der familiären Beziehungsethik abhängig macht. „Der Kommunikationsstil einer Familie repräsentiert insofern ihre Moral, als in ihm faktisch die innerfamiliären Bedingungen wechselseitigen Achtungs- und Mißachtenserweises praktiziert werden" (*Simon, Stierlin* 1984, S. 37).

Es stellt sich die Frage, wie Interaktionsformen ihren Niederschlag in intrapsychischen Strukturveränderungen finden können. Erklärungsansätze greifen auf *Fairbairns* (1963) Theorie der internalisierten Objektbeziehungen zurück, die eine Fortsetzung bei *Dicks* (1967) finden, der in der Qualität der Ehebeziehung der Eltern die entscheidenden Faktoren zur Persönlichkeitsentwicklung des Kindes sah.

Es finden sich vor allem drei analytische Familientherapeuten, in deren Konzepten der Versuch unternommen wird, Beziehungs- bzw. Transaktionsmodi für die Ich-Entwicklung des Kindes aufzuzeigen.

Richter (1960, 1963) mißt den narzißtischen Projektionen von Eltern auf ihre Kinder strukturgerierende Bedeutung zu, welche sich in bestimmten Rollenerwartungen an die Kinder niederschlägt.

Stierlin (1975, 1978) legt ein Konzept von Delegation vor, ein Konzept von Bindung und Ausstoßung gleichermaßen, welches auf der Ich-, Es- und Über-Ich-Ebene jeweils seinen Niederschlag finden kann.

Innerhalb der von *Boszormenyi-Nagy* (1965, 1972, 1981) entwickelten komplexen Beziehungstheorie läßt sich die psychische Strukturierung des einzelnen als Verinnerlichung von loyal übernommenen ethischen generationsübergreifenden Erwartungen und Geboten begreifen.

Zusammenfassend könnte man sagen, daß die psychoanalytischen Familienforscher, die die familiären Organisationsformen von den unbewußten Phantasien aus erfassen, die Entwicklung des Kindes von dem Zusammenspiel aller unbewußten Austauschvorgänge im Familiensystem abhängig sehen. Hiervon ist vor allem auch die Beherrschung der eigenen Impulse abhängig. Auf diese Gesichtspunkte geht *Flugel* (1921) im besonderen ein. *Flugel* (zit. nach *Buchholz* 1983, S. 190) meint:

> „Die ‚primitiv-emotions' wie sexuelle Begierde, Liebe, aber auch Haß, werden in der Familie verdrängt, ebenso wie Neid und Eifersucht. Grund ist ein Konflikt zwischen der als a-moralisch angenommenen Natur des kleinen Kindes und den entgegenstehenden kulturellen Anforderungen, die die Eltern vertreten. Die *Haltung* der Eltern bestimmt hier die Entwicklungsrichtung — und die Geschwindigkeit."

Auch *Freud* geht von der Annahme aus, daß weniger konkrete Handlungen der Eltern als vielmehr deren strenges Über-Ich prägende Bedeutung für die Kinder erlangt.

Die Anlage des Kindes, seiner Folge in der Geschwisterreihe, seinen Erfahrungen mit außerfamiliären Bezugspersonen und Institutionen werden erst im weiteren prägende Bedeutung beigemessen. Die wesentlichsten Spuren pflegen die aus der jeweils charakteristisch gestörten Familiendynamik erwachsenen Einflüsse im Kinde zu hinterlassen. Das führt zu dem Schluß, daß das Konfliktpotential für die Ich-Entwicklung des Kindes in seinen primären Objekten liegt. *Bauers* (1982, S. 66) formuliert die tiefenpsychologische Grundthese der Familientheorie: „Ungelöste Beziehungskonflikte der Eltern beeinflussen die Ich-Entwicklung und Identitätsbildung des Kindes in der Gegenwartsfamilie und damit seine Fähigkeit, Beziehungen in seinem Interesse zu regulieren."

2. Die Rolle des Kindes in der analytischen Familien-Therapie

Auf dem Hintergrund der nur kursorisch aufgezeigten theoretischen Vorüberlegungen sollen im weiteren praktische Erfahrungen mit Kindern in der analytischen Familientherapie erörtert werden.

Man wird immer wieder gefragt, ab welchem Alter Kinder mit in die gemeinsamen Sitzungen einbezogen werden sollen oder gar, ab welchem Alter „dieses Zweck hätte". Hierzu machten wir zu Beginn unserer familientherapeutischen Arbeit folgende Erfahrung: Während ein Ehepaar mit uns Therapeuten „ruhig" und scheinbar voller Verständnis zueinander Probleme besprach, kam das 1½jährige Kind und legte dem Vater ein Holz-Krokodil auf den Schoß. Ähnliches beobachteten wir in vergleichbaren anderen Situationen: Da kroch ein 2jähriges Kind unter eine Bank, ein anderes stolperte und fing an zu weinen usw. Erst, nachdem wir uns wiederholt die Video-Bänder mit diesen Szenen betrachteten, merkten wir, daß, bevor die Kinder in Aktion traten, sich die Stimme des einen oder anderen Elternteils verschärft hatte. Die Kinder — viel sensibler für feine Stimmungsveränderungen zwischen den Eltern als die Therapeuten — traten dann beunruhigt in Aktion, um mit ihren Möglichkeiten einzugreifen, indem sie die Eltern vielfältig ablenkten oder deutlich, wie in dem Beispiel mit dem Holz-Krokodil „den Bösen" benannten.

Chasin (1981), *Kniskern* (1981), *Madanes* (1981), *Andolfi* (1982), *Zilbach* et al. (1972) bestätigten, daß gerade kleine Kinder sehr direkt und offen Gefühle und Spannungen zum Ausdruck bringen, die Eltern zwar empfinden, aber nicht gern enthüllen möchten. Medium ist natürlich noch nicht die Sprache, sondern ihr Spiel. *Leider werden die in der analytischen Kindertherapie gemachten Erfahrungen in der Familientherapie noch zu wenig berücksichtigt.* Gerade auf die immense Bedeutung des Spiels der Kinder für die Familientherapie weisen ausdrücklich *Zilbach* et al. (1972) hin. Das Spiel dient nach ihnen nicht nur als Ausdrucksmöglichkeit, sondern auch als Abwehrmittel gegen Angst:

„Kleinere Kinder finden im Spiel die Möglichkeit, eigene Ängste auszudrücken, die von der Familie seither unbemerkt geblieben sind. Dadurch definieren sie ihre Rolle in der Familie genauer und lassen zugleich ihre speziellen Beziehungen zu den Schlüsselfiguren der Familie klarer erkennen."

Diese Autoren problematisieren den häufigen Ausschluß der Kleinkinder. Sie sehen den Grund weniger im Kind begründet als vielmehr z. B. in den Eltern, die sich den Glauben bewahren wollen, daß ihr Kleinkind „normal" sei und sie damit „gute" Eltern. Es stellt sich also weniger die Frage, ab welchem Alter Kinder mit zu den therapeutischen Sitzungen kommen sollen oder gar, ob diese ihnen schaden könnten. Denn diese therapeutischen Situationen stellen ja lediglich einen kleinen Ausschnitt ihrer ständigen Familienwirklichkeit dar, in der ähnliche Situationen ebenfalls stattfinden und oft weitaus schlimmer sind. Vielmehr eröffnet es die Aufgabe für den Therapeuten, ob er akzeptieren und wahrnehmen kann, daß das soziale Verstehen auf einer nonverbalen Ebene bereits lange vor der Fähigkeit des bewußten Verstehens und Verbalisierens der Kinder liegt. Hiermit rückt die Kompetenz des Familientherapeuten in den Mittelpunkt unserer Betrachtung. *Zilbach* et al. (1972) vermuten, daß der Hauptgrund, kleinere Kinder nicht mit in die Familientherapie einzuladen, im Therapeuten selber liegt. Er müßte akzeptieren, daß Kleinkinder auch Zeuge für Auseinandersetzungen werden. Hinter seinen irrationalen Einwänden von Schutz käme auch heraus, daß er selber nicht mit Kindern umgehen kann. Außerdem würden unverarbeitete Gefühle aus der eigenen Kindheit mobilisiert, die nach den Autoren nicht zu unterschätzen sind. Diese Beobachtungen können wir vielfältig bestätigen. Ich möchte noch einen Gesichtspunkt besonders hervorheben, daß nämlich das Wahrnehmen ödipaler Situationen zwischen Eltern und ihren kleinen Kindern dem Therapeuten Verunsicherungen und Schwierigkeiten bereiten kann. Er wird überrascht von der erotischen und verführerischen Anziehung zwischen kleinen Kindern und ihren Eltern, wobei die Beziehung zwischen Mutter und Sohn von ihm gefühlsmäßig eher akzeptiert wird als die zwischen Vater und kleiner Tochter. Als eine 4jährige Tochter den Vater mit zu sich in die Spielecke zog, um „Heiraten" zu spielen, wurde der Therapeut merklich streng und fragte nach der „gestörten" Paarbeziehung der Eltern. Hierauf lief das kleine Mädchen zur Mutter, legte seinen Kopf in ihren Schoß und nuckelte. In dieser Szene konnte man in statu nascendi bei dem kleinen Mädchen die Regression von der genitalen auf die orale Stufe beobachten, ausgelöst durch die Über-Ich-Strenge des Therapeuten.

Ich beobachtete, daß Therapeuten je nach eigener familiärer Situation dazu neigen, sich verschieden zu verhalten. Wenn der Therapeut z. B. noch keine eigenen Kinder hat und jung ist, neigt er dazu, sich mit diesen zu identifizieren. Er hat deutlich Spaß an der erotischen Stimmung, lacht mit, provoziert gar ein „Spiel mit dem Feuer". Hat der Therapeut jedoch selber kleine Kinder, identifiziert er sich mehr mit den jungen Eltern und muß über sie eigene, mehr oder weniger bewußte sexuelle Gefühle den eigenen Kindern gegenüber abwehren, die er in dieser Offenheit schuldhaft erlebt. Dieser Therapeut neigt dazu, solche Situationen zu „übersehen". Er kann auch das Kind z. B. auf „ungefährlichere" Spiele lenken. Sind Therapeuten schon älter, neigen sie dazu, die beobachtete Situation durch zu rasche Interpretationen abzuwehren. Sie verhalten sich evtl. aus eigenen Neidgefühlen als strenges Über-Ich, wie in dem oben genannten Beispiel.

Zilbach et al. (1972, S. 475) konstatieren wegen der genannten Gegenübertragungsschwierigkeiten des Therapeuten sehr treffend: „Der Therapeut zieht es vor, die ‚gesamte' Familie *ohne* Kleinkinder zu behandeln".

3. Zur Bedeutung der Kinder für die Eltern

3.1 Allgemeine Überlegungen

Der Familientherapeut darf sich nicht nur den „individuellen Familienproblenen" zuwenden, sondern muß das Beobachtete sowohl auf seine historischen als auch gegenwärtigen Bedingtheiten reflektieren. Denn gerade Folgen gesellschaftlicher Brüche und Werteverschiebungen verursachen Prägungen. Hier spielt m. E. gerade der Bedeutungswandel der Kinder für die Eltern eine große Rolle.

> „Die zentrale Rolle von Kindern ist darin zu sehen, daß Kinder Familien erst entstehen lassen. Waren bis dahin die Partner Kinder ihrer eigenen Herkunftsfamilien, werden jetzt aus Partnern Eltern, die damit ihre Beziehung zueinander, zum Kind und zu den Herkunftsfamilien neu definieren müssen." (*Sperling* et al. 1982, S. 118)

Vor allem Flexibilität und grundlegende Beziehungsneudefinitionen sind erforderlich, um dem Kind eine, wie *Hartmann* (1975) es nannte, „durchschnittlich zu erwartende Umgebung" zu gewähren, in dem es aufwachsen kann.

Es ist schwierig, der Frage nachzugehen, welch positiv emotionale Bedeutung zukünftige Kinder für junge Paare haben können. Mit dieser Möglichkeit sehen sich junge Paare konfrontiert, da es durch eine nahezu sichere Konzeptionsverhütung möglich ist, sich für ein Kind oder gegen eine Schwangerschaft zu entscheiden. Kinder könnten also eigentlich Wunschkinder sein. Es scheint, als ob mit dem Kind im gegenwärtigen europäischen Kulturkreis vor allem Wünsche nach emotionaler Beziehung untereinander, nach Glück und Geborgenheit verbunden werden. Um die Jahrhundertwende hingegen standen eher Vorstellungen wie Weitergabe von Traditionen, Familienwerte oder auch zukünftige Aufgaben in der Alterssicherung für die Eltern im Vordergrund.

Durch das Überwiegen emotionaler Bedürfnisse und Wünsche an das Kind und auch an die jungen Eltern werden beide Seiten in unserer hochtechnisierten und atomar bedrohten Welt jedoch zunehmend überbürdet. Auch dadurch, daß junge Menschen — ich meine mehr als ältere — sich mit unlösbaren Widersprüchen auseinandersetzen müssen, wie den „Retortenbabys", Möglichkeiten der Genmanipulation, den täglich tausendfach verhungernden, ursprünglich gesunden Kindern und der unverändert hohen Abtreibungsrate und all dieses gerade, weil auf ihnen emotionale Verantwortung für zukünftige Kinder ruht.

Dem Anspruch nach „Wunschkindern" steht gegenüber, daß bei unseren Familien in den letzten 10 Jahren zwei Drittel der Kinder nicht „geplant" waren. Die Hälfte stellte gar den Grund für eine „Mußehe" dar.

Wenn einerseits an das Kind bestimmte „Glückshoffnungen" gerichtet sind, so sehen sich Eltern andererseits unter einem zunehmend normativen Druck, dem Kind emotionale Sicherheit und Geborgenheit geben zu *müssen,* damit es gedeiht. Hierdurch werden Eltern verunsichert und geängstigt. Sie vertrauen weniger eigenen Gefühlen und können daher kein ausreichendes Zutrauen zu ihren eigenen Fähigkeiten entwickeln. Konnten Eltern früherer Zeit Konflikte der Kinder auf deren „Vererbungspotential" schieben, fühlen sich Eltern heute vor allem hierfür *schuldig.* So besuchte eine Mutter mit ihrem Säugling einen Stillkurs, damit sie hier Anleitungen bekäme, dem Kind mit dem Stillen die „richtige" Zuwendung zu geben. Sie fühlte sich durch die Lektüre in einer Zeitschrift verunsichert. Auch suchen junge Eltern eher mit ihren Kindern Spezialisten auf, um nur ja nichts versäumt zu haben, wofür sie später Vorwürfe bekämen. Hier stehen sie in wechselseitiger Bedingtheit mit dem heutigen Medizinsystem. Zum Beispiel haben Ultraschalluntersuchungen des ungeborenen Kindes ambivalenten Charakter. Neben z. B. segensreichem, frühzeitigem Erkennen von Mangelzuständen des Embryos oder zu erwartenden Komplikationen für die werdende Mutter, verleiten sie diese, Gefühle für sich und für das ungeborene Kind zu visualisieren. Hierin aber besteht die Gefahr, nicht aus eigenen Gefühlen heraus emotionale Sicherheit zu entwickeln.

Neben diesen angedeuteten gegenwärtigen gesellschaftlichen Bedingungen, die zur Belastung der emotionalen Eltern-Kind-Beziehung beitragen, begegnen wir jedoch einer Vielzahl emotionaler und sozialer Gründe, die in die Tiefenschicht beider Eltern hineinreichen. Es treten schon vor der Geburt, ja bereits vor der Zeugung, bewußte und unbewußte Wünsche und Erwartungen der Eltern oder jedes einzelnen Elternteils an das Kind auf. Ein Vater war fest überzeugt, daß er ein Mädchen zeugen würde: „Und das wird wie meine Mutter und bekommt selbstverständlich ihren Namen." Eine schwangere Frau hatte nach einer Ultraschalluntersuchung von ihrem Gynäkologen bereits erfahren, daß sie ein Mädchen bekäme. Hierüber thematisierte der Mann seine große Enttäuschung — zumal sie schon eine Tochter hatten — auch, daß das Kind „nicht geplant" war. Damit hätte man sich ja noch abgefunden, aber nun noch ein Mädchen! Es wurde nun deutlich, daß der Vater, ein Landwirt, entsprechend der bäuerlichen Tradition, einen Stammhalter präsentieren mußte. Ohne diesen galt auch er als Sohn weniger. Bei diesen Beispielen wird deutlich, mit welch ungeheuren Lasten die noch Ungeborenen befrachtet werden.

Reich (1983) und *Reich* et al. (1986) gingen in einer breit angelegten Untersuchung von Scheidungskonflikten der Dynamik „ungewollter" Schwangerschaften in diesen Familien nach. Es stellte sich heraus, daß sie auf einer tieferen Schicht *alle* gewollt waren. Denn schon vor der Geburt wurden bewußte oder unbewußte Erwartungen an die Kinder gerichtet, dahingehend, daß z. B. das erste Kind dem Paar die Ablösung von der Herkunftsfamilie und den Traum der Eltern von Anerkennung und Leben in einer „heilen Familie" ermöglichen sollte. Weitere Kinder sollen vor allem Brüche und Sprünge, die in dem Bild von „der heilen Familie" aufgetreten sind, kitten.

In letzter Zeit beobachteten wir eine Tendenz, daß Partner sehr offen die Ansicht vertreten und praktizieren, daß erst einmal ein Kind gezeugt werden solle, dann könne man sich weiter überlegen, ob die nicht befriedigende Partnerschaft hielte.

Auf die prägende Bedeutung der Namensgebung hat *Abraham* bereits 1912 hingewiesen und läßt sich von uns vielfältig bestätigen. Kinder werden nach Verwandten benannt, nach bestimmten Traditionen, nach Verstorbenen, deren Tod man nicht überwinden konnte. So bekam z. B. eine *Tochter* den Vornamen ihres gefallenen Vaters. Kinder werden nach Romanfiguren benannt oder aber nach gängigen Moden. Wichtig zu erarbeiten sind die mehr oder weniger bewußten Vorstellungen, Phantasien und Wünsche, mit denen die Namensgebungen verbunden sind, da entsprechend dieser von Anbeginn des Lebens des Kindes wichtige Aufgaben und Erwartungen auf das Kind delegiert werden. So war ein Mädchen absolut gefangen in vielfältigen, meist negativen Zuschreibungen von Verwandten beider Eltern, so daß kein Raum für individuelle Entwicklung blieb. Die Brüder jedoch wurden wesentlich weniger mit Zuschreibungen Verwandter belegt und diese waren überwiegend positiv.

Es wird deutlich, wie früh Kinder in einem ständigen Interessenskampf beider Eltern miteinbezogen und auch mißbraucht werden können, welche „Rollen" sie nach *Richter* im elterlichen Kampf übernehmen sollen oder welche ungelösten Konflikte nach *Stierlin* auf die Kinder delegiert werden, so daß sie nach *Reich* (1983) als Partnerersatz, Bündnispartner, Vermittler, Sündenbock, negatives Abbild des Partners oder dessen Idealselbst gebraucht werden. So meinte ein 10jähriges Kind: „... daß Papa und Mama sich fast nie mehr liebhaben, habe ich gemerkt. Da habe ich dann abends im Bett überlegt, was ich machen kann, damit sie sich wieder mögen und fröhlicher werden können."

3.2 Die Beziehungskonflikte der Eltern

Wenn die Hypothese familientherapeutischen Denkens lautet, daß Auffälligkeiten der Kinder auf Konflikte verweisen, unter denen schon die Eltern leiden, so wollen wir diesen Aspekt im folgenden beleuchten, da er das therapeutische Vorgehen in der analytischen Familientherapie weitgehend bestimmt. Ein Vater formulierte treffend: „Wir planen jetzt noch ein Kind, denn auf vier Kinder verteilen sich unsere Spannungen etwas gerechter als auf nur drei Kinder." Da die psychoanalytische Familientheorie nach den mehr oder weniger bewußten Determinanten elterlicher Spannungen fragt, die als Korrelat in einem neurotischen Symptom erstarrt scheinen, eröffnet sich hiermit die Perspektive einer tieferliegenden Konfliktebene. Denn im analytischen Denken geht man ja davon aus, daß sich Störungen und Konflikte der jeweiligen Kindergeneration *regelmäßig* aus mehr oder weniger unverarbeiteten Konflikten zwischen den Eltern und deren Eltern ergeben — also den Großeltern der Kinder. Insofern ist es erforderlich, sich die Eltern als *Kinder* ihrer Eltern zu verdeutlichen: denn in *jeder* Partnerwahl finden mehr oder weniger behindernde, projektive Verzerrungen und Erwartungen an den Partner statt (vgl. *Crandall* 1971). Hierzu müssen wir uns kurz verdeutlichen, daß sich in Partnerwahlen generell nicht nur zwei Individuen treffen, sondern gleichzeitig zwei Familiensysteme, nämlich die Herkunftsfamilien beider Partner (vgl. *Reich* 1983). In jeder Ehe liegt die Hoffnung zugrunde, die Verletzungen aus der Vergangenheit in dieser neuen Familie durchzuarbeiten. Je unbearbeiteter und — nach *Boszormenyi-Nagy* und *Spark* (1973) — je unausgeglichener Schuldkonten aus der Vergangenheit persistieren, um so mehr wird die neue Ehe durch Wiedergutmachungswünsche und Ausgleich der alten Schulden überfrachtet bzw. erbittert bekämpft, wenn der Partner den phantasierten Bildern nicht entspricht. Wir konnten häufig die Feststellung machen, daß die Trennung in der horizontalen Ebene, also die der Ehepartner, leichter und leichtfertiger vollzogen wird als die notwendige Trennung in der vertikalen Ebene, also zwischen der mittleren und älteren Generation, mithin zwischen den Eltern und Großeltern (vgl. *Reich* 1983).

Wenn es in der analytischen Familientherapie vor allem um die Aufdeckung, Verdeutlichung und Aufarbeitung unbewußter Konflikte der Familiengeschichte geht, so immer mit dem Ziel, die Gegenwart neu zu gestalten. Hier finden sich verschiedene Vorgehensweisen in der Bearbeitung der Psychogenese des Ehepaares. *Sperling* et al. (1982) entwickelten, beeinflußt von *Boszormenyi-Nagy* und *Spark* (1973) sowie *Bowen* (1966), das Konzept der Mehrgenerationen-Familientherapie mit dem Ziel, unverarbeitete Konflikte des Paares mit den *konkreten* Personen der Vergangenheit, also den Großeltern, aufzuarbeiten. Denn andauernde Konflikte mit ihnen aus der Vergangenheit, die in die Gegenwart hineinragen, binden die Kraft für notwendige Auseinandersetzungen mit gegenwärtigen Anforderungen. Die Beschäftigung mit einer derartigen psychoanalytischen Perspektive erweitert jedoch den engen Rahmen intrafamiliären Geschehens und muß sich mit Zusammenhängen zwischen Biographie und Zeitgeschichte, also zwischen Individuen, Familien, sozialen, historischen und ökonomischen gegenwärtigen und vergangenen Bedingungen und Veränderungen auseinandersetzen. Die Gewichtung wird von der analytischen Familientherapie verschieden gesetzt. Während z. B. *Boszormenyi-Nagy* und *Spark* (1973) der ethischen Dimension intra- und transfamiliärer Loyalität die Präferenz geben, gehen *Sperling* et al. (1982) von konkreten zeitgeschichtlichen Fakten, wie z. B. Weltbildern aus, die für die Familie unverarbeitet blieben.

3.3 Die Bedeutung der Geschwister untereinander

Im familientherapeutischen Schrifttum ist der Bedeutung der Geschwister füreinander bisher wenig Beachtung geschenkt worden. Immerhin jedoch ist deren Beziehung untereinander nach denen zu den Eltern am wichtigsten. *Minuchin* (1977) spricht eher formalistisch vom geschwisterlichen Subsystem mit eigenen Grenzen, welches hierarchisch aufgebaut ist. Die Aufgaben und Privilegien der Kinder sind nach seiner Meinung nach Geschlecht und Alter in Übereinstimmung mit den vorgegebenen Kulturwelten der Familie verteilt. Man hat manches Mal den Eindruck, daß die Geschwister lediglich als Satelliten des elterlichen Subsystems fungieren. Hierzu betont *Framo* (1965, S. 221) jedoch:

> „Die Welt der Geschwister ist ein machtvolles Subsystem ganz eigener Kultur ... Unter Geschwistern werden wichtige Lern- und Gefühlserfahrungen wie starke Liebes- und Haßgefühle mit- und gegeneinander erprobt, die zu riskant und gefährlich sind, um sie Eltern gegenüber zu erproben. Bruder oder Schwester kann einem auf Dauer nichts antun. Die Geschwister wissen, wer wo steht und auf Seiten welchen Elternteils, und sie lernen, wie man gewinnt, verliert oder unentschieden erreicht. Kinder spielen und kämpfen miteinander, müssen sich mit Neid- oder Schuldgefühlen auseinandersetzen. Geschwister beschützen sich gegenseitig vor den Eltern oder bei außerfamiliärer Bedrohung. Sie beherrschen die Kunst, mit jemandem auszukommen, den sie nicht immer mögen."

Fishel (1980) ging noch einem weiteren Aspekt, den sie bei Schwestern untereinander fand, nach. Sie betont, daß die Beziehung der Schwestern untereinander zwar am stärksten durch Konkurrenz geprägt ist, andererseits Schwestern aber unmittelbar durch eine Art gemeinsamer Privatsprache wechselseitigen Einfluß auf ihre erwachende Sexualität, ihre Identität als Frau, die Beziehung zu Freunden, Liebhabern und Ehemännern nehmen. Auch *Tomann* (1965) beschreibt eindrücklich die Geschwister als Gruppe mit eigenständigem Handeln und individuellen Beziehungen untereinander.

3.4 Zum Problem der „gesunden" Geschwister

In der analytischen Familientherapie findet eine Umdefinition statt. Es geht nach systemischen Gesichtspunkten weniger um die Kategorien von „krank“ und „gesund“ als vielmehr um Grade von Auffälligkeiten. Bei der Durchsicht von Familienfallbeschreibungen finden sich vielfältige Hinweise dafür, daß die Geschwister ebenfalls „krank“ sind. *Lidz* (1963) stellte fest, daß die sogenannten „gesunden“ Geschwister bei näherer Betrachtung gar nicht so gesund waren, wenn sie auch zunächst sozial besser adaptiert scheinen. Er fand genauso viele mit schweren Persönlichkeitsstörungen oder gar psychotische Geschwister. Bei den „gut angepaßten“ Geschwistern fand er Abwehrmanöver der Abkapselung oder Flucht vor der Familie. Zum Beispiel klagte eine kleine Patientin bei uns über Asthma und auch darüber, daß sie ständig irgenwie unglücklich sei. Ihre beiden Geschwister beneidete sie um deren Gesundheit. Bei näherem Betrachten stellte sich heraus, daß beide Geschwister ebenfalls massive klinische psychosomatische Beschwerden hatten, die sie aber als so „normal“ schilderten, als hätten diese gar keinen Krankheitswert. Die „gesunden“ Geschwister wirken häufig stabiler auf Kosten des Geschwisters, das Indexpatient ist, indem „der Patient als Ziel für die elterlichen Aufdringlichkeiten dient oder als warnendes Beispiel für die Geschwister“ (*Framo* 1965, S. 220).

Ein sehr sensibler Indikator für Störungen aller Geschwister sind auch Symptomverschiebungen bei einseitiger Besserung des Indexpatienten. Nachdem sich so z. B. das Bettnässen eines 5jährigen Jungen in der Therapie gebessert hatte, fing seine 7jährige Schwester an, unter Schlaflosigkeit zu leiden, so daß die Mutter vorwurfsvoll bemerkte: „Jetzt werden wir wieder nachts ständig gestört.“ Bislang war die wichtige Funktion dieses Symptoms für die elterliche Paarbeziehung nicht ausreichend in die Bearbeitung gekommen, denn dieses nächtliche Kümmern um die Kindern verschleierte die gestörte sexuelle Beziehung der Eltern. Selbst das überangepaßte erfolgreiche Kind zeigt nach *Framo* (1965), sobald man an der Oberfläche kratzt, schwere pathologische Merkmale. Solche Situationen lassen sich durch vielfältige Beobachtungen und Beschreibungen belegen und gehören mit zu einer der Grundthesen familientherapeutischen Denkens.

Framo (1965) geht noch auf einen anderen wichtigen Aspekt für die verschiedenen Kinder einer Familie ein. Auch die Geschwister werden dazu gebracht, elterliche Introjekte zu repräsentieren. Manchmal repräsentiert so ein Kind das „Über-Ich“, ein anderes das „Es“. In jeder Familie mit mehreren Kindern gibt es das verzogene, das lernbegierige, das gewissenhafte, das wilde etc. Kind. Die Zahl der möglichen Rollen, die wesentliche Aspekte der unbewußten elterlichen abgewehrten Seiten zeigen, ist unendlich. Jene „gesunden“ Geschwister, die es schafften, sich anzupassen, indem sie sich mit den Widersprüchen ihrer Familie auseinandersetzten, und die sich die Abwehrmechanismen der Isolation, des Sich-Zurückziehens, der Regression und des bewußten Vergessens zunutze machten, um zu überleben, wurden tatsächlich nach *Framo* (1965) im Verlaufe der Therapie, als die vergangenen Traumata deutlich wurden, gestörter.

Kinskern (1981) macht auf zwei bedeutsame Gründe aufmerksam, warum der Therapeut Sorge tragen muß, daß entweder *alle* Geschwister in der Therapie anwesend sind oder aber keines. Lädt man z. B. nur den Indexpatienten ein, unterstützt man den Familienwiderstand: Es gibt nur einen Patienten. Zusätzlich aber werden hierdurch die Unterschiede zwischen den Geschwistern erhöht, die primär keine Bewertungen untereinander vornehmen von „krank", „andersartig". Gerade die Geschwister sind in der Therapie in hohem Maße bereit, sich gegenseitig zu schützen und solidarisch zu sein, ein Aspekt, auf den *Andolfi* (1982) hinweist.

3.5 Die Bedeutung des Indexpatienten für die Familie

In der analytischen Familientherapie bemühen wir uns, einschneidende Erlebnisse oder Ereignisse in einer Familie nicht nur zu ermitteln, die weitreichenden Veränderungen zu registrieren, sondern auch die Bedeutungszusammenhänge zu ergründen und bewußt zu machen. Das bedeutet, gerade auf den Zeugungszeitpunkt von Kindern bezogen, sich die emotionale Beziehung des Elternpaares zu dieser Zeit zu vergegenwärtigen. Gerade hierbei kann man bedeutsame Motive und Bedingungen für das entstehende Kind ausmachen. Es läßt sich nach unseren Erfahrungen nahezu verallgemeinernd sagen, daß die Paarbeziehung zum Zeitpunkt der Zeugung des späteren Indexpatienten im Gegensatz zu seinen Geschwistern durch ein enormes mehr oder weniger bewußtes Spannungsfeld zwischen dem Elternpaar bis hin zu offenen Kämpfen oder deren Trennungsabsichten gekennzeichnet war. Die Zeugung des Kindes diente hier vor allem der Konfliktvermeidung des Paares und dem Aufschub notwendiger klärender Auseinandersetzungen. Die Schwangerschaft entspannte zwar somit vorübergehend die gefährdete, in destruktiven Machtkämpfen befindliche Zweierbeziehung. Jedoch wird ein in solcher Krisensituation gezeugtes — oder auch adoptiertes — Kind von Anfang an mit schweren Aufgaben befrachtet. Es soll die brüchige Beziehung des Paares kitten. Nach unseren Erfahrungen findet nach der Geburt des Kindes jedoch keine Zurücknahme dieser Aufgabe statt, sondern das Kind bleibt hiermit unbewußt weiter belastet, denn nicht das einmalige Ereignis der traumatischen Konstellation bewirken spätere Symptombildungen, sondern gerade die andauernden, unrevidierten Mikrotraumen. Spätere Symptombildungen bei diesem Kind sind daher nach *Boszormenyi-Nagy* (1965) als Beweis für seine absolute Loyalität zu den Eltern anzusehen, gleichzeitig aber auch als Opfer seines individuellen Wachstums.

Dieser Aspekt erweitert den des früheren „Sündenbock-Begriffs" von *Richter* (1963), denn ein solches Kind wird von Anfang an auch mit bedeutsamer Macht ausgestattet, nämlich, wenn man so will, Eltern für seine Eltern zu werden. Gerade diesem Gesichtspunkt muß bei der Familientherapie Rechnung getragen werden: Ein solches Kind wird sich mit aller Macht wehren, diese bedeutsame Rolle abzugeben, so verstärkt es zum Beispiel während der Therapie seine Symptome. Gefürchtet wird der Bedeutungsverlust und damit in einer unbewußten Tiefenschicht die Furcht vor der Konfrontation mit der unendlichen Leere seiner persönlichen Identität. *Framo* (1965) konnte feststellen, daß die späteren Indexpatienten häufig in völlig anderen Familienverhältnissen aufwuchsen als seine Geschwister. Wir konnten in unseren reichhaltigen Familienerfahrungen keine Feststellung machen, daß z. B. das erstgeborene Kind, ein mittleres Geschwister oder das letzte als späterer Indexpatient überrepräsentiert wäre. Nicht die Stellung des Geschwisters ist m. E. für eine spätere Symptombildung von Bedeutung, sondern vielmehr die oben genannte emotionale Situation des Elternpaares zur Zeit der Zeugung dieses Kindes.

In der analytischen Familientherapie geht es darum, nach dem verborgenen Sinn der „Auffälligkeit" des / der Kinder zu suchen, um einen Zusammenhang zwischen Symptomatik eines Familienmitgliedes und der Familiendynamik herzustellen. Das Symptom eines Kindes wird gewissermaßen bereits als eine Antwort auf die Beziehungsdynamik der Eltern verstanden, jedoch nicht im Sinne linearer Kausalität. Es handelt sich immer um ineinander verwobene Reziprozitäten, wobei neue Strukturbildungen die älteren Strukturen beeinflussen und umgekehrt. Hierbei wirken alle Familienmitglieder aktiv durch gegenseitiges Beunruhigen, Beeinflussen, Abschieben und Tragen mit.

4. Kasuistisches Beispiel

Ich möchte anhand einer Familie exemplarisch das Vorgehen in der analytischen Familientherapie mit Kindern veranschaulichen, zentriert auf wesentliche Gesichtspunkte:

Eine junge Familie: Vater 28 Jahre alt, Elektriker, Mutter 26 Jahre alt, Hausfrau, der Sohn Mark 9 Jahre alt und die Tochter Melanie 5 Jahre alt, werden uns wegen des Sohnes vom Kinderarzt überwiesen. Mark ist ihm seit 5 Jahren bekannt wegen „unkoordinierter Bewegungen und Übernervosität", bei fraglichem frühkindlichem Hirnschaden. Die Einschulung erfolgte wegen dieser Auffälligkeiten 1 Jahr später. Sie nahmen in den letzten Jahren erheblich zu, so daß es zu massiven Schulschwierigkeiten kam. Die medikamentöse Unterstützung brachte wenig Erfolg, so daß zunehmend die Eltern nicht mehr mit ihrem „verhaltensgestörten" Sohn zurechtkamen. Beim erzieherischen Vorgehen waren die Eltern sich auch uneinig. Der Vater forderte strenge Regeln, um — wie er es bildlich als Elektriker ausdrückte, —: „das Verhalten des Sohnes zu entstören". Die Mutter wollte ihrem kranken Sohn eher durch Fürsorglichkeit helfen. Hierüber gab es seit Jahren Streit zwischen den Eltern, der sich auch in den ersten 5 Minuten der Therapiestunde entwickelte.

Die kleine Melanie dagegen wird von beiden Eltern als richtiger Sonnenschein beschrieben, der viel Freude mache, so daß sie auch gar nicht einsähen, warum Melanie jetzt im Familiengespräch dabei sein solle. Sie sei ja auch noch viel zu klein, wozu solle sie dann alles mitbekommen.

Betrachtet man sich diese Eröffnungsszene vom beobachtbaren Verhalten der einzelnen Familienmitglieder zueinander (zur Pointierung spielen wir uns hierzu den auf Video aufgenommenen Abschnitt z. B. *ohne* Ton vor), so sitzen sich beide Eltern abweisend gegenüber, zwischen ihnen sitzt der Sohn, näher bei der Mutter und macht tatsächlich einen cerebral geschädigten Eindruck mit merkwürdigen Verdrehungen des Körpers und der Arme, während die kleine Tochter sich neben den Vater gesetzt hat, aufspringt und ihn umarmt, mit ihm schmust, während sie den Bruder provozierend, aber doch auch freundlich berührt oder zur Mutter mehr zögernden, körperlichen Kontakt herstellt.

Der Therapeut richtet im folgenden seine Fragen an beide Kinder, um sie zu ermuntern, aus ihrer Sicht die Probleme zu erzählen. Er erhofft sich zusätzlich Hinweise für die Geschwisterbeziehung untereinander.

Der Sohn fühlt sich ungerecht hart behandelt, bekommt wegen Unordnung viele Verbote und Hausarreste, während Melanie hierfür keine Strafen bekommt. An dieser Stelle platzt Melanie, ihren Vater imitierend und gleichzeitig umarmend, gegen den Bruder gerichtet, dazwischen: „Ich sage dir immer, du sollst nicht so schlampig wie deine Mutter sein." Über Melanies Keckheit wird allgemein gelacht. Der Bruder macht auffällige Verrenkungen hierzu. Der Therapeut fragt nun Melanie, ob der Bruder wirklich für gleiche Sachen strengere Verbote bekommt, worauf sie, immer noch mit Vater schmusend, kichert: „Ja, keine Verbote für die gleichen Sachen!" Hierüber wird wieder gelacht.

Wenn sich auch im weiteren mancherlei Ungerechtigkeiten der Eltern zwischen den Geschwistern herausstellen, die keineswegs altersabhängig sind, schildern beide Kinder lebhaft auch Situationen — vor allem dann, wenn die Eltern nicht dabei sind —, in denen sie schön zusammen spielen. An dieser Stelle jedoch macht die Mutter dem Sohn Vorwürfe: „Gestern hast du dich wieder nicht um Melanie gekümmert, sie stand vor verschlossener Tür."

Nun wendet sich der Therapeut wieder den Eltern zu und erweitert seine Frage dahingehend, wie denn die Beziehung zwischen dem Paar sei, wenn man einmal von den Erziehungsschwierigkeiten mit den Kindern absähe. Es stellt sich heraus, daß jeder Partner dem anderen erhebliche Vorwürfe macht und ihre tiefe gegenseitige Enttäuschung und Ablehnung kommt zum Ausdruck. Frau P. fühlt sich vor allem durch die Art des Mannes abgestoßen. Hier ruft Melanie wieder dazwischen: „Du mit deinen beschränkten Wildwestheften!" Die Kinder jedoch verlassen jetzt beide ihre Sitze und beginnen, zwar noch in unmittelbarer Nähe friedlich zu spielen, und zwar auf Melanies Vorschlag „Schlafzimmer". Schließlich spitzt sich auch der Vorwurf des Vaters an die Mutter zu: „Ich bin nie mit dir allein, und wenn ich abends ins Bett gehe, dann schläft Melanie manchmal schon wieder mit im Bett," worauf Melanie aus dem Hintergrund ruft: „Nein, immer!"

Aus dieser Anfangsszene wird verbal und nonverbal so viel schon deutlich, daß die Paarbeziehung der Eltern gestört ist, daß Koalitionen Vater — Tochter gegen Mutter — Sohn bestehen und daß beide Kinder — wie das einmal ein 5jähriger ausdrückte, „im Einsatz" für ihre Eltern sind — ja, bis in die Nacht heinein. Deshalb dürfen die Geschwister untereinander auch keine gute Beziehung entwickeln. Die Eltern stören, wie oben aufgezeigt, das gemeinsame solidarische Spiel.

An dieser Stelle eine Bemerkung zu der „gesunden" Melanie. Man kann in der Familientherapie häufig finden, daß die gesunden Geschwister wie Hilfstherapeuten wirken. Sie sind weniger in die automatisierten Verstrickungen des Indexpatienten mit seinen Eltern verfangen und können daher häufig das System klar offenlegen, ja, sogar Familiengeheimnisse preisgeben. Melanie zeigt auf, daß der Sohn mit einem Wesenszug der Mutter, nämlich schlampig zu sein, vom Vater identifiziert wird, wie auch, daß der Vater „beschränkt" sei. Sie weist auf die gestörte Sexualbeziehung hin. Von daher bekommen die eingangs gemachten Bemerkungen der Eltern hinsichtlich Melanie eine andere Bedeutung: Melanie ist sehr wohl in der Lage, mit ihren 5 Jahren Facetten der gestörten Paarbeziehung deutlich zu machen, während der 9jährige Bruder in seinem Symptom erstarrt scheint. Dieses aber enthält beides, nämlich den Aspekt der Mutter, schlampig, also gleich verhaltensgestört zu sein, und den des Vaters, beschränkt, also gleich hirnorganisch belastet zu sein.

Der Therapeut muß sich jedoch hüten, ein solches Kind zu sehr zu ermuntern. Denn sonst besteht die Gefahr, das Kind in die Rolle des Loyalitätsverräters zu treiben, ein Konflikt, den das Kind nicht lösen kann. Gerade dieser kann auch zu Therapieabbrüchen führen.

In der analytischen Familientherapie wird bei der beobachtbaren Familieninteraktion der Fokus zunächst auf das „Wie" gerichtet: „Wie kommunizieren die Familienmitglieder untereinander?" Dann wird er auf die Paarbeziehung mit der Frage nach dem inhaltlichen „Warum" gelenkt: „Warum ist die Kommunikation dergestalt?" Das Vorgehen kann sich hierzu sowohl analytisch aufdeckender und konfrontierender Techniken bedienen als auch strukturierender und fokussierender. Hierbei geht es aber vor allem inhaltlich darum, gerade in der Anfangsphase der Therapie mit der Familie gemeinsam deren Ressourcen zu klären und ein Bedürfnis dafür zu wecken, bisher unbekannte und eventuell befürchtete Umstände der Familiengeschichte kennenzulernen. So kann es für ein zerstrittenes Paar von erheblicher Bedeutung sein, sich noch einmal zu vergegenwärtigen, wie es sich kennengelernt hat, was damals jeder an dem anderen geschätzt und gemocht hat. Hierin liegt eine Chance, Fixierungen auf eine negative Sichtweise aufzulösen und zu ermuntern, die gegenwärtigen Zerwürfnisse auf der ursprünglichen Basis positiver Gegenseitigkeiten *neu* zu beleuchten.

Diese Fragestellung unterbrach in unserer Familie P. die gegenseitigen Beschimpfungen. Herr P. schilderte, daß er, damals 17jähriger Lehrling, von den langen blonden Haaren seiner Frau angezogen war: „Wie im Märchen, so ein Engel oder Prinz. Auch lächelte sie so, das hat's mir angetan." Frau P., damals 16jährig, wurde angezogen, weil er nicht so ein Angeber war wie die anderen Jungen: „Er hörte mir zu, wir liefen durch den Wald — und diese Ruhe, die kannte ich sonst gar nicht."

Im Verlauf der Gespräche trat immer offener zutage, daß die Partnerwahl auf unbewußter Ebene mit schwerwiegenden Hoffnungen und Wiedergutmachungswünschen aus den jeweiligen Herkunftsfamilien verbunden waren. Beide suchten eine freundliche, warmherzige Familie: „Ja, manches Mal war es wie Weihnachten mit Maria und Josef — so feierlich. Und da wünschten wir uns nur noch ein Kind."

Die eintretende Schwangerschaft jedoch mit der Konfrontation einer unfreundlichen, ja, ablehnenden Umgebung, ließ das junge Paar jäh erwachen und hilflos werden. Sie fanden keine Unterstützung von ihren Familien, weder emotional noch finanziell und gerieten bald in nicht mehr zu bewältigende Krisen. Beide Partner suchten am anderen vor allem Wiedergutmachung vergangener familiärer Mängel. Ihr Kind verbanden beide mit der Hoffnung, per Identifikation eigene narzißtische Wunden zu heilen. Statt dessen erlebten sie einen anspruchsvoll-gierigen Säugling, der vor allem die Wut und den Neid des Vaters weckte, wenn er sah, wie seine junge Frau diesen Säugling stillte.

Die Partnerwahl war vor allem durch Versorgungs- und Wiedergutmachungsaspekte geprägt. Sie bezog sich weniger auf die Entscheidung erwachsener, relativ selbständiger Individuen als vielmehr auf Verletzungen, Bedürfnisse und Muster aus den eigenen Herkunftsfamilien.

Wir wollten vor allem den Hauptvorwürfen der Partner gegeneinander nachgehen, da gerade diese prägende Bedeutung für Mark, den späteren Indexpatienten, erlangten. Sein Symptom konnte man als „erstarrtes Korrelat" dieser persistierenden Vorwürfe auffassen.

Herr P. warf seiner Frau vor: „Dich kann man ja höchstens als halbe Person nehmen." Er bemängelte ihre Fahrigkeit, Unzuverlässigkeit und Schlampigkeit. Frau P. jedoch konfrontierte ihren Mann mit seiner Beschränktheit: „Manches Mal hast du wirklich nicht alle Tassen im Schrank!" Beide trafen mit diesen Vorwürfen jedoch Metaphern zentraler Verletzungen der jeweilig eigenen Person. Diese wiederum mußten vehement abgewehrt werden und wurden dem Sohn Mark aufoktroyiert.

Die analytischen Familientherapeuten halten nun die weitere Bearbeitung der *Psychogenese* des jeweiligen Partners für unerläßlich, denn die Störungen und Konflikte der jeweiligen Kindergeneration ergeben sich, wie oben wiederholt betont, aus unbewußten Konflikten zwischen Eltern und Großeltern. Dies geschieht durch vielfältige, familiäre Übertragungsprozesse. Es soll bei dieser Aufarbeitung vorrangig um Erlebens- und nicht um verdinglichte Denkkategorien gehen. Ziel ist, den „krankmachenden" und einschränkenden innerfamiliären Wiederholungszwang, der neurotischen Symptomen immanent ist, durchsichtig und auflösbar zu machen. Die dysfunktionalen Redundanzen der Familieninteraktion sollen an ihrem historischen Entstehungsort der einzelnen Familien bearbeitet werden. Die Vorgehensweisen der Therapeuten sind hier sehr unterschiedlich: von Einzeltherapie über Paartherapie bis hin zur Mehrgenerationen-Familientherapie. Inhaltlich geht es jedoch bei allen entsprechend der analytischen Theorie um die Konfliktverarbeitung früherer Objektbeziehungen. Wir rücken vor allem die Eltern-Großeltern-Beziehung in den Blickpunkt unserer Bearbeitung, um mit allen Betroffenen die Konflikte dort wahrzunehmen, wo sie tatsächlich liegen — und nicht dort, wohin sie aufgrund von Projektionen verschoben sind — um sie dann für die Gegenwart gemeinsam zu revidieren und gemeinsam nach einem neuen Weg für alle Beteiligten zu suchen. Hierzu laden wir jeweils einen Partner mit seiner Herkunftsfamilie ein, denn diese ist ja die noch lebende Repräsentantin der vergangenen, familiären und gesellschaftlichen Wirklichkeit.

Für unser Ehepaar P. stellte sich dabei heraus, daß beide aus früh geschiedenen Ehen stammten und jeder bei seinen Großeltern aufwuchs.

Herr P. litt in seiner Kindheit sowohl unter einem Ekzem als auch unter Migräne, derentwegen er mehrfach stationär behandelt wurde. Außerdem wurde nun ein gehütetes Geheimnis zwischen Mutter und Sohn — also der Großmutter väterlicherseits und dem Vater von Mark — bekannt: Beide sind fest davon überzeugt, daß der Vater einen Hirnschaden hat: „Sein Gehirn ist nicht mitgewachsen, haben die Ärzte festgestellt, daher kommt seine Schwerfälligkeit," verrät die Mutter, „aber wir haben das immer gut versteckt, nicht wahr, es fällt doch nicht auf?" Herr P. ist ganz aufgeregt und verlangt, daß der Theapeut das auf gar keinen Fall seiner Frau sagen wird. Aber insgeheim war er überzeugt, diesen Hirnschaden seinem Sohn vererbt zu haben.

Nachdem der Therapeut die alten Krankenblattunterlagen gesichtet hat, läßt sich dort kein Anhalt oder schriftlicher Hinweis für irgendwelche hirnorganischen Beeinträchtigungen finden. Herr P. liest sich immer und immer wieder das Geschriebene durch, fragt nach jedem Fremdwort und flüstert zu seiner Mutter: „Ja, aber warum hast du das denn immer behauptet?" Worauf die Mutter weint und sagt: „Wärst du mir denn nicht sonst auch noch weggelaufen?" Jetzt wird Mutters Geschichte deutlich, die geprägt ist durch Verluste vieler Toter im Krieg und Trennungen von Menschen und einem Erleben, daß niemand zu ihr hielt außer diesem jungen Vater, den sie per Krankheit und dem Geheimnis darüber an sich band, um ihn in seiner eigenständigen Entwicklung zu hindern. Die brisante Dynamik, die sich um diesen Hirnschaden rankte, wurde aber per Angstreflexe auf den Sohn Mark projiziert und machte eine entscheidende Facette seiner Symptomatik aus.

Bei Frau P. hingegen stellte sich heraus, daß sie der nachgeborene Zwilling war und — weil sie nur „eine halbe Portion" war, lange im Brutkasten liegen mußte. Auch jetzt schwang in der Stimme ihrer Mutter Bedauern, daß die Tochter überlebt hatte. „Ja, wenn sie wenigstens ein Junge gewesen wäre, nun, wir nennen sie immer Peter," und zur Tochter gewandt, „das findest du doch auch lustig, nicht?" Die Mutter lobt nun die eine Zwillingsschwester und macht unserer Mutter P. Vorhaltungen, schon als Kind schlampig, hektisch und viel dümmer als die andere Schwester gewesen zu sein, außerdem habe sie auch noch nicht einmal eine abgeschlossene Lehre. Im folgenden können wir vorsichtig mit Frau P.'s Mutter, also der Großmutter von Mark, deren gescheitertes Leben ansehen. Schon sie war als Mädchen unerwünscht und spaltete die ambivalenten Aspekte ihres Selbst auf ihre beiden Zwillinge. Vor allem unsere Frau P. hatte schwer an dem Negativen zu tragen. Per familiärem Wiederholungszwang übertrug nun unsere Frau P. genau diese unglückseligen Aspekte ihres negativen Selbst zu ihrer eigenen Entlastung auf ihren Sohn.

Die Ehe der Eltern des Indexpatienten, die mit diesen gravierenden Hypotheken aus der Vergangenheit eingegangen worden war, war bald von mörderischen und unterschwelligen Kämpfen gekennzeichnet, weil keiner von beiden bereit oder auch in der Lage war, die kindlichen Vermächtnisse des anderen aufzunehmen. So wurde diese unrevidierte und persistierende Dynamik auf den Sohn Mark verschoben. Beide Eltern brauchten ihn unbedingt zur Restitution des eigenen negativen Selbst. Mark jedoch bleibt nur als Ausweg, die Aspekte beider Eltern und deren Kämpfe *in sich* auszutragen, die sich entsprechend bei ihm nicht nur intrapsychisch abbilden, sondern auch in seinem ganzen auffälligen Verhalten. Doch, da ihm sonst keine Valenzen für sein eigenes Leben übrigbleiben, muß er sich massiv an den Eltern rächen: Er hat den Triumph, die Familie durch seine Symptome massiv zu ärgern; er ist nicht wie seine Eltern in der Kindheit gefügig, sondern anspruchsvoll und genießt im geheimen die aus seiner Krankheit herauszuschlagenden Vorteile.

Zusammenfassend lassen sich in seinen Symptomen zwei wesentliche Aspekte festmachen, die er stellvertretend für seine Eltern trägt: nämlich den „Hirnschaden" für seinen Vater und die schweren Verhaltensauffälligkeiten und „Dummheiten" für seine Mutter.

Wie nun aber wirkt sich eine derartige Familientherapie auf die Kinder aus?

Zu Beginn der Therapie fand eine allgemeine Entlastung statt. Der Therapeut sorgte sich um die Eltern, nahm damit eine Rolle ein, die sonst beide Kinder innehatten. Nach wenigen Stunden schon lebte der Sohn sichtbar auf und erzählte stolz von Schulerfolgen. Durch die beginnende Lockerung seiner Symptomatik jedoch geriet die kleine Melanie in eine schwere Krise. Sie weinte viel, wollte auf dem Arm der Mutter sein oder wurde plötzlich zornig und warf mit kleinen Figuren aus dem Sceno-Kasten, die Mutter und Vater darstellen sollten, herum. Sie hatte Schlafstörungen und wollte aber keineswegs mehr im Bett der Eltern liegen, sondern verlangte, daß jeweils ein Elternteil an ihrem Bett saß und ihr etwas vorlas. Erst hierdurch wurde das ganze Ausmaß ihrer Parentifizierung sichtbar. Sie hatte die Rolle, die Eltern mit positiven, mütterlichen Gefühlen zu versorgen, ja dem Vater gar ein flirtender Partnerersatz zu sein. Der Zusammenbruch bedeutete aber nicht nur das Sichtbarwerden ihrer Überforderung, sondern auch ihre Wut, diese Machtposition, nämlich die emotional bedeutsamste Person in der Familie zu sein, abzugeben. Hierzu war sie nicht widerspruchslos bereit. Zumal auch deutlich wurde, daß sie außer ihrem Bruder keine Freunde hatte. Die Kinder auf der Straße fanden sie affig und unkooperativ. Vor allem Melanies Mutter reagierte hierauf mit Abbruchtendenzen: „Ja, wenn sogar bei dieser Therapie die einzige Gesunde auch noch krank wird ..." Die tiefere Bedeutung ihrer Befürchtung war jedoch, die Tochter, die sie sich als Mutter phantasierte, als solche zu verlieren, vor allem zu einem Zeitpunkt, als der Therapeut sie mit den eigenen Eltern konfrontieren wollte.

Wir konnten in der vorliegenden Familie eine direkte Auswirkung des intergenerationellen Problems auf die Ich-Entwicklung und Beziehungsfähigkeit beider Kinder feststellen und in langsamen Schritten auflösen.

Die analytische Familientherapie ist keine Kindertherapie, sondern geht von der Vorstellung und Praxis aus, daß die vielfältigen Gründe gesucht und angegangen werden müssen, die Eltern daran hindern, Eltern sein zu können. Der Therapeut vertraut darauf, daß nur dann die Eltern am besten für ihre Kinder sorgen können, wenn diese von den rückwärts gerichteten Bindungen befreit sind. Symptomatisches Verhalten der Kinder ist nur Beweis für die persistierenden Aufgaben, die sie für ihre Eltern haben. Dem Wohlbefinden der eigenen Eltern gegenüber empfinden Kinder tiefe Loyalitätsverpflichtungen. Hierfür opfern sie ihr individuelles Wachstum.

In unserer Familie konnten wir erreichen, daß sich jeder Elternteil mit seiner eigenen Geschichte auseinandersetzte und auch ein Stück versöhnte. Über diesen Weg fand auch eine Aussöhnung des Paares statt, das nun nicht mehr durch fixierende Bindungen belastet war, sondern gemeinsam auf der Basis ihres Schicksals, aber auch ihres ursprünglichen Gernhabens, sich in der Lage fühlte, ihre Partnerschaft und ihre Familie vorsichtig aufzubauen. Die Eltern hatten für Melanie ausreichende Valenzen, die zur befriedigenden Stabilisierung führten. Bei Mark lernten die Eltern realistisch ihre Möglichkeiten einschätzen und bemühten sich beide sehr. Vor allem der Vater entdeckte für sich viel Spaß mit seinem Sohn in „richtigen Jungenspielen". Der „Hirnschaden" Marks mit den Verhaltensauffälligkeiten löste sich langsam auch dadurch, daß wir gemeinsam erarbeiten konnten, daß Mark durch diese jahrelange Rolle real gravierende Wissenslücken in der Schule hatte. Hierzu wurde es notwendig, in Zusammenarbeit mit uns eine Nachhilfemöglichkeit für ihn zu suchen. Gerade hier zeigte sich, daß Mark vielfältige Mechanismen des „Dummstellens" gleich „Verrücktspielens" entwickelte hatte, die er ohne weiteres nicht bereit war, aufzugeben, bedeutete doch das, wirklich zu arbeiten, und nicht die Vorteile des Dummstellens weiterhin in Anspruch zu nehmen.

An anderer Stelle (*Massing* 1985) wies ich darauf hin, daß wir Familientherapie und Einzeltherapie für vereinbar halten. So kann z. B. während der laufenden Therapie in einigen Einzelsitzungen der Fokus auf ein vorher in der Familie ausgesprochenes Thema zentriert und einzeln bearbeitet werden. In manchen Fällen wurde nach Abschluß der Familientherapie einem Mitglied eine weitere Einzeltherapie empfohlen. Hierbei handelt es sich in den wenigsten Fällen um den Indexpatienten, vielmehr um einen Elternteil, dem die interpersonelle Verschiebung seiner intrapsychischen Konflikte deutlich geworden war, und der sich motiviert fühlte, zu deren Aufarbeitung eine Analyse zu machen. Nach unseren Erfahrungen konterkariert die Familie diese Einzelbehandlung nach erfolgter Familientherapie in weitaus geringerem Maße.

Nur kursorisch möchte ich darauf hinweisen, daß wesentliche Aspekte aus Vereinfachungsgründen keinen ausreichenden Platz fanden, die aber in der therapeutischen Arbeit berücksichtigt werden müssen, oder für die langfristig ein stärkerer dialektischer Ansatz entwickelt werden muß, wie z. B. typische Alters- und Schwellensituationen der Kinder (*Sperling* 1985), unvollständige Familien, Adoptivkinder, Sozialisationsinstanzen wie Schule und Lehrer. Vor allem zeitgeschichtlichen Determinanten messen wir in hohem Maß prägende Bedeutung bei (*Sperling* et al. 1982). Hier folgen wir dem kulturkritischen Prinzip psychoanalytischer Theorie und teilen mit *Freud* (1930) das „Unbehagen in der Kultur", da Menschen unverschuldet unter den gesellschaftlichen Verhältnissen leiden müssen.

5. Zusammenfassung

In der analytischen Familientherapie wird dem Kind insofern große Bedeutung beigemessen, als in seinem symptomatischen Verhalten der Schlüssel für mehr oder weniger bewußte familiäre Konflikte kompromißartig verdichtet erscheinen in Form von Abwehr und abgewehrtem Inhalt. Das Symptomverhalten des Kindes ist „metaphorischer Ausdruck" (*Madanes* 1981, S. 208) hierfür. Das Kind eröffnet hierdurch für den analytischen Familientherapeuten den Blickwinkel auf die psychogenetische, also historische Entwicklung der Familie. Das bedeutet: Es wird davon ausgegangen, daß das Frühere im Heute noch weiter wirksam ist. Dies führt zu der Basisannahme der analytischen Familientherapie, „daß sich Störungen und Konflikte der jeweiligen Kindergeneration regelmäßig aus unverarbeiteten und teils unbewußten Konflikten zwischen Eltern und Großeltern bzw. den Partnern und ihren Eltern ergeben" (*Sperling* et al. 1982, S. 17). Dies geschieht durch vielfältige intrafamiliäre Übertragungsprozesse, dem Prinzip des Wiederholungszwanges folgend.

Das Ziel der analytischen Familientherapie ist, jedes Individuum aus dem verstrickten Familiennetz zu entwirren, um ihm zu individuellem Wachstum wie auch zu einer gemeinsamen Familienentwicklung zu verhelfen. Ziel sind ausgewogene Generationsgrenzen, die ein autonomes, erwachsenes Individuum voraussetzen und somit dem kindlichen Ich ausreichende Freiheitsgrade zu seinem individuellen Wachstum gewähren. Für dieses Ziel muß der Therapeut nach den unbewußten latenten Bedeutungsebenen forschen, auf die das Symptom des Indexpatienten hinweist. Das Symptom dieses Kindes hat insofern dialogische Funktion, als hierüber Gespräche über ausgeklammerte Themen, Familiengeheimnisse, Erlebnisse, Verrat, Mythen, die durch Schuld- oder Schamgefühle verheimlicht oder verdrängt wurden, zwischen allen Beteiligten in Gang gesetzt werden.

Dem analytischen Familientherapeuten liegt das Wohl und die Zukunft des Kindes natürlich ebenso wie in anderen Kindertherapien am Herzen. Er konzentriert sich hierfür jedoch besonders auf den Botschaftscharakter des Symptoms, unter dem das Kind leidet. Der Behandlungsauftrag des Kindes an den Therapeuten könnte etwa so lauten: „Bitte befreie mich von der Last der Elternschaft für meine Eltern. Sei gerecht mit ihnen, denn ich liebe sie beide. Sorge du dich um ihre Bedürftigkeit und ihr emotionales Wachsen, so daß sie dann Vater und Mutter für mich werden können!" Das Kind selbst rückt hierdurch in der analytischen Familientherapie sehr schnell aus dem Konfliktzentrum, in dem es seine Eltern brauchten. Der Bearbeitungsfokus wird auf die vielschichtig gestörte Elternbeziehung gelenkt.

> „Der Therapeut muß die individuellen Familienmitglieder mit einem Grad emotionaler Freiheit von ihren rückwirkenden Auslösemechanismen versorgen. So werden sie nicht ständig in einer reagierenden Haltung sein. Gefangen im Strom der Reaktionen der Familienvorgänge und mit dem Verhalten eines vorhersagbaren Roboters." (*Guerin*, zit. nach *Hoffmann* 1982, S. 253).

Auf eine Kurzform gebracht, könnte man sagen: *Der analytische Familientherapeut begreift seine Hilfe dem Kind gegenüber vor allem in der Hilfe für seine Eltern.*

Das schließt jedoch nicht aus, daß in den Familiensitzungen alle zusammen spielen. Eindrucksvoll ist immer wieder, wenn Familien gemeinsam malen oder mit Bauklötzen ein gemeinsames Haus bauen. Hierdurch werden die gegenwärtigen emotionalen Beziehungen deutlich oder aber die von jedem einzelnen gewünschten Ziele.

Der analytische Familientherapeut vertraut aber im großen und ganzen darauf, daß Kinder voller Phantasie sind und auf vielerlei Weise mit ihren Geschwistern während der Sitzungen spielen. Natürlich sollte der Therapeut die Kinder ermuntern, jederzeit mit eigenen Wünschen zu kommen, damit in ihnen nicht das Gefühl entsteht, wenn die Erwachsenen sprechen, zu stören. Gerade hierbei sollte der Familientherapeut ein ausreichendes Wissen eigener Gegenübertragungsschwierigkeiten haben, auf die ich oben einging. Denn die Kinder, zusätzlich verunsichert durch die ungewohnte therapeutische Situation, haben ein empfindsames Gespür für die Echtheit des Therapeuten.

Die Erarbeitung des Sinnzusammenhanges des kindlichen Symptoms wird jedoch nur dynamisch wirksam, wenn dieser Zusammenhang *auch* emotional erlebbar wird. Ich stimme *Bowen* (1966) zu, daß nicht lediglich das „Besuchen der Vergangenheit" zählt, um den ursprünglichen Beginn des Konflikts zu ergründen, sondern das hieraus folgende „Neugestalten der Gegenwart". In diesem therapeutischen Prozeß stellen wiederum die Kinder den wichtigsten Indikator für das Gelingen oder Mißlingen der Neugestaltung der familiären Beziehungen dar. Sie zeigen durch Abnahme oder gar Verschwinden des Symptoms an, daß sich effektiv etwas verändert hat, durch Zunahme oder Verschiebung des Symptoms auf ein anderes Geschwister, daß Konflikte persistieren. Die Ursache hierfür muß aber nicht nur in der verhärteten Paarbeziehung gesucht werden, sondern ebenso in einem Therapeuten, der die Familie mit eigenen Vorstellungen von Veränderungen oder Effektivität überfordert. Hierauf reagieren Kinder äußerst sensibel mit symptomatischem Verhalten. Solch ein Therapeut übersieht nach *Montalvo* und *Haley* (1973) den wichtigsten Beitrag des Kindes, der darin besteht, daß das Kind das Tempo der Therapie bestimmt. Dieses „Tempo" möchte ich die „Familienzeit" nennen, eine emotionale Kategorie von Raum und Zeit, in der Familien sich ausreichend entwickeln und stabilisieren können.

Wenn auch die „Kinder in der analytischen Familientherapie" nicht im Mittelpunkt der therapeutischen Arbeit stehen, so bleiben sie dennoch im Mittelpunkt des therapeutischen Bemühens. Sie helfen allen Beteiligten in der Familientherapie durch wichtige Beiträge in Form szenischer oder symbolischer Hinweise. Durch ihre Symptomatik kommt die Familientherapie nicht nur zustande, sondern sie verweisen hiermit auf die Konfliktebene ihrer Eltern. Auch während der Therapie weisen die Kinder durch ihr Verhalten, durch ihr Spiel oder durch Äußerungen sehr sensibel oder auch unbekümmert offen auf unterschwellige Spannungen hin. Vor allem sind sie sehr hellhörig, wenn der Therapeut anhaltend ungerecht einem Elternteil gegenüber ist. Hierdurch halten sie den therapeutischen Prozeß nicht nur in Balance, sondern auch zur Erarbeitung noch unbekannter Probleme in Gang. Kinder bringen auf vielfältigste Weise zum Ausdruck, daß man vor ihnen keine Geheimnisse zurückhalten kann. Ihren Eltern zeigen die Kinder nach Streit untereinander im nachfolgenden Spiel, daß man ohne Ressentiments wieder zueinanderfindet. Hierdurch vermitteln sie ihren zerstrittenen Eltern Hoffnung. Kinder zeigen schließlich durch die Aufgabe ihres Symptoms sowohl, daß emotional befriedigendere Umstrukturierungen stattgefunden haben als auch, daß sie eigene Macht- und Wiedergutmachungsansprüche aufgegeben haben und zur Versöhnung bereit sind.

Literatur

Abraham, K., Über die determinierende Kraft des Namens (1912), Gesammelte Schriften Bd. I, Fischer, Frankfurt/M., 1982.

Andolfi, M., Familientherapie. Das systemische Modell und seine Anwendung, Lambertus, Freiburg 1982.

Bauers, B., Untersuchung der Beziehungsstruktur einer Familie unter psychoanalytisch-familiendynamischer Perspektive und ihre Auswirkungen auf die Ich-Entwicklung des Kindes, Magisterarbeit, Göttingen 1982.

Bauers, B., Georgi, H., Wie unbewältigte Konflikte der Großeltern zu Konflikten der Enkel werden — Intergenerationelle Konflikttradierung, *Kind und Umwelt* 40 (1983) S. 39-57.

Boszormenyi-Nagy, I., Eine Theorie der Beziehungen: Erfahrungen und Transaktion, in: *Boszormenyi-Nagy, I., Framo, L.* (Hrsg.), Familientherapie, Theorie und Praxis I, Rowohlt, Reinbek 1965, S. 51-107.

—, Loyality implications of the transference model in psychotherapy *Arch. Gen. Psychiatry* 27 (1972), S. 374-380.

—, Kontextuelle Therapie. Therapeutische Strategien zur Schaffung von Vertrauen, *Familiendynamik* 6 (1981) S. 176-195.

Boszormenyi-Nagy, I., Spark, G., Invisible Loyalities, Harper-Row, New York 1973.

Bowen, M., The Use of Family Theory in Clinical Practice, *Comprehensive Psychiatry* 7 (1966) S. 345-374.

Buchholz, M. B., Psychoanalytische Familientherapie in: *Schneider, K.* (Hrsg.), Familientherapie, Junfermann, Paderborn 1983, S. 188-209.

Chasin, R, Involving Latency and Preschool Children in Family Therapy, in: *Gurman, A. S.* (Ed.), Questions and Answers in Family Therapy, Brunner/Mazel, New York 1981, S. 32-35.

Crandall, J. W., The Early Response Memory as a Diagnostic Aid in Marriage Counselling, *Journal of Contemporary Psychotherapie*, Vol. 3, No. 2 (1971) S. 82-88.

Dicks, V. H., Marital Tensions: Clinical Studies toward a Psychological Theorie of Interaction, Basic Books, New York 1967.

Erikson, E. H., Kindheit und Familie, Klett, Stuttgart 1963.

Erikson, K. T., Everything in Its Path, Harper-Row, New York 1978.

Fairbairn, R. W., Synopsis of an Objectrelations-Theory of the Personality, *Int. J. of Psychoanalysis* 4 (1963), S. 224-229.

Fishel, E., Schwestern, Ullstein, Frankfurt, Berlin 1980.

Flugel, J. C., The psychoanalytic Study of the Family (1921), Hogarth-Press, London 1972.

Framo, J. L., Beweggründe und Techniken der intensiven Familientherapie. In: *Boszormenyi-Nagy, I., Framo, J. L.* (Hrsg.), Familientherapie, Theorie und Praxis I, Rowohlt, Reinbek 1965, S. 169-223.

Freud, S., Das Unbehagen in der Kultur (1930), Gesammelte Werke XIV, Imago Publishing, London 1967, S. 421-506.

Guerin, P. (Hrsg.), Family Therapy. Theory and Practice, Gardner Press, New York 1976, S. 104.
Haley, J., Gemeinsamer Nenner Interaktion, Pfeiffer, München 1978.
Hartmann, H., Ich-Psychologie und Anpassungsproblem, Klett, Stuttgart 1975.
Hoffmann, L., Grundlagen der Familientherapie, Isko-Press, Vopel, Hamburg 1982.
Jacobson, E., Das Selbst und die Welt der Objekte, Suhrkamp, Frankfurt/M. 1973.
Kniskern, D. P., Including Children in Marital and Family Therapy, in: *Gurman, A. S.* (Ed.), Questions and Answers in Family Therapy, Brunner/Mazel, New York 1981.
Lidz, T., The Family and Human Adaption, Int. Univ. Press, New York 1963.
Lidz, T., Fleck, S., Alanen, Y. O., Cornelisch, A., Schizophrenic patients and their siblings, *Psychiatry* 26 (1983) S. 1-18.
Lindemann, E., Symptomatology and Management of Acute Grief. *Am. J. Psychiatry* 101 (1944), S. 141-148.
Madanes, C., Beschützen, Paradox und So-tun-als-ob. *Familiendynamik* 3 (1981), S. 208-224.
Mahler, M. S., Pine, F., Bergmann, A., Die psychische Geburt des Menschen, Suhrkamp, Frankfurt/M. 1978.
Massing, A., Die Bedeutung der Mehrgenerationen-Familientherapie für die Praxis, in: *Zauner, J., Biermann, G.* (Hrsg.), Klinische Psychosomatik von Kindern und Jugendlichen, Verlag Reinhardt, München 1986.
Minuchin, S., Familie und Familientherapie, Lambertus, Freiburg 1977.
Montalvo, B., Haley, J., In Defense of Childtherapy, *Family Process* 12 (1973), S. 227-244.
Papp, P., Paradoxe Interventionen in der Familientherapie und die Einbeziehung einer Beratungsgruppe, in: *Schneider, K.* (Hrsg.), Familientherapie, Junfermann, Paderborn 1983, S. 258-277.
Piaget, J., Abriß der genetischen Epistemologie, Walter, Olten 1974.
Rapaport, D., Die Struktur der psychoanalytischen Theorie, Klett, Stuttgart 1961.
Reich, G., Eltern, Kinder und Großeltern in der Krise. Dynamik und Therapie von Scheidungsfamilien, *Kind und Umwelt* 40 (1983), S. 18-38.
Reich, G., Bauers, B., Adam, D., Zur Familiendynamik von Scheidungen: Eine Untersuchung im mehrgenerationalen Kontext, *Praxis Kinderpsychologie und Kinderpsychiatrie* 35 (1986), S. 42-50.
Richter, H. E., Die narzißtischen Projektionen der Eltern auf das Kind, *Jahrbuch d. Psychoanalyse, Bd. I,* Huber, Bern 1960.
—, Eltern, Kind, Neurose, Rowohlt, Reinbek 1963.
—, Die Rolle des Familienlebens in der kindlichen Entwicklung, *Familiendynamik* 1 (1976), S. 5-24.
Satir, V., Familienbehandlung. Kommunikation und Beziehung in Theorie, Erleben und Therapie, Lambertus, Freiburg 1964.
Selvini Palazzoli, M., Boscolo, L., Cecchin, U., Prata, G., Paradoxon und Gegenparadoxon, Klett-Cotta, Stuttgart 1981.
Simon, F., Stierlin, H., Die Sprache der Familientherapie. Ein Vokabular, Klett-Cotta, Stuttgart 1984.
Sperling, E., Massing, A., Reich, G., Georgi, H., Wöbbe-Mönks, E., Die Mehrgenerationen-Familientherapie. Vandenhoeck und Ruprecht, Göttingen 1982.
Sperling, E., Die einzelnen Familienmitglieder im mehrgenerationalen Familientherapie-Ansatz. *Zschr. personenzentrierte Psychologie und Psychotherapie* 4 (1985), S. 29-37.

Spitz, R. A., Hospitalismus, in: *Bittner, G.*, *Schmid-Lorch, E.* (Hrsg.), Erziehung in früher Kindheit, Piper, München 1971.
Stierlin, H., Von der Psychoanalyse zur Familientherapie, Klett, Stuttgart 1975.
—, Delegation und Familie, Suhrkamp, Frankfurt 1978.
Tomann, W., Familienkonstellationen, Beck, München 1965.
Watzlawick, P., *Beavin, J.*, *Jackson, D. D.*, Menschliche Kommunikation, Huber, Bern, Stuttgart, Wien 1969.
Winnicott, D. W., Kind, Familie und Umwelt, Reinhardt, München 1969.
Zilbach, J. J., *Bergel, E.*, *Gass, C.*, Die Rolle des Kleinkindes bei der Familientherapie, in: *Sager, C. J.*, *Singer, H.*, *Kaplan, H. S.* (Hrsg.), Handbuch der Ehe-, Familien- und Gruppentherapie, Bd. 2, Kindler, München 1972, S. 468-487.

Das Kind in der strukturellen und entwicklungsorientierten Familientherapie

Arist v. Schlippe, Osnabrück,
Christoph Matthaei, Meppen

1. Einführung und Begriffsbestimmung

Das Thema dieses Aufsatzes, vor allem in einem Buch über Kinderpsychotherapie, legt es nahe, sich mit dem Verhältnis von Individuum und Familie — und damit auch dem Verhältnis von Einzel- und Familientherapie — in der familientherapeutischen Konzeptbildung auseinanderzusetzen.[1] Auch wenn wohl kein kindertherapeutisches Modell die Rolle der Familie für die kindliche Entwicklung leugnet, unterscheidet sich die Familientherapie von der traditionellen Kindertherapie doch dadurch, daß grundsätzlich das soziale Mikrosystem, meist die Familie, die Behandlungseinheit darstellt und nicht das Individuum. Diese Sichtweise erschien zunächst so revolutionär anders als die herkömmlichen Therapieformen, daß sie als „Paradigmawechsel" bezeichnet wurde, also als grundsätzlich neue Art der Wahrnehmung von Welt und Wirklichkeit (z. B. *Stierlin* et al. 1980², *Guntern* 1980).[2]

Wie weiter unten (vgl. 2.2) ausgeführt wird, ist es u. E. bedenklich, wenn die Familientherapie schlagwortartig den Paradigmawechsel für sich beansprucht (vgl. *Buchholz* 1981). Es geht weniger um die äußere Form der Therapie als um die Frage, nach welcher Erkenntnistheorie in Diagnostik und Therapie verfahren wird (vgl. *Reither-Theil* 1984, *Keeney* 1979, *Schleiffer* 1984), nämlich ob der Therapeut in Kontexten denkt und auf der Handlungsebene zu ökologisch validen Interventionen fähig ist.

Im folgenden sollen, wenn es um Vergleich und Abgrenzung von Einzel- und Familientherapie geht, unter Einzeltherapie vor allem An-

---

[1]) Insofern wird diese Arbeit über eine reine Darstellung des strukturellen und entwicklungsorientierten familientherapeutischen Ansatzes hinausgehen. Der speziell an einer kurzen Einführung interessierte Leser sei verwiesen auf *v. Schlippe* 1984.

[2]) Das bekannteste Beispiel für einen Paradigmawechsel ist die sog. „kopernikanische Wende", die das ptolemäische Weltbild ablöste (= die Sonne dreht sich um die Erde) und damit alle wissenschaftlichen Berechnungen vor dieser Wende entwertete (vgl. *Kuhn* 1976).

sätze verstanden werden, die die psychische Störung eines Menschen als Ausdruck eines in ihm liegenden Krankheitsprozesses begreifen (analog zum sog. „medizinischen Modell" — vgl. *Keckeisen* 1974) oder die das Umfeld als ausschließlich verursachenden Faktor betrachten, ohne Wechselwirkung und weitere Kontexte in Betracht zu ziehen als nur z. B. den Einfluß der „gestörten Mutter" auf das Kind (vgl. das Beispiel unter 2.3).

Unter Familientherapie werden heute meist Ansätze verstanden, die sich auf die Systemtheorie beziehen. Sie können als systemisch bzw. als systemorientiert bezeichnet werden (vgl. *v. Schlippe* 1984), auch wenn sie — wie z. B. das Heidelberger Modell der Gruppe um *Stierlin* — psychoanalytisches Gedankengut verarbeiten. Neben diesem Ansatz gelten noch die strukturelle Familientherapie *Minuchins (Minuchin* 1977), das entwicklungsorientierte Modell *Satir*s *(Satir* 1975; *Metzmacher* et al. 1982) und Kurztherapien paradoxaler Ausprägung (*Selvini Palazzoli* 1977) als systemorientiert. Explizit bildet eine Kombination des strukturellen und entwicklungsorientierten Ansatzes, wie sie am Institut für Familientherapie, Weinheim, gelehrt wird, die Grundlage dieser Arbeit. Wenn im folgenden also kurz von „Familientherapie" die Rede ist, ist diese Form gemeint.

2. Die Rolle des Kindes in der familientherapeutischen Theoriebildung

2.1 Zirkuläre Kausalität und konstruierte Wirklichkeit

Zu den wichtigsten Veränderungen, die sich aus der der Familientherapie zugrundeliegenden systemischen Erkenntnistheorie ergeben, gehört die Art und Weise, wie Kausalität gesehen wird. Die Hintergrundannahme, daß alles eine (oder mehrere) Ursache(n) habe und daß deshalb die Frage nach dem „Warum" bedeutsam sei, wird in Frage gestellt. Vielmehr wird unter einer systemischen Sichtweise mit dem Begriff „zirkuläre Kausalität" (oder Zirkularität) versucht, den komplex vernetzten Prozeß zu beschreiben, in dem Menschen (z. B. Mutter und Kind) wechselseitig aufeinander einwirken — in der Regel unter Beteiligung anderer bedeutsamer Personen. In einem solchen Wechselwirkungsgefüge hat jede Handlung wiederum Rückwirkungen auf die handelnde Person selbst, ein Aspekt, der als „Selbstreferenz" oder „Selbstrückbezüglichkeit" bezeichnet wird. Mit diesem Bild bietet die Familientherapie *kein neues Ursachenmodell* an i. S. v. „Nicht die Mutter, *die Familie* verursacht die Störung". Der Frage nach dem „Warum" wird ein geringeres Gewicht beigemessen als der Frage nach dem „Wie". An die Stelle der Suche nach Ursachen tritt die Beschreibung von Mustern, innerhalb derer keiner Größe eine determinierende Stellung zugeordnet wird (*Maturana* 1982).

Bei der Betrachtung der Begriffe „psychogen, somatogen, endogen, exogen, soziogen" fällt als „gemeinsamer Nenner" die Endsilbe „*-gen*" auf, die einen Hinweis darauf liefert, daß es sich bei all den Gegensätzen um eine Pseudo-Widersprüchlichkeit handelt. *-gen* ist nämlich ein Affix, das auf die oben skizzierte Suche nach der oder den Ursachen verweist. Spätestens bei Problemen von der Komplexität insbesondere psychischer Krankheiten wird deutlich, wie die Suche nach Ursachen eher eine Kategorie unseres Denkens ist als eine Kategorie dessen, was wir für Realität halten.

Was ist aber dann Realität? Dies ist im Lichte systemischer Erkenntnistheorie eine nicht beantwortbare Frage, da „Realität" nie losgelöst vom Betrachter dieser „Realität" gesehen werden kann, der diese erst durch den Akt der Wahrnehmung selbst konstruiert. Es ist demnach unmöglich, von einer objektiv erfaßbaren Wirklichkeit auszugehen. Vielmehr ist das, was normalerweise darunter verstanden wird, Ergebnis eines aktiven Strukturierungsprozesses (vgl. *Kriz* 1981, *Watzlawick* 1981, *Pavel* 1984): um uns in der Komplexität der „Wirklichkeit", der wir uns gegenübersehen, zurechtzufinden (was immer „wirklich" letztendlich ist), müssen wir sie reduzieren, indem wir Konzepte bilden. Solche Konzepte (man könnte sie auch „Landkarten" nennen) sind z. B. „Seele", „Körper", „Familie", „Krankheit". Ein folgenschwerer Schritt, auf den vor allem *Bateson* (1981) aufmerksam gemacht hat, ist nun, daß wir ständig in der Gefahr stehen, *zu vergessen*, daß es sich bei *unseren* „Begriffen" um *unsere* Möglichkeiten des Begreifens handelt (*Maturana [1982]* nennt sie „subjektgebundene Konstrukte") und nicht um Dinge oder die „Realität" selbst: „Bei unserer Wahrnehmung der Welt vergessen wir alles, was wir dazu beigetragen haben, sie in dieser Weise wahrzunehmen" (*Varela* 1981).

Zwischen den von uns gebildeten Konzepten stellen wir dann Beziehungen her, mit denen wir in einer weniger komplexen Alltagsrealität[3] gut zurechtkommen:

Schalter ⟶ Licht

Ich drücke auf den Schalter, das Licht brennt; *weil* ich auf den Schalter gedrückt habe, brennt das Licht. Ich habe eine Ursache, eine Wirkung

[3]) Wie auch die Alltagshandlung „der Mann mäht mit der Sense ein Feld" völlig anders beschreibbar ist, nämlich mit Hilfe einer neuen „rekursiven Sprache", macht *M. C. Bateson* sehr anschaulich deutlich (in: *Hoffmann* 1982, S. 5).

und einen Pfeil zwischen beiden. Die Beschreibung in Ursache-Wirkungs-Zusammenhängen genügt in diesem Fall, um Licht zum Lesen zu bekommen. In dem Moment jedoch, in dem ich einen solchen Pfeil z. B. zwischen die Prozesse

Körper ⟶ Störung

oder

Familie ⟶ Störung

zeichne, vergesse ich, daß diese Konzepte keine Dinge sind, sondern Prozesse. Wenn überhaupt, so sind zwischen beiden Konzepten Milliarden von Pfeilen zu ziehen, stellvertretend für die Interaktion beider, die sich in Milliarden von kleinen Sequenzen vollzieht. Es ist durchaus möglich, z. B. das Geschehen zwischen einer Mutter und ihrem Kind in kleine Ausschnitte von kausalen Teilbeziehungen zu zerlegen: „weil die Mutter, darum das Kind". Ein solcher Versuch der Komplexitätsreduktion *kann* hilfreich sein, [4] er ist in unzähligen Beratungsfällen auch eine handlungsleitende Landkarte des Beraters (und wahrscheinlich nicht permanent erfolglos); doch scheint eine systemische Sichtweise — die daher auch gern „ganzheitlich" genannt wird — dem zirkulären Gesamtprozeß mehr gerecht zu werden. Es ist einfach die Frage, wie sinnvoll und vertretbar es ist, die Interaktion z. B. zwischen Eltern und Kind in Richtung auf eine bestimmte Ursache-Wirkungs-Abfolge (z. B. Eltern → Kind) hin zu interpunktieren (s. *Watzlawick* et al. 1969) und diese kontextungebunden zu sehen, ohne die Beziehungen zwischen den Eltern und dem Rest der Familie und die Wechselwirkungen zwischen Kind und Eltern miteinzubeziehen.

Die hier skizzierte Sichtweise hat auch Konsequenzen für die Beurteilung von Theorien: auch Theorien können nicht eine objektive „Realität" möglichst objektiv abbilden[5], auch sie sind Ordnungsleistung des Theoretikers, sein Versuch, der Komplexität von Welt eine Struktur zu unterlegen:

> „Sicher ist es nicht nützlich, unterschiedliche Standpunkte zu vernebeln, doch folgt daraus nicht, daß eine Entscheidung darüber erzwungen werden müßte, welcher der ‚richtige' sei. Vielmehr ermöglichen unterschiedliche Standpunkte unterschiedliche Perspektiven auf denselben komplexen Gegenstand, und gerade die Vielfalt der Perspektiven erlaubt es, einen Gegenstand angemessen zu rekonstruieren." (*Kriz* 1985, S. 298)

---

[4]) Auch *Satir* (1973) weist darauf hin, daß die Eltern dem Kind gegenüber über die „härtere Realität" verfügen und als „Architekten der Familie" eine besondere Verantwortung haben.

[5]) Vorstellungen, wie sie dem logischen Empirismus oder auch dem Kritischen Rationalismus zugrunde liegen (vgl. *Kriz* 1981, *Stegmüller* 1979, S. 124 f.).

Theoretische Modelle sind demnach zu beurteilen nach ihrer Nützlichkeit, nach ihren Möglichkeiten, Informationen aus so vielen Bereichen und Ebenen wie möglich zu verarbeiten und nicht zuletzt vor dem Hintergrund einer bestimmten Ethik, also nach dem möglichen Schaden, den sie potentiell für Menschen bedeuten.[6] Gerade der Aspekt der ethischen Vertretbarkeit macht deutlich, wie sehr die Entscheidung für eine Theorie *wertgebunden* ist, wie sehr also der *Diskurs* die Entscheidung für ein theoretisches Modell bestimmt und nicht dessen „Realitätsnähe".

Zusammenfassend läßt sich sagen: Kausalität als ausschließliches Erklärungsprinzip ist für eine systemische Sicht der „Wirklichkeit" nicht ausreichend. Somit wird auch die Rolle des Kindes innerhalb der familientherapeutischen Theoriebildung nicht mit Begriffen von kausalen Erklärungsprinzipien beschrieben. Das Kind wird weder als „krank" noch als „Opfer" der es ausbeutenden kranken Mutter bzw. der Eltern betrachtet. Es ist vielmehr Teilnehmer an einer bestimmten Art von „Beziehungstanz" (*Minuchin*), der mit Leid für alle Beteiligten einhergeht. Das Symptom wird eher als Signal verstanden, als ein Hilferuf für die ganze Familie — daher wird der „Patient" auch als „identifizierter Patient" (*Satir* 1973) bzw. „Indexpatient" bezeichnet, um die *Funktion* des Kindes im System auszudrücken.

Im Lichte einer systemischen Erkenntnistheorie wird die Frage nach der Ursache der Störung bedeutungslos.[7] Die Suche nach Antwort auf die Frage nach der Ursache erübrigt sich, da es sich um ein Problem der Frage handelt, nicht der Antwort. Daher leistet die Systemtherapie weder eine „Behandlung der Ursachen" noch eine der Symptome, sondern gibt lebenden Systemen Anstöße; *Ludewig* (1983) spricht von „gezielter Verstörung", durch die ein System eine neue Organisationsgestalt annimmt, die mehr Wachstum ermöglicht.

2.2 Zur ökologischen Validität therapeutischer Analysen und Interventionen

Der Begriff „ökologische Validität" bezeichnet in der Entwicklungsforschung den Grad an Gültigkeit, den eine wissenschaftliche Untersu-

---

[6]) So hat der „Labeling-Ansatz" auf die Folgen der Etikettierung mit psychiatrischen Diagnosen, vor allem „endogenen", eindringlich aufmerksam gemacht (vgl. 2.3, s. *Scheff* 1973).

[7]) Dagegen nicht — wie oft mißverstanden wird — die Frage nach der *Geschichte* eines Symptoms, die dabei immer auch die Frage nach der Geschichte der Familie ist!

chung über die Laborsituation hinaus besitzt (*Bronfenbrenner* 1981, S. 46 ff.). Ökologische Gültigkeit ist dann gegeben, wenn ein Forscher das phänomenologische Feld der Versuchsperson miterhebt und in der Untersuchungssituation gegebene relevante Umwelteinflüsse miteinbezieht, „einschließlich der Kräfte, die von Kontexten außerhalb des unmittelbaren Lebensbereichs um die Versuchsperson ausgehen, also auf der Ebene von Meso-, Exo- oder Makrosystem" (*Bronfenbrenner* 1981, S. 50).

Analog kann unter einer systemischen Perspektive für therapeutische Diagnosen und Interventionen die Frage nach ihrer ökologischen Gültigkeit gestellt werden. Als ökologisch valide soll dementsprechend eine Diagnose gelten, die möglichst viele relevante Ebenen[8] systemischer Organisation berücksichtigt, und eine Intervention, deren Auswirkungen auf verschiedene relevante Ebenen abgeschätzt werden.

Es liegt auf der Hand, daß die ökologische Validität von Diagnosen und Interventionen nicht mathematisch exakt zu berechnen ist. Vielmehr ist es eine Frage des Diskurses, was „relevant" ist oder nicht. In *v. Schlippe* (1984) wurde versucht, ein Schema der Dimensionen soziophysischer Gesundheit zu entwerfen, das mögliche bedeutsame Aspekte beschreibt und dabei gleichzeitig die wichtige, oft vernachlässigte Dimension Zeit mit einbezieht (s. Abb. 1).

Als ökologisch valide kann eine Diagnose oder Intervention so lange gelten, solange nicht ein räumlicher oder zeitlicher Kontext zu erheben ist, innerhalb dessen das Verhalten oder Erleben eines Menschen neuen oder anderen Sinn ergibt: „Jedes Verhalten macht Sinn, wenn man den Kontext kennt" (*Satir* 1981, mdl.).

Beispiel: In einer psychopathologischen Fallvorstellung in der Psychiatrie exploriert der Dozent eine ihm vorher unbekannte Patientin. Er erhebt die Krankengeschichte ab dem 32. Lebensjahr, dem Zeitpunkt des ersten „Schubes", den die Patientin nach dem Tode ihrer Schwester erlitt. Die sich an dieses erste Ereignis anschließende Kette von neuen „Schüben" und damit einhergehende Hospitalisierungen führen zu der Diagnose: „Endogene Psychose". Die anschließende Befragung der Patientin durch die Seminarteilnehmer zeigt, daß die Frau im Alter von ca. 18 Monaten beide Eltern durch einen Unfall verlor und seitdem von ihrer Schwester betreut wurde, eben der Schwester, die kurz von dem ersten „Schub" gestorben war. Unter diesem erweiterten Kontext ließe sich die Störung als „Reaktivierung eines frühen Traumas", „depressive Reaktion auf Objektverlust" oder als „Kompetenzdefizit, das bisher durch die Schwester kompensiert wurde" o. ä. beschreiben, Diagnosen, die jeweils höhere ökologische Validität besitzen als die einer „endogenen Psychose" (und zu anderen therapeutischen Konsequenzen führen). Eine Exploration des sozialen Bezugsnetzes der Frau könnte diese Diagnosen möglicherweise noch verändern und die ökologische Gültigkeit steigern.

---

[8]) Es ist eine Prämisse systemischer Modellkonstitution, daß sich lebende Systeme auf verschiedenen Ebenen ihrer Organisationsform beobachten lassen, wobei diese Ebenen einander strukturell ähneln (s. Abb. 1).

Abbildung 1: Dimensionen sozio-psycho-physischer Gesundheit
(in Anlehnung an *Miller* 1978 und *Bronfenbrenner* 1981)

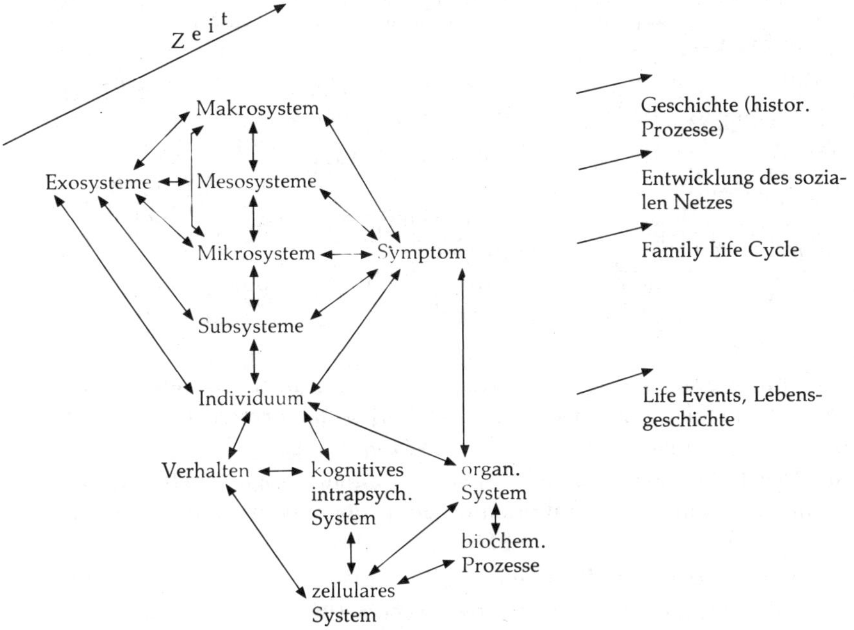

Zu *Makrosystem*: Soziokulturelle Bedingungen, Arbeitsbedingungen z.B. im Kapitalismus, Umweltbelastung, politische Lage (Krisen usw.).

Zu *Exosystem*: Konkrete Arbeitsbedingungen der Familienangehörigen, Lehrerkonferenz, politisch / moralische Ausrichtung von Lehrern, Jugendgruppenleitern usw., Fernsehen, Struktur der Gemeinde usw.

Zu *Mesosystem*: Arbeitsbedingungen des Betroffenen selbst, soziales Netzwerk (*Speck & Attneave* 1979), Schulklasse, Jugendgruppe, Kirchengemeinde, Nachbarschaft usw.

Zu *Mikrosystem*: Familie, Familienstruktur, Kommunikationsmuster (*Satir*, *Minuchin* usw.), Bewältigungspotential der Familie (*Guntern* 1981b).

Zu *Subsystem*: Beteiligung an widerstreitenden Subsystemen (*Haley* 1980), Kommunikationsmuster.

Zu *Individuum*: Persönliche Geschichte, kognitive Stile, Lebensereignisse (*Filipp* 1981), exponierendes Verhalten, Selbstkonzept, Selbstwertgefühl (*Satir* 1975; *Epstein* 1979).

Zu *Organsystem*: Organische Prädisposition („Verletzbarkeit" i.S. *Minuchins* 1981), spezifische Reaktionen auf Belastung („Muskelpanzer"), Alterungsprozeß.

Zu *Zellsystem*: Streßreaktionen auf zellularer Ebene.

(aus *von Schlippe* 1984)

Entsprechende Beispiele ökologisch nicht valider Einschätzungen gibt es auch aus dem Bereich der Familientherapie — z. B. einen Supervisor, der seinen Supervisanden tadelt, der bei einem Legastheniker neben der Familientherapie noch ein Lese-Rechtschreibtraining durchführen läßt: „Sag bloß, ihr arbeitet noch mit dem Kind allein!" Ein solcher systemtherapeutischer Dogmatismus vernachlässigt hier die Ebene des Individuums und individueller Kompetenzen.

Unter dem Blickwinkel des Konzepts ökologischer Gültigkeit erscheinen Einzel- und Familientherapie nicht mehr zwingend als unvereinbare Gegensätze. So ist die Familientherapie nicht die einzige Anwendungsform systemischen Denkens. Es lassen sich in der psychotherapeutischen Theoriebildung eine Reihe von Versuchen finden, den Menschen ganzheitlich zu beschreiben (z. T. mit explizitem Rekurs auf systemtheoretische Konzepte), wie z. B. die anthropologische Psychotherapie (*Bühler, Wyss* 1979) oder die verstehende Psychosomatik (*v. Rad* 1983).

Ganz besonders drückt sich u. E. eine ganzheitliche Konzeption vom Menschen in den humanistischen Psychotherapieformen aus — z. B. in den späten Vorstellungen von *Rogers* (1981), im Psychodrama *Morenos* (der für *Petzold* 1984a in seiner Auffassung sogar noch radikaler ist als die systemische Familientherapie) oder in der Gestalttherapie von *F. Perls* (vgl. *Petzold* 1984b).

Dennoch ist an der Familientherapie etwas entscheidend neu, nämlich die konsequente Anwendung dieser Perspektive auf das soziale Mikrosystem als Ganzheit. Diese Neuheit verleitet gelegentlich zur Selbstüberschätzung der eigenen Methode und Sichtweise durch Familientherapeuten (z. B. *Guntern* 1980). U. E. benötigen wir jedoch, um Welt valide zu beschreiben, anwendungsorientierte Theorien sowohl auf der Ebene des personalen Systems als auch auf den Ebenen des sozialen Mikrosystems und der Gesellschaft, die ihrerseits wieder in eine übergreifende Theorie integriert werden müssen, die einen „veränderungsoptimalen Systembezug" (*Schleiffer* 1984) gewährleistet (eine ähnliche Forderung findet sich auch im Integrativen Therapie-Ansatz von *Petzold*; vgl. *Bünte-Ludwig* 1984). Mit Hilfe eines solchen theoretischen Rahmens (er existiert u. W. nicht) könnten Einzeltherapie, Familientherapie und politische Aktivitäten aufeinander abgestimmt werden. Die Frage sollte dann vor allem eine der Effektivität und der ethischen Vertretbarkeit sein und weniger eine der Überzeugung.

Ein *Beispiel:* von *Perls* (1975) wird auf die Bedeutung klarer Kontaktgrenzen für eine ungestörte Persönlichkeit hingewiesen. Rigide, starre Absonderung ist ebenso ein Zeichen für Störung wie Konfluenz (Verschmelzung) (vgl. *Kayser* & *Kayser* 1984). Auf der Ebene des Familiensystems ist die Bedeutung klarer Systemgrenzen von *Minuchin* (1977) beschrieben worden, der ebenfalls zu starre Grenzen (Isolierung) und zu diffuse Grenzen

(Verstrickung) für Kennzeichen von Störung hält (s. a. 3.2). Es gleichen sich sogar die beobachteten Störungen: so finden sich bei als psychotisch und psychosomatisch beschriebenen Phänomenen Konfluenz in der gestalttherapeutischen Literatur (*Perls* 1975), Verstrickung in der familientherapeutischen (*Minuchin* 1977).

Anwendungstheorien auf höheren Systemebenen als der der Familie gibt es u. W. nicht. Konzepte zur Netzwerkintervention könnten als Versuche in diese Richtung angesehen werden (*Speck* & *Attneave* 1976) oder aber auch gemeindepsychiatrische Präventions- bzw. Interventionsprinzipien (s. *Sommer* et al. 1978; *Belschner* & *Kaiser* 1981; *Brentrup* & *Kemper* 1984).

Der entscheidende Unterschied zwischen Individual- und Familientherapie ist also zunächst, daß es sich um Interventionsansätze für unterschiedliche Organisationsebenen handelt und nicht jeweils um richtigere oder falschere Konzepte. Aus diesem Grund sollte auch vorsichtig mit der These umgegangen werden, die Familientherapie verkörpere als einzige Therapieform den „Paradigmawechsel". Nach wie vor ist es u. E. vertretbar, davon zu sprechen, daß wir uns in einer Krisen- und „Wendezeit" (*Capra* 1983) befinden, deren Auswirkungen global sind: „Das Paradigma unserer Kultur verändert sich" (*Touraine* 1976). Die Familientherapie wurzelt sicher in dieser Sichtweise; diese läßt sich jedoch in einer Reihe anderer psychologischer und psychotherapeutischer Ansätze (s. o.) ebenfalls wiederfinden, und es erscheint „geradezu töricht, einige oder gar die Mehrheit der . . . Konzepte zu ignorieren, nur weil Phänomene beschrieben werden, die aus der eigenen Perspektive nicht oder anders wahrgenommen werden" (*Kriz* 1985, S. 299).

Nichtsdestoweniger soll hier allerdings auch deutlich betont werden, daß u. E. die Beschreibung des Menschen auf individueller Ebene, auch eine systemische, nicht ausreicht. Nicht der Organismus ist als die Grundeinheit des Lebens anzusehen, sondern der Organismus in Beziehung. „Die Dyade ist der Baustein der ökologischen Struktur" (*Bronfenbrenner* 1981); d. h., daß wir den „Fokus unserer Bemühungen von der Betrachtung ‚dysfunktionaler Menschen' auf die Betrachtung von Menschen in dysfunktionalen Situationen ausdehnen müssen" (*Minuchin* et al. 1981) und damit auf das Ökosystem, das aus dem Organismus selbst, dem sozialen Kontext und der physikalischen Umwelt besteht, eingebettet in einen makrosystemischen Kontext von gesellschaftlicher und internationaler Vernetzung.

Unter einer ganzheitlichen Sichtweise ist vor allem das Bewußtsein bedeutsam, daß auf jeder Ebene der Systemorganisation (s. Abb. 1) begonnen werden *kann*, Änderungen auf allen Ebenen zu bewirken, sofern mit zentralen Systemkomponenten gearbeitet wird. Genauso wichtig ist die Erkenntnis, daß *nichts* zu bewirken ist, wenn mit peripheren Systemkomponenten gearbeitet wird. So *kann* eine Kindertherapie sinnvolle Systemtherapie sein — wenn sie eingesetzt wird, um z. B. die Grenzen zwischem dem heranwachsenden Kind und den Eltern klarer hervortreten zu lassen (s. 4.3). Sie *kann* schädlich sein, wenn sie die Rolle des Indexpatienten als „Krankem" festigt und so den pathologischen Prozeß verewigt; und schließlich *kann* sie wirkungslos sein, wenn Änderungen, die das Kind in der Therapie erreicht, nicht ins Familiensystem integrierbar sind und so verlorengehen (vgl. den Bericht von *Satir* in *Jürgens, Salm* 1984).

Zusammenfassung: Ökologisch valide sind Diagnosen und Interventionen, die die Vernetzheit von Symptomen im sozialen Umfeld berücksichtigen, ohne gleichzeitig andere Ebenen, z. B. die der individuellen Systemorganisation, der Meso- und Exoebenen (*Stuhr* 1983) oder der gesellschaftspolitischen (z. B. *Besems* 1983; *Stehl* 1982) zu vernachlässigen. Gleichermaßen bedeutsam ist die Perspektive über die Zeit (z. B. *Carter & McGoldrick* 1980; *Petzold* 1981).

2.3 Ein krasses, aber leider alltägliches Beispiel

Das nachfolgende Beispiel, das uns in unserer Praxis begegnete, spiegelt sehr kraß den Unterschied zwischen einem ausschließlich am Individuum orientierten Vorgehen und einem systemorientierten Ansatz wider. Es handelt sich dabei um ein Kind, das in einer auf dem Boden des sog. „medizinischen Modells" (*Keckeisen* 1974; *Capra* 1983) arbeitenden Klinik stationär behandelt worden war, ehe es in einer familientherapeutisch orientierten Klinik vorgestellt wurde. Der Vergleich wird den vielen differenzierten Ansätzen zur Kindertherapie, die in diesem Buch dargestellt sind, sicher nicht gerecht und soll auch weniger zur Kritik an diesen dienen als vielmehr der Kritik an einem Ansatz, der bis heute seelisches Leid ausschließlich auf in der Person liegende Ursachen zurückführen möchte.

Der 10jährige Christian wurde in einer Klinik wegen erheblicher Verhaltensstörungen, psychomotorischer Unruhe, Einnässen, Kontaktstörungen, Schul- und Erziehungsproblemen vorgestellt. Wegen letzterer besuchte er seit 2 Jahren die Sonderschule für Verhaltensgestörte. Im Erstgespräch, das der aufnehmende Arzt mit der Mutter führte, erfuhr er, daß der 7jährige Bruder „unauffällig und die häuslichen Verhältnisse geordnet" seien. Nach dem Vorgespräch wurde der Junge in die Klinik aufgenommen und 6 Wochen später entlassen. In der Zeit wurden folgende diagnostische Maßnahmen durchgeführt: In einem Intelligenztest erzielte Christian ein „sehr hohes Ergebnis". In einem projektivem Testverfahren ließ sich eine „gewünschte Sonderstellung in der Familie eruieren" (die Zitate stammen aus dem Befundbericht der Klinik), besondere Familienprobleme wurden nicht deutlich. Ein Körperkoordinationstest wies auf eine mangelnde Koordinationsfähigkeit hin, das EEG war mäßig allgemeinverändert, Röntgen-, Labor- und Körperbefunde waren unauffällig.

Die Therapie beschränkte sich auf Besuche in der Klinikschule, psychomotorisches Training und ein Konzentrationstraining sowie auf eine schrittweise zunehmende neuroleptische Medikation. Diese „wirkte sich auf das Arbeitsverhalten sehr positiv aus" und führte dazu, daß der Junge sich „innerhalb der Gruppe weit besser einordnete und anpaßte."

Als Diagnose wurde dem Jungen u. a. ein „hirnorganisches Psychosyndrom" zugeschrieben, denn für die „beklagten Verhaltensauffälligkeiten (ist) eine cerebrale Funktionsstörung anzuschuldigen." Auf diese haben sich „sekundäre Neurotisierungserscheinungen aufgepropft."

Den Eltern wurde bescheinigt, daß sie sich sehr um das Wohlergehen ihres Sohnes bemühten und daß von daher ein Verbleib zu Hause dringend anzuraten sei. Mit der Empfehlung, die Medikation fortzusetzen, konnte die Mutter nach 6 Wochen ihr Kind wieder in Empfang nehmen. Das Abschlußgespräch war ihr zweites Gespräch mit dem Arzt, zum Vater wurde kein Kontakt aufgenommen. Die Eltern setzten nach kurzer Zeit die Medikamente wieder ab, da sie ihr Kind als völlig persönlichkeitsverändert und „wie in Trance" erlebten. Daraufhin zeigten sich die Symptome in unverändert starker Form.

„Die Theorie bestimmt, was wir beobachten" — im vorliegenden Fall zeigt sich in tragischer Weise, wie recht *Einstein* mit diesem Wort hatte. Die Art des Vorgehens in der Klinik war durch folgende Prämissen bestimmt, deren Gefährlichkeit in ihrer Unhinterfragbarkeit liegt (vgl. auch *Schweitzer* 1984):

1. Seelische Krankheit ist analog zur körperlichen Krankheit im Individuum lokalisiert, ist individuelles Geschehen — Heilung ist daher nur durch die vollständige Delegation der Verantwortung für die Behandlung an das Krankenhaus möglich.
2. Die Kenntnis der (einen) Ursache genügt, um die Störung zu beherrschen.
3. Der Mensch ist ein statisches Wesen, Krankheit ist ein möglicher Zustand, es ist erstrebenswert, diesen durch einen anderen Zustand zu ersetzen.

Aus diesen Prämissen folgen Schritte, die wiederum im Zirkelschluß die Theorie bestärken:[9]

1. Zur Diagnosestellung genügt es, das Kind zu sehen.
2. Hauptgewicht der Diagnose liegt im Bereich der EEG-, Röntgen- und Labordiagnostik, also körperorientiert (und wenn nichts zu finden ist, muß eben genauer und spezieller im Körperbereich gesucht werden).

---

[9]) i. S. des „zirkulären" (weil sich selbst bestätigenden) Ausspruchs einer leitenden Ärztin in einem Landeskrankenhaus: „Wer bei uns landet, das sind sowieso nur die endogenen Psychosen."

3. Zur Therapie genügt es im wesentlichen, die körperlichen Ursachen durch Medikamente zu bekämpfen.

4. Die Anpassung an soziale Normen im Sinne von Wiederherstellung des Arbeitsverhaltens, Einordnung und Anpassung sind hinreichende Therapieziele.

Christian wurde 4 Monate nach seiner Entlassung aus der ersten Klinik in der familientherapeutisch orientierten zweiten Klinik vorgestellt. Zum Erstgespräch wurde die ganze Familie eingeladen, also die Eltern, Christian und sein Bruder Rainer (wie sich erst später herausstellte, hätten auch beide Großelternpaare von Anfang an in die Therapie mit einbezogen werden müssen). Es zeigte sich eine extrem angespannte Familie, die Interaktionen wurden durch anklagende Verhaltensweisen der Eltern gegenüber beiden Kindern, vor allem Christian, bestimmt, die sich ihrerseits sehr unruhig und praktisch nicht kontaktbereit zeigten (die Linearität der Darstellung soll hier keine Kausalität unterstellen!). Zwischen den Eltern schienen ebenfalls Spannungen zu bestehen, die sie selbst nur auf den Umgang mit den Kindern bezogen. Es war jedoch kaum möglich, darüber zu sprechen, da Christian besonders dann schnell die Aufmerksamkeit auf sich zog (z. B. riß er „aus Versehen" ein Poster von der Wand, das er dann umständlich wieder aufzuhängen begann u. ä.); Rainer zeigte ähnliches Verhalten, nur abgeschwächt. Diese Beobachtung legte die Vermutung nahe, daß die Spannungen zwischen den Eltern diese auch als Ehepaar betrafen, daß die im ehelichen Subsystem liegenden Probleme jedoch in Erziehungsprobleme umgeleitet wurden (vgl. *Minuchin* 1977, S. 130 f.) — ein wichtiger Anhaltspunkt für eine unklare (diffuse) Grenze zwischen den Generationen und für das Verständnis der Funktion der Symptomatik in dieser Familie.

Wir bezogen daher den Satz der Eltern, der im Erstgespräch fiel: „Wenn die Kinder nicht wären, hätten wir eine wunderbare Ehe" mehr auf die Eltern als auf die Kinder. Unsere ersten Hypothesen über die Familie lassen sich in Symbolen der *Minuchin*'schen Prozeßdiagnostik folgendermaßen darstellen:

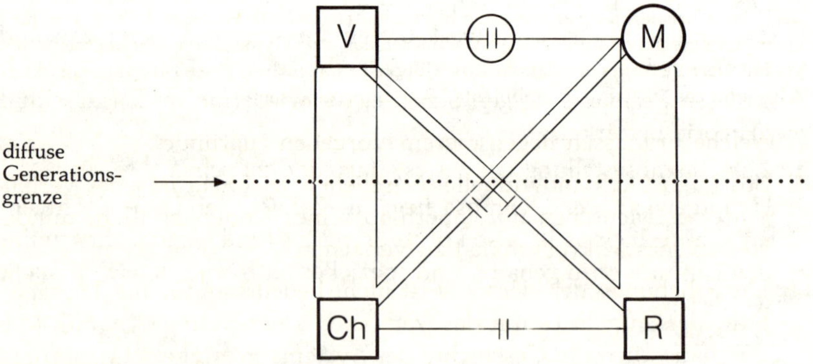

Abbildung 2: Strukturskizze der Familie A.

Wir vermuteten, daß sowohl Christian als auch Rainer in einen verdeckten Konflikt (——(| |)——) einbezogen waren, der dadurch umgeleitet wurde (——| |——), daß die Kinder mit jeweils einem Elternteil in Koalition (~~~~) gegen den anderen standen, zu dem ein offener Konflikt (——| |——) bestand (zu den Symbolen s. *Minuchin* 1977 und *v. Schlippe* 1984). Dieses Muster kann als „Triangulation" (*Simon* & *Stierlin* 1984) bezeichnet werden. Auf deren Bedeutung in Familien mit einem gestörten Mitglied hat *Haley* ausführlich verwiesen (s. a. 3.2.1). Dies war das Bild, das die „geordneten häuslichen Verhältnisse" bei struktureller Betrachtung boten. Später kam übrigens noch dazu: die Kinder sahen auf einer der beiden Video-Anlagen oft bis nachts Horror-Video-Filme, der „unauffällige" Bruder zeigte sich still, zurückgezogen, kontaktscheu, depressiv, näßte ein: die vier Großeltern mischten sich permanent in das Familienleben ein, es gab ständig Streit und Zank zwischen den jeweiligen Schwiegermüttern und Vater und Mutter, in den die Kinder miteinbezogen wurden („‚In der Oma X hat der Teufel sein Haus gebaut!' sagt Mama immer!")

In dem Erstgespräch, in dem die Belastung aller Familienmitglieder offenbar wurde, gelang eine erste systemische Problemdefinition: Christian hat mit seinen Problemen dafür gesorgt, daß die Familie jetzt gemeinsam die Gelegenheit ergreifen kann, dafür zu sorgen, daß es allen besser geht.

Nach diesem Erstgespräch wurde der Familie mitgeteilt, daß sie eigentlich als Ganzes einer stationären Behandlung bedürfe, daß der Platz jedoch nur für die Kinder ausreiche. Diese wurden aufgenommen, und eine intensive Familientherapie begann. In deren Verlauf bestätigten sich unsere Hypothesen von der Struktur der Familie (vgl. auch hier: „Die Theorie bestimmt, was wir beobachten").

In dem Maße, in dem die Eltern sich miteinander auseinandersetzten, besserten sich die Verhaltensauffälligkeiten Christians. Wir verstanden es so, daß er nicht mehr in dem Maße sich verpflichtet fühlte, Probleme zu liefern, wie früher. Nach 6 Monaten Therapie fiel der Satz: „Wenn die Kinder nicht wären, wir hätten uns schon längst getrennt." Er war dem im Erstgespräch geäußerten diametral entgegengesetzt, machte die extrem angespannte Beziehung der Eltern deutlich, der Konflikt lag offen. Leider entging uns zu dem Zeitpunkt die Vernetzung dieser Problematik mit der der jeweiligen Ursprungsfamilien (die Eltern *durften* keine gute Beziehung haben, um das Gleichgewicht der großelterlichen Paarsysteme nicht zu gefährden), so daß nicht alle Hintergründe bearbeitet wurden. Dennoch genügte bereits die Arbeit auf der Ebene des Mikrosystems, um zu bewirken, daß Christian die Sonderschule für Verhaltensgestörte verlassen konnte und nach einem erfolgreich verlaufenen Grundschulversuch aufs Gymnasium überwechselte. Insgesamt waren er und seine Familie drei Monate in stationärer, einen Monat in tagesklinischer und ca. 1,5 Jahre in ambulanter Betreuung gewesen.

Welche Prämissen liegen diesem Vorgehen zugrunde:

1. Störung ist kein individuelles Geschehen, vielmehr ist jedes Verhalten eines Menschen nur innerhalb seines Kontextes (d. h. mindestens seines Mikrosystems) zu verstehen.

2. Die Erhebung „der" Ursache ist nicht bedeutsam für die Therapie. Statt dessen geht es um das Verständnis der Systemdynamik (das durchaus auch die Geschichte des Systems miteinbezieht), um aus diesem Verständnis heraus Ansatzpunkte für Veränderung zu erarbeiten.

3. Störung ist in ihrer Funktion für das Gesamtsystem zu sehen, ist nicht ein *im* Individuum lokalisierter Prozeß. Vielmehr kann sie als Verhalten betrachtet werden, „zu dem sich der Patient im Interesse der Familie entschließt" (*Schweitzer* 1984), so daß ein aktives Verändern der familiären Beziehungen auch eine Veränderung des Verhaltens des „Patienten" mit sich bringt.

Aus diesen Prämissen folgen Schritte, die andere Information zutage fördern als ein individuelles Vorgehen:

1. Die Familie wird von Anfang an gemeinsam angesprochen.
2. Die Diagnose ist eine Familiendiagnose, die auf die Struktur der Familie abzielt, also auf ihre Beziehungsmuster.
3. Das Symptom wird nicht mehr als Krankheit definiert, vielmehr wird der Symptomträger als Indikator für eine Störung im familiären Gleichgewicht deklariert und eine positive Symptombewertung (Reframing) angestrebt, in der das Symptom in seiner Bedeutung für das Gesamtsystem gesehen wird.
4. Ziel der Behandlung ist weniger die Anpassung an äußere Normen als vielmehr, der Familie wieder zu einem Zustand zu verhelfen, in dem sie über ihre eigenen Ressourcen, ihre volle Bewältigungskapazität, verfügen kann.

Eine solche Art des Herangehens an die Störung ist u. E. ökologisch valider und weniger potentiell schädlich für die Beteiligten und damit letztlich hilfreicher als der zuerst beschriebene Weg der Behandlung.

3. Lebensbewältigung und Bewältigungspotential als integrative Begriffe

3.1 Fähigkeit zur Lebensbewältigung als diagnostische Kategorie auf der Ebene des Individuums

Die Fähigkeit, das Leben zu meistern, ist in (fast) jeder therapeutischen Schule Kriterium für die „gesunde" Person bzw. Ziel der Therapie. Lebensbewältigung wird dabei nicht als optimale Anpassung an gesellschaftliche Normansprüche verstanden, wenn auch das Ziel „Arbeitsfähigkeit" am ehesten diesen Aspekt trifft, sondern ist weiter definiert als maximale emotionale Erlebensfähigkeit, optimale Konflikt-, Genuß- und Sinnfähigkeit (vgl. *Lohmann* 1980).

In unterschiedlicher Terminologie sprechen verschiedene Autoren diese Kategorie an, so z. B. mit dem Begriff „Ich-Funktionen" (z. B. *Hartmann* 1972) oder dem Vorhandensein einer stabilen Identität als Voraussetzung für kreative, dynamische Auseinandersetzung und Integration (*Heinl, Petzold* 1983). Für *Perls* ist die ganze Psychologie die

„Wissenschaft von der schöpferischen Anpassung" (*Perls* et al. 1981), die sich im Wechselspiel von Wahrnehmen und Handeln vollzieht. *Rogers* sieht in der Fähigkeit zu Selbstwahrnehmung und Kongruenz den Schlüssel nicht zur Konfliktfreiheit, wohl aber zu einer Form der Auseinandersetzung mit der Umwelt, die das Individuum befähigt, sich für seine persönlichen Interessen ebenso einzusetzen wie für die seiner Gruppe oder für politische Belange und gleichzeitig zur Kooperation in der Lage zu sein (s. z. B. *Rogers* 1981). In der kognitiven Verhaltensmodifikation bzw. dem kompetenzepidemiologischen Ansatz wird die „Fertigkeit eines Individuums zur effektiven Auseinandersetzung mit Situationen" als optimale Ausstattung der kompetenten Person angesehen (*Lauth* 1983, S. 18). Die Art und Weise, wie eine Person mit Belastungen umgeht, z. B. kritischen Lebensereignissen (*Filipp* 1981), und sie bewältigt (Coping), hat offenbar einen Einfluß darauf, ob sie erkrankt oder nicht (*Lazarus* 1981).

Diese bei weitem nicht vollständige Liste zeigt, wie das Kriterium der Lebensbewältigung als bedeutsame Kategorie bei der Betrachtung des Individuums in der Unterschiedlichkeit der Ansätze in vielen Facetten erkennbar ist.

In der familientherapeutischen Theorienbildung gibt es demgegenüber kein explizites Modell für das personale Subsystem. Dabei ist das Individuum genauso als ein System zu betrachten wie seine Familie. Die Frage, wie es z. B. sein Selbstwertgefühl reguliert, ist genauso bedeutsam wie die, wie diese Regulation mit der anderer Familienmitglieder verknüpft ist. Ebenso fehlt bislang ein familientherapeutisches Verständnis von Entwicklung. *Liebsch* (1984) weist z. B. darauf hin, daß nicht ohne Entwicklungskonzept abgeschätzt werden kann, welche Perspektiven Kinder und Erwachsene auf die Regeln des Systems entwickeln, dem sie angehören.

Bei *Satir* findet sich u. E. am ehesten der Versuch, individuelle (Selbstwert), systemische (Kommunikation, System) und Entwicklungsvorstellungen (Wachstum) in eine integrative Familientherapie zu überführen:

„... das, was ich zu tun versuche, nämlich die Verbindung von drei Begriffen herzustellen: System, Wachstum und Selbstwert. In meiner Praxis und in meinem Leben stelle ich fest, daß Menschen, die sich selbst als Ganzheit erleben und das Gefühl besitzen, selbst etwas wert zu sein, fähig sind, mit allen Herausforderungen ... in angemessener Weise fertig zu werden ... Wachstum bedeutet, daß das Leben in beständiger Veränderung besteht, und es gibt keine Möglichkeit, das zu unterbinden ... Der Begriff System will sagen, daß jeder Teil im Geflecht des Ganzen alles übrige mit beeinflußt. Wir befinden uns immer in einem System" (*Satir*, in *Satir, Schneider* 1983).

Eine familientherapeutische Sichtweise kann die Betrachtung der Möglichkeiten, die ein Mensch hat, sein Leben zu meistern — also eine anthropologische Perspektive —, nicht ersetzen[10]. Sie kann jedoch eine sehr bedeutsame Ergänzung und Erweiterung der Perspektive „Lebensbewältigung" liefern, und zwar über den Begriff des „Bewältigungspotentials" von Systemen. Dieser Begriff bietet die systemische Entsprechung zur Bewältigungsstrategie, die ein Individuum anwendet.

3.2 Bewältigungspotential der Familie als diagnostische Kategorie auf der Ebene des Mikrosystems

Eine der wesentlichsten Funktionen der Familie ist es, den Mitgliedern ein Potential bereitzustellen, einen Rahmen, innerhalb dessen es dem einzelnen möglich wird, sich geschützt — und mit Verhaltensregeln versehen — mit den Anforderungen des Lebens auseinanderzusetzen (vgl. *Caplan* 1976). Dieser Rahmen erlaubt die Anwendung gewisser Bewältigungsarten und verbietet andere bzw. schließt sie ganz aus. Es kommt also zu einer Synchronisation individueller Bewältigungs*strategien* auf dem Hintergrund des Bewältigungs*potentials* des Familiensystems. Neben die Frage nach der Lebensbewältigung des einzelnen tritt die Frage, wie soziale Systeme aussehen, in denen Menschen mit oder ohne Symptomentwicklung leben, also die Frage nach dem Kontext personaler Bewältigung. Das Bewältigungspotential ist dabei doppelgesichtig: zum einen bietet es Unterstützung, zum anderen reduziert es die zur Verfügung stehenden Wahlmöglichkeiten.

Ein kurzes Beispiel: In einer Familie lassen sich die beobachtbaren Interaktionen mit Hilfe der Regel beschreiben: „Keiner darf sich vom anderen trennen, wir sind eine festgefügte Einheit und stehen als Familie gegen den Rest der Welt zusammen." Gleichzeitig ist eine Veränderung dieser Regel tabu. Hier wird es für ein Kind in der Adoleszenz sehr schwer sein, Schritte außerhalb der Familie zu unternehmen, und die Wahrscheinlichkeit regressiver Adaptationsstrategien — z. B. Krankwerden, Fernsehen, Bücher lesen usw. (alles außer dem Verlassen des Hauses) wird erhöht sein. Die Familie bietet in diesem Fall keine funktionalen Regeln, kein funktionales Potential an, um einer entwicklungsbedingten Herausforderung des einzelnen, die immer zugleich Herausforderung des Gesamtsystems ist, adäquat zu begegnen.

Im Beispiel wurde der Begriff „Regel" erwähnt, in vielen familientherapeutischen Modellen ein zentrales Konzept. Mit seiner Hilfe wird

---

[10]) Dieser Satz steht sicher im Widerspruch zur Position einer Reihe von Autoren, auch solchen, die ansonsten den Standort strukturell- bzw. entwicklungsorientierter Familientherapie vertreten.

versucht, die in der Familie beobachtbaren Verhaltensredundanzen zu erfassen und damit auch die aktiv ausgeschlossenen Verhaltensbereiche (z. B. Über Gefühle wird nicht gesprochen; in unserer Familie gibt es keine Konflikte usw.). Das Familiensystem als Ganzes läßt sich nicht aus der Summe seiner Mitglieder erklären; es ist also, wenn man so will, „mehr als die Summe seiner Teile". Genauso richtig ist jedoch auch, daß die Mitgliedschaft im System auf die Einzelnen rückwirkt und sie auf die Funktionsbedingungen der Ganzheit hin orientiert. Dies bringt z. B. *Willke* (1983) dazu zu sagen, das Ganze sei „*weniger* als die Summe seiner Teile", da es die möglichen Verhaltensweisen — und darüber hinaus die Wahrnehmungsweisen — durch seine Regelstruktur einschränkt. *Wertheim (in Liebsch* 1984) unterscheidet zwischen Basisregeln, die konkrete Verhaltensweisen regulieren, und Regeln zweiter Ordnung, die als Metaregeln Richtlinien für den Umgang mit Verhaltensregeln selbst betreffen. Diese sind für das Verständnis des Bewältigungspotentials eines Systems besonders wichtig, da es an ihnen hängt, ob Regelveränderungen möglich sind in Anpassung an Herausforderungen welcher Art auch immer oder nicht.

Die Frage nach dem Bewältigungspotential einer Familie ist also die Frage nach ihren Regeln, nämlich ob ein System (und zwar nicht nur die Familie!) die Verhaltens- und Wahrnehmungsmöglichkeiten seiner Mitglieder *angemessen* (z. B. Mord und Totschlag als Verhaltensweisen ausschließt) oder *unangemessen* (Gefühlsäußerungen tabuisiert) begrenzt, ob Entwicklung und Veränderung möglich sind oder nicht.

Es ist u. E. wichtig, sich bewußt zu werden, daß nicht nur Individuen sich im Lebensprozeß befinden, sondern Systeme. Die Familie durchschreitet den Familien-Lebenszyklus (*Carter & McGoldrick* 1980), ein Prozeß, der sich in permanenten Übergängen, Veränderungen vollzieht, die „Folge wie Anstoß von Entwicklungsprozessen" (*Bronfenbrenner* 1981) sind. Durch diese Übergänge ist das System ständig gezwungen, die Regeln des gemeinsamen Funktionierens auf eine neue Ebene anzupassen, ein neues „Fließgleichgewicht" zu finden. Solche Übergänge können *im* System (z. B. Entwicklung der Mitglieder, Geburt, Scheidung) entstehen oder als Herausforderung von *außen* kommen (Wohnortwechsel, Belastungen am Arbeitsplatz). Die meisten psychischen Probleme „entstehen in solchen Zeiten der inter- und intrasystemischen Veränderung oder Belastung" (*Andolfi* 1982, S. 29). Familien, die über ein flexibles Bewältigungspotential verfügen, können durchaus *schwere* Belastungen auffangen.[11] Wenn jedoch Familien, die in festgefahrenen, rigiden Strukturen leben, mit Veränderungen konfrontiert werden, insbesondere mit schwerwiegenden und unvermeidbaren, wie dem Tod eines Familienmitglieds, Trennung, Scheidung usw., kommt es eher zu schweren, von Krankheiten bzw. Störungen begleiteten Krisen.

Zusammenfassung: Die Art und Weise, wie ein Mensch auf Belastung reagiert, wird aus systemischer Sicht durch seine Verhaltensmuster, Coping-Stile oder Ich-Stärke nicht ausreichend erklärt. Die Bewältigungspotential-Perspektive weitet den Blick von der individuellen Sicht zum Familiensystem: die Störung des einen kann durchaus die Möglichkeit einer Lösung *für einen anderen* darstellen. Wie im o. a. Beispiel („Christian") erscheinen die Auffälligkeiten eines Kindes dann in ihrer Funktion für die Vermeidung eines ehelichen Konflikts und nicht (nur) als Versagen der Bewältigungsmöglichkeiten des Kindes.

3.2.1 Regulierung der Binnenbeziehungen

Familien regulieren ihre Binnenbeziehungen über ihre Binnengrenzen. Die Art und Weise der Nähe-Distanz-Regulierung in Familien ist in über 40 familientherapeutischen Konzepten als bedeutsamer Aspekt systemischen Funktionierens erkannt worden (s. *Olson* et al. 1979). Es ist vielleicht nicht übertrieben, darüber hinaus zu sagen, daß die Handhabung von Nähe und Distanz eine zentrale Determinante menschlicher Existenz überhaupt darstellt (z. B. *Buber* 1978; vgl. auch *Petzold* 1978).

Eine klare Grenze ermöglicht sowohl Differenzierung als auch Kontakt, sie muß das Bewußtsein von „Ich" ebenso ermöglichen wie von „Wir" (*Fleck* 1976). Für *Minuchin* (1977) ist die Funktion der Familie als „Matrix der Identität" infrage gestellt, wenn Familien ihre Binnengrenzen, vor allem die Generationsgrenzen, in extremer Weise handhaben. So ermöglicht eine diffuse Grenze zu wenig Abgrenzung der Familienmitglieder untereinander. Dieser Modus wird auch als „Ver-

---

[11]) Auf eine Gefahr soll hier hingewiesen werden, nämlich, daß es nicht nur eine Frage des Bewältigungspotentials einer Familie ist, ob eine Belastung aufgefangen werden kann. Wenn der Familie vor dem Hintergrund gesellschaftlicher Widersprüche Aufgaben und Anforderungen zugeordnet werden (z. B. extrem schnelle Umstellungsfähigkeit auf neue Arbeits- und Wohnorte, auf Arbeitslosigkeit oder auch Gewalt auf Videofilmen usw.), so kann es ein Zeichen von Störung sein, sich widerspruchslos diesen Forderungen anzupassen. Wo Familientherapie diesen Aspekt übersieht, verliert sie ihren potentiell emanzipatorischen Gehalt und wird restaurativ (vgl. die Kritik *H. E. Richters* an der strukturellen Familientherapie 1981).

strickung" bezeichnet. Hier ist die Autonomie der Familienmitglieder beschnitten, die einzelnen werden übermäßig eingeschränkt.

Starre Binnengrenzen kennzeichnen das genaue Gegenteil. Es findet kaum Austausch zwischen Familienmitgliedern statt, auf spezifische, z. B. persönliche Fragen wird nicht geantwortet, ein Modus, den *Minuchin* als „Loslösung" bezeichnet. Ein ausgewogenes Mittel kennzeichnet den „normalen" Bereich zwischen den Extremen (s. Abb. 3).

Isolierung	Klarheit	Verstrickung, Fusion
rigide, undurchlässige Grenzen; Loyalität und Zugehörigkeitsgefühl schlecht ausgeprägt; keine Möglichkeit, um Hilfe zu bitten. Größte Angst: Nähe. Protektive Funktionen behindert (u. U. schwere Störung eines Fam.mitgl. nicht beachtet).	Flexible, klare Grenzen. Die Mitglieder der Subsysteme vollziehen ihre Funktionen ohne unzulässige Einmischung von außen. Kontakt mit den Mitgliedern anderer Subsysteme ist möglich.	Diffuse, verwischte Grenzen, Autonomie des einzelnen ist beeinträchtigt. Beschneidung von kognitiv-affektiven Fähigkeiten. Größte Angst: Trennung. Mangelnde Differenzierung der Subsysteme (also u. U. geringe Belastung eines Fam.mitgl. bringt alle ins Schleudern)

(aus: *v. Schlippe* 1984)

Abbildung 3: „Die Matrix der Identität" nach Minuchin (1977)

Ein ähnliches Modell findet sich bei *Stierlin* (1980²), für den die Balance zwischen „Individuation" und „Bezogenheit" sowie „bindenden" und „ausstoßenden" Tendenzen eine der zentralen Aufgaben der Familie ist.

Pathologische Dreiecke

Von allen in der Familie möglichen Grenzen ist die Generationsgrenze die bedeutsamste (vgl. *Minuchin* 1977). In Familien mit einem gestörten Mitglied läßt sich häufig eine Struktur finden, bei der diese Grenze durchbrochen ist. Ein Kind ist in das elterlich-eheliche Subsystem einbezogen, und dieses ist beeinträchtigt. Die Regelmäßigkeit, mit der solche Strukturen in Problemfamilien zu finden waren, veranlaßte *Haley* dazu, sie als Grundform einer dysfunktionalen Struktur zu bezeichnen (1980). In diesen pathologischen Dreiecken wird die Generationsgrenze heimlich durchbrochen, indem eine Person aus der einen Generation (z. B. ein Ehepartner) mit einer Person aus der anderen Generation (z. B. einem Kind) eine Koalition gegen eine Person aus der gleichen Generation (z. B. den anderen Partner) schließt. Diese Koalition wird geleugnet, wenn sie angesprochen wird. Diese Muster finden sich häufig über Generationen hinweg als stabile Formen eines pathologischen Umgangsstils. *Haleys* Beobachtungen wurden z. B. von *Minuchin* et al. (1981) an psychosomatischen Familien bestätigt.

3.2.2 Regulierung der Außenbeziehungen

Die Art und Weise, wie eine Familie ihre Binnengrenzen steuert, hängt zusammen mit der Art des Umgangs mit Außengrenzen, weshalb beide Aspekte oft auch gemeinsam diskutiert werden (z. B. *Minuchin* et al. 1981, *Olson* et al. 1979). Erfahrungsgemäß lassen sich bei Systemen mit diffusen Binnengrenzen rigide Außengrenzen finden („Wir gegen den Rest der Welt") und umgekehrt. Es geht hier um die Qualität *inter*systemischer Beziehungen. Eine Familie, die ihre Bezüge nach außen über rigide Außengrenzen regelt, erschwert ihren Mitgliedern wiederum die Lebensbewältigung. So werden z. B. Probleme in einer Beratungssituation nicht offen angesprochen, ist es einzelnen Familienmitgliedern unmöglich, sich außerhalb der Familie Unterstützung zu holen, oder ganz einfach, sich von der Familie zu entfernen. Damit wird die Anzahl potentiell hilfreicher Kontakte für die Familie reduziert.

Genauso problematisch ist die Diffusität der Außengrenzen, hier besonders zu den Ursprungsfamilien, wenn z. B. die Großeltern Entscheidungen der Mutter über die Kinder wieder aufheben oder die nicht gelungene Ablösung des Vaters von seiner Mutter das Eheleben sabotiert. Enorme Probleme entstehen gerade da, wo diese Abgrenzung zu den Ursprungsfamilien nicht geglückt ist, also der sehr relevante „ökologische Übergang" (*Bronfenbrenner* 1981) nicht vollständig stattgefunden hat, bei dem sich ein Mensch aus seinem bisherigen Mikrosystem löst und ein eigenes gründet. Das bisherige wird dann zu einem relevanten Mesostem. Unsere Erfahrung aus der Praxis, daß nämlich die Frage nach einer oder mehreren Großmüttern oder Großvätern im Haus oder in der Nachbarschaft im kinder- und jugendpsychiatrischen Anamnesegespräch fast immer positiv beantwortet wurde *und* fast immer therapeutisch bedeutsames Material ergab, diese Erfahrung findet sich in unzähligen Literaturstellen bestätigt (z. B. *Minuchin* 1977; *Stierlin* 1978 u. a.).

3.2.3 Umgang mit verändernder Information: Veränderungsfähigkeit

Hier ist die Art und Weise angesprochen, wie ein System als Ganzes mit Veränderung umgeht. Ein System, das Information aufnimmt und akzeptiert, ist damit fähig, sich zu verändern; wenn nicht, wird es starr.

In einem starren System gilt die Metaregel: Veränderung ist nicht erlaubt. So gibt es nichts Unverhofftes, Ungewisses, Rollen- und Machtstrukturen sind fest gefügt und verändernder Information nicht zugänglich. Regelabweichungen werden vielmehr mit extremer Geschwindigkeit korrigiert (negatives Feedback, vgl. *Minuchin* et al. 1981). Für viele Autoren (z. B. *Klugman* 1976) ist diese Rigidität eng mit dem Merkmal diffuser Binnengrenzen verbunden, da vor allem verstrickte Systeme es sich „nicht leisten" können, ihre Nähe (bzw. Pseudo-Nähe) durch Veränderung aufs Spiel zu setzen, da die emotionale Sicherheit des einen von der Beständigkeit seiner Beziehungen zum anderen abhängt:

„... eine Veränderung bei einem bedroht den anderen, der sich dann in irgendeiner Weise gestört verhält ... Diese Störung ‚gehört' nicht demjenigen, der ärgerlich, traurig oder ‚krank' ist; statt dessen wird sie als in der Verantwortung des Initiators der Sequenz stehend gesehen. Es ist ‚seine Schuld', d. h.: ‚Du machst mich ärgerlich oder traurig' ... Der Initiator der Veränderung — wenn die Verstrickung ausreicht — akzeptiert diese Verantwortung und neigt zur Rückkehr zu seiner früheren Position und stellt so den Ruhezustand wieder her ... *Verstrickte Menschen leben so in homöostatischen Systemen. Je höher der Grad an Verstrickung, desto rigider das System.*" (*Klugman* 1976, S. 322, Übersetzung von mir — v. S.)

Olson et al. (1979) nannten in ihrem Modell, das sie aus der Zusammenfassung verschiedener familientherapeutischer Konzepte gewonnen hatten, diese Dimension „Anpassungsfähigkeit", nämlich die Fähigkeit eines Systems, die Balance zwischen Flexibilität und Rigidität zu wahren, Wandel und Kontinuität zu gewährleisten. *Beavers* und *Voeller* (1983) weisen darauf hin, daß beide Extreme dieser Dimension („chaotische Strukturen" wie „autoritäre Starrheit") Spielarten von Veränderungs*resistenz* und Unflexibilität sind. In beiden Fällen werden die Möglichkeiten eines Menschen, kompetente Bewältigungsstrategien zu entwickeln, durch seine Familie eingeschränkt, da entweder zu viele oder zu wenige Wahlmöglichkeiten zur Verfügung stehen.

3.2.4 Zusammenfassung

Mit dem Begriff „Bewältigungspotential" sollte auf die Regeln aufmerksam gemacht werden, durch die ein System seinen Mitgliedern einerseits Stabilität und Orientierung ermöglicht, andererseits aber auch deren Wahlmöglichkeiten in Wahrnehmung und Verhalten eingrenzt. Eine Familie ermöglicht, erschwert oder erleichtert also ihren Mitgliedern Entwicklung und Lebensbewältigung. Es sind sicher noch viele andere als die oben vorgestellten Aspekte denkbar (z. B. Kommunikation, Entscheidungsprozeß, kollektives Weltbild usw.) — als Komplexitätsreduktionsversuch erhebt diese Aufstellung keinen Anspruch auf die „richtige" Erfassung von „Realität". Die beschriebenen Aspekte finden sich jedoch in einer Vielzahl von Modellen wieder.

4. Zur Rolle des Kindes im therapeutischen Prozeß

Die Rolle des Kindes in der Therapie-Praxis soll im folgenden beschrieben werden anhand der Familientherapie einer Familie mit einer magersüchtigen Tochter. Dieses Beispiel soll zeigen, daß es sinnvoll und notwendig ist, auf verschiedenen Ebenen systemischer Organisation zu intervenieren, also Aspekte des sozialen Mikrosystems, der Subsysteme und der personalen Systeme zu integrieren.

4.1 Die Familie Kämmerer

Im Haushalt der Familie Kämmerer (die Namen sind hier verändert) leben sechs Personen (s. Abb. 4) in einem Einfamilienhaus: die drei Kinder im Souterrain, die Eltern im Erdgeschoß, das gleichzeitig auch Wohnbereich ist, die Großmutter im Obergeschoß. Die Mutter ist seit der Einschulung von Katja wieder berufstätig, die Großmutter versorgt zeitweise den Haushalt.

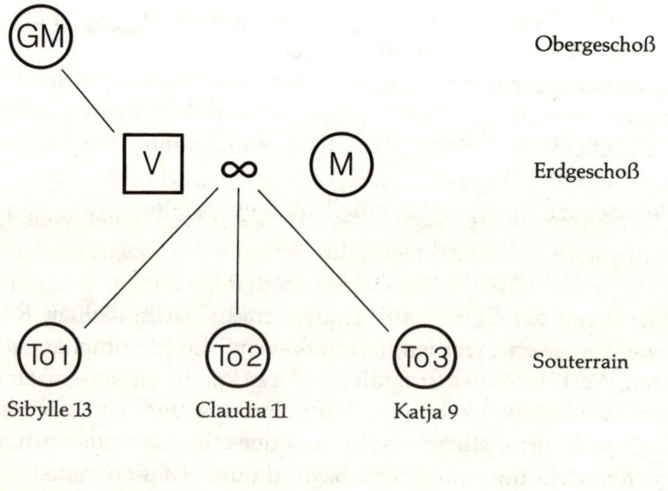

Abbildung 4: Die Familie Kämmerer

Sibylle Kämmerer (13 Jahre) wurde von ihren Eltern wegen einer Anorexie (Magersucht) in die Kinderklinik gebracht. Die Diagnose war von den Eltern selbst gestellt worden, die sich auch schon recht umfassend anhand von Literatur über das Wesen dieser Krankheit und über verschiedene Therapiemöglichkeiten informiert hatten. Zwei Monate vor der Aufnahme war es bei Sibylle im Anschluß an eine Klassenreise zu einer Abmagerung um 15 kg auf 27 kg gekommen. In der allerletzten Zeit hatte sie kaum noch Nahrung zu sich genommen und nur noch in Unmengen getrunken.

Zum Erstinterview erschienen die Eltern und die Indexpatientin. Es zeigte folgendes Setting:

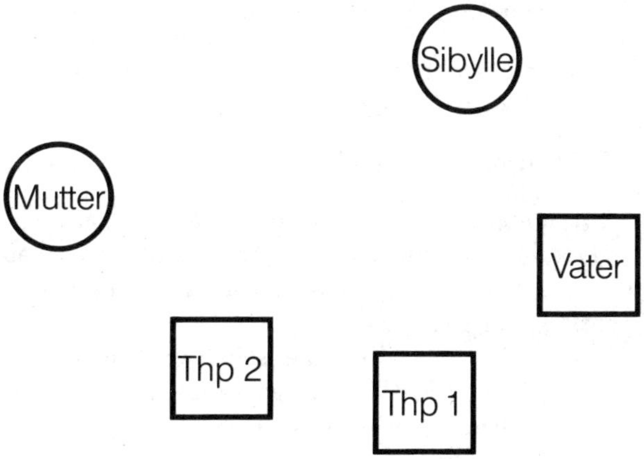

Abbildung 5: Setting im Erstinterview

Die Mutter weinte fast ständig, der Vater wirkte verzweifelt. Sibylle war physisch völlig entkräftet. Im Verlaufe des Gesprächs legte sie sich vor ihren Stuhl auf den Fußboden, sagte nichts mehr und reagierte auf Äußerungen der Eltern mit Stöhnen und vernehmlichem Röcheln.

Wie bei allen familientherapeutischen Erstgesprächen wurde zunächst Wert auf einen tragfähigen Kontakt zu jedem einzelnen Familienmitglied gelegt (*Joining*, s. *Minuchin, Fishman* 1983). Bei dieser Familie wurde der Zugang dadurch hergestellt, daß zunächst ihre Vorinformationen besprochen wurden und dann das therapeutische Konzept der Klinik erläutert wurde. Dadurch konnte der Familie Hoffnung vermittelt werden, die es ermöglichte, auch über Ängste, die den Ausgang der Krankheit betrafen, zu sprechen. Hierbei wirkte es besonders entlastend, daß ausdrücklich auf die Suche nach Ursache und Schuld verzichtet wurde (s. o.: zirkuläre Kausalität). Dieser Schritt, eine *systemische Problemdefinition* (nicht ein einzelner hat Schuld, sondern die Familie als Ganzes ist betroffen, und sie hat die Möglichkeit, etwas zu verändern), ist nach dem Joining die zweite wesentliche Voraussetzung für das Zustandekommen eines familientherapeutischen *Kontraktes*. Dieser beinhaltete zum einen, daß Sibylle zur Behandlung ihres lebensbedrohlichen Zustandes stationär aufgenommen wurde; als Krisenintervention auf der Ebene des organischen Subsystems (s. 2.2) wurde ein verhaltenstherapeutisches Gewichtsaufbauprogramm in Anlehnung an *Minuchin* et al. (1981) vereinbart. Zum anderen wurde deutlich gemacht, daß die eigentliche Therapie in den wöchentlichen Terminen besteht, an denen die ganze Familie teilnimmt.

4.2 Diagnose

Die Diagnose „Anorexia nervosa" bezieht sich nach allgemeinem Verständnis auf eine Person. Aus familientherapeutischer Sicht ist es wichtig, nicht auf dieser Ebene stehen zu bleiben. Die therapeutische Arbeit stützt sich daher auf eine Diagnose der „anorektischen Familie", die stets einen hypothetischen und prozeßhaften Charakter behält, also keine Festlegung beinhaltet. Die diagnostischen Überlegungen zu der Familie orientierten sich an den o. a. Ausführungen zum Bewältigungspotential, also an der Frage nach der Regulierung der Binnen- und Außengrenzen, der Anpassungsfähigkeit der Familie und — daraus abgeleitet — ihrer Konfliktstruktur.

Es wurden zunächst Informationen herangezogen, die *Minuchin* und *Fishman* (1982) als sog. *„soft indicators"*, *Satir* und *Baldwin* (1983) als *„cues"* bezeichnen: Zu ihnen gehören z. B. Sitzanordnung (vgl. Abb. 5), Blickkontakte, Strukturähnlichkeiten im Verhalten, Reihenfolge des Sprechens usw. Wesentliche Information erhielten wir aus dem Stellen einer sog. „Familienskulptur" (vgl. *Schweitzer* und *Weber* 1981). Bei dieser Technik wird meist ein Familienmitglied aufgefordert, die interpersonalen Beziehungen in Form einer lebendigen Skulptur zu stellen. In dieser Skulptur hatte die mittlere Tochter die Mutter abseits von der Familie auf einen Stuhl gesetzt, den Vater und alle Kinder auf den Boden gelegt, wobei der Vater und Sibylle sehr nahe beieinander und einander gegenüber lagen.

Eine globale Einschätzung der Binnengrenzen wurde durch die Familie selbst sehr erleichtert: Bei der Aufgabe, daß jedes Familienmitglied auf der Tafel, die den „Lebensraum" der Familie symbolisieren sollte, einen Platz zu suchen und den eigenen Namen dorthin schreiben sollte, entstand nebenstehendes Bild.

Die geschlängelte, undurchlässige Außengrenze zog die mittlere Tochter am Schluß. Somit zeigte sich eine Familie mit diffusen Binnengrenzen und rigiden Außengrenzen, wie sie z. B. bei *Minuchin* et al. (1981) oder *Wirsching* und *Stierlin* (1982) als „klassische psychosomatische Familie" beschrieben ist.

Die Summe aller „soft indicators" führte zu folgenden Hypothesen über die Familienstruktur:

1. Die Binnengrenzen erscheinen diffus, sowohl zwischen den Generationen als auch zwischen den Mitgliedern. (. . .)
2. Zwischen den Eltern ist ein verdeckter Beziehungskonflikt zu vermuten, der über eine Koalition von Vater und Sybille und einen Konflikt zwischen Mutter und Sybille umgeleitet wird.
3. Später wurde noch eine ambivalente Beziehung zwischen dem Vater und seiner Mutter deutlich, zwischen beiden schien ebenfalls eine diffuse Grenze zu bestehen.

In Symbolen der *Minuchin*'schen Prozeßdiagnostik:

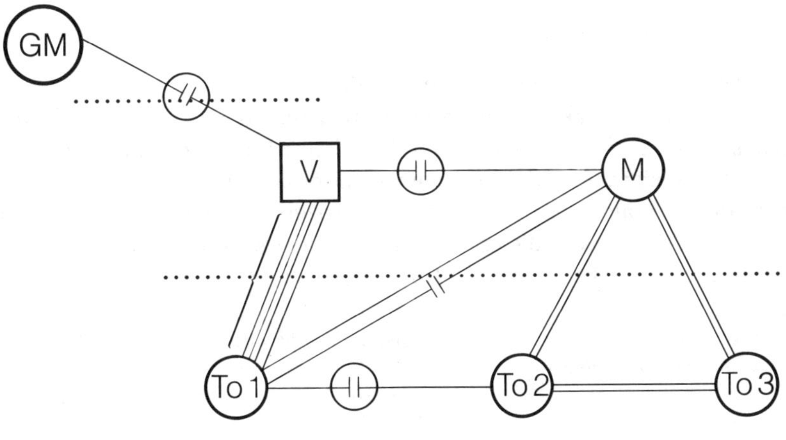

Abbildung 6: Strukturskizze der Familie Kämmerer

Einen weiteren diagnostischen Aspekt bildete die Einschätzung der inneren Ressourcen der einzelnen Familienmitglieder. In Anlehnung an *Satir* (1975) wurde hierfür die Metapher des „Selbstwerts" gewählt. Bei der Aufforderung an die Familie, daß jeder an der Tafel einen Topf malen solle, dessen Inhalt den augenblicklichen Selbstwert des Betreffenden symbolisiere, entstand das folgende Bild:

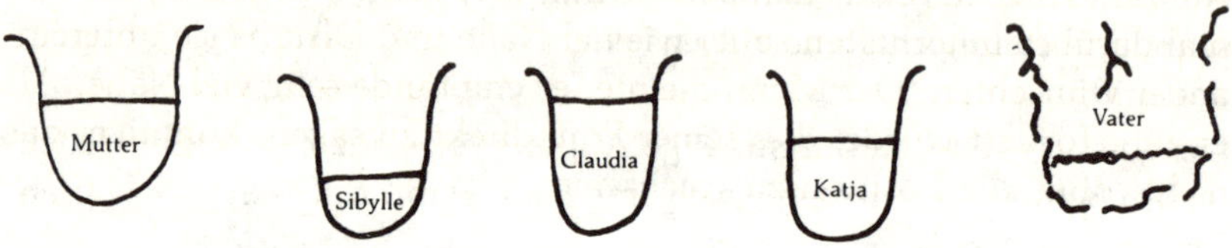

Abbildung 7: Selbsteinschätzung des Selbstwertes, 3. Therapiestunde

Der sich aus der Betroffenheit des Therapeuten über den Zustand des väterlichen „Selbstwerttopfes"[12] ergebende Dialog macht noch einmal das Ausmaß der Verstrickung zwischen Vater und Tochter deutlich:

Therapieprotokoll:

Th. (an Vater): Wer kann Ihnen dabei helfen, den Topf zu flicken? — So kann sich ja kein Selbstwert ansammeln.

Va.: Nur Sibylle (Sibylle verzieht das Gesicht und schaut nach unten).

Th. (allgemein): Sibylle hat also dafür zu sorgen, daß das Selbstwertgefühl des Vaters wieder in Ordnung kommt.

Si. (zum Therapeuten): Wieso ich?

Th. (zu Sibylle): Ich finde, du hast ein Recht, dich zu wehren; sag es deinem Vater.

4.3 Zum Therapieprozeß

Der folgende Therapieausschnitt soll verdeutlichen, wie schnell die Familie sich auf einen intensiven therapeutischen Prozeß einließ[13] und wie sich im Verlaufe der Therapie Familien-, Paar- und Individualtherapie als gleichberechtigte Formen systemischer Intervention auf verschiedenen Ebenen aus dem Therapieprozeß ergaben.

Es handelt sich um die dritte Sitzung. Die mittlere Tochter hatte die oben erwähnte Familienskulptur gestellt (s. 4.2). Der Mutter war

[12] Hier wird besonders deutlich: es muß nicht immer der identifizierte Patient sein, dem es am schlechtesten geht.

[13] Wir möchten an dieser Stelle darauf hinweisen, daß diese Familie für eine psychosomatische Familie außergewöhnlich offen und motiviert war, von daher für die exemplarische Darstellung einer Familientherapie sehr geeignet ist. In der Regel verläuft der Prozeß mühsamer!

daran ihre Einsamkeit in der Familie sehr deutlich geworden, sie hatte zu weinen begonnen und über ihren Wunsch nach mehr Nähe zum Ehemann gesprochen. Dieser lag in dieser Passage neben der Indexpatientin auf dem Boden. Seine Frau saß hinter ihm auf dem Stuhl. Der Ehemann verhielt sich so, als ob ihn seine Frau gar nichts anginge. Darauf angesprochen, meinte er, es gehe ihm sehr gut, er habe guten Kontakt zu allen. Der Therapeut schlug vor, daß sich das Ehepaar einmal darüber unterhalten solle, wieviel Nähe und Distanz sie untereinander wünschten. Der Mann meinte, er empfände sehr viel Nähe. Als er aufgefordert wurde, dies seiner Frau direkt zu sagen, konnte er das nicht, ohne die Position zu wechseln.

Va = Vater, Mu = Mutter, Si = Sibylle, Th = Therapeut

Th.: Sie waren in einer Lage, wo Sie Ihre Frau nicht einmal angucken konnten, trotzdem war die Nähe selbstverständlich. Das ist für mich ein bißchen widersprüchlich.	Provokation und Konfrontation.
Va.: Sie ist mir so nahe auf der einen Seite wie die Kinder auf der anderen Seite.	weicht aus.
Th.: Ich habe das so gesehen, daß Ihre Nähe zu Sibylle sehr viel größer war. Einmal vom Abstand her, aber auch von den Möglichkeiten her, Kontakt aufzunehmen.	setzt Provokation fort.
Si.: Weil ich auf dem Boden liege, oder?	Tochter springt dem Vater bei: Der Therapeut hat den Vater auf seine Position angesprochen, sie bezieht es auf sich und ihre Position.
Th.: Einmal das (nickt der Tochter kurz zu, dann zum Vater), es war die gleiche Ebene, und auch der Blickkontakt war ganz leicht.	Übergeht die Einmischung.
Va.: Ja, ich hab mich halt nicht auf den Stuhl gesetzt (d. h. gegenüber seiner Frau).	schwächt ab.
Th.: Trotzdem sagen Sie, daß Sie sich irgendwo gar nicht angesprochen fühlten eigentlich.	Konfrontation und Verwirrung (der *verdeckte* Ehekonflikt wird *verdeckt* angesprochen).
Va.: Ja — ja — ich weiß auch nicht, ich bin ganz ratlos.	beginnt, sich mit der Beziehung zu seiner Frau auseinanderzusetzen.[14]

14) Ratlosigkeit und Verwirrtheit sind häufig die Voraussetzungen für eine Neuorientierung (vgl. *Erickson* et al. 1979).

Si.: Vielleicht, weil das zu Hause auch so ist: wir hocken eigentlich alle häufiger auf dem Boden rum, Schneidersitz oder so, und Mama, die sitzt dann immer auf'm Stuhl, auf'm Hocker oder Sessel oder so, und man weiß nicht genau, sitzt sie jetzt vor mir oder über mir oder hinter mir? (Guckt dabei die ganze Zeit den Vater an, der das von ihr Gesagte mit „hm, hm" begleitet).

Dasselbe Muster wie oben: Hilfestellung für den Vater, die dieser aktiv mit seinem Nicken annimmt. Sie schützt ihn gegen die Konfrontation des Therapeuten und zieht die Aufmerksamkeit auf sich: „Sitzt sie vor *mir* oder hinter *mir*?"

Th.: Also, ich will dich jetzt mal eben unterbrechen, weil ich meine, daß das eine Sache der Eltern ist und daß die Kinder mal in eine Ecke gehen, alle drei, ganz in die Ecke auf den Stuhl, und daß mal die Eltern versuchen, das hinzukriegen (Bezug auf das Thema Nähe-Distanz).

sorgt für Einhaltung klarer Generationsgrenzen, schützt das elterliche Subsystem vor Einmischung.

Va.: Ja, dann würde ich jetzt, wenn Sie mir das ermöglichen, würde ich sagen: Komm runter. (Frau kniet sich vor den Mann, Mann rückt zur Seite, nonverbales Aushandeln von Nähe und Distanz über ein paar Sequenzen hin, bis sie beide eine Position gefunden haben, die sowohl Körper- als auch Blickkontakt ermöglicht. Das Paar sitzt eine Weile schweigend in dieser Position, bis die Frau unruhig wird).

Ohne Einmischung von außen läßt sich das Paar jetzt auf den Prozeß des Aushandelns von Nähe und Distanz ein.

Th.: Wie ist es?

Mu.: Es ist ungewöhnlich (lacht) — weil wir uns so eng nie auf der Pelle sitzen, so wie jetzt!

Th.: Ist es Ihnen zu eng?

Mu.: Nee! (lacht). Ist mir angenehm. (Pause)

Th.: Sind die Kinder noch nötig, wichtig?

Mu.: (schüttelt den Kopf).

Va.: Nein.

Th.: (schickt die Kinder hinaus).

Es folgt ein Gespräch des Paares über die jeweiligen Bedürfnisse nach Nähe und Distanz.

In der Folgezeit wurden neben der Familientherapie auch Gesprächstermine vereinbart, zu denen nur die Eltern kamen und in denen die Beziehung des Paares im Vordergrund stand. Den Kindern war dabei klar, daß nur die Ehebeziehung Thema dieser Sitzungen war. Gleichzeitig ging die Familientherapie weiter.

Nach achtwöchigem stationärem Aufenthalt und einer Gewichtszunahme um 8 kg auf 35 kg wurde Sibylle entlassen. Sie war selbstbewußter („aufmüpfiger") geworden, manchmal sogar etwas übertrieben. Die Familientherapie wurde ambulant fortgesetzt.

Zu Hause traten große Schwierigkeiten durch heftige Rivalitätskämpfe zwischen Sibylle und Claudia auf, sowie dadurch, daß Sybille Sonderrechte für sich beanspruchte (länger fernsehen, große Mengen Sprudel, abendliche „Festgelage"). In den parallelen Elterngesprächen zeigte sich, daß die Eltern einen „zweiten Ehefrühling" durchmachten.

Während einer längeren Therapiepause in den Osterferien kam es zu einem Rückfall mit Bulimie (suchtartiges Essen und Erbrechen). Im Elterngespräch nach den Ferien wurde eine erneute stationäre Aufnahme besprochen, in der darauffolgenden Familientherapiesitzung kam es zu einem offenen Bruch zwischen Vater und Tochter.

Von seiten der Therapeuten wird nach dieser Sitzung die Familientherapie abgebrochen (sie wird auch später nicht wieder aufgenommen), mit der Begründung, daß der deutlich gewordene Bruch in der Familie als Chance zur Loslösung ernstgenommen werden solle. Sibylle wird auf der psychosomatischen Abteilung aufgenommen. Auf ein verhaltenstherapeutisches Programm wird ganz verzichtet. Statt dessen wird die Bulimie dadurch behandelt, daß ein Erzieher der Station jeweils eine Stunde nach der Mahlzeit ständig mit ihr zusammen ist. Mit dieser Kontrollmaßnahme hat sich Sibylle selbst einverstanden erklärt, ja, sie achtet später selbst strikt auf deren Einhaltung. Gleichzeitig wird intensiv mit ihr einzel- und gruppentherapeutisch gearbeitet. Inhaltlich geht es dabei um Identitätsfindung und Abgrenzung.

Vier Wochen lang bestehen die einzigen Kontakte zur Familie aus Listen benötigter Gegenstände, die Sibylle ohne Gruß und Anrede ihren Eltern schickt. In dieser Zeit entwickelt Sibylle sich in der Gruppe zu einem selbstbewußten, fröhlichen Teenager. Schwierigkeiten im Umgang mit Nahrung treten nicht mehr auf.

Die erste Kontaktaufnahme mit der Familie findet dann durch eine Urlaubskarte des Vaters statt, über die sich Sibylle sehr freut. Es folgen Briefwechsel und dann Wochenendbesuche zu Hause. Diese Kontaktaufnahme und auch den Zeitpunkt der zweiten Entlassung bestimmt die Familie selbst. Während der ganzen Zeit und noch ein halbes Jahr nach der Entalssung finden regelmäßige Paargespräche mit den Eltern statt. Zu Hause setzt sich Sibylles positive Entwicklung fort, u. a. durch Kontakte zu einer Gruppe Gleichaltriger. Zur paradoxen Freude ihrer Eltern bereitet sie nun echte pubertäre Erziehungsschwierigkeiten (ist unordentlich, provoziert, „motzt", ist faul usw.).

Gegen Ende der Therapie ist nicht nur das Symptom verschwunden, sondern für uns stellt sich auch die gesamte Familienstruktur anders dar:

— die Generationsgrenzen erscheinen klar,
— der elterlich-eheliche Beziehungskonflikt ist in einer beide Seiten befriedigenden Weise gelöst, eine Konfliktumleitung ist nicht mehr nötig,
— der Konflikt zwischen Vater und seiner Mutter ist offen und bringt eine klare Abgrenzung des elterlich-ehelichen Subsystems auch „nach oben" mit sich,
— während die Beziehung zwischen Vater und Sibylle nun durch Distanz gekennzeichnet ist, kommt es zu schrittweiser Annäherung zwischen Mutter und Tochter.

Inzwischen hat die Familie die Angst vor einem erneuten Rückfall weitgehend verloren. Alle Familienmitglieder sehen nun in Sibylles Magersuchtkrise den Anstoß zu einer positiven Entwicklung sowohl von Sibylle als auch von der Familie, die ohne diese Krise nicht erreicht worden wäre. Die Therapie hat hier zu einer komplexen Umdeutung („Reframing") geführt: einer neuen Sichtweise, innerhalb derer die Störung nicht mehr als lästiges Übel, sondern als Warnsignal und als Chance zu größerem Wachstum aller Familienmitglieder gesehen wird: „Die Definition des Problems ist das Problem."

5. Schluß

Sicher ist deutlich geworden, daß auch die Einzeltherapie, die den Schluß der oben vorgestellten systembezogenen Therapie darstellte, auf einer systemischen Diagnose beruhte und somit eine systemische Intervention darstellte. Statt der Behandlung eines in der Patientin liegenden Prozesses oder Konfliktes diente die Einzeltherapie hier der Auflösung der Verstrickung und damit der Entwicklung von Identität durch Abgrenzung zur Familie, besonders zum Vater, was dann wieder Kontakt möglich machte. Der Blick auf das Bewältigungspotential des Systems *und* auf die Bewältigungsmöglichkeiten des Individuums ermöglichte hier Interventionen auf verschiedenen Ebenen systemischer Organisation. Die verhaltenstherapeutische Intervention auf organischer Ebene war sicherlich für sich genommen keine ökologisch valide Intervention — ebensowenig wie gesprächs- und gruppentherapeutische Gespräche, die dem Mädchen bei beiden Aufenthalten angeboten wurden. Im Kontext der Therapie des gesamten Systems fügten sich diese Interventionen ebenso wie die Paartherapie zu Bausteinen integrativen systemischen Arbeitens auf mehreren Ebenen zusammen.

Literatur

Andolfi, M., Familientherapie — das systemische Modell und seine Anwendung, Freiburg: Lambertus 1982.

Bachmann, C. H. (Hrsg.), Kritik der Gruppendynamik, Frankfurt: Fischer 1981.

Bateson, G., Ökologie des Geistes, Frankfurt: Suhrkamp 1981.

Beavers, W. R., Voeller, M. N., Family Models: Comparing and Contrasting the Olson Circumplex Model with the Beavers Systems Model, *Fam. Proc.* 22, 1983.

Belschner, W., Kaiser, P., Darstellung eines Mehrebenenmodells primärer Prävention, in: *Filipp, S.-H.* (Hrsg.) 1981.

Besems, Th., Gesellschaft und Arbeit als Schwerpunkte der Therapie — Konsequenzen und psychotherapeutische Strategien, in: *Petzold, H., Heinl, H.*, (Hrsg.) 1983.

Bosch, M., Strukturell- und entwicklungsorientierte Familientherapie innerhalb der humanistischen Psychotherapie, in: *Schneider, K.*, (Hrsg.) 1983.

Brentrup, M., Kemper, M., Analyse gemeindepsychiatrischer Prinzipien, unveröffentlichte Diplomarbeit an der Universität Osnabrück 1984.

Bronfenbrenner, U., Die Ökologie der menschlichen Entwicklung, Stuttgart: Klett 1981.

Brunner, E. J. (Hrsg.), Interaktion in der Familie, Heidelberg: Springer 1984.

Buber, M., Urdistanz und Beziehung, Beiträge zu einer philosophischen Anthropologie, Heidelberg: Schneider 1978.

Buchholz, M., Psychoanalyse — Familientherapie — Systemtheorie: Kritische Bemerkungen zur These vom Paradigmawechsel, *Prax. der Kinderpsychol. u. -psychiatr.* 1, 1981, S. 48-55.

Bühler, K., Wyss, D., Der Beitrag der Systemtheorie und der „Existentialintegrativen Psychotherapie" zur Relativierung der Begriffe „Endogenität", „Psychogenität" und „Soziogenität" psychischen Krankseins, *Zeitschr. f. Klinische Psychol. und Psychothp.* 28, 1980, S. 155-163.

Bünte-Ludwig, Ch., Gestalttherapie — Integrative Therapie. Leben heißt Wachsen, in: *Petzold, H.* (Hrsg.), 1984c.

Caplan, G., The Family as a Support System, in: *Caplan, G., Killilea, M.* (Hrsg.) 1976.

Caplan, G., Killilea, M. (Hrsg.), Support Systems and Mutual Help, Multidisziplinary Explorations, New York: Grune & Stratton 1976.

Capra, F., Wendezeit, München: Scherz 1983.

Carter, E. A., McGoldrick, M. (Hrsg.), The family life cycle: A framework for family therapy, New York: Gardner 1980.

Erickson, M., Rossi, E. L., Hypnotherapie, Aufbau, Beispiele, Forschung, München: Pfeiffer 1979.

Filipp, S.-H. (Hrsg.), Kritische Lebensereignisse, München: Urban & Schwarzenberg 1981.

Fleck, S., A general systems approach to severe family pathology, *Amer. Journ. of Psychiat.* 133, 1976, S. 669-673.

Guntern, G., Die kopernikanische Revolution in der Psychotherapie: der Wandel vom psychoanalytischen zum systemischen Paradigma, *Fam.-dynamik* 5 (1), 1980, S. 2-41.

—, Streß und Bewältigungsmechanismen in menschlichen Systemen, *Fam.-dynamik* 6, 1981, S. 140-147.

Hahn, P. (Hrsg.), Psychosomatik (2 Bd.) Neudruck aus der Reihe: „Kindlers Psychologie des 20. Jahrhunderts" 1979, Weinheim: Beltz 1983.

Haley, J., Ansätze zu einer Theorie pathologischer Systeme, in: *Watzlawick, P., Weakland, J.* (Hrsg.) 1980.

Hartmann, H., Ich-Psychologie, Studien zur psychoanalytischen Theorie, Stuttgart: Klett 1972.
Heinl, H., Petzold, H., Gestalttherapeutische Fokaldiagnose und Fokalintervention in der Behandlung von Störungen aus der Arbeitswelt, in: *Petzold, H., Heinl, H.* (Hrsg.), 1983, S. 178-219.
Hoffmann, L., Grundlagen der Familientherapie, Hamburg: ISKO 1982.
Jürgens, G., Salm, H., Familientherapie. Fünf Freiheiten, in: Petzold, H. (Hrsg.) 1984c.
Kaufmann, R., Der Umgang mit der Person in der strukturell- und entwicklungsorientierten Familientherapie, Zeitschr. f. personenzentrierte Psychologie und Psychoth. 3 (3), 1984, S. 263-275.
Kayser, E., Kayser, M., Systemtheorie des Kontakts, *Integr. Thp.* (10) (1-2), 1984, S. 130-161
Kayser, E., Schanz, V., Zur Brauchbarkeit der Systemperspektive für die Entwicklung einer Therapietheorie, *Integr. Thp.* 10 (1-2) 1984, S. 116-129.
Keckeisen, W., Die gesellschaftliche Definition abweichenden Verhaltens, München: Juventa 1974.
Keeney, B., Ecosystemic epistemology: An alternative paradigm for diagnosis, *Fam. Process* 18, 1979, S. 117-129.
Klugman, J., „Enmeshment" and „Fusion", *Fam. Process* 15, 1976, S. 321-323.
Kriz, J., Methodenkritik empirischer Sozialforschung, Stuttgart: Teubner 1981.
—, Grundkonzepte der Psychotherapie, München: Urban & Schwarzenberg 1985.
Kuhn, Th., Die Struktur wissenschaftlicher Revolutionen, Frankfurt: Suhrkamp 1976.
Lauth, G., Verhaltensstörungen in Kindesalter, Stuttgart: Kohlhammer 1983.
Lazarus, R., Streß und Streßbewältigung — ein Paradigma, in: *Filipp, S.-H.* (Hrsg.) 1981.
Liebsch, B., Soziale Perspektivität und familiäres System, *Fam. dyn.* 9 (3), 1984.
Lohmann, J., Ziele und Strategien psychotherapeutischer Verfahren, in: *Wittling, W.* (Hrsg.) 1980.
Ludewig, K., Die therapeutische Intervention — eine signifikante Verstörung der Familienkohärenz im therapeutischen System, in: *Schneider, K.* (Hrsg.) 1983.
Maturana, H. (Hrsg.), Erkennen — die Organisation und Verkörperung von Wirklichkeit, Braunschweig: Vieweg 1982.
Metzmacher, B., Ross, J., v. Schlippe, A., Schmauch, R., Ein familientherapeutisches Konzept von Veränderung, *Integr. Therapie* 8 (3), 1982.
Minuchin, S., Familie und Familientherapie, Freiburg: Lambertus 1977.
Minuchin, S., Rosman, B. L., Baker, L., Psychosomatische Krankheiten in der Familie, Stuttgart: Klett 1981.
Minuchin, S., Fishman, H., Praxis der strukturellen Familientherapie, Freiburg: Lambertus 1983.
Olson, D., Sprenkle, H., Russel, J., Circumplex model of marital and family systems I: Cohesion and adaptability dimensions, family types, and clinical applications, *Fam. Process* 18, 1979, S. 3-28.
Pavel, F.-G., Integrative klientenzentrierte Therapie individueller und sozialer Systeme, *Zeitschr. f. personenzentr. Psychol. u. Psychothp.* 3 (3), 1984, S. 277-300.
Perls, F., Gestalttherapie in Aktion, Stuttgart: Klett 1974.
—, Gestalttherapie und Kybernetik, *Integrative Therapie* 1 (1), 1975, S. 24-34.
Perls, F., Hefferline, R., Goodman, P., Gestalttherapie — Lebensfreude und Persönlichkeitsentfaltung, Stuttgart: Klett 1981².
Petzold, H., Das Ko-respondenzmodell in der Integrativen Agogik, *Integr. Thp.* 4 (1), 1978, S. 21-58.

—, Das Hier- und Jetzt-Prinzip und die Dimension der Zeit in der psychologischen Gruppenarbeit, in: *Bachmann, C. H.* (Hrsg.), 1981.

—, Gestalttherapie und Integrative Therapie, Editorial zu: *Integr. Thp.* 10 (1-2) 1984a.

—, Die Gestalttherapie von F. Perls, L. Perls & P. Goodman, *Integr. Thp.* 10 (1-2) 1984b.

—, (Hrsg.), Wege zum Menschen, Methoden und Persönlichkeiten moderner Psychotherapie. Ein Handbuch (2 Bände), Paderborn: Junfermann 1984c.

Petzold, H., Heinl, H. (Hrsg.), Psychotherapie und Arbeitswelt, Paderborn: Junfermann 1983.

v. Rad, M., Gestaltkreis und Medizinische Anthropologie: das Erbe Viktor v. Weizsäckers, in: *Hahn, P.* (Hrsg.) 1983, S. 186-194.

Reiter-Theil, S., Wissenschaftstheoretische Grundlagen zur system-orientierten Familientherapie, in: *Brunner, E. J.* (Hrsg.) 1984.

Remschmidt, H. (Hrsg.), Psychotherapie mit Kindern, Jugendlichen und Familien, Bd. 1, Stuttgart: Enke 1984.

Richter, H. E., Sich der Krise stellen, Reinbek: Rowohlt 1981.

Riedl, R., Die Folgen des Ursachendenkens, in: *Watzlawick, P.* (Hrsg.) 1981.

Rogers, C., Der neue Mensch, Stuttgart: Klett 1981.

Satir, V., Familienbehandlung, Freiburg: Lambertus 1973.

—, Selbstwert und Kommunikation, München: Pfeiffer 1975.

Satir, V., Baldwin, M., Familientherapie in Aktion, Junfermann, Paderborn 1987.

Satir, V., Schneider, K., Die Grenze der Gegenwärtigkeit, ein Gespräch, in: *Schneider, K.* (Hrsg.), 1983.

Scheff, Th., Das Etikett „Geisteskrankheit', Soziale Interaktion und psychische Störung, Frankfurt: Fischer 1973.

Schleiffer, R., Systemtheoretische Überlegungen zur psychotherapeutischen Praxis, in: *Remschmidt, H.* (Hrsg.) 1984, S. 87-92.

v. Schlippe, A., Familientherapie im Überblick — Basiskonzepte, Formen, Anwendungsmöglichkeiten, Paderborn: Junfermann 1984.

—, Familientherapie mit Unterschichtsfamilien, in: *Schneider, K.* (Hrsg.) 1983.

Schneider, K. (Hrsg.), Familientherapie in der Sicht therapeutischer Schulen, Paderborn: Junfermann 1983.

Schönfelder, Th., Der Kinder- und Jugendpsychiater als Familientherapeut, in: *Remschmidt, H.* (Hrsg.) 1984, S. 12-16.

Schweitzer, J., Systemische Jugendpsychiatrie, *Fam.-dynamik* 8 (2), 1984.

Schweitzer, J., Weber, G., Beziehung als Metapher: Die Familienskulptur als diagnostische, therapeutische und Ausbildungstechnik, *Fam.-dynamik* 7 (2), 1982, S. 113-128.

Selvini Palazzoli, M., Paradoxon und Gegenparadoxon, Stuttgart: Klett 1977.

Simon, F., Stierlin, H., Die Sprache der Familientherapie, Kritischer Überblick und Integration systemtherapeutischer Begriffe, Konzepte und Methoden, Stuttgart: Klett 1984.

Sommer, G., Kommer, B, Kommer, D., Malchow, C., Quack, L., Gemeindepsychologie, in: Handbuch der Psychologie 8 (2), hrsg. von *L. Pongratz*, Göttingen: Hogrefe 1978, S. 2913-2979.

Speck, R., Attneave, C., Die Familie im Netz sozialer Beziehungen, Freiburg: Lambertus 1976.

Stegmüller, W., Rationale Rekonstruktion von Wissenschaft und ihrem Wandel, Stuttgart: Reclam 1979.

Stehl, C., Familientherapie — die kopernikanische Wende in der Psychotherapie? in: *Psychol. u. Gesellschaftskritik*, Bd. 6 (22/23), 1982, S. 109-122.

Stierlin, H., Delegation und Familie, Frankfurt: Suhrkamp 1978.

Stierlin, H., Rücker-Embden, J., Wetzel, N., Wirsching, M., Das erste Familiengespräch, Stuttgart: Klett 1980^2.

Stuhr, U., Die Bedeutung der Arbeit für die Familiendynamik und für die Entstehung und Behandlung psychosomatischer Erkrankungen, in: *Petzold, H., Heinl, H.* (Hrsg.) 1983.

Touraine, A., Einführung in: *Touraine, A., Dreitzel, H. P., Moscovici, S., Sennett, R., Supek,R., Birnbaum, N.* (Hrsg.), Jenseits der Krise, Wider das politische Defizit der Ökologie, Frankfurt: Syndikat 1976.

Varela, F., Der kreative Zirkel, in: *Watzlawick, P.* (Hrsg.) 1981.

Watzlawick, P., Beavin, J., Jackson, D., Menschliche Kommunikation, Stuttgart: Huber 1969.

Watzlawick, P., Weakland, J., Fisch, R., Lösungen, zur Theorie und Praxis menschlichen Wandels, Stuttgart: Huber 1974.

Watzlawick, P., Weakland, J. (Hrsg.), Interaktion, Stuttgart: Huber 1980.

Watzlawick, P. (Hrsg.), Die erfundene Wirklichkeit, München: Pieper 1981.

Willke, H., Methodologische Leitfragen systemtheoretischen Denkens: Annäherung an das Verhältnis von Intervention und System, *Z. f. syst. Thp.* 1 (2), 1983, S. 23-37.

Wittling, W. (Hrsg.), Handbuch der Klinischen Psychologie 2: Psychotherapeutische Interventionsmethoden, Hamburg: Hoffmann und Campe 1980.

Wirsching, M., Stierlin, H., Krankheit und Familie, Stuttgart: Klett 1982.

Anhang

Ein Brief von Herrn Kämmerer an die Autoren (Auszüge)

Inzwischen haben wir beide, meine Frau und ich, das Manuskript gründlich gelesen, besprochen und es auf uns wirken lassen. Es ist schon ein eigenartiges Gefühl, sich als Gegenstand einer Fallbeschreibung zu erleben. Ich habe als erstes und mit angehaltenem Atem den Punkt 4.1 Ihrer gemeinsamen Schrift verschlungen. Darauf machte ich mich an das Durcharbeiten der theoretischen Grundlagen. Schon während dieser nicht ganz leichten Lektüre gewann ich ein neues und intensiveres Verständnis dessen, was Sie in Punkt 4.1 aufzeigen.

Im Verlaufe unserer Familientherapie hat ja die Information über Inhalte, Verfahren und theoretische Begründungen der (strukt.) Familientherapie keine große Rolle gespielt. Und das war sehr gut so! Ich denke, daß es uns schwerer geworden wäre, offen oder spontan und uns anvertrauend im Therapieprozeß mitzuarbeiten, wenn wir stets gewußt hätten, was jetzt „dran" sei. So kam es also, daß wir nicht vom Kopf her zu Veränderungen, Ungleichgewichtigen, Zusammenbrüchen und Neuorientierungen gelangten; und so kommt es auch jetzt dazu, daß ich fast mit Verwunderung feststelle, daß unsere Therapie wohl-eingefügt war in ein Konzept, dem sogar paradigmatische Realität zugeschrieben wird. (. . .) Wenn ich nun ein paar Gedanken zu Ihrem Manuskript äußere, so möchte ich mich auf ganz persönliche Eindrücke zurückziehen. (. . .)

Zu Punkt 4.1

Wie merkwürdig ist es doch, aus der Sicht des Therapeuten zu lesen, worin man selbst so sehr verstrickt und so existentiell berührt war. — Es geht mir so, daß ich verstehe, was vor sich ging, die angestrebte Veränderung sehe, wahrnehme und annehme, — aber in einigen der dargestellten Situationen gelingt es mir nicht, mich gleichsam als Betrachter neben mich zu stellen. Allzu mächtig regt sich das eigensinnige Gefühl der eigenen *Berührtheit*. Bestimmte (protokollierte) Äußerungen von mir habe ich einfach vergessen, z. B.: „Ich bin ganz *ratlos*". Dabei habe ich gerade an diese Therapiestunde, die die wichtigste der ersten Th-Phase war, besonders gute Erinnerungen. — Oder: Das Ausmaß der Verstrickung zwischen Sibylle und mir wird aus dem Beispiel (Topfflicken) wohl deutlich. Daß ich sehr in dieser Verstrickung gelitten habe und daß sie jetzt nicht mehr besteht, sind mir bewußte Tatsachen. Aber mit dem Herzen kann ich der Intervention des Therapeuten auch jetzt nicht folgen. Natürlich weiß ich, daß es niemandes Aufgabe sein kann, für das Selbstwertgfühl des anderen zuständig zu sein. Aber ich sehe immer noch, wie ich mich zu dem geschilderten Zeitpunkt befand. Es war das Gefühl eines endgültigen Scheiterns nach totalem persönlichem Einsatz. Ich sah keine Chance, keinen Sinn und keine Zukunft. Ich hatte das Gefühl, alles gegeben zu haben, was mir möglich war, ich hätte sogar „fliegen" können, — was damals für mich eine lebensbedrohliche Vorstellung war. — Sibylle hätte durch nichts und niemanden von ihrer Magersucht abgelassen. So ungefähr empfand ich damals.

Die sicherlich richtige Frage des Therapeuten, wieso Sibylle denn für mein Selbstwertgefühl zu sorgen habe, erreichte meine Gefühlslage nicht. Ich hörte etwa: „Mir geht es gut, (weil) mein Kind stirbt." — Was bin ich froh, daß ich aus all dem heraus bin!

Einen Schreck bekam ich bei der Lektüre Ihres Manuskripts, als ich auf den Begriff der „psychosomatischen" und „anorektischen" Familie stieß. Wie sehr kann mich doch eine Bezeichnung treffen, mit der ich nicht sehr gute Dinge verbinde . . . Aber: Ich habe nun etwas Minuchin gelesen und bin ein wenig mehr informiert: So eine Familie waren wir ja tatsächlich. Und wie sehr tröstet mich Ihr Hinweis auf den hypothetischen und prozeßhaften Charakter der „anorektischen Familie". (Oder ist die „Diagnose" gemeint?)

Ein anderer Punkt, der mich beschäftigt, ist die Frage der Binnen- und Außengrenzen. — Ich finde unsere Familie mit ihren diffusen Binnengrenzen zum Zeitpunkt der Therapie richtig beschrieben. Mit der Feststellung der vorhandenen rigiden Außengrenzen habe ich da größere Schwierigkeiten. Gewiß weist die von Claudia gemalte feste Abgrenzungslinie um den Familienkern auf das Bestehen solcher Außengrenzen, aber ich selbst habe die Familie gar nicht so abgegrenzt empfunden. Es scheint mir auch so, als habe sich die Therapie im ganzen mehr auf die Veränderung der Binnengrenzen kapriziert als auf die Außengrenzen. Da in dieser Hinsicht zwischen dem jetzigen Zustand der Familie und dem früheren nicht so viel Unterschied besteht, ist es natürlich auch denkbar, daß ich mich einfach einem Wunschdenken hingebe. (. . .)

Ich möchte abschließend noch zum Ausdruck bringen, wieviel Ermutigung Ihre Darstellung unseres Falles für mich enthält. Ich spüre auch hierin Ihre hoffnungsvolle Anteilnahme an uns, die ich durch den ganzen Therapieverlauf empfunden habe. Wirklich gefreut habe ich mich auch über Ihren Hinweis auf den offenen und motivierten Charakter unserer Familie, sowie die Zuerkennung (eines Quentchens) von Kompetenz im Prozeß nach der Therapie (wie Sie in Ihrem Brief schrieben). — Es geht mir da wie jemand, der unerwartet ein Geschenk erhält: Freude und ein bißchen Verlegenheit. (. . .)

Integrative Therapie mit Kindern

Gabriele Ramin, Hilarion Petzold

„Ich weiß nicht, als was ich der Welt erscheine, aber in meinen eigenen Augen bin ich immer nur der Knabe gewesen, der am Meeresufer spielte und sich freute, wenn er einen noch glatteren Stein, eine noch schönere Muschel fand, während der große Ozean der Wahrheit noch ganz unerforscht vor mir lag." — Isaac Newton[1]

Was *Newton* hier beschreibt, ist dem Integrationsgedanken der „Integrativen Therapie" nicht fern: nämlich Bewußtseins- und Erkenntnisprozesse mit der Neugier auf Unerforschtes und mit dem Spielerischen zu verbinden. In der „Integrativen Therapie" mit Kindern, die hier beschrieben wird, sind wir dem Spiel, dem gemeinsamen Tun, dem kreativen Gestalten, der In-szenierung in besonderer Weise zugewandt. Durch diese Möglichkeiten lebendiger, zugewandter Interaktion versuchen wir, mit unseren kleinen Patienten eine Ebene des vertrauten *Kontakts*[2] herzustellen, aus dem heilende menschliche *Begegnung*, Sicherheit gebende *Beziehung* und eine klare Identität entstehen kann.

1. Das Verfahren

Die „Integrative Therapie" ist ein Verfahren ganzheitlicher Behandlung, das von *Hilarion Petzold* Mitte der sechziger Jahre[3] in der Arbeit mit Kindern, Jugendlichen[4] und alten Menschen[5] entwickelt wurde und in Zusammenarbeit mit den Lehrtherapeuten am „Fritz Perls Institut" weiter ausgebaut wird.[6] Wichtige Quellen sind das Psychodrama *Morenos*[7], die Gestalttherapie von *Perls*[8] und die aktive Psychoanalyse der Ungarischen Schule[9], wie sie durch *Ferenczi, Iljine* und *Balint*[10] repräsentiert wird. Diese aktive Ausrichtung, in der Kreativität und Spiel einen bedeutsamen Platz haben, macht die Integrative Therapie für die Behandlung von Kindern besonders geeignet. Ihre Methoden und Medien sind *kindgemäß*[11]. Inzwischen wurden innerhalb der Integrativen Therapie eine Reihe von methodischen Zugangsweisen erarbeitet, die spezifische Aspekte entwickelt haben, z. B. die Integrative

Bewegungstherapie[12] (vgl. *Metzmacher*, dieses Buch, S. 227 ff.) oder die Integrative Arbeit mit Puppen[13] (vgl. *Petzold*, dieses Buch, S. 427ff.) oder die Integrative Musiktherapie[14]. Für alle diese therapeutischen Wege ist charakteristisch, daß sie eine „Anthropologie des schöpferischen Menschen"[15] verbindet. Auf der Grundlage einer *mehrperspektivischen Sichtweise*[16] praktizieren sie einen erlebnisaktivierenden Behandlungsstil[17], in dem aufdeckendes und durcharbeitendes mit stützendem und förderndem Vorgehen verbunden werden kann. Auch deshalb bietet die Integrative Therapie für die Arbeit mit Kindern und Jugendlichen vielfältige Möglichkeiten.[18]

2. Der Kontext: Lebenswelt, social world

Therapeutische Arbeit findet immer in konkreten Kontexten statt: dem Beziehungsnetz der Familie[19], das auch in der Einzelbehandlung als Hintergrund präsent ist[20], dem Lebenszusammenhang des Kindes, dem Setting der Behandlung (Klinik, Heim oder Praxis) und dem Lebenszusammenhang des Therapeuten[21]. Die verschiedenen Lebenswelten müssen im therapeutischen Prozeß berücksichtigt und genutzt werden.

Der Zugang, den der Therapeut zum Kind und zu seiner Familie finden muß, wird durch eine gemeinsame Partizipation am Milieu der „Lebenswelt"[22] ermöglicht: Therapeut, Kind, Eltern, Bezugspersonen sind leiblich konkrete, präsente, wahrnehmende, fühlende, sprechende, denkende Wesen. In der Regel teilen Therapeut und Patient eine Kultur und eine Sprache; und dennoch sind meistens Differenzen da im Hinblick darauf, wie nämlich die Lebenswelten erlebt werden, wie ihre unterschiedlichen Dimensionen gewichtet werden. Dies wird von vielfältigen Faktoren bestimmt, die durch den Begriff der *„social world"*[23] charakterisiert werden können. Eine *social world* ist „ein Ensemble von geteilten Perspektiven" (*shared perspectives*)[24], also eine symbolische Realität. Eine Gruppe von Eltern z. B., die die gleichen Auffassungen und Prinzipien von Erziehung vertreten, partizipieren an der gleichen „social world". Im Rahmen einer Familie können durchaus unterschiedliche, ja zuweilen disparate „social worlds" vorhanden sein: Die Eltern leben in ihrer Welt, sie wissen von der Welt ihrer Kinder nichts oder wenig. Sie können sich in das kindliche Fühlen nicht einleben, weil sie ihr eigenes Kinderland verloren haben oder verdrängen mußten. Oder sie leben in einer spezifischen Erwachsenenkultur, und ihnen ist die Jugendkultur ihrer heranwachsenden Kinder, die vielleicht gerade auf dem „Popper-Trip" sind, fremd. Natürlich ist eine gewisse „Fremdheit des anderen" (*Adorno*)[25] unvermeidlich, ja sogar wichtig, aber es muß der *gemeinsame* Boden der Lebenswelt noch tragfähig genug sein, es müssen doch noch genügend *gemeinsame* Perspektiven vorhanden sein, um miteinander kommunizieren zu können.

In der Kindertherapie sind wir in einer zuweilen schwierigen Situation. Zunächst muß der Therapeut in der Lage sein, die verschiedenen Provinzen des „Kinderlandes" betreten zu können. Ein drei- oder vierjähriges Kind lebt in anderen Regionen, erlebt andere Qualitäten, denkt und fühlt anders als ein acht- oder neunjähriges bzw. zwölf- oder dreizehnjähriges Kind; und nicht nur das — die Provinzen der Knaben und Mädchen sind verschieden, wenngleich es auch gemeinsames Terrain gibt. Der Therapeut braucht ein flexibles Ich, das über die Archive des Leibgedächtnisses verfügen kann, das Regressionen ermöglicht, damit er auf „Kinderweise" fühlen und denken kann, ein Ich, das immer wieder auch Restabilisierung ermöglicht. Der Therapeut steht beständig im „partiellen Engagement"[26]. Er ist Erwachsener und Kind zugleich und vermittelt für das Kind beständig zwischen diesen beiden Welten, weil sein reifes und flexibles Ich in der Lage ist, diese beiden Welten zu verbinden, so wie es das *Newton*-Zitat, das dieser Arbeit vorangestellt wurde, deutlich macht. Für Kindertherapeuten gilt das gleiche wie für gute Eltern: Sie sind besonders kompetent, wenn sie an der Lebenswelt der Kinder, ihrer Erlebniswelt, ihren sozialen Welten partizipieren können, ohne dabei ihr Erwachsensein, auf das die Kinder ja angewiesen sind, aufzugeben oder sich in permanenten Regressionen zu verlieren.

Die „social world" der Eltern und Bezugspersonen ist für die Therapie von herausragender Bedeutung. Sie gilt es zu erfassen und zu verstehen. In ihrem Rahmen gilt es zunächst einmal zu arbeiten, wenn immer dies möglich ist. In der Regel ist es ja weder wünschenswert noch intendiert, das Kind aus seinem familiären Milieu zu lösen, es sei denn, dieses sei so zerstörend oder zerstörerisch oder das Kind sei so krank, daß keine andere Wahl bleibt. Therapeuten der oberen Mittelschicht werden keineswegs immer den sozialen Welten von Klienten gerecht, die anderen Schichten angehören (wir ziehen es vor, von „benachteiligten Schichten" zu sprechen, und vermeiden die Bezeichnung „Unterschicht", die ohnehin recht undifferenziert ist).[27] Deshalb muß besondere Sorgfalt darauf verwandt werden, die Bezugssysteme der Familien zu erfassen.

In den Kindertherapien geht es immer auch um Erziehungsziele und Erziehungsstile. Sie haben immer ein impliziertes Modell von „Kindsein", eine Konzeption der Kindheit, eine pädagogische Ideologie.

Doch diese Ausrichtungen werden in der Mehrzahl der kindertherapeutischen Schulen nicht explizit gemacht, obgleich sie implizit vorhanden sind.[28] Was z. B. „altersgemäß", „entwicklungsgemäß" ist, hängt auch immer damit zusammen, was man für „kindgemäß" hält. Die psychohistorische Forschung[29] hat dies genauso deutlich gemacht wie transkulturelle Forschungen zum *„child rearing"*[30]. Derartige Ideologien wechseln von Schicht zu Schicht, von Generation zu Generation. Therapeuten müssen sich über ihre eigene Position im Hinblick auf diese Konzepte klar sein, und sie müssen versuchen — und darin besteht eine zentrale Aufgabe —, zwischen ihren Konzepten und denen der Familie, mit der sie arbeiten bzw. aus der sie ein Kind behandeln, zu vermitteln; *denn es gibt kein striktes „richtig oder falsch", sondern es gibt viele lebbare Möglichkeiten*. Jede ideologische Starre ist hier unangebracht. Selbst in einer Einzeltherapie mit einem Kind muß die „social world", aus der das Kind kommt und in die das Kind nach der Stunde oder nach dem Klinik- oder dem Heimaufenthalt wieder hineingeht, berücksichtigt werden, sollen die Probleme für den kleinen Patienten nicht vergrößert oder verschärft werden, besonders wenn Eltern nicht bereit oder in der Lage sind, mit in den therapeutischen Prozeß einzutreten und gegebenenfalls ihre Erziehungskonzepte zu verändern oder gar ihr Familienklima dem therapeutischen Prozeß auszusetzen, damit es eine andere Qualität gewinnen kann. Auch familientherapeutische Interventionen stehen vor dem Problem der Vermittlung zwischen unterschiedlichen „social worlds" und können keinesfalls so betrieben werden, daß die Konzepte des Therapeuten und seiner Schule der alleinseligmachende Maßstab sind, an dem sich alles auszurichten habe. Leider geschieht dies nur allzu häufig.

Die *Lebensweltanalyse*[31] und die *Analyse der social worlds* der Personen, mit denen in der Therapie direkt und indirekt gearbeit wird, nimmt im Integrativen Ansatz — ganz gleich, ob in der Arbeit mit Kindern, Erwachsenen oder alten Menschen[32] — eine hervorragende Stellung ein. Das aus diesen Analysen entwickelte „therapeutische Curriculum"[32], d. h. die erarbeiteten Grob- und Feinziele, bestimmen die Interventionen. Es kann auf diesen komplexen Prozeß im Rahmen der vorliegenden Arbeit nicht weiter eingegangen werden. So sei nur betont, daß eine derartige Konzeption ausgesprochen flexible therapeutische Strategien verlangt. Für die Analyse der „sozialen Welt" gilt wie bei der Betrachtung der individuellen Psychodynamik das tiefenhermeneutische Grundprinzip der Integrativen Therapie: *„Von den Phänomenen zu den Strukturen"*.[33]

Die pädagogischen Konzeptionen der Integrativen Therapie können im Rahmen dieser Arbeit nicht entfaltet werden. Sie wurden in der Literatur zur Integrativen Agogik[34] bzw. Gestaltpädagogik[35] indes ausführlich thematisiert, so daß auf diese Arbeiten verwiesen werden kann. Verkürzend kann gesagt werden, daß die pädagogischen und kindertherapeutischen Globalziele, die die aus der Lebensweltanalyse gewonnenen Grob- und Richtziele nachhaltig beeinflussen, natürlich aus den anthropologischen, persönlichkeitstheoretischen und entwicklungspsychologischen Konzepten des Integrativen Ansatzes hergeleitet werden. Solche simplen diagnostischen Fragen wie: „Was fehlt dem Kind?" — „Welche Defizite finden sich in seinem Lebensraum?" — „Was muß bereitgestellt werden?" sind ohne derartige metatheoretische Konzepte nicht zu entscheiden.[36]

Die an einer „Anthropologie des Schöpferischen Menschen"[37] orientierte Integrative Therapie sieht die Förderung einer expressiven, kreativen Persönlichkeit als ein zentrales Anliegen. Eine leibzentrierte und am Sinnkonzept orientierte Anthropologie,[38] wie wir sie vertreten, hat natürlich pädagogische und therapeutische Konsequenzen.[39] Freien Ausdruck von Gefühl und körperlichen Regungen zu ermöglichen, direkte und offene Kommunikationen, die im Konzept von „Kontakt, Begegnung, Beziehung" gründen, zu praktizieren, Selbstbestimmtheit und Autonomie[40] zu fördern und für die eigenen Bedürfnisse zu sensibilisieren, Wege zu vermitteln, wie diese Bedürfnisse so befriedigt werden können, daß die Integrität des anderen nicht verletzt wird und eine Orientierung am Intersubjektivitäts- und Koexistenzideal gewährleistet bleibt[41] ... all dies sind Erziehungs- und Therapiemaximen, die zu den expliziten oder impliziten Normen zahlreicher „social worlds" (und nicht nur der restringierten) querlaufen und diskordant sind. In welche Probleme Kinder geraten können, wenn sie aus einem sehr normierenden Elternhaus zu einem Therapeuten kommen, der strikt „antiautoritären"[42] Prinzipien verpflichtet ist, kann man sich vorstellen. Die Aussage: „Es ist ja immerhin gut, daß das Kind wenigstens in der Therapie einen Freiraum hat!", muß äußerst kritisch hinterfragt werden, denn was kommt danach? Was geschieht zwischen den Stunden? In welche zusätzliche Spannungen gerät das Kind? Hier praktikable Interventionen zu finden, durch die sich unterschiedliche soziale Welten aneinander adaptieren können, ist eine der schwierigsten, aber auch wesentlichsten Aufgaben der Kindertherapie, die sicher nicht erfolgreich sein wird, wenn der Therapeut versucht, die Erziehungsideologie des Elternhauses vermittels familientherapeutischer Interventionen durch die Erziehungsideologie seines Verfahrens und seiner sozialen Welt zu ersetzen. Annäherungen zu schaffen, Verbindungen herzustellen, erfordert nicht nur die Akzeptanz pädagogischer Konzepte von Seiten der Eltern, sondern auch Toleranz und Akzeptanz von Seiten des Therapeuten im Hinblick auf pädagogische Vorstellungen der Eltern und Bezugspersonen.

3. Konzepte zur Therapie

Auf dem Hintergrund unserer Überlegungen zum Kontext der Behandlung wollen wir versuchen, zentrale Konzepte der Integrativen Therapie mit Kindern[43] anhand eines exemplarisch ausgewählten Behandlungsverlaufes vorzustellen und damit einen Einblick in unsere Arbeit zu geben. Wir haben hierzu einen Fall aus der Praxis von *G. Ramin* gewählt. Das Material wurde ausgewertet und kommentiert. Die Problematik ist so geartet, daß sie sowohl im kinderpsychiatrischen Setting als auch im Rahmen einer freien Praxis behandelbar wäre. Es handelt sich um *Mathias*, einen 9jährigen Jungen, der aufgrund einer zerbrochenen Familiensituation und massiver Verhaltensauffälligkeiten in einem Heim untergebracht worden war und in diesem Rahmen über die allgemeinen heilpädagogischen Maßnahmen hinaus noch eine Einzeltherapie erhielt.

Mathias ist das dritte von vier Kindern und mit einem Wolfsrachen geboren. Im ersten Lebensjahr hat er lange Zeit im Krankenhaus verbracht und wurde danach von seiner Mutter nie richtig angenommen. Als Mathias sechs Jahre alt war und gerade eingeschult wurde, kam sein nächstjüngerer Bruder zur Welt. Mathias wurde immer aggressiver. Es kam zu gelegentlichen unkontrollierbaren Wutausbrüchen, und er entwickelte eine Enkopresis, die ihn für die einfach strukturierten Eltern, die selbst in einer chaotischen Beziehung lebten, untragbar machte. Der Vater war Alkoholiker, die Mutter hatte einen Freund und wollte sich trennen. So kam Mathias in das erwähnte private Kinderheim.

3.1 Setting, Methode und Form

Als die Frage an mich herangetragen wurde, ob ich Mathias in einzeltherapeutische Behandlung nehmen könne, war ich zunächst mit den Besonderheiten des *Settings* konfrontiert: das Heim, die irgendwo noch vorhandene Familie, die Schule, die Möglichkeiten der Therapie im Heim. Ich hatte zu entscheiden, mit welchem *methodischen Ansatz* und in welcher *Form* die Behandlung geschehen könne.

All dieses ist grundsätzlich abhängig vom Krankheitsbild des jeweiligen Patienten, aber auch von den Möglichkeiten der Einrichtung oder Praxis und den *Methoden* der Behandlung (z. B. Psychodrama, Bewegungstherapie) und den *Formen* (Einzel- oder Gruppenbehandlung), mit denen der Therapeut — abhängig von Ausbildung, Kompetenz und Erfahrung — arbeitet.[44] Ein Teil der initialen Diagnostik ist auf die Entscheidung dieser Fragen gerichtet. So ist z. B. nicht jedes Kind gruppenfähig. Man wird ein übermäßig aggressives oder ein extrem gehemmtes, verletzliches Kind nicht ohne weiteres in eine Gruppe geben, sondern eher einer Einzeltherapie unterziehen. Beide *Formen* sind in der Integrativen Therapie mit Kindern möglich.

In der Einzeltherapie (eigentlich wäre es besser, von „dyadischer Therapie" zu sprechen) ist das Kind in der Sitzung mit dem Therapeuten allein — zu zweit. Der äußere Rahmen (setting) einer Praxis oder Beratungsstelle wird kindgerecht ausgerüstet sein: Spielmaterialien, Möglichkeiten zu kreativem Tun, Sand, Wasser, Ton müssen zur Verfügung stehen, denn Kinder äußern sich zunächst im Tun, im Spiel, in Aktionen und erst dann durch das Wort. Der Therapeut ist Begleiter, Ansprechpartner, Hilfs-Ich und Projektionsfigur. Je nach Schweregrad der kindlichen Störung wird die Länge einer solchen Einzeltherapie variieren: Wir kennen die Form der Langzeittherapie (über 2-3 Jahre), der mittelfristigen Therapie (über 20-30 Sitzungen) oder der kurzen, sogenannten Fokaltherapie (über 10-20 Sitzungen). Langzeittherapie wird grundsätzlich nur in einem Setting durchgeführt, das die Einbeziehung vorhandener Bezugspersonen möglich macht (im Falle von Mathias der Erzieherin), da jede Veränderung des Kindes nur vor dem Hintergrund seines Bezugsrahmens geschehen kann. Dieser wird bei Fokaltherapien zwar nicht vernachlässigt, aber weniger einbezogen. Man wird wählen zwischen eingestreuten Einzelsitzungen mit der Bezugsperson oder gar deren Anwesenheit (bei kleinen Kindern unerläßlich) oder einer Mischung aus beidem (in unserem Fall Anwesenheit gekoppelt mit Supervision für die Erzieherin).

In einem klinischen Rahmen, eventuell auch in der Beratungsstelle, wird sich eine Kombination aus Einzel- und Gruppentherapie anbieten mit größeren Variationsmöglichkeiten als in der freien Praxis. In der Gruppentherapie arbeiten wir mit Gruppengrößen von drei bis sechs Kindern, abhängig vom Alter der Kinder und von der Art und dem Schweregrad der Störung. Die Gruppe kann vom Ansatz her auch eine medienbezogene *Methode* der Integrativen Therapie sein und als Integrative Bewegungstherapie (*Metzmacher*, dieses Buch S. 227 ff.), Musiktherapie, als Integrative Gestalttherapie unter Einbeziehung von kreativen Medien, z. B. Puppen, Rollenspielen (vgl. *Straub*, dieses Buch), mit den je spezifischen Besonderheiten des methodischen Zugangs durchgeführt werden. Auch hier sind lang-, mittel- und kurzfristige Gruppen möglich. Die letzteren sollten als geschlossene Gruppen geführt werden, um unnötige Themenaufsplitterungen und Unruhe durch Umstellungen zu vermeiden. Die anderen kann man als sogenannte Slow-open-Gruppen führen, mit gelegentlichem Abgang oder Neueintritt von Mitgliedern.

Die Frage, ob und in welcher Form Mathias behandelt werden könne, wurde von folgenden Überlegungen bestimmt: Mathias war schwierig, distanzlos, aggressiv. Er hatte Mühe, sich in Gruppen zurechtzufinden. Er war andererseits durch die Heimsituation ständig in Gruppen. Er hatte den Verlust bzw. die Abwesenheit wichtiger Bezugspersonen zu verkraften. So schien eine Einzelbehandlung die *Form* der Wahl. Von der Problematik und Symptomatik wurde eine mittel- bis langfristige Therapie in Aussicht genommen. Die Einbeziehung des Heimalltags und wichtiger Bezugspersonen im Heim, so einer engagierten Erzieherin, durch die sich das Kind schon gut eingewöhnt hatte, erschien unerläßlich. Als *Methode* habe ich mich für ein integriertes, multimodales und intermediales Vorgehen entschieden, da Mathias auf vielfältigen Ebenen angesprochen werden konnte.

Im folgenden wird der Therapieverlauf aufgezeigt und mit einigen wichtigen Stunden exemplarisch verdeutlicht, wobei immer zentrale Konzepte herausgestellt werden sollen.

3.2 Kontakt

In den Anfangsstunden, in denen es um „prozessuale Diagnostik"[45] geht, also um Diagnostik, die im Prozeß der Behandlung und der Interaktion von Therapeut und Kind geschieht, bemühen wir uns vor allem um den Aufbau von *Kontakt* und Vertrauen, damit wir eine gemeinsame Plattform finden können, auf der spätere therapeutische Auseinandersetzungen und Wachstum stattfinden kann. In den ersten Therapiestunden spielt Mathias überwiegend mit Plüschtieren. Er wählt „Übergangsobjekte"[46] und übernimmt immer wieder abwechselnd die Rollen zweier Tiere. Eines ist meist ganz klein, das andere sein übermächtiger Gegenspieler: der Zauberer „Zipfelmoser", mit enormer Aggressivität. Die Auseinandersetzung endet meist im Chaos, zumal Mathias noch eine große Anzahl weiterer Tiere einführt und sich in der Rolle des kleinen Tieres dann ängstlich verkriecht. Er spielt offenbar unverbundene (disjunkte bzw. desintegrierte) Persönlichkeitsanteile[47], die sich auch während des Tagesablaufs im Heim zeigen, wenn er sich nach seinen zerstörerischen Wutausbrüchen immer ganz kleinlaut in sein Bett verkriecht.

Mathias bezieht mich in diesen Stunden noch wenig in das eigentliche Spiel mit ein. Er zeigt mir indes, was ihn bewegt. Dabei achtet er aber sehr genau auf meine Reaktionen, meine Kommentare, schaut mir fragend ins Gesicht, beobachtet meine Mimik, meine Körperhaltung. Darüber nehmen wir Kontakt auf, in diesen kleinen Momenten des gegenseitigen Wahrnehmens, in denen Mathias ein wenig von seiner Angst preisgibt und ich mich als möglicher Begleiter zu erkennen gebe. Im Hier-und-Jetzt[48] unserer gemeinsamen Realität wird dieser Kontakt als eine erste Schärfung der „Awareness"[49] der Sinne über Sehen, Hören, Tasten, Riechen (manchmal auch Schmecken) möglich, erfahren[50] wir uns in unseren Grenzen, die zugleich Ort der Berührung und Trennung von Ich und Du sind. So können für Mathias schon Veränderungen stattfinden, und sei es nur über das Wahrnehmen von anderen Umgangsmöglichkeiten mit seinen Ängsten. Das heißt für ihn auch, daß er in der Kontaktaufnahme Unabhängigkeit aufs Spiel setzt, da im Kontakterleben beide Pole der Bezogenheit, das Bedürfnis nach Vereinigung und das Bedürfnis nach Trennung enthalten sind.[51]

3.3 Begegnung

In der 6. Stunde, in der er zum ersten Mal keine chaotischen Szenen darstellt, gibt er mir gleich zu Anfang ein Plüschtier, einen Raben, und nimmt selbst einen Papagei.[52] Auf seine Aufforderung hin spielen wir dann „Bussarde", wobei er meinem Raben mehrfach kräftig eines auf die Nase gibt, dabei lacht und immer heftiger wird, bis „ich" mich mit den Worten „Du willst mir wohl auf der Nase rumtanzen", wehre und schließlich, da er nicht nachläßt, in ein jammervolles Geschrei ausbreche, bei dem ich mich durchaus involvieren lasse: authentisches Spüren und Ausdruck des Schmerzes, der aufkommt, wenn „mir" jemand auf die Nase haut.[53] Mathias ist betroffen, wechselt plötzlich die *Szene*, stattet mich mit neuen Tieren aus und meint: „Jetzt sind wir zwei Fische unter Wasser. Komm, ich zeig' dir was." Die *Atmosphäre*[54] ist völlig verändert, kein aggressives Bedrohen mehr, sondern sanftes Umeinanderherschwimmen im Raum, der mit Wasser gefüllt scheint. Mathias schwimmt immer „tiefer". Er fordert mich auf, ihm zu folgen, und verkriecht sich schließlich in einen Winkel zwischen einem (Polstersessel-)Felsen und einem (Stoffhaufen-)Felsen. Hier entsteht eine innige Atmosphäre. „Schau, jetzt bin ich eine kleine

Muschel, ganz klein." In seiner Stimme liegt etwas von der großen Verletzlichkeit und Verletztheit, die in ihm ist. Er hält die zusammengelegten Hände vor seinen Bauch und öffnet sie ganz vorsichtig, wie um mich in die „Muschel" hineinschauen zu lassen. Jetzt sind wir erstmals von einem *Kontakt* zu einer *Begegnung*[55] gekommen. Mathias läßt sich innerlich berühren und spürt, wie ich berührt bin.

Ich blende deutend auf seine Lebensrealität zurück:[56] „Das tut weh, wenn du immer wieder einen drauf bekommst, nicht wahr?" In Mathias' Blick sehe ich, daß er sich verstanden fühlt. Um die körperlich nahe Situation aufzulösen und ihm zu zeigen, daß er als der „ganze Mathias" von mir angenommen wird, mit seiner durch die Operation etwas verunstalteten Nase, frage ich ihn: „Weißt du, wie Eskimos Küßchen geben?" Er verneint und ich zeige ihm, wie sie die Nasen aneinander reiben, worüber wir beide lachen müssen.

In der *Begegnung* geht es um mehr als *Kontakt*, der allerdings für sie Voraussetzung ist. Es geht um das *Erfassen* des ganzen Menschen als Subjekt, „von Mitteilung auf Mitteilung, von Verhalten auf Verhalten, Wort auf Wort, Gefühl auf Gefühl"[57] und dies in der Zentrierung auf die gegenwärtige, leiblich-konkrete Präsenz im ersten gegenseitigen Vertrauen.

3.4 Beziehung

In der geschilderten Behandlungssequenz wird der Boden für *Beziehung* bereitet. Diese schließt die Erfahrung von gemeinsamer Vergangenheit und die Antizipation von zu erwartender gemeinsamer Zukunft mit ein. Beziehung bildet den Hintergrund für *Wachstum*, für die Bildung, Formung und Vervollkommnung von Identität. Sie schließt das Wiederkehrende und das Mögliche und Neue mit ein, kennt Elemente wie Echtheit, Reife (beim Erwachsenen) und Verantwortung für den anderen.[58] Die therapeutische Beziehung,[59] die einen Sonderfall allgemein-menschlicher Beziehungsmöglichkeiten darstellt und auf die wir später eingehen werden, ist ebenfalls durch diese Qualitäten gekennzeichnet.

Von den ersten Begegnungserfahrungen bis zu einer vertrauensvollen Beziehung mit Mathias war es noch ein weiter Weg. Kleine Anzeichen waren z. B. darin zu sehen, daß er begann, unser Therapiezimmer im Heim vorzubereiten, im voraus etwas aufzubauen oder zu basteln, mir ein kleines Geschenk zu bringen, in den Zwischenzeiten mit seiner Erzieherin über mich oder die Behandlungsstunden zu sprechen. Dies waren gleichzeitig Zeichen seiner individuellen Entwicklung, die von uns aus therapeutischer Sicht vor dem Hintergrund der wichtigen Aspekte kindlicher Entwicklung gesehen und gewichtet wurden.

4. Entwicklungskonzepte und Diagnostik

Integrative Kindertherapie richtet sich am Entwicklungsgeschehen aus. Das Kind soll in seiner Entwicklung gefördert werden. Endogene Reifungsprozesse brauchen, um sich entfalten zu können, die sie „fördernde Umwelt".[61] Therapie soll ein solches *„facilitating environment"* bereitstellen, wo es nicht vorhanden ist, wo *Defizite* die Lebenswelt des Kindes kennzeichnen. Sie muß eindeutige, klare Kommunikation bieten, wo Beziehungschaos zu *Störungen* und *Konflikten* geführt hat. Sie muß heilende Atmosphären schaffen, wo *Traumata*[62] Verletzungen gesetzt haben.

Entwicklung ist ein Geschehen zwischen „Innen und Außen",[63] zwischen Wachstumsimpulsen und Förderung, zwischen dem Bedürfnis des Leibes, Rollen zu *verkörpern*, und Rollenzuschreibungen,[64] die das Kind über seine Familie durch die Gesellschaft erhält. Entwicklung als der komplexe Prozeß des Gewinns von motorischer, sensorischer, perzeptueller, kognitiver und sozialer *Kompetenz* und *Performanz*,[65] des Gewinns von Strukturen und Funktionen, wird durch die vielfältigen Einflüsse der Sozialisation (der personalen wie der ökologischen) bestimmt.[66]

Das Kind wächst sich in die Kultur hinein, wird in der Kultur verwurzelt: Enkulturation[67] — sie hat einen autoplastischen und einen alloplastischen, also einen von innen formenden und einen von außen geformten Aspekt. Eine derart komplexe, integrative Entwicklungskonzeption, die das Somatische (Sensorische, Perzeptuelle, Motorische), Emotionale, Kognitive und Soziale berücksichtigt, muß die Erkenntnisse der verschiedensten Strömungen der Sozialisationsforschung und der Entwicklungspsychologie[68] — insbesondere der empirischen — integrieren: der kognitiven, der sensomotorischen wie der psychodynamischen.[69] Sie muß Perspektiven der Sozialisationstheorie, die Konzepte der ökologischen Sozialisationsforschung verarbeiten, um wahrhaft „integrierend" zu sein, damit sie dem Kind in seiner Lebenswelt, in seinem Milieu gerecht werden kann: denn Entwicklung braucht eine Matrix,[70] braucht Szenen, Atmosphären, Boden, auf dem sich Wachstum vollziehen kann. Ständige Entwurzelung und Verpflanzung führt in die Krankheit.

Derartige Perspektiven kommen in der Integrativen Therapie bei der konkreten Behandlung von Kindern immer wieder zum Tragen. Sie bestimmen unsere „Diagnostik im Prozeß", die immer im Verlauf der Behandlung stattfindet und ein Labeling (Etikettieren) des Patienten vermeiden will. Dabei werfen sich folgende Fragen auf: (1) Welches sind die *gesunden Anteile*, die altersadäquat funktionsfähig sind, erhalten werden müssen und auf die das Kind im Leben und in der Therapie zurückgreifen kann? Bei Mathias war das in ganz großem Maße seine ungebrochene Kreativität und seine Neugier, ein für das Gelingen einer Therapie ungeahnt wichtiges Potential. (2) Eine weitere Frage richtet sich auf das, was *gestört* wurde und nicht mehr funktioniert, woraus folgt, welche Verhaltensweisen, Ausdrucksmuster oder Wertmaßstäbe wir in der Therapie zu restituieren versuchen. Bei Mathias stand im Vordergrund, daß er einen angemessenen Ausdruck für seine aggressiven Impulse im Kontakt finden lernte. (3) Die nächste Frage zielt auf die *Defizite:* Was war nie da und muß bereitgestellt oder substituiert werden? Da ging es bei Mathias wohl am ehesten um das Erleben einer tragfähigen Beziehung. (4) Und eine letzte Frage, die oft übersehen wird, ist auf die *ungenutzten Potentiale* gerichtet: Was schlummert und kann entwickelt werden? — Bei Mathias z. B. handwerkliche Fähigkeiten zur Unterstützung seiner Kreativität. Weitere Fragen sind: Wo steht das Kind in seiner emotionalen, seiner kognitiven Entwicklung? Wie gelingen ihm seine Kommunikationen? Wie weit kann es seine kreativen Fähigkeiten[71)] aktualisieren? Wie breit ist seine *Awareness*, wie klar seine *Consciousness?*[72)] Prozessuale Diagnostik und Wissen um Entwicklungsgeschehen sind immer wieder miteinander verschränkt und bestimmen unsere Interventionen.

Im Falle von Mathias werden uns diese Perspektiven wieder und wieder deutlich. So zeigt sich bei ihm, daß seine kognitive und motorische Entwicklung und auch die seiner kreativen Fähigkeiten der seiner Altersgenossen entspricht, daß aber die emotionale und soziale Entwicklung je nach Anforderung schwankt. Es kommt gelegentlich zu „Einbrüchen" auf frühere Entwicklungsstufen, die des *archaischen Selbst*.

In der 7. Stunde bahnt sich eine erste Integration disjunkter Persönlichkeitsanteile an: Mathias hat einen Jungen aus aufeinandergesetzten Legosteinen gebaut, der sich nur mühsam aufrecht halten kann, da die Verbindung zwischen Kopf und Rumpf nur aus einem einzigen Stein besteht und so der Kopf immer wieder herunterpurzelt. Er zeigt mir den Jungen mit den Worten: „Ich kann doch nicht immer zwei Leute spielen." Wir beginnen, mit dem Jungen zu spielen.

M.: „Schau, der verliert immer den Kopf!" Er lacht und demonstriert mir, wie der Junge sich mühsam aufrecht hält, bis der Kopf abfällt. So geht das einige Male. Ein richtiges Spiel kann durch die Fehlkonstruk-

tion, das Handicap, gar nicht in Gang kommen. Schließlich kommt es zu folgendem Dialog:
Th.: „Was sagt denn der Kopf zu dem unteren Teil, wenn er da 'runterfällt?"
M.: „Du dummer Bauch, du meinst immer, du kannst ohne mich und verlierst mich, nee, du willst mich sogar loswerden! So geht das aber nicht!" (Er setzt ihn wieder auf.)
Th.: „Und was antwortet der Bauch?"
M.: „Du willst mir immer sagen, wohin ich gehen soll, will ich aber nicht, und dann werf' ich dich eben weg!" (Er läßt ihn fallen.)
Th.: „Und was sagt der Kopf nun?"
M.: „Wenn du mich nicht hast, muß du immer explodieren ... poff, krach, da hast du auch nichts davon, da mag ich dich nicht." (Er setzt ihn wieder auf.)
Th.: „Und was sagt der Bauch?"
M.: „Ist mir egal, besser als immer nach deiner Nase tanzen!"
Th.: „Und der Kopf?"
M.: „Ich weiß es aber besser!" — „Du lügst, das sagst du immer, und dann stimmt's doch nicht. Ich explodier' lieber und dann stinkt's dir!" (Ein unbewußter Verweis auf die Hintergrunddynamik der Enkopresis).

So geht es eine Weile weiter, und ich bekomme eine Vorstellung davon, welche Kämpfe sich in dem Kind abspielen. Auf die Frage: „Und der *eine* Stein, was meint der denn eigentlich dazu?" meint *Mathias:* „Der? Der sagt: Ach ihr Blöden, könnt ihr euch nicht vertragen? Ich muß hier immer alles zusammenhalten. Immer rennt ihr weg! Ihr laßt mich ganz allein. Alles kommt durcheinander. Jeder will was anderes!"

Mathias hat Tränen in den Augen, als er mich bei diesen Sätzen anschaut mit der unausgesprochenen Frage, ob ich die Stimme des Steines wohl verstehe, der für die zerstrittenen Eltern, das zerrissene Familienleben, die innere Zerrissenheit des Jungen spricht.

Th.: „So geht es dir wohl auch oft, nicht wahr?"

Mathias nickt. Ich lege ihm den Arm um die Schulter, und er läßt sich ohne Abwehr berühren.

In dieser Stunde geht es um Integration, um die Konstituierung von *Sinn*[73)] für Mathias. Indem er verstehen lernt, daß das, was in ihm kämpft, nicht unvereinbar ist und verstanden werden kann, schafft er die Verbindung seiner Persönlichkeitsanteile und die Verbindung von Lebensereignissen (mit Konflikten alleingelassen zu werden und die auseinanderbrechende Familie zusammenhalten zu müssen). *Identifikation* mit den Charakteristika dieser Anteile, eine gestalttherapeutische Technik,[74] war der Weg, den wir wählten, um diesen Schritt in der Persönlichkeitsentwicklung zu tun. Persönlichkeit bildet sich aus verinnerlichten Erfahrungen mit den Eltern und dem relevanten sozialen und ökologischen Feld und — wo erforderlich — aus korrektiven bzw. ergänzenden Erlebnissen in der Kindertherapie. Die „abgespeicherten" Atmosphären, Szenen, Stücke verbinden sich zu einer kohärenten Innenwelt; Persönlichkeitszüge (personality traits) verbinden sich im Entwicklungsgeschehen zur Persönlichkeit.

5. Persönlichkeit

Die entwicklungspsychologische Dynamik hat natürlich ein Menschen- und Persönlichkeitsmodell[75] im Hintergrund und eine Vorstellung darüber, wie der Individuationsprozeß verläuft. Derartige persönlichkeitstheoretische Modelle erweisen sich für die Diagnostik, die Therapieplanung und den Therapieprozeß als *conditio sine qua non.* Integrative Therapie nimmt als Grundlage der Persönlichkeit das *„archaische Leib-Selbst"* an, das mit der Fähigkeit, wahrzunehmen, zu reagieren und zu speichern, ausgestattet ist. Wo Leiblichkeit ist, ist auch Wahrnehmung: zunächst eine matte *Awareness,* die im Embryonalstadium und im frühen Säuglingsalter areflexiv, im späteren Säuglingsalter und in der frühen Kleinkindzeit präreflexiv[76] ist. *Awareness* entwickelt sich mit der motorischen, sensorischen und perzeptuellen, emotionalen, kognitiven und mnestischen Reifung in Richtung auf eine *„reflexive consciousness"*, von einer unspezifischen *Bewußtheit* des Existierens, einem vagen *Gewahrsein „seiner selbst"* bis zu einem klaren *Ich-Bewußtsein*[77]: „Ich bin Peter und 4 Jahre alt, ich wohne in der Bürgerstraße, und mein Vater ist Maler." Und hier wird das Ich-Bewußtsein bereits überschritten hin zu einem Bewußtsein der eigenen *Identität.* Das Kind erkennt die Art und Weise, wie es „von außen" identifiziert wurde, weiß um die Zuschreibung seines sozialen Feldes und gewinnt daraus seine Identität. Es weiß, daß es zu diesem Vater und in diese Straße gehört, ja, es weiß, daß es, wenn es sich verlaufen hat, Straße und Hausnummer sagen muß. Wir haben hier das Ergebnis komplexer *interaktionaler Prozesse* von Sehen und Gesehenwerden, von Erkanntwerden und Erkennen, Angesprochenwerden und Antworten, von Symbol und Bedeutung, von Erinnerung und Inhalt, und deshalb müssen die intersubjektiven Beziehungen im therapeutischen Geschehen zentral stehen.

Die leibliche Awareness entfaltet sich im *Kontakt,* vertieft sich im Angeschautwerden zur *Begegnung.* Im Erkennen des *Du* formt sich das

Ich. Das *Ich* ist die Gesamtheit aller wahrnehmenden, erkennenden Funktionen, die Gesamtheit unserer bewußten Aktivität und Emotionalität.[78] Das *Ich* wird aus der Wahrnehmungstätigkeit der *primären Struktur,* des archaischen Leib-Selbst, geboren. Wir bezeichnen es deshalb auch als die *sekundäre Struktur,* die in einem reflexiven Akt das Erkennen des Leib-Selbst ermöglicht: *„Ich* schaue in den Spiegel und erkenne *mich selbst."*[79] Als seine höchste Leistung gebiert das Ich die *tertiäre Struktur,* die *Identität.*[80] Ich und Identität sind spezifische Artikulationen des Selbst. Dieses wird durch sie entfaltet und reicher. Die Persönlichkeit ist voll entwickelt, wenn ein funktionsfähiges *Ich,* eine prägnante *Identität,* auf der Grundlage eines stabilen, sich entfaltenden und ausformenden *Selbst* aufgebaut wurde, das in diesem Prozeß *vom archaischen zum integrierten Selbst herangereift ist.*

Mit einer solchen Entwicklung geht die Ausdifferenzierung des Kontaktverhaltens[81] einher. Aus der archaischen Konfluenz der Mutter-Kind-Dyade bildet sich das *Kontaktvermögen,* die Fähigkeit, Differenzen wahrzunehmen, heraus. Es wächst zur *Begegnungsfähigkeit* durch die Tätigkeit des Ich, das das Du wahrnimmt, am Du wächst und schließlich zur *Beziehungsfähigkeit* findet. Beziehung ist an das Erleben von Antizipation und Retrospektion gebunden, d. h. aber an die Möglichkeit, Identität miteinander zu leben, sie zu verwirklichen und zu entfalten. Damit verbunden ist auch die Möglichkeit, das soziale Miteinander leben zu können. Das Kind muß mit Normen und Strukturen zunehmend umgehen lernen, die vitalen Impulse des archaischen Leib-Selbst (es entspricht dem „Es" der Psychoanalyse) regulieren, so wie es die Zuschreibungen der Außenwelt und die an ihnen gewachsenen eigenen Regeln, d. h. die Strukturen der Identität (mit ihrer persönlich-privaten und kollektiv-sozialen Dimension) erfordern. Identität beinhaltet damit auch das, was die Psychoanalyse mit dem Begriff des „Über-Ich" zu fassen versucht, — nur daß sie nicht allein die verinnerlichte Sozialität, sondern auch die gegenwärtig wirkende und antizipierbare gesellschaftliche Realität mit umfaßt. Die Identität (und damit das Über-Ich) sind plastisch, veränderbar.[82] Mit der sich wandelnden Leiblichkeit und dem sich verändernden Umfeld ist Identität in einem beständigen, langsamen Prozeß des Prägnanzgewinns, wenn sie sich in guter Weise verwirklicht.

Die hier idealtypisch skizzierten Entwicklungslinien geben nun für die Behandlung in der Kindertherapie wichtige Raster: Finden wir bei einem 12jährigen Kind ein lebendiges, waches, funktionsfähiges Ich am Werk? Läßt sich bei ihm eine altersgemäße, klare Identität feststellen, die sich nicht in Fixierung verfangen hat, sondern für Entwicklung und Prägnanzgewinn offen ist? Finden wir ein stabiles, im Grundvertrauen der Leiberfahrung wurzelndes Selbst, das durch die Sozialisationserfahrung bereichert und nicht durch *Defiziterfahrungen, Traumata, Störungen* oder *Konflikte*[83] überlastet und verstört wurde? Oder haben wir es mit einem Kind zu tun, das in seiner Entwicklung auf primäre oder sekundäre Strukturen fixiert geblieben ist, dessen Ich-Tätigkeit zwar vital, aber chaotisch ist und eine Stabilität des Selbst nicht ermöglicht? Drohen übermächtige Identitätszuweisungen von außen die Impulse des Leib-Selbst zu ersticken? usw.[84]

Bei Mathias können wir auf der Grundlage dieser Fragestellungen folgendes feststellen: Viele seiner Ich-Funktionen sind gut entwickelt. Er hat eine wache Perzeptivität und klare Kognitionen. Abgesehen von einer gewissen, durch die Mißbildung verursachten Artikulationsstörung ist eine normale Sprachentwicklung gegeben. Er ist motorisch altersgemäß und auch sensorisch „mit allen Sinnen" offen am Lebensprozeß beteiligt. Da aber seine emotionalen und sozialen Fähigkeiten weit hinter denen seiner Altersgenossen zurückliegen, kommt es immer wieder zur Bedrohung seiner Integrität, was zum Auftreten von Angst oder Aggression führt. Dabei erfolgen Einbrüche auf die Ebene des *archaischen Leib-Selbst*, zerstörerische Wutausbrüche mit Einkoten und Regression durch Rückzug ins Bett. Es entsteht folgender Zyklus:

Ausbalancierte Identität → *Verletzung* → *Schwächung des Ich* → *Fortfall von positivem Support* → *Labilisierung der Identität* → *Einbruch* → *Regression (Rückzug aus dem Kontakt)* → *Hilfe* (neuer Support durch positive Zuwendung von Erzieher, Therapeutin etc.) → *Restitution der Identitätsbalance.*

In der Restitution kann Mathias durch die therapeutischen Hilfen mit seiner Umwelt wieder Kontakt aufnehmen, was zu neuer Begegnung führt, einem erneuten Vertrauen in die bejahenden Beziehungen bis dann eventuell eine Wiederholung des Zyklus maligner Regression erfolgt.[85]

Nach der zuletzt beschriebenen Stunde beginnt Mathias im Haus und in der Schule ausgeglichener zu werden. Er macht ein Gedicht mit dem Refrain „Ich war verloren und bin neu geboren". Thema ist nun immer wieder sein Gefühl, in seiner Familie Sündenbock zu sein. Er fängt vorsichtig an, gerichtete Wut zu zeigen, auch auf mich. Die Medien[86] wechseln dabei hin zu mehr feucht-formbaren Materialien, z. B. zu Ton- und Kleksbildern.

In der 17. Stunde arbeiten wir mit Ton:[87] *M.:* „ Ich will eine Vase machen für meine Mutter." Aus der breiten Vasenform wird bald ein Becken mit Wasser. Mathias ist mit aller Intensität dabei: „Das ist ein

Becken für meinen kleinen Bruder." Und nach einer Weile: „Der hat sich in mein Nest gesetzt." — *Th.*: „In dein Nest?" — *M.*: „Ja, in *mein* Nest!" Er wird wütend und beginnt, mit dem nassen Tonbecken zu kämpfen, das immer wieder reißt. Wasser läuft aus. Es muß geflickt werden. Mathias ächzt und stöhnt, wühlt bis zu den Oberarmen im Ton. Er zerstört es und setzt es wieder zusammen, schlägt in den Ton und reagiert mit deutlicher Wut, da der Ton nicht so will wie er. Vor dem Hintergrund von Ereignissen im Heimkontext gebe ich folgende Deutung: „Vielleicht bist du ja auch wütend auf mich, weil Till (ein anderes Kind im Heim) auch zu mir in die Stunde kommt?" — Mathias fängt an zu schluchzen. *Th.*: „Schau, und doch bin ich genauso für dich da." Er setzt sich zögernd auf meinen Schoß und beruhigt sich langsam. Wir bauen auf dem Tonhaufen zusammen ein Haus, wobei er erstmals erzählt, wie sein Bruder immer vorgezogen wurde. Die Tränen versiegen dabei. Er sieht aus, als sei er aus einem ganz tiefen Erleben aufgetaucht und wirkt körperlich erschöpft.

Hier wird deutlich, wie das Kind in der Therapie das Gefühl der *intersubjektiven Begegnung und Beziehung* auch in der Leiblichkeit braucht, daß also „Zwischenleiblichkeit"[88] hergestellt werden muß, damit im leiblich-konkreten Kontakt mit dem Therapeuten wie auch mit dem Medium (hier Ton als Ausdruck der verinnerlichten Mutter) Grenzen erfahren werden — die eigenen und die des anderen.

6. Das kindliche Unbewußte

Im Prozeß der sich entwickelnden Awareness von der areflexiven Frühzeit zum präreflexiven Kleinkindalter bis hin zum reflexiven Ich-Bewußtsein werden Bereiche des autochthonen Unbewußten,[89] wie es durch die Regungen des Leibes und sein kollektives phylogenetisches Erbe gegeben ist,[90] immer weiter zugänglich. Das Kind lernt sich kennen. Der Reichtum der Propriozeptionen erschließt sich ihm. Seine Gefühle differenzieren sich aus,[91] seine Phantasietätigkeit erwacht und entfaltet sich. Die Quellen des Unbewußten fließen und speisen die Kreativität des Kindes. Und die dunklen Wasser, die archaischen Ängste werden durch das erstarkende Ich im Zaum gehalten.

6.1 Das kindliche Unbewußte und die Kreativität

Wo nun die Ich-Entwicklung beeinträchtigt wird, wo durch ein zerbrochenes, gestörtes Außenfeld die Identität brüchig bleibt, ist das Kind den Impulsen der Angst oder der Destruktion aus dem *archaischen Leib-Selbst* in besonderer Weise ausgeliefert, denn ihre Bewältigung und Bändigung und das Vertrautwerden mit diesen Impulsen bedarf der Präsenz integrierender Bezugspersonen, einer liebevollen Mutter,[92] eines tragfähigen Vaters,[93] eines stabilen sozialen Netzwerkes. Aus den Erfahrungen der Tröstung, der Beruhigung, der Grenzsetzung, der spielerischen Förderung bildet sich im Kind die Möglichkeit, daß die disjunkten Ich-Funktionen zusammenwachsen zu einem lebendigen, tätigen *Ich*, das die Strebungen des „positiven Unbewußten" ordnet und das dazu beiträgt, ihr kreatives Potential zu nutzen und zu verwirklichen.

Die leibliche Ausstattung des Kindes, insbesondere die sinnenhafte Wahrnehmung führt im Entwicklungsgeschehen zu kreativen Ausdrucksformen:[94] Die kinästhetischen Sinne führen zum Tanz und zur Pantomime; das Gehör ins Musikalische, zum Gesang und zur Sprachgestaltung; das Auge zu den Farben, zum Malen; Visuelles *und* Taktiles ins Plastische, Formende; Geruch und Geschmack zum Experimentieren mit Speisen — das „kreative Kochen" ist eine bevorzugte Kinderbeschäftigung. So ist jedes kleine Kind „Maler" — es macht begeistert Kritzelzeichungen;[95] jedes ist „Komponist" — es improvisiert und singt vor sich hin; jedes ist „Dichter" — es spielt mit Lauten, Wortschöpfungen, Versen, Reimen; jedes vermag zu tanzen, zu plastizieren, jedes vermag Rollen zu verkörpern, ist ein kleiner Schauspieler;[96] in jedem steckt ein „Meisterkoch". All diese kreativen Fähigkeiten, die sich aus der Sinnenstruktur des Leibes und seiner expressiven Vermögen entwickeln, können gefördert und entfaltet werden, oder, wie dies gemeinhin der Fall ist, durch den Prozeß kultureller Disziplinierung, durch repressive oder einfach „nicht fördernde" Erziehung zum Verstummen gebracht werden; und damit hört auch das Unbewußte auf zu sprechen und in positiven Projektionen die Geheimnisse der Innenwelt nach außen zu bringen. Das „Unbewußte als Potential"[97] wird uns zunehmend unzugänglicher. Unsere Träume gehen uns verloren und dringen nicht mehr in unser Bewußtsein. Der Reichtum der Traumwelt in der „magischen Phase"[98] wird durch die Strukturen der Rationalität unterdrückt, anstatt daß das Rationale und das Mythische, die digitale Sprache und die Sprache der Bilder miteinander koexistieren könnten, divergentes und konvergentes Denken,[98] Rechtshemisphärisches und Linkshemisphärisches[100] sich vereinigen würden zu einer reichen, phantasievollen und dennoch kognitiv klaren Persönlichkeit.

Kindertherapie, die das „positive Unbewußte", das nicht mit dem *Freud*schen Stigma der „Bedrohung"[101] versehen ist, ernstnimmt, Kindertherapie, die einer „Anthropologie des schöpferischen Menschen" verpflichtet ist, wird versuchen, das expressive, künstlerische Element im Kinde zu fördern und zu entwickeln,[102] und wo es schon eingeengt und beschränkt wurde, es wieder zu wecken und zur Entfaltung zu bringen. Eine solche Haltung findet ihren Ausdruck in der Integrativen Therapie durch die Verwendung der zahlreichen kreativen Medien, der Arbeit mit Musik, Ton, Bewegung, mit Farben, Rollenspielen, mit Sprachspielen, Puppen, Pantomime und Tanz ... zuweilen kochen wir auch zusammen,[103] feiern Feste, versuchen, kindgemäße Ausdrucksformen zu bewahren, um einen Entwicklungsprozeß zu begleiten, aus dem integrierte erwachsene Persönlichkeiten hervorgehen können, die sich ihre Kindlichkeit bewahrt haben.[104]

Im folgenden Beispiel finden wir das Beschriebene in mehrfacher Weise verdeutlicht. Mathias hatte sich für die 19. Stunde Papier, Bleistift und Schere zurechtgelegt. Er hatte sich in der letzten Zeit viel mit sozialen Regeln und deren willkürlicher Veränderung durch Menschen seiner Biographie und Umgebung auseinandergesetzt und diese in den Stunden mit mir immer wieder überprüft und geübt. Er schien mehr und mehr eins mit sich zu werden. In der Stunde bastelt er sich in Windeseile aus weißem Papier ein Kleid, das seinen ganzen Körper bedeckt, dazu eine Zipfelmütze, die er sich auf den Kopf setzt. Die Regel dabei heißt „Schweigen bis es fertig ist“. Nun tanzt er vor mir einen Zwergentanz.

M.: „Ich bin der kleine Zwerg! Du mußt jetzt mein Lied aufschreiben! Schreib, was ich singe!“

»Es ging ein Männlein durch den Wald.
Er tanzte mit seiner Frau.
Tata li tata. Tatatata.
Da entdeckte er ein kleines Haus.
Sie gingen hinein.
Es war unbewohnt.
Da gingen sie wieder hinaus
und tanzten weiter
in dem schönen Sonnenschein.
Da erschien der Zauberer und lachte.
Er warf dem Zauberer was an den Schädel,
da war er ohnmächtig.
Sie fesselten ihn.
Da weinte der Zauberer.
Du bist ganz unehrlich, sagte der Zwerg.
Da kam er mit der Schere und schnitt
den Zauberstab kaputt.

Schnipp, schnapp!
Der Zauberer weinte noch mehr.
Wäh, wäh.
Tata li, tata la.«
„So, nun lies mir alles vor."
Ich wiederhole das Gedicht, während er, die Schere noch in der Hand, Verbesserungen anbringt und dabei weiter tanzt.

In der Stunde insgesamt geht es um die Konstituierung von Identität, dies auch vor dem Hintergrund der Eingangsstunden und der Tonstunde. Ist in der Tonstunde eher noch auf der Ebene des unbewußten archaischen Selbst gearbeitet worden, so finden wir hier viele Ich-Leistungen: Mathias erkennt sich und gibt sich zu erkennen, leiblich konkret im Tanz, in der dramatischen Darstellung, angetan mit seinem aus den kreativen Materialien zurechtgeschnittenen Kleid. Er zeigt sich als „Dichter", der die eigene Ballade extemporiert, als „Musiker", der sein Lied vorträgt und als „Tänzer", der im ganzen Schauspiel mir seine neugewonnene (vorläufige) Identität als kleiner Zwerg vortanzt.

Unter analytischer Perspektive können wir bei diesen Szenen durchaus von einem ödipalen Thema sprechen. In der Tat ist diese Stunde auch beispielhaft für das Deutlichwerden und die Integration von Verdrängtem, indem Mathias sich auch zeigt als jemand, der sich in vielen Szenen mit den ihn beherrschenden aggressiven, disjunkten Persönlichkeitsanteilen (Introjekten des alkoholsüchtigen, gewalttätigen Vaters) beschäftigt hat und im kleinen Zwerg mit Zipfelmütze eine Integration des übermächtigen Zauberers *Zipfel*moser erreicht hat. Wir sehen, daß im Unbewußten nicht nur das positive Reservoir der kreativen Fähigkeiten, sondern auch die getrübten Quellen des Verdrängten liegen.

6.2. Das kindliche Unbewußte und die Verdrängung

Das Unbewußte ist nicht nur das leibliche Mitgegebene, es ist auch das Verdrängte.[105] Im Prozeß der Sozialisation[106] werden die Ereignisse, die dem Körper durch Einwirkung der Außenwelt widerfahren, im Gedächtnis des Leibes als Atmosphären, Szenen und Szenengeschichten archiviert.[107] Das Leibgedächtnis verliert nichts; und so würden schmerzliche Erfahrungen von Traumatisierungen, Defiziten, Störungen leidvoll im Erleben bleiben, wenn nicht die Möglichkeit der Verdrängung *Schutz* böte. Die Verdrängung ist eine *positive Möglichkeit des Organismus* und wird von uns als solche gewertet. Denn nicht sie, sondern das Verdrängte beginnt schädigend zu wirken, wenn es zu toxisch ist, in zu großem Ausmaß anfällt, so daß es durch die Bewältigungskräfte der Seele und die positiven Wirkungen des Umfeldes nicht *„entsorgt"* werden kann. In der Therapie haben wir es häufig mit Kindern zu tun, deren unbewußte Reservoire mit zu vielen traumatischen Ereignissen gefüllt sind und bei denen die Archive des Leibes überquellen von Kränkungen und Erfahrungen der Entbehrung. Und auch dieses „negative Unbewußte" artikuliert sich: durch Verhaltensauffälligkeiten, Störungen der Kommunikation, psychosomatische Reaktionen. Das geschieht besonders bei Kindern, denen die kreativen Ausdrucksmöglichkeiten genommen wurden. Durch diese können nämlich die im Verlaufe eines Sozialisationsprozesses unabdingbaren kleineren und größeren Verletzungen zu einem Teil bewältigt werden, besonders wenn hierzu genügend Kraft aus den gleichfalls im sozialen Feld vorhandenen positiven Erfahrungen bereitgestellt wird. Wird der Ausdruck im Verhalten unterbunden durch repressive Erziehungsstrategien und darf die Verletzung nicht *Form gewinnen* im Matschen, Schmieren auf dem Papier, auf der Hauswand, im Plastilin, im Sandkasten, dann macht das Kind *seinen eigenen Körper zur Plastik.* Er wird zur Skulptur, an der die Symptome makabre Ornamente bilden, die Ausdruck körperlicher und seelischer Mißhandlung oder Fehlbehandlung sind. Im Unbewußten verbinden sich zuweilen dann die archaischen autochthonen Ängste mit den widerfahrenen beängstigenden Situationen aus dem sozialen Umfeld. Wird der Druck dieser Ängste zu stark, „spricht" das Unbewußte in der Krankheit ... leibhaftig.

In unserer therapeutischen Arbeit versuchen wir, dem Kind die Sprache der Expression in den Medien wiederzugeben, um dem Unbewußten einen *anderen Ausdruckskörper* zu verleihen, so daß sich das Bedrohliche und Bedrückende zeigen kann: im Puppenspiel,[108)] im Maskenspiel,[109)] am Instrument,[110)] im Tonfeld.[111)] Das Verdrängte tritt in die Awareness, es wird mitgeteilt und kann deshalb geteilt werden, und damit beginnt die Heilung; denn der Therapeut wird in diesem Moment zur Person, die versteht und das Mitgeteilte mitträgt. Wir können trösten, erklären, neue Wege aufzeigen und alternative Szenen mit neuen Erlebnis- und Erfahrungsmöglichkeiten bereitstellen. Die dunklen Brunnen des Unbewußten beginnen sanfter zu fließen, und Getrübtes vermag sich zu klären — zum einen, weil es der Awareness und Consciousness zugänglich wird, zum anderen, weil durch die vermittelte Sicherheit der Beziehung Impulse aus der Leibsphäre und dem Verdrängten nicht mehr so bedrohlich erlebt werden.

7. Exkurs: Progredierende Analyse — Parenting und Reparenting, Beelterung und Neubeelterung in der Integrativen Therapie

Eines der zentralsten Konzepte der *Integrativen Therapie*, sei es in der Arbeit mit Kindern, Jugendlichen, aber auch mit Erwachsenen, wurde von *Petzold* (1969) mit dem Gedanken der „progredierenden Analyse" (*l'analyse progressive*) entwickelt. In ihr wird Therapie nicht nur als Situation der Intervention angesehen, sondern als *„prozessuale Diagnostik"*, in der *„prävalente pathogene Milieus"* der Biographie aufgefunden werden, damit sie bearbeitet werden können. Es wird dabei davon ausgegangen, daß Pathologie in der Regel nicht *monokausal* erklärt werden kann, sondern daß es sich um eine *„multiple Genese"*, eine Vielzahl von Einflüssen im Verlauf der Lebensgeschichte handelt, die *in ihrer Gesamtheit* pathogen wirken können. Dabei kann es Lebensabschnitte, Situationen und Einflüsse geben, die besonders toxisch gewirkt haben und die deshalb für die Ausprägung eines Symptoms oder einer Persönlichkeitsstörung besondere Bedeutung haben. Derartige „prävalente pathogene Milieus" können sehr weit zurückliegen — sie werden dann als „frühe Schädigungen" bezeichnet, die das „archaische Selbst" (die primäre Struktur) bzw. das „archaische Ich" (die sekundäre Struktur) oder die „archaische Identität" (tertiäre Struktur) beeinträchtigt haben. Prävalente pathogene Milieus können aber auch abhängig oder unabhängig von frühen Schädigungen in anderen Phasen der Entwicklung auftauchen, etwa in der Adoleszenz oder im jungen Erwachsenenalter; sie können in der Midlife-Crisis gesetzt werden oder erst im Senium eintreten. Liegen sie nicht in unmittelbarer Nähe der gegenwärtigen Lebenssituation, so können sie nur über eine *„Regression"* erreicht werden, durch die der Patient noch einmal in die *Atmosphären* und *Szenen* seiner Sozialisation zurückversetzt wird, die für ihn schädigend waren. Von diesem Milieu ausgehend, wird dann im therapeutischen Prozeß ein „Neuanfang" (*Balint*) begonnen, ein neuer Entwicklungsgang, der fortschreitend eine *„Progression"* durch die einzelnen Lebensalter bis hin in die Situation „hier und jetzt" initiiert und vorantreibt. Auf diese Weise kann eine *„Nachsozialisation"* erfolgen. Im Integrativen Ansatz wird *„Therapie als Prozeß der Nach- und Neusozialisation"* verstanden, und Sozialisation als die *„Internalisierung von Szenen und Szenensequenzen* und den mit *ihnen verbundenen Atmosphären"* betrachtet (wobei es im präszenischen Bereich vorwiegend um die Verinnerlichung von Atmosphären geht). In einer solchen Sichtweise kommt den Begriffen *„Regression"* und *„Progres-*

sion" eine besondere Bedeutung zu. Wir unterscheiden dabei horizontale und vertikale Regressionen. Die letzteren finden wir vorwiegend in der klassischen Gestalttherapie, die durch erlebnisaktivierende Techniken kurzfristige, fokussierte Regressionen induziert. Ein solches Eintauchen in frühe biographische Szenen und das Wiederauftauchen in *einer* gestalttherapeutischen Sitzung erfordert allerdings ein sehr starkes, integrationsfähiges *Ich*, und das kann man bei Patienten mit Schädigungen im frühen Milieu in der Regel nicht voraussetzen. Deshalb sind diese Patienten (z. B. Borderline- und Psychosomatikpatienten) mit der klassischen Gestalttechnik nicht behandelbar. Es werden hier vielmehr *horizontale Regressionen* notwendig, die —„*time extended*" — ermöglichen, daß der Patient über längere Zeit im therapeutischen Prozeß in regressiven Milieus verbleibt und hier positive Atmosphären und Szenen erleben und verinnerlichen kann. Dadurch kann ein *Ich* aufgebaut werden und wachsen, das zunehmend integrationsfähig wird und stark und flexibel genug, um fokussierte *vertikale Regressionen* handhaben zu lernen. Diese benignen Regressionen — um den von *Balint* geprägten Ausdruck zu verwenden — überfordern das *Ich* des Patienten nicht durch ihre Heftigkeit und die Fülle des dabei freigesetzten Materials. Vielmehr kann dieses Material allmählich vom *Ich* verarbeitet und im *Selbst* integriert werden, so daß die Gefahr einer *malignen Regression*, die durch zu heftige Erlebnisaktivierungen eintreten kann (etwa in Form einer psychosomatischen Reaktion, Suizidalität oder psychotischen Dekompensation), vermieden wird. Der Integrativen Therapie geht es aber beim Konzept der „*progredierenden Analyse*" nicht nur und vorherrschend um die Verhinderung von Therapiezwischenfällen, sondern in erster Linie darum, spezifische Effekte therapeutischer Sozialisation zur Wirkung kommen zu lassen. Die Frage, ob vorwiegend mit *horizontaler* und *vertikaler Regression* gearbeitet wird oder in welchem Maße diese beiden Möglichkeiten in der Therapie miteinander verbunden werden (*Petzold* 1969) wird vom Krankheitsbild, der Lebenssituation, der Ressourcenlage und dem Problempotential des Patienten bestimmt, und natürlich von der Qualität der therapeutischen Beziehung. Das Konzept der „*prävalenten* pathogenen Milieus", die in ihrer Bedeutung und Gewichtung sich auch im Verlauf des fortschreitenden Therapieprozesses verändern können, erfordert eine „*Lebenslaufperspektive*" in der Betrachtung der Pathogenese und in der Planung und Ausführung der therapeutischen Intervention. Wir behandeln nie nur *eine* „frühe Störung", sondern wenn wir es mit einem jugendlichen Borderline-Patienten im Alter von 17 Jahren zu tun haben, so ist sein Krankheitsbild, ist seine Symptomatik, seine gegenwärtige Lebenssituation das Resultat von 17 Jahren unglücklicher Karriere, in der eine Vielzahl schwererer und leichterer Defiziterfahrungen, Negativerlebnisse, aber auch positive Einflüsse (und selbst wenn es nur wenige sind) zusammengewirkt haben. Das Verhalten dieses Patienten, ja, seine gesamte Persönlichkeit in ihren gesunden und kranken Aspekten ist „die Gesamtheit aller positiven, negativen und defizitären Erfahrungen" (ibid.), denen er im Sozialisationsprozeß ausgesetzt war, wobei die *„frühen Schädigungen"* — wenn sie nicht durch kompensatorische Einflüsse aufgefangen werden konnten — besonders nachhaltig wirken. Dem kleinen Kind stehen natürlich nur wenige und nicht sehr weit reichende „Coping-Strategien" zur Verfügung.

Der therapeutische Prozeß der *„l'analyse progressive"* hat das Ziel, von prävalenten Schädigungen ausgehend heilende Sozialisationsklimata und -atmosphären bereit zu stellen, *„benigne Szenen"*, nicht um die „alten Erfahrungen" zu „löschen" — dies ist nach den Erkenntnissen der Gedächtnisforschung kaum möglich — ,sondern um durch die Bereitstellung neuer Erlebnisqualitäten, „korrigierender emotionaler Erfahrungen" und „korrigierender kognitiver Inhalte", die Möglichkeit zu bieten, daß der Patient in seinem Erleben und Handeln noch andere Optionen zur Verfügung hat als die, die ihm durch seine Sozialisation vermittelt wurden und die sich im Repertoire seiner Lebens- und Überlebensstrategien habitualisiert haben. Es werden ihm kognitive und emotionale *„Umbewertungen"* von Situationen möglich, neue Wege der „Finalisierung", der Zielbestimmung, neue Abwehr- und Bewältigungsstrategien (*coping, defending*), neue Problemlösungsmuster. Diese treten sozusagen „neben" die alten und müssen allmählich an ihre Stelle treten und verankert werden. Je besser dies gelingt, desto nachhaltiger kann der Patient „auf alte Situationen in neuer Art und Weise und auf neue Situationen in angemessener Art und Weise" reagieren (diese Formulierung in Anlehnung an *Moreno*s Definition der Spontaneität). Da aber solche neu- bzw. resozialisierten Inhalte die alten vorgängigen Muster nicht löschen, bleibt immer die Möglichkeit, daß bei Überlastungen durch eine Massierung widriger Lebensumstände sich die alten Bewältigungsstrategien wieder durchsetzen können (selbst wenn sie dysfunktional sind). Es besteht dann aber die Chance, sofern die vorausgegangene Therapie gelungen ist — und man kann hier geradezu ein Kriterium für „Therapieerfolg" gewinnen — daß derartige „Rückfälle" von den Betroffenen selbst wahrgenommen, angegangen und bewältigt werden können, sei es durch eigene Auseinandersetzung mit der Situation oder durch das Beiziehen von Hilfen aus dem Familien- oder Freundeskreis oder sei es durch die Inanspruchnahme einer vorübergehenden therapeutischen Hilfe.

Die progredierende Analyse will einen heilsamen Sozialisationsprozeß konstituieren. Hierfür ist es in der Kindertherapie notwendig festzustellen, in welchem Entwicklungsalter sich das Kind befindet, mit dem wir arbeiten, über was es in seinem Sozialisationsmilieu verfügt und was ihm fehlt. Beim Adoleszenten oder Erwachsenen wird es erforderlich, relevante Störzonen aufzufinden und in einer „Synopse" zu gewichten und zu bewerten, um eine Behandlungsstrategie, ein „therapeutisches Curriculum" entwickeln zu können. Diagnostische Verfahren wie das „Lebenspanorama" oder das „projektive Soziale Atom" (*Petzold* 1987 d) sind mit dieser Zielsetzung entwickelt worden. Im „Lebenspanorama" sehen wir auf der vom Patienten erstellten Zeichnung, wie er seinen Lebensweg vom Zeitpunkt seiner Konzeption an sieht, was er als belastend und als förderlich erfahren hat bis hin in die Gegenwart — ja über sie hinausgehend in die Zukunft, so wie er sie aufgrund seiner Vergangenheit antizipiert. Ein ähnliches progedierendes Moment finden wir im „projektiven Sozialen Atom", bei dem ja nicht nur das gegenwärtige soziale Netzwerk von Patienten mit Farben, Formen und Symbolen dargestellt wird, sondern aus der Erinnerung heraus jeweils auch das Soziale Atom mit fünf Jahren (ödipal/postödipal), mit fünfzehn Jahren (Adoleszenz), mit fünfundsechzig Jahren (antizipiertes Alter). Hinzukommen können Darstellungen Sozialer Atome in „kritischen Lebensphasen". Aus diesen Bildern — besonders der frühen sozialen Netzwerke — wird deutlich, welche emotionalen Qualitäten und Atmosphären im Sozialisationsprozeß gefehlt haben, welche gestört wurden und welche in guter und ausreichender Weise vorhanden waren. Daß dabei den Familienatmosphären, den elterlichen Beziehungsformen, der väterlichen und mütterlichen Zu- und Abwendung, der Anwesenheit oder Abwesenheit von elterlichen Identifikationsfiguren besondere Bedeutung zukommt, steht außer Zweifel und hat für eine nachsozialisierende Form der Psychotherapie erhebliche theoretische und behandlungspraktische Konsequenzen.

Im Rahmen der „progredierenden Analyse" haben deshalb zwei Konzepte einen besonderen Rang: *Parenting und Reparenting.* Unter „Parenting" verstehen wir die Bereitstellung elterlicher Qualitäten im Rahmen der therapeutischen Beziehung in einer Art und Weise, daß die Patienten Atmosphären, Szenen, Beziehungskonstellationen und die mit ihnen verbundenen Haltungen und Werte internalisieren können, um vorhandene *Defizite* „auffüllen" zu können. Im Rahmen unserer theoretischen Konzepte zur Pathogenese, in denen wir *Defizite*

(Unterstimulierung), *Traumata* (Überstimulierung), *Störungen* (uneindeutige Stimulierung) und *Konflikte* (widerstreitende Stimulierung) unterscheiden, nehmen die Defizite insofern eine besondere Stellung ein, als sie für die Behandlung z. T. erhebliche Probleme aufwerfen. Dies gilt spezifisch für „frühe Defizite", die das „archaische" Selbst, Ich und die frühen Vorformen und Formen der Identität beeinträchtigen. Hier haben Kinder in ihrer Sozialisation durch das Fehlen von notwendigen Angeboten — etwa im Bereich des Taktilen der „guten Brust", später dann der „guten Blicke" oder der „guten Worte" — nötige Zuwendung und Stimulierung entbehren müssen, die für ein gesundes Entwicklungsgeschehen, für das Ausbilden stabiler Persönlichkeitsstrukturen notwendig gewesen wären. Dabei können die Abwesenheiten *physischer Art* gewesen sein (etwa durch den Tod eines Elternteiles) oder *psychischer Art* (etwa durch die physische Anwesenheit, aber die emotionale und personale Abwesenheit: „Mein Vater war für mich nie da"). In solchen Fällen muß der Patient durch die Regression in das prävalente Milieu des Defizits die Not des Mangels noch einmal in *dosierter* Weise erfahren, indem die damit verbundenen Gefühle, Atmosphären und Szenen aus den „Archiven des Leibes" aufkommen. Er kehrt in der regressiven Bewegung des Ichs in das „Kinderland" zurück, allerdings mit einem zentralen Unterschied: der anwesende Therapeut ist nun *da*, wo vorher Abwesenheit war. Ihm kommt die Aufgabe zu, das zu *verkörpern*, was fehlte. Er muß Berührung, wo keine streichelnden Hände waren, „gute Blicke", wo der abwesende Blick war, „gute Worte", wo Schweigen war, bereitstellen. Um dieser Aufgabe gewachsen zu sein, ist es notwendig, daß der Therapeut seine eigenen traumatischen Kindheitserfahrungen durchgearbeitet hat, damit er das defizitäre Milieu nicht „fliehen" bzw. abwehren muß. Er muß weiterhin seine eigene *Väterlichkeit* oder *Mütterlichkeit* — abhängig davon, was jeweils erforderlich ist — zur Verfügung haben und darüber hinaus in der Lage sein, diese in einer Weise zu „modulieren", daß er die spezifischen „sozioemotionalen Mikroklimata" (*Petzold* 1969) herstellen kann, die notwendig sind, um dem dermaleinst erlebten Mangel ein Angebot entgegenzusetzen, das das Fehlende ergänzt, auffüllt, zumindest aber teilweise kompensiert oder substituiert. Dies ist nur möglich, wenn der Therapeut, wie schon *Ferenczi* und *Balint* betont haben, „die Regression des Patienten mit eigener Regression begleiten kann". Er muß selbst in das Kinderland hinabsteigen, um empathisch erfassen zu können, was der Patient braucht. Er muß gleichzeitig Erwachsener bleiben, um den Patienten zu sichern und den Anforderungen des Feldes begegnen zu können. Es ist also eine Haltung vonnöten, die *kompetente Eltern* kennzeichnet: eine *partielle Teilnahme,* die das Miterleben und Mitvollziehen des Kindlichen ermöglicht, ohne dabei die Fähigkeiten des Erwachsenen einzutrüben oder zu beeinträchtigen. *Ferenczi* hatte dieses Prinzip in seinen „Kinderanalysen mit Erwachsenen" (*Cremerius* 1983) klar erkannt und deutlich gemacht, daß wir Patienten, die der mütterlichen Liebe entbehren mußten, auch „mütterliche Zuwendung" bereitzustellen haben, um ihnen die Erfahrung zu vermitteln: auch für mich gibt es Liebe, Wärme, Wertschätzung. Und selbst wenn die „Löcher", die die frühen Defizite bewirkt haben, niemals ganz aufgefüllt werden können, selbst wenn die Verzichtsleistungen notwendig werden, die die „Wiener Psychoanalyse" *Freud*s so betont, so wird doch das Abschiednehmen, der unabdingbare Verzicht, leichter, wenn wenigstens etwas an Wegzehrung bereit gestellt wurde, als wenn der Patient „den Geschmack der Zuwendung" nie verkosten durfte.

Das Konzept des *Parenting,* wie wir es unter Rückgriff auf die ungarische Schule, die „Budapester Psychoanalyse" *Ferenczi*s, *Balint*s und *Iljine*s (beim letztgenannten durften wir diese Form der Behandlung erleben) entwickelt haben, bedarf natürlich der sorgfältigen Indikation. Das gilt sowohl für die Arbeit mit Kindern, Adoleszenten oder Erwachsenen. Es stellen sich folgende Fragen: Wie tief und andauernd soll die horizontale Regression sein? Welche Defizite sollen aufgefüllt werden? Wo sind die Grenzen eines derartigen „Bondings"? Wo bestehen die Gefahren maligner Regression, so daß erst auf der Ebene der „sekundären Struktur" Ich-Stärke aufgebaut werden muß, bevor die Regression in die Brüchigkeiten des Selbst führen darf? Wann müssen Übergangs- bzw. Intermediärobjekte in die Behandlung einbezogen werden?

Reparenting- und Parenting-Konzepte kennzeichnen die sich als „dyadische Therapien" vollziehenden Einzelbehandlungen der Integrativen Therapie (nicht zuletzt ihre Lehranalysen). Sie kommen auch in der Gruppenbehandlung zum Tragen. Die psychoanalytischen Behandlungsinnovationen der „Objekt-Beziehungs-Theoretiker" lassen sich mit dem Parenting-Konzept genauso erklären wie die Therapie mit schwerstgestörten Psychotikern durch die *Schiff*-Schule der Transaktionsanalyse (*Schiff, Day* 1972), wobei letztere den Begriff des *„reparenting"* explizit und unabhängig von unseren Arbeiten entwickelt haben, ohne dabei die Einflüsse der ungarischen Schule aufzuzeigen. Das im „Parenting/Reparenting-Konzept" entwickelte Behandlungsmodell ist durchaus nicht nur auf den Bereich „früher Schädigungen" begrenzt. Es kann und sollte auch eingesetzt werden bei Problemen, die in der Adoleszenz ihre Genese haben. Diese Entwicklungsphase ist von einer besonderen Verletzlichkeit (*vulnerability*) gekennzeichnet, die ihre Ursache nicht nur in den biologischen Umstellungen und Veränderungen hat, sondern auch in den eintretenden „sozialen Diskontinuitäten" (*R. Benedict*), in den sich verändernden *„social worlds"* zwischen den Generationen und dem Aufkommen von ungelösten (ödipalen) Problemen aus der „archaischen Triangulation", durch die sich Familienklimata dramatisch verschlechtern können. Gerade in der Adoleszenz können deshalb neue Verletzungen gesetzt werden, wenn den Eltern die Handhabung dieser komplexen emotionalen Konstellation nicht oder nicht gut gelingt. Andererseits kann ein adäquates „Miteinander-Aushandeln" derartiger Konstellationen auch dazu beitragen, noch virulente „frühe Schädigungen" zu stabilisieren, Defizite aufzufüllen und „ödipale" Konflikte zu klären. Bei problematischen oder gar pathogenen Adoleszenzphasen (*Erdheim* 1983), insbesondere, wenn Eltern sich von ihren Kindern zurückziehen und in den Prozessen der Identitätsbildung und -stabilisierung Defizite entstehen, wird ein Parenting unerläßlich. Das Modell der „Beelterung" erstreckt sich demnach über einen breiten Entwicklungszeitraum, d. h. von der Babyzeit bis zum jungen Erwachsenenalter. Hier stellt sich dem Therapeuten die Aufgabe, in der Lage zu sein, die in dieser Zeitspanne wesentlichen „sozio-emotionalen Mikroklimata" auch schaffen zu können. Er muß adäquate Formen der *„temporären Wahlverwandtschaft"* (*Petzold* 1969) finden, muß seinen Patienten gleichsam „auf Zeit emotional adoptieren". Ein solches Vorgehen ist besonders in der Behandlung von schwergestörten Kindern und Jugendlichen unverzichtbar. Behandlungstechnisch müssen dabei die jeweils altersspezifischen Kommunikations- und Interaktionsformen gefunden und praktiziert werden, und diese beziehen Verbales wie Nonverbales, Puppen und Spielmittel als Übergangs- bzw. Intermediärobjekte — auch in der Behandlung von Jugendlichen und Erwachsenen — mit ein. Im Parenting-Prozeß kann deshalb auf körperliche Berührung, körperlicher Support, auf Halten, Streicheln, Spielen, Trösten, wann immer dies von den aufkommenden Szenen angezeigt ist, nicht verzichtet werden. Wiederum sind indes das Maß, die Handhabung, das Timing, die Intensität bedeutsam.

Ist das *Parenting* auf die Behandlung von *Defiziten* und ihren Folgen zentriert, so verstehen wir unter *Reparenting* eine Behandlungsform, in der *Störungen, Traumata* und *Konflikte*, die durch Persönlichkeitsprobleme der Eltern verursacht oder mitverursacht wurden (z. B. durch uneindeutige Haltungen, emotionale Überflutungen, Repressionen, Beziehungsambivalenzen usw.), therapeutisch angegangen werden. Es geht im Unterschied zum Parenting nicht darum, eine fehlende oder partiell fehlende *Elternimago* zu verkörpern und zu verankern, sondern darum, durch *alternative Verkörperungen*, durch das Schaffen korrektiver Atmosphären dem Patienten neue und andere Wege im Erleben und Verhalten zu ermöglichen. Neben die repressiven Atmosphären etwa eines durchweg brachialen und dominanten Vaters werden jetzt wertschätzende, akzeptierende Atmosphären gesetzt, neben die bindenden Atmosphären einer umstrickenden Mutter die klare Eindeutigkeit und raumgebende Atmosphäre des Therapeuten / der Therapeutin, der / die jetzt eine „neue Mutter" verkörpert. Diese neuen Imagines bieten die Chance, die schädigenden Wirkungen verinnerlichter elterlicher Bilder und Anteile zu neutralisieren oder zu verändern. Im Reparenting wird mit großer Sorgfalt darauf geachtet, daß die im Prozeß der Sozialisation verinnerlichten Elternbilder und Familienklimata durch den Prozeß der therapeutischen Neusozialisation nicht gänzlich infrage gestellt, attackiert oder destruiert werden. Eine solche, die gesamte Elternimago abwertende Vorgehensweise ist aus klinischer Sicht im höchsten Grade problematisch. In der Regel handelt es sich dabei um einseitige therapie-ideologische Zuschreibungen, die den Eltern und *insbesondere den Müttern* die alleinige Schuld an den seelischen Erkrankungen ihrer Kinder geben. Hinzu kommen identifikatorische Prozesse der Therapeuten mit ihren Patienten, die mit unaufgearbeiteten Elternbeziehungen aus der Biographie der Therapeuten selbst durchtränkt sind. Parenting und Reparenting basieren geradezu darauf, positive Aspekte der Herkunftsfamilie und der Elternbilder aufzunehmen und herauszuarbeiten, so daß sie den — durchaus vorhandenen — Negativatmosphären und den dunklen Seiten der Eltern entgegenwirken können. Es wird damit eine *Neubewertung* des familiären Potentials und der elterlichen Persönlichkeiten durch den Patienten angestrebt, um den „nährenden" Anteilen seiner Biographie stärkere Wirkkraft zu geben. Attackiert werden demnach nur die „*Schattenseiten*" der Eltern, und es ist mit Sorgfalt darauf zu achten, daß hier keine „archaischen pars pro toto-Reaktionen" in den Patienten (und beim mit diesem und seinem Leid identifizierten Therapeuten) aufkommen. Der Schatten der Eltern „überschattet" dann auch noch ihre lichten Seiten. Derartige Generalisierungen, die nur allzu häufig vorkommen — man sehe daraufhin nur einmal die psychoanalytische kasuistische Literatur durch oder gar die transaktionsanalytische, in der zuweilen sogar von „Schweineeltern" gesprochen wurde, berauben den ohnehin geschwächten Patienten noch zusätzlich seines Grundes und beeinträchtigen oder verunmöglichen den Behandlungserfolg. Gerade in der Kindertherapie führt eine unreflektierte Überidentifikation mit dem Kinde häufig dazu, daß nur der „*Schatten*" der Eltern gesehen wird, und nicht der „*Glanz*", nur die Atmosphäre der „*Kälte*" in einer Familie wahrgenommen wird und nicht die in der Regel durchaus auch vorhandene (wenngleich auch sehr sektoriell fixierte) „*Wärme*". Ehe nicht die Therapeuten zu einer komplexen Sicht der Elternpersönlichkeiten ihrer Patienten und der in deren Herkunftsfamilie herrschenden emotionalen Klimata gelangt sind, können sie im Parenting und Reparenting nicht die richtigen Akzente setzen, angemessene Szenen und Atmosphären bereitstellen und die „Übertragungsanfrage" nicht durch adäquate *Verkörperungen* beantworten; denn „Liebe allein genügt nicht" (*Bettelheim*), und „mütterliche Zuwendung" (*Ferenczi*) allein könnte einseitige Akzente setzen — auch die Atmosphären guter und klarer Väterlichkeit müssen vorhanden sein und verinnerlicht werden können. Hier haben wir in unserem Ansatz die Überlegungen und die Praxis *Ferenczis* verändert und ergänzt. Wird aber eine derartige komplexe und differentielle Sicht zugrundegelegt und verfügt der Therapeut bzw. das Theapeutenpaar über eine ausreichende emotionale Breite und Flexibilität, kann der Parenting- und Reparentingansatz sich für die Behandlung von Kindern, Jugendlichen und Erwachsenen als sehr wirksam erweisen und Kranken und leidenden Menschen Hilfen bringen und Alternativen eröffnen.

Die hier dargestellten theoretischen und behandlungsmethodischen Konzepte, das sei nochmals unterstrichen, müssen in der Traditionslinie der ungarischen Schule der Psychoanalyse gesehen werden, denn die Arbeiten von *Sándor Ferenczi*, der — anders als die mehr funktional ausgerichteten Körperpraktiken von *Georg Groddek* und *Wilhelm Reich* — mit Formen körperlicher und emotionaler *Zuwendung* arbeitete, haben im wesentlichen unsere Überlegungen zum Parenting-Konzept vorbereitet. *Ferenczi* war leider durch seinen für seine Forschungsarbeiten unzeitigen Tod nicht mehr in der Lage gewesen, derartige Differenzierungen in der Praxis ausreichend zu erproben und so zu verfeinern, daß er eine konsistente Behandlungsmethodik und Interventionstechnik erarbeiten konnte. Ein solcher Rahmen ist jedoch erforderlich, um Patienten — Erwachsene wie Kinder — vor Fehlinterventionen zu bewahren, die problematisch werden könnten. (Dies gilt übrigens für eine Parenting / Reparenting-Analyse genauso wie für eine abstinent durchgeführte Couchanalyse).

Ferenczis Behandlungsmethoden waren erfolgversprechend, aber natürlich waren auch Probleme vorhanden. Es ist im höchsten Grade bedauerlich, daß sein bedeutendster Schüler, *Michael Balint*, aus eigener Verunsicherung durch den Druck der psychoanalytischen Orthodoxie, die *Ferenczi* und seine Arbeit mit emotionaler Zuwendung und direkten Körperkontakt hart attackierte, die behandlungsmethodischen Innovationen seines Lehrers nicht konsequent weitergeführt hat (*Barande* 1972; *Balint* 1987). *Balint* hat sich darauf beschränkt, „frühe Grundstörungen" mit einer zugewandten Haltung zu behandeln; ein Weg allerdings, der die gesamten behandlungsmethodischen Öffnungen im Rahmen der Objekt-Beziehungs-Theorien beeinflußt hat. Auch *Melanie Klein*, gleichfalls eine Schülerin *Ferenczis*, hat Körperkontakt nur in den Kinderbehandlungen eingesetzt, und Parenting- und Reparentingstrategien unter Einbeziehung physischer Zuwendung in ihren Analysen von Erwachsenen, insbesondere ihren Lehranalysen, nicht praktiziert. Die Tradition der „aktiven Technik" und der „Kinderanalysen mit Erwachsenen" wurde nur in einem kleinen Schülerkreis im Rahmen der Budapester Schule selbst z. B. zeitweise von *Imre Hermann* oder dem russischen *Ferenczi*-Schüler *Vladimir Iljine* fortgeführt. In diesen Kreisen, auf die die Behandlungsmethodik in den Einzeltherapien von Kindern, Jugendlichen, Erwachsenen und alten Menschen zurückgeht, wie sie von *H. Petzold* und *J. Sieper* seit Mitte der 60er Jahre in der Patientenbehandlung und am „Fritz Perls Institut" seit 1972 in Therapie und klinischer Weiterbildung durch Lehranalysen praktiziert wird, wurde eine Behandlungsform weiterentwickelt, auf deren Grundlage ein Parenting-/Reparentingkonzept konsequent ausgearbeitet und umgesetzt werden konnte. Von besonderen Gefährdungen und Risiken für die Patienten durch eine solche Methodik und Technik kann — sofern sie *lege artis* angewandt wird — nach den Erfahrungen aus unserem großen Kollegen- und Schülerkreis nicht die Rede sein: Im Gegenteil, es werden Patienten aus benachteiligten Schichten, mit frühen Schädigungen und schweren Störungen angehbar, die ansonsten in anderen Behandlungsformen „durch das Netz fallen", bzw. mit keinen oder nur geringen Behandlungserfolgen zu rechnen haben (*Thomas* 1985). Diese Feststellung gilt sowohl für die Therapie mit Erwachsenen als auch insbesondere für die Behandlung von Kindern und Jugendlichen. Diese können nämlich durch ein Parenting- und Reparentingmodell der Behandlung schon in den Situationen, in denen Defizite, Traumata, Störungen und Konflikte durch unglückliche, familientherapeutisch nicht zu beeinflussende häusliche Konstellationen gesetzt werden, korrektive, kompensatorische oder substitutive Erfahrungen durch das therapeutische Milieu machen, das ihnen einfühlsame Therapeuten in Form von „guten" Szenen und Atmosphären bereitstellen.

8. Therapeutische Beziehung

Als integrative Kindertherapeuten werden wir alles, was in den gemeinsamen Szenen des therapeutischen Geschehens auftaucht, aus der „Kinderperspektive" aufnehmen, d. h. wir werden uns innerlich in die Rolle des Kindes begeben, um die *Erlebniswelt des Kindes zu erfassen*, um mit ihm zu einer Beziehung zu kommen, die ihm entspricht und die zugleich einen therapeutischen Charakter hat. In der Kindertherapie, besonders wenn sie länger verläuft und die Kinder noch sehr jung sind, hat die therapeutische Beziehung — mehr noch als in der Erwachsenentherapie — den Charakter eines quasi verwandtschaftlichen Verhältnisses. Der Arzt ist der *„Onkel"* für das Kind, und der Kindertherapeut muß seine kleinen Patienten im Rahmen dieses kindlichen Beziehungswunsches annehmen, ja, sie in einigen Fällen gleichsam „emotional adoptieren", damit die Behandlung gelingen kann. Dabei ist die Frage der Beziehung zu den realen Eltern, die — wo immer möglich — einbezogen werden müssen und nicht entwertet werden dürfen, im Auge zu behalten. Und auch das Problem der Bindung und Lösung,[112)] des Aufbaus affektiv dichter Bezüge und die Realität eines begrenzten Zeitkontingents und des Abschlusses der Therapie mit der dann anstehenden Trennung müssen berücksichtigt werden.[113)]

Der Aufbau der therapeutischen Beziehung in der Kindertherapie knüpft an das alters- und milieuspezifische Kontakt-, Begegnungs- und Beziehungsverhalten[114)] des Kindes an. Dabei kommt für die Behandlung dem nonverbalen Kontaktverhalten und leiblicher Interaktion[115)] die entsprechende Bedeutung zu. Kinder nehmen in der Regel weitaus körperlicher wahr und reagieren unmittelbarer leiblich, z. B. durch Muskelspannung, als die Erwachsenen, die häufig einseitig visuell geprägt sind. Wir versuchen deshalb, wie ein Kind und mit den Sinnen eines Kindes wahrzunehmen, damit wir *„shared perspectives"*,[116)] also gleiche Erlebens- und (An)sichtsweisen entwickeln können. Wir versuchen, wie das Kind eigenleiblich zu spüren, atmosphärisch wahrzunehmen, szenisch zu sehen und zu erleben. Im Laufe des Lebens entwickeln wir alle einen endlosen Film innerer *Szenen*, zu denen nicht nur das visuell eingeprägte Bild, sondern auch auditive Szenarien, körperliche Sensationen, Gefühle, Atmosphären, Worte und unausgesprochene Botschaften gehören. All das geht in die therapeutische Beziehung mit ein. Das Kind, und das machen wir uns als Therapeuten zunutze, konstelliert seine verinnerlichten Atmosphären, seine inneren Szenen im Spiel für sich, mit Übergangs- und Intermediärobjekten[117)] und im Spiel mit dem Therapeuten in sich wandelnden Formen wieder und wieder, um Lösungen für die in der Szene enthaltenen Aufgaben, Konflikte und Probleme zu finden. Es finden sich sogar Szenenäquivalente für die im Mikrokosmos der Seele enthaltenen inneren Konflikte, wie in der Beschreibung der 7. Stunde aus der Therapie von Mathias zu sehen ist. Am deutlichsten erfassen wir die Erlebniswelt des Kindes in der therapeutischen Beziehung, wenn wir mit ihm in die Atmosphäre und Szene eintauchen, ein Mitspieler in seinen Szenen werden, mit ihm und wie es fühlen, um dann durch Wechsel in eine innere Distanz im „partiellen Engagement"[118] die Übersicht zu gewinnen, aus der heraus unsere jeweiligen Interventionen kommen.

Mathias hat immer wieder Szenen mit seiner Puppenstube und seinen Tieren konstelliert, in die es einzutreten galt. Auch die mitgeteilte Tonstunde ist eine solche Konstellierung, allerdings mit Materialien auf einem *präszenischen* Niveau, bevor das Kind Szenen synthetisieren und mnestisch verankern kann.[119] Es handelt sich hier um frühe, nicht-ikonische Erinnerungen, im viszeralen Gedächtnis gespeicherte Propriozeptionen und Atmosphären aus der eigenen Leibsphäre und dem *„dialogue tonique"*[120] der körperlichen Mutter-Kind-Interaktion. Als Therapeutin, die ich eigene Erfahrungen mit szenischem Erleben und solcher Tonarbeit an mir selbst gemacht habe, erlebe ich Mathias' Kampf körperlich konkret und bin bereit, für ihn immer wieder auch die „gute Mutter" zu verkörpern, um ihm neue Möglichkeiten neben der alten erfahrbar zu machen. So konstelliert Mathias konkrete Familienszenen mit seiner Puppenstube, um über eine Sequenz von mehreren Stunden das Chaos der elterlichen Beziehung mit ihrer Willkürlichkeit und dem Wechsel von Freundlichkeit und haßerfülltem Streit und seiner eigenen Hilflosigkeit bei der Suche nach Schlichtung oder Schutz zum Ausdruck zu bringen.

Die therapeutische Beziehung war in dem hier dargestellten Fall von einer besonderen Dynamik geprägt. *Mathias* lebte als Heimkind nicht mehr in seiner Ursprungsfamilie, besuchte sie aber von Zeit zu Zeit und hegte den mehr oder weniger deutlichen Wunsch, dorthin zurückzukehren. Es hieß also, realistisch mit diesem Wunsch umzugehen, ohne Hoffnungen zu zerstören. „Der Therapeut füllt Defizite, bleibt aber ‚Lückenbüßer', um nicht in Konkurrenz mit den Eltern zu treten"[121] und das Kind ihnen nicht zu entfremden. Zudem hatte Mathias eine enge, oft spannungsreiche, aber tragfähige Beziehung zu seiner Erzieherin, die in unserem Setting regelmäßig in den Stunden anwesend war, sich aber im Verlauf nur wenig beteiligte. Sie erhielt überdies regelmäßig Supervisionsstunden. Von der Übertragung her hatte ich also zuweilen eine Großmutterrolle inne, zuweilen die einer „Patentante". Der Heimleiter war für *Mathias* als Autoritätsperson ebenfalls wichtig. Eine solch komplexe Beziehungs- und damit auch Übertragungsstruktur muß als Hintergrund für die hier mitgeteilte Therapie mitgesehen werden.

In der therapeutischen Beziehung geschieht im Prozeß der Grenzfindung Ich- und Identitätsentwicklung. Diese ist „Handel um Grenzen."[122] *Grenze als Ort von Berührung und Trennung in einem* ist für das Kind von eminent wichtiger Bedeutung, da ohne Berührung, sei sie sanft oder aggressiv, und ohne Trennungserleben keine gute Ich- und Identitätsentwicklung möglich ist. Dies erkennen wir z. B. bei grandioser Selbstüberschätzung oder distanzloser Aggressivität.

Der Therapeut, der in den Prozessen der Selbstfindung oft nur durch seine wache Awareness Anstöße geben kann, ist mit seiner leiblichen Gegenwart Partner für die Grenzfindungsversuche des Kindes, was oft den ganzen persönlichen Einsatz verlangt. Wenn z. B. Mathias mit mir am spritzenden Wasserhahn erkunden will, wie weit er gehen kann, oder wenn er den bergenden Schoß nach einer Erfahrung voll Angst und Schmerz braucht, so bin ich als Therapeutin und Mensch ganz gefordert. Im dialogischen Geschehen des „Ich und Du", die sich wechselseitig bedingen, lernt das Kind, sich zu sehen, weil es angeschaut wird, lernt es, sich zu zeigen und gesehen zu werden, so daß in diesen Ko-respondenzprozessen aus Konfluenz (Allverbundenheit) sinnvolle und sinnenhafte Differenzierung von „Innen und Außen" wird.[123]

Die therapeutische Beziehung hat eine intersubjektive, koexistive Qualität — wir setzen uns von der Objekt-Beziehungssprache der Psychoanalyse terminologisch ab, weil Sprache Fakten schafft. „Koexistenz muß intersubjektiv bekräftigt werden". Wir gehen davon aus, daß Beziehungen keine Objekt-, sondern Subjektbeziehungen sind, die von einem Engagement für die andere Person (hier das Kind) getragen sind, ein Engagement, das das Kind als ganzen Menschen meint, d. h. „versucht, es zu berühren und sich von ihm berühren zu lassen."[124] Im Korrespondenzprozeß von direkter und ganzheitlicher Auseinandersetzung zwischen Subjekten (dem Kind und mir) auf der Leib-, Gefühls- und Verstandesebene vor dem Kontext (der Umgebung in ihrer mannigfachen Ausprägung) wird diese Beziehung erlebbar.

Ich stehe dem Kind als Therapeutin zur Verfügung, um mit ihm gemeinsam *Sinn* zu konstituieren, indem wir Elemente seines Erlebens, Bruchstücke seiner Lebenswelt, die keinen Sinn ergeben, zusammensetzen und darüber Konsens herstellen, oder indem wir den im „stummen Sinn" der Gesten und Blicke impliziten Sinn[125] auffinden, aussprechen, gemeinsam betrachten, belachen, also wieder zu Konsens finden, und sei es der Konsens darüber, daß wir unterschiedlicher Meinung sind. Dabei bedeutet das Benennen, das Finden gemeinsamer Sprache ebenfalls Integration. Für das Kind vermindert sich damit oft die magische, düstere, atmosphärisch beängstigende Besetzung des Unbekannten bzw. Noch-nicht-Bekannten, der in der Zukunft liegende Noch-nicht-Sinn.[126)]

Der Stil der therapeutischen Beziehung ist also von Intersubjektivität[127)] getragen. Mit Kindern kann und soll man nicht „abstinent" arbeiten. Sie verlangen nach einem konkreten, leibhaftigen Gegenüber. Sie lassen sich nichts vormachen, sondern nehmen die anderen bewußt oder unbewußt genau wahr. *Die Abstinenz liegt* (wenn wir diesen Begriff aufnehmen wollen) *in der Eindeutigkeit und Klarheit der Kommunikation.* Das bedeutet keineswegs ein völliges *„self disclosure"*,[128)] in dem der Therapeut alle seine Gefühle und Regungen zeigt oder seine Gedanken ausspricht. Wir sprechen vom „partiellen Engagement" und der „selektiven Offenheit".[129)] Ich teile dem Kind soviel von mir und meiner Wahrnehmung mit, wie es erfassen kann, so daß es ihm möglich wird, einen weiteren Schritt zu tun. Das kann u. U. auch bedeuten, daß es Tränen in meinen Augen sieht und ich mich seiner Einfühlung öffne. Denn das Kind braucht nicht nur die rechte *Empathie* von seiten seiner Eltern und seines Therapeuten, um ein Gefühl für sich selbst, *„Selbstempathie"*, entwickeln zu können, es muß auch die Möglichkeit erhalten, seine Einfühlung praktizieren zu dürfen,[130)] seine Fremdwahrnehmung zu erhärten, damit es begegnungs- und beziehungsfähig wird. Das heißt, daß der Therapeut es in seiner Wahrnehmung — auch von Stimmungen des Therapeuten — bestärken muß, wenn sie zutreffen, damit das Kind *nicht an seiner Wahrnehmung irre* wird. Hier liegt eine wichtige, oft vernachlässigte Quelle der Pathogenese, und Therapeuten, die sich nicht öffnen und als Person zeigen können oder einer spezifischen Ideologie über die therapeutische Beziehung verhaftet sind, werden hier nicht hilfreich und fördernd sein.

Wenn ich durch eine familiäre Schwierigkeit bedrückt in die Stunde komme und Mathias mich fragt: „Gabriele, bist du traurig?", so ist es durchaus angemessen zu antworten: „Ja, heute bin ich traurig, aber es wird schon wieder". Ich werde aber vermeiden, ihm Dinge von mir zu zeigen, die ihn belasten oder die für neue Schritte seinerseits nicht dienlich oder überflüssig sind. Der Therapeut sollte in der Ausbildung eigene Neurotisierung so weit überwunden oder handhaben gelernt haben, „sein Herz soweit gefunden haben",[131)] daß er in „unverstellten, liebevollen Kontakt treten"[132)] und seine Gefühle und Stimmungen adäquat vermitteln kann. Innerhalb dieser therapeutischen Beziehung muß ein

Kind auch lernen, mit sozialen Regeln umzugehen. Mathias mußte sich mit mir als Person und Vertreterin bestimmter Regeln und deren eindeutiger Handhabung auseinandersetzen, aber in einer Form, daß er sich im Laufe der Zeit sicherer fühlen und erleben konnte, daß Regeln im Leben nichts Starres, Bedrängendes sein müssen und man mit den zuweilen entstehenden Verwirrungen menschlich umgehen kann, z. B. indem man sie äußert und nicht in sich verschließt. Mathias hat das verstanden und in seinem Lied zum Ausdruck gebracht.

8.1 Übertragung und Gegenübertragung

Im Rahmen der gelungenen therapeutischen Beziehung, die in unverstellter Intersubjektivität den — für jede Entwicklungsphase spezifischen — *gesunden* Interaktionsmodus aus der Sicht der Integrativen Therapie darstellt, treten Übertragungen als pathologische Beziehungsformen auf. Übertragungen sind die Vergegenwärtigung „alter" Atmosphären und Szenen in einer Art und Weise, daß die Gegenwart verstellt wird und die Realitäten des anderen nicht gesehen werden können. Übertragungen verhindern Intersubjektivität. Deshalb gilt: „Wo Übertragung war, muß Beziehung werden"[133]. In der Übertragung erfolgt eine Manifestation von Verdrängtem. Ihre Intensität ist abhängig von erlittenen Defiziten, erfahrenen Traumata und Konflikten, die verdrängt werden mußten.

In der Kindertherapie muß das Übertragungskonzept sehr differenziert gesehen und angewandt werden. Übertragungen variieren in ihrer Qualität abhängig vom Alter des Kindes. Je jünger das Kind ist, desto weniger Material befindet sich im „Reservoir des Verdrängten", und um so banaler sind die in ihm aufgehobenen Inhalte. Die Übertragungsqualitäten sind unspezifisch und überflutend. Besonders im Alter von drei bis fünf Jahren äußern sie sich im wesentlichen in Konfluenzzuständen der Angst, Aggression oder Zuneigung. Aufgabe der Therapie ist die Differenzierung dieser „Gefühlswelten". Die Differenziertheit des Übertragungsgeschehens nimmt zur Adoleszenz hin zu. Charakteristisch ist, daß die Übertragungsaktivität meist generalisiert ist. Sie ist selten ausschließlich auf den Therapeuten gerichtet, sondern manifestiert sich bei der Mehrzahl der Bezugspersonen. Das Kind „wiederholt" unter dem Diktat der Dynamik im Unbewußten die „bösen Szenen", die es erleiden mußte mit den Personen (aber auch mit Intermeditär- und Übergangsobjekten), mit denen es in Kontakt tritt. Die Auflösung derartiger *Szenenzwänge* durch verbale Deutung ist nur bei älteren Kindern zu erreichen. Bei jüngeren Kindern werden das

Wiederholen der Szene als Entlastung und eine Deutung[134] durch eine neue Inszenierung, ein neues Spiel und eine qualitative Veränderung durch alternative Szenen die Mittel der Wahl sein. Neue, gute Atmosphären müssen gegen die alten, toxischen gestellt werden. Neue Szenen der Akzeptanz, des Freiraums, der Zuneigung müssen neben den alten der Ablehnung, der Repression und der Verletzung verankert werden. Bei älteren Kindern kann das Zusammenwirken von verbaler und szenischer Interpretation fruchtbar sein.

Wir versuchen, wo uns die Übertragungsqualitäten des Kindes begegnen, immer wieder neue Situationen herzustellen, in denen das Kind an uns und mit uns neue Erfahrungen machen kann. Wir verdeutlichen im Spiel die traumatischen oder defizitären Erlebnisse der Biographie in einer Weise, daß wir uns kontrastierend zu den Schemen der Vergangenheit als ein zugewandtes, liebendes Subjekt zur Verfügung stellen, das wahrzunehmen ist, wahrnimmt und zu neuer Wahrnehmung verhilft. Die „Tonstunde" mit Mathias gibt ein Beispiel dafür, wie die Ablösung der Übertragung zur Differenzierung seiner Wut und zur Vertiefung des therapeutischen Prozesses führt, der damit zu einem Wachstumsprozeß wird.

In der therapeutischen Arbeit mit Kindern und Jugendlichen kommt der *„Übertragung des Therapeuten"*[135] entscheidende Bedeutung zu. Es handelt sich hierbei um eine unbewußte, in der Eigenproblematik des Therapeuten gründende, notorische Übertragungsdynamik, die in der Beziehung zum Kinde ausagiert wird. Hiervon zu unterscheiden ist die „Gegenübertragung" des Therapeuten, die als eine *bewußtseinsfähige Resonanz* des Therapeuten auf das verstanden werden kann, was ihm das Kind entgegenbringt, eine *empathische Reaktion* also. Überträgt ein Therapeut in der Behandlung auf ein Kind, in dem z. B. überprotektive oder ablehnende Impulse durchschlagen, (er will das Kind „um jeden Preis" vor Leid bewahren, das ihm selbst als Kind widerfahren ist, ohne zu bemerken, daß die Problemkonstellation des Kindes doch deutlich anders gelagert ist — oder er neidet unbewußt dem Kind Freiraum, Zuwendung, materielle Ausstattung, z. B. an Spielzeug, weil er selbst darben mußte und kein Spielzeug hatte) — wird nun also Übertragung agiert, kommt es für das Kind zu einer höchst unglücklichen Verschärfung seiner Problematik. Die ambivalenten Emotionsströme des Erwachsenen sind für die „Sinnerfassungskapazität" des Kindes nicht einzuordnen oder zu klären. Übertragende Therapeuten haben nicht die Möglichkeit, das „partielle Engagement", die „distante Involviertheit",[136] die für eine erfolgreiche Kindertherapie so wichtig sind, zu praktizieren. In der Kindertherapie muß der Therapeut auf das Regressionsniveau des Kindes herabsteigen, um mit ihm kommunizieren zu können und doch gleichzeitig Erwachsener bleiben (ähnlich wie *Ferenczi* und *Balint* herausgearbeitet haben,[137] daß in der Behandlung von Personen mit frühen *Grundstörungen* der Therapeut die Regression des Patienten mit eigener Regression begleiten muß). In diesem regressiven Milieu aber kann der Therapeut dann als „Vierjähriger mit dem Vierjährigen" in ein *malignes Agieren* archaischer Übertragungsgefühle geraten und verletzend und sadistisch handeln, wobei ihm das Kind aufgrund seiner körperlichen und intellektuellen Unterlegenheit nichts entgegenzusetzen hat. Oder es werden im Therapeuten Erziehungsprogramme wach, wie er sie von seinen Eltern erlitten hat. Er reproduziert in der Übertragung elterliche Erziehungsstrategien — für das Kind ein Desaster. Weil der *regressive Sog* in Kindertherapien derartige Gefahren birgt, ist die Eigenanalyse des Kindertherapeuten eine *conditio sine qua non* (vgl. den Abschnitt 9. „Ausbildung").

Auch der *Gegenübertragung als „empathischer Reaktion"* und als die *„Gesamtheit aller bewußten und bewußtseinsfähigen Regungen des Analytikers gegenüber dem Patienten"*[138] kommt in der Kindertherapie hervorragende Bedeutung zu. Der Kindertherapeut vermag auf Material zurückzugreifen, das er selbst durchgearbeitet hat, das ihm bekannt ist und das angesprochen wird, anklingt, wenn das Kind in der Totalität seiner Äußerungen in einer Geste, einem Tonfall, einem Bild etwas ausdrückt, was als Artikulation seines Unbewußten oder Zeichen seiner aktuellen Not zu werten ist. Dem Therapeuten eröffnen sich auf diese Weise verborgene Welten. Er wird zum *Resonanzkörper*, der ihm hilft, das Kind angemessen zu verstehen, auf seine Bedürfnisse adäquat zu reagieren, das zu *verkörpern*, was in der *„Übertragungsanfrage"* vom Kind an ihn herangetragen wird.

8.2 Widerstand und Abwehr

Wir definieren Widerstand ganz allgemein „als die Fähigkeit, sich gegen Einflüsse auf das Selbst und die Identität zur Wehr setzen zu können", eine Widerstandsfähigkeit also, die als Ausdruck der Kraft positiv zu bewerten ist, die aber auch dysfunktional sein kann, wenn dadurch notwendige Veränderungen verhindert werden oder eine Auseinandersetzung mit der Realität verstellt wird. Wir differenzieren folgende Grundformen des Widerstandes:[139]
Protektiver Widerstand: Dieser ist zunächst immer *intrapersonal.* Durch ihn wird verhindert, daß der Mensch mit schmerzlichem Erleben, Verdrängtem, traumatischem Material in Kontakt kommt, daß er

von Emotionen, Körpersensationen, Erinnerungen überschwemmt wird. Will der Therapeut an derartige Bereiche rühren, so kann der Widerstand *interpersonal* werden.
Mutativer Widerstand: Er wird als ein „Sich-Wehren gegen Veränderungen des Selbst und der Identität" gesehen. Die „Trägheit" der Persönlichkeitsstrukturen führt zu einer Beharrungstendenz, aus der heraus Veränderungsimpulse abgewehrt werden. Der mutative Widerstand ist im wesentlichen *interpersonal.*

Das Widerstandsgeschehen kann nun bestimmte Formen annehmen und sich dabei der *Abwehrmechanismen*[140] bedienen. Diese stehen im Dienste des Widerstandes. In der Kindertherapie begegnen wir am häufigsten protektiven Widerständen, weil das Kind von seiner Entwicklungsdynamik her in der Regel Veränderungsprozessen gegenüber offen ist. Sind diese aber zu radikal oder treffen sie auf vorgängige Trennungstraumata, so tauchen auch mutative Widerstände auf als der Wunsch, am Bestehenden festzuhalten, um nicht erneut Verunsicherungen ausgesetzt zu werden. Es gilt, diese beiden Formen zu differenzieren. — Die Ausdrucksformen des Widerstandes in der Kindertherapie sind unendlich vielfältig. Sie können sich im Spiel, in der Interaktion, im Sprach- und Ausdrucksverhalten, in Symptombildung, in festgefahrenen Übertragungsreaktionen zeigen. Wichtig ist, den Widerstand als positive Kraft zu erkennen und zu werten und, wo dies sinnvoll ist, sogar zu unterstützen. Er wird dann als interpersonaler Widerstand nicht mehr notwendig und seine dysfunktionalen Aspekte können neutralisiert werden. Ein solches „Stützen des Widerstandes" wirkt oft als „paradoxe Intervention", die unnötige Kraft überflüssig macht, weil die Dinge sich auch anders ordnen lassen. — Protektive Widerstände müssen „zart" angegangen werden, oft müssen Stützstrukturen entwickelt werden, das Kind muß Zuwendung und Sicherheit erfahren, so daß es sich nicht mehr durch kommunikationsverhindernde Verhaltensweisen „widerständig" schützen muß. Geduld, Zuwendung und spielerische Atmosphäre wirken hier Wunder. Widerstände zu brechen, zu durchbrechen, reproduzierten negative Erziehungsstrategien und führten zur Deformation einer freien, kreativen Persönlichkeit. Deshalb arbeiten wir *„vor"* dem Widerstand oder *„mit"* ihm, mit abschmelzenden Strategien, mit Akzeptanz. Wie in einem Haus vor dem Umbau erst Stützen eingezogen werden müssen, soll das Kind zunächst eine Stützung seiner Person erfahren. Der Therapeut wird ihm zum *Hilfs-Ich,*[141] das es in seinem protektiven Bemühen unterstützt und das auch beigezogen werden kann, wenn das „hinter" dem Widerstand gelegene traumatische Material angegangen werden soll. Dieses ist oft noch nicht — wie beim Erwachsenen — verdrängt, sondern vorbewußt, mitbewußt,[142] bewußtseinsnah.

In der Therapie von *Mathias* zeigte sich das Widerstandsgeschehen in vielfältigen Formen. In der 22. Std. z. B., vor der sich unser Patient mit der schon erwähnten Lehrerin auseinandersetzte und viel davon in die Therapiestunde trug und an mir ausprobierte (ob ich nämlich ähnlich wie sie auf seine heftigen Aggressionen mit Liebesentzug reagiere), wollte er das Setting ändern und „wollte mal in der Küche backen"! Die Therapie sollte abgesagt, umfunktioniert werden. Das ging über meine Toleranzbereitschaft hinaus, und ich hielt es für indiziert, eine Grenze zu setzen. Ich schlug ihm den Wunsch ab. Er war in dieser Stunde schon 10 Minuten zu spät erschienen. Die Erzieherin berichtete, daß er in den letzten Tagen des öfteren fortgelaufen sei, ein Verhalten, das bei Mathias immer auftritt, wenn er unter Spannung durch Versagungen gerät. Er reagierte ärgerlich auf mein „Nein" zum Backen, das er wohl unbewußt provoziert hatte. Dazu versuchte er zu verhandeln (er hatte „das Handeln um Grenzen" schon recht gut gelernt) und wurde, da ich fest blieb, immer wütender, provozierender, bis ich schließlich ärgerlich reagierte. Daraufhin bricht er die Stunde ab und läuft hinaus. Auch die nächste Stunde, in der er ähnlich provozierend ist, bricht er ab, und es ist deutlich, wieviel er dabei aufs Spiel setzt. Er steht in einem inneren Konflikt, denn er ist sich nicht ganz sicher, ob ich wiederkomme und die Therapie fortsetze (und dies, obwohl von meiner inneren Haltung her für diese Phantasie kein Grund besteht). Ich sage ihm in sein Weggehen hinein: „Die nächste Stunde wie üblich!" Und er kommt in diese Stunde und ist wie ausgewechselt. Er spricht zum erstenmal davon, daß er erkannt hat, daß er anderen Angst macht und übt mit der elektrischen Eisenbahn, wie man Zusammenstöße vermeidet: Beide Züge (Partner) müssen dabei aufpassen, um nicht zu kollidieren (sich zu verletzen). Diese Phase der Therapie war ein Grenzgang. Es wurde eine Grenze gesetzt, aber sie tendierte nicht auf einen Abbruch oder auf ein „Biegen oder Brechen". Ich bin konsequent geblieben, habe aber die Tür offen gehalten. Der weitere Verlauf der Therapie ist günstig. Unterstützend wirkt sich dabei die *Kontinuität der therapeutischen Beziehung* aus, die sich in dem Maße wandelt und verändert, wie auftauchende Probleme behandelt und verändert werden können. *Mathias* kann auf dem Boden der Beziehungskonstanz seinen Ärger und seine Wut erproben. Er kann Sicherheit gewinnen, indem er erfährt, daß ich wiederkomme, daß er wiederkommen kann, auch wenn er provozierend ist und willkürlich eine Stunde vorzeitig abbricht. Er lernt, seine Familiengeschichte besser zu verstehen, z. B. Strafen durch Weggehen, Schuldgefühle im Hinterherlaufen. Er lernt zunehmend soziale Verhaltensweisen, die er im Spiel einübt, setzt sich, anfangs noch mit großer Angst und von Rückfällen (Einkoten) begleitet, mit männlichen Autoritäten, z. B. seinem Rektor, auseinander. In dieser Behandlungssequenz kommt er in einer Stunde auf allen Vieren herein und hat sich einen braunen Papierkorb über das Hinterteil gestülpt. Er gibt zu erkennen — und verbalisiert das dann auch später in der Stunde — daß er das Einkoten nicht mehr braucht. Wir hatten nie darüber gesprochen, und dennoch hat er eine Verbindung zwischen diesem Symptom und seinen Schwierigkeiten herstellen können. *Mathias* erfährt seine Veränderung. Er erlebt sich als ein „sich Wandelnder in der Zeit" und gewinnt dadurch eine Zukunftsperspektive.[143] Ein Schulwechsel bringt weitere Konsolidierung.

Jedes Widerstandsgeschehen kann verbal und aktional gedeutet werden,[144] kann akzeptiert oder konfrontiert[145] werden, ganz wie es die therapeutische Situation erforderlich macht. Die Analyse der Verlaufsdynamik und des Gegenübertragungsgeschehens, sowie des Gesamtkontextes gibt die Grundlage für die „richtige" Intervention. Starre Regeln können nicht gegeben werden. Der Therapeut muß mit seiner Gegenübertragung ausgesprochen wachsam sein. In schwierigen Phasen der Therapie empfehlen sich Kontrollstunden oder Supervision, um Übertragungsreaktionen von seiten des Therapeuten auszuschließen; insbesondere *negative pädagogische Reaktionen,* in denen Widerstand als „Widerspenstigkeit und Widerborstigkeit" bewertet[146] und entsprechende punitive Reaktionen erfolgen, müssen aufgearbeitet werden, genauso wie Gefühle der Verletztheit und des Abgelehntseins durch das Kind, die im Therapeuten aufkommen können und dann zu Liebesentzug oder Strafe als Gegenreaktion führen. Gelingt es dem Therapeuten, eine *Wertschätzung des Widerstandes* als „Äußerung von Kraft" zu finden, sich daran zu freuen, daß das Kind sich wehren kann, seinen „eigenen Kopf" hat, sich durchsetzen will und kann, so wird das Klima in der Behandlung positiv verändert.[147]

8.3 Trennung, Verlust, Abschied

»Das Leben ist eine Kette von Trennungen. Es wird vorbereitet durch die Lösung des Eies aus dem Ovarium. Es setzt sich fort in der „Austreibung" der Geburt und der Durchtrennung der Nabelschnur, in der Trennung von der archaischen Konfluenz, die die Mutter und das Kind als zwei distinkte Persönlichkeiten scheidet, in der Trennung von sicheren Räumen, — „wir sind umgezogen" —, in der Trennung

von geliebten Personen, — „die Oma ist gestorben" —, der Trennung von Sicherheiten, die man nicht mehr will — „Ich bin ausgezogen, hab jetzt meine eigene Wohnung"; in der Trennung von den Eltern, die sich mit deren Tod vollendet, in der Trennung von den eigenen Kindern, die wiederum selbständig werden und eigene Wege gehen, in der Trennung von körperlichem Vermögen, — „Ich bin fast ganz vom Laufen abgekommen" —, in der „ultimativen Trennung von Leben" durch den Tod. Derartige Trennungen stehen immer in der Gefahr, zu einem Verlust zu werden, der Verletzung ist und zerstörerische Auswirkungen hat, wo vom Getrennten kein A b s c h i e d genommen werden kann, sondern durch einen abrupten Abbruch, der nicht verarbeitet wird, Schäden gesetzt werden.«[148)]

Der Abschied wächst aus der Trauerarbeit, und diese setzt — in ihrer ausgereiften Form — ein starkes Ich voraus. Trauerarbeit ist also eine hochentwickelte Ich-Leistung[149)] und kleinen Kindern nicht möglich. In der Kindertherapie besteht häufig eine wesentliche Aufgabe darin, die *archaischen Vorformen des Trauerprozesses* zu stützen, ihn altersentsprechend zu entwickeln (gerade beim Verlust von Übergangsobjekten, etwa der verlorenen Puppe, dem Goldhamster, der „in den Hamsterhimmel gekommen ist"). Das Erzählen von Geschichten — was der Hamster auf dem Weg in den Hamsterhimmel alles macht, was er dort erlebt und wie es ihm dort geht —, das Malen, das Zelebrieren von kleinen Ritualen ist hier sehr hilfreich.[150)] Die archaische Trauerarbeit ist nicht dem *Realitätsprinzip* verpflichtet — der Notwendigkeit, einzusehen, daß der Verlust unwiederbringlich ist, — sondern der *Expression* des Gefühls, der *Substitution* durch andere Angebote. Erst bei Kindern vom fünften oder sechsten Lebensjahr an ist Integrationsarbeit möglich, die „Aneignung" des Verlorenen auf einer anderen Ebene, so daß man den geliebten Großvater, der gestorben ist, im Herzen und im Gedächtnis behalten kann und dennoch *weiß*, daß er „tot" ist[151)].

Ein Abschied ruft den andern. Deshalb ist Abschiedssituationen in der Therapie besondere Aufmerksamkeit zu schenken. Sie spülen voraufgegangene Trennungen bis hin zum Geburtsereignis auf. Und gerade bei Kindern, die vielfach Trennungen schmerzlich erfahren mußten, ohne dafür ausreichende Bewältigungsmechanismen und Hilfen zur Verfügung zu haben — von einer liebevollen Mutter gestützt zu werden, die den Schmerz aufnimmt, teilt und heilt — kann die Abschiedssituation, die auch die Therapie mit sich bringt, gar nicht sorgfältig genug vorbereitet werden, da Verluste, die nicht aufgefangen oder betrauert werden, eine wichtige Quelle der Pathogenese und der

Symptombildung sind und zur Ausbildung dysfunktionaler Bewältigungsstrategien führen: psychosomatischen Reaktionen, Depressionen, Apathie, — wohl noch am gesündesten — Aggressionen.

Auch in der Therapie von *Mathias* war uns bewußt, daß die Ablösung von neuem alte Erfahrungen reproduzieren würde: die Karriere von Trennungen, von Bezugspersonen, die ihn verlassen hatten, Eltern, Heimerzieher, die die Stellung wechselten usw. Das Risiko des Rückfalls in alte Verhaltensweisen war damit gegeben. Die Ablösung wurde deshalb von langer Hand vorbereitet, damit die *Trennung* nicht zu einem *Verlust* werden sollte. Wir arbeiteten deshalb an dem vertieften Verständnis der Bedeutung seines eigenen Symptomes, unterstützten den Ausdruck der Gefühle von Trauer und Ärger, um ihm über Somatisierung, Anästhesierung und Verleugnung hinwegzuhelfen. Durch partielles Self-Disclosure[152)] (das Zeigen meiner eigenen Gefühle in einer Weise, die das Kind annehmen konnte) wurde *Mathias* deutlich, daß auch mir der Abschied schwer wurde. Es wurde bekräftigt, daß mir an ihm liegt. Die „antizipatorische Trauer"[153)] half ihm, den tatsächlich eintretenden Verlust besser zu verarbeiten.

Um in diesem Prozeß Hilfestellung zu geben, ist es für den Therapeuten selbst notwendig, den Abschied und den damit verbundenen Schmerz zu antizipieren und für sich selbst zu durchleben, aber auch sich in Trauer und Aggression des Kindes einzufühlen. Ich selbst habe mich in meiner Kontrollanalyse mit meinen Gefühlen auseinandergesetzt, sie zugelassen, sie durchlebt, so daß ich in der Situation mit dem Kind, daß auch mir „ans Herz gewachsen" war, mit Berührtheit reagieren konnte und keine heftigen Affekte unterdrücken mußte. Ich konnte auch mit Gelassenheit und ohne „antizipierten Streß" die Umgebung von *Mathias* entsprechend vorbereiten, um ihr ein verstehendes Umgehen mit eventuellen extremen Reaktionen möglich zu machen.

Zuweilen ist es in der Kindertherapie notwendig, ein Kind „umzutopfen", es also in andere therapeutische Hände zu geben, sei es, weil das Heim gewechselt wird, sei es, daß es aus der stationären Kindertherapie in ein ambulantes Setting geht. Im Falle einer vorzeitigen Beendigung einer Therapie aus äußeren Gründen sollte dafür Sorge getragen werden, daß Gleichgeschlechtigkeit bei den Therapeuten gewährleistet ist, damit die angearbeiteten Probleme auf dem gleichen Niveau weiterbearbeitet werden können. Im Falle vom *Mathias* war es jedoch notwendig, daß ein männlicher Therapeut die Arbeit weiterführte, um die problematisch gebliebene Vatergestalt noch besser integrieren zu helfen. Ich konnte den Kollegen durch überlappendes Arbeiten noch selbst in das Setting einführen. Auch dies hat die Situation erleichtert.

Wir beendeten die Therapie mit einem Ritual, einer kleinen, für den Abschied in der Kindertherapie notwendigen Zeremonie. *Mathias* hat sie selbst gestaltet: ein Mohrenkopfessen, bei dem die Erzieherin und ich seine Gäste waren. Vielleicht lag in dieser Einladung, in der Umkehr der Position vom Empfangenden zum Gebenden, ein Reifungsschritt, durch den es ihm gelang, mich als Person in sich zu bewahren. — Wir haben zusammen gegessen und das Aufgenommene uns angeeignet. Wenn man satt ist, fällt es leichter, aufzubrechen.

9. Ausbildung

Ein derart komplexes Verfahren wie die Integrative Therapie, ganz gleich, ob sie nun mit Erwachsenen[154)], Jugendlichen[155)], oder alten Menschen[156)] praktiziert wird, erfordert eine differenzierte und umfassende Ausbildung. Da im therapeutischen Geschehen der Therapeut „das wichtigste Instrument der Behandlung"[157)] ist, kommt der Bearbeitung der eigenen Biographie und des eigenen Lebenszusammenhanges eine besondere Bedeutung zu. Die eigene *Lehranalyse* als Grundlage für die Einzelbehandlung, die Selbsterfahrung in der Ausbildungsgruppe als Grundlage für die Gruppentherapie, stehen an zentraler Stelle. Da Kindertherapeuten beständig in der Situation sind, im regressiven Milieu arbeiten zu müssen und oft in direkter körperlicher Interaktion stehen, muß die Lehranalyse von Kindertherapeuten auch diesen besonderen Gegebenheiten Rechnung tragen. Dies ist leider in der Aus- bzw. Weiterbildung von psychoanalytischen Kinder- und Jugendlichenpsychotherapeuten kaum gewährleistet. Ihre Lehranalysen unterscheiden sich nicht von den „Couchanalysen" der Erwachsenenpsychotherapeuten in der gängigen psychoanalytischen Weiterbildung.Im Integrativen Ansatz wird aber auf eine solche Differenzierung Wert gelegt. Es sind bestimmte Menschen, die sich zu einer solchen Ausbzw. Weiterbildung hingezogen fühlen, und es sind spezifische Anforderungen, die an sie gestellt werden, z. B. die Aufgabe, sich beständig in die Regression hineinzubegeben, mit Teilen der Persönlichkeit aber auch erwachsen zu bleiben und außerhalb der Behandlungssituation den regredierten Teil auch wieder zu restabilisieren — und dies ist nicht immer einfach. Die Lehranalyse[158)] muß diesen Spezifika Rechnung tragen. Sie muß Übergangs- und Intermediärobjekte einbeziehen, die Erfahrung von Körperkontakt[159)] und seine Handhabung ermöglichen. Weiterhin macht die Vielfalt der kreativen Medien, wie sie besonders in der Integrativen Kindertherapie verwandt werden, es notwendig, daß Therapeuten diese Medien und sich in ihnen erfahren haben, daß sie mit den medialen Möglichkeiten umzugehen vermögen; denn unsachgemäß eingesetzt, können die erlebnisaktivierenden Methoden, Techniken, Medien auch erheblichen Schaden anrichten. Aktivitäten, Spiel und Spielmittel allein genügen nicht, wenn der Kontext von Übertragung und Gegenübertragung, von Widerstand und Abwehrgeschehen nicht berücksichtigt wird. Eine Weiterbildung in Integrativer Therapie mit Kindern und Jugendlichen[160] erfolgt berufsbegleitend auf der Grundlage eines pädagogischen Berufes bzw. Pädagogik-, Psychologie- oder Medizinstudiums und einer schon vorhandenen praktischen Erfahrung in der Arbeit mit Kindern. Sie läuft über einen Zeitraum von fünf Jahren, in Form von Blockseminaren und Kursen, die Theorie- und Methodikveranstaltungen, sowie direkte Arbeit mit Kindern unter Supervision umfassen. Ihr Ziel ist es, die personale, soziale und professionelle Kompetenz und Performanz[161] des Weiterbildungskandidaten zu fördern und zu entwickeln und ihn in seinem Engagement zu bestärken, mit Kindern und ihren Bezugspersonen so zu arbeiten, daß eine gesunde Entwicklung und ein gutes Miteinander für alle, die mit dem therapeutischen Prozeß direkt oder indirekt in Berührung kommen, erreicht werden kann.[162]

Anmerkungen

1. zitiert in *Montagu* (1985, 175).
2. vgl. *Petzold* (1986).
3. *Petzold* (1965, 1969, 1970, 1974, 1987 a); *Bünte-Ludwig* (1985).
4. idem (1968, 1972).
5. idem (1965, 1985 c).
6. idem (1985d)
7. *Moreno* (1946, 1959).
8. *Perls* (1974).
9. *Barande* (1972), *Haramt* (1985).
10. *Ferenczi* (1964); *Iljine* (1942, 1972), *Balint* (1987).
11. vgl. die zahlreichen Spieltechniken, die in der Gestaltkindertherapie entwickelt wurden und die *V. Oaklander* (1981) gesammmelt hat, und die vielfältigen Möglichkeiten der psychodramatischen Kindertherapie (*Anzieu* 1984 und *Widlöcher* 1974).
12. vgl. *Petzold* (1974), *Ullmann* (1985).
13. vgl. *Petzold* (1983).
14. vgl. *Frohne* (1983, 1987); *Hegi* (1986).
15. *Petzold* (1975, 1987, 1987d).
16. idem (1987a).
17. idem (1965); *Frühmann* (1986).

18. *Kirchmann* (1980); *Petzold* (1972); *Petzold/Mathias* (1978); *Petzold/Metzmacher* (1984); *Krüger* (1980); *Petzold/Epe* (1984); *Rahm* (1986); *Frank* (1983); *Brügel* (1986); *Heinermann* (1986); *Kehrberg* (1980); *Mehrkens* (1981); *Rosenkranz* (1978); *Rau* (1982). Auch kann auf gestaltpädagogisches Schrifttum zurückgegriffen werden. Zur Gestaltpädagogik bzw. Integrativen Agogik vgl. *Petzold/Brown* (1977); *Bürgermann, Reinert* (1983); *Dauber* (1986); *Brown/Petzold* (1978); *Fatzer* (1987); *Prengel* (1987); *Goodman* (1964); *Petzold* (1975, 1973a); *Burow, Sherpp* (1983); *Bürmann* (1986, 1983); *Bubolz* (1983), sowie die Themenhefte zur Gestaltpädagogik: *Integrative Therapie* 1 (1981); 2 (1985); 4 (1986).
19. vgl. *Schneider* (1983), *von Schlippe* (1984).
20. *Petzold, Schneewind* (1986 a)
21. *Petzold* (1980).
22. zu diesem Konzept *Waldenfels* (1985).
23. *Strauss* (1978). In unserem Ansatz rekurrieren wir gleichermaßen auf das *social world* wie auf das *social network* Konzept (vgl. *Moreno* 1934; *Keupp, Röhrle* 1987).
24. *Unruh* (1983). Wie unterschiedlich soziale Welten sein können, macht eine historische Betrachtung der Spielkultur deutlich. Wie z. B. kleine Mädchen im 19. Jahrhundert spielen, ist hier ein gutes Beispiel (vgl. *Chabreul* 1881; *Château* 1976; *Flittner* 1973).
25. vgl. *Adorno* (1964).
26. vgl. zu diesem Begriff *Petzold* (1980).
27. vgl. *Heinl, Petzold, Walch* (1983).
28. vgl. *Zulliger* (1964); *Segal* (1974); *Anna Freud* (1968, 1970); *Miller* (1979, 1981).
29. *DeMause* (1977); *Ariès* (1978).
30. *Bronfenbrenner* (1981); *Hopkins* (1976).
31. vgl. *Petzold, Zander* (1985); idem (1986 b).
32. vgl. idem (1970, 1980).
33. idem (1982, 1984 a).
34. *Petzold* (1973) *Petzold/Bubolz* (1976); *Petzold/Brown* (1977), *Bürgermann/Reinert* (1983).
35. *Brown/Petzold* (1978), *Burow/Sherpp* (1982), *Prengel* (1984).
36. *Bürmann* (1986).
37. *Petzold* (1975, 1987, 1987 d).
38. *Petzold, Sieper* (1977), idem (1985, 356 ff).
39. *Petzold, Reinhold* (1983); *Dauber* (1986).
40. vgl. *Cohn* (1975).
41. *Petzold* (1978, 1986, 1987 c).
42. In der Integrativen Therapie und Pädagogik vertreten wir eine „antirepressive Erziehung", in der das Konzept positiver Autoritäten, die für die Kinder Leitbild sind und ihnen auch Auseinandersetzung und „Reibungsfläche" ermöglichen, durchaus bedeutsam ist.
43. Vgl. die Anmerk. 18 zitierte Literatur.
44. Die Integrative Therapie als *Verfahren* verfügt über verschiedene *Methoden* als spezifische Zugangsweisen, wie z. B. Integrative Bewegungstherapie, Integrative Puppenarbeit (dieses Buch S. 427), Integrative Musiktherapie, Integrative Kunsttherapie. Innerhalb dieser können unterschiedliche *Modalitäten* praktiziert werden: übungszentriert, erlebnis- und konfliktzentriert. Weiterhin gibt es verschiedene *Formen* der Behandlung: Einzeltherapie, Gruppentherapie, Langzeittherapie, mittelfristige Therapie, Kurzzeittherapie, Fokalbehandlung. Im Rahmen der Formen

finden sich unterschiedliche Vorgehensweisen als *Stile:* personenzentriert, gruppenzentriert, gruppengerichtet, themenzentriert. Jede Methode verfügt über *Techniken* wie z. B. Doppeltechnik, gezeichneter Dialog, Identifikationstechnik, Rollentausch. Schließlich verfügen die Methoden über *Medien:* Bälle, Puppen, Farben, Spielmittel usw. Als Beispiel:
Verfahren: Integrative Therapie;
Methode: Integrative Bewegungstherapie;
Modalität: erlebnis- und konfliktzentriert;
Form: Einzeltherapie, langfristig;
Stil: personenzentriert;
Technik: Spiegelbewegung;
Medium: Bälle.
Vgl. zum Ganzen *Petzold/Schneewind* (1986) 170ff; (1986a); *Petzold, Frühmann* (1986).

45. *Petzold/Schneewind* (1986); *Rahm* (1986); *Althen* (1987).
46. *Winnicott* (1953); *Ammon* (1983). Wir unterscheiden Übergangsobjekte, mit denen das Kind selbstbezogen „spielt" und die für die Babyphase und die frühe Kleinkindzeit kennzeichnend sind, von Intermediärobjekten (*Rojas-Bermúdez* 1983), die eine kommunikative Brücke bilden und die Übergangsobjekte im Entwicklungsgeschehen ablösen.
47. Es ist hier nicht an *„subpersonalities"* zu denken, wie sie in der Gestalttherapie von *Perls* unter dem Begriff Top-Dog und Under-Dog (*Perls* 1974, 1980) oder aus der Psychosynthese von *Assagioli* (1982) bekannt sind, vielmehr handelt es sich um Persönlichkeitsanteile, die sich im Verlauf der kognitiven Entwicklung und Symbolbildung herausbilden und sich nach und nach in der Identität zur Gesamtpersönlichkeit verbinden. Hochentwickelte Formen solcher Persönlichkeitsanteile sind die Selbstbilder, die durch eigene Wahrnehmung und Verinnerlichung von Fremdzuschreibungen zustande kommen.
48. Die Hier-und-Jetzt-Konzeption der Integrativen Therapie wird im Unterschied zu der der herkömmlichen Gestalttherapie als „historische" verstanden und beinhaltet immer die Gesamtheit der Geschichte und hat die mögliche Zukunft als Horizont. *Petzold* (1981b, 1986a).
49. Der Awarenessbegriff steht in der Gestalttherapie zentral (*Perls* 1980) und beinhaltet das wache Gewärtigsein sinnenhafter Wahrnehmung. In der Integrativen Therapie wird dieser Begriff weiter differenziert (*Davis* 1986) und unter Rückgriff auf die Wahrnehmungslehre von *A. Gurwitsch* und besonders von *M. Merleau-Ponty* (1966) erweitert, wobei das Konzept der *consciousness*, des Ich-Bewußtseins, in das der *self-awareness* einbezogen wird (*Petzold* 1987a).
50. *Stevens* (1975); *Jason-Michl* (1980); *Brooks* (1979). Dem Konzept der Leiblichkeit und leiblichen Erfahrung kommt daher in unserem Ansatz eminente Bedeutung zu (*Petzold* 1978a; 1985; *Weyde* 1985, 1985a; *Rosenkranz* 1978; *Dauber* 1986; *Lippert-Luntz* 1987; vgl. *Herzog* 1985; *Montagu* 1976).
51. *Perls, Hefferline, Goodman* (1951); *Petzold.* (1986).
52. Mathias wählt die Tiere nun nicht mehr als *Übergangsobjekte*, sondern als *Intermediärobjekte*, die gleichsam eine sichere Pufferzone zwischen mir und dem Kind darstellen sollen. Das regressive Milieu wird dadurch aber abgeflachter. Mathias beginnt sich in Richtung einer altersgemäßen Kommunikation zu bewegen (vgl. Anmerkung 46).
53. In der Integrativen Kindertherapie ist ein dosiert involvierter Ausdruck von Gefühl, wie er auch für die Arbeit mit Kindern in der Gestalt-Heilpädagogik kenn-

zeichnend (*Ledermann* 1969) ist, durchaus möglich. Aggressive Gefühle des Kindes dürfen Ausdruck finden (*Denker, Ballstaed* 1976), aber auch Therapeuten dürfen — situationsadäquat — Ärger zeigen.

54. Der Begriff der „Atmosphäre", wie er in der phänomenologischen Philosophie verwandt wird, spielt für die Integrative Therapie eine große Rolle. Atmosphären sind „ergreifende Gefühlsmächte" (*Schmitz* 1985, 1965, 1967; *Böhme* 1985). Sie kennzeichnen Erlebnisinhalte aus dem „präszenischen" Bereich, in dem Kinder noch keine vollständigen Szenen perzipieren können. Sie färben auch die Stimmung von Szenen ein (*Petzold* 1982).
55. In der Integrativen Therapie gehen wir davon aus, daß die intrauterine und postnatale Konfluenz der Mutter-Kind-Dyade durch Kontakterleben aufgrund der sensumotorischen und perzeptuellen Reife ausdifferenziert wird. Kontakt vertieft sich zur Begegnung, Begegnung zur Beziehung, vgl. *Petzold* (1986). Hintergrundtheorien sind das „dialogische Prinzip" von *Buber* (1965, vgl. *Waldenfels* 1971) und die Intersubjektivitätstheorien von *Marcel* (1985, *vgl. Jaquenoud/Rauber* 1981) und *G. H. Mead* (1934, vgl. *Joas* 1981).
56. Derartige „*Kontextdeutungen*" werden so placiert, daß sie für das Fassungsvermögen des Kindes unmittelbar einsichtig sind, vgl. *Petzold* (1987c).
57. *Petzold/Schneewind* (1986, 154).
58. Das Verantwortungskonzept der Integrativen Therapie beschränkt sich nicht, wie in der klassischen Gestalttherapie (*Perls* 1974), auf „response-ability", sondern bezieht sich auf eine „engagierte Verantwortung für die Integrität von Menschen, Gruppen, Lebensräumen" (*Petzold* 1978, 1986c, 1987e).
59. idem (1980).
60. *Petersen* (1980).
61. Dieser auf *Winnicott* zurückgehende Begriff des „*facilitating environment*" (vgl. *Davis Wallbridge* 1983) spielt auch *bei Rogers* und anderen humanistischen Psychologen eine große Rolle, vgl. *Winnicott* (1974, 1983); *Rogers*, (1973, 1976, 1957).
62. In der Theorie der Integrativen Therapie sehen wir die Ursache von Pathologie im wesentlichen durch pathogene Stimulierungskonstellationen (*Werner* 1986) gegeben. Unter dem Oberbegriff „*Schädigung*" differenzieren wir folgende Konstellationen: *Defizite* = Unterstimulierung bzw. einseitige Stimulierung (Monotonie-Effekt). Die Folgen sind Depravationserscheinungen und Hospitalismus, bzw. die mangelhafte Ausprägung von Kompetenzen und Performanzen, die dem Entwicklungsalter nicht entsprechen. — Weiterhin kennen wir *Traumata*. Das sind Überstimulierungen, die den Organismus überfordern, so daß seine habituellen Bewältigungsleistungen nicht mehr greifen und pathologische Auswirkungen bzw. Nachwirkungen entstehen. — *Störungen* schließlich sind uneindeutige oder inkonstante Stimulierungskonstellationen, die eine Wiederherstellung homöostatischer Balance nicht möglich machen. — *Konflikte* sind gegenläufige Stimulierungen, Impuls und Hemmung, ein Sonderfall der Störungen, durch die gleichfalls pathologische Aus- oder Nachwirkungen gesetzt werden können. Je nach dem Zeitpunkt der Noxe unterscheiden wir „frühe Schädigungen" der *primären Struktur*, d. h. in der Entwicklung des „archaischen" Selbst und der beginnenden Ich-Entwicklung im 1.—2. Lebensjahr.
    Weiterhin Schädigungen in der *sekundären Struktur* vom 2.—5. Lebensjahr, durch die die Ich-Entwicklung und die beginnende Identitätsentwicklung beeinträchtigt wird, und schließlich Schädigungen der *tertiären Strukturen*, 5.—19. Lebensjahr, in denen es zu Schädigungen der Identitätsentwicklung kommt, durch die sich eine konsistente, stabile Identität nicht entwickeln kann und der Übergang vom *archai-*

schen Selbst zum *reifen, integrierten* Selbst nicht möglich wird. Die archaischen Schädigungen durch pathogene Stimulierungen können, weil das Baby oder das Kleinkind keine oder nur geringe Kompensationsmöglichkeiten hat, schwerwiegende Auswirkungen haben, insbesondere wenn keine kompensatorischen Erfahrungen in der Zeit nach der pathogenen Periode eintreten. Geschieht dies indessen, so haben Kinder, wie die entwicklungspsychologischen Befunde zeigen, gute Kompensationschancen. Die Behauptungen psychoanalytischer Autoren (*Kohut* 1971; *Kernberg* 1978; *Rohde-Dachser* 1979), insbesondere die Depravationshypothesen von *Spitz, Bowlby* und *Goldfarb* werden durch empirische Befunde bislang nicht sonderlich gestützt, vielmehr lassen sich durchaus gegenteilige Ergebnisse aufzeigen (*Sameroff* 1975; *Wachs, Gruen* 1982; *Keller, Meyer* 1982; *Sroufe* 1979 b), insbesondere bei Longsitudinalsstudien (*Luckner, Ernst* 1985).
Die entwicklungspsychologischen Befunde zeigen, daß Schädigungen in den sekundären und tertiären Ebenen der Sozialisation z. T. gravierendere Auswirkungen haben als „frühe Schädigungen", die durch nachfolgende multiple Stimulierung und ausreichende Zuwendungen aufgefangen werden konnten. Insbesondere die Störungen und mangelnde Entwicklung in sozialen Netzwerken (*Lewis et al.* 1984; *Schulz, Rau* 1985) können sich nachteilig auswirken.
Die Stimulierungstheorie der Pathogenese, wie sie in der Integrativen Therapie erarbeitet wurde (*Petzold* 1977 a; 1985, 364 ff.) affirmiert, daß pathogene Stimulierungskonstellationen und maligne oder benigne soziale Netzwerke über die ganze Lebensspanne hin wirken (*Baltes, Sowarka* 1982) und Schädigungen setzen können bis ins hohe Senium (idem 1985 c, 1979, 435 ff; *Wenger* 1984). Es wird damit eine *Lebenslaufperspektive der Pathogenese* angenommen, die Summationseffekte von *„stressful life events"* (*Filipp* 1981) zugrundegelegt. Wenn wir es also mit einem jugendlichen Borderline-Patienten zu tun haben, so haben wir es nicht *nur* mit einer „frühen Störung" zu tun, sondern mit dem bedauernswerten Resultat einer unglücklich verlaufenen Entwicklungskarriere mit schlechten oder fehlenden *„convoys"*, d. h. stützenden Netzwerken (*Antonucci* 1985; *Parkes et al.* 1982; *Sarason, Sarason* 1985). Für die Therapie folgt daraus, daß die Noxen des gesamten Lebensverlaufes bearbeitet werden müssen und es keineswegs genügt, sich auf die „frühen Schädigungen" zu zentrieren oder diese überzubewerten. Es gibt durchaus Defizite und Traumata der Adoleszenz, die verheerende Wirkungen haben können (*Erdheim* 1982). Und es ist ein gravierender Mangel, daß die psychotherapeutische Literatur — insbesondere die psychoanalytische — über die Pathogenese in der Adoleszenz so wenig zu sagen hat (vgl. jedoch *Blos* 1962, *Mâle* 1969). Vielleicht war den Psychotherapeuten das schmerzliche Material dieser Phase selbst zu nahe, so daß sie es besonders massiv abwehren mußten!

63. *Waldenfels* (1976).
64. vgl. *Petzold, Mathias* (1983); *Flavell* 1975); *Walter* (1973); *Peukert* (1979).
65. Wir rekurrieren hier auf die in der generativen Linguistik von *Chomsky* (1969) eingeführte Unterscheidung von *Kompetenz* und *Performanz*, die wir — ohne den gesamten Hintergrund *Chomskys* zu übernehmen — für die therapeutische Arbeit übernommen haben (*Petzold* 1985 a, 589 ff). Eine derartige Unterscheidung in *Fähigkeiten* und *Fertigkeiten* macht das in der Entwicklungs- und Sozialpsychologie zunehmend etablierte Konzept der „Competence" (*Keller, Meyer,* 1982; *White* 1959; *Harter* 1974, 1978; *Ainsworth* 1973; *Sroufe* 1978, 1984; *Keller* 1976) für psychotherapeutische Belange handhabbarer.
66. *Oerter, Montada* (1982).
67. *Bronfenbrenner* (1978), *Fend* (1972).

68. *Oerter, Montada* (1982); *Nickel* (1975); *Fornari* (1970), *Mahler* et al. (1975) *Oerter* (1982); *Walter* (1973); *Mussen, Conger, Kagan* (1976); *Osofsky* (1979); *Izard* (1977); *Kagan* (1978); als integrative Ansätze vgl. *Keller, Meyer* (1982).
69. Es ist befremdend zu beobachten, wie die dynamischen Formen der Psychotherapie, die die Tradition *Freuds* weiterführen, sich gegenüber den bahnbrechenden Forschungen von *Piaget* und die sich in seinem Gefolge entwickelnde kognitive Psychologie (*Kohlberg* 1984) verschlossen haben, von einer Integration *Mead*scher Denkansätze oder Überlegungen zur Rollenübernahme in *„rollensensiblen" Phasen* im Kontext *sozialer Netzwerke (Lewis* 1984) einmal ganz zu schweigen (*Flavell* 1975; *Keupp, Röhrle* 1987). Die für die Entwicklungspsychologie der ersten beiden Lebensjahre so zentralen Gebiete der sensumotorischen (*Ayres* 1979, *van Rossum* 1982) und emotionalen Entwicklung (*Izard* et al. 1984; *Sroufe* 1979b; *Lewis, Rosenbluhm* 1978; *Kagan* 1979) werden in kinderpsychotherapeutischen Veröffentlichungen beinahe vollständig ausgeblendet. Erst in neuerer Zeit beginnt mit der verdienstvollen Arbeit von *Wolff* (1961), über die Arbeiten von *Nitsch-Berg* (1978) bis zu denen von *Schneider* (1981) sich eine schmale Rezeptions- und Integrationsarbeit für das Werk *Piagets* bei analytischen Autoren abzuzeichnen.
70. vgl. hier das frühe Matrix-Konzept von *J. L.* und *F. Moreno* (1934; 1944), das als einer der frühesten Ansätze betrachtet werden muß, sozialisationstheoretische, emotionspsychologische und kognitionspsychologische Perspektiven zu verbinden (vgl. *Petzold, Mathias* 1983).
71. Hier ist die Betrachtung von Kinderzeichnungen in diagnostischer Hinsicht fruchtbar (*Widlöcher* 1974; *Mühle* 1975; *Richter* 1976; schon *Albert* 1925).
72. Eine *Entwicklungspsychologie des Bewußtseins* steht noch aus und wird nicht allein kognitionspsychologisch zu leisten sein (vgl. Anmerk. 89).
73. *Petzold* (1978, 1987b); vgl. idem (1977b).
74. *Perls* (1974, 1980).
75. vgl. *Petzold* (1984a).
76. vgl. idem (1987a).
77. ibid. und *Scharfetter* (1985, 36).
78. An der Ich-Entwicklung ist also das kognitive, perzeptuelle, mnestische und soziale Entwicklungsgeschehen beteiligt. Es muß durch unterschiedliche theoretische Ansätze fundiert werden. (vgl. insbesondere *Kagan* 1978, 1978a, 1979; *Izard* 1977, 1978; *Sroufe* 1978, 1979a, 1979b; *Sander* 1962; *Piaget* 1975a, 1975b; *Papoušek* 1974, 1975; *Osofsky* 1979; *Lewis, Rosenbluhm* 1979; *Mahler, Pine, Bergmann* 1975b; *Lewis, Feiring, Kotsonis* 1984; *Lewis* 1984).
79. *Leahy* 1985; *Papoušek, Papoušek* (1974); *Lewis, Brookes* (1977).
80. *Petzold* (1984); *Habermas* (1984a, b), *Hernegger* (1978).
81. *Lewis, Rosenbluhm* (1977); *Mayo, La France* (1978); *Sander* (1963); *Duncan, Fiske* (1977).
82. *Petzold* (1984a).
83. idem (1977a), (1985), S.365.
84. *Petzold, Maurer* (1985).
85. *Balint* (1987).
86. vgl. *Petzold* (1977c, 1983a).
87. vgl. *Petzold* (1970), *Kirchmann* (1980); *Lange-Rinast* (1986), *Köllermann* (1980).
88. *Petzold* (1985b, 1987c); *Ajuriaguerra* (1962, 1964).
89. Eine Entwicklungspsychologie des Unbewußten wurde in systematischer Form noch nicht erarbeitet, obwohl uns die therapeutische Arbeit mit Kindern immer wieder zeigt, daß auf unterschiedlichen Altersstufen und bei unterschiedlichem

Entwicklungsstand sich das Unbewußte in durchaus differenzierbarer Weise artikuliert. Das Unbewußte als das „Verdrängte" und das Verdrängte als früher einmal Wahrgenommenes ist gebunden an die sensorischen, perzeptiven und mnestischen Fähigkeiten der jeweiligen Altersstufe: Was wird wahrgenommen, wie wird es wahrgenommen, wie wird es gespeichert und was kann vom Gespeicherten wann und in welcher Form erinnert werden? Was wird massiv verdrängt, was bleibt mehr an der Oberfläche? In welchem Alter und in welchem Entwicklungsstadium ist Verdrängtes leicht, in welchem schwerer zugänglich? Welche Inhalte sind in welchem Alter besonders der Verdrängung ausgesetzt (denn das variiert durchaus) und sind in welchem Alter durch welche Ansätze evozierbar?All diese Fragen wurden nie systematisch erarbeitet, wenngleich sich in der kinderanalytischen Literatur hierzu ständig Aussagen finden, jedoch ohne daß sie je in einen entwicklungspsychologischen Gesamtzusammenhang gestellt worden wären: Ein großer Teil der Divergenzen zwischen *Melanie Klein* und *Anna Freud* wird schon darin begründet sein, daß *Klein* ihre Thesen in der Arbeit mit weitaus jüngeren Kindern entwickelt hat als *A. Freud.* Auch *Winnicotts* Arbeit zentriert auf kleinere Kinder. Die Verarbeitung des Verdrängten in Form der Symbolisierung ist etwas besser bearbeitet, aber auch nicht in eine systematische Entwicklungsperspektive gestellt. Insbesondere *Ferenczi* in seiner Arbeit „Die Entwicklungsstufen des Wirklichkeitssinnes" (1913/1964, I, 62—83) und „zur Ontogenese der Symbole" (1913/1964, I, 101—105) hat hier wichtige Vorarbeiten geleistet (vgl. auch *Jones* 1970; *Bittner* 1969). Kognitionspsychologische Perspektiven dürfen hier aber nicht vernachlässigt werden (vgl. *Piaget* 1969, 1976, 31 ff). Hier wäre noch sehr viel Arbeit zu leisten. Kindertherapeuten, — ganz gleich ob sie mit Deutungen oder deutungsfrei arbeiten — müssen deshalb große Vorsicht walten lassen, bis sie durch die Erfahrung der Praxis eine Sicherheit für alters- und entwicklungsspezifische Artikulationen des Unbewußten gewonnen haben.

90. *Galenson, Roiphe* (19712); *Piaget* (1969, 256); *Ferenczi* (1913/1964, I, 67); *Peller* (1965, 59), *Fornari* (1970).
91. vgl. *Izard* (1978, 389 ff); *Sroufe* (1979).
92. *Mahler* et al. (1975); *Lewis, Freedle* (1973); *Schaffer* (1977); *Ainsworth, Bell* (1974).
93. *Parke* (1979); *Thenakis* (1985); *Stechama* (1981); *Puhle-Hans* (1977).
94. *Ferenczi* (1913/1964, I, 73 f.); *Kubie* (1934); *Piaget* (1969, 223 f.); *Winnicott* (1973).
95. *Widlöcher* (1974), *Mühle* (1975), *Richter* (1976).
96. *Flavell* (1975); *Keller* (1976); *Coburn-Stege* (1977); *Seidl* et al. (1976).
97. *Petzold* (1987a).
98. *Piaget* (1969, 1974).
99. vgl. die in der Kreativitätsforschung immer wieder betonte Unterscheidung, *Landau* (1969).
100. *Ornstein* (1976); *Watzlawick* (1977).
101. Bei *Freud* hat das Konzept des Unbewußten sehr häufig die Konnotation des Bedrohlichen, das durch das Bewußtsein ausgeleuchtet werden muß, welches wieder „Herr im eigenen Hause" werden soll.
102. *Kramer* (1975); *Oaklander* (1981); *Petzold* (1972); *Albert* (1925). Es kommt natürlich dem Spiel insgesamt, in das alle kreativen Aktivitäten eingebunden sind, als der Manifestation der kindlichen Kreativität *par excellence* für die Therapie hervorragende Bedeutung zu. Das Wesen des Spiels zu verstehen wird deshalb für Kindertherapeuten unerläßlich (vgl. *Château* 1976; *Millar* 1973; *Gutton* 1973; *Winnicott* 1983; *Piaget* 1969; *Schaefer* 1976).

103. Das „Gemüse-Theater", in dem Kartoffeln, Möhren, Rüben, Kohlköpfe etc. als Figuren in improvisierten Puppenspielen benutzt werden — eventuell werden sie geschnitzt und geschmückt — bietet eine sehr schöne Möglichkeit, Aktional-Expressives und Symbolisches miteinander zu verbinden. Die gestalteten Figuren (Vater, Mutter, Geschwister etc.) können anschließend zu einem Salat verarbeitet oder gekocht werden. Sie werden dann aufgegessen, d. h. zerkleinert, assimiliert und damit verarbeitet im Sinne des *Perls*'schen Assimilationskonzeptes (*Perls* 1969). Eine derartige „Bemächtigungstherapie" wurde auch von *G.* und *U. Derbolowsky* entwickelt (*Derbolowsky* 1977).

104. *Montagu* (1984).

105. *Freud* (1915); *Böhme* (1986); *Petzold* (1987a).

106. vgl. *Fend* (1972), *Walter* (1973), *Bronfenbrenner* (1981).

107. Wir definieren „Sozialisation als einen interaktionalen Prozeß ..., durch den das Verhalten aufeinander einwirkender Systeme (von denen zumindest eines als personales System ausgewiesen sein muß), entlang eines zeitlichen Kontinuums verändert wird" (*Petzold/Bubolz* 1976, 132) oder als die „Internalisierung von Szenen und Szenensequenzen" in inter-aktionalen Prozessen (*Petzold* 1982).

108. *Petzold* (1983).

109. vgl. *Petzold* (1975a, 1982b); *Winkler* (1987); *Hoffmann, Krieger* (1979) sowie das Schwerpunktheft zur „Kreativen Therapie" *Integrative Therapie* 2 (1987).

110. *Petzold, Frohne* (1983); *Hegi* (1986).

111. vgl. Anmerkung 87.

112. Das altersspezifische Bindungsvermögen und Lösungsverhalten muß dabei im Auge behalten werden (vgl. *Mahler* et al. 1975; *Eggers*, 1984), da archaische Bindungsmuster immer wieder durchschlagen können (vgl. *Bowlby* 1971; *Antonucci* 1985; *Parkes et al.* 1982).

113. *Bowlby* (1975).

114. *Petzold* (1986).

115. *Lotzmann* (1982); *Kuras* (1980); *Kimpfler* (1984).

116. vgl. Anmerkung 23, 24.

117. Die Konzepte Übergangs- und Intermediärobjekte spielen sowohl für die Kinder- als auch für die Erwachsenentherapie im Integrativen Ansatz eine zentrale Rolle, wobei das von *Winnicott* (1953, 1969) inaugurierte Konzept weiter differenziert und kritisch gewertet werden muß (vgl. *Brody* 1980). Wenn auch in unterschiedlichen kulturellen Milieus und unterschiedlichen Schichten die Bedeutung und die Art der Übergangsobjekte variieren mag (*Gaddini* 1970) — und das muß natürlich berücksichtigt werden — hat das Fehlen von Übergangsobjekten sowohl für das Kind als auch dann später für den durch ein solches Fehlen geschädigten Erwachsenen wichtige Folgen, insbesondere im Hinblick auf die Ausbildung von psychosomatischen Symptomen (*Hoppe* 1964; *Mitscherlich* 1978, 1984). Besonders die frühen Übergangsobjekte spielen eine Rolle für die Ausbildung des Körperbewußtseins (*Kestenberg, Weinstein* 1978). Mit zunehmender sensorischer und motorischer Reife und kognitiver Kompetenz werden die Übergangsobjekte im Entwicklungsprozeß komplexer bis sie den Charakter von „Intermediärobjekten" (*Rojas-Bermúdez* 1979, 1983) annehmen, die in der Kommunikation zwischen Kind und Kind und zwischen Kind und Mutter eine vermittelnde Rolle spielen (vgl. weiterhin *Hong* 1978, *Hong, Townes* 1976; *Ekecrantz, Rudhe* 1971; *Busch* 1974; *Petzold* 1983; idem, dieses Buch S. 435 ff).

118. vgl. zu diesem Konzept *Petzold* (1980).

119. Wir unterscheiden verschiedene Erlebnisniveaus in der Ontogenese, die gleichzeitig mnestische Entwicklungsstadien darstellen: zunächst, im intrauterinen Bereich beginnend, ein archaisches *„viszerales Gedächtnis"*, in dem Erfahrungen aus der Körpersphäre, Propriozeptionen und einfache Exterozeptionen abgespeichert werden, Sensationen und Gefühlsströme unterschiedlicher Intensität, wabernden Erlebnisfeldern gleich, die in der Primärtherapie als *emotionale Pools* bezeichnet werden (*Janov* 1984, 1971). In der nachgeburtlichen Phase kommt den Exterozeptionen eine größere Bedeutung zu. Die Innenwahrnehmungen und Außeneindrücke lassen Atmosphären entstehen, die wahrgenommen und abgespeichert werden: Auf dieses *präszenische Gedächtnis* folgt das *szenische Gedächtnis*, das eine gewisse Tiefenwahrnehmung des Kindes voraussetzt. Die Fähigkeit, komplexe Szenen im Gedächtnis zu speichern, bildet sich erst relativ spät aus. Erste Fragmente hierfür beginnen um den 8. Lebensmonat. Langzeitig abgespeicherte und abrufbare Szenen weitaus später, etwa um den 24. Lebensmonat. Die Regressionsarbeit mit Erwachsenen trifft, wenn sie in diese Zeit vordringt, nicht mehr auf Szenen, sondern meistens auf Atmosphärisches oder Körpergefühle, die häufig nicht klar benannt werden können, weil sie *vor der Sprache* liegen. Mit dem Einsetzen der Sprachentwicklung bildet sich dann das *Sprachgedächtnis* aus.
120. *Ajuriaguerra* (1962, 1964).
121. *Frank* (1983).
122. Therapie wird wie Erziehung im Integrativen Ansatz als *„Handeln um Grenzen"* gesehen (*Petzold, Mathias* 1978). Dem Kind werden keine starren Grenzen gesetzt, sondern die Grenzen bleiben in der Regel „verhandelbar". In diesem Prozeß lernt das Kind Grenzen des Erwachsenen kennen und zu akzeptieren und erfährt die Akzeptanz seiner eigenen Grenzen. „Grenzkonflikte" werden ausgetragen, indem Positionen verdeutlicht werden und revidierbar bleiben.
123. *Petzold* (1978, 1986).
124. idem (1980, 1986).
125. Wir sprechen auch von „Implikaten"; idem (1987a, 1987b).
126. vgl. *Bloch* (1959, 149 ff.).
127. *Petzold, Maurer* (1985).
128. *Weiner* (1978).
129. vgl. *Petzold* (1980).
130. vgl. *Petzold* (1986). Die von der neueren Psychoanalyse zu Recht betonte Rolle der Empathie (*Kohut*) für die gesunde Entwicklung des Kindes (wobei das Fehlen der mütterlichen Empathie als eine wesentliche Krankheitsursache anzusehen ist), wird in unserem Ansatz erweitert durch die Betonung der *Empathie des Kindes den Eltern gegenüber*. Eine auf Nachsozialisation zentrierende Psychotherapie muß deshalb auch der Empathie des Patienten gegenüber dem Therapeuten Raum geben.
131. vgl. *Lowens* (1975) bemerkenswertes Statement „It took me 30 years to reach my heart."
132. *Petzold* (1980).
133. ibid (1986).
134. Die Frage nach der Deutung in der Kinderanalyse ist ausgiebig diskutiert worden. Die konträren Positionen von *Anna Freud* und *Melanie Klein* und ihren jeweiligen Anhängern schaffen eine unnötige Polarisierung. Deutungstechnik muß „differentiell" gehandhabt werden, d. h. dem emotionalen und kognitiven Entwicklungsstand des Kindes und seiner Möglichkeit, in Kontakt zu treten und Beziehung aufzunehmen, entsprechend. Dabei ist nicht davon auszugehen, daß es eine „deutungsfreie Kinderanalyse" (*Zulliger* 1964) gibt. Das Eintreten des Therapeuten in

das Spiel des Kindes, seine non-verbalen Interaktionen in „pathogen geladenen" Konstellationen *ist Deutung*. Deutung darf nach unserem Verständnis im Integrativen Ansatz nicht nur verbal aufgefaßt werden. Selbst in der verbalen Interpretation sind bei Kindern die „periverbalen" Anteile meist gewichtiger als die verbalen Inhalte. Die Verbindung von verbalen und aktionalen Deutungen wird einerseits erforderlich sein, um das verbale Differenzierungsvermögen des Kindes zu entwickeln, andererseits aber seinen nonverbalen Verhaltensreichtum zu nutzen und zu bekräftigen. Eine rein verbale Deutungsprozedur fügt sich ein in die Disziplinierungstendenzen einer intrusiven Hochsprache, die für unsere Kultur kennzeichnend ist. Deutung kann auch zur verbalen Repression degenerieren (vgl. *Petzold, Orth* 1985). Die Deutungen in Farben, Ton, Spielen, kreativen Medien fördern das spontane und kreative Potential des Kindes. Bei der verbalen Deutung ist es wichtig, daß mit einer altersentsprechenden Syntax der kognitiven Reichweite des Kindes Rechnung getragen wird. Deutungen auf dem Niveau operativen Denkens, die Kindern von 4 oder 5 Jahren gegeben werden, — die kinderanalytische Literatur ist voll von solchen Beispielen — können nicht greifen oder wirken nicht durch den verbalen Inhalt, sondern durch Periverbales.

135. Zur Diskussion stehen verschiedene Gegenübertragungskonzepte, die im Spektrum von der „Übertragung des Therapeuten" bis zur „empathischen Reaktion" reichen; vgl. *Kernberg* (1978), *Racker* (1978), *Mertens* (1981, 1983).
136. *Heimann* (1960), *Kemper* (1969).
137. *Pearson* (1973); *Biermann* (1972); *Barker* (1974); *Einsiedel* (1983).
138. vgl. *Petzold* (1981a); *Horney* (1936); *Sandler* et al. (1979. 78 ff.).
139. *A. Freud* (1975); *Kernberg* (1976).
140. Die Theorie der Abwehrmechanismen in der Kinderpsychotherapie steht trotz der zahlreichen kasuistischen Beiträge empirisch noch auf schwachem Grund. Systematische Beobachtungen für die einzelnen Altersphasen erscheinen unerläßlich. Die Arbeiten *Anna Freuds* sind durch die von *Melanie Klein* über Abwehrmechanismen auf einem niedrigen Niveau der Ich-Organisation zu ergänzen. Aber gerade diese Konzepte müßten systematischer empirisch überprüft werden. Die von *Kernberg* (1976) im Anschluß an *Klein* entwickelte Theorie der Abwehrmechnismen beruht nicht auf Kinderbeobachtungen. Ob Introjektion mit *positiver Valenz* tatsächlich in diesen frühen Phasen von solchen mit *negativer* getrennt gehalten werden, und die *Spaltung* tatsächlich ein derart archaischer Vorgang ist, muß auf der Grundlage von Beobachtungen bei Säuglingen und Kleinkindern verifiziert werden. Wir siedeln den Mechanismus der Spaltung erst nach anderen archaischen Abwehrmechanismen an wie z. B. der *archaischen Regression* in die pränatale, uterine Konfluenz, der *archaischen Retroflektion* und der *archaischen Anästhesierung*. Erst auf diese folgt die *archaische Spaltung* (*Petzold* 1985, 386). Auch die entwicklungspsychologische Gruppierung von Abwehrmechanismen in der Folge: Verleugnung, Identifikation, Projektion, Regression, Reaktionsbildung, Verschiebung, Ungeschehen-Machen, Isolierung, Rationalisierung, Verdrängung, Sublimierung (*Bock* 1984, 134 f.) kann u. E. als ontogenetisches Modell nicht aufrechterhalten werden. Die Projektion ist, wie die direkte Beobachtung an Kleinkindern zeigt, kein archaischer Abwehrmechanismus, sondern setzt schon eine komplexe Ich-Organisation und ein differenziertes kognitives Niveau voraus.
141. *Petzold* (1969, 1987b).
142. vgl. *Petzold* (1979) Kapitel: „Zukunftsprojektion", S. 212-251.
143. idem (1987c, 1977b).
144. *Schneider* (1981).

145. *Petzold* (1981a).
146. *Petzold, Mathias* (1978).
147. idem (1969a).
148. *Spiegel* (1972).
149. *V. d. Hart* (1982); *Petzold* (1982b); *Canacakis-Canas* (1987, 1986, 1982).
150. *Bürgin* (1977, 1978, 1984); *Raimbault* (1975), *Waas, Corr* (1982).
151. *Weiner* (1978).
152. *Spiegel-Rösing, Petzold* (1984, 150 ff.).
153. *Bünte-Ludwig* (1984); *Thomas* (1986).
154. *Heinermann* (1984); *Petzold, Epe* (1984).
155. vgl. Lit. in Anmerk. 18 und 19.
156. *Petzold* (1985c); *Bubolz* (1983); *Lückel* (1981); *Petzold, Bubolz* (1976, 1979).
157. idem (1980).
158. *Petzold, Frühmann* (1986), *Petzold* (1985a).
159. *Petzold, Frühmann* (1988).
160. *Petzold* (1985a).
161. *Orth, Petzold* (1985).
162. *Petzold, Landsberg, Metzmacher, Schneewind* (1983).

Literatur

Adorno, Th. W., Minima Moralia, Reflexionen aus dem beschädigten Leben, Suhrkamp, Frankfurt 1964.

Adorno, Th. W., Negative Dialektik, Suhrkamp, Frankfurt 1967[2].

Ainsworth, M. D. S., The development of infant-mother attachment, in: *Caldwell, B., Riccinti, H.*, Review of child development research, Bd. 3, University of Chicago Press, Chicago 1973.

Ainsworth, M. D. S., Bell S. M., Mother-Infant Interaction and the Development of Competence, in: *Connolly, K. J., Brunner, J. S.*, The Growth of Competence, Academic Press, New York 1974.

Ainsworth, M. D. S., Attachment: Retrospect and prospect, in: *Parkes* et al. (1982).

Ajuriaguerra, J. de, Le Corps comme relation, *Revue de psychologie pure et appliqueé* 2 (1962), 137-157.

Ajuriaguerra, J. de, Preface in: *Lemaire, J. G.* (1964).

Albert, W., Das Kind als Gestalter. Die Bücher des Weges, Bd. IV, Nürnberg 1925[2].

Althen, U., Das Erstinterview in der prozessualen Diagnostik der Integrativen Therapie, Grad. Arbeit, Fritz Perls Institut, Düsseldorf 1987.

Ammon, G., Der Stellenwert von Puppen und Puppenspiel innerhalb kindlicher Entwicklung aus psycho-analytischer Sicht, in: *Petzold* (1983) 58—111.

Antonucci, T. C., Social support, in: *Sarason, Sarason* (1985).

Anzieu, D., Analytisches Psychodrama mit Kindern und Jugendlichen, Junfermann, Paderborn 1984.

Ariès, P., Die Geschichte der Kindheit, dtv, München 1978.

Assagioli, R., Die Schulung des Willens. Methoden der Psychotherapie und der Selbsttherapie, Junfermann, Paderborn 1982.

Ayres, J., Lernstörungen, Springer, Berlin, Heidelberg, New York 1979.

Balint, A., Psychoanalyse der frühen Lebensjahre, Ernst Reinhardt, München 1970.

Balint, M., Regression, dtv, Stuttgart 1987.

Baltes, P. B., Sowarka, D., Entwicklungspsychologie und Entwicklungsbegriff, in: *Silbereisen, Montada* (1983).

Barande, J., Sandor Ferenczi, Payot, Paris 1972.

Barker, P., The residential psychiatric treatment of children, Crosby, Lockwood Staples, London 1974.

Baumgartner, A., Gäulen, D., Vorschulische Erziehung, 2 Bde., Beltz, Weinheim 1975.

Benedict, R., Continuities and discontinuities in cultural conditioning, *Psychiatry 1* (1938) 161—167.

Bettelheim, B., Liebe allein genügt nicht, Klett-Cotta, Stuttgart 1983.

Biermann, G., Handbuch der Kinderpsychotherapie, 4 Bde., Ernst Reinhardt Verlag 1972 ff.

Bittner, G., Sprache und affektive Entwicklung, Klett, Stuttgart 1969.

Bloch, E., Das Prinzip Hoffnung, 2 Bde., Suhrkamp, Frankfurt 1959.

Blos, P., On adolescence: A psychoanalytic interpretation, Free Press, New York 1962; dtsch. Adoleszenz, Klett, Stuttgart 1975.

Bock, R., Psychoanalyse, in: *Petzold, H.*, Wege zum Menschen, Junfermann, Paderborn, Bd. II, 1984, 101—173.

Böhme, G., Anthropologie in pragmatischer Hinsicht, Suhrkamp, Frankfurt 1985.

Böhme, G., Freuds Schrift „Das Unbewußte", *Psyche* 9 (1986), 761—777.

Bowlby, J., Attachment and Loss, 3 Bde. Penguin Books, Harmonsworth, Middleessex 1971.

Bowlby, J., Separation , Penguin, Harmonsworth, Middleessex 1975.

Brody, S., Transitional Objects: Idealisation of a Phenomenon, *Psychoanalytic Quarterly* 49 (1980) 561—605.

Bronfenbrenner, U., Sozialisationsforschung, Klett, Stuttart 1976.

Bronfenbrenner, U., Die Ökologie der menschlichen Entwicklung, Klett, Stuttgart 1981.

Bronfenbrenner, U., Ansätze zu einer experimentellen Ökologie menschlicher Entwicklung, in: *Oerter, R.*, Entwicklung als lebenslanger Prozeß, Hoffmann & Campe, Hamburg 1978, 33-65.

Brooks, Ch., Erleben durch die Sinne, Junfermann, Paderborn 1979.

Brown, G. I., Petzold, H., Gefühl und Aktion, Verlag für humanist. Psychol. Werner Flach, Frankfurt 1978.

Brügel, E., Psychotherapie mit Kindern: Ein Vergleich kindertherapeutischer Autoren, Grad. Arb. am Fritz Perls Institut, Düsseldorf 1986 (mimeogr.)

Buber, M., Ich und Du, Lambert Schneider, Heidelberg 1965.

Bubolz, E., Bildung im Alter, Lambertus Verlag, Freiburg 1983.

Bünte-Ludwig, Ch., Gestalttherapie — Integrative Therapie. Leben heißt Wachsen, in: *Petzold, H.*, Wege zum Menschen, Junfermann, Paderborn 1984, 217—309.

Bürgermann, S., Reinert, G. B., Einführung in die pädagogische Therapie, Schwann, Düsseldorf 1983.

Bürgin, D., Wie denkt ein Kind über der Tod? *Schweizerische Medizinische Wochenschrift* 107 (1977) 221—225.

Bürgin, D., Das Kind, die lebensbedrohende Krankheit und der Tod, Huber, Bern 1978.

Bürgin, D., Begleitung sterbender Kinder, in: *Spiegel-Rösing, I., Petzold, H.*, Die Begleitung Sterbender, Junfermann, Paderborn 1984, 377—390.

Bürmann, J., Gestaltpädagogik, in: *Sauter, S.*, Psychotherapie der Schule, München 1983.

Bürmann, J., Die Bedeutung des psychotherapeutischen Konzepts des Widerstandes für die Pädagogik, *Integrative Therapie* 4 (1986) 303—320.

Burow, O., Scherpp, K., Lernziel: Menschlichkeit. Gestaltpädagogik, eine Chance für Schule und Erziehung, Kösel, München 1983.

Busch, F., Dimension of the first Transitional Objects, *The Psychoanalytic Study of the Child* 29 (1974) 215—229.

Canacácis-Canás, J., Trauerarbeit im Trauerritual, Schiborr Verlag, Essen 1982.
Canacácis-Canás, J., Ich sehe Deine Tränen — Trauern, Klagen, Leben können, Kreuz Verlag, Stuttgart 1987.
Canacácis-Canás, J., u. a., Wir spielen mit unserem Schatten, Rowohlt-Verlag, Reinbek 1986.
Chabreul, M. de, Jeux et excercises de jeunne fille, Librairie Hachette, Paris 1881[5].
Château, J., Das Spiel des Kindes, Schöningh, Paderborn 1976.
Chomsky, N., Aspekte der Syntax-Theorie, Suhrkamp, Frankfurt 1969.
Coburn-Stege, U., Lernen durch Rollenspiel, Fischer, Frankfurt 1977.
Cohn, R., Von der Psychoanalyse zur themenzentrierten Interaktion, Klett, Stuttgart 1975.
Cremerius, J., Die Sprache der Zärtlichkeit und der Leidenschaft, Reflexionen zu Sandor Ferenczis Wiesbadener Vortrag von 1932, *Psyche*, Nov. (1983) 988—1015.
Dauber, H., Leib-haftige Bildung, *Integrative Therapie* 4 (1986) 284—303.
Davis, B., Ursprung und Bedeutung des Awareness-Konzeptes in der Gestalttherapie, Grad.-Arb. am Fritz Perls Institut, Düsseldorf 1986 (mimeogr.).
Davis, M., Wallbridge, D., Eine Einführung in das Werk von D. W. Winnicott, Klett-Cotta, Stuttgart 1983.
De Mause, L., Hört ihr die Kinder weinen, Suhrkamp, Frankfurt 1977.
Denker, R., Ballstaedt, S.-D., Aggression im Spiel, Kohlhammer, Stuttgart 1976.
Derbolowsky, G., Lambanotherapie, *Integrative Therapie* 2 (1977) 125—137.
Ducan, S., Fiske, D. W., Face to face interaction, Earlbaum, Hillsdale, N. J. 1977.
Eggers, Chr., Bindungen und Besitzdenken beim Kleinkind, Psychologie Verlags-Union, Weinheim 1984.
Einsiedel, E., Störungen im Kindesalter, Psychologie Verlags-Union, Weinheim 1983.
Ekecrantz, L., Rudhe, L., Transitional Phenomena: Frequency, Forms and Functions of specially Loved Objects, *Acta Psychiatrica Scandinavica* 48 (1971) 261—273.
Erdheim, M., Die gesellschaftliche Produktion von Unbewußtheit, Suhrkamp, Frankfurt 1982.
Fatzer, G., Ganzheitliches Lernen, Junfermann, Paderborn 1987.
Fend, H., Sozialisierung und Erziehung, Beltz, Weinheim 1972.
Ferenczi, S., Entwicklung des Wirklichkeitssinnes, 1913, in: Bausteine I, 62—83.
Ferenczi, S., Zur Ontogenese der Symbole 1913a, in: Bausteine I, 101—105.
Ferenczi, S., Bausteine zur Psychoanalyse, 4 Bde., Huber, Bern / Stuttgart 1964.
Filipp, S.-H., Kritische Lebensereignisse, Urban & Schwarzenberg, München 1981.
Flavell, J. H., Rollenübernahme und Kommunikation bei Kindern, Beltz, Weinheim 1975.
Flittner, A., Das Kinderspiel, Piper, München 1973.
Fornari, F., Psychoanalyse des ersten Lebensjahres, Fischer, Frankfurt 1970.
Franck, J., Gestalttherapie mit Kindern, Grad.-Arb. am Fritz Perls Institut, Düsseldorf 1983 (mimeogr.).
Freud, S., Das Unbewußte, 1915 GW X, 263—303, Fischer, Frankfurt 1965 ff.
Freud, A., Einführung in die Technik der Kinderanalysen, Ernst Reinhardt, München 1970.
Freud, A., Wege und Irrwege der Kinderentwicklung, Huber / Klett, Bern / Stuttgart 1968.
Freud, A., Das Ich und die Abwehrmechanismen, Reinhardt, München 1975.
Frohne, I., Musiktherapie als Form kreativer Therapie, in: *Petzold, H., Frohne I.* et al., Poesie- und Musiktherapie, Junfermann, Paderborn 1983.
Frohne, I., Klinische Musiktherapie, Junfermann, Paderborn 1988 (in Vorber.).

Frühmann, R., Das mehrperspektivische Gruppenmodell im „Integrativen Ansatz" der Gestalttherapie, in *Petzold, H., Frühmann, R.*, Modelle der Gruppe in Psychotherapie und psycho-sozialer Arbeit, 2 Bde, Junfermann, Paderborn 1987, I 255—283.

Gaddini, R., Transitional Objects and the Process of Individuation: A study in three different social groups, *Journal of the American Academy of Child Psychiatry* 9 (1970) 347—365.

Gaddini, R., Transitional Objects and the Psychosomatic Symptom, in: *Grolnik. S. A., Barkin, L. (1981)*

Galenson, E., Roiphe, H., The impact of early sexual discovery on mood, defensive organisation and symbolisation, *The Psychoanalytic Study of the Child*, 26 (1971) 195—216.

Goodman, P., Compulsory mis-education and the community of scholars, Vintage, Random House, New York 1964.

Grolnik, S. A., Barkin, L., Between reality and phantasy, Jason Aronson, New York 1981.

Gutton, T., Le jeu chez l'efant. Essay psychanàlytique, Librarie Larousse, Paris 1973.

Gurwich, A., Das Bewußtseinsfeld, Springer, Berlin 1975.

Habermas, J., Vorstudien und Ergänzungen zur Theorie des kommunikativen Handelns, Suhrkamp, Frankfurt 1984.

Habermas, J., Notizen zur Entwicklung der Interaktionskompetenz, 1984a, in: *Habermas, J.* (1984), 187—225.

Habermas, J., Überlegungen zur Kommunikationspathologie 1984b, in: *Habermas* (1984), 226—271.

Haramt, P., Die Nachblüte der Psychoanalyse in Ungarn, 1945—1949, *Psychoanalyse* 4 (1985) 241—253.

Hart, van der, O., Abschiednehmen — Abschiedsrituale in der Psychotherapie, Pfeiffer, München 1982.

Harter, S., Pleasure derived by children from cognitive challenge and mastery, *Child Development* 45 (1974) 661—669.

Harter, S., Affectence motivation reconsidered: Towards a developmental model, *Human Development* 21 (1978) 34—64.

Harter, S., The Development of Competence, Motivation in the Mastery of Cognitive and Physical Skill: Is there still a Place for Joy, *Psychology of Motor-Behavior and Sport* (1980) 3—29.

Hegi, F., Improvisation und Musiktherapie. Möglichkeiten und Wirkungen von freier Musik, Junfermann, Paderborn 1986.

Heinl, H., Petzold, H., Walch, S., Konzepte und Erfahrungen aus der gestalttherapeutischen Arbeit mit Angehörigen sozial benachteiligter Schichten in: *Petzold, H., Heinl, H.*, Psychotherapie und Arbeitswelt, Junfermann, Paderborn 1983, 267—310.

Heimann, P., Bemerkungen zur Gegenübertragung, *Psyche* 14 (1960) 483—493.

Heinermann, B., Text und Poesie in der Psychotherapie mit Jugendlichen, Grad.-Arb. am Fritz Perls Institut, Düsseldorf 1984 (mimeogr.).

Hernegger, R., Der Mensch auf der Suche nach Identität, Habelt, Bonn 1978.

Herzog, W., Der Körper als Thema der Pädagogik, in: *Petzold* (1985) 259—303.

Hoffmann, K., Krieger, U., Masken, MZ-Informationen, Medienzentrale im Amt für Gemeindedienst der Evangelisch-lutherischen Landeskirche Hannover, Hannover 1979.

Hong, K. M., The Transitional Phenomena, *The Psychoanalytic Study of the Child* 33 (1978), 47—49.

Hong, K. M., Townes, B. D., Infants' attachment to inanimate objects, *Journal of the American Academy of Child Psychiatry* 15 (1976) 49—61.
Hopkins, B., Culturally determined patterns of handling the Human Infant, *Journal of Human Movement Studies* 2 (1976), 1—27.
Hoppe, K. D., Über den Einfluß der Übergangsobjekte und -phänomene auf die Symptombildung, *Jahrbuch der Psychoanalyse* 3 (1964) 86—115.
Horney, K., The problem of negative therapeutic reaction, *Psychoanalytic Quarterly* 5 (1936) 29—44.
Husserl, E., Ideen zur reinen Phänomenologie und phänomenologischen Philosophie, 2. Buch, Nijhoff, Den Haag 1952.
Iljine, V. N., Therapeutisches Theaterspiel, Sobor, Paris 1942 (russ.).
Iljine, V. N., Das therapeutische Theater, in: *Petzold, H.*, Angewandtes Psychodrama, Junfermann, Paderborn 1972, 168—176.
Izard, C. E., Human Emotions, Plenum Press, New York 1977.
Izard, C. E., On the ontogenesis of emotions and emotion-cognition relation-ships in infancy, in: *Lewis, Rosenbluhm* (1978), 389—413.
Izard, C. E., Büchler, S., Emotion, expressions and personality integration in infancy, in: *Izard, C. E.* (Hrsg.), Emotions in personality and psychopathology, Plenum Press, New York 1979, 445—472.
Izard, C., Kagan, J., Zajonc, R., Emotions, cognition and behavior, Cambridge University Press, London 1984.
Janov A., The anatomy of mental illness. The scientific basis of primal therapy, G. P. Putnam's, New York 1971.
Janov, A., Frühe Prägungen, Fischer, Frankfurt 1984.
Janov, E., Holden, M., Das neue Bewußtsein, Fischer, Frankfurt 1978.
Jaquenoud, R., Rauber, A., Intersubjektivität und Beziehungserfahrung, Junfermann, Paderborn 1981.
Jason-Michl, C., Gestalten, Erleben, Handeln. Handbuch für kreative Gruppenarbeit, Pfeiffer, München 1980.
Joas, H., Praktische Intersubjektivität. Die Entwicklung des Werkes von G. H. Mead, Suhrkamp, Frankfurt 1981.
Jones, E., Die Theorie der Symbolik (Teil I), *Psyche* 24 (1970) 942—959, (Teil II) *Psyche* 46 (1972) 581—622.
Kagan, J., Infancy: Its place in human development, Harvard University Press, Cambridge/Mass. 1978.
Kagan, J., On emotion and its development: A working paper, in: *Lewis, Rosenbluhm* (1978) 11—41.
Kagan, J., Overview: Prospectives of human infancy, in: *Osofsky* (1979) 1—29.
Kehrberg, A., Gestalttherapie und Psychodrama in der Arbeit mit depressiven Kindern, Grad.-Arb. am Fritz Perls Institut, Düsseldorf 1980 (mimeogr.)
Keller, H., Meyer, H.-J., Psychologie der frühesten Kindheit, Kohlhammer, Stuttgart 1982.
Keller, M., Kognitive Entwicklung und soziale Kompetenz. Zur Entstehung der Rollenübernahme in der Familie und ihre Bedeutung für den Schulerfolg, Klett, Stuttgart 1976.
Kemper, W., Übertragung und Gegenübertragung als funktionale Einheit, *Jahrbuch der Psychoanalyse* 6 (1969), 35—68.
Kernberg, O. F., Object relation theory. Clinical Psychoanalysis, New York 1976.
Kernberg, O. F., Borderline-Störungen und pathologischer Narzißmus, Suhrkamp, Frankfurt 1978.

Kessen, W., Handbook of child psychology, vol. I, Wiley, New York 1983.

Kestenberg, J. S., Weinstein, J. Transitional Objects and Body-Image Formation, in: *Grolnik, Barkin* (1978), 75—95.

Keupp, H., Röhrle, B., Soziale Netzwerke, Campus, Frankfurt 1987.

Kimpfler, A., Die Sinne. Ihre aktive Pflege und Entwicklung, Aurum, Freiburg 1984.

Kirchmann, E., Selbstdarstellung mit Ton in der Integrativen Kindertherapie, *Integrative Therapie* 1 (1980) 58-69.

Klein, M., Das Seelenleben des Kleinkindes und andere Beiträge zur Psychoanalyse, Rowohlt, Reinbek 1972.

Kohlberg, L., Zur kognitiven Entwicklung des Kindes, Suhrkamp, Frankfurt 1984.

Kohut, H., Narzißmus, Suhrkamp, Frankfurt 1971.

Kohut, H., Die Heilung des Selbst, Suhrkamp, Frankfurt 1981.

Köllermann, H., Arbeit mit Ton in der Integrativen Gestalttherapie, Grad.-Arb. am Fritz Perls Institut, Düsseldorf 1980 (mimeogr.).

Kramer, E., Kunst als Therapie mit Kindern, E. Reinhardt, München 1975.

Kreuzer, K. J., Handbuch der Spielpädagogik, 5 Bde., Schwann, Düsseldorf 1984.

Krüger, A., Elemente der Gestalttherapie in der Spieltherapie mit Schulkindern, Grad.-Arb. am Fritz Perls Institut, Düsseldorf 1980 (mimeogr.).

Kubie, L. S., Body Symbolisation and the Development of Language, *Psychoanalytic Quarterly 3* (1934) 430—444.

Kuras, J., Les communications non-verbales, P. U. F., Paris 1980.

Lange-Rinast, R., Möglichkeiten der Selbsterkundung in der Arbeit mit dem kreativen Medium Ton innerhalb der Integrativen Therapie — eine Dokumentation, Diplomarbeit, Psychol. Inst., Universität Hamburg, Hamburg 1986.

Landau, E., Psychologie der Kreativität, Reinhardt, München 1969.

Leahy, R. L., The development of the Self, Academic Press, San Diego 1985.

Lebovici, S., Les tics chez l'enfants, P. U. F., Paris 1961.

Ledermann, J., Anger and the rocking chair: Gestalt awareness with children, Viking Press, New York 1969.

Lemaire, J. G., La relaxation, Payot, Paris 1964.

Lewis, M., Freedle, R. Q., Mother-Infant Dyad. The Cradle of Meaning, in: *Pilner, P., Krames, L., Alloway, T.* (Hrsg.), Communication and Affect: Language and Thought, Academic Press. New York 1973.

Lewis, M., Rosenbluhm, L. A., Interaction, Conversation and the Development of Language, Wiley, New York 1977.

Lewis, M., Brookes, J., Self knowledge and emotional development. Paper presented at the conference: The origins of behaviour: affect development, Princetown, New Jersey 1977.

Lewis, M., Rosenbluhm, L. A., The development of affect, Plenum Press, New York 1978.

Lewis, M., Rosenbluhm, L. A., The origins of self, Wiley, New York 1979.

Lewis, M., Brookes-Gunn, J., Social cognition and the acquisition of Self, Plenum Press 1979.

Lewis, M., Feiring, C., Kotsonis, M., The social network of the young child, in: *Lewis*, (1984) 129—160.

Lewis, M. (Hrsg.) Beyond the dyadic genesis of behaviour, Plenum Press, New York 1984.

Lippert-Lutz, Ch., Körper und Schule: Die Rolle der Integrativen Bewegungstherapie in der Gestaltpädagogik, Grad.-Arb. am Fritz Perls Institut Düsseldorf 1987.

Lotzmann, G. Non-Verbale und verbale Ausdrucksgestaltung in der Behandlung von Sprech-, Sprach- und Hörstörungen, Beltz, Weinheim 1982.
Lowen, A., Bioenergetics, Coward, Mc. Cann, New York 1975; dtsch. Bioenergetik, Scherz, München 1976.
Lowen, A., Bioenergetic Analysis: Eine Weiterentwicklung der Reich'schen Therapie, in: *Petzold, H.*, Die Neuen Körpertherapien, Junfermann, Paderborn 1977, 51—62.
Lückel, K., Begegnung mit Sterbenden, Kaiser, München 1981.
Luckner, N. v., Ernst, C., Stellt frühe Kindheit die Weichen? Eine Kritik an der Lehre von der schicksalhaften Bedeutung erster Erlebnisse, Enke, Stuttgart 1985.
Marcel, G., Leibliche Begegnung, in: *Petzold* (1985) 15—46.
Marcel, G., Sein und Haben, Schöningh, Paderborn 1968.
Marcel, G., Homo Viator, Philosophie der Hoffnung, Bastion, Düsseldorf 1949.
Mahler, M., Pine, F., Bergmann, A., The psychological birth of the human infant, Basic Books, New York 1975.
Mâle, P., Psychothérapie de l'adolescent, P. U. F., Paris 1969.
Masten, A. S., Garmezym N., Risk, Vulnerability and protective factors in developmental psychology, in: Advances in Child Psychology 8 (Hrsg. *B. B. Lahey, A. E. Kazdin)*, Plenum Press, New York 1974, 1—15.
Mayo, C., La France, M., On the acquisition of non-verbal communication: A review, *Merrill-Palmer Quarterly* 24 (1978) 213—401.
Mead, G. H., Mind, Self and Society, University of Chicago Press, Chicago 1934; dtsch. Geist, Identität, Gesellschaft, Suhrkamp, Frankfurt 1975.
Mehrkens, U., Gestalttherapie und Integrative Arbeit mit Kindern und Familien, Grad.-Arb. am Fritz Perls Institut, Düsseldorf 1981 (mimeogr.).
Merleau-Ponty, M., Phénomenologie de la perception, Gallimard, Paris 1945; dtsch. Phänomenologie der Wahrnehmung, de Gruyter, Berlin 1966.
Merleau-Ponty, La prose du monde, Gallimard, Paris 1969; dtsch. Die Prosa der Welt, Fink, München 1984.
Merleau-Ponty, M., Der Ausdruck von Kinderzeichnungen, 1984a, in: *Merleau-Ponty* (1984), 163—168.
Merleau-Ponty, M., Le visible et l'invisible, Gallimard, Paris 1964; dtsch. Das Sichtbare und das Unsichtbare, Fink, München 1986.
Mertens, W., Psychoanalyse, Klett, Stuttgart 1981.
Mertens, W., Neue Perspektiven der Psychoanalyse, Klett, Stuttgart 1981a.
Mertens, W., Psychoanalyse. Ein Handbuch in Schlüsselbegriffen, Urban & Schwarzenberg, München, Wien, Baltimore 1983.
Millar, S., Psychologie des Spiels, Otto Mayer, Ravensburg 1978.
Miller, A., Das Drama des begabten Kindes, Suhrkamp, Frankfurt 1979.
Miller, A., Am Anfang war Erziehung, Suhrkamp, Frankfurt 1980.
Mitscherlich, M., Die Bedeutung des Übergangsobjektes für die psychosomatische Theorie, in *Oberbeck, G., Oberbeck, A.*, Seelischer Konflikt — körperliches Leiden, Rowohlt, Reinbek 1984, 95—200.
Mitscherlich, M., Über die Bedeutung des Übergangsobjektes für die Entfaltung des Kindes, in: *Eggers* (1984), 185—203.
Montagu, A., Körperkontakt, Klett, Stuttgart 1976.
Montagu, A., Zum Kind reifen, Klett-Cotta, Stuttgart 1984.
Moreno, J. L., Who shall survive? 1934, 2. Aufl., Beacon House, Beacon 1953.
Moreno, J. L., Moreno, F. S., Spontaneity theory of child development, *Sociometry* 7 (1944) 89—128.
Moreno, J. L., Psychodrama, Vol. I, Beacon House, Beacon 1946.

Moreno, J. L., Gruppenpsychotherapie und Psychodrama, Thieme, Stuttgart 1959.
Mühle, G., Entwicklungspsychologie des zeichnerischen Gestaltens, Springer, Berlin/Heidelberg 1975.
Nickel, H., Entwicklungspsychologie des Kindes- und Jugendalters, Huber, Bern, 2 Bde., 1975.
Nitsch-Berg, H., Kindliches Spiel zwischen Triebdynamik und Entkulturation, Klett, Stuttgart 1978.
Oaklander, V., Gestalttherapie mit Kindern und Jugendlichen, Klett, Stuttgart 1981.
Oerter, R., Moderne Entwicklungspsychologie, Auer Verlag, Donauwörth 1982.
Oerter, R., *Montada, L.*, Entwicklungspsychologie, Urban & Schwarzenberg, München 1982.
Orth, I., *Petzold, H.*, Überlegung zur Eigenständigkeit kunsttherapeutischer Methoden und Medien. Ausbildung in Poesie- und Bibliotherapie, in: *Petzold, H.*, *Orth, I.*, Poesie und Therapie, Junfermann, Paderborn 1985, 413—432.
Osofsky, J. D., Handbook of infant Development, Wiley, New York 1979.
Ornstein, R., Die Psychologie des Bewußtseins, Fischer, Frankfurt 1976.
Papoušek, H. Papoušek, M., Mirror, Image and Self-recognition in young human infants I. A new method of experimental analysis, *Developmental Psychobiology* 7 (1974), 149—157.
Papoušek, H., *Papoušek, M.*, Cognitive aspects of preverbal social interactions between human infants and adults, in: Parent-Infant-Interaction, Elsevier, Amsterdam 1975, 241—271.
Parkes, C. M., *Stevenson-Hinde, J.*, The place of attachment in human behavior, Basic Books, New York 1982.
Parke, R. D., Perspectives on Father-Infant Interaction, in: *Osofsky* (1979) 539—590.
Pearson, G. H. J., Handbuch der Kinderpsychoanalyse, Fischer, Frankfurt 1973.
Peller, L. E., Language and Development, in: *Neubauer, P. B.*, Concepts of Development in early childhood education, Thomas, Springfield 1965, 53—83.
Perls, F. S., Gestalttherapie in Aktion, Klett, Stuttgart 1974.
Perls, F. S., Gestalt, Wachstum, Integration, Junfermann, Paderborn 1980.
Perls, F. S., Ego, hunger and agression, Dell, New York 1969.
Petzold, H., Géragogie — nouvelle approche de l'éducation pour la viellesse et dans la viellesse. *Publications de L'Institut St. Denis* 1 (1965) 4—16; dtsch. in: *Petzold* (1985 c) 11—30.
Petzold, H., Les Quatre Pas. Concept d'une communauté thérapeutique. Paris 1969, mimeogr.; teilweise dtsch. in: *H. Petzold*, Drogentherapie, Junfermann, Paderborn, 1974, 524—529.
Petzold, H., L'analyse progressive en psychodrame analytique, Paris 1969 a, mimeogr.
Petzold, H., Thérapie du mouvement, training relaxatif, thymopratique et éducation corporelle comme integration, Paris, 1970, mimeogr.
Petzold, H., Komplexes Kreativitätstraining mit Vorschulkindern, *Schule und Psychologie* 3 (1972) 146—157.
Petzold, H., Angewandtes Psychodrama in Therapie, Pädagogik, Theater und Wirtschaft, Junfermann, Paderborn 1972 a, 3. erw. Aufl. 1985.
Petzold, H., Kreativität und Konflikte, Junfermann, Paderborn 1973.
Petzold, H., Gestalttherapie und direkte Kommunikation in der Arbeit mit Elterngruppen 1973 a, in: *Petzold* (1973) 271—289.
Petzold, H., Gestalttherapie und Psychodrama, Nicol, Kassel 1973 b.
Petzold, H., Psychotherapie und Körperdynamik, Junfermann, Paderborn 1974.
Petzold, H., Integrative Bewegungstherapie 1974a, in: *Petzold* (1974) 403—431.

Petzold, H., Integrative Therapie ist Kreative Therapie, Fritz Perls Institut, Düsseldorf 1975 (mimeogr.)

Petzold, H., Masken und Märchenspiel in der Integrativen Therapie, *Integrative Therapie* 1 (1975 a) 303—308.

Petzold, H., Die neuen Körpertherapien, Junfermann, Paderborn 1977.

Petzold, H., Thymopraktik als Verfahren Integrativer Therapie, 1977 a, in: *Petzold* (1977) 252—306.

Petzold, H., Theorie und Praxis der Traumarbeit in der Integrativen Therapie, *Integrative Therapie* 3/4 (1977 b) 147—175.

Petzold, H., Die Rolle der Medien in der integrativen Pädagogik, 1977 c, in: *Petzold, Brown* (1977) 7—13.

Petzold, H., Das Ko-respondenzmodell in der Integrativen Agogik, *Integrative Therapie* 1 (1978) 21—58.

Petzold, H., Integrative Körper- und Bewegungserziehung, in: *Brown, Petzold* (1978 a) 100—114.

Petzold, H., Psychodrama-Therapie, Junfermann, Paderborn, 1979, 2. Aufl. 1985.

Petzold, H., Die Rolle des Therapeuten und die therapeutische Beziehung, Junfermann, Paderborn 1980.

Petzold, H., Widerstand — ein strittiges Konzept der Psychotherapie, Junfermann, Paderborn 1981.

Petzold, H., Konzepte des Widerstands in der Psychotherapie 1981 a, in: *Petzold* (1981) 7—37.

Petzold, H., Das Hier-und-Jetzt-Prinzip in der Psychologischen Gruppenarbeit, in: *Bachmann, C.*, Kritik der Gruppendynamik, Fischer, Frankfurt 1981 b, 214—299.

Petzold, H., Theater oder das Spiel des Lebens, Verlag für Humanistische Psychologie, W. Flach, Frankfurt 1982.

Petzold, H., Dramatische Therapie, Neue Wege der Behandlung durch Psychodrama, Rollenspiel, Therapeutisches Theather, Hippokrates, Stuttgart 1982 a.

Petzold, H., Gestaltdrama, Totenklage und Trauerarbeit, 1982 b, in: *Petzold* (1982 a) 335—368.

Petzold, H., Puppen und Puppenspiel in der Psychotherapie, Pfeiffer, München 1983.

Petzold, H., Puppen und Großpuppen als Medien in der Integrativen Therapie, 1983 a, in: *Petzold* (1983) 32—57.

Petzold, H., Wege zum Menschen. Methoden und Persönlichkeiten moderner Psychotherapie. Ein Handbuch. 2 Bde., Junfermann, Paderborn 1984.

Petzold, H., Vorüberlegungen und Konzepte zu einer Integrativen Persönlichkeitstheorie, *Integrative Therapie* 1/2 (1984 a) 73—115.

Petzold, H., Die Gestalttherapie von Fritz Perls, Lore Perls und Paul Goodman, *Integrative Therapie* 1/2 (1984 b) 5—72.

Petzold, H., Leiblichkeit, Junfermann, Paderborn 1985.

Petzold, H., Zur Ausbildung dynamisch orientierter Leib- und Bewegungstherapeuten, 1985 a, in: *Petzold* (1985) 587—603.

Petzold, H., Moderne Verfahren der Bewegungs- und Leibtherapie und die „Integrative Bewegungstherapie" 1985 b; in: *Petzold* (1985) 347—390.

Petzold, H., Mit alten Menschen arbeiten, Pfeiffer, München 1985 c.

Petzold, H., Gestalttherapie — Fragen, Wege und Horizonte. Abschließende Überlegungen zur ersten deutschen Tagung für Gestalttherapie, in: *Petzold, H., Schmidt, Ch.*, Gestalttherapie — Wege und Horizonte, Junfermann, Paderborn 1985 d.

Petzold, H., Konfluenz, Kontakt, Begegnung und Beziehung als Dimensionen therapeutischer Korrespondenz in der Integrativen Therapie, *Integrative Therapie* 4 (1986) 320—342.

Petzold, H., Editorial. Zeit und Psychotherapie, *Integrative Therapie* 3 (1986 a) 155—163.

Petzold, H., Die Rolle der Gruppe in der Arbeit mit alten Menschen 1986 b, in: *Petzold, Frühmann* (1986) II, 309—377.

Petzold, H., Psychotherapie und Friedensarbeit, Junfermann, Paderborn 1986 c.

Petzold, H., Form als fundierendes Element der Integrativen Therapie mit kreativen Medien in: *Kunst und Therapie, Jg. 1987.*

Petzold, H., Integrative Therapie als intersubjektive Hermeneutik bewußter und unbewußter Lebenswirklichkeit, Fritz Perls Institut, Düsseldorf 1987 a; (ersch. *Integrative Therapie* 1, 1988).

Petzold, H., Konzepte zu einer mehrperspektivischen Hermeneutik leiblicher Erfahrung und nicht-sprachlichen Ausdrucks in der Integrativen Therapie. Fritz Perls Institut, Düsseldorf 1987 b; (ersch. *Integrative Therapie* 1,1988).

Petzold, H., Beziehung und Deutung in der Integrativen Bewegungstherapie und in leiborientierten Formen der Psychotherapie, in: *Reinelt, T., Dattler, W.*, Beziehung und Deutung im psychotherapeutischen Prozeß, Springer, Heidelberg 1987 c. (im Druck).

Petzold, H., Überlegungen und Konzepte zur Integrativen Therapie mit kreativen Medien und einer intermedialen Kunsttherapie. *Integrative Therapie* 2 (1987 d), im Druck.

Petzold, H., Integrative Therapie mit kreativen Medien, intermediale Kunsttherapie — Wege, einer entfremdenden und verdinglichenden Welt zu begegnen, Fritz Perls Institut, Düsseldorf 1987 e; ersch. in: *K. Matthies*, Ber. Kunsttherapie Symposion, Univ. Bremen, Campus, Frankfurt 1987.

Petzold, H., Bubolz, E., Bildungsarbeit mit alten Menschen, Klett, Stuttgart 1976.

Petzold,, H., Brown, G., Gestaltpädagogik. Konzepte der Integrativen Erziehung, Pfeiffer, München 1977; 2. erw. Aufl., Verlag für Psychologie W. Klotz, Frankfurt 1987.

Petzold, H., Mathias, U., Integrative Erziehung mit verhaltensgestörten und behinderten Kindern, In: *G. Brown, H. Petzold*, Gefühl und Aktion, Verlag für humanist. Psychologie, W. Flach KG, Frankfurt 1978, 156—167.

Petzold, H., Bubolz, E., Psychotherapie mit alten Menschen, Junfermann, Paderborn 1979.

Petzold, H., Mathias U., Rollenentwicklung und Identität, Junfermann, Paderborn 1983.

Petzold, H., Heinl, H., Psychotherapie und Arbeitswelt, Junfermann, Paderborn 1983.

Petzold, H., Frohne, I. et al., Poesie- und Musiktherapie, Junfermann, Paderborn 1983.

Petzold, H., Reinhold, K., Humanistische Psychologie, Integrative Therapie und Erwachsenenbildung, in: *Garnitschnig, K.*, Menschenerweckende Erwachsenenbildung, Herold, Wien 1983, 49—68.

Petzold, H., Landsberg W., Metzmacher, B., Schneewind, U., Weiterbildungscurriculum Integrative Kinder- und Jugendlichenpsychotherapie, Fritz Perls Institut, Düsseldorf 1983.

Petzold, H., Epe, C., Das Spiel und seine Bedeutung für die stationäre Langzeittherapie mit drogenabhängigen Jugendlichen in der Integrativen Gestalttherapie, in: *Kreuzer* IV (1984) 399—412.

Petzold, H., Metzmacher, B., Kreative Medien, Awareness-Training und Interaktionsspiele der Integrativen Gestalttherapie in der Arbeit mit Kindern und Jugendlichen, in: *Kreuzer* IV (1984) 253—269.

Petzold, H., Orth, I., Poesie und Therapie. Über die Heilkraft der Sprache, Junfermann, Paderborn 1985.

Petzold, H., Maurer, Y., Integrative Gestaltpsychotherapie, in: *Maurer, Y.*, Bedeutende Psychotherapieformen der Gegenwart, Hippokrates, Stuttgart 1985, 61—87.

Petzold, H., Zander, B., Stadtteilarbeit mit alten Menschen — ein integrativer Ansatz zur Verhinderung von Segregation, in: *Petzold* (1985c) 159—202.

Petzold, H., Frühmann, R., Modelle der Gruppe, 2 Bde. Junfermann, Paderborn 1986.

Petzold, H., Schneewind, U., Konzepte zur Gruppe und Formen der Gruppenarbeit in der Integrativen Therapie und Gestalttherapie, in: *Petzold, Frühmann* (1986) 109—255.

Petzold, H., Schneewind, U., Die Interventionsstrategien in der Gruppenarbeit der „Integrativen Therapie" und ihr konzeptueller Hintergrund, *Gestalt-Bulletin* 1 (1986 a) 26—42 .

Petzold, H., Frühmann, R., Lehranalyse und Lehrtherapie in den psychotherapeutischen Schulen, Junfermann, Paderborn 1988 (in Vorber.).

Peukert, U., Interaktive Kompetenz und Identität, Patmos, Düsseldorf 1979.

Petersen, P., Übertragen und Begegnen im therapeutischen Dialog, in: *Petzold* (1980).

Piaget, J., Nachahmung, Spiel und Traum, Klett, Stuttgart 1969.

Piaget, J., Das Erwachen der Intelligenz beim Kinde, Gesammelte Werke, Bd. 1, Klett, Stuttgart 1975a.

Piaget, J., Der Aufbau der Wirklichkeit beim Kinde, Gesammelte Werke, Bd. 2, Klett, Stuttgart 1975b.

Piaget, J., Das affektive und das kognitive Unbewußte, in: *Piaget, J.*, Probleme der Entwicklungspsychologie. *Kleine Schriften,*, Suhrkamp, Frankfurt 1976, 31—45.

Prengel, A., Gestaltpädagogik, Beltz, Weinheim 1984.

Puhle-Hans, H., Väter und Kinder, Haag und Herchen, Frankfurt 1977.

Racker, H., Übertragung und Gegenübertragung. Studien zur psychoanalytischen Technik, Reinhardt, München, Basel 1978.

Rahm, D., Gestaltberatung. Junfermann, Paderborn 1979; 2. erw. Aufl. 1986.

Raimbault, G., L'enfant et la mort, E. Privat, Toulouse 1975; dtsch. Kinder sprechen vom Tod. Klinische Probleme der Trauer, Suhrkamp, Frankfurt 1980.

Rau, H., Das diagnostische Elterngespräch beim Hausbesuch als Teil einer familienorientierten Diagnostik unter gestalttherapeutischen Aspekten, *Gestalt-Bulletin* 1/2/3 (1982) 94—118.

Reinert, G.-B., Pädagogische Interaktion als Aspekt des Praktikerhandelns, *Integrative Therapie* 2 (1985) 142—163.

Richter, H.-G., Anfang und Entwicklung der zeichnerischen Symbolik, Kastellaun 1976.

Rogers, C. R., The clinical treatment of the problem child, Houghton Mifflin, Boston 1939.

Rogers, C. R., The necessary and sufficient conditions of therapeutic personality change, *Journal of Consulting Psychology* 21 (1957) 95—103.

Rogers, C. R., Entwicklung der Persönlichkeit, Klett, Stuttgart 1973.

Rogers, C. R., Die klientzentrierte Gesprächspsychotherapie, Kindler, München 1976.

Rogers, C. R., Stevens, B., Von Mensch zu Mensch, Junfermann, Paderborn 1986.

Rohde-Dachser, C., Das Borderline-Syndrom, Huber, Bern 1978.

Rohde-Dachser, C., Frühkindliche Traumatisierungen durch Ausfall des empathischen Objekts, in: *Naske, R.* (Hrsg.), Aufbau und Störungen frühkindlicher Beziehungen zu Mutter und Vater, Wien, 1981, 31—48.

Rojas-Bermúdez, R., Nucleo del Yo, Genitor, Buenos Aires 1979.

Rojas-Bermúdez, J. G., Handpuppen als Intermediär-Objekte in der Behandlung von Psychotikern, in: *Petzold* (1983) 129—160.

Rosenberg, M., Self-concept and psychological well-being in adolescence, in: *Leahy* (1985) 205—246.

Rosenkranz, M., Gestalttherapeutische Methoden in der Arbeit mit Kindern und Erwachsenen, Grad.-Arb. am Fritz Perls Institut, Düsseldorf 1978 (mimeogr.).

Rosenkranz, M., „Hände" — eine Arbeit zur integrativen Körpererziehung, in: *Brown, Petzold* (1978) 115—135.

Rossum, J. H. H., van, Motorisch gedrag en ontwikkeling, Dekker & v. d. Vegt, Nijmegen 1982.

Sacarides, C. W., The world of emotion, *International University Press*, New York 1977.

Sameroff, A. J., Early Influences and Development: Facts or Fancy? *Merrill-Palmer Quarterly* 4 (1975) 267—294.

Sameroff, A. J., Development systems: Contexts and evolution, in: *Kessen* (1983).

Sander, L. W., Issues in early mother-child interaction, *Journal of the American Academy of Child Psychiatry* 1 (1962) 141—166.

Sandler, J., Dare, Ch., Holder, A., Die Grundbegriffe der psychoanalytischen Therapie, Klett, Stuttgart 1979².

Sarason, I. G., Sarason, B. R., Social support, M. Nijhoff, Dodrecht 1985.

Schaefer, C. E., Therapeutic use of child's play, Jason Aaron, New York 1976.

Schaffer H. H., (Hrsg.), Studies in Mother-Infant Interaction, Academic Press, New York 1977.

Scharfetter, Ch., Allgemeine Psychopathologie, Thieme, Stuttgart 1985.

Schiff, J. L., Day, B., All my children, Wiley, New York 1972; dtsch. Alle meine Kinder. Heilung der Schizophrenie durch Wiederholung der Kindheit, Kaiser, München 1980.

Schlippe, A. v., Familientherapie im Überblick. Basiskonzepte, Formen, Anwendungsmöglichkeiten, Junfermann, Paderborn 1984.

Schmitz, H., System der Philosophie, Bd. II: Der Leib, 1. Teil, Bouvier, Bonn 1965.

Schmitz, H., System der Philosophie, Bd. III: Der Raum, 1. Teil: Der leibliche Raum, Bouvier, Bonn 1967.

Schmitz, H., Phänomenologie der Leiblichkeit, in: *Petzold* (1985) 71—106.

Schneider, H., Die Theorie Piagets: Ein Paradigma für die Psychoanalyse!, Huber, Bern 1981.

Schneider, K., Skillfull Frustration, Konfrontation und Support als Interventionsstile der Gestalttherapie. *Integrative Therapie* 3 (1979) 192—207.

Schneider, K., Widerstand in der Gestalttherapie, in: *Petzold, H.*, Widerstand — ein strittiges Konzept in der Psychotherapie, Junfermann, Paderborn 1981, 227—255.

Schneider, K., Familientherapie aus der Sicht psychotherapeutischer Schulen, Junfermann, Paderborn 1983.

Schulz, R., Rau, M. T., Social support the life course, in: *Cohen, S. H., Syme, S. L.*, Social support and health, Academic Press, New York 1985.

Schütz, A., Collected Papers, Nijhoff, Den Haag, I 1970; II 1970a; III 1971.

Segal, H., Melanie Klein, Kindler, München 1974.

Seidl, E. et al., Rollenspiele für Grundschule und Kindergruppen, Bayerischer Schulbuchverlag, München 1976.
Silbereisen, R. K., Montada, R., Entwicklungspsychologie, Urban & Schwarzenberg, München 1983.
Spiegel, Y., Der Prozeß des Trauerns, Grünewald/Kaiser, Mainz/München 1972, 2 Bde.
Spiegel-Rösing, I., Petzold, H., Die Begleitung Sterbender, Junfermann, Paderborn 1984.
Sroufe, L. A., Attachment and the roots of competence, *Human Nature* 1 (1978) 50—57.
Sroufe, L. A., Social emotional development in: *Osofsky* (1979a) 462—516.
Sroufe, L. A., The coherence of individual development. Early care, attachment, and subsequent developmental issues, *American Psychologist* 34 (1979b) 834—841.
Sroufe, L. A. et al., The Role of Affect in Social Competence, in: *Izard, C. E., Kagan, J., Zajonc, R. B.*, Emotions, Cognition and Behaviour, Cambridge University Press, Cambridge 1984, 289—319.
Stechama, B., Der Vater als Interaktionspartner des Kindes, Verlag Haag und Herchen, Frankfurt 1981.
Stevens, J. O., Die Kunst der Wahrnehmung, Kaiser, München 1975.
Strauss, A., The social world perspective, in: *Denzin, N. H.*, Studies in symbolic interaction, JAI Press, Greenwich 1978, 190—228.
Thenakis, F., Väter, 2 Bde., Urban & Schwarzenberg, München 1985.
Thomas, G., Unterschicht, Psychosomatik und Psychotherapie, Beiheft 11 zur Integrativen Therapie, Junfermann, Paderborn 1986.
Unruh, D. R., Invisible lifes. Social world of the aged, Sage, Beverly Hills 1983.
Ullmann, R., Integrative Bewegungstherapie, in: *Maurer, Y.*, Bedeutende Psachotherapieformen der Gegenwart, Hippokrates, Stuttgart 1985, 185—198.
Waas, A., Corr, C. A., Helping children to cope with death, Hemisphere Publ. Comp., Washington 1982.
Wachs, T. D., Gruen, G. E., Early experience & Human development, Plenum Press, New York 1982.
Waldenfels, B., Das Zwischenreich des Dialogs, Nijhoff, Den Haag 1971.
Waldenfels, B., Die Verschränkung von Innen und Außen im Verhalten, Phänomenologische Forschung II, Alber, Freiburg 1976.
Waldenfels, B., Der Spielraum des Verhaltens, Suhrkamp, Frankfurt 1981.
Waldenfels, B., In den Netzen der Lebenswelt, Suhrkamp, Frankfurt 1985.
Walter, H., Sozialisationsforschung, 3 Bde., Frommann-Holzboog, Stuttgart 1973.
Watzlawick, P., Wie wirklich ist die Wirklichkeit? Huber, Bern 1977.
Weiner, M., Therapist disclosure. The use of the self in Psychotherapy, Butterworth, Boston 1978.
Wenger, G. C., The supportive network. Coping with old age, Allen, Unwin, London 1984.
Werner, W., The concept of risk from a developmental perspective, *Advances in Special Education* 5 (1986 JAI Press) 1—23.
Weyde, R., Leiberfahrung und Darstellung in: *Petzold* (1985) 431—452.
Weyde, R., Lebenspanorama: Von Therapie für Unterricht lernen. Ein Beispiel subjektzentrierten Kunstunterrichts in der Oberstufe, *Integrative Therapie* 2 (1985 a) 130—141.
White, R. W., Motivation reconsidered: The concept of competence, *Psychological Review* 66 (1959). 297—333.
Widlöcher, D., Was die Kindererziehung verrät, Kindler, München 1974.
Widlöcher, D., Das Psychodrama bei Jugendlichen, Walter, Olten 1974a.

Winkler, K., Gestalttherapie mit Masken oder lebe Deinen Mythos, in: *Hoffmann, K., Krieger, U.*, Symposion Maske, Teil II, Theater, Religion, Therapie, Medienzentrale der Evangelisch-Lutherischen Landeskirche Hannover, Hannover 1987.
Winnicott, D. W., Transitional Objects and Transitional Phenomena, *International Journal of Psycho-Analysis* 34 (1953); dtsch. Übergangsobjekte und Übergangsphänomene, *Psyche* 23 (1969) 666—682.
Winnicott, D. W., Psychosomatic illness and its positive and negative aspects, *International Journal of Psycho-Analysis* 47 (1966) 510—516.
Winnicott, D. W., Use of an Object, *International Journal of Psycho-Analysis* 50 (1969) 411—416.
Winnicott, D. W., Reifungsprozeß und fördernde Umwelt, Kindler, München 1974.
Winnicott, D. W., Vom Spiel zur Kreativität, Klett, Stuttgart 1983.
Wolff, P. H., The developmental psychologies of Jean Piaget and psychoanalysis, International University Press, New York 1960 (Psychological Issues 2/1, Monograph 5).
Zulliger, H., Heilende Kräfte im kindlichen Spiel, Klett, Stuttgart 1952, 1967.[5]
Zulliger, H., Bausteine der Kinderanalyse, Huber, Bern 1964.

Puppen und Puppenspiel in der Integrativen Therapie mit Kindern

Hilarion G. Petzold

„Therapeut sein verlangt die Bereitschaft, sich die Frage nach der eigenen Identität täglich neu zu stellen und stellen zu lassen."

I. Geheimnisse der Puppe — anthropologische Vorüberlegungen

Die Geheimnisse der Puppen sind mit den Geheimnissen des Menschen unlösbar verbunden. Die steinzeitlichen Figurinen sind mehr als Kultgegenstände, sie sind Ausdruck der Hominisation. Die Venus von Nebra[1] wurde geschaffen von Wesen, die in Distanz zu sich gehen konnten und die menschliche Form als menschlich zu begreifen vermochten, von Wesen, die über die Kraft der Symbolisierung verfügten[2]. Archaische Puppen mochten noch einfacher, ungestalteter gewesen sein als die frühesten „geformten" Figuren: Steine oder Holzstücke, Wurzeln, Alraunen[3] — ähnlich den frühen Übergangsobjekten[4] der Kinder. Die Puppe ist ein anderer Gefährte als der Mitmensch, das Nachbartier, die Geschwister. Sie ist in ihrer Leblosigkeit belebt von dem, der sie als *seine Puppe* gewählt oder geschaffen hat. Sie wird Teil seiner selbst, und der Weg zu sich selbst ist schwerer als der zum anderen — auch, oder weil er nur über den anderen führt[5]. Die Puppe ist unser Helfer, bei diesem Unterfangen, Mensch zu werden,[6] für eine Zeitlang zumindest. Sie ist unser Vasalle, uns selbst zu erschaffen, uns herauszuformen aus der Alleinheit der Symbiose[7], ohne die wir nicht leben konnten, aber mit der wir nicht auf Dauer leben können[8]. Sie half uns in den schmerzlichen und bedrohlichen Prozessen der Trennung[9] (von der Mutter wie von der Horde[10] gleichermaßen), ohne daß wir die Mutter oder die menschliche Gemeinschaft verlieren mußten, indem sie uns über die Abwesenheiten rettet, in denen uns unsere Eigenheit und Besonderheit erst in letzter Schärfe erfahrbar wird. Der Puppe verdanken wir, daß *Trennung nicht gleichbedeutend mit Verlust werden muß*, denn sie, die Puppe, war da.

Es ist also keine Zufälligkeit, daß Puppen zu allen Zeiten und in allen Kulturen zu finden sind[11]. *Der Mensch braucht die Puppe*, aber er steht zu ihr in der Zwiespältigkeit, die er offenbar allem gegenüber hegt, was er lebens-not-wendig braucht oder gebraucht hat und dessen Entzug oder Verlust lebens-bedrohlich wird. Die Puppe, in der Kindheit glühend geliebt, wird bald vergessen oder ein verstaubtes, vielleicht auch ein kostbares Souvenir[12], das selbst in Momenten der Nostalgie nur einen Schatten der einstigen Innigkeit aufkommen läßt. Aber die Puppe läßt sich aus dem Leben des Menschen nicht verbannen, dem sie in ihrem eigenartigen Zwitterwesen lebendiger Leblosigkeit verbunden ist[13]. Der Mensch braucht Puppen, und wo er sie verloren, weggelegt, vergessen hat, erschafft er sich neue Figuren, Bilder, Marionetten. Es ist das Wesen der Puppe, erschaffen zu sein. Sie macht den Menschen zum Schöpfer, der in immer neuen Versuchen der Gestaltung sich selbst zu finden hofft und in immer neuen Animationen den Puppen Leben zu geben sucht[14], denn ihre endgültige Beseelung würde das Rätsel des Lebens und die Schrecken des Todes auflösen[15].

1. Der erschaffene Körper

Körper sind erschaffene Körper. Adam, der Lehmgeformte[16], ist die Puppe Gottes, gestaltet nach dem Bilde und dem Gleichnis Gottes (der Elohim)[17]. Die Schöpfung *ex nihilo* geschieht keineswegs aus dem Nichts[18]. Die Ideen des Schöpfers sind die Ursubstanz[19], die geformt wird, sich verdichtet, Gestalt gewinnt und dabei immer den Logos des Demiurgen in sich trägt[20]. Das Geschaffene bleibt Teil des Urhebers, ist ihm ähnlich, steht in seiner Macht ..., bis daß sich das Geschöpf verselbständigt. Die Träume des Prometheus[21] wurden teuer bezahlt, schmerzvoll, verzehrend. Die Menschenpuppe aus Lehm bleibt nicht die „Marionette Gottes" (*Horaz*, Sat. II, 7. 82). Sie wird unbotmäßig. Sie entzieht sich dem Urheber und beraubt ihn der Möglichkeit, sich in seinem Geschöpf zu erkennen[22]. Die einsame Wanderung des Gilgamesch[23], der verstoßene Adam[24] tragen das Zeichen der Trauer; denn die Trennung des Schöpfers von seiner Idee ist bitter, und das Erkennen, sich selbst nicht erschaffen zu können und doch erschaffen zu müssen, überantwortet der Müdigkeit. Die großen Mythen der Menschheitsgeschichte handeln vom Schöpfer und seiner Puppe, diesem wahnsinnigen Begehren, sich zu begreifen, dieser Passion, sich auszudrücken, um sich zu finden, dieser Not, sich zu multiplizieren, um der Einsamkeit zu entgehen. Die Puppe zu schaffen, ist Aneignung und Entbergung zugleich, Gewinn und Verlust, Bemächtigung und Entmachtung.

Der erschaffene Körper darf nicht leblos bleiben, ihm wird die „*ruach*", der göttliche Geist, eingehaucht: dem Adam[25] wie dem

Golem[26], dem hölzernen Bengele[27] wie der Kreatur Frankensteins[28]. Der Genius wie der Wahnsinn des Schöpfers[29], seine Größe wie seine Perversion[30] zeigen sich in der Gestalt der Puppe, ihrem Antlitz, das vor Glück strahlt, in Liebe brennt, in Haß oder Entsetzen verzerrt ist. Die unbelebte Puppe zwingt uns, ihr Leben zu geben, uns in sie hinein-zuleben[31]. Die Puppe ruft nach dem Puppenspiel, dem Puppenspieler. Wo eine Puppe herumliegt (zwischen unaufgeräumtem Spielzeug), berührt uns die Tristesse, kommt jene grenzenlose Verlorenheit auf, die uns auf Müllhalden befällt, auf Schlachtfeldern, in Katastrophengebieten, wenn wir eine Puppe herumliegen sehen, die Augen weit aufgerissen.

Die Herstellung von Puppen ist mit einer eigenartigen Faszination verbunden. Die Zeit scheint still zu stehen. Das Material, Ton oder Knetmasse oder Pappmaschee, Wolle oder Stoffreste scheint den Former aufzusaugen. Er verströmt sich gleichsam in das Material hinein, mit seiner ganzen Aufmerksamkeit, seinem ganzen Impuls. Sein ganzes Bewußtsein ist gesammelt in höchster Konzentration. Die Kräfte des Unbewußten sind fokussiert, und im Brennpunkt der Blicke und der Hände entsteht der Körper der Puppe nach dem *Willen* des Formers, dessen ganzer Leib einbezogen ist, Mimik, Gestik, Haltung, Atmung. Der Körper der Puppe wird aufgenommen, betrachtet mit einer Intensität, als wäre es ein Blick in den Spiegel; und nicht mehr und nicht weniger ist es. Darin liegt die Verwandtschaft von Puppe und Maske[32]. Das prüfende Erforschen der Gestalt der Puppe ist mehr als das Suchen nach den Intentionen des Ausdrucks. Es ist eine angestrengte Exploration, die Suche nach etwas, das da sein *müßte*, nach einem Mehr, das der geschaffene Körper enthüllen könnte. Manchmal entsteht ein Moment des Staunens, ein bewundernder Augenblick, in dem ich ein Stück von mir in der Puppe erkenne[33], das mir als meines deutlich wird: unbekannte Besitztümer. Die Diskurse des Unbewußten haben eine Form gefunden. Sie sind anschaulich geworden. Manchmal geht das Erstaunen in ein Erschrecken über; meistens jedoch wird die Puppe mehr oder weniger befriedigt oder unbefriedigt aus der Hand gelegt oder neuen Prozessen der Formung unterworfen, und dem Former bleibt verborgen, *daß die Abwehr eine Gnade sein kann*. Die letzte Abwehr gilt der unentrinnbaren Einsicht, daß die Puppe nicht endgültig belebt werden kann. Wenn ihr aber die Illusion der Lebendigkeit genommen ist, wird sie zur Präfiguration unseres eigenen Todes.

2. *Die Puppe und die Macht*

„Willenlos wie eine Puppe ließ sie sich ausziehen"[34]. Die armseligen Huren des *Zola* oder des *Balzac* oder die in den Glasvitrinen eines thailändischen Bordells unterscheiden sich kaum noch von den aufblasbaren, fleischfarbenen Gespielinnen, den Plastikpuppen, denn ihnen hat man die Seelen weggenommen[35]. Es ist das Privileg der Schöpfer, ihre Geschöpfe aus dem Paradies zu verstoßen, der Puppenspieler, die Puppen tanzen zu lassen, des *Rabbi Loew* (1512—1609) dem Golem das Zeichen des Lebens in das Zeichen des Todes[36] zu verändern; es ist das Privileg der Generäle, lebendige Menschen in leblose Puppen zu verwandeln. Dieser ultimative Traum der Herrschaft ist nicht nur Gegenstand kryptischer Pergamente und geheimer Voodoo-Traditionen[37]. Sich dienstbare Puppen zu schaffen, Männer, aus Drachenzähnen gesät, Zyborgs, Androiden[38], ist nicht nur Gegenstand zeitloser alter und neuer Mythen[39]. Auf tausenden von Schlachtfeldern wurden Puppen aufeinandergehetzt, willenlos Kommandos der Vernichtung folgend, aufgestellt wie Zinnsoldaten[40]. Wer sind hier die Drahtzieher[41], wer die Verfasser der Stücke, wer ist der letzte, wahnsinnige Puppenspieler, der dieses ganze höllische Theater in Bewegung gesetzt hat?

Die Puppe ist ein Ding. Die Puppe ist verfügbar. Die Puppe wird besessen. Die Puppe wird verstümmelt. Die Puppe wird weggeworfen. Kinder liebkosen ihre Puppen oder schlagen sie, kleiden sie zärtlich an oder reißen ihnen die Haare aus. Die Puppe ist der Willkür der zerstörerischen oder libidinösen Impulse ausgesetzt[42], die sich damit nicht gegen das Selbst oder gegen Menschen richten, sondern die gleichsam an einen Stellvertreter gehen. Die Puppe fängt unkontrollierte, überschießende Affekte auf. Der Dingkörper absorbiert die Manifestationen der Macht (*Foucault*), die aus dem Archaischen kommen. Die Puppe wird damit selbst Teil des Archaischen. Wehe, wenn sie aus Fleisch und Blut ist! Die Machtausübung der Kinder und die Machtausübung der Potentaten haben eine gemeinsame Wurzel[43]. Verherrlichung und Vernichtung liegen nebeneinander[44]. Es regiert das Gesetz archaischer Totalität, das Alles oder Nichts. Die geschmückte Puppe und die zerstückelte Puppe, Kriegsheld und zerfetzte Leiche, Schönheitskönigin und Verkaufsobjekt sind die *Facetten* einer Wirklichkeit, kippfigurenhaft umschlagend. Die Synchronizität in der Welt der Puppen macht den plötzlichen Wechsel zum Gesetz, die Zufälligkeit des Umschlagens zur Regel. Liebevoll geformt, bemalt, angekleidet, kann die Puppe im nächsten Moment achtlos weggeworfen oder zerstört werden: denn man kann jederzeit neue Puppen erschaffen, neue Spiele spielen. Das ist die Wirklichkeit der Kinder, der Schöpfer, der Spielmächtigen, der Despoten. Sie können den Elementen gebieten, Form zu werden.

Die zerstückelte Puppe liegt auf dem Kehricht, die Glieder verstreut und eigenartig verrenkt. Die Körper in den Massengräbern haben Puppenaugen[45]. In ihnen steht das Grauen geschrieben. Die Faszination der zerstückelten Puppe besteht darin, daß sie in ihren Gliedern noch etwas Lebendiges zu haben scheint[46]. Ein Plastikbein — dieses Teil birgt in seltsamer Weise die Ganzheit in sich, als ob man in jedem Moment eine neue Puppe zusammensetzen könnte. Das amputierte Glied sendet einen stummen Ruf nach Zugehörigkeit aus. Die Organe auf dem Seziertisch scheinen nur darauf zu warten, an ihren richtigen Ort gesetzt zu werden, um wieder im Ganzen zusammen zu spielen[47]. Die zerstückelte Puppe beläßt uns in einer gewissen Ungläubigkeit gegenüber der Zerstörung. Die Phantasie der Reversibilität infiltriert das Denken und die Hybris des Schöpfers wird wach: „Siehe, ich mache alles neu". Die narzißtische Allmacht findet ihren letzten Ausdruck in der Herrschaft über die Puppe, die geschaffen oder zum Verschwinden gebracht werden kann. In ihrer grenzenlosen Reproduzierbarkeit hat sie über Jahrtausende die Armeen derjenigen gefüllt, die sich die Größe des Schöpfers bewahrt hatten, die Reiche schaffen konnten, weil ihnen auf einer tiefen Ebene Sandburg und Festung, Zinnsoldat und Landser, Mensch und Puppe das Gleiche geblieben waren[48].

3. *Die andere Identität*

Die Erfahrung des Eigenen erfordert das Erleben von Anderem[49]. Das Körper-Selbst des Kindes baut sich auf wie der Körper der Puppe: Glied um Glied. Der Körper, die Hand werden — wie der Körper der Mutter, das Kissen, die Wiege — als zugehörig erlebt, in undifferenzierter Allverbundenheit[50], aber nicht als *Eigenes*. Das kleine Kind ist seine eigene Marionette. Die Aktionen der Hand, des Fußes gleichen dem Spiel der Puppe, durch das Aneignung geschieht. Diese aber bedeutet immer zugleich Herauslösung aus dem Hintergrund der Allverbundenheit. Durch die Puppen als *Übergangsobjekt* vermag das Kind sich selbst zu erfahren. Wird sie im fortschreitenden Entwicklungsgeschehen *Intermediärobjekt*, so wird sie zum Medium, das vom Allgemeinen zum Besonderen, vom Eigenen zum Fremden, vom Ich zum Du vermittelt, das *Verbindung und Abgrenzung* in einem ermöglicht, und damit in den komplexen Prozessen der Identitätsbildung eine kardinale Stellung einnimmt[51]. Die Puppe wird zur Extension des Leibes, dem sie in geheimnisvoller Weise verbunden ist. Dies wird besonders plastisch im Spiel mit der Marionette. Das eigenartige Gliederwesen folgt den Bewegungen der Handführung. Die Intentionalität des Spieles wird sinnfällig und dem Erkennen zugänglich.

Sogar das Kleinkind, dessen Ich noch nicht den reflexiven Akt auf das Selbst hin vollzogen hat, dessen „Selbsterkenntnis" noch des Spiegels (*Lacan*) im Gesicht, in den Augen der Mutter bedarf[52)], erhält in der Puppe als Übergangsobjekt eine Möglichkeit, sich selbst wahrzunehmen und die Abhängigkeit von einer anderen Identität zu mindern. Und mehr noch, es gewinnt *Macht* über sich selbst. Die Puppe ist ein geheimnisvoller Partner im Umgang mit den Trieben. Sie nimmt Zärtlichkeit und Aggressionen[53)] in gleicher Weise, ohne die Rückkopplung, die der soziale Kontext in normierender und disziplinierender Weise gemeinhin bietet. Ihre Duldsamkeit hat etwas Versöhnliches. Sie steht zur Verfügung, Verletzungen und Enttäuschungen aufzunehmen, die das Kind erleiden mußte und die es an die Puppe ungefiltert weitergeben kann. Sie bietet die Chance, die Strebungen des eigenen Begehrens und des Vernichtungswillens kennenzulernen, mit ihnen vertraut zu werden und nach und nach zu entdecken, daß das Andere, das sich in und an der Puppe artikuliert, das Eigene ist, ohne daß das Erschrecken übermächtig wird. Die Puppe vollzieht häufig stellvertretend das, was das Ich im Es, im Leib-Selbst, in den Tiefen und Untiefen seiner Dynamik noch nicht sehen und annehmen kann.

Die Puppe wird aus der Hand gelegt, wenn wir ihrer nicht mehr bedürfen, wenn wir uns selbst in der Hand zu haben glauben und unsere Umwelt hand-haben können. Die Prozesse der Manipulation, bei denen die Puppe als Übergangs- und Intermediärobjekt vermittelte, sind in die Verfügbarkeit des Ichs eingegangen. Damit ist die Puppe überflüssig geworden. Sie erhält keinen Dank, sondern wird vergessen, achtlos liegengelassen oder in die Vitrine gestellt — eine Zeitlang, die Zeit der *Ablösung von der Puppe.* Ob sie gelingt? Im Alten- und Pflegeheim greifen dann der Greis, die Greisin „sans teeth, sans eyes, sans taste, sans everything" — wie *Shakespeare* im Monolog des Jaques das hohe Senium kennzeichnet — wieder zur Puppe (wenn man ihnen eine gewährt). Die Puppe als *Passageobjekt* ist hier für das verlöschende Ich *some-thing.* Sie hilft ihm, die Dunkelheit und die Verwirrtheit, an die der Hochbetagte oftmals ausgeliefert ist, zu ertragen und einen leichteren Übergang (*passage*) aus dem Land der Lebenden in das Land des Todes zu finden.

Wovor die Puppe uns in der Welt der Kinder bewahrte, Trennung und Ablösung als Verlust zu erfahren, ist ihr in der Welt der Erwachsenen selbst zum Schicksal geworden: sie ist verlorengegangen. Dem Verschwundenen aber hängt der Mensch an. Er bleibt in subtiler Weise gebunden und sucht nach der Wiederholung verlorener Erfahrungen. So sind wir fasziniert von Idolen, besessen von vierrädrigen Übergangsobjekten, sensibel für die Lockungen der Schaufensterpuppen, die wiederum in subtiler Weise die eigene und die andere Identität verquicken. — Und wir erschaffen uns Puppen, die wir beherrschen, die wir nach unserem Willen lenken, die die „andere Identität" darstellen, in der wir uns selbst finden: Untergebene, Haustiere, Ehegatten und (an wesentlichster Stelle) Kinder. Die *Puppe Kind* nach „dem eigenen Bild und Gleichnis" zu schaffen, ist das bewußte und unbewußte Ziel der meisten „Erziehungsberechtigten", die selber Marionetten ökonomischer Abhängigkeiten und gesellschaftlicher Normierungen sind, kollektiven Disziplinierungsprozessen ausgesetzt, die sie weitergeben. Die Unterschiede in diesen Prozessen sind auf der strukturellen Ebene vernachlässigbar, ähnlich den russischen Puppen, die in ihren zahllosen Verschachtelungen sich als prinzipiell invariant erweisen.

Die Gebundenheit an die Puppe ist geblieben. Die vermeintliche Ablösung erweist sich vielfach als verdeckte Abhängigkeit, als Suche nach Verlorenem; denn die Trennung erfolgte als Bruch, ohne Abschied und Trauer und Dank. Abschied nehmen, *prendre congé,* das ist ein Nehmen, ein Hineinnehmen in den Innenraum des Gedächtnisses und des Herzens, eine Aneignung über alle Möglichkeiten des Verlierens hinaus[54)]. *Wir haben von unseren Puppen keinen Abschied genommen,* doch dieser allein verwandelt Abhängigkeit und Verstrickung zu neuen Möglichkeiten der Beziehung und entbindet vom Sklavendienst des Wiederholungszwanges. Im Abschiednehmen gewinnen wir die Freiheit, uns zu lassen, den anderen zu lassen, die Dinge zu lassen — und wir können es, weil dies alles da ist, *une présence,* die auf uns zukommt, ohne daß wir fordern müssen.

4. Der Zauber der Puppen

Puppen sind zu kostbar, als daß sie als Übergangsobjekte eine bloße Überbrückungsfunktion wahrnehmen sollten, um dann dem Vergessen anheimzufallen oder „aus dem Schatten" heraus in der Reproduktion archaischer Muster des Begehrens und der Gewalt zu wirken. Sie begleiten den Menschen schon zu lange durch die Jahrtausende und durch die Lebensjahre. Deshalb verdienen sie es, erinnert zu werden. Nicht wegen der Dienste, die sie uns erwiesen haben in den Mühen der Selbstwerdung, nicht wegen des Trostes, den wir bei Strafen und Verlassenheit bei ihnen fanden, nicht wegen ihrer Geduld unserer Wut, unseren Quälereien, unseren Explorationen chirurgischer Neugierde gegenüber, sondern wegen ihres *Zaubers*. Die Puppen vermitteln uns die Erfahrung, *daß die Dinge sprechen können*. In der innigen Zwiesprache mit der Puppe bedarf es der Worte nicht. Sie kommen als ein Mehr, als Geschenke hinzu, in den Märchenwelten, in den Landschaften der Gefühle und Empfindungen. Die Geheimnisse verwinkelter Dachböden, versteckter Gartenflecken oder der Nische zwischen Kommode und Schrank teilen nur die Puppen. Es sind dies die Orte der Wunder, die die Welt der Erwachsenen verloren hat, und die so weit in der Dämmerung des Vergessens verschwunden sind, daß den meisten nicht einmal eine Sehnsucht geblieben ist. Die Unverbrüchlichkeit der Puppe, ihre Zaubermacht, bietet den sicheren Grund, das Land der Phantasie und der Phantasmen zu betreten, ohne sich fürchten zu müssen. Mit der Puppe im Arm können wir hinabtauchen in die Tiefen der Innenwelt, und das heißt letztlich, in die Tiefen der Lebenswelt, in ihre Geschichte, deren Unendlichkeit, und das ist ihre Wirklichkeit, nur mit der Kraft der Phantasie und der Träume[55] erfaßt werden kann. Auch dieser *Bezug zur Welt als ganzer*[56] ist den meisten Menschen verlorengegangen, und nur manchmal werden sie von einer Ahnung berührt: im Betrachten einer Landschaft oder im Erleben großer Musik oder Dichtung — oder in der Liebe.

Die Puppe und ihre Welt *muß* erinnert werden; denn die Wirklichkeit der Computer und Neonröhren ist nur die halbe Wirklichkeit oder weniger. Die Puppe führt uns in die Welt der Dinge, und die Dinge sind schön. Die wenigsten sind reproduzierbar, so wie eine Lieblingspuppe eigentlich unersetzbar ist. So lernen wir mit der Puppe eine *Sorge um die Dinge*[57], indem das Kind mit ihr nach und nach zu einem sorgsamen Umgang findet, zu einer bewahrenden Zärtlichkeit und Achtsamkeit[58]. Auch hierin liegt der Zauber der Puppe, denn sie, ein„lebloser Gegenstand", weckt dies alles in uns[59].

Es ist für Kinder schwer geworden, zu Puppen eine Beziehung aufzubauen, die sich zu der vertrauten Einzigartigkeit verdichtet, aus der die *Liebe zu den Dingen* geboren wird. Die Puppen sind häufig zu Produkten mechanischer Präzision und Stereotypie degeneriert, oder sie verschwinden im Auswurf der Spielzeugindustrie, der die Kinderzimmer überschwemmt. So wird die Illusion unserer Gesellschaft von der totalen Reproduzierbarkeit und dem unbegrenzten Überfluß der Dinge in das Denken der Kinder eingepflanzt. Die Übergangsobjekte lösen sich ab, in immer rasanterem Tempo. Der nicht vollzogene Abschied der Erwachsenen von ihren Puppen, ihre Lieblosigkeit den Dingen gegenüber, wird in die Welt der Kinder importiert, so daß Bindung und Achtsamkeit erst gar nicht mehr möglich werden. Aber mit einer Flut von Spielzeugen lassen sich Schuldgefühle, Verlust und Leere nicht dauerhaft zudecken.

Es bleibt die Hoffnung, daß der *Zauber der Puppe* stärker ist als die Macht der Entfremdung und der Sog der Beziehungslosigkeit, daß Kinder stärker sind in ihrer Fähigkeit, sich von Puppen verzaubern zu lassen, daß wir die Kraft finden, in die *Trauer um das Verlorene* einzutreten und die Liebe zu den Dingen wiederfinden[60].

II. Klinische Konzepte Integrativer Kindertherapie mit dem Puppenspiel

„Kindertherapie erfordert, dem eigenen *inneren Kind* täglich neuen Spiel-raum zu geben."

Im *Verfahren* der „Integrativen Therapie" mit Kindern und Jugendlichen stellt das therapeutische Puppenspiel eine wichtige *Methode* dar, ähnlich wie die Integrative Bewegungstherapie (vgl. *Metzmacher*, dieses Buch, S.227 ff), wie die Integrative Musiktherapie[61], das Malen, Tonen, die Integrative Dramatherapie.[62] Es handelt sich also jeweils um methodische Zugangsweisen auf dem Hintergrund der anthropologischen, persönlichkeitstheoretischen und entwicklungspsychologischen Überlegungen, die in der „Integrativen Therapie"[63] erarbeitet wurden. Es wird dabei auf Fähigkeiten des Kindes zurückgegriffen, die zu seiner „kreativen Grundausstattung" gehören, zu den expressiven Vermögen des Leibes, den Fähigkeiten seiner Sinne. Das Kind bewegt sich *„intermedial"*. Es wechselt zwischen den Medien, verbindet sie, findet zu immer neuen Kombinationen und Möglichkeiten. Es verfolgt keine spezielle Methode, ist nicht festgelegt und bevorzugt deshalb Formen, in denen es seiner Lust am multimedialen Gestalten, an den intermedialen Quergängen freien Lauf lassen kann.

1. Intermediale und intramediale Aspekte des therapeutischen Puppenspiels

Das Puppenspiel ist in seiner Mischung von Bewegungsaktivität, Kostümvielfalt und Farbenpracht, von dramatischem Spiel und Pantomime eine besonders kindgemäße Ausdrucksform. Und es bietet uns als Medium eine erstaunliche Vielfalt: Handpuppen, Stoffpuppen, Stabpuppen, Marotten, Marionetten, Gemüsepuppen ...[64] Die Zahl der *intramedialen* Variationen ist kaum überschaubar; denn hinzu kommen natürlich noch die Puppencharaktere: Könige, Prinzen und

Prinzessinnen, Räuber, Polizisten, Großväter und Großmütter, Kasperl, Seppl, Kinderpuppen, die gute Fee und die böse Fee, der Sommer, der Frühling, der Herbst, der Winter, das Krokodil, der Wolf, der Fuchs, der Engel und der Teufel. *Alles*, was man sich ausdenken kann, alles was in einer Puppe Gestalt annehmen kann, wird möglich. Dinge, Ideen, Phantasien, für die im Puppenkasten keine Marionetten, keine Figur, kein Handstrumpf vorhanden sind, werden hergestellt, improvisiert durch einfache Marotten oder die von mir konzipierten Flaschenpuppen oder durch die komplizierteren Improvisationspuppen[65] (ein Puppenstrumpf, der mit bunten Flicken und Fetzen aus dem Puppenkleiderkasten schnell zu jedem beliebigen Charakter ausgestaltet werden kann). So können „Frau Wahrheit" und „Herr Ärger", der „Gevatter Tod" und „Graf Dracula", „Niki Lauda", „He-Man", „Extendar", „Hulk" oder „Clever" auftreten, und wenn man noch einen dritten Teufel oder eine vierte böse Fee, den Kosmospriester Arsat, Carmilla und Gino haben will oder Bessy, die Colli-Hündin, Bussi Bär oder gar Odie und Garfield[66] braucht, liegt das auch im Bereich des Möglichen. So verbindet sich Imaginäres und Reales im komplexen Spiel[67] der kreativen Medien, die sich in der Puppe vereinigen.

Der Einsatz der verschiedenen Formen des Puppen- und Figurenspiels in der Arbeit mit Kindern richtet sich einerseits nach dem Alter, aber auch danach, ob in Einzelbehandlung oder in der Gruppe gearbeitet wird und natürlich auch nach den Störungen und Problemen, die anzugehen sind. Ist die Puppe als *Übergangsobjekt* einzusetzen, durch das das Kind einen Zugang zu sich selbst findet? — Dann sind oftmals weiche Stoffpuppen oder große Stofftiere (vgl. Abb. 3) indiziert, besonders bei kleineren oder sehr stark regredierten Kindern. Oder ist es wichtig, daß sich das Kind aktiv mit der Puppe und durch die Puppe erkundet, mit ihr seine Umwelt in „sicherer Begleitung" erforscht? — Dann ist vielleicht eine einfache Marionette angezeigt. „Ich und meine Marionette, wir gehen und schauen uns das Spielzimmer an oder gar die Station!" Oder wird die Puppe als *Intermediärobjekt*[68] gebraucht, als Pufferzone, Sicherheitsabstand, als Brücke zwischen sich und dem Therapeuten oder den anderen Kindern? In der Funktion als „Medium der Interaktion" eignen sich Handpuppen besonders gut, aber auch Stabpuppen (vgl. Abb. 6), die schnell abgelegt werden können und dann den Weg freigeben für ein dialogisches Geschehen, das nicht mehr von Puppe zu Puppe sondern „Aug in Auge" verläuft. Es werden damit sowohl die Wege zum Rollenspiel, aber auch zur direkten Kommunikation[69] eröffnet.

Puppen in der Psychotherapie müssen einerseits unter entwicklungspsychologischer und psychodynamischer Perspektive gesehen werden, wenn wir sie als *„Übergangsobjekte"* (*Winnicott*) auffassen, durch die das Kind sein Selbst erlebt und eine prägnante Identität ausbilden kann, oder als *„Intermediärobjekte"* (*Ferenczi, v. Roheim, Rojas-Bermúdez*), die dem Kind die Erweiterung seines Kontaktes in die soziale Welt hinein erleichtern, schließlich als *„Passageobjekt"* (*Petzold*), von alten Menschen, Hochbetagten, Schwerkranken und Sterbenden, die ihnen die *passage*, den Prozeß des Abschiednehmens mit seinen Einsamkeiten ein wenig leichter machen (auch dem alten Menschen und Hochbetagten kann ein Kuscheltier Trost geben, wenn vom Pflegepersonal oder von den Verwandten gerade niemand anwesend ist). Die Entwicklungspsychologie der Lebensspanne[70] macht uns die Möglichkeit des Einsatzes von Puppen als Therapiemedien in reflektierterer und gezielterer Weise möglich. Ergänzend sollten hier indes noch medientheoretische Überlegungen hinzukommen.[71] Puppen vermitteln Informationen im Kommunikationsprozeß. Inhalte, die das Kind mitteilen will, intendierte Informationen also, werden über die Puppen transportiert. Aber es werden über „unbewußtes" Sprechen und Mitteilen auch nicht-intendierte Informationen weitergegeben und erkennbar. Hier entfaltet sich der projektive Prozeß, der in der Auswahl der Puppe oder im Spiel eines bestimmten Themas zum Ausdruck kommt. Schließlich werden situative Informationen weitergegeben, die aus dem Kontext des Raumes, der Institution, der Familie über die Puppe vermittelt werden. Natürlich haben die einzelnen Puppenformen unterschiedliches *kommunikatives Potential*, und um dieses sollte ein Therapeut, der sich des Puppenspiels als Methode und der Puppe als Medium bedient, wissen. Puppen haben (1.) einen spezifischen *Aufforderungscharakter*. Ein Kasperl, eine Hexe, eine Fee, ein König sprechen das Kind jeweils unterschiedlich an, denn diesen Figuren wohnt ein „natürlicher Informationsgehalt"[72] inne, der durch die Vorerfahrungen des Kindes natürlich mitbestimmt ist (Kinder, die Sesamstraße sehen oder solche, die sehr viele Märchen erzählt und vorgelesen bekommen, werden sicherlich von den einzelnen Puppen unterschiedlich angesprochen). Ein weiterer Aspekt ist (2.) in den *Ausdrucksmöglichkeiten* des Mediums Puppe zu sehen. Wir verstehen hierunter die Quantität, Qualität und Variablität des Mediums Puppe im Hinblick auf die Aufnahme und Übermittlung von Informationen. Marionetten und Handpuppen haben ein reicheres Ausdruckspotential als Knotenpuppen oder Marotten. Improvisationspuppen haben größere Möglichkeiten als „typisierte Spielfiguren" wie z. B. Kasperl, der Seppl oder die Grete. — Weiterhin (3.) sind aus medientheoretischer Sicht die *Wirkungsmöglichkeiten* der Puppe in den Blick zu nehmen. Puppen haben eine sehr vielfältige Mediencharakteristik, denn sie sprechen die optischen, akustischen und kinästhetischen bzw. taktilen Sinne an. Holzpuppen, Stoffpuppen, Marionetten, große, weiche Kuschelpuppen, Minipüppchen — sie alle haben unterschiedliche *Wirkungsmöglichkeiten* und (4.) *Rückwirkungsmöglichkeiten*. Diese bestimmen die Effizienz eines Mediums in zirkulären Kommunikationen. Je unmittelbarer das Feedback auf eine Information zurückkommen kann, desto größer sind die Rückwirkungsmöglichkeiten und die kommunikationsfördernden Potentiale des Mediums. Handpuppen und Stabpuppen sind hier besonders wirkungsvoll, komplexe Marionetten sind eingeschränkter (oder sie erfordern schon eine sehr hohe Spielkompetenz). Natürlich ist immer zu sehen, wie welche Puppenformen und -arten auf das jeweilige Kind, die jeweilige Kindergruppe wirken, da es ja durchaus breite individuelle Variationen gibt. Dennoch eröffnet die medienspezifische Betrachtungsweise für ein differentielles Vorgehen reiche Möglichkeiten, die die Effizienz der therapeutischen Arbeit mit Puppen eindeutig verbessern können. Die Vielfalt der unterschiedlichen Puppen[73] von der Handpuppe zur Stabpuppe, von der Marionette zur Stoffpuppe, zur Papierfigur und Holzpuppe (vgl. Abb. 2-4), zu den Kinderpuppen (Käthe-Kruse- bis Barbie-Modelle) gibt dem Medium Puppe einen sehr großen Reichtum, was die Einsatzmöglichkeiten und die Differenziertheit der Intervention anbelangt. Diese Vielfalt auf der *intramedialen* Ebene macht aber auch die Handhabung des Mediums schwierig. Man muß mit den einzelnen Puppentypen und -formen Erfahrungen gesammelt haben, und dies sowohl im Hinblick auf Aufforderungscharakter, Wirkungsmöglichkeiten etc. als auch auf das Anspruchsniveau in entwicklungspsychologischer Hinsicht: Welche Puppen eignen sich für welches Alter mit welcher Zielsetzung? Schließlich ist das Krankheits- bzw. das Störungsbild nicht unerheblich: Braucht das Kind eine weiche Kuschelpuppe oder eine superstabile Holz-, Plastik- oder Hartgummifigur, die seine aggressiven Ausbrüche halbwegs übersteht, so daß man nicht nach jeder Stunde ein ramponiertes „Puppenwrack" hat. Selbst die zu verwendenden Techniken (Puppenwechsel, Puppentausch usw.) können einen Einfluß auf die Auswahl der Puppen haben. So bewirken Minipuppen wie die Bärenfamilie oder Masters-Puppen[74] anderes als die lebensgroßen Kunststoffpuppen, die im Abgußverfahren mit den Kindern hergestellt wurden oder als alte Schaufensterpuppen, die man sich für Therapiezwecke besorgt hat. Wird der *Puppen*begriff zum *Figuren*begriff ausgeweitet, so daß z. B. Schattenfiguren[75] einbezogen werden, erfordert die Kenntnis des intramedialen Rahmens schon große Sachkunde, nicht zuletzt, wenn man — etwa bei älteren Kindern — die Herstellung von Puppen[76] mit in die therapeutische Arbeit einbezieht. Das kann durchaus sinnvoll sein und eröffent vielfältige neue Möglichkeiten, einmal was die projektiven Prozesse anbelangt, zum anderen aber auch was das kooperative Milieu zwischen Therapeut und Kind bzw. den Kindern einer Therapiegruppe betrifft. Es mag Kindertherapeuten, die das Medium Puppe und die Methode Puppenspiel nur okkasionell verwenden, überzogen erscheinen, aus der Arbeit mit Puppen eine „Spezialwissenschaft" zu machen, was Typ, Formen, Modalitäten des Spiels, der zu verwendenden Techniken, des Settings und der Bühnenformen anbelangt, aber die reiche Welt der Puppen[77] ist nicht von ungefähr entstanden. In ihr manifestiert sich der spielerische, schöpferische Genius von Kindern und von Erwachsenen, die sich ihr inneres Kind bewahrt haben. Die Puppentypen und -formen sind Ausdruck von Symbolisierungsmöglichkeiten, die der menschlichen Seele entfließen und deshalb auch in diagnostischer und heilender Wirkweise eingesetzt werden können. Das sorgfältige Studium der verschiedenen Möglichkeiten und Wirkungen eröffnet dem Kindertherapeuten ein faszinierendes Reich. Leider ist bei den verschiedenen kunsttherapeutischen Methoden dem *intramedialen Bereich* bislang viel zuwenig Beachtung geschenkt worden. (Das gilt z. B. auch für die Musiktherapie, wo man sich mit der „Seele der Instrumente"[78] bislang noch kaum auseinandergesetzt hat oder für die Maltherapie, die sowohl der entwicklungspsychologischen, tiefenpsychologischen oder medienpsychologischen Valenz der unterschiedlichen Farbmedien (z. B. Wachskreide, Fingerfarben, Buntstifte, Pastell usw.) nur wenige differenzierende Untersuchungen gewidmet hat. Weitere Ausführungen zu *intramedialen* Fragen der Arbeit mit Puppen würde den Rahmen dieses Aufsatzes sprengen und auch der *intermediale* Aspekt kann nur angetönt werden, obgleich er zentral steht; denn Puppenspiel ist auch eine Form dramatischer Kunst und Therapie,[79] die Berührungspunkte mit dem Theater und zur Pantomime im künstlerischen Bereich bzw. mit dem Psychodrama, dem Therapeutischen Theater, der Pantomimetherapie[80] im klinischen Bereich hat (vgl. Abb. 1). In der Puppenherstellung wird die Qualität des Bildnerischen angesprochen: Formung, Bemalung, Kostümierung. Im Erstellen von Szenarien, therapeutischen Rahmenstücken[81] oder von ausgearbeiteten Spieltexten, vielleicht in der Auswahl bestehender Texte werden Kenntnisse der Poesie- und Bibliotherapie[82] wichtig oder zumindest nützlich sein. Puppen und

Puppenspiel *intermedial* in differenzierter Weise einzusetzen, bedeutet, die ganze Breite des Spektrums kreativitätstherapeutischer Arbeit ausschöpfen zu können. Für die Therapie mit Kindern und Jugendlichen wird damit auf „kindgemäße" Möglichkeiten kreativen Ausdrucks zurückgegriffen, die in ihrer Vielfalt den Bedürfnissen der Kinder[83)] nach Buntheit und Abwechslung entgegen kommen, die aber aufgrund der handlungsleitenden Prinzipien, die für den therapeutischen Umgang mit „kreativen Medien" gelten, dennoch eine Eindeutigkeit und Konstanz bieten: denn maßgeblich bleibt der Gebrauch der Medien *im the-*

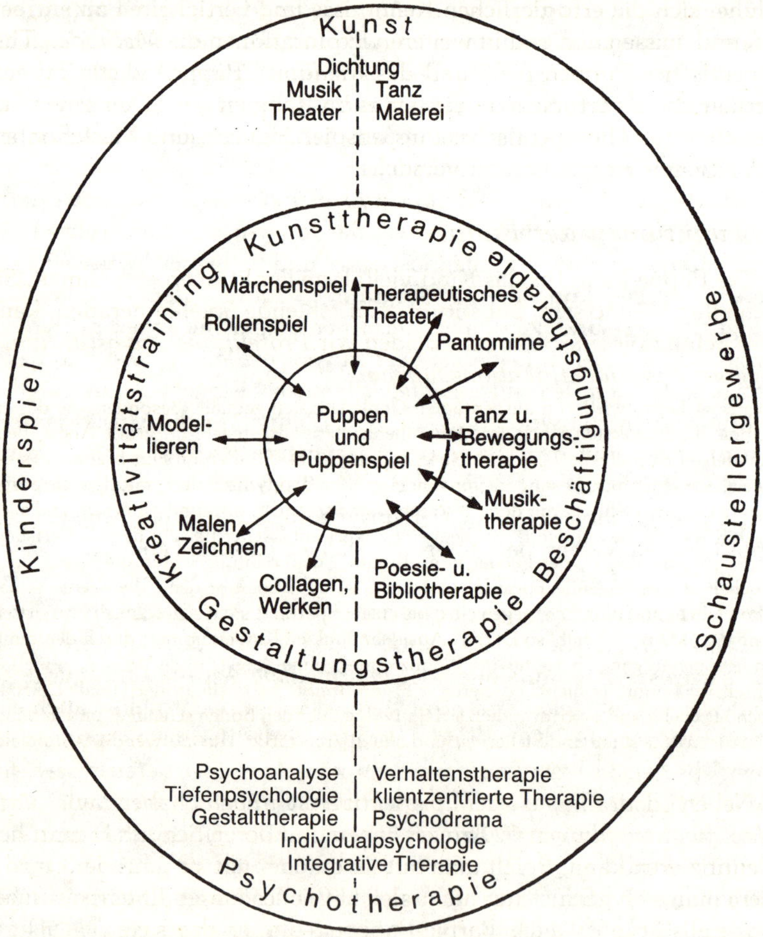

Abb. 1: Das Puppenspiel im intermedialen Feld.
Aus: *Petzold* (1983) S. 34.

rapeutischen Prozeß, in den Konfigurationen von Übertragung und Gegenübertragung, den Gesetzmäßigkeiten der Symbolisierung, der Basis der Awareness, der Methodik der Erlebnisaktivierung[84] einerseits und der verbalen und aktionalen Deutung[85] andererseits, — womit einige der wichtigsten Elemente genannt seien, für deren theoretisch-konzeptuelle und methodisch-praktische Fundierung auf andere Veröffentlichungen verwiesen werden muß.[86] Hervorgehoben sei an dieser Stelle lediglich, daß *intermediale* Arbeit im therapeutischen Puppenspiel eine derartige Fundierung verlangt. Es lohnt der Mühe, sich die erforderlichen Kenntnisse und Fertigkeiten zu erarbeiten und anzueignen und in weiteren Explorationen die *Methode* „Therapeutisches Puppenspiel" und das *Medium* „Puppe" weiter zu entdecken und zu erforschen, wie wir es im Rahmen der „Deutschen Gesellschaft für Therapeutisches Puppenspiel, Figuren- und Maskenarbeit e. V."[87] seit einigen Jahren versuchen.

2. *Funktionen der Puppe*

Die Puppe kann für das Kind vielfältige Funktionen einnehmen. Sie kann ihm Freund sein, Substitution für fehlende Spielkameraden, kann ihm Schutz bieten. So unterscheiden wir *Protektions-, Substitutions-, Aggressions-, Identifikationspuppen:*

Jutte, 4 Jahre, wird von ausgeprägten Dunkelängsten gequält. Besonders die düstere Treppe, die zum ersten Stock des Einfamilienhauses führt, macht ihr große Angst. Beim Schlafengehen muß die Türe aufbleiben und das Licht draußen im Flur brennen. In der Spieltherapie ist Jutte besonders von einem großen Teddy fasziniert, mit dem sie ausgedehnte Gespräche führt, mit dem sie kuschelt und schmust. „Brauni" ist ihr ein und alles. Nach Rücksprache mit den Eltern liegt eines Tages ein solcher Bär auf dem Geburtstagstisch: „Braun-Braun", der Bruder von „Brauni". Und dann berichten die Eltern einige Wochen später folgende Episode: Das Licht ist abgeschaltet, denn die Kleine schläft schon lange, und plötzlich, gegen eins, bei einem Spätfilm, steht sie plötzlich im Fernsehzimmer. „Mami, ich hab' so Durst!" Aus dem dunklen Kinderzimmer, durch den dunklen Treppenaufgang, herunter ins Wohnzimmer, ohne Angst, ohne Weinen, ohne Geschrei! Ihr konnte ja nichts passieren. *„Braun-Braun"* hatte sie an der Hand! Der Bär, noch kuschelig und bettwarm, ließ sich gutwillig über den Boden schleifen, und in seinen Glasaugen war Ruhe und Sicherheit und alle „Bärenstärke", die notwendig ist, um eine kleine Jutte zu beschützen.

Neben dem Typus der *protektiven Puppen* haben wir auch *Identifikationspuppen:*[88] Prinzessinnen, mit deren Schönheit man sich identifizieren kann. Spielt man mit ihnen oder hat sie „auf der Hand", muß man sich ganz sicher nicht als „häßliches junges Entchen" fühlen („notfalls" tun es auch Barbie-Puppen — aber das sage *ich* als geschmacklich verbildeter Therapeut, der eigentlich gar keine Ahnung davon hat, was eine „echte Barbie" in den Herzen kleiner Mädchen auslöst. Ich muß mir da wirklich Mühe geben.) Und wenn man gar ein Kostüm bastelt für „*Die Spinne*" oder den „Eisernen" und für „*Man-at-Arms*"[89], oder durch ein Flammenkostüm zu den „*Phantastischen Vier*" gehören darf[90], dann kann einem wirklich wenig geschehen. Die Stabpuppe, mit langen roten Stoffstreifen durch die Luft geschwungen ... „Flamme an!" ...

Flamme an!
Ich bin der Flammenmann,
dem niemand was tuen kann.
Der kann jeden verbrennen,
und alle müssen wegrennen.
Flamme an!
Ich bin der Flammenmann.

Dirk, 9 Jahre, parvor nocturnus

Dirk hatte Angst vor der Dunkelheit, wie *Jutte*, und da er ohnehin eifrig Comics las, dachte ich mir, bei den „Phantastischen Vieren" könne er sich vielleicht eine gute Identifikationsfigur wählen. Ich hatte an „Ben Grim, das Ding" gedacht mit seiner unglaublichen Stärke und Unbesiegbarkeit; aber ... Flammen leuchten in der Dunkelheit, deshalb mußte es „Johnny die Fackel" sein — die Logik der Kinder ist oftmals bestechend. Wir haben dann mit der Improvisationspuppe einen Flammenmann gebaut. (Ich habe nach einer Therapiestunde selbst einmal *Dirks* Flammenpuppe über dem Kopf geschwungen, bin mit ihr durch den Raum gewirbelt, die roten und gelben flatternden Bänder um mich herum, und ich konnte nicht umhin zu rufen: „Flamme an, ich bin der Flammenmann!" — Ein Supergefühl!

Das Prinzip der *Identifikationsfiguren*, wie wir es aus dem „CAT" oder der „Familie in Tieren" [91] kennen, spielt in der Integrativen Kindertherapie mit Puppen eine bedeutsame Rolle. Dabei ist es wichtig, daß die „Magie der Puppe", ihre Kraft, ihre Stärke, ihr Wissen, ihre Überlegenheit allmählich auf das Kind übergeht, daß es sich diese Kräfte „einverleibt", „sie einleiben"[92] kann und weiterhin, daß es dem Kind gelingt, die „Superkräfte" in ein realistisches Erleben der eigenen Kraft und der eigenen Möglichkeit zu transformieren.
Die Identifikationspuppen haben aber auch eine diagnostische Bedeutung. Sie machen z. B. sichtbar und sinnfällig, wenn ein Kind ein nur sehr schwaches Selbstwertgefühl hat und sogar zuwenig Kraft, um dieses durch Größenphantasien, durch mächtige Protektionspuppen zu kompensieren. Wenn es z. B. das Mäuschen wählt oder eine zarte Elfe

aus der„Elfenwelt"[93], dann gilt es, Spiele zu erfinden, in denen die Stärken dieser Puppen entdeckt und genutzt werden können: das Mäuschen, das sich schlau und flink in allen möglichen Winkeln, Ecken und Löchern verstecken kann, so daß es von niemandem gefunden werden kann. Oder das Elfchen, das sich unsichtbar macht oder einen Zauber ausspricht. Und dann kann man ja auch Verbündete gewinnen, wie „Vanessa,die Freundin der Geister", man kann Freundschaft mit mächtigen Protektionspuppen schließen, die dann — wie ein guter großer Bruder oder ein starker Papa — zu Hilfe gerufen werden können und wirklich *da* sind, wenn man sie braucht. Natürlich muß man sich an die Löwenpuppe erst einmal herantrauen. Löwen sind Katzen und Katzen fangen Mäuse; oder an die Adlerpuppe — aber Vögel müssen ja zusammenhalten, und so wird es schon gehen; oder an den mächtigen Zauberer oder die listige alte Hexe, die, hat man sich mit ihnen erst einmal angefreundet, auch Elfen helfen. Und schließlich kann man sich immer an den Kasperle wenden: Der kann ja alles.

Die Puppen haben ein außergewöhnliches projektives Potential.[94] Es kommt nicht nur in den Spielhandlungen zum Ausdruck, in denen sich Familienkonstellationen wiederfinden, belastende Erlebnisse, denen das Kind ausgesetzt war, Ängste vor schlimmen Geschehnissen, die es erahnt und zu erwarten hat — etwa die Scheidung der Eltern, die doch zusammenbleiben sollen. Schon in der Wahl der Puppen vom Puppenbord oder beim Kramen in der Puppenkiste oder beim spielerischen An-, Aus- oder Umkleiden von Improvisationspuppen, beim Bemalen von Flaschenpuppen oder — wenn wir mit größeren Kindern arbeiten — beim Herstellen neuer Puppen wird deutlich, was sich im Unbewußten des Kindes regt. Und vor allen Dingen in der initialen Phase der Puppenwahl oder Puppenherstellung kann es notwendig werden, daß der Therapeut mit protektiven oder supportiven Puppen eingreift: Der „weise alte Mann", die „weise alte Frau" können als Großvater- und Großmuttersymbole, sofern diese Figuren in der Realität positiv besetzt sind, verwandt werden, oder „Brauni" oder „Big Dick" — der große kuschelige und starke Elefantenvater, sind hier — sofern keine Tierängste vorliegen — sehr beliebt. Natürlich auch „Superman" oder „Die Spinne" oder „Super-Goof". Es kommt sehr darauf an, aus welchem Milieu, aus welcher Lebenswelt das Kind kommt, in welchen „*social worlds*"[95] es sich bewegt, was es sieht, was bei ihm und seinen Spielkameraden gerade „in" ist. So kann bei den 12- bis 16jährigen ein „John-Sinclair-Kreuz"[96] mit den „Zeichen der Erzengel" wahre Wunder wirken (und wenn man dann noch eine „gnostische Gemme" hat oder Ideen, wie man vielleicht die Dämonen-Peitsche Sukos nachbauen kann oder den Stab Buddhas, der, wenn man „Topar" ausruft, die Zeit für Sekunden anhält, so daß man das Schlimmste noch verhüten kann — dann ist man als Therapeut auch „in"). Man hat eine gemeinsame Basis. Wenn schon Dämonen in den Köpfen herumspuken, warum sollte man dann nicht den „Magier Myxin", „Skeletor",„Dr. Tod",„den grausamen Spuk" oder gar „die gewaltige Asmodina", als Puppen herstellen? Es gilt, in die Phantasiewelten der Kinder einzutreten und sie zu nutzen, die hintergründige, untergründige Psycho-Logik ihrer Symbolgestalten zu verstehen, und es geht auf keinen Fall darum, sie zu zensieren, zu verbieten, durch „positive kulturelle Werte" zu ersetzen.

Die Konkretisierung derartiger Phantasien im Puppenspiel beläßt die Phantasmen des Unbewußten indes nicht in nebulösen, schwer greifbaren Regionen, sondern macht sie sichtbar, handlungskonkret. Die Puppen ermöglichen im Spiel eine „Inszenierung", die dem Spieler eine Möglichkeit der Kontrolle erschließt über Bereiche und Regungen, die zuvor unkontrolliert oder unkontrollierbar waren. Puppen können *gehandhabt* werden — auf der Ebene manueller Kontrolle — aber auch (durch die Hilfen des Therapeuten) auf Ebenen des Affektiven, Atmosphärischen. Die Beherrschung der sich im Spiel der Puppen zeigenden Regungen ist die Grundlage dafür, die eigenen Impulse steuern zu lernen. Die vielfältigen Techniken des Puppenspieles bieten Strukturierungshilfen für die Gestaltung des Prozesses im Spielverlauf, für die *aktionalen Deutungen* des Spielinhaltes. Die Handlungen des Therapeuten als Mitspieler sind als Interpretation oftmals gewichtiger als seine *verbalen Deutungen* und Äußerungen. Ein in die Kampfszene zwischen dem Kasperl (auf der rechten Hand des Kindes) und dem mörderischen, zerfleischenden Wolf (auf der linken Hand des Kindes) vom Therapeuten (er spielt die Seppelpuppe) geworfenes Rettungsseil, das ergriffen werden kann und dann sogar nicht zur Flucht verwandt wird, sondern als Waffe, mit der der Wolf erst geschlagen und dann gebunden wird — eine solche Aktion kann mehr Bedeutung, aber auch mehr erklärende Valenz haben als viele Worte.

3. Techniken im therapeutischen Puppenspiel

Die Techniken des Puppenspiels in der Integrativen Therapie sind vielfältig und werden mit unterschiedlichen Indikationen eingesetzt.[97)] Es seien einige wichtige herausgestellt und genannt:

3.1 Identifikationstechnik

Schon in der Auswahl und Aufnahme einer Puppe (ganz gleich welcher Art) liegt ein identifikatorischer Akt. Die Puppe spricht mich an, ich nehme sie in die Hand, und das bedeutet auch, ich kann sie spielen, mich mit ihren Eigenschaften, die sie mir als „natürliche Ladung"[98] entgegenbringt, mit ihrem „Aufforderungscharakter" identifizieren. Derartige Identifikationen geschehen spontan. Das Kind lebt sich in die Puppe hinein, fühlt sich ein in ihre Eigenschaften und greift dabei auf Erfahrungsmuster mit Puppen dieser Art bzw. mit den von ihnen verkörperten Charakteren, wie es sie in seinem biographischen Kontext erfahren hat, zurück. In diesen empathischen Akten geschieht die „Belebung der Puppe". Diese spontane Identifikation kann nun intensiviert werden, indem das Kind aufgefordert wird, laut zu sagen: „Ich bin der Kasperl" oder „Ich bin das Krokodil!" Und dann verstärkend: „Ich bin der Kasperl." — Therapeut: „Und was kann der Kasperl alles machen?" ... Kind: „Ich kann lachen und weglaufen und dem Wolf eins auf den Kopf hauen und meinen Bruder auch ganz feste verprügeln ..." Das Kind kann dabei aufgefordert werden, die Puppe für eine Zeit aus der Hand zu legen und dennoch fortzufahren: „Ich bin der Kasperl!" — „Und was kann der Kasperl alles machen?" — „Ich kann alle Leute auslachen und die Großmutter besuchen und den Lehrer ärgern ..." *Identifikation erfolgt mit Eigenschaften* — oftmals solchen, die dem Kinde fehlen oder die es sich ersehnt und erwünscht. Manchmal auch mit Eigenschaften, die es als von der Umwelt abgelehnt erfährt oder die es selbst aufgrund dieser Art von Erfahrungen ablehnt: „Ich bin der Räuber." — „Und was kann der Räuber alles machen?" — „Der Räuber kann die Leute tothauen und ihnen alles wegnehmen. Dem kann niemand was tun, und dann kann ich alle tothauen, die uns was tun wollen!" Durch Identifikationstechnik können Eigenschaften angeeignet, bekräftigt, verstärkt, aber auch differenziert werden. Bietet man unterschiedliche Identifikationsgestalten an, so können Überidentifikationen gut abgelöst werden.

3.2 Dialogtechnik

In dieser Technik wird das Kind aufgefordert, mit seiner Puppe in einen Dialog zu treten, die Puppe anzusprechen, aber auch antworten zu lassen, so daß beide Rollen, die eigene, wie die fremde, eingenommen werden. Kind: „Seppel, du hast mir nicht geholfen. Du hast mich im Stich gelassen. Du bist gemein." — „Und was antwortet der Speppel darauf?" — Kind (in der Rolle des Seppels): „Du bist ja auch immer so gemein. Du gibst mir nie was ab." — „Und was hat er geantwortet?" — „Du gibst mir ja auch nie was, und außerdem nimmst du immer so viel, deshalb gebe ich dir nichts mehr!"

Die Dialogtechnik enthüllt die Konfliktdynamik. Diese technische Vorgehensweise kann nun erweitert werden und zum Dialog zwischen zwei Puppen, die unterschiedliche Gefühle oder Seiten im Kinde symbolisieren, ausgeweitet werden, bis hin zum Dialog zwischen mehreren Puppen. Die Dialogtechnik setzt die Fähigkeit zu identifikatorischen Prozessen voraus. Die Identifikationstechnik muß also oftmals in vorbereitender Weise eingesetzt werden. Impliziert ist darin auch die Möglichkeit, eine Rolle zu übernehmen und Rollen zu wechseln.

3.3 Attributionstechnik

Zuweilen sind die identifikatorischen Leistungen eines Kindes schwach ausgeprägt, undifferenziert, eingegrenzt — und das zeigt sich z. B. dadurch, daß das Kind mit einer Puppe „wenig anfangen" kann. Wo identifikatorische Handlungen und Verbalisation nicht möglich sind, kann über die von mir entwickelte Attributionstechnik vorbereitende Arbeit geleistet werden. Der Therapeut schreibt der Puppe Eigenschaften zu. Zuweilen geht er selber in die Identifikation, spielt die Puppe und gibt somit ein Imitationsmodell, das vikarielles Lernen[99] möglich macht: „Das ist der glückliche Löwe. Der ist stark, der hat ganz viel Kraft und kann schnell laufen, und deshalb ist er glücklich. Löwen sind Könige im Tierreich. Löwen kann nichts passieren, weil sie so stark sind. Die können ganz hoch springen und alle bösen Räuber auffressen!" — Hier werden durch das Wiederholen von Attributen Eigenschaften des Löwen an das Kind vermittelt (das muß natürlich dem jeweiligen Sprachniveau und der Auffassungsgabe des Kindes angemessen geschehen). Die *Selbstattribution* in der Rolle ist ein weiterer Schritt: „Ich (der Therapeut) mit der Brauni-Puppe, ich bin Brauni, der Bär. Ich bin groß und stark, wie alle Bären. Bären sind ganz groß und stark und können schwere Sachen tragen. Denen kann man nichts tun, weil sie alle wegjagen können. Ich habe ein weiches braunes Fell, deshalb ist mir niemals kalt. Ich habe auch ganz viele Bärenfreunde, weil Bären lustig und lieb sind. Brauni, der Bär, bin ich gerne. Denn ich bin gerne stark und lieb."

Die Identifikations- und Dialogtechnik, in denen sich wichtige Grundfunktionen kommunikativen Verhaltens zeigen, werden also — wo notwendig — durch Attributionssequenzen in der Puppentherapie vorbereitet. Attributionen können auch durch Anziehen und Umkleiden von Puppen in sehr wirkungsvoller Weise spielerisch erfolgen. Umkleiden im kindlichen Puppenspiel führt durch die Identifikation mit differenzierenden Attributionen zu einer Differenzierung der Identität.

3.4 Puppendoppel

Die vorgenannten Techniken können durch das „Doppel", wie wir es als Vorgehensweise aus dem Psychodrama kennen,[100)] unterstützt werden. Der Therapeut nimmt eine Puppe (vielleicht einen zweiten Löwen, aber auch vielleicht den „weisen alten Mann") und spricht auf der Ebene der Puppe: die Puppe doppelt.

Wir unterscheiden zwischen der *Ebene der Puppe* und der *Ebene der Person.* Beispiel: Der Therapeut doppelt auf der Personenebene: „Ob ich nun die Teufelpuppe nehmen soll? Das ist wohl doch zu gefährlich. Da habe ich vielleicht noch Angst. Vielleicht nehme ich doch besser das Krokodil?" — Hier werden die inneren Überlegungen des Kindes einfühlend gedoppelt und offengelegt, um eine Entscheidungsschwierigkeit aufzulösen. Oder: Therapeut (mit Teufelpuppe): „Ich bin ein kleines Teufelchen. Wir Teufel sind sehr frech, besonders wenn wir zu zweit sind. Die Teufelpuppe solltest Du am besten spielen. Dann sind wir zwei Teufel, und zwei Teufel, die kann niemand besiegen!" Hier spricht die Puppe zur Puppe des Kindes und involviert sie. Das Kind wird angeregt, auf der Puppenebene aktiv zu werden, sich in das Puppenland hineinzubegeben. Hat das Kind vielleicht schon eine Puppe aufgenommen, die Königinpuppe z. B., so kann das *Puppendoppel* als zweite Königin eingreifen: »Ich bin die Königin vom Eichenwald. Und ich sage dir, Königin vom Tannenwald, du mußt nicht so traurig sein! Du denkst immer, „bei mir ist immer alles so dunkel in meinem Wald, und ich bin ganz allein", aber mit zwei Königinnen sind wir stärker, und wir können über den ganzen Wald regieren.«

Das Doppeln und Mitspielen auf der Puppenebene führt stärker in das Zauberland der Puppen hinein, nimmt das Erleben, Fühlen, Denken und Handeln, wie es für die „magische Phase" charakteristisch ist, auf und macht Lösungen in den Denk- und Erlebnisstrukturen dieser Phase möglich, was insbesondere bei Kindern dieses Alters oder älteren Kindern, wie bei Erwachsenen im Puppenspiel, die auf diese Phase regrediert sind, von Wichtigkeit ist; denn Lösungen auf der Ebene des operativen Denkens können im Milieu des präoperativen Denkens[101)] nicht greifen.

3.5 Rollenwechsel — Puppenwechsel

Aus dem Psychodrama ist die Technik des Rollenwechsels[102)] bekannt. Ich wechsle innerhalb der Rollen meines *Rollenrepertoires,* die ich spielen kann: einmal spiele ich die böse Jutte, dann die liebe Jutte, dann die lustige Jutte, dann die traurige Jutte. Es wird also nicht die Rolle einer anderen Person übernommen. In ähnlicher Weise wird beim Puppenwechsel unter den Puppen, die sich das Kind für das Spiel ausgewählt hat, ein Wechsel vorgenommen. Erst habe ich den Kasperl auf der Hand, dann den Räuber Hotzenplotz, dann die böse Fee. Das Kind wechselt unter den Puppen seiner Wahl und übernimmt *nicht* die Puppen eines anderen Spielers. Die ablaufende Dynamik ist auf die *Intra-Rollenebene* des Kindes zentriert oder bei den Puppen auf den Wechsel der von ihm gewählten also auch in seinem Inneren *relevanten Symbolfiguren.*

3.6 Rollentausch — Puppentausch

Beim Rollentausch[103)] hingegen übernimmt das Kind die Rolle eines Mitspielers. Klaus wird Karla und Karla wird Klaus. Ein solcher Tausch ergibt sich aus der Dynamik des Spiels und bringt den Spieler unverhofft in Rollen, die er zuvor noch nie übernommen hat. Es handelt sich um ein Geschehen auf der *Inter-Rollenebene.*[104)] Im Rollentausch übernehme ich die Rolle eines anderen. Ich beginne, mit seinen Augen zu sehen. Ich verkörpere etwas, was nicht unbedingt — wie beim Rollenwechsel — in mein eigenes Rollenrepertoire oder -inventar[105)] gehört. Es sind hierfür natürlich schon entwickeltere Leistungen im Bereich der Empathie und Identifikation erforderlich. Fördert der Rollen*wechsel* die *„role-flexibility"*[106)] des Kindes, so führt der Rollen*tausch* darüber hinaus noch zu einer Erweiterung der Möglichkeiten des Kindes, in unterschiedlichen Rollen zu spielen. Es gewinnt damit eine breitere und reichere Persönlichkeit. Der *Puppentausch* ist in ganz ähnlicher Weise zu sehen. Das Kind übernimmt die Puppe eines anderen Spielers (bei Handpuppen streift es den Puppenstrumpf von der Hand des anderen und hinüber auf seine eigene Hand. Es streift sozusagen eine andere Identität oder Aspekte einer solchen über.) Die zarte Prinzessin wird abgelegt und der robuste Wolf oder der böse Zauberer wird übergestreift. *Eine andere Qualität der Symbolisierung muß übernommen werden.* Das Kind muß sich in anderen *Atmosphären*[107)] bewegen, es betritt andere Provinzen des Puppenlandes, andere Regionen des Traumreiches. Auch hier wird gegenüber dem Puppenwechsel eine größere emotionale Flexibilität, ein breiteres Spektrum, mit „sozio-emotionalen Mikro-Klimata" bzw. Atmosphären umzugehen, verlangt. Entwicklungspsychologisch gesehen, ist der Vollzug dieser Fähigkeit auf einem höheren Niveau anzusiedeln, und damit ist auch eine Indikation für den Einsatz dieser Techniken in der kindertherapeutischen Arbeit gegeben, die sorgfältig beachtet werden muß, damit man einerseits Kinder in ihren Fähigkeiten und Möglichkeiten nicht überfordert, damit man aber andererseits auch an Entwicklungsschwellen adäquat fordert und fördert, indem man durch entsprechende Interventionen (Puppenwechsel, Puppentausch, Puppendoppel) Anreize setzt und Entwicklungen stimuliert. Diese Techniken bieten im übrigen gute diagnostische Möglichkeiten im Hinblick auf die Beurteilung des Entwicklungsstandes. Ähnlich, wie im attributiven Vorgehen, können auch Puppenwechsel und Puppentausch durch entsprechende Imitationsangebote — der Therapeut macht den Puppentausch vor, spielt noch einmal in der Rolle — oder durch Doppelinterventionen angeregt und entwickelt werden.

4. Puppen und Puppenspiel in der therapeutischen Beziehung im Kontext von Übertragung und Gegenübertragung

Das Medium „Puppe", das therapeutische Puppenspiel, und die in ihm verwandten Techniken sind eingebettet in den therapeutischen Prozeß, in das interaktionale Geschehen zwischen dem Kind und dem/den Therapeuten (in der Gruppentherapie noch zwischen den Kindern in der Gruppe). Die Qualität der therapeutischen Beziehung ist einerseits abhängig von der Persönlichkeit des Kindes, seinem Entwicklungsalter, seinem Krankheitsbild und andererseits von der Persönlichkeit des Therapeuten. In dieser Beziehungsmatrix vollzieht sich nach dem Verständnis der Integrativen Therapie die Entwicklung zur *Beziehungsfähigkeit* in einer Differenzierung des ursprünglichen pränatalen und postnatalen *Konfluenz*-Zustandes durch *Kontakt*[108]. Dieser wächst zur *Begegnungsfähigkeit* und mündet in *Beziehungsfähigkeit.* Ein solches Entwicklungsgeschehen gilt es im therapeutischen Prozeß zu fördern. Wo es beeinträchtigt wird, geht es darum, ihm Raum zu schaffen. Das therapeutische Puppenspiel wird mit diesem Ziel eingesetzt. Über die Puppe wird *Kontakt* aufgenommen; Kontakt zu sich selbst, Kontakt zu den Mitmenschen — der Kontakt zu den *Dingen* gestaltet sich oft einfacher. Die Puppe als Gegenstand wird zunächst kontaktiert und dann, nach ihrer Aneignung, verwendet sie das Kind als „Extension seiner selbst", als „Herold", den es gleichsam heraussendet, um die Welt, die es selbst noch zu bedrohlich empfindet, zu erkunden.

Die Kontaktaufnahme über die Puppe zu Menschen oder zu einer anderen Puppe kann sich ausdehnen, vertiefen, zur *Begegnung* hin: Begegnung heißt ein Erfassen des anderen Menschen, seines Wesens, seiner Persönlichkeit. Dies äußert sich bei der Kontaktaufnahme über die Puppe z. B. in einer Geste — einem Streicheln, einem Wort — „Du bist doch müde"; vielleicht in einer Frage, die ansonsten nicht zu stellen wäre: „Hast Du mich auch lieb?". Die Puppe auf der Hand des Kindes ermöglicht die *„kleine Begegnung"*, die den Anfang der *Beziehung* bildet, jener Kette von Begegnungen, in der Raum für Verbindlichkeit wächst. Aber ein solches Geschehen ist oft verstellt von Ängsten, die tief sitzen, hinter denen Geschichten von Zurückweisungen und Verletzungen stehen, so daß der Kontakt über die Puppe zum Therapeuten noch nicht möglich wird. Ein Kontakt von „Puppe zu Puppe" bildet hier vielleicht eine Brücke: Der Kasper, der dem Gretel sagt, daß sie müde sei, oder sie fragt, ob sie ihn lieb habe, und der die Antwort der Gretel-Puppe auch annehmen kann, wohingegen eine Aussage des Therapeuten zu riskant wäre, zu schwerwiegend, zu unannehmbar.

Der zärtliche Kontakt von Puppe zu Puppe ist eine notwendige, zu durchmessende Strecke im therapeutischen Prozeß, die nicht durcheilt werden darf und bei der keine Abkürzungen genommen werden dürfen. Hastige Strategien sind für die zarten, zerbrechlichen Begegnungsereignisse zu gefährdend, so daß Widerstände und Abwehrbewegungen schützend dazwischentreten müssen: *protektiver Widerstand*[109)].

Das Kontakt-, Begegnungs- und Beziehungsgeschehen wird, besonders bei sehr kleinen Kindern oder sehr regredierten, immer wieder von Wogen der Konfluenz durchfiltert, von frühen Atmoshären oder atmosphärischen Reminiszenzen der näheren Vergangenheit. Die Übertragungen in der Kindertherapie haben — weitaus mehr als in der Behandlung von Erwachsenen — atmosphärischen Charakter. Sie sind zwar auch die Reproduktion alter Szenen,[110)] häufiger noch das Gegenwärtigsetzen oder Wiederaufkommen alter Stimmungen, Gestimmtheiten, Atmosphären, mit den in ihnen enthaltenen Gefühlen. Die Übertragungen äußern sich in der interpersonalen Ebene vom Kind zum Therapeuten. Sie verstellen ungetrübten Kontakt, stehen klaren Begegnungen im Wege. Sie zeigen sich z. T. in der Wahl der Puppe, mit der das Kind dem Therapeuten oder seiner Puppe begegnet, zuweilen aber auch in der Zuweisung einer Puppe: „Du nimmst jetzt den König-Vater, den sollst Du spielen, aber die König-Mutter soll da nicht dabei sein!" Der Therapeut bekommt über die Puppe eine Zuweisung. Die Puppe als Symbol, in dem sich die Übertragungsqualität manifestiert,[111)] wird für den Therapeuten eine Herausforderung zur *Verkörperung:* „Du sollst ein mächtiger Vater(-König) für mich werden!" — „Du sollst mich lieb haben wie eine Mutter!" —

Übertragung *verstellt* Realität, die des Gegenübers. Sie *zeigt* aber auch Realität, die einer Geschichte, die in ihren Wirkungen unsichtbar anwesend ist, in den Gedanken, Gefühlen, Phantasien des Kindes, leiblich-konkret! Die „Übertragungsrealität" als erlebte innere Wirklichkeit überschattet den Kontext des Hier-und-Jetzt mit Schemen aus dem Dort oder dem Damals, mit rezentem oder weiter zurückliegendem Material. Die therapeutische Arbeit besteht einerseits darin, Möglichkeiten des Ausdrucks zu bieten, des Manifestwerdens von Vergangenem und Gegenwärtigem, Imaginärem und Realem[112]. So werden die Puppe und das Spiel Ausdruck des Übertragungsgeschehens, Ausdruck von Widerstand und Abwehr. Sie rufen nach Deutung, und Deutung heißt hier Differenzierung, Klärung, Verdeutlichung, Sichtbarmachen des Unsichtbaren, Diskrimination von innerer und äußerer Realität, von Gegenwärtigem und Vergangenem oder Zukünftigem — sofern das Kind schon in diesem zeitlichen Horizont denken kann[113]; ansonsten geht es um Differenzierung zwischen Vorher und Nachher oder für noch frühere Entwicklungsstufen zwischen dem, was *jetzt* und dem, was jetzt *nicht* ist.

In all diesen Prozessen von Übertragung und Deutung kommt der Puppenwahl zentrale Bedeutung zu. Und zuweilen wird erkennbar, das Kind „überträgt auf die Puppe": auf die selbst gewählte — „Ich nehm' mal heute Brauni-Bär, weil der ist so schön kuschelig!" (Lieb und warm und kräftig, so wie der Vater, den dieser kleine Junge braucht.) Der Bär ist zunächst „sicherer" als der Therapeut. In einem weiteren Schritt kommt dann vielleicht die Zuweisung: „Spiel Du heute mal Brauni-Bär!" (Bei Dir fühle ich mich nämlich sicher, so wie bei Brauni, und Du bist für mich stark und verläßlich, wie ein richtiger Papa). In der Regel müssen solche Übertragungen angenommen werden. Wir quälen Kinder, wenn wir das Realitätsprinzip zu früh einführen, zu früh Einsicht verlangen, zu früh die Übertragungen desillusionieren, wo es doch eher darum geht, sie zu *beeltern.* Das *parenting* bzw. *reparenting*[114] ist das Zentrum kindertherapeutischer Arbeit, besonders da, wo die realen Eltern nicht verfügbar sind oder unfähig sind, ihre Rolle und Aufgabe in emotionaler und leiblich-konkreter Art und Weise wahrzunehmen und zu erfüllen.

Die Puppen haben durch ihren Aufforderungscharakter auch im Hinblick auf Übertragungen ein hohes *evokatives Potential.* Das kommt nicht nur bei unseren Jugendlichen- oder Kinder-Patienten zur Wirkung, dadurch daß die Puppe dazu beiträgt, daß sich ein Übertragungswunsch leichter zeigen und artikulieren kann — auch für den Therapeuten kommt dieser Faktor zum Tragen. Seine Präferenzen in der Wahl von Puppen zum Mitspiel (er spielt z. B. bevorzugt den Löwen, den weisen Alten, die gute Fee, den Wolf etc.) können durchaus in seiner Geschichte wurzeln, in Geschehnissen, die dem Therapeuten nicht bewußt sind und dazu führen, daß er unerkannt Probleme mit der Puppe und über die Puppe agiert; denn die Übertragung auf die Puppe wird, sobald ein Spiel eröffnet wird, auch an die Mitspieler weitergegeben.

In ähnlicher Weise kann ein Therapeut aus unaufgelöster Eigenproblematik auf die Puppe eines Kindes übertragen. (Warum muß Peter immer Frau Holle spielen, diese unangenehme Frau Holle-Puppe, die er sich da gebastelt hat. Mit diesem dicken Überbusen — wie meine Großmutter usw. usw.).

Derartige Regungen, soweit sie unbewußt sind, führen natürlich zu Konsequenzen, etwa daß der Therapeut diese Puppe und die Puppenwahl abwertet oder mit einer Aggressionspuppe, z. B. dem Wolf, aggressiv-attackierend reagiert, wo eigentlich das Kind selbst Schutz vor dieser übermächtigen Frau Holle brauchen würde. Wieder müssen wir zwischen der *Ebene der Puppen* und der *Ebene der Personen* differenzieren, wobei sich natürlich vollkommene oder weitgehende Parallelitäten in beiden Ebenen ergeben können. Wir sprechen dann von einer *Übertragungshomologie:* Puppe und Person erhalten die gleiche Übertragungsqualität. Eine Übertragung kann sich auf eine Puppe fokussieren und muß nicht unbedingt die dahinterstehende Person treffen. Es gibt jedoch auch ungute Vermengungen. Wird in solchen Fällen die Puppe aus der Hand gelegt, über die zuvor z. B. massive Feindseligkeit und Aggression ausgedrückt wurde, „erlischt" plötzlich diese Atmosphäre, ja die emotionale Abfuhr *auf der Puppenebene* macht eine geklärte Kommunikation auf der interpersonalen Ebene möglich. Wenn Therapeuten übertragen, d. h. unbewußte eigene Problematik agieren, so kann die Externalisierung dieser Konstellation über die Puppe eher die Chance bieten, daß das Unbewußte so prägnant wird, daß es dem Bewußtsein zugänglich wird und durchgearbeitet werden kann, sofern durch die Eigenanalyse des Therapeuten und seine Erfahrungen mit dem Medium Puppe eine geschärfte Bewußtheit für derartige Möglichkeiten und Konstellationen vorhanden ist.

Als *Gegenübertragung*[115)] bezeichnen wir die empathische Resonanz des Therapeuten (vgl. dieses Buch, S. 395), die unmittelbar bewußtseinsfähig ist. (Das Kind tritt mir mit der Teufelpuppe entgegen. Ich werde gespannt, innerlich abwehrend und spüre, ich will mich zurückziehen, weiß aber, das Kind will mich zum Rückzug provozieren oder zu einer Strafreaktion. Ich fühle mich *genötigt,* die Tigerpuppe aufzunehmen, richte mich innerlich schon auf sie und weiß dann aber auch, es ist nicht richtig. Ein zweiter Teufel muß her, der sich solidarisiert, fraternisiert, spielerisch gemeinsam nach einem Feind sucht, der auf jeden Fall von mir abgelöst sein muß). — Derartige Überlegungen können als charakteristisch für Gegenübertragungssituationen angesehen werden. Der Therapeut wird Resonanzkörper für das, was vom Kind an ihn herangetragen wird. *Was im Kinde schwingt, „klingt bei ihm an".* Das Wahrnehmen von Gegenübertragungsreaktionen im therapeutischen Puppenspiel wird erleichtert, wenn man als Therapeut seinen spontanen Regungen, Puppen im Spiel aufzunehmen und zu verwenden, nachgibt und nach der eigenen Puppenwahl kurz innehält, die Puppe anspürt und in die Spielsituation hineinhorcht, um sie wahrnehmend zu erfassen und zu verstehen[116)]. In diesem Vorgehen wird die Gegenübertragung transparent und die Übertragung des Kindes faßbar.

III. Praktisches Vorgehen

> „Wer keine Comics liest, nicht mit Puppen und Stofftieren spielt, wer keine Burgen baut, keine Spiele und Geschichten erfinden kann, der sollte die Finger von der Kindertherapie lassen!"

Das praktische Vorgehen in der Therapie mit Puppen läßt sich in schriftlicher Form schlecht darstellen. Zuviel Aktionales ist hier mit „im Spiel". Zu den *„essentials"* der üblichen Kasuistik (anamnestische Daten, Dynamik der therapeutischen Beziehung, Therapieverlauf, familiäre Situation und äußere Einflußfaktoren etc.) kommen hier die methodischen, medialen und technischen Spezifika und Differenzierungen. Weiterhin ist es schwierig, bei der Vielzahl und Unterschiedlichkeiten psychischer Störungen und Erkrankungen im Kindes- und Jugendalter,[117)] die zum Teil sehr verschiedenes Vorgehen erforderlich machen, ein exemplarisches Beispiel zu finden. Und schließlich sind die unterschiedlichen Puppenformen und Spielweisen nicht in einem Beispiel zu vereinigen, es sei denn, es würde sehr detailliert Stunde um Stunde eine längere therapeutische Entwicklung beschrieben. Ich habe mich deshalb entschieden, einige exemplarische psychotherapeutische Situationen aus der *psychomotorischen Behandlung* eines Kindes mit einer leichten zerebralen Parese der rechten Körperseite, die die Fein- und zum Teil die Grobmotorik beeinträchtigte, auszuwählen. Die neurologische und psychomotorische Anamnese soll uns an dieser Stelle nicht beschäftigen.

Peter ist 8 Jahre alt und seit seinem 3. Lebensjahr in krankengymnastischer Behandlung, durch die sich seine Behinderung sehr verbessert hatte. Der Junge ist in seiner Intelligenz gut entwickelt, im kreativimaginativen Bereich überdurchschnittlich begabt, ein sensibles, phantasievolles Kind, das im Sozialkontakt mit Gleichaltrigen sehr zurückgezogen ist. Hier machen sich die Auswirkungen der körperlichen Behinderung massiv bemerkbar. Die Eltern — Vater Chemiker, 42 Jahre, die Mutter Hausfrau, vormals Laborantin, 39 Jahre — sind kooperativ, an dem Kind engagiert und tragen ihr „Schicksal mit einem behinderten Kind ... ein behindertes Kind zu haben" mit Geduld (die Ausgangsformulierung hätte wohl gelautet „mit einem behinderten Kind geschlagen zu sein"). Man merkt, obwohl sie sich „im Verlauf der Jahre an vieles gewöhnt haben", deutlich die Mühe. Seit der Geburt der zum Zeitpunkt unserer Behandlung 3jährigen gesunden Tochter *Claudine* liegt das Interesse der Mutter stark bei diesem Kinde. Die psychische Situation von *Peter* hatte sich mit der Geburt der Schwester sehr verschlechtert. Er hatte sich noch weiter zurückgezogen, wurde sehr „sonderlich, schnitt ständig Grimassen", ein Verhalten, das die Eltern „ratlos und hilflos" machte. Weiterhin „war der Junge nie trocken geworden". Vom neurologischen und urologischen Befund her war kein Grund für die Inkontinenz gegeben, obwohl die Eltern beharrlich an dieser Argumentation festhielten.„Das ist die Behinderung, damit kann er die Blase nicht kontrollieren." Vom Vater waren zum wiederholten Male Überlegungen an uns herangetragen worden, ob „da nicht etwas operativ zu machen sei". Im Familiengespräch wird hinter der bemühten Haltung der Eltern Ungeduld und Aggressivität spürbar. Beide sind sehr sportiv, haben Freude an Bewegung, an Wandern, an Surfen. Das Kind ist für sie eine Kränkung. Natürlich können sie sich dieses Gefühl und diese Gedanken nicht eingestehen: sie geben sich (auch objektiv betrachtet) „alle erdenkliche Mühe".

1. Familienbehandlung

Das ist die Hintergrundsituation, mit der ich durch die Supervision der Physiotherapeutin von *Peter* in Kontakt komme. Zunächst sollte es nur um die Kontrolle des krankengymnastischen Übungsprogrammes gehen, bald aber wurde deutlich, daß weitere Fortschritte in der Therapie durch die psychische Symptomatik — Rückzug, Ängstlichkeit, Einnässen — sehr beeinträchtigt waren, so daß psychotherapeutische und familientherapeutische Interventionen unumgänglich erschienen. Dabei wurde die Enuresis als psychisches „Leitsymptom" bei der vorliegenden mehrdimensionalen Problematik vorrangig angegangen, weil sowohl für *Peter* wie auch für seine Eltern dieses Symptom einen nicht zu relativierenden Stellenwert erhalten hatte. Die familientherapeutische Intervention soll kurz in einigen Aspekten dargestellt werden.

Die Eltern waren zu mehreren Gesprächen bestellt worden, in denen sie sich distanziert und kooperativ zugleich zeigten. Die erste Sitzung mit dem Kind wurde im Behandlungsraum vorgenommen, in dem neben den physiotherapeutischen Gerätschaften auch kindertherapeutisches Material liegt. *Peter* kennt diesen Raum schon gut und wird aufgefordert, ihn seinen Eltern zu zeigen. Das verläuft ziemlich steif und unbeholfen. Ich werfe der Physiotherapeutin einen Ball zu und sie wirft ihn an *Peter. Peter* wirft ihn zurück zu Karin (der Krankengymnastin), diese spielt ihn der Mutter zu. So kommt ein kleines Spiel in Gang, in das sich auch der Vater — zunächst linkisch — einbeziehen läßt. Nach einer kurzen Spielsequenz fordere ich *Peter* auf, zum Puppenbord[118] zu gehen, um seinen Eltern einmal unsere schönen Puppen zu zeigen. Er könne dann für jeden eine Puppe auswählen. *Peter* nimmt die Hand seiner Mutter und zieht sie herüber zum Puppenbord, auf dem die Handpuppen aufgereiht sind. Nachdem er zunächst nach der Königin-Puppe greift, zögert er und kann sich offenbar für keine Wahl entschließen. Er nimmt dann eine Baby-Puppe und gibt sie seiner Mutter: „Ist die nicht niedlich!" Die Mutter reagiert befremdet und legt die Puppe sofort wieder zurück. Sie kann die regressiven Wünsche von *Peter,* der ihr signalisiert: „Schau mal, ich bin noch ein Baby", nicht annehmen. Den Vater holt *Peter* nicht ans Puppenbord, und dieser macht auch keine Anstalten, näherzutreten. Da ich aber an der diagnostischen Information interessiert bin, bitte ich ihn heran. „Na Peter, welche Puppe willst Du denn für Deinen Vater aussuchen?" Nach einigem Zögern entscheidet er sich für einen großen Stoffhund, den der Vater auch annimmt. Spielerisch beginnt er mit einem grollenden Knurren eine kleine Interaktion mit *Peter,* auf die dieser verschüchtert reagiert. Das flacksig gemeinte Angebot des Vaters war eben nicht frei von einer unterschwelligen Aggressivität, zumindest hatte es eine Qualität, von der sich der Junge offensichtlich bedroht fühlte. Erwähnt werden muß dabei noch, daß der ausgewählte Stoffhund für ihn ohnehin eine ambivalent besetzte Puppe war. Von der kuscheligen Seite her war sie sicherlich positiv besetzt ... aber so ganz geheuer war dieser Hund *Peter* nicht, das wußten wir aus Spielsituationen. Eine spontane Spielsequenz, wie wir sie in derartigen Familiengesprächen unter Verwendung von Puppen immer wieder auch finden — sie haben ein ausgesprochen hohes diagnostisches Potential — entwickelte sich zwischen *Peter* und seinen Eltern nicht. In der Nachbesprechung des Kontaktes mit den Eltern ohne das Kind, das in der Zwischenzeit seine Physiotherapiestunde erhielt, spreche ich die etwas steife Reaktion und Situation an und mache auch deutlich, daß das Behandlungszimmer natürlich eine befremdliche Situation sei, um die Eltern zu entlasten. Ich exploriere aber das Spielverhalten der Eltern mit ihren Kindern. Dabei wird deutlich, daß in der Familie leistungsbezogene Spiele sportiver Art (Federball, Frisby) im Vordergrund stehen oder Gesellschaftsspiele (vornehmlich Brettspiele und Quartetts), bei denen es stets „um Gewinnen" geht. Freispiele finden sich nicht. Es ist immer sehr aufschlußreich und wichtig, das Spielverhalten von Familien zu explorieren, um zu sehen, welche *„Spielkultur"* vorhanden ist, vorherrscht und gepflegt wird. (In vielen Familien wird überhaupt nicht gespielt, von einer Spielkultur ganz zu schweigen.) In dem Beratungsgespräch wird den Eltern klar, daß hier etwas fehlt, und es wird die Möglichkeit von Familiensitzungen mit Puppenspiel angeboten und vorgeschlagen, hierfür auch die kleine Schwester mitzubringen, so daß die ganze Familie vollständig ist. Es werden zunächst einmal drei Spieltermine vereinbart. Zielsetzung ist, weiteren diagnostischen Aufschluß über die Familieninteraktion, das Familienklima, relevante Familienszenen zu gewinnen und über das diagnostische Moment hinaus aber auch eine Einflußnahme auf den Kontakt zwischen *Peter*, seinen Eltern und seiner Schwester zu versuchen, schließlich auch die Eltern für eine andere Spielkultur zu sensibilisieren — und das Puppenspiel ist natürlich nur *eine* Möglichkeit, freies, expressives Spielverhalten zu fördern.

Die Sitzungen werden ohne Themenvorgaben und mit Spielpuppen und -tieren aus der Puppenkiste (also „richtige" Mama-Puppen, Teddies, Hasen usw.) durchgeführt. Auf Empfehlung waren die Eltern in bequemer, weiter Kleidung gekommen. — Während *Peters* Schwester sofort sehr aktiv und fasziniert von dem Spielzeug sich über die Puppen hermacht, bleibt der Junge sehr zurückhaltend und am Rande. Nachdem die Eltern, insbesondere die Mutter, zunächst mit Blick auf die Therapeuten „legitimatorisch" *Peter* aktiv und manchmal geradezu zwingend ins Spiel einbeziehen wollte, verlor sich dieser Impuls bald in der Involvierung durch das Puppenspiel, insbesondere der „Kleinen", die mit ihrer Lebhaftigkeit die zunächst steife Atmosphäre auflöste. Nach etwa 10 Minuten war *Peter* völlig „draußen", und die Puppenspiele liefen nur noch mit *Claudine*, der Schwester, ab. Der Junge spielte für sich zunächst mit dem Baby (Ausdruck seines Rückzugs und seiner Regression), dann aber mit dem Krokodil, das er in den Hund beißen läßt (Ausdruck seiner Aggression über diese ganze Situation). Nach einer Zeit greift der Therapeut mit einer Kasperlpuppe in das Spiel ein. Der Kasperl zieht *Peter* wieder mit in das Spiel — und die

Mutter reagiert sofort mit einem Tadel: „Kannst Du nicht mal die dumme Baby-Puppe weglassen, da kann man doch gar nicht mit Dir spielen!". In die unmittelbar einsetzende Verletzungsreaktion *Peters* greift der Therapeut ein, indem er mit dem Kasperl einen „guten Ratschlag" gibt. Kasperl: „Du kannst doch das Baby und Popeye spielen, auf jeder Hand eine Puppe!" Kasperl reicht *Popeye den Spinatmatrosen*[119], eine Lieblingspuppe von *Peter*, herüber. *Peter* (unsicher zu mir gewandt): „Du weißt doch, ich kann mit der rechten Hand nicht so gut". — Therapeut / Kasperl: „Dann nimm das Baby doch auf die linke Hand, das braucht nicht soviel Kraft." Es findet ein *Puppenwechsel* statt. Popeye kommt auf die „starke Hand", das Baby auf die behinderte (obgleich im physiotherapeutischen Übungsspiel mit Handpuppen und mit der Marionette die Puppen überwiegend links geführt werden und *Peter* auch schon ganz gute Fertigkeiten erlangt hat, will er das offenbar vor den Eltern nicht zeigen, und wir drängen ihn auch nicht). Im nun beginnenden Spiel braucht der starke Popeye immer wieder die Hilfe des Kasperls, der als *Puppendoppel* stützend eingreift. Popeye kommt alsbald in eine Rauferei mit der kleinen Schwester, die plötzlich auch den Spinatmatrosen haben will, aber Kasperl läßt das nicht zu, und so entreißt sie *Peter* das Baby. Um seine Mundwinkel zuckt es verdächtig und wiederum springt der Kasperl ein: „Laßt ihr doch das Baby, sie ist ja selber noch eins. Soll sie es doch haben! Was meinst Du?" — *Peter*: „Na ja, ... aber sie muß es nachher wiedergeben ..." — Dann kommt kurz eine Balgerei zwischen Popeye und dem Vater in Gang, der eine Schlumpfpuppe genommen hat. Und als es für *Peter* brenzlig wird, wirft der Kasper ihm den Zauberer Gurgelhals zu, der bekanntlich ein erbitterter und mächtiger Feind der Schlümpfe ist.[120] *Peter* nimmt ihn mit der behinderten Hand an den Beinen und schlägt auf den Schlumpf ein, schlägt ihn in die Flucht. Der Vater kann dies lachend geschehen lassen. Plötzlich ist *Peter* Mittelpunkt des Spieles. Die Mutter, ursprünglich mit einer Schlumpfine auf der Hand, wechselt die Seiten. Sie nimmt nämlich eine Hexenpuppe. Die Hexe verbündet sich mit dem Zauberer. Wie zufällig grapscht sich Schwesterchen *Claudine* die Schlumpfine und schlägt sich auf die Seite des Vaters. In allen *Allianzen* wird eine Zeitlang gespielt; damit sie sich aber nicht verfestigen, schlägt der Kasperl einen *„Puppentausch"* vor. Die Mutter wird wieder Schlumpfine und gehört zum Vater, Bruder und Schwester sind nun Hexe und Zauberer; und dann wird das Spiel „langweilig", niemand will mehr weiter. Die Eltern werden Eltern, die Kinder Kinder, und eigentlich ist eine ganz gute und ausgeglichene Stimmung zwischen allen Beteiligten da. Wir sind miteinander ins Spiel gekommen.

Durch die Puppen war vorübergehend ein Wechsel in den familiendynamischen Konstellationen möglich geworden. Es wurde dabei erkennbar, daß zumindest keine völlige Fixierung in den Allianzen vorlag, wie wir es häufig bei Familien finden. Die Spielthematik und die Spielatmosphäre war im wesentlichen von Kampf, Wettkampf, aggressiven Aktionen bestimmt. Deutlich wurde auch, daß *Peter*, wenn er Unterstützung (durch den Kasperl) oder *Allianzen* (durch die Hexe) erhielt, durchaus Möglichkeiten fand, aus sich herauszugehen. Dies wurde in der Nachbesprechung mit den Eltern herausgearbeitet. Die Puppen erwiesen sich auch hier als hilfreich, indem vorgeschlagen wurde, jede der gespielten Puppen noch einmal aufzunehmen und in ihrem emotionalen Gehalt einmal auszutesten. Beide Eltern verbalisierten überdies ihr Erstaunen über die Aktivität und Beweglichkeit von *Peter* und waren in der Lage, die vorsichtigen Deutungen im Hinblick auf die Familieninteraktion und das Spielklima, die ihnen vom Therapeuten angeboten wurden, anzunehmen.

Es wurden noch drei weitere Familiensitzungen — also vier weitere Termine — vereinbart. Das Phänomen der Ausgrenzung von *Peter* wiederholte sich verschiedentlich, und das Ziel war, auf seiten der Eltern eine größere Bewußtheit für diese Prozesse zu schaffen, auf seiten von *Peter* einen größeren Handlungsspielraum zu eröffnen, so daß der stützende Kasperl immer weniger in Aktion treten mußte. Es gelingt dies auch. Dabei werden die Techniken des *Rollenwechsels* und des *Rollentausches* wichtig. Am Anfang der dritten Sitzung dürfen sich alle Beteiligten vom Puppenbord und aus der Puppenkiste einen „Puppenvorrat" anlegen, d. h. auswählen, welche Puppen sie im Verlaufe des Spieles benutzen wollen. Das projektive Moment, das sich in der Wahl zeigt, (bei *Peter* außer Popeye immer noch überwiegend regressive Puppen, Alice, Bambi, die Baby-Puppe, die Königin) erweist sich als wichtiges Diagnostikum und gibt dazu Anlaß, daß der Kasperl noch Ergänzungspuppen heranbringt (bei *Peter* ein Krokodil und den Zauberer Gurgelhals). Der *Puppenvorrat* stellt ein Handlungspotential bereit (und ist auch Ausdruck eines solchen), das durch *Puppenwechsel* aktiviert werden kann. Diese erfolgen spontan im Spielverlauf, können aber auch durch die Doppeltechnik oder Außenanweisungen des Therapeuten erfolgen. Damit wird nicht nur die Rollenflexibilität gefördert, sondern auch eine emotionale Flexibilität in bestimmten Familienkonstellationen; denn es ist ein Unterschied, ob man seinen Ärger über die Krokodilpuppe, die Zaubererpuppe, die Popeyepuppe oder über die Königinpuppe, als Bambi, als Baby oder als Maus äußert. Als der Vater z. B. im Spiel einmal sehr verstimmt und ärgerlich wird, und dies mit dem großen Stofflöwen als Spielfigur ausdrückt, wird ein Rollenwechsel zur Königpuppe angesagt, und kaum hat er den König über die Hand gestreift, verändert sich die Qualität seines Ärgers. Der Vater gewinnt Abstand und kann souverän reagieren, indem er dem Krokodil (*Peter*) sagt: „Sei nicht so heftig, sonst macht das Kämpfen doch keinen Spaß!" — Mit einer anderen Puppe auf der Hand kann man die Dinge meistens anders sagen. Man macht es sich selbst leichter. Die Puppe hilft, alte Muster zu durchbrechen. In der Identifikation mit ihr können neue Atmosphären, Qualitäten, Kommunikationsformen eingeübt und internalisiert werden.

Neben dem *Puppenwechsel* wurde der *Puppentausch* häufig eingesetzt. *Peter* übernahm die Puppen seiner Schwester und damit ihre Position. Die Eltern konnten so entdecken, daß es durchaus möglich war, sich ihrem Sohn gegenüber so zu verhalten wie gegenüber der Tochter. Der Vater wiederum konnte im Puppentausch erfahren, was es heißt, mit „schwachen Puppen" spielen zu müssen. Es wurde zuweilen notwendig, erst einmal über Attributions- und Identifikationstechniken, die Annahme und Erfahrung der Puppe zu bahnen. Der Vater konnte zum Beispiel mit der Bambipuppe „überhaupt nichts anfangen". Kein Wunder, wenn man vorher immer den Löwen oder den großen Hund als Puppe gespielt hat. Durch die Identifikation mit dem Bambi lernt der Vater auch etwas über die zarten und zerbrechlichen Seiten von *Peter*. Er gewinnt Verständnis, und es gelingt ihm, diese Seiten seines Sohnes besser zu akzeptieren. Hilfestellungen zu der Identifikation wurden durch die interpretative Doppeltechnik[120)] über die Puppe des „weisen alten Mannes", die der Therapeut spielt, gegeben. (Weiser alter Mann an den Vater gerichtet: „Da bin ich so ein kräftiger Sportsmensch mit viel Kraft und soll ein Bambi spielen. Eigentlich ist mir das viel zu zart und zerbrechlich. Was mache ich denn ohne all meine Kraft? Andererseits ist das Bambi elegant, grazil, flink. Und wer weiß, was es noch alles kann. Ich sollte es einmal versuchen.")

Die verschiedenen Techniken im therapeutischen Puppenspiel der Integrativen Therapie bieten gerade für das familientherapeutische Vorgehen wertvolle Hilfen. Durch die Kombination von psychodramatischen und gestalttherapeutischen Techniken und ihre spezifische Adaptation an die Erfordernisse des Puppenspiels wird eine hohe Flexibilität der Interventionen möglich, die sowohl die Familie als Ganzes als auch das einzelne Familienmitglied therapeutisch weiterbringen kann.

In der letzten anberaumten Spielsitzung entscheidet sich die Familie sogar, einen Satz Spielpuppen zu kaufen, um zu Hause für sich weiterzuspielen. (Dies ist ein von uns durchaus angestrebtes Ziel familientherapeutischer Interventionen mit Puppen). Aus unserer Sicht war im Moment eine Fortführung der Familienarbeit in dieser Form nicht erforderlich. Die regelmäßigen Kontaktgespräche mit den Eltern (überwiegend mit der Mutter) wurden selbstverständlich beibehalten.

2. *Einzelbehandlung mit Puppen*

In *Peter*s Einzeltherapie war schon während der psychomotorischen Behandlung immer wieder auf das Medium Puppe zurückgegriffen worden. Insbesondere die Arbeit mit einfachen und zunehmend komplexeren Marionetten von unterschiedlicher Größe zur Förderung der Fein- und Grobmotorik waren mit Erfolg eingesetzt worden. Mit den Marionettenfäden an den Fingern wird — mehr noch als bei Führung über Holzkreuz [121] — ein ausgezeichneter Trainingseffekt erreicht. Und Spaß macht es auch noch. Diese durch die Krankengymnastin ausgeführte Behandlung hatte nur mittelbare psychotherapeutische Intention. *Peter* indes war auf diese Weise mit dem Puppenspiel vertraut geworden. So hatte die psychotherapeutische Behandlung eine gute Grundlage. Sie wurde von der Krankengymnastin und vom Psychotherapeuten gemeinsam durchgeführt, wobei die psychomotorischen Behandlungssequenzen mit Übungscharakter bei der Stammtherapeutin blieben. Aus dieser Behandlung kann wiederum nur exemplarisch das Puppenspiel mit einer typischen Sitzungssequenz herausgegriffen werden, wobei wir, wie erwähnt, die Inkontinezproblematik in den Vordergrund stellen möchten.

Obgleich durch die familientherapeutischen Sitzungen die Familiensituation relativ entspannt war, blieb die Problematik des Einnässens unverändert. Eine längere Familientherapie wäre im Hinblick auf eine nachhaltige Verbesserung der Symptomatik wünschenswert gewesen. Es ist nach unseren Erfahrungen auch davon auszugehen, daß die Beeinflussung von Kommunikationsmustern in Familien in der Regel nicht ausreicht, um bei dem „Symptomträger" oder „Indexpatienten" (wir stehen übrigens diesen Begriffen und den damit verbundenen Implikationen skeptisch gegenüber)[122] dauerhafte Veränderungen zu bewirken; denn der Patient hat mit dieser Familie *Geschichte*. Das aktuelle Familienverhalten, das allein die Intervention beeinflussen kann, wurde ja über mehr oder weniger lange Zeiträume aufgenommen und *verinnerlicht*. Es ist „in Fleisch und Blut" übergegangen, und auch die leiblich-konkreten Reaktionen — etwa auf Aggression folgende verschlossene Haltung — haben sich in der psychosomatischen Ganzheit der Person habitualisiert. Diese *eingefleischten* Muster müssen verändert werden. Die Nachwirkungen der Vergangenheit, wie sie im Gedächtnis eines jeden Familienmitgliedes repräsentiert sind, müssen Gegenstand der Behandlung werden, zumindest gilt das für den Symptomträger, letztlich aber auch für den „Patienten Familie". *Peter* hatte natürlich die Probleme, die seine Eltern mit seiner Behinderung und mit ihm hatten, aufgenommen und verinnerlicht. Auf diese Zusammenhänge sollte die Intervention fokussieren. Einerseits wurde freies Improvisationsspiel verwandt, in dem die Themen aufgegriffen wurden, die *Peter* anbot, bzw. die sich aus der Wahl seiner Puppen und im Handlungsverlauf entwickelten, zum anderen wurden aber auch strukturierte Ansätze gewählt, Rahmenstücke verwandt, die auf das Problem des Kindes zugepaßt waren. Die Dramatisierung von Geschichten über das Medium Puppe als intermedialer Zugang erweist sich hier oft als sehr geeignet. Im Verlauf der therapeutischen Entwicklung im Freispiel hatte sich *Peter* als bevorzugte Identifikationsfigur einen kleinen Elefanten aus der Elefantenfamilie ausgesucht, und so konnte ich die von mir entwickelte Methode der *Fokalgeschichte*[123)] — eine Form poesietherapeutischer Narration — einsetzen. In dieser wird eine am Problemhintergrund des Patienten orientierte Geschichte entwickelt, die von ihrer Handlung, den in ihr enthaltenen Figuren, relevante Konfliktkonstellationen aufzugreifen und zu verändern sucht. Die einzelnen Szenen der Geschichte können — unserem intermedialen Ansatz entsprechend[124)] — auf einem Zeichenblock aufgezeichnet werden. In einem weiteren Schritt ist es dann auch möglich, die Szenen in Rollen- oder Puppenspielen zu inszenieren — ganz wie es die Situation erfordert.

2.1 Fokalgeschichte und Puppenspiel — narrative Praxis

Die Geschichte von „Little Dick", dem kleinen Elefanten, und der Wüstenwanderung

Es war einmal ein kleiner Elefant, der hieß „Little Dick". Er lebte mit seinem Vater, „Big Dick", „Mama Dick" und seiner kleinen Schwester, „Dickelinchen", in einer Oase am Rande einer großen Wüste. Eine Oase, das ist ein Platz, wo es eine Wasserquelle gibt und hohe Palmen, die süße Datteln tragen. Hier lebte also Little Dick, und seine Freunde waren Turpa, der Oasenfuchs, und Caroline, die Oasenschildkröte. Mit ihnen spielte er. Manchmal paßte er auf seine kleine Schwester auf oder half Big Dick, seinem Vater, bei der Arbeit mit den Dattelpalmen. Am liebsten aber lag der kleine Elefant im Schatten einer großen alten

Palme am Rande der Oase und schaute in die Wüste über die endlosen braunen und gelben Sanddünen hin zu den geheimnisvollen hohen Bergen, die weit hinten am Horizont aufragten. „Zu diesen Bergen möchte ich einmal reisen", dachte Little Dick, und seine Augen wurden ganz sehnsüchtig. Schon oft hatte er seinen Vater und seine Mutter gefragt, wann er endlich in die Wüste reisen dürfe. „Wenn du groß genug bist!", hatte Big Dick, sein Vater, dann gesagt. „Wann bin ich endlich groß genug?" — „Das hat noch Zeit", meinte Mama Dick. „Und jetzt geh spielen." Der kleine Elefant wurde ganz traurig und ging zu Tante Caroline, der Oasenschildkröte. „Bitte sag mir, wann sind Elefanten groß genug, um in die Wüste zu gehen?" — „Die Wüste ist groß und gefährlich. Du wirst sie noch kennenlernen, denn die Elefanten haben in der Wüste ein Geheimnis. Deshalb müssen sie zu den Wolkenbergen wandern und wenn sie alt sind, zu der Regenquelle am Wolkenschloß, um dort zu bleiben, wie Oma und Opa Dick." — „Bitte erzähl doch mehr!" — Aber mehr wollte die Schildkröte nicht erzählen, und auch Turpa, der Oasenfuchs, sagte nur: „Mehr wissen nur die Elefanten, wenn sie groß genug sind. Hab' noch ein wenig Geduld!"

Eines Tages kam ein großer fremdartiger Vogel zur Oase geflogen und ließ sich auf der alten Dattelpalme nieder. Seine Schwingen waren tiefblau und schimmerten, als ob auf ihnen feine Wassertropfen perlten. Seine Augen waren gelb und leuchtend, und sein kräftiger Schnabel war weiß wie ein Kieselstein. „Wer bist du denn und wo kommst du her?" fragte der kleine Elefant. — „Ich bin Ahan, der Bote", antwortete der Vogel, „und ich komme von den Wolkenbergen am Horizont der Wüste, wo sich Himmel und Erde begegnen". — „Du mußt mir davon erzählen, bitte!", sagte der kleine Elefant und war ganz aufgeregt. Doch der Vogel schüttelte den Kopf und seine Schwingen, so daß es nur so funkelte und glitzerte. „Über das Wolkenschloß und die Regenquelle darf ich dir nichts erzählen. Das ist ein Geheimnis!" Und damit erhob sich der Vogel wieder in die Lüfte und war bald nur noch ein kleiner, schwarzer Punkt, der dann gänzlich verschwand. „Ein Wolkenschloß", dachte Little Dick, „ob es da auch eine Prinzessin gibt? Ich will und muß in die Wüste zu den Bergen", sagte er und lief zu seinen Eltern, um ihnen von dem fremden Vogel zu erzählen. „Wann darf ich endlich mit euch in die Wüste wandern?", fragte er, als er alles berichtet hatte. Big Dick, sein Vater, schaute Mama Dick bedeutungsvoll an: „Der Botenvogel war da. Jetzt bist du alt genug, mit in die Wüste zu ziehen. Wir wollen alles für die Wanderung vorbereiten." — „Darf ich auch mit", fragte da plötzlich Dickelinchen. — Niemand hatte gehört, wie sie herangekommen war. Elefanten können sehr, sehr leise gehen. „Nein", sagte Mama Dick, „das ist für dich noch zu gefährlich. Später einmal. Du bleibst bei Tante Caroline, der Schildkröte. Sie wird dir viele schöne Geschichten erzählen, bis wir wiederkommen." — „Au fein!", rief Dickelinchen, „Geschichten höre ich sooo gerne". Big Dick holte einen großen Vorrat Datteln und sagte: „Wir wollen uns bald schlafen legen, denn wir müssen sehr früh aufbrechen. Ehe die Sonne ihren höchsten Stand erreicht hat, müssen wir bei den Schattenfelsen sein, sonst wird es zu heiß, selbst für uns Dickhäuter."

Der kleine Elefant konnte gar nicht einschlafen vor Aufregung. Er dachte nur noch an den morgigen Tag, aber dann übermannte ihn doch die Müdigkeit, und er schlief ein. In aller Frühe, noch ehe die Sonne aufgegangen war, wurde Little Dick von seinen Eltern geweckt. „So", sagte Mama Dick, „jetzt müssen wir zuerst zur Quelle gehen und einen Wasservorrat mitnehmen. Ziehe durch deinen Rüssel soviel Wasser in deinen Bauch wie du kannst. Die Wüste ist glühend und heiß; da braucht man viel Wasser, wenn man nicht verdursten will." — „Und mit dem Wasser muß man sparsam umgehen, das ist etwas Kostbares", sagte Big Dick. „Du darfst nichts verlieren und nichts vergeuden, denn Wasser gibt es erst wieder, wenn wir zurück in unsere Oase kommen." Little Dick gab sich alle Mühe, soviel Wasser wie möglich in sich hineinzusaugen. Ein bißchen Angst hatte er schon, denn er wußte von Turpa, dem Oasenfuchs, wie heiß und wie gefährlich die Wüste sein konnte. „Erzähle Dickelinchen viele schöne Geschichten!", sagte Mama Dick noch zu Caroline, der Schildkröte. „Und du paß auf, daß hier niemand Datteln stiehlt!", sagte Big Dick zu Turpa, dem Fuchs. Und dann machten sich die Elefanten auf den Weg in die Wüste. Leicht und schnell trabten sie voran, und hinter den Dünen glühte der rote Schein der Sonne, die sich daranmachte, den Himmel emporzusteigen. Little Dick ging zwischen seinen Eltern. Da fühlte er sich am sichersten. Allmählich wurde die Sonne immer heißer. Die Luft flimmerte über dem Sand, und den kleinen Elefanten begann der Durst zu plagen. „Darf ich etwas trinken?", fragte er seinen Vater. „Ja", antwortete Big Dick, „aber sei vorsichtig, daß du kein Wasser verlierst. Denn Wasser ist kostbar." Little Dick bekam noch eine süße Dattel, und dann ging es weiter. Aber er fühlte sich schon sehr müde, und es fiel ihm immer schwerer, mit seinen Eltern Schritt zu halten. „Wann kommen denn endlich die Schattenfelsen?", fragte er. „Das wird noch ein wenig dauern", sagte Mama Dick. Plötzlich tauchte aus einer Sandmulde ein Wüstenfuchs auf. „Hallo", sagte er. „Ich bin Kor. Ihr wollt zu den Schattenfelsen?" „Guten Tag, Kor!", sagte Big Dick. „Schön, dich zu sehen." Der kleine Elefant war erstaunt. „Woher kennst du Kor?" — „Das ist der Vetter von Turpa, dem Oasenfuchs", sagte Mama Dick und Kor lachte. „Wie ich höre, habt ihr ja genügend Wasser mit — das gluckst ja richtig in euren Bäuchen. Aber gehe nur sparsam damit um, du kleiner Elefant. So schnell wirst du hier nichts bekommen!" — „Und woher bekommst du dein Wasser?" „Ach", antwortete Kor ausweichend, „ich finde immer welches." Und dann wechselte er das Thema und erzählte etwas von einem Sandsturm, den es vor ein paar Tagen gegeben habe und daß die Wüstenmäuse immer frecher würden. So verging die Zeit, und unversehens tauchten plötzlich die Schattenfelsen hinter einem Dünenzug auf. Sie waren nicht sehr hoch, aber unter ihren überhängenden Vorsprüngen gab es Schatten, in dem sich die Elefantenfamilie niederließ. Die Sonne war inzwischen zu einem glühenden Feuerball geworden, und die Hitze in der Wüste war unerträglich. „Versuche, etwas zu schlafen und Kräfte zu sammeln", sagte Mama Dick zu dem kleinen Elefanten, „denn wenn die Sonne sinkt, müssen wir eilig weiter, um vor Einbruch der Nacht die Wolkenberge zu erreichen." Little Dick versuchte, es sich bequem zu machen und schob einen Stein in seinem Rücken zur Seite, doch der sagte: „Langsam, langsam — das hier ist mein Platz!" Aus dem Stein schob sich plötzlich ein Kopf hervor. „Das ist ja Carl, die Wüstenschildkröte!", rief Mama Dick erfreut. „So sieht man sich wieder!" — „Ja, das ist lange her, seit ihr das letzte Mal hier haltgemacht habt", sagte die Schildkröte. „Wir sollen dir Grüße mitbringen von deiner Tante Caroline aus der Oase", sagte Mama Dick. „Es geht ihr gut!" — „Das freut mich zu hören", antwortete Carl. „Ich hoffe, ihr habt genügend Wasser mit. Auch in den Wolkenbergen ist es jetzt sehr trocken." — „Keine Sorge", sagte der kleine Elefant, „ich habe noch einen ganzen Bauch voll. Aber wo hast du denn dein Wasser?" — „Nun", antwortete Carl, „unter meinem Panzer natürlich. Da habe ich einen schönen Vorrat, und auf den passe ich auch gut auf. Da geht mir kein Tröpfchen verloren." — „Und wo bekommst du denn dein Wasser her? Hier gibt es doch gar keines!" — „Das ist mein Geheimnis", sagte Carl. „Ach, bitte sag' es mir doch, bitte!" Big Dick lachte: „Weißt du Carl, Little Dick ist furchtbar neugierig." — „Also gut", meinte die Wüstenschildkröte, „ich habe drei Geheimnisse, und wenn ich dir eines abgebe, dann habe ich ja immer noch zwei ... Weißt du, wenn des nachts die Wolkenprinzessin über die Wüste reitet und den Tau ausstreut, dann sammle ich ihn auf, bevor er am nächsten Tag in der Sonne verdunstet. Mir reicht das und Kor, dem Fuchs, und den Wüstenmäusen auch. Aber für euch Elefanten ist das natürlich nichts."

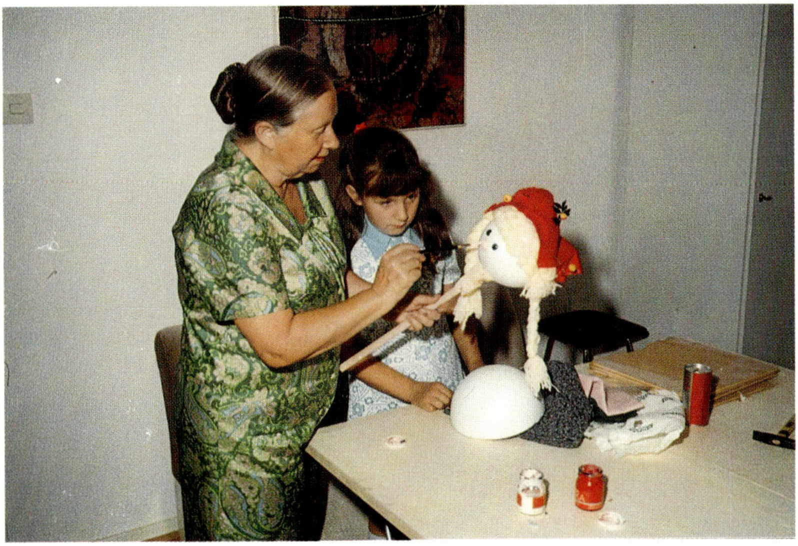

Abb. 2: Puppenherstellung in der Kindertherapie (*Irma Petzold-Heinz* 1972)

Abb. 3: Die Elefantenfamilie — Mama Dick, Big Dick, Little Dick (aus der „Puppenkiste" von *Hilarion Petzold* 1986)

Abb. 4: Der Junge mit den zwei Gesichtern und der Traumelefant (aus der „Puppenkiste" von *Hilarion Petzold* 1986)

Abb. 5: Vor dem Aufbruch in die Wüste: Wasser fassen und festhalten. (Zeichnung beim Erzählen)

Abb. 6: Kindertherapie mit Stabpuppen (*Hilarion Petzold* und *Christa Geibel-Petzold* bei der Arbeit 1970)

— „Die Wolkenprinzessin streut den Tau aus?", fragte der kleine Elefant. „Von der mußt du mir erzählen!" „Jetzt sei nicht so neugierig", meinte die Wüstenschildkröte. „Ein Geheimnis habe ich mit dir geteilt, aber die anderen beiden behalte ich. Und wenn ich dir mehr von der Wolkenprinzessin erzähle, dann hätte ich ja nur noch eines. Und das wär' mir zuwenig." — „Da hast du recht", meinte der kleine Elefant. „Da hast du wirklich Recht, das wäre zuwenig." Und so gab er sich zufrieden.

An dieser Stelle wird die Erzählung unterbrochen, und wir gehen in ein Spiel über. Der Therapeut hat die Puppe des Elefantenvaters, Big Dick. Die Physiotherapeutin spielt Mama Dick und Carl, die Wüstenschildkröte. Peter nimmt Little Dick und manchmal Kor, den Wüstenfuchs. Er versucht, Carl noch weiter auszufragen und neckt als Kor Mama Dick. Unter „dem Schutz der Puppe" kommt es zu einer ödipalen Annäherung an die Therapeutin und einer spielerischen Rivalität zum Vater/Big Dick/Therapeut. Auf jede abgrenzende Äußerung von Big Dick würde sich Peter wahrscheinlich verschreckt zurückziehen. Andererseits aber ist auch eine Klärung der Situation erforderlich. Diese wird durch einen „Puppentausch" angeregt, den die Therapeutin vorschlägt. „Spiel du mal die Wüstenschildkröte", sagt sie zu Peter. „Ich möchte auch einmal den frechen Fuchs spielen." Das war schon zuviel. Peter reagiert verletzt: „Der ist gar nicht frech, der ist nur lustig!" Big Dick (versöhnlich): „Der ist lustig und frech, das gehört doch oft zusammen. Nicht bös-frech meine ich, sondern lustig-frech." Die Verstimmung ist behoben. Peter spielt nun abwechselnd die Elefantenpuppe und die Schildkrötenpuppe. Und in dieser Konstellation entlockt er nun doch der Wüstenschildkröte ein weiteres Geheimnis, über einen versteckten Schatz an den Schattenfelsen. Aus diesem Schatz schenkt Carl (auf Peters rechter Hand) dem kleinen Elefanten (an Peters linker Hand) einen kostbaren Edelstein (eine Glasmurmel). Peter hat sich, nachdem ihm das weitere Geschenk eines Geheimnisses abgeschlagen worden war, auf diese Weise selbst ein Geschenk gemacht, aber er braucht es für einen spezifischen Zweck: Er schenkt es an Mama Dick weiter, und die freut sich darüber natürlich sehr. Zu Big Dick gewandt spricht er: „Du mußt aber jetzt eifersüchtig sein!" — Big Dick (Therapeut) antwortet: „Aber nur ein kleines bißchen." — Mama Dick: „Wir können uns ja alle an dem Stein (Glasmurmel) freuen, er ist wirklich sehr schön!" — Die Dynamik durfte sich äußern und wurde in versöhnlicher Weise aufgelöst. Die Geschichte kann weitergehen:

Als die Nachmittagszeit fortgeschritten war und die Sonne nicht mehr so stechend heiß auf die Wüste brannte, machte sich die Elefantenfamilie wieder auf den Weg. Die Berge waren schon näher herangerückt und ragten groß und drohend aus der Wüste. Sie waren so hoch, daß ihre Gipfel im Dunst verschwanden. „Wir kommen jetzt durch das Reich des dunklen Löwen", sagte Big Dick, „das ist ein übler Geselle, ein Räuber und Wegelagerer. Er kann zwar uns Elefanten nichts tun, dafür sind wir zu groß und zu stark, aber im Dunkeln wollen wir ihm auch nicht begegnen. Deshalb müssen wir uns beeilen, damit wir, bevor die Nacht anbricht, den Aufstieg ins Gebirge erreichen, und die Nacht kommt schnell in der Wüste. Das weißt du ja." So gingen sie alle etwas schneller, und Little Dick taten die Beine schon weh, und er war so durstig, aber er gestattete sich immer nur einen ganz kleinen Schluck Wasser, den er dreimal den Rüssel herauf- und herunterlaufen ließ. Das hat er bei seinem Vater gesehen, und der wußte, was er tat.

Plötzlich erschallte von einer Felsenzacke ein donnerndes Grollen. Ein gewaltiger Löwe stand da oben. Der Wind blies ihm durch die Mähne, die nicht golden war, sondern tiefbraun, fast schwarz. Das war der dunkle Herrscher. Big Dick ließ einen grellen, wütenden Trompetenstoß erschallen. So laut, wie ihn Little Dick noch nie gehört hatte. Das war eine Warnung! „Der soll sich nichts einbilden", sagte der Elefantenvater. So plötzlich, wie der Löwe aufgetaucht war, war er von der Felszacke auch wieder verschwunden.

Jetzt hatten sie auch den schmalen Pfad in die Berge erreicht. Die Dämmerung war herabgefallen, und plötzlich war die Sonne hinter den Wüstendünen verschwunden. Es war Nacht, aber die Sterne waren hell und klar. So konnten sie gut weiterwandern. Vor allen Dingen war es jetzt kühler. — „Wir müssen uns beeilen", drängte Mama Elefant, „sonst kommen wir nicht mehr rechtzeitig auf das Mondplateau." „Das Mondplateau? Was ist denn das?" fragte Little Dick neugierig. „Das ist eine Überraschung. Du wirst es schon sehen", sprach Big Dick. So gingen sie weiter, stiegen höher und immer höher, zwischen steilen Felswänden hindurch und vorbei an tiefen Abgründen. Und dann war plötzlich der Weg mit einer kreisrunden Fläche, dem Mondplateau zu Ende. Der Wind hatte es ganz glatt geschliffen. Es schien aus einem einzigen großen, weißen Stein zu bestehen und war so groß, daß noch zwei weitere Elefantenfamilien gut Platz gehabt hätten. Von dem Plateau konnte man jetzt über die ganze Wüste schauen, wenn man sich nach rechts drehte, und über das Gebirge, wenn man sich nach links drehte, und im Rücken ragte eine weiße Felswand hoch, die in den Wolken verschwand. Das war der Wolkenberg. Little Dick schaute sich ganz andächtig um, denn um die Ecke der Felswand kam jetzt der Mond gewandert und übergoß die Wüste und das Gebirge mit seinem Silberlicht. Die Sanddünen schimmerten wie helle Seidentücher, und die Felszacken leuchteten durchsichtig wie Glas. Little Dick hatte noch nie etwas so Schönes gesehen und wagte kaum zu atmen. So stand die Elefantenfamilie lange Zeit schweigend und lauschte in die Stille der Wüste und der Berge. „Und das Wolkenschloß", fragte schließlich Little Dick, „kann man das nicht sehen?" — „Das sieht man alle hundert Jahre nur einmal", sagte Big Dick, „einmal in einem Elefantenleben." — „Hast du es denn schon gesehen?" — „Das ist mein Geheimnis", antwortete der Elefantenvater. „Und du Mama?" — „Das ist mein Geheimnis", antwortete die Elefantenmutter. „Jetzt mußt du aber schlafen, denn morgen haben wir einen weiten Weg zurückzuwandern. Und trink nicht so viel, denn dein Wasservorrat muß noch für die ganze Nacht und den ganzen Tag reichen. Du darfst also nichts verschwenden und nichts verlieren!" — „Und die Wolkenprinzessin?", wollte Dick wissen. „Sch! Schlaf jetzt!"

In der Nacht hatte Little Dick einen wunderschönen Traum. Er sah die Wolkenprinzessin in einer Sänfte. Die wurde von einem großen weißen Elefanten getragen. Der war kostbar geschmückt und schritt sanft und leicht auf einem silbernen Wolkenband durch den nächtlichen Himmel. Aus ihrer Sänfte streute die Wolkenprinzessin den Tau über das Gebirge und die Wüste. Der glitzerte wie Diamanten und fiel wie eine funkelnde Saat auf die Dünen, Klippen und Felsen. Und jedesmal, wenn ein Tautropfen niederfiel, gab es einen feinen Ton, so daß die ganze klare Weite von einem silberhellen Klingen erfüllt war, wie von tausend feinen Glöckchen. Little Dick winkte der Wolkenprinzessin und ihrem majestätischen Sänftenträger mit dem Rüssel zu. „Hoffentlich sehen sie mich da oben auf der Wolkenstraße!" Und tatsächlich, der weiße Elefant hielt inne und wendete sich dem schneeweißen Plateau zu, auf das nun tausend Tautropfen niederfielen. „Du darfst sie trinken und deinen Wasservorrat auffüllen", tönte eine zarte Stimme. „Das ist Tau von der Felsenquelle, die im Schloß auf dem Wolkenberg entspringt. — „Kann ich dich nicht einmal in deinem Schloß besuchen?", fragte Little Dick die Wolkenprinzessin. Der große weiße Elefant warf ihm einen mahnenden Blick zu, als würde er sagen: „Sei nicht so neugierig!". Er schüttelte das mächtige Haupt und schritt weiter auf der Wolkenstraße höher und immer höher, und von ferne tönte die Stimme der Wolkenprinzessin: „Später... vielleicht!" Und dann war nur noch das leichte Rauschen des Windes zu vernehmen und ab und zu ein feiner, klingender Ton, wenn noch ein vereinzelter Tautropfen niederfiel. „Ach, könnte ich doch auf das Wolkenschloß und die Sänfte der Prinzessin tragen", dachte Little Dick. „Könnte ich nur einmal mit auf der Wolkenstraße über Berge und Wüsten gehen." Und dann plötzlich wußte er, daß dies auch eines Tages geschehen würde. Denn es mußte ein Geheimnis geben zwischen der Wolkenprinzessin und den Elefanten.

Little Dick wurde am nächsten Morgen vor dem Sonnenaufgang von Mama Dick geweckt, die ihn liebevoll mit dem Rüssel anstieß und sagte: „Wir müssen aufstehen, frühstücken und aufbrechen. Nimm einen guten Schluck Wasser und einen Rüssel voll Datteln, das wird dir guttun." — „Ich hoffe, du hast etwas Schönes geträumt", sagte Big Dick. — „Ja", antwortete der kleine Elefant, „aber das ist m e i n Ge-

heimnis." — „Dann mußt du es auch behalten", sprach der Elefantenvater und machte sich an den Abstieg. Der kleine Elefant warf noch einen langen Blick zurück über das Gebirge, die Felsenzacken, Klüfte und Abgründe, hoch zur weißen Felswand, die in den Wolken endete und auf die welligen Sanddünen der Wüste, über der schon die Hitze flimmerte. „Sieh einmal", sagte Mama Elefant, „dort ganz weit hinten, dieser winzige Fleck, das ist unsere Oase. Es wird noch ein weiter Weg. Und unser Wasser wird knapp." — „Wie gut", dachte der kleine Elefant bei sich, „daß ich heute Nacht meinen Vorrat noch etwas aufbessern konnte", und er schickte einen dankbaren Gedanken an die Wolkenprinzessin. Der Abstieg ging viel schneller und leichter als Little Dick gedacht hatte. Hinter jeder Felsnase kam die Wüste etwas näher. Plötzlich hörte er etwas über sich rauschen. Er schaute nach oben und sah den großen seltsamen Vogel, der in der Oase Rast gemacht hatte. Der Vogel winkte ihm zu und rief: „Du mußt wiederkommen in die Berge, sie haben noch viele Geheimnisse." Little Dick winkte zurück und sah dem Vogel lange nach, der immer höher und höher stieg und in den Wolken entschwand. Er wandte sich wieder dem Weg zu und erschrak, denn seine Eltern waren nicht mehr zu sehen. Sie waren schon weitergegangen, und hier war ja schon das Reich des dunklen Löwen. Der kleine Elefant stieß einen ängstlichen, hellen Trompetenstoß aus. „Wartet!" trompetete er, und etwas weiter hörte er die Antwort von Mama Dick: „Komm, komm, beeil dich!" So lief er los, daß der Wasservorrat in seinem Bauch gluckste und platschte. Und es war ihm, als ob er hinter sich das dumpfe Knurren des dunklen Löwen hörte. Ein Glück, da waren sie wieder, Big Dick und Mama Dick. Sie standen unten am Fuße des Berges und warteten.

Hier wird wieder eine kleine Spielsequenz eingefügt. Mama Dick fragt, wo er denn so lange gewesen sei. Peter reagiert mit Entschuldigungen und weicht Big Dick aus. Offenbar erwartet er von ihm noch mehr Tadel oder Schelte. Der aber sagt: Du hast sicher noch dem großen Vogel nachgeschaut. Der ist mir auch schon oft begegnet, wenn ich in die Berge gewandert bin." Little Dick: „Kennst du ihn?" — „Ja, und wenn wir zu Hause sind, kann ich dir von ihm erzählen." — „Au fein!"

Die Situation zeigt, wie leicht Peter sich einschüchtern läßt. Der Elefantenvater reagiert anders, als der Junge erwartet, und es wird ein Anknüpfungspunkt für eine neue Geschichte geschaffen. Mama Dick schlägt eine kleine Pause vor. Der kleine Elefant fragt, wie es wohl Dickeline zu Hause bei Tante Schildkröte gehen möge. Das Geschwisterthema kommt kurz auf. „Ach, der geht's gut", meint Mama Dick, „aber es ist schön, mit dir einmal alleine eine Reise zu machen". Auch hier wird Peter also entlastet und bestätigt. Die Erzählung kann weitergehen.

Die Elefantenfamilie machte sich nun auf den Weg durch die Wüste. Die Sanddünen schienen sich endlos hinzuziehen, und Little Dick fiel das Laufen immer schwerer. „Du mußt dich beeilen", sprach Mama

Dick. „Sieh, wie dunkel sich die Wolken an den Bergen zusammenbrauen. Das kann ein Sandsturm werden, und wir müssen vor ihm die schützenden Felsen erreichen." Der Wind wurde immer heftiger und trieb die feinen Sandkörner wie Nadeln vor sich her. „Ein Glück, daß wir Elefanten eine so dicke Haut haben", dachte Little Dick. Er hatte den Schwanz von Mama Dick mit dem Rüssel umfaßt, und die hielt sich an Big Dick fest. So konnten sie sich nicht verloren gehen, denn sehen konnte man fast nichts mehr. Endlich waren die Schattenfelsen da. Die Elefantenfamilie wäre fast gegen die Steine gelaufen. Sie drängte sich unter eine überhängende Felsnase, die ein bißchen Schutz vor dem Wind bot. Little Dick kroch zwischen seine Eltern. Da fühlte er sich sicher und geborgen, und es konnte ihm nichts passieren. Der Sandsturm tobte und heulte. Die Elefanten hatten die Ohren über die Augen geklappt, den Rüssel zwischen die Pfoten gesteckt und dem Sturm das große, runde Hinterteil zugedreht. So konnte der feine Sand ihnen nicht viel anhaben. Der kleine Elefant war müde und versuchte einzuschlafen. Es war furchtbar heiß, und sein Wasservorrat war doch sehr zusammengeschmolzen. Er hatte Durst und wußte: „Ich darf kein Wasser verlieren und muß ganz sparsam mit ihm umgehen, denn wir haben noch einen weiten Weg", und der wünschte sich, daß die Wolkenprinzessin noch einmal auf dem mächtigen Elefanten kommen möge mit ihrem Tau. So schlief er ein. Seine Träume waren unruhig. Große Schwärme der seltsamen Vögel fingen den Nachttau auf. Der dunkle Löwe verfolgte ihn. Doch als er zum letzten Sprung ansetzte, stolperte er über Carl, die Wüstenschildkröte, die plötzlich vor seinen Füßen aus dem Sand auftauchte. In das zornige Gebrüll des Löwen, der durch den Sand kugelte, tönte plötzlich der Trompetenton von Big Dick, dem Elefantenvater. Der kleine Elefant schreckte aus dem Schlaf. Der Sturm hatte sich gelegt, und seine Eltern hatten schon den Sandstaub aus den Hautfalten geschüttelt. Papa Dick lachte: „Na, habe ich dich mit meinem Trompetenkonzert geweckt?" — „Gott sei Dank", sagte Little Dick, „ich hab so schlecht geträumt. Der dunkle Löwe wollte mich fressen. Der ist dann aber über Carl gestolpert und gefallen und dann ..." — „Ja", meldete sich da eine Stimme, „wir Schildkröten brauchen vor Löwen keine Angst zu haben!" Papa und Mama Dick lachten, und Little Dick lachte auch, als er sah, wie Carl sich aus einem großen Sandhaufen herausarbeitete. „So sieht man sich wieder", sagte Carl, „aber macht euch jetzt auf den Weg". Mama Dick verteilte die letzten Datteln, und der Elefantenvater gab Little Dick einen guten Schluck Wasser. „Ich habe noch genug", sagte er, „und du wirst durstig sein." Dann gingen sie in die Wüste. Es war nicht mehr so

heiß, und die Elefanten kamen gut voran. In der Ferne tauchte die Oase auf und wurde größer und größer. Obwohl sie alle müde waren, liefen sie schneller und freuten sich auf die Palmen, auf Dickelinchen, auf Tante Caroline, die Oasenschildkröte, und vor allen Dingen auf die schöne, klare Wasserquelle. Am Rande der Oase sahen sie jetzt Turpa, den Oasenfuchs, die Schildkröte und das Elefantenbaby. Die ganze Elefantenfamilie hob den Rüssel und stieß ein glückliches Trompetensignal aus. Dreistimmig! Little Dick ganz-hoch, Mama Dick halbhoch und Papa Dick bass-tief. „Wie war es in der Wüste, wie war es in der Wüste?" fragte Dickelinchen. „Schööön!" — „Was habt ihr gesehen, was habt ihr gesehen?" fragte sie weiter. „Das ist unser Geheimnis", sagten Big Dick, Mama Dick und Little Dick. „Wie schön, daß ihr ein Geheimnis habt", sagte Dickelinchen und war sehr zufrieden. So war die ganze Elefantenfamilie wieder beisammen, ging zur Quelle, trank, jeder spritzte jeden naß und nach dieser Elefantendusche gingen allen schlafen.
Was Little Dick wohl träumt heute nacht? Ob ihn die Wolkenprinzessin im Traum besucht?
Peter war am Schluß der Geschichte zwischen den kuscheligen Stoffelefanten eingeschlafen. Was er wohl träumt?

2.2 Fokalgeschichte und Puppenspiel — theoretische und methodische Konzepte zur narrativen Praxis

Die Fokalgeschichte vom kleinen Elefanten und der Wüstenreise kann in den verschiedensten Variationen und Längen erzählt werden. Es können Szenen ausgeschmückt werden, Szenen fortfallen, neue hinzukommen. Die Geschichte kann immer wieder erzählt werden. Sie gefällt den Kindern sehr gut, und manche können sie gar nicht oft genug hören, besonders wenn man die Szenen zeichnet und zwischendurch über das Puppenspiel mit den Kindern in die Aktion tritt, so daß die Identifikation mit der Erzählung in einen konkreten Handlungsvollzug übersetzt wird. Der *suggestive Effekt* der Erzählung wird durch die Illustration intensiviert, wenn z. B. auf dem Zeichenblock mit Wachsmalkreide aufgezeichnet wird, wie der kleine Elefant das Wasser aus der Oasenquelle durch den Rüssel in seinen Bauch aufsaugt, so daß er mit einem großen blauen Kreis ausgefüllt wird. Ähnliches ist bei Vater und Mutter Elefant zu sehen, oder im Panzer der Wüstenschildkröte, der gleichfalls mit einer blauen Fläche ausgemalt wird.(vgl. Abb. 5)

Das alles vollzieht sich natürlich im Kontext der therapeutischen Beziehung und der in ihr relevanten Übertragungskonstellation. Das Therapeutenpaar „substantialisiert" die Narration, wenn es die Szenen der Geschichte zeichnet oder ins Spiel bringt, so daß Sicherheit und Geborgenheit, Schutz und Zuwendung leiblich-konkret erfahren werden können. Auftauchende Konfliktdynamik wird durch *verbale* oder *aktionale* Interpretationen — also Deutungen über die Veränderung eines szenischen Arrangements — verändert.

Die Wüstengeschichte ist spezifisch auf die Enuresisproblematik zugeschnitten, und zwar zunächst in allgemeiner Weise, indem durch eine subtile Suggestionstechnik gegenüber dem inkontinenten Verhalten ein „retentiver Block" gesetzt wird. Das Wasser wird als etwas Kostbares, Lebenserhaltendes angeboten, das es zu behalten gilt und das nicht nur tagsüber, sondern auch in der Nacht. Gegen nächtliches Einnässen wird im Hypnoid der Erzählung das Aufsammeln von Wasser (die Tautropfen der Wolkenprinzessin, die wie Edelsteine schimmern) angeboten, also wieder etwas Kostbares, das überdies mit einem magischen Idealbild verbunden wird. Die suggestive Wirkung greift durch das Wiederholungsmoment, ohne daß dabei eine offene Hypnoseinduktion in klassischer Manier erfolgen muß. (Obgleich Kinder etwa vom 4. Lebensjahr an durchaus hypnotisierbar sind, halten wir von klassisch induzierten Hypnosen in der Kinderbehandlung nichts, weil sie im Übertragungskontext zumeist als bedrängend, ja, gewaltsam empfunden werden und das therapeutische Bündnis stören. Das Hypnoid über die Erzählung ähnelt eher den Induktionstechniken, wie wir sie aus dem Ansatz von *M. Erikson* kennen. Das retentive Moment wird verankert und kann im Sinne einer Appelationshypnose[126)] eingesetzt werden, indem der Therapeut seinem kleinen Patienten sagt: „So, und bevor du einschläfst, denkst du an den kleinen Elefanten. Vielleicht träumst du etwas Schönes von ihm." Es können aber auch die Eltern in die Behandlung dadurch einbezogen werden, daß sie ihrem Kind zum Gute-Nacht-Wunsch noch sagen: „Und träum etwas Schönes vom kleinen Elefanten." Manche Eltern können animiert werden, ihrem Kind weitere Geschichten von Little Dick in der Wüste zu erzählen. Dies empfiehlt sich aber nur, wenn in einer Familientherapie bzw. -beratung die wichtigsten familiendynamischen Probleme bearbeitet worden sind, so daß man einigermaßen sicher sein kann, daß dem Kind in der Geschichte „gute Botschaften" mit in den Schlaf gegeben werden: denn gerade beim Märchenerzählen spricht ja oft das Unbewußte des Erzählers[127)]. Er kann in der Art, wie er seine Geschichte erzählt und auch im Hinblick auf ihre Inhalte, Aggressionen, Drohungen, ödipale Rivalität weitergeben, die sehr ungut wirken. Sind derartige Störfelder auszuschließen, so schaffen die Gute-Nacht-Geschichten vom kleinen Elefanten „heilende" Familiensituationen. Die Eltern können sich als Erzähler oder Zuhörer mit den guten Elefanteneltern identifizieren, und das Kind erhält „zwischen ihnen" einen guten identitätsstiftenden Platz. In der Integrativen Therapie sehen wir nämlich die gelungene Triangulation[128] — wir verwenden diesen Begriff lieber als den der ödipalen Triade, da wir nicht das gesamte *Freud*sche Ödipustheorem mit all seinen problematischen Seiten, wie z. B. der Kastrationsangst, der Über-Ich-Bildung usw. übernehmen wollen — wir halten also eine gelungene Triangulation, in der die frühe Mutter-Kind-Dyade sich öffnet und angstfrei ein größerer Sozialbezug möglich wird, für einen unerläßlichen sozialen Entwicklungsschritt. *Das Kind erhält in seinem Bezug zu Mutter und Vater seine Identität*: Du bist unser Kind! Die Gefahr einer sich über die dyadische Phase verlängernden possessiven Mutterliebe, die Entwicklungsfreiräume einengt, wird durch die gelingende Triangulation gesteuert.

Die Wirkung der Fokalgeschichte beruht natürlich nicht nur auf dem suggestiven Moment mit der Verankerung des „retentiven Blocks", sondern auch — und das wesentlich — auf der Übertragung des Kindes zu den Therapeuten. Die Geschichte selbst stellt idealtypisch eine gelungene Familiensituation auf dem Niveau der Triangulation dar. Hier nun setzt, über das *generelle* Moment hinaus, der *spezifische* Aspekt der Fokalgeschichte ein. Dieser wird aufgrund der Anamnese des Kindes und der Familiendiagnose *narrativ* erarbeitet. Die Geschichte und die Puppenspiele im Rahmen der Erzählung haben den in ihr gefundenen Faktoren Rechnung zu tragen. Findet sich im Hintergrund der Enuresis[129] z. B. eine Geschwisterproblematik, die durch eine überforderte Mutter nicht gehandhabt und aufgelöst werden kann, so daß das Miktionsverhalten des älteren Kindes Appellcharakter hat: „Schau mal, ich bin auch noch ein Baby, ich mache ja ins Bett. Du mußt dich um mich genau so kümmern, ja noch mehr, als um das Schwesterchen!" — liegt also eine solche Konstellation vor, dann muß die Geschichte (wie im vorliegenden Fall) das als bedrohlich erlebte neue Geschwisterkind „neutralisieren". Dickelinchen, also Jutte, wird „zu Hause gelassen", aber so, daß niemand Schuldgefühle haben muß (weder Peter noch seine Mutter noch sein Vater, denn sie ist ja bei der positiv besetzten Tante Caroline „in guten Händen"). Findet sich eine Defizitsituation im dyadischen Milieu, so steht in der Erzählung die Elefantenmutter im Vordergrund. Der kleine Elefant wird an das Bein von Mama Dick gelehnt gezeichnet, die ihm liebevoll mit dem Rüssel über den Rücken streicht. Auch in der Wüstengeschichte spielt dann die Elefantenmutter die wichtigere Rolle. Papa Dick kann sogar fehlen.

Es gibt auch Konstellationen, in denen der Elefantenvater gänzlich weggelassen wird oder in denen die Elefantenmutter nicht oder noch nicht ins Spiel kommt. Geht es in der Fokalerzählung um ein *Reparenting*[130], also ein Verändern verinnerlichter elterlicher Imagines, so werden negative Atmosphären aus Szenen oder Kommunikationen des betreffenden Elternteils in korrektiven Varianten gespielt, so daß diese als neue Erfahrungen verinnerlicht werden können. Geht es um ein *Parenting,* also um ein Verankern von Erfahrungen bei Defiziten auf seiten der Eltern, so können die Tiereltern als Intermediärobjekte fungieren, um die Beziehung zu den Therapeuten zu ermöglichen. Ein Kind kann z. B. den Verlust der Mutter so schmerzlich erfahren haben, daß es sich in der Behandlung der Therapeutin verweigert. Es möchte keine Bindungen mehr eingehen, damit es auch keinen Verlust mehr erfahren kann. Das erforderliche *Parenting* trifft auf einen „protektiven Widerstand"[131] auf seiten des Kindes. Durch die Narration kann aber über die Elefantenmutter eine Atmosphäre hergestellt werden, die ein *Parenting* ermöglicht, und im Spiel mit der Elefantenpuppe wird vielleicht sein erster warmherziger Kontakt „von Puppe zu Puppe" möglich, der nach einiger Zeit auf die gesamte therapeutische Interaktion übergreift, bis daß keine Intermediärobjekte mehr notwendig sind, sondern eine unmittelbare intersubjektive Beziehung möglich wird.

Die Kombination von Puppenspiel und Fokalgeschichten bietet als *intermediale Vorgehensweise* für die Kindertherapie bei den verschiedensten Störungen ausgezeichnete Behandlungsmöglichkeiten. Die Variationsbreite der Erzählung und ihre spezifische Adaption an die jeweilige Problemsituation und Familienkonstellation erfordert eine spezifische narrative *Kompetenz,*[132] der es gelingt, in der Verbindung von Erzählung, Gestaltungsreichtum der Puppen als Identifikations- und Interaktionsmedien, durch die Visualisierung in der Zeichnung und die differenzierte Hypnosetechnik ein hochkomplexes Wirkungspotential zu entfalten, das nach dem *Synergieprinzip*[133] der Integrativen Therapie „in seiner Gesamtwirkung mehr ist als die Summe der Teilwirkungen".

Ich habe Fokalgeschichten für Kinder mit Dunkelängsten, Tierphobien, Zwangssymptomatik, überaggressivem und autoaggressivem Verhalten entwickelt, in denen jeweils die spezifischen familiendynamischen und psychodynamischen Konstellationen mit den idealtypischen Modellen zur Genese der Störung verbunden werden und die weiterhin ein der jeweiligen Symptomatik entsprechendes *hynotisches Strategem* einschließen. Es bleibt auf jeden Fall aber hervorzuheben, daß derartige Fokalgeschichten — auch wenn sie als supportives Element für die Therapie durch die Eltern nach vorausgegangener Elternarbeit eingesetzt werden — ihre Wirksamkeit nur voll entfalten können, wenn sie nicht mechanistisch abgespult werden. Die deklamatorische Emphase allein fruchtet nichts. Die Narrationen müssen vielmehr am rechten Ort zum rechten Zeitpunkt in der therapeutischen Beziehung gleichsam „entstehen"; denn so sind die ersten Fokalgeschichten in meiner Praxis plötzlich „da" gewesen: Ich war in einem Therapieprozeß mit einem Kind an einem Punkt angelangt, wo einfach eine Geschichte erzählt werden *mußte.* — Dieses Grundprinzip der *Prozeßangemessenheit* gilt für die Verwendung aller *Methoden, Techniken* und *Medien* in der Integrativen Therapie. Sie sind „kreative Instrumente zur Strukturierung der therapeutischen Situation"[134].

Diese und der lebendige therapeutische Prozeß bestimmen Techniken und Medien und nicht umgekehrt. Der Prozeß darf nicht durch die Methoden „gemacht" werden. Wird dieses Grundprinzip eingehalten, so kann die *intermediale Arbeit* in ihrer ganzen Fruchtbarkeit wirksam werden.

Ich hoffe, daß die dargestellten Konzepte und Beispiele zur Handhabung des *Mediums* „Puppe" und der *Methode* des „Puppenspiels" im intermedialen Vorgehen der Integrativen Kinder- und Jugendlichenpsychotherapie einen lebendigen Eindruck dieses Ansatzes vermitteln konnten. Ich hoffe auch, daß es gelungen ist, deutlich zu machen, daß neben den spontanen Formen des *Freispiels* mit Puppen — mit dem auf der Grundlage einer guten therapeutischen Beziehung sicherlich ohne große behandlungstechnische Finesse einiges erreicht werden kann (etwa im Sinne des non-direktiven Puppenspiels)[135] — wir in unserem Ansatz eine sehr differenzierte Form der Therapie mit Puppen und Figuren entwickelt haben, deren Handhabung zu erlernen sich sicherlich lohnt. Der Hintergrund dieser Hinwendung zum *Medium* „Puppe" liegt in den eigenen biographischen Erfahrungen begründet: den vielen Puppenspielen, die wir zu Hause mit unseren Eltern gespielt haben, die vielen Stücke, die für uns erzählt wurden oder die wir miteinander erfunden haben. Die vielen Puppen, die wir gemeinsam gebastelt haben — in allen Variationen, die die Puppenwelt bietet — die zahllosen Spieltechniken, die wir gelernt haben oder die im Spiel ganz einfach entstanden sind...— all das ist in die Entwicklung der Integrativen Therapie mit Puppen eingegangen. Was wir als Kinder im Spiel mit Puppen durch unsere Mutter[136] erfahren konnten, was wir in ihrer Arbeit mit Problemkindern aus der Nachbarschaft erleben konnten, hat später meine eigene kindertherapeutische Arbeit und die beschäftigungstherapeutische Arbeit meiner Schwester, *Christa Petzold-Geibel*

[137], nachhaltig geprägt, und mit Erstaunen konnten wir — selbst schon in der therapeutischen Praxis stehend — wieder von unserer Mutter lernen, als sie 1973, über sechzig Jahre alt, in der „Deutschen Stiftung für Lebensschutz" in Düsseldorf begann, schwerstgestörte Kinder mit Puppenspiel, Puppenherstellung und improvisierten Geschichten, Texten, Gedichten zu behandeln — Kinder, die in herkömmlichen Kindertherapien gescheitert waren. Von ihrer Empathie und ihrem Einfallsreichtum, ihrer methodischen und technischen Innovationskraft konnten wir wichtige Impulse gewinnen. Heute, 75 Jahre alt, spielt sie mit alten Menschen und Hochbetagten im Rahmen ihrer poesietherapeutischen Werkstätten[138] mit Hand- und Stabpuppen.

Auf der Grundlage einer mehr als 20jährigen praktischen Erfahrung in der therapeutischen Arbeit mit Puppen können wir sagen, daß von der Herstellung der Puppen und Figuren, über die verschiedenen Puppenformen und unterschiedlichen Interventionstechniken, bis zu den besonderen Modalitäten des Spiels und des Settings (Guckkastenbühne, Bühnenfläche, strukturierte Aktionsräume, unstrukturierte Aktionsräume, freie Gruppeninteraktionen mit ihren jeweils verschiedenen therapeutischen Effekten) der reflektierte Einsatz des Puppenspiels für eine *differentielle Kindertherapie* hervorragende Beiträge leisten kann. Fundierend sind, wie gezeigt wurde, entwicklungspsychologische Überlegungen, insbesondere ein Wissen um die Phantasietätigkeit des Kindes und um ihre Bedeutung. Die Puppen als Spielmedien, als Übergangs- und Intermediärobjekte, die freien Puppenspiele oder die Spiele nach Rahmenstücken, ja selbst nach festen Vorgaben, eröffnen dem Kind Möglichkeiten, seine Kreativität zu entfalten, indem sie den unterschiedlichsten Phantasien und Traumvorstellungen Raum geben. Das Kind vermag seine Kompetenz und Performanz im sozialen Rollenspiel auszubauen und seine Spontaneität und Lebendigkeit zu leben. So kann es neurotischen Beengungen und Fixierungen entkommen und eine neue Freiheit gewinnen, die Freiheit sich zu spielen, mit andern zu spielen, die „Puppen tanzen zu lassen". Die Aneignung des Puppenlandes bedeutet die Aneignung des Kinderlandes in einer Weise, die die weiteren Entwicklungsschritte des Lebensverlaufes überdauern können, so daß das Puppenspiel Kindern nicht nur in reparativer Weise zur Bewältigung ihrer aktuellen Probleme und widerfahrenen Verletzungen dient, sondern auch in die Zukunft weist. Es leistet einen Beitrag zur Entwicklung einer phantasievollen, „spielmächtigen"[139], schöpferischen Persönlichkeit im Erwachsenenalter, die sich das „innere Kind bewahrt hat" und bis ins hohe Alter zu bewahren vermag.[140]

Puppenzauber
(1983)

Hinter den grauen Bergen von heute
liegt ein vergessenes Puppenland,
als ich mit Farben, Leim und mit Seide
mein Spielchen trieb, da tauchten sie auf.
Schon hatte ich einen Kasperl gemacht,
der bis über beide Ohren lacht.

Da öffneten sich alle Traumschubladen,
Hexen und Räuber quellen hervor,
aus Draht und Knete die Hexennasen
schwefelig gelb und giftig grün,
der Teufel, der mischt sich flammendrot ein,
das Krokodil hör ich grauslich schrein.

Das flachsblonde Gretel mit sanftem Gesichtchen,
mein Brautschleier schmückt jetzt die gute Fee,
pappgoldene Kronen von Prinz und Prinzeßchen
entstehen im Nu, ich weiß gar nicht wie.
Es zappelt und wackelt auf meiner Hand
das ganze Kasperlepuppenland.

Schnauzbärtiger Vater schnell sich gestaltet,
Geschwister die kreischen, lachen und schrein,
jetzt kommt der Doktor im weißen Kittel,
die Krankenschwester, die Lehrerin,
und es tönt ein Liedchen in meinem Ohr,
der Himmel mag wissen, wann ich's verlor.

Humpelt da nicht stockstampfend Großvater,
mit Weißwattedutt das Großmütterlein?
Wer hält alle die vielen Traumgestalten,
tanze ich nicht mit der Fee im Arm?
Hilf mir Zauberer im Sternengewand
und zauber die Puppen ins Puppenland.

Irma Petzold-Heinz[141]
(*1913)

Anmerkungen

1. *Prösser, R.*, Die Venus der Eiszeit, Berlin 1967. Die aus der Magdalénien stammenden Venusstatuetten sind durch ihre symbolische, fast abstrakte Form gekennzeichnet. Zu den Nebra-Statuetten *Toepfer, V.*, in: *Fundberichte aus Schwaben* 17 (1965).
2. *Buytendijk, F. J. J.*, Mensch und Tier, Rowohlt, Reinbek 1958, 112: „Im tierischen Verhalten sind viele ‚Zeichen' wirksam, aber es sind immer Signale, die eine Änderung der Situation bewirken. Es sind niemals Symbole, d. h. Zeichen, die das Bezeichnete vergegenwertigen . . ."
3. Zum Stein als Puppe, die den Körper ersetzt, cf. *Persson, A. W.*, Ein mykenisches Kenotaph in Dendra, *Archiv für Religionswissenschaft* XXVII (1929) 393 sqq.; zur Alraune vgl. den phantastischen Roman von *Ewers, H. H.*, Alraune, G. Müller, München 1911. Weitere Materialien *Born, W.*, Fetisch, Amulett und Talismann, *Ciba Ztschr.* 46 (Basel 1950); *Kranfeld, E.*, Zauberpflanzen und Amulette, Wien 1898; *Villiers, E.*, Amulette und Talismane und andere geheimnisvolle Dinge, München 1927.
4. *Winnicott, D. W.*, Transitional objects and transitional phenomena: A study of the first not-me possessions, *Intern. J. Psychonal* 34 (1953) 89—97.
5. Cf. *Mead, G. H.*, Mind, Self and Society, University of Chicago Press, Chicago 1934; *Petzold, H.*, *Mathias, U.*, Rollenentwicklung und Identität, Junfermann, Paderborn 1983.
6. Diese Aussage ist sowohl in ontogenetischer als auch in phylogenetischer Hinsicht zu verstehen. Das menschliche Abbild und das Götterbild — und sei es in der Form primitiver symbolbesetzter Gegenstände — ist vom Prozeß der Hominisation und der Entwicklung menschlicher Kultur nicht abzutrennen; cf. *Bernhardt, K.-H.*, Gott und Bild, Evangelische Verlagsanstalt, Ost-Berlin 1956.
7. *Moreno, J. L.*, *Moreno, F. B.*, Spontaneity theory of child development, *Sociometry* 7 (1944) 89—128.
8. *Mahler, M. S.*, *Pine, F.*, *Bergmann, A.*, Die psychische Geburt des Menschen. Symbiose und Individuation, Fischer, Frankfurt 1980.
9. *Bowlby, J.*, Attachment and loss, Volume 3, Loss: Sadness and depression, Penguin, Harmondsworth 1980.
10. Totemtiere, Amulette und Talismane hatten hier sicherlich eine wichtige Funktion, dem Individuum Abgrenzung gegenüber seiner Gemeinschaft und Verbindung mit ihr zugleich zu gewährleisten; cf. *Laars, R. H.*, Das Buch der Amulette und Talismane, Leipzig 1932²; *Hausmann, L.*, *Kriss-Rettenbeck, L.*, Amulett und Talismann, Frankfurt 1960.
11. *Raab, A.*, Theater in Vergangenheit und Gegenwart. Abriß der Geschichte des Schattenspiels, des Puppenspiels und des übrigen Figurentheaters nebst Sonderthemen, Puppentheaterverlag, Kaufbeuren 1979; *Simmen, R.*, Marionetten aus aller Welt, Rheingauer Verlagsgesellschaft, Eltville 1977; *White, G.*, Dolls of the world, London, 1962; *v. Boehnen, M.*, Puppenspiele, München 1929; *Wittkop-Ménardeau, G.*, Von Puppen und Marionetten, Werner Classen-Verlag, Zürich 1962; *Unima*, Figur und Spiel im Puppentheater der Welt, Henschel-Verlag, Ost-Berlin 1980; *Purschke, H. R.*, Die Anfänge der Puppenspielform und ihre vermutlichen Ursprünge, Deutsches Institut für Puppenspiel, Bochum 1979.
12. *Dröscher, E.*, Puppenwelt. Die bibliophilen Taschenbücher, Harenberg Kommunikation, Dortmund 1978.

13. *Heckmann, H.*, Die andere Schöpfung. Geschichte der frühen Automaten in Wirklichkeit und Dichtung, Umschau-Verlag, Frankfurt 1982; *Carrera, R.*, *Loiseau, D.*, *Roux, O.*, Androiden, die Automaten von Jaquet-Droz, Sciptar, Lausanne 1979.
14. *Wawrzyn, L.*, Der Automaten-Mensch, Wagenbach, Berlin 1976.
15. Cf. auch die Funktion der Puppe als Ersatzkörper, der die Totenseele aufnimmt, *v. Sydow, B.*, Kunst und Religion der Naturvölker, Oldenburg 1926, 87; auch *Kees, H.*, Totenglaube und Jenseitsvorstellungen der alten Ägypter, Leipzig 1926, 42; *Ermann, A.*, Die Religion der Ägypter, Berlin 1934, 274 sq.
16. Zu Jahwe als Töpfer vgl. *Gressmann, H.*, Altorientalische Bilder zum Alten Testament, Berlin/Leipzig 1927[2], Abb. 303.
17. *Stamm, J.*, Die Gottes-Ebenbildlichkeit des Menschen im AT, Zürich 1959. Gen. 2.7 verbindet *adam* (Mensch) mit *adamah* (Ackerboden).
18. *Zimmermann, W.*, Evolution. Die Geschichte ihrer Probleme und Erkenntnisse, Freiburg 1951.
19. *Solmsen, F.*, Plato's Theology, Ithasca 1942, 102—119, 154—159.
20. *van den Oudenrijn, C. M. A.*, Demiourgos, Phil. Diss. Utrecht, 1951; *Murakawa, K.*, Demiourgos, *Historia 6* (1957).
21. *Kerényi, K.*, Prometheus, Zürich 1946; *Séchan, L.*, Le mythe de Prométhée, Paris 1951.
22. Cf. hierzu den Gedanken von *Angelus Silesius: „Ich weiß, daß ohne mich Gott nicht ein Nu kann leben, werd ich zunicht, er muß vor Not den Geist aufgeben."*
23. *Heidel, A.*, The Gilgamesh-Epic and Old Testament Parallels, Chicago 1963[4].
24. *Feldmann, J.*, Paradies und Sündenfall, Alttestamentliche Abhandlungen, Münster 1913; *Humbert, T.*, Etudes sur les récits du Paradis et de la chute dans la genèse, Neûchatel 1940.
25. *Stamm*, op. cit. nota 17; *Humbert*, op. cit. nota 24.
26. *Mayer, S.*, Golem. Literarische Rezeption eines Stoffes, Bern 1975; *Scholem, G.*, Die Vorstellung vom Golem, *Eranos* 22 (1943) 235—289.
27. *Collodi, Carlo* (Carlo Lorenzini, 1826—1890). Seine Geschichte vom Pinocchio hat über ein Jahrhundert nichts von ihrer ursprünglichen Faszination eingebüßt; *Collodi, C.*, Pinocchio, storia di un burattino, Firenze 1880; dtsch.: *Grumann, A.*, Die Geschichte vom hölzernen Bengele, Frankfurt 1963[78].
28. *Shelley, Mary Godwin*, Frankenstein, or the modern Prometheus, London 1818.
29. Das Thema des „wahnsinnigigen Puppenspielers" wird in den Marvel-Comics wieder aufgenommen.
30. Ein eindrucksvolles Beispiel ist der Roman „Blade Runner" von *Philipp Dick*, Ballantine Books, New York 1982; cf. *Wagner, F.*, Menschenzüchtung. Das Problem der genetischen Manipulation des Menschen, Beck, München 1969.
31. *Majut, R.*, Lebensbühne und Marionette. Ein Beitrag zur seelengeschichtlichen Entwicklung von der Genie-Zeit zum Biedermeier, Berlin 1931; Kraus Reprint, Nendeln, Liechtenstein 1967.
32. *Strauss, A.*, Spiegel und Masken, Suhrkamp, Frankfurt 1968.
33. Cf. das Phänomen der „Autokommunikation", *Petzold, H.*, Puppen und Großpuppen als Medien in der Psychotherapie, in: idem, op. cit. nota 51, (1983) 33—57.
34. Cf. *Balzac, H.*, Splendeurs et Misères des Courtisanes, Paris 1849.
35. Cf. treffend *Cliff Richard* in „Start all over again":„I've got to find myself to get a living doll, who's always ready when I make my call" (EMI Records, Green light 1978). Aber: *Kohout, Pavel*, Auch Puppen haben eine Seele, *Zeitmagazin* 25 (1983) 26-30.

36. Der lehmgeformte Golem wurde nach einigen Versionen der Legende durch das Einritzen der Wortes *emeth*, Wahrheit, belebt. Durch das Wegwischen des *aleph* in *'meth* = Tod verwandelt, wurde der Golem entseelt. Cf. zum Thema *Held, H.*, Das Gespenst des Golems. Eine Studie aus der Hebräischen Mystik mit einem Exkurs über das Wesen des Doppelgängers, München 1927; *Rosenfeld, B.*, Die Golemsage und ihre Verwertung in der deutschen Literatur, Breslau 1934; zum Ganzen den berühmten Roman von *Gustav Meyrink*, Der Golem, Leipzig 1950 (cf. *Frank, E.*, Gustav Meyrink, Werk und Wirkung, Dündingen 1957) und *Bloch, Chayim*, The Golem: Legends of the Ghetto of Prague (Trd. *H. Shneiderman)*, Wien 1925.
37. *Métraux, A.*, Le Vaudou Haitien, Paris 1958; *Deren, M.*, Divine Horsemen, the living gods of Haiti, London 1953.
38. Das Zyborg-Thema wurde in der Science-fiction Serie „Rhen Dark" von *Kurt Brand* (Kelter Verlag) perfektioniert: Der teilmechanisierte Mensch.
39. Näheres bei *Heckmann, A.*, op. cit. nota 13.
40. *Baldet, N.*, Von der Tonfigur zum Zinnsoldaten, Stuttgart 1961; *Hampe, E.*, Der Zinnsoldat, ein deutsches Spielzeug, Leipzig 1924.
41. Die dem Marionettentheather entliehene Metapher des „Drahtziehers" macht den Zusammenhang der Reduktion des•Menschen auf eine Puppe sehr plastisch. Im Briefwechsel zwischen *Zelter* und *Goethe* findet sich der erste Hinweis auf „politische Drahtzieherey" (*Geiger* I, 575). Die Marionettenmetapher wird auch von *K. Marx* (Der Achtzehnte Brumaire des Louis Bonaparte, Politische Schriften, Bd. 1, Hrsg. von *H. J. Lieber*, Darmstadt, 1960) verwandt.
42. *Freud, A.*, Wege und Irrwege in der Kinderentwicklung, Klett, Stuttgart 1968, 82.
43. Eine Analyse der Biographie derjenigen, die „an der Spitze stehen" (der Staaten, Konzerne, Armeen), mit dem Instrumentarium der kleinianischen Theorie oder der Narzißmustheorie, macht dies nur allzu deutlich. Vgl. *Klein, M.*, Out adult world and it's roots in infancy, *Human Relations* 12 (1959); *Kohut, H.*, Narzißmus, Suhrkamp, Frankfurt 1973; *Kohut, H.*, Search for the Self, International Universities Press, New York 1978.
44. Vgl. *Klein, M.*, Envy and Gratitude, Tavistock, London 1957.
45. *Kuper, L.*, Genocide — its political use in the Twentieth Century, Penguin Books, Harmondsworth 1981.
46. Hierzu eindrucksvoll *Bataille, G.*, Die Tränen des Eros, Matthes & Seitz, München 1981; *Bellmer, H.*, Die Puppe, die Spiele der Puppe, die Anatomie des Bildes, Ullstein, Frankfurt 1976.
47. *Petzold, H.*, Kranke lassen sich nicht „receyclen", *Zeitschr. für Humanistische Psychologie* 1/2 (1981) 21—33; *Attali, J.*, Die kannibalische Ordnung. Von der Magie zur Computermedizin, Campus, Frankfurt 1981.
48. Cf. hierzu auch die Gedanken von *Miller, A.*, Am Anfang war Erziehung, Suhrkamp, Frankfurt 1980.
49. *Mead, G. H.*, Mind, Self and Society, University of Chicago Press, Chicago 1934; *Joas, H.*, Praktische Intersubjektivität. Die Entwicklung des Werkes von G. H. Mead, Suhrkamp, Frankfurt 1980.
50. *Moreno, J.*, *Moreno, F. B.*, Spontaneity theory of child development, *Sociometry* 7 (1944) 89—128.
51. *Winnicott*, op. cit. nota 4, sieht die *Übergangsobjekte* als zur „normalen Gefühlsentwicklung" des Kindes gehörig. Cf. *Ammon, G.*, Stellenwert von Puppen und Puppenspiel innerhalb der kindlichen Entwicklung, in: *Petzold, H.*, Puppen und Puppenspiel in der Psychotherapie, Pfeiffer, München 1983. Zur Puppe als *Inter-*

mediärobjekt vgl. *J. Rojas-Bermúdez*, Puppen als intermediäre Objekte, in *Petzold* (1983) 129 ff. und ibid. 320 ff. zu den Puppen als *Passageobjekten*.

52. *Lacan, J.*, Schriften, Bd. 1, Suhrkamp, Frankfurt 1975; *Petzold, H., Mathias, U.*, Rollenentwicklung und Identität, Junfermann, Paderborn 1983, 148.
53. Puppen als symbolische Objekte, die „mit Libido und Aggression besetzt, der kindlichen Ambivalenz die weitestgehenden Ausdrucksmöglichkeiten erlauben", werden damit zu ambivalenten Objekten. Die gute und die böse Puppe stehen im Spiel zur Wahl, aber auch eine Puppe kann diese beiden Dimensionen verkörpern, die oftmals Widerhall noch früherer archaischer Erfahrungen sind. (*cf. A. Freud*, loc. cit. nota 42). Cf. *Klein, M.*, The importance of symbol-formation in the ego, 1930; dtsch. in: *Klein, M.*, Das Seelenleben des Kleinkindes und andere Beiträge zur Psychoanalyse, Klett, Stuttgart 1962.
54. *Petzold, H.*, Gestaltdrama, Totenklage und Trauerarbeit, in: *Petzold, H.*, Dramatische Therapie, Hippokrates, Stuttgart 1982, 335—368.
55. *Fromm, E.*, Märchen, Mythen, Träume, Rowohlt, Reinbek 1980.
56. Dies hat im Hinblick auf die Unsensibilität für ökologische Fragen verhängnisvolle Folgen.
57. Es ist die eine der Schwächen der humanistischen Psychologie, daß sie mit der Sorge um die Menschen und einem verkürzenden Begegnungsbegriff (*Rogers*) die Sorge um die Dinge vernachlässigt. Der Begegnungsgedanke *M. Bubers* und *G. Marcels* kann mit dem Blick auf die differenzierte Kosmologie dieser Autoren durchaus erweitert werden in Richtung einer Begegnung mit den Dingen; cf. *Petzold, H., Sieper, J.*, Quellen und Konzepte integrativer Agogik, in: *Petzold, H., Brown, G.*, Gestaltpädagogik, Pfeiffer, München 1977, 28 ff.
58. Der Begriff der „Achtsamkeit" ist uns kaum noch vertraut. Er darf nicht auf die Dimension der Wahrnehmung reduziert werden; cf. *Brooks, C.*, Erleben durch die Sinne, Junfermann, Paderborn 1979.
59. Es liegt hierin wohl die große Wirksamkeit des Puppenspiels in der Kindertherapie begründet; cf. *Philpott, A. R.*, Puppets and Therapy, Plays Inc., Boston 1977; *Oatman, K.*, Breaking through the barrier. Puppet play with the profoundly handicaped, Ontario Puppertry Assoc. Publishing Co., Willowdale, Ontario 1981; *Astelle-Burt, C.*, Puppertry for mentally handicaped people, Condor Book, Souvenir Press, London 1981; *v. Kügelen, H.*, Märchen, Puppenspiele, farbige Schatten. Von dem Wesen der technischen Medien und der geistigen Wirklichkeit im künstlerischen Spiel, Internationale Vereinigung der Waldorf-Kindergärten, Stuttgart 1975. *Renner, M., Thesing, Th.*, Praxis der Heilpädagogik, Lambertus, Freiburg 1978.
60. Nach wie vor grundlegend zu dieser ganzen Thematik *de Saint-Exupéry, A.*, Der kleine Prinz, Karl Rauch Verlag, Düsseldorf 1956.
61. *I. Frohne*, Musiktherapie als Form kreativer Therapie, in: *Petzold, H., Frohne, I., et al.*, Poesie- und Musiktherapie, Junfermann, Paderborn 1983, 66—83; *Frohne, I.*, Klinische Musiktherapie, Junfermann, Paderborn 1988 (in Vorbereitung); *Hegi, F.*, Improvisation und Musiktherapie — Möglichkeiten und Wirkungen von freier Musik, Junfermann, Paderborn 1986.
62. *H. Petzold*, Integative Dramatherapie — Überlegungen und Konzepte zum „Tetradischen Psychodrama", in: idem, Dramatische Therapie, Hippokrates-Verlag, Stuttgart 1982, 166—187.
63. idem, Die Rolle des Therapeuten und die Therapeutische Beziehung in der Integrativen Therapie, in: idem, Die Rolle des Therapeuten und die therapeutische Beziehung, Junfermann, Paderborn 1980, 223—290; idem, Vorüberlegungen und Kon-

zepte zu einer integrativen Persönlichkeitstheorie, *Integrative Therapie* 1-2 (1984) 73—115.

64. Über die verschiedenen Puppenarten gibt es eine umfangreiche Literatur. Einige der wichtigsten Titel seien genannt: *Schreiner, K.*, Puppen und Theater. Herstellung, Gestaltung, Spiel, Dumont, Köln 1980; *Sanding, H.*, Die Ausdrucksmöglichkeiten der Marionette und ihre dramatischen Konsequenzen, phil. Diss., Univers. München, München 1958; *Purschke, H. R.*,Kleines Brevier für Puppenspieler, Perliko-Verlag, Frankfurt 1966; *Borde-Klein, I.*, Puppenspiel, Volk und Wissen, Ost-Berlin 1974; *Fettig, H. J.*, Hand und Stabpuppen, Stuttgart 1970; *Dorst, T.*, Geheimnis der Marionette, Rinn, München 1957; *Micovich, J.*, 1x1 des Handpuppenspiels, Jugenddienst-Verlag, Wuppertal 1977; *Arndt, F.*, Das Handpuppenspiel, Bärenreiter, Kassel 1959, 3.Aufl.; idem, Puppenspiel, ganz einfach, Don-Bosco-Verlag, München 1964; cf auch lit. cit. notae 11, 59, 77, 83.

65. Auf eine Flasche, die am Hals geführt wird, wird mit Tesafilm ein Blatt geklebt, das bemalt wird. Auf die Vorder-und Rückseite können unterschiedliche Gesichter aufgezeichnet werden: ein lachendes und ein weinendes etwa, so daß beim Spiel die Flasche gedreht wird und unterschiedliche Emotionen dargestellt werden können. Zu einfachen Marionetten vgl. *Schreiner* op. cit. nota 64, 1980. Zu einfachen Stoff-, Strick- und Strohpuppen *H. Kindler*, Puppen und Tiere aus Wolle und Stoff, Bertelsmann, Gütersloh 1962. Zur Improvisation vgl. *H. Petzold*, Puppen und Puppenspiel in der Psychotherapie. Puppenspiel mit Kindern, Erwachsenen und alten Menschen, Pfeiffer, München 1983, 290 sq. Diese von mir entwickelte Puppenform, die durch Adhäsiv-Bänder sehr schnell alle möglichen Kostüme oder Perücken aufgeklebt bekommen kann, hat sich für das therapeutische Puppenspiel ganz besonders bewährt, da das „Umkleiden", das Anziehen neuer Kostüme, so schnell geht, daß ein *Puppenwechsel* (vgl. Abschn. 3.5) im Spiel ohne Schwierigkeiten erfolgen kann. Es kommt sogar noch ein gewisses projektives Moment herein, indem die Puppe experimentierend bekleidet oder verkleidet werden kann.

66. He-Man, Man-at-Arms, Extendar, Orko, Snout-Spout usw. aus Castle Grayskull, Skelektor, Evil Lyn, Night Stalker, Tung Lashor usw. vom Snake Mountain sind Figuren aus der TV-, Video- und Comic-Serie „Masters of the Universe". Die derzeit bei Kindern äußerst beliebten Figuren sind — wie ich in Supervisionsgruppen immer wieder feststellen mußte — Kindertherapeuten nicht oder kaum bekannt (wie so vieles, was Kinder interessiert). Das „Masters of the Universe Magazin" seit 1987 beim EPHA Verlag, Stuttgart; das grüne Monster „Hulk", vor seinem Unfall mit Gammastrahlen *Dr. Bruce Banner*, der „Eiserne", ohne Waffenrüstung der Erfinder und Industrielle *Toni Stark*, „Captain America", „Die Rächer", „Thor", „Aquarius", „Silver Surver", alles Marvel-Comics, beim Condor Verlag, Berlin.— Sehr beliebt sind auch Geister- und Horror-Comics, wie „Horror", „Frankenstein", „Dracula" (alles Marvel) bei den 10-16jährigen; die darunterliegende Altersgruppe (8-12 Jahre) wird abgedeckt durch die kryptofamiliäre Idylle von Arsat, dem Kosmopriester, seiner Mitstreiterin, der guten Hexe Carmelia, Gino, der venetianische Waisenjunge, der beide begleitet; die alte blinde Seherin Scorra liefert die Großmutter — Großvater „is nich": gezeichnet von *Jesus Peña*, vierzehntägig als „Spuk-Geschichten im Bastei-Verlag, Bergisch-Gladbach. Dort erscheint auch — Zielgruppe Mädchen von 8-14 — „Vanessa — die Freundin der Geister." Für die gleiche Altersgruppe bei Bastei „Abenteuer in der Elfenwelt", geschrieben und gezeichnet von *Wendy* und *Richard Pini* und natürlich „Geister-Geschichten" mit der „Monster-Galerie". Bei Bastei erscheint auch der Klassiker „Bessy". Quer durch alle Altersgruppen: „Garfield" — „Der witzigste Kater der Welt: frech, fett, faul

und filosophisch!" beim S. Fischer Verlag, Frankfurt. Diese populäre Figur von *Jim Davis* setzt die Reihe der Comic-Katzen: Sylvester, Tom & Jerry, Kater Karlo, Felix, Fritz the Cat, Tom O'Malley, Duchesse und die Aristocats, Paulchen Panther usw. fort. (Sie ist m.E. aber ein Plagiat von Fat Freddy's Cat aus den „Freak Brothers"). Garfield eignet sich hervorragend als Identifikationsfigur für ich-schwache Patienten. Ich habe ihn verschiedentlich als bibliotherapeutische „Verschreibung" (vgl. *Rubin* u. *Petzold, Orth* opp. cit. nota 82) und Spielgruppe mit ich-stärkendem Effekt eingesetzt.

67. Die *Lacan*'schen Kategorien „Le réel, l'imaginaire et le symbolique" können hier recht gut als explikativer Rahmen herangezogen werden. *Lacan*, op. cit. nota 52. Es entwickeln sich zuweilen spezifische Symbolspiele, besonders bei Kindern in der „magischen Phase", aber auch bei Jugendlichen, Erwachsenen und alten Menschen, cf. *H. Petzold*, Symbolbeispiele mit Puppen, *Animation* 7 (1982) 249—251.

68. Zum Konzept des *Intermediärobjektes* cf. ausführlich *Rojas-Bermúdez, J. G.*, Handpuppen als Intermediär-Objekte in der Behandlung von Psychotikern, in: *H. Petzold* op. cit. nota 65, 129—160; weiterhin *Rojas-Bermúdez, J. G.*, Núcleo del Yo. Ediciones Genitor, Buenos Aires 1979; idem L. Objeto Intermediario, *Cuadernos de Psicoterapia* II, 2 (1967) 25—32.

69. In sehr eindrucksvoller Weise zeigen dies die Bildserien aus dem Spiel mit chronischen Psychotikern, *Rojas-Bermúdez, J. G.*, Titeres y Psicodrama (Puppets and Psychodrama) Ediciones Genitor, Buenos Aires 1970; idem, Técnicas de Communicación Estética con Sicóticos, *Cuadernos de Psicoterapia* VII/VIII, 1/2 (1973). Zum Übergang vom Puppen- zum Rollenspiel vgl. *H. Petzold*, Puppenspiel in der therapeutischen und geragogischen Arbeit mit alten Menschen, *Integrative Therapie* 1/2 (1982) 88 sqq. (repr. auch in op. cit. nota 65); idem, Komplexes Kreativitätstraining mit Vorschulkindern, *Schule und Psychologie* 3 (1972) 146—157.

70. Cf. *Baltes, T. B.*, *Eckensperger, L. H.*, Entwicklungspsychologie der Lebensspanne, Klett-Cotta, Stuttgart 1979.

71. Cf. hierzu *H. Petzold*, Die Medien in der Integrativen Pädagogik, in: *Petzold, H.*, *Brown, G. I.*, Gestaltpädagogik, Pfeiffer, München 1977, 101—123; idem, Puppen und Großpuppen als Medien in der Integrativen Therapie, in: *Petzold*, op. cit. nota 65, 1983, 32—57.

72. Ibid. 1977, 101 sqq., 1983, 38 sq.

73. Cf. Nota 11, 59 und 64.

74. Familie Bär, Famiglia Orsetti, Simba; zu den Masters-Puppen cf. nota 66.

75. *Wolfram, P.*, Notizen und Materialien über ein Experiment mit Großpuppen, Dokumentation der Villa Massimo, Tipografia Christen, Rom 1973/74; *Petzold, H.*, Die Arbeit mit Puppen und Großpuppen in der Integrativen Therapie, *Integrative Therapie* 4 (1975) 197—207; weiteres nota 11.

76. *Baldet, N.*, Von der Tonfigur zum Zinnsoldaten, Stuttgart 1961; *Bernhard, H.*, Bau- und Spielanleitung für die Rosa'schen Tücherpuppen, Selbstverlag Spielberatung-Württemberg e. V., Heidelberg; *Kindler, H.*, Puppen und Tiere aus Wolle und Stoff, Bertelsmann-Verlag, Gütersloh 1962.

77. *Buschmeier, L.*, Die Kunst des Puppenspiels, Phil. Diss. Univ. Jena 1930, Erfurt 1931; *Driesen, D.*, Der Ursprung des Harlekin, Dunker, Berlin 1904; *Majot, R.*, Lebensbühne und Marionette, Berlin 1931; Repr. Kraus, Nendeln, Liechtenstein 1967; *Glanz, L.*, Das Puppenspiel und sein Publikum, Junker, Dünnhaupt, Berlin 1941; *Schneider, I.*, Puppen- und Schattenspiele in der Romantik, Phil. Diss. Univ. Wien, 1920. *Bellmer*, op. cit. nota 46.

78. Cf. *Petzold, H., Oeltze, H.-J.*, Die Seele der Instrumente, in: *Frohne*, op. cit. nota 61.
79. Cf. *H. Petzold*, Dramatische Therapie, Hippokrates, Stuttgart 1982; *Rambert, M. L.*, Das Puppenspiel in der Psychotherapie, Reinhardt, München/Basel 1969.
80. *Horetzky, O.*, Pantomime als Methode der Gruppenpsychotherapie, in: *Petzold* 1982, 309—315, op. cit. nota 79.
81. Cf. hier: Die Konzeption des therapeutischen Theaters, *V. N., Iljine*, Therapeutisches Theaterspiel, Sobor, Paris 1942 oder der „Psychotheatrics", *R. Allen, N. Krebs*, in: *Petzold*, op. cit. nota 79, 315—317; weiterhin *H. Petzold*, Das therapeutische Theater Iljines in der Arbeit mit alten Menschen, in: idem 1982, op. cit. nota 79, pp. 218—235.
82. *H. Petzold, I. Orth*, Poesie- und Bibliotherapie. Über die Heilkraft der Sprache. Poesietherapie, Bibliotherapie, Literarische Werkstätten, Junfermann, Paderborn 1985; *Rubin, R. J.*, Bibliotherapy source book, Oryx Press London, 1978 a; *Rubin, R. J.*, Using bibliotherapy. A guide through theory and practice, Oryx Press, London 1978 b.
83. Zum Puppenspiel mit Kindern cf. nota 59 sowie *Schubert, S.*, Das Puppenspiel in der Heilpädagogik, *Integrative Therapie* 1 (1983) 29—43; *Straub, H.*, Über die Anfangsphase psychodramatischer Kinderbehandlung mit Puppentheaterfiguren, in: *H. Petzold*, Angewandtes Psychodrama, Junfermann, Paderborn 1972, 218—231; *Jucker, D.*, Das Puppenspiel als Medium in Pädagogik, Heilpädagogik und Therapie, Dipl. Arbeit, Inst. f. spez. Pädagogik u. Psychologie, Univ. Basel, Basel 1980; *Blajan-Marcus, S.*, Die therapeutischen Puppen, *Integrative Therapie* 1 (1983) 20—28; *Ammon, G.*, Der Stellenwert von Puppen und Puppenspiel innerhalb kindlicher Entwicklung aus psycho-analytischer Sicht, in: *Petzold* op. cit. nota 65; 58—112. *Hunt, T., Renfro, N.*, Puppertry in Early Childhood Education, Nancy Renfro Studios Ausstin, Texas 1982; *Champlin, C.*, Puppetry and Creative Dramatics in Storytelling, Nancy Renfro Studios, Austin, Texas 1980; *Renfro, N., Armstrong, B.*, Make Amazing Puppets, The Learning Works, USA 1979; *Sullivan, D.*, Pocketful of Puppets: Activities for the Special Child, With Mental, Physical and Multiple Handicaps, Nancy Renfro Studios, Austin, Texas 1982; *Winer, Y.*, Pocketful of Puppets: Three Plump Fish And Other Short Stories, Nancy Renfro Studios, Austin, Texas 1983; *Renfro, N.*, Puppetry and the Art of Story Creation, Nancy Renfro Studios, Austin, Texas 1979.
84. Zum Awareness-Konzept cf. *Stevens, J. O.*, Die Kunst der Wahrnehmung, Kaiser, München 1975; *Davis, B.*, Ursprung und Bedeutung des Awareness-Konzeptes, Grad. Arb. Fritz Perls Institut, Düsseldorf 1986 (mimeogr.); Zum Konzept der Erlebnisaktivierung cf. *H. Petzold*, „Multiple Stimulierung" und „Erlebnisaktivierung" als Ziel und Methode geragogischer Weiterbildung für die Arbeit mit alten und kranken Menschen, ersch. in: *L. Veelken*, Junge Alte — zwischen neuem Bewußtsein und sozialer Bewegung (in Vorber.).
85. Cf. hierzu *H. Petzold*, Beziehung und Deutung in der Integrativen Bewegungstherapie und in leiborientierten Formen der Psychotherapie, in: *Reinelt, T., Datler, F.*, Beziehung und Deutung im psychotherapeutischen Prozeß, Springer, Berlin 1987.
86. Schwerpunktheft Kunsttherapie, *Integrative Therapie 2* (1987); *Petzold, Orth*, op. cit. nota 82; *Petzold* op. cit. nota 65. Hier besonders: idem, Puppenspiel in der therapeutischen und geragogischen Arbeit mit alten Menschen, pp. 285—328.(cf. auch *E. Jungeblodt, U. Jungeblodt*, Das Urtier, Druckerei Sommer, Feuchtwangen.
87. Deutsche Gesellschaft für therapeutisches Puppenspiel e. V., Ringstr. 107, 6100 Darmstadt.

88. Cf. *Petzold* op. cit. nota 65, p. 46 sqq. und idem 1972 (op. cit. nota 69).

89. Die Spinne, Marvel Comics (Hrsg. Stan Lee), Condor Verlag, Berlin; dort auch der „Eiserne" und „Die Rächer" cf. nota 66.

90. Die phantastischen Vier, Marvel Comics, Condor Verlag, Berlin.

91. CAT = Children Apperception Test; *Leopold Bellack*, The thematic apperception test, children apperception Test and senior apperception technique in clinical use, Grune & Stratton, New York 1975; dtsch. Handanweisung für den Kinder Apperzeptionstest, *Sonja Sorel Bellack, Leopold Bellack*, Hogrefe, München 1949; *Bellack, L.*, The T. A. T., C.A.T. and S.A.T. in Clinical Use, Hogrefe, Göttingen, 3. Aufl.; *Seifert, W.*, Der Charakter und seine Geschichten. Psychodiagnostik mit dem Thematic Apperception Test (T. A. T.), Reinhardt, München 1984. — *Brehm-Gräser, L.*, Familie in Tieren, Reinhardt, München, Basel, 3. erw. Aufl., 1975; *Biermann, G./Kos-Robes, M.*, Die Zeichentest-Batterie, in: *Praxis der Kinderpsychologie und Kinderpsychiatrie* 35, Jg. 6 (1986); *Kos-Robes, M., Biermann, G.*, Die verzauberte Familie. Ein tiefenpsychologischer Zeichentest, Reinhardt, München, 2. verb. Auflage 1984.

92. Die Einverleibung als magischer Vorgang wird z. B. gezielt im „Gemüsetheater" eingesetzt, in dem die Kinder aus Kartoffeln und Karotten, Kohlstrünken usw. Figuren herstellen und sie spielen. Am Schluß wird dann alles zu einem Salat oder einer Suppe verarbeitet und aufgegessen; cf. hierzu das Konzept der Lambanotherapie von Gretel und Udo Derbolowsky, *G. Derbolowsky, Integrative Therapie* 2 (1977) 125—137.

93. Cf. nota 66.

94. *Anderson, H.*, Introduction to projective techniques, Aronson, New York 1951; *Woltmann, A. G.*, Die Verwendung von Puppenspiel als projektive Therapiemethode in der Kindertherapie, in: *Petzold*, op. cit. nota 65; 180—209; *Zierl, W.*, „Scenodrama" — therapeutisches Rollenspiel im Scenotest, in: *Petzold* op. cit. nota 65; 210—237; *Staabs, G.*, Der Scenotest, Huber, Bern/Stuttgart 1964^3; *Pritz, A.*, Der Gruppensceno — der Scenotest als Diagnose- und Therapieinstrument in der Gruppenpsychotherapie Erwachsener, *Integrative Therapie 1* (1983) 45—61.

95. Cf. zu diesem Konzept, das mit dem symbolischen Konstrukt einer „gemeinsamen Perspektive" gleichzusetzen ist, *A. Strauss*, A social world perspective, in: *Denzin, N. K.*, Studies in symbolic interaction, JAI Press, Greenwich 1978, 190—228.

96. Die *John-Sinclair-Reihe* des Erfolgsautors *Jason Dark*, Bastei Verlag, Bergisch Gladbach, kommt in besonderer Weise den Wünschen nach magischer Symbolisierung von frühgeschädigten Kindern in der Latenz und Adoleszenz entgegen, weil in ihr der Balanceakt zwischen Grandiosität und Vernichtung, zwischen Gut und Böse, schwarz und weiß in hervorragender Weise inszeniert wird, wobei natürlich immer das Gute überwiegt. Angstlust (*Balint*), Grauen und Regression werden mit den unendlichen Möglichkeiten magischer Allmacht zu einem pikanten Cocktail gemixt. Cf. *M. Balint*, Angstlust und Regression, Klett-Cotta 1960.

97. Zu den Techniken des Puppenspiels cf. *Petzold* 1983 (op. cit. nota 65) 302 sqq. Zur Indikation ibid. 42 sqq.; *Franzke, E.*, Die Verwendung von Handpuppen in der Psychotherapie, *Integrative Therapie* 1/2 (1979) 119—128; idem, Der Mensch und sein Gestaltungserleben, Huber, Bern 1977.

98. Cf. *Petzold* 1977 op. cit. nota 71.

99. *Bandura, A.*, Lernen am Modell, Klett, Stuttgart 1976; *Steller, M., Hommers, W., Zienert, H. J.*, Modellunterstütztes Rollentraining, Springer, Berlin/Heidelberg 1978.

100. Cf. zur Doppel- bzw. Doppel-Ich-Technik *H. Petzold,* Die Doppeltechnik, in: idem, Psychodrama-Therapie — Theorie, Methoden, Anwendung in der Arbeit mit alten Menschen, *Integrative Therapie,* Beiheft 3, Junfermann, Paderborn 1979, 2. Aufl. 1985, 139—197; weiterhin *Blatner, H. A.,* Acting-In. Practical applications of psychodramatic methods, Springer, New York 1973; *Leutz, G. A.,* Psychodrama, Springer, Heidelberg 1974.

101. *Piaget, J.,* Die Entwicklung des Erkennens, Klett, Stuttgart 1975; *Piaget, J.,* Der Aufbau der Wirklichkeit beim Kinde, Gesammelte Werke, Bd. 1, Klett, Stuttgart 1975.

102. Cf. die in nota 100 zitierte Literatur sowie *A. A. Schützenberger,* Einführung in das Rollenspiel, Klett, Stuttgart 1976.

103. *H. Petzold,* Psychodrama. Die ganze Welt ist eine Bühne, in: idem, Wege zum Menschen, Bd. I, Junfermann, Paderborn 1984, 111—216, sowie in nota 100 zitierte Literatur.

104. Cf. *Leutz* op. cit. nota 100 sowie *Petzold, H., Mathias, U.,* Rollenentwicklung und Identität. Von den Anfängen der Rollentheorie zum sozialpsychiatrischen Rollenkonzept Morenos, Junfermann, Paderborn 1983.

105. Zum *Rollenrepertoire* rechnen wir alle derzeit spielbaren Rollen des Menschen. Unter dem *Rolleninventar* verstehen wir die kognitiv abgespeicherten Rollenmuster, die ein Mensch in seinem Leben jemals gespielt hat, auch wenn sie im Moment nicht verfügbar sind. Cf. *Petzold, Mathias* op. cit. nota 104.

106. Das Training der Rollenflexibilität war eines der wichtigsten therapeutischen Anliegen *J. L. Morenos* in der Arbeit mit verhaltensgestörten Mädchen, die er an der Hudson School mit Rollenspieltechniken behandelt hat. Cf. *J. L. Moreno,* Who shall survive? A new approach to the problem of human Inter-relations, Nervous and Mental Disease Publishing Company, Washington, D. C. 1934; weiterhin *H. Petzold* op. cit. nota 100, *Petzold, Mathias,* p. 70—77, op. cit. nota 104 und idem Zur Geschichte des Rollenspiels als Methode der Verhaltensmodifikation, *Schwalbacher Blätter* 4 (1982) 155—164.

107. Zu dem für die Integrative Therapie zentralen Begriff der Atmosphäre cf. *G. Böhme,* Anthropologie in pragmatischer Hinsicht, Suhrkamp, Frankfurt 1985, sowie die Ausführungen des Kieler Philosophen *H. Schmitz,* System der Philosophie, Bouvier, Bonn 1964 sqq.

108. *H. Petzold,* Konfluenz, Kontakt, Begegnung und Beziehung als Dimensionen therapeutischer Korrespondenz in der *Integrativen Therapie* 4 (1986) 320—341.

109. *H. Petzold,* Konzepte des Widerstandes in der Psychotherapie, in: idem, Widerstand. Ein strittiges Konzept in der Psychotherapie, Junfermann, Paderborn 1981, 7—38.

110. Zum Szenen-Konzept cf. *H. Petzold,* Integrative Dramatherapie — Überlegungen und Konzepte zu einem integrativen Ansatz erlebnisaktivierender Therapie, in: idem, Theater oder Das Spiel des Lebens, Verlag f. Humanist. Psychologie W. Flach, Frankfurt 1982, 78—89.

111. Zum Übertragungskonzept in der Integrativen Therapie idem, Die Rolle des Therapeuten und die therapeutische Beziehung, Junfermann, Paderborn 1980.

112. *Lacan,* op. cit. nota 67.

113. *Piaget, J.,* Die Bildung des Zeitbegriffs beim Kinde, Suhrkamp, Frankfurt 1974; *Herzog, W.,* Psychologie und Zeit: *H. Petzold,* Die Zeit in der Psychotherapie, Junfermann, Paderborn 1988 (i. Vorber.); *H. Petzold,* Das Hier-und-Jetzt-Prinzip

und die Dimension der Zeit in der psychologischen Gruppenarbeit, in: *C. H. Bachmann*, Kritik der Gruppendynamik. Grenzen und Möglichkeiten sozialen Lernens, Fischer, Frankfurt 1981, 214—299.

114. Im Rahmen der von mir entwickelten Konzeption einer „progredierenden Analyse" (Cf. *Petzold*, op. cit. nota 123) haben diese Begriffe zentrale Bedeutung. Unter „*Parenting*" verstehe ich die Verankerung positiver Elternimagines, wo solche durch reale oder psychologische Abwesenheit fehlen — also eine defizitäre Situation vorliegt. Unter „*Reparenting*" verstehe ich die Veränderung negativer, bzw. dysfunktionaler Elternimagines, durch die Verinnerlichung von Atmosphären und Szenen mit den Therapeuten, die dem Kind ein korrektives Elternbild vermitteln. Das Parenting- und Reparentingkonzept geht der Sache nach auf das therapeutische Vorgehen *Sándor Ferenczis*, insbesondere seine späten Arbeiten zurück, in denen er affimiert, daß man dem Patienten das geben müsse, was ihm in der Kindheit gefehlt habe. *S. Ferenczi*, Bausteine zur Psychoanalyse, Huber, Bern, 4 Bde 1964. Cf. weiterhin auch die *Ferenczi*-Schüler *Balint* und *Iljine*. Besonders letzterer hat in seinem praktischen Vorgehen ein Parenting- und Reparentingkonzept umgesetzt. *Iljine*, op. cit. nota 81; *M. Balint*, Regression, dtv, München 1987. Ohne auf *Ferenzi*, *Balint* und *Winnicott* als Quelle einzugehen und ohne die von uns vorgenommene Differenzierung wurde das Reparenting-Konzept in der Transaktionalen Analyse bei der Behandlung schwerstgestörter psychotischer Patienten aufgenommen. Vgl. *Schiff, J. L., Day, B.*, All My Children, New York, N. Y. 1972; dtsch.: Alle meine Kinder. Heilung der Schizophrenie durch Wiederholen der Kindheit, München 1980. Vgl. insgesamt, dieses Buch S. 380-390.

115. Zum Gegenübertragungskonzept in der Integrativen Therapie cf. *H. Petzold*, op. cit. nota 111.

116. Auch im Puppenspiel kommt der hermeneutische Ansatz der Integrativen Therapie zum Tragen, der vom Wahrnehmen zum Erfassen, zum Verstehen, zum Erklären führt. Vgl. cf. *H. Petzold*, Konzepte zu einer mehrperspektivischen Hermeneutik leiblicher Erfahrung und nichtsprachlichen Ausdrucks in der Integrativen Therapie, *Integrative Therapie* 1/2 (1988).

117. Das vierbändige Handbuch der Kinderpsychotherapie von *G. Biermann*, Reinhardt, München 1970 sqq., zeigt in seiner Breite die unterschiedlichen Vorgehensmöglichkeiten.

118. Beim familientherapeutischen Ansatz kombinieren wir systemisches *(Minuchin)* und wachstumorientiertes Vorgehen *(Satir)* auf dem Hintergrund einer entwicklungspsychologisch und psychoanalytisch orientierten Betrachtungsweise. Besonders der entwicklungspsychologische Ansatz mit seinen sozialisationstheoretischen und kognititionspsychologischen Implikationen wird in der Familientherapie meistens übergangen. Es ist aber wesentlich, nicht nur Kommunikationsregeln in den Blick zu nehmen, sondern auch zu sehen, in welchem Entwicklungsalter sich Kinder in der Familie befinden. Interventionen, die Kommunikationsregeln auf dem Niveau des operativen Denkens angehen, können bei Kindern in der präoperativen kognitiven Entwicklung *(Piaget)* nicht greifen. Weiterhin ist zu beachten, in welchem Übertragungsverhältnis Eltern und Kinder zu den Familientherapeuten stehen bzw. welche lateralen Übertragungen in der Familie selbst spielen. Das therapeutische Puppenspiel als Familienbehandlung ist ein erlebnisaktivierender Ansatz in der Familientherapie (cf. *W. Kempler*, Gestaltfamilientherapie, Klett, Stuttgart 1975). Es ist eine in die Aktion übersetzte „*Familienskulptur*". Cf. *P. Heinl*, Die Interaktionsskulptur, *Integrative Therapie* 1-2 (1986) 77—109; und insgesamt *K. Schneider*, Familientherapie in der Sicht psychotherapeutischer Schulen, Junfer-

mann, Paderborn 1983; *A. von Schlippe*, Familientherapie im Überblick, Junfermann, Paderborn 1983. Das *Puppenbord* ist eine Stange mit Haken, an denen die Puppen hängen, oder mit Stäben, auf die die Puppen gestülpt werden. Es gibt weiterhin noch die *Puppenkiste*, in der ein buntes Durcheinander von verschiedenen Kinderpuppen, Stoffen, Teddies liegt.

119. *Elzie C. Segar*, Popeye der Seemann, Melzer Verlag, Darmstadt; *Peyo & Delporte*, Schlumpfinchen. Der böse Zauberer Gurgelhals hat eine verschlumpfte Idee, Gevacur, Zug, Schweiz.
120. Cf. zu den verschiedenen Varianten der Doppeltechnik *H. Petzold* op. cit. nota 100.
121. Zur Herstellung von Marionetten unterschiedlicher Komplexität cf. *Schreiner, K.*, Puppen und Theater. Herstellung, Gestaltung, Spiel, Dumont, Köln 1980; *Batek, O.*, Marionetten, Mayer, Ravensburg 1980; *Dorst, T.*, Geheimnis der Marionette, Rinn, München 1957; *Bernhard, H.*, Bau- und Spielanleitung für die Rosa'sche Tücherpuppe, Spielberatung Württemberg, Wilhelmsfeld b. Heidelberg 1978.
122. Das Konzept des „Symptomträgers" birgt die Gefahr der Stigmatisierung eines Familienmitgliedes. Hinter ihm steht eine gewisse „Mechanik" in der Vorstellung von der Familiendynamik. Die Familie wird hypostasiert, und der „Indexpatient" wird gleichsam zum „Magengeschwür" des Familienkörpers. Mag dies bei sehr symbiotischen Familien auch der Fall sein, tut doch eine differenzielle Betrachtungsweise not. Die individuelle Psychodynamik der einzelnen Familienmitglieder, insbesondere des „Symptomträgers", steht in Gefahr, nicht genügend berücksichtigt zu werden. Weiterhin werden die „blanden Symptome" bei verschiedenen Familienmitgliedern durch die Fixierung auf ein „manifestes" Symptom oftmals übersehen.
123. Cf. *Petzold, H. G.*, L'analyse progressive en psychodrame analytique, Paris 1969 (mimeogr.).
124. Zum intermedialen Vorgehen in der Integrativen Therapie mit kreativen Medien cf. exemplarisch *H. Petzold*, Gong-Singen, Gong-Bilder und Resonanzbewegung als „Sound Healing" in der Integrativen Therapie, *Integrative Therapie* 2 (1987) und idem, Überlegungen und Konzepte zur Integrativen Therapie mit kreativen Medien und einer intermedialen Kunsttherapie, *Integrative Therapie* 2 (1987).
125. Zum Konzept der Narration cf. *H. Petzold, I. Orth*, Poesie und Therapie, Junfermann, Paderborn 1985.
126. *Erikson, M., Rossi, E., Rossi, S.*, Hypnose. Induktion, Psychotherapie, Anwendung, Beispiele, Pfeiffer, München 1986; *Kleinsorge, H., Klumbies, G.*, Technik der Relaxtion-Selbstentspannung, Fischer, Jena 1967[3].
127. Cf. *E. Franzke*, Märchen und Märchenspiel in der Psychotherapie, Hans Huber Verlag, Bern 1985.
128. Zur Triangulation *H. Petzold*, Vorüberlegungen und Konzepte zu einer integrativen Persönlichkeitstheorie, IT 1/2 /1984) 73—116.
129. *Kemper, W.* (Hrsg.), Bettnässer-Leiden, Enuresis: zur Entstehung, Vorbeugung und Behandlung kindlicher Fehlentwicklung, Reinhardt, München 1978; *Kemper, W.*, Enuresis (Bettnässerleiden), Schneider, Heidelberg 1949; *Kaffman, M.*, Infants who Become Enuretics. A longitudinal Study of 161 Kibbuz Children, in: Monographs of the Research in Child Development, Washington, D. C., Vol. 42, No 2, 1977; *Lovibond, S.*, Conditioning and Enuresis, Pergamon Press, Oxford 1964; *Markaris, M.*, Kritische Betrachtungen der Diagnostik der kindlichen Enuresis Nocturna und Diurna: Erstellen eines wenig belastenden Diagnoseplanes, Tech. Hochschule Aachen, Diss. 1984; *Riederich, F., Rick, H.*, Katamnestische Familiengespräche zur Untersuchung des psychisch-familiären Umfeldes von Kindern mit

Enuresis ohne organische Grunderkrankung, Fachbuchhandlung für Psychologie, Frankfurt 1984; *Stegat, H.*, Enuresis. Behandlung von Bettnässern, Springer, Berlin 1973; *Worm, H. L.*, Fünf Fragen an den Elternberater. Zählenlernen, Farbenkennen, Geschwisterverhalten, Bettnässen, Straßenverkehr, Reinhardt, München, Basel 1984; *Goldmann, H.* (Hrsg.), Ursachen und Behandlung der Enuresis: ein Sozialpädriatisches Problem, Tagungsbericht der Evang. Akademie von Kurhessen Waldeck vom 19.-21. 1. 1979, Verlag für Angew. Wiss., München 1980.

130. Zum Parentingkonzept cf. *Petzold, H.*, op. cit. nota 123 und *Ramin, Petzold*, dieses Buch, S. 380 ff.
131. Cf. *H. Petzold*, Widerstand als strittiges Konzept in der Psychotherapie, Junfermann, Paderborn, 1981, 7—39.
132. Cf. hierzu *Petzold, Orth*, op. cit. nota 125 und *Renfro* 1979, op. cit. nota 83.
133. Zum Synopse- und Synergieprinzip *H. Petzold* Psychotherapie und Körperdynamik, Junfermann, Paderborn 1974, 2. Aufl. 1977, 104 sq.
134. Cf. *H. Petzold*, Die Medien in der Integrativen Pädagogik, in: *H. Petzold, G. Brown*, Gestaltpädagogik, Pfeiffer, München 1977, 101—124.
135. Cf. *Axline, V.*, Kinder-Spieltherapie im nicht-direkten Verfahren, Reinhardt, München 1950; *Friedrich, H.*, Spiel mit Puppen in einem kindzentrierten Ansatz, *Integrative Therapie* 1 (1983) 44—54.
136. *I. Petzold-Heinz, H. Petzold*, Mutter und Sohn — Poesie und Therapie, in: *Frühmann, R.*, Frauen und Therapie, Junfermann, Paderborn 1985, 339—361.
137. *H. Petzold, Ch. Geibel*, „Komplexes Kreativitätstraining" in der Vorschulerziehung durch Psychodrama, Puppenspiel und Kreativitätstechniken, 1972, in: *Petzold, H.*, Angewandtes Psychodrama in Therapie, Pädagogik, Theater und Wirtschaft, Junfermann, Paderborn 1972, 331-344, 2. erw. Aufl. 1977.
138. Cf. *I. Petzold-Heinz*, Literarische Werkstätten im Altenheim, in: *Petzold, H., Orth, I.*, Poesie und Therapie, Junfermann, Paderborn 1985, 377—387.
139. Cf. zum Begriff der „Spielmächtigkeit" *J. L. Moreno*, Das Stegreiftheater, Kiepenheuer, Potsdam 1924.
140. *H. Petzold*, Puppenspiel in der therapeutischen und geragogischen Arbeit mit alten Menschen, in: idem, Mit alten Menschen arbeiten, Pfeiffer, München 1986, 294—338.
141. Aus *Petzold*, op. cit. nota 65, p. 5.

Ausbildungsmöglichkeiten in Integrativer Therapie mit Kindern und Jugendlichen:

— Integrative Bewegungstherapie
— Gestalttherapie
— Therapeutisches Puppenspiel
— Therapie mit kreativen Medien

Fritz Perls Institut
Brehmstraße 9, 4000 Düsseldorf

Fritz Perls Akademie
Wefelsen 5, 5609 Hückeswagen

Ausbildungsmöglichkeiten in Psychodrama und therapeutisches Rollenspiel mit Kindern und Jugendlichen:

Moreno Institut Stuttgart
Schickhardtstraße 49, 7000 Stuttgart 1

Moreno Institut Überlingen
Uhlandstr. 8, 7770 Überlingen

Personenregister

Sachregister

Verzeichnis der Autoren

Alfons Aichinger, Dipl.-Psychologe, Studium der Psychologie in Tübingen, Ausbildung in Psychodrama am Moreno Institut Stuttgart; Leiter der Psychologischen Beratungsstelle für Eltern, Kinder und Jugendliche des Caritasverbandes in Ulm.
Anschrift: Baldinger Weg 4, D-7900 Ulm.

Gisela Broche, geb. 1929 in Mülheim/Ruhr. Nach dem Gymnasium Musikstudium mit Abschluß als Violinlehrerin. Später Studium der Psychotherapie für Kinder und Jugendliche am Institut für Tiefenpsychologie in Stuttgart. Nach einigen Jahren freier Praxis langjährige Mitarbeit an einer Psychologischen Beratungsstelle in Ulm, dann in Stuttgart. Gleichzeitig Mitarbeit als Dozentin am C. G. Jung-Institut in Stuttgart. Seit 1978 in Zürich. Am dortigen C. G. Jung-Institut Aufbau und Studienleitung eines Programmes für Kinder- und Jugendlichen-Psychotherapie. Seit 1987 freie Mitarbeiterin am Institut.
Anschrift: Freigutstraße 8, CH-8002 Zürich

Heidi Grotloh-Amberg, Dr. phil., Studium der Psychologie und Philosophie an den Universitäten Bern und Zürich, Verhaltenstherapeutin SGVT. Zur Zeit verteilt sie ihr Engagement möglichst für alle zufriedenstellend — was, ihrer Ansicht nach, nicht mehr der Quadratur des Kreises gleichkommt, seit ihre Kinder groß sind — auf Mann, Familie und Beruf. Die Berufsarbeit fächert sich auf in Beratung/Therapie im Rahmen einer psychologischen Praxis, in Lehre, d. h. in Vermittlung von Grundlagenwissen zur empirischen Psychologie und zum verhaltenstherapeutischen Denkmodell und in Supervision von angehenden Verhaltenstherapeuten.
Anschrift: Im Morgentau 33d, CH-8408 Winterthur.

Alex Holder, Dr. phil., geboren 1931 in Basel, Studium der Anglistik, Germanistik und Geschichte an der Universität Basel, der Psychologie in London; Ausbildung zum Psychoanalytiker für Kinder und Jugendliche am Anna Freud-Centre in London; Ausbildung zum Erwachsenenanalytiker am British Institute for Psychoanalysis in London; seit 1983 Leiter der Abteilung für analytische Kinder- und Jugendlichen-Psychotherapie am Michael-Balint-Institut in Hamburg, Lehr- und Kontrollanalytiker der DPV.
Anschrift: Heimhuder Straße 30, D-2000 Hamburg 13

Günther Horn, geboren 1935, verheiratet, zwei Kinder; Analytischer Kinder- und Jugendlichenpsychotherapeut und Mitarbeiter der Erziehungsberatungsstelle Karlsruhe; seit 1975 Dozent des Instituts für Katathymes Bilderleben in Göttingen und in dieser Eigenschaft besonders mit der Ausbildung von Kinder- und Jugendlichentherapeuten mit dem Verfahren des Katathymen Bilderlebens befaßt.
Anschrift: Pfeilerweg 37, D-7500 Karlsruhe 41

Elisabeth Kleinewiese, geboren 1931, arbeitete seit 1965 mit Kindern und leitete ein Heim für schwererziehbare Kinder und Jugendliche in Berlin; Studium der Heilpädagogik in Bielefeld, 1972 Examen; 1980 Studienabschluß zu Schulen der Transaktionsanalyse in Brighton / England; bis zu ihrem Tode (1985) Klinische Transaktionsanalytikerin im heilpädagogischen Bereich für Kinder- und Jugendtherapie in Berlin.

Almuth Massing, Dr. med., Oberärztin an der Abteilung für Psycho- und Soziotherapie im Zentrum Psychologische Medizin der Universität Göttingen; Analytische Familientherapeutin, Psychoanalytikerin und Dozentin; mit Lehranalysen beauftragt am Ausbildungszentrum für Psychotherapie und Psychoanalyse in Göttingen.
Anschrift: Abt. Psycho- und Soziotherapie, Humboldtallee 38, D-3400 Göttingen

Christoph Matthaei, Dr. med., Arzt für Kinderheilkunde; mehrjährige familientherapeutische Tätigkeit in der Kinder- und Jugendpsychiatrie (Neuenkirchen und Kinderklinik Oldenburg), jetzt Oberarzt an der Kinderabteilung des Krankenhauses Meppen.

Bruno Metzmacher, Diplom-Pädagoge, Gestalt-Therapieausbildung am Fritz-Perls-Institut, bewegungstherapeutische Ausbildungsgruppe bei Johanna Dederich und Hilarion Petzold von 1979—1982; seit 1979 Leitung einer Station in einer kinder- und jugendpsychiatrischen Klinik; familientherapeutische Weiterbildung am Institut für systemische und wachstumsorientierte Familientherapie; seit 1984 Lehrbeauftragter am Fritz-Perls-Institut.
Anschrift: Rochusstraße 48, D-4000 Düsseldorf 30

Arist v. Schlippe, Dipl.-Psychologe, Familientherapeut am Institut für Familientherapie, Weinheim, in Gestalttherapieausbildung am Fritz-Perls-Institut in Mainz, Gesprächspsychotherapeut in der GwG; nach fünfjähriger familientherapeutischer Tätigkeit an zwei kinder- und ju-

gendpsychiatrischen Kliniken seit 1981 wissenschaftlicher Angestellter an der Universität Osnabrück in der Ausbildung Klinischer Psychologen.
Anschrift: Goebenstraße 4, D-4500 Osnabrück

Stefan Schmidtchen, Dr. phil., Direktor der Abteilung Psychologische Diagnostik und Kinderpsychotherapie am Psychologischen Institut II der Universität Hamburg; Kinder- und Familientherapeut; Autor zahlreicher Bücher zur Kinderpsychotherapie, insbesondere zur Spieltherapie.
Anschrift: Universität Hamburg, Psych. Institut II, Von-Melle-Park 5, D-2000 Hamburg 13

Annelise von Siebenthal-Rodriguez, geb. 1945 in Genf. Studium der Psychologie in Genf, wo sie heute als Kinder- und Erwachsenen-Psychotherapeutin und -Psychoanalytikerin tätig ist. Sie ist Mitglied der Société Suisse de Psychoanalyse (SSP).
Anschrift: 40, rue Liotard, CH-1202 Genève

Anne-Els Stadler, geboren 1940, Studium der Psychologie; Kinder- und Jugendlichenpsychotherapeutin in Klinik, Beratungsstellen und Heimen; Weiterbildung in Individualpsychologie am Alfred Adler-Institut München, wo sie seit 1978 als Dozentin und stellvertretende Leiterin des Weiterbildungszweiges Kinder- und Jugendlichen-Psychotherapie tätig ist; seit 1984 Psychoanalytikerin (DGIP).
Anschrift: Paul-Häsch-Straße 8, D-8000 München 60

Heika Straub, Studium der Psychologie; 1954/55 am Moreno Institut in Beacon/USA, von J. L. Moreno zur Psychodramatherapeutin ausgebildet; anschließend zwölf Jahre als klinische Psychologin und Psychodramatherapeutin an der Nerven- bzw. Kinderklinik der Stadt Stuttgart; gründete 1975 in Stuttgart das Moreno-Institut für Psychotherapie und Sozialpädagogik, ein psychodramatisches Ausbildungs- und Therapiezentrum, dessen wissenschaftliche Leiterin sie ist; seit 1978 Professur für Psychologie an der Universität-Gesamthochschule Siegen.
Anschrift: Moreno-Institut, Schickhardtstraße 49, D-7000 Stuttgart 1

Karl Heinz Witte, geboren 1936, Studium der Theologie, Germanistik und Philosophie, wissenschaftliche Arbeit über die deutsche Mystik des Mittelalters; seit 1964 Gymnasiallehrer; Weiterbildung in Individualpsychologie am Alfred Adler-Institut München, wo er als Kinder- und Jugendlichen-Psychotherapeut arbeitet, seit 1978 als Dozent; seit 1984 Psychoanalytiker (DGIP) in eigener Praxis.
Anschrift: Ortolfstraße 17, D-8000 München 60

JUNFERMANN

Darf es etwas Gesundheit sein?

1995, 456 Seiten, kart.
DM 39,80
ISBN 3-87387-131-9

In ihrem internationalen Bestseller „...Familie sein dagegen sehr“ (bisher 6 Auflagen bei Junfermann) haben die beiden Autoren die psychologischen Aspekte von Familien und deren Zusammenwirken allgemeinverständlich herausgearbeitet.

Im vorliegenden Buch führen die Autoren diese Überlegungen weiter. Sie gehen auf die Faktoren ein, die für die Gesundheit der Menschen und Familien wichtig sind und beleuchten die wenig bekannte Untersuchung über außergewöhnlich gesunde Familien (!!!). Über den familiären Kontext hinaus werden diese Überlegungen ausgedehnt auf unser Verhalten am Arbeitsplatz, die Funktionsweise von Unternehmen und Organisationen, das Zusammenspiel in Gesellschaften und sozialen Gruppen.

Die Autoren diskutieren die Verbindung von Humor und Gesundheit, die veränderte Familiensituation aufgrund der weitverbreiteten Berufstätigkeit von Frauen, die immer größer werdende Spanne zwischen arm und reich und die Stellung vom Tod im Leben.

„...Familie sein dagegen sehr“ und „Life“ sind zwei Teile eines Projektes - die erste komplexe Darstellung der Familientherapie für den „Endverbraucher“. Den Leser erwartet wieder ein überaus heiterer Dialog zwischen Robin Skynner, dem bekannten Familientherapeuten, und John Cleese, dem Monty-Python-Darsteller - auch bekannt aus dem Film „Ein Fisch namens Wanda“.

Die Frauenzeitschrift „Brigitte“ schrieb bei Erscheinen von „Familie sein dagegen sehr“: „Ein ungewöhnlicher Psycho-Ratgeber, eine gelungene Mischung aus Witz und Wissenschaft. Die Dialoge gleichen an Witz und Tempo Loriot-Texten.“

JUNFERMANN VERLAG • Postfach 1840
33048 Paderborn • Telefon 0 52 51/3 40 34